THE PATH OF THE MYSTIC

神秘家の道

OSHO

市民出版社

English title: THE PATH OF THE MYSTIC ,by Osho

この本の内容は、OSHOの講話シリーズ *THE PATH OF THE MYSTIC* からのものです。
本として出版されたOSHOの講話はすべて、音源としても存在しています。
音源と完全なテキスト・アーカイヴは、www.osho.comの
オンラインOSHO Libraryで見ることができます。

はじめに

一九八六年四月、わずか十二人たらずの人々と一緒に、ＯＳＨＯはウルグアイのプンタ・デル・エステにある、ある広壮な邸宅に落ち着いた。フランスのリビエラに似ているプンタ・デル・エステは、その、人を蘇らせるような海からの風で知られている。土地の人たちの言葉によれば、その空気は奇跡的な癒しの力を持っていると言う。しかもその家は、直接海に面していた。ウルグアイの友人は、ＯＳＨＯが「世界旅行《ワールドツアー》」の結果、どれほど疲労しているとしても、二週間も経てばまた必ず元気になると請け合った。

そのウルグアイの友人の言葉は、当たらずと言えども遠からずだった。ある朝私たちはＯＳＨＯの世話人に、家の裏庭を片付けてくれるようにと言われた。それは朝の十一時のことだった。テニスをしていた二人連れが、両脇にボールとラケットとタオルをかかえて、笑いながら走り去った。洗濯物はすばやく取り込まれた。またたく間に、裏庭はゴミひとつなく取り片付けられた。

私たちは、ＯＳＨＯがしばらくの間、あたりの風景を見るために裏の出口から出てくるものとばかり思っていた。そこにはプールと、テニスコートと、藁葺屋根の休憩小屋と、その後ろに広がる何エーカーもの森があった。が、私たちは間違っていた。

私たちが窓から覗いて見ていると、突然、すっきりとした白いガウンを身にまとった彼が、ゆっくりと、実にゆるやかに、そして王者の静けさに包まれながらテラスを横切り、階段をプールサイドの方へ下りていった。

彼は、ただただ美しかった。彼は立ち止まり、腰に手をおいて、周りの光景を眺めるようにぐるっと見回すと、建物の方を見上げた。私たち全員が、自分の窓から見守っていた。

彼は一番座り心地のよさそうな椅子を選び、腰を下ろした。その彼の現れ方には、何かが、ある野性《ワイルド》的な強さがあった。それは磁石のように惹きつける電撃的な強さだった。そしてまさにその朝、私たちは、彼がやっとこのはるか彼方の国で、本当に講話を始めるのかもしれないと思い始めた。

絶え間なく吹き寄せる大西洋の風、それを遮る砂丘の窪地の蔭に建つ、その奇妙なオランダ風の家で、彼はただ語っただけではなかった。彼は私たちを、全く未知の領域へと連れて行った——催眠と逆催眠の神秘の中へ、そしてそれが将来、彼の仕事の中でどんな役割を演ずるのかというような話題へと。彼は自分自身も含めて「離脱」経験を説明し、弟子自らがそうした経験をするための技法を、私たちに与えてくれた——そういう体験のこの上もない危険について、はっきりとした警告をしながら。

彼は催眠実験を提案した。参加する弟子たちが無意識のマインドの中に入り、そこに光を持ち込む準備ができる指導者によるものだ。彼は「ミステリースクール」について語り、自分はそこに入って来る者を待ち望みながら、その「スクール」の入口に座っているのだ、と説明した。これらの講話はすべて、時には突飛でハッとするような、また時にはこの上もなく感動的でユーモラスで親密な、OSHO個人の物語で成り立っている。OSHOに次ぐOSHOだ。

この期間は、彼のガイダンスの新しい段階のための舞台を提供するものであり、また、ウルグアイで語られた他の二巻とともに、かつてOSHOによって語られた秘教的《エソテリック》な講話の、最も注目すべきシリーズのひとつとして残るだろう。

マ・プレム・カヴィーシャ（ミステリースクール世話人）

一九八八年九月、インド、プネーにて

神秘家の道　目次

CONTENTS

第一章

思想は常に破壊的だ

Thoughts are Always Subversive

あなたは、いくつかの国に滞在することが困難な状況にあります。

それは、あなたの考えが破壊的だからですか。


考えは常に破壊的だ。

考えない人々だけが破壊的ではない。考えることは犯罪だ。イエスは磔にされる。ソクラテスは毒殺される。ゴータマ・ブッダは石を投げつけられる。これらの人々は、誰も傷つけていない。彼らは可能な限り、最も愛情深く、最も慈悲深い人間だった――しかし彼らは犯罪を犯した。そして犯罪の名前は、考えることだ。

どんな社会も、その構成員の誰にも考えて欲しくない。

考えることは危険だ。

社会は、単に言われることなら何でもして、ノーと言えないロボットが欲しい。

ノーと言うことは彼らには不可能だ。彼らは機械だ。

すべての工業化した社会が、人を機械と取り替えていることは偶然ではない。機械は従順で、決して破壊的ではない。これまでに、機械が革命家や、反逆者だったと聞いたことがあるかね？　機械を磔にしなければならなかったことは、これまでなかった。

機械は非常に立派な方々だ。私は機械ではない。そして、「破壊的でない考え方」というものはない。

考えるということは、疑うことだ。考えるとは、人から言われることを受け入れられないという意味だ。

あなたは自分で決めたいのだ。考えるとは、合理的で、論理的であるという意味だ。そしてこれまでの人類は、迷信深かった。

ガリレオが地球が自転していると知ったとき、ローマ法王は宮殿に彼を呼んだ。それがキリスト教に反するので、彼の本の中の文を変更するように彼に要求した。聖書には太陽が地球を回ると書かれている。またそれは、みんなの経験でもある。太陽が朝に昇り、回って、晩までには沈むように見える。私たちは、地球が太陽を回るのを感じない。聖書に述べられていることは単なる常識で、科学的なものではない。

ローマ法王は「聖書は神によって書かれた聖なる本なので、あなたはその表現を変える必要がある。神は間違いを犯すはずがない」と言った。

ガリレオは、私が愛している人々のうちの一人だ。彼の天才を、考えを、私は愛している。そして彼のユーモアのセンスを愛している。彼は言った。「問題はありません。私は文を変えましょう。しかし閣下、私が文を変えても、事実は変わらないことを覚えていてください。それでも地球は太陽を回るでしょう。あなたは私を殺すことができますし、私の本を燃やすことができますが、何ものも地球のコースを変えられないでしょう。それでも太陽の周りを回り続けるでしょう」

現にガリレオは破壊的だ。彼は権力者の言うことを聞いていない。彼は聖書にさえ従っていない。彼は、合理的で科学的なものを、証拠を挙げて証明できるものを聞く用意があるだけだ。

そうだ、私は破壊的だ。そして破壊的な人々だけが、世界のすべての進歩の原因だ。あなたが持っているすべて――すべての文明、すべての科学的な発達、すべての技術――は、破壊的な人々の貢献だ。それは迷信的な人々の貢献ではない。

それで「私は破壊的だ、全く破壊的だ」と、断言することができて満足だ。

そのカテゴリーに属することは、すばらしい名誉だ。イエス・キリストがそれに属し、ソクラテスが属し、ガリレオが属し、ゴータマ・ブッダがそれに属する。これらは本当の人間だ。他の人たちは、単に群集の一部、車輪の歯車だ。

社会は正しいことについて決めて、決して疑わない。社会は間違っていることについて決めて、決して疑わない。動物と人間の違いは何だろう。

各々の人間は、人間でありたければ、破壊的でなければならない。それはアリストテレスによって与えられた定義だ。人間は考える動物だ。考えることは破壊と等価値だ。

世界の多くの国々が、私に四週間の観光ビザさえ与えられないと決めたのは事実だ。私はそれを本当に楽しんだ。なぜなら、全歴史の中でそれほど多くの国が、四週間の観光ビザを出せないほど、一人の人間を恐れたことは、かつてなかったからだ。

ソクラテスは長生きした。そして彼は毒殺された。イエスは三年間、絶え間なく説教した。それから磔にされた。私が逮捕されたとき、私はたった二週間ギリシャにいただけだ。そして脅かすのだ。私がすぐに家を出なかったら家を燃やすと、家をダイナマイトで爆破すると――。これらは、二千年前にソクラテスを毒殺した同じ人達だ。

それに、二週間で私に何ができるだろう？　私は家を出てさえいなかった！　私は外出しなかった。しかし、大司教は大統領のもとへ電報に次ぐ電報を送り、首相に電話し、ニュースメディアのインタビューに応じた。「この人がここに滞在したら」――そして私には四週間のビザしかなかった。ほんのもう二週間私はそこに滞在できた――「この人がここに滞在したら、われわれの道徳、宗教、教会、われわれの伝統は破壊されるでしょう。」

これを聞いたとき、私は「宗教、教会、道徳、伝統――二千年間で作り上げたものが、二週間で一人の人間によって破壊されるのなら、それは破壊する価値がある。疑う余地がない」と言った。

そして、病的な疑り深さはヨーロッパ中に広がった。現在ヨーロッパの議会には、私をヨーロッパのどんな空港にも着陸させせないようにという動議がある。おそらく私が空港へ着陸するだけでも、彼らの道徳、彼らの宗教、彼らの伝統を破壊するのだろう。それはたった一つのことを示す。彼らも、自分たちがもろい基盤の上に立っていることを知っている。ほんのひと押し――二週間の観光客さえ、それができる――そして全伽藍は粉砕される。

これは奇妙だ……文明世界では、意見が一致しなければ、それについて議論できるし、合意に達することができる。しかし、私の家をダイナマイトで爆破することは、解決策ではない。人々は何も学ばなかったようだ。

イエスを磔にすることは解決策だったと思うかね？　磔は、キリスト教をつくった。ソクラテスの毒殺は解決策だったかね？　ギリシャの全歴史で、ソクラテスほど尊敬された人はいない。人々は彼を毒殺することに決めた人々の名前を、完全に忘れた。しかし人間が地球にいる限り、ソクラテスの名前は不滅のままで残るだろう。今日でさえ、彼は現代的だ。彼の考えは、その途方もない洞察ゆえに、二千年経っても時代遅れになっていない。彼はまさしく彼らの精髄――ギリシャ精神全体の天才だった。そして彼らは彼を滅ぼした。

何世紀もの間、平凡な人達による天才への陰謀が続いている。そしてもちろん、平凡な人々は大多数だ――彼らはすべての力を握っている。彼らには政府があり、軍隊があり、警察があり、核兵器がある。天才は、知性以外に何も持っていない。そして、知性は基本的に革命だ。そうでないはずがない。その本質、その固有の性質は反逆だ――無知への反逆、虚偽への反逆、奴隷制度への反逆、人がトータルになり、成長した自己になるのを妨げるものすべてへの反逆だ。

これらの国々のおかげで明らかになったのは、一個人が、核兵器を持っている国々よりも強力だということだ。そうでなければ、それほど恐れる必要はない。

イギリスでは、彼らは私が空港ラウンジに一晩とどまることを許さなかった。ラウンジはそのためにあるのに。私は自分のジェット機を持っていたが、危険を避けて、二枚のファーストクラスのチケットも購入した。ラウンジは飛行機を乗り換える人々のために作られているのに、私がラウンジにとどまるのは許されない。私の友人の一人は、偶然係員のファイルを覗き込んだ……彼はテーブルにファイルを置いて洗面所に行っていた。友人はちょっとファイルを調べた。私が空港に着く前すでに、すべては政府によって詳細に命じられていた。私が来るならば、ラウンジに一晩とどまることは許されない。私が危険人物なので、刑務所に送るようにというのだ。

私はその人に言った。「私がどれほど危険だろう。私は眠るつもりだ。夜はすでに十一時だ。私はただ、ラウンジで眠るだろう。それにラウンジからイギリスに入る方法はない」

しかし彼は言った。「私たちには何もできません。あなたを自由にすることはできません。あなたが一晩滞在したければ、刑務所に送るほかありません。」

スウェーデンでも同じことだった。

ドイツは自国の大使館すべてに、私にビザを出さないよう命令した。奇妙だ……私たちはこれを「文明」と呼ぶ。

文明はいまだ起こっていない。これは全く偽物だ。

私は危険だった——いま、雲がチェルノブイリから核放射線を運んでいる……その雲を刑務所に入れたらどうかね！ それは危険ではないのかね！ 今や彼らはみな無力に感じている。彼らは何もできない。そして私は破壊的だ。私が長い間「万一何か起こってもコントロールできないのだから、核エネルギーをもてあそんではいけない」と言ってきたからだ。いま、何かが支障を来たし、彼らはみな無力だ。そしてそれは一日の問題ではない。その影響は何十年も続くだろう。

ウクライナで災害が起こったのだが、彼らは三十年間食物を育てられないだろう。そしてそこは、ロシア全体に食物を供給する州だ。すぐにロシアは世界一の空腹な国になるだろう。そしてヨーロッパのいたるところで、放射線濃度は――人間にとって許容できる量の百倍に、二百倍にまで上がった。その空気を吸うこと、そのミルクまたは水を飲むこと、野菜や果物を食べること――すべては危険だ。現在、すべての議会は沈黙を守っている。

私は危険で……核兵器は危険でないということだ！　まさにこれは狂気の世界だ。

人間の中の存在、あるいは自己は、その人の死とともに死ぬのでしょうか。それとも、死を越えてもう一つの体の中で生きるのでしょうか。

問題は少し複雑だ。

最初に、あなたの人格があなたの真実ではないことを理解することだ。それは文化、社会によって与えられている。

個性はあなたのものだが、人格はあなたのものではない。

人格としては、あなたはいつも死んでいる。個性としてのみ、あなたは生きている。しかし個人であるために必要なのは、人格に対して、反抗すること、そしてある人格をあなたに押し付けているすべての人々に対して、反抗することだ。

子供は各自、ある可能性を持って生まれる――それなのにそれぞれの社会は、彼らを何か他のものにしようとする。

ある男が、結婚五十周年記念日を祝っていた。彼の友人、親類、知人はすべて集まった。たいそうな喜び、笑いがあった。しかし急に、彼がいなくなってしまった。彼がどこに行ったのか誰もわからなかった。

庭をのぞいてみると、彼は木のそばの、日のあたらない暗いところに、とても悲しそうに座っていた。

友人たちは言った、「おかしいじゃないですか。あなたはお祝いするために私たちみんなを呼んだのに、まるで誰かが死んだように、悲しみに沈んでここに座っている！　悩みの種は何ですか？」

彼は言った、「その悩みは……結婚したこの相手に私は非常に苦しめられたので、二十五年前に弁護士に『私が彼女を撃ったら、どうなるでしょう』と尋ねたんだ。すると彼は『気が狂っているんですか？　彼女を撃ったら二十五年の刑を食らいますよ！』と言ったんだ。きょう私は自由だっただろう、と思うととても悲しい。そのばかな弁護士は死んだ。そうでなかったら、私は彼を殺していただろう！　彼は私を怖がらせたんだ」

男性は、愛していない女性と一緒に暮らさなければならない。それは単に悲惨だ。女性は男性と一緒に暮らさなければならない……それは単に悲惨、地獄だ。人は嫌いな職業に就いて働かなければならない。誰でも好きではない何かになる。これがあなたの人格だ。社会は、人々の自然な個性から気をそらせ、本来あるべきではない何かにする。

だから理解すべき最初のことは、あなたは人物《パーソン》ではない、あなたは人格《パーソナリティー》ではないということだ。『人物《パーソン》』という言葉は、ギリシャ劇から来ている。ギリシャ劇では俳優は仮面《ペルソナ》をつけていた。そしてその仮面《ペルソナ》……人の実際の顔は見ることができなかった。彼の声を聴けるだけだった。ソナは音を意味する。ペルソナとは、誰が話しているのかわからないことを意味する。あなたはただ音を聞く。顔は見えない。『人格《パーソナリティー》』という言葉はギリシャ劇から来ている。

誰でも仮面をつけている。あなたは音を聞けるが、顔を見ることはできない。あなたは個人を見ることができない。すなわち第一に、あなたは『人物《パーソン》』ではない。あなたが人物なら、あなたはすでに死んでいる。あなたが人格《パーソナリティー》だけなら、ゆりかごから墓場まで自分を引きずるが、あなたは決して生きていない。

あなたが個《インディビジュアリティ》であるとき——あなたがあらゆる伝統、あらゆる宗教に自己主張するとき、存在があなたになって欲しいと思う人ではない誰かにしようとする、過去のすべてに自己主張するときだけ、あなたは生きる。それならあなたは生きている。

また思い出した。私がかつて知っていた偉大な外科医——おそらく彼は、インドで最も有名な外科医だった——が引退した。そして彼の友人たち、彼の同僚たちはみんな彼のためにパーティー、送別会を開いた。しかし、彼はとても悲しそうだった。私は尋ねた。
「なぜ悲しいのですか？　あなたは幸せなはずだが。全国で最高の外科医なのだから」

彼は言った。「あなたにはわかりません。私はそもそも、決して外科医にはなりたくなかったんです。最高の外科医であることが何でしょう？　それを聞くのが嫌いです！　私は音楽家になりたかったんですが、両親に外科医になることを強いられたんです——自分の意思に反して、外科医になりました。偶然私は、最高の外科医になりました。おそらく私は、最高の音楽家にはなれなかったでしょう。私は裕福ですべてを持っていますし、社会的地位があります。でも、だからと言って幸せになれるわけではありません。

たとえ乞食のままだったとしても、私は私自身なので、音楽家としてこの上なく幸せだったでしょう。この外科医は、まるでどこかの他人のようです。それは演じた役ですが、私ではありません。人々は祝ってくれています。それなのに私は、心の中で泣き叫んでいるのです。自分の一生はおしまいだと」

だから第一に、あなたは『人物《パーソン》』ではない。人物であれば、あなたは死ぬ前に死んでいる。数限りない人々が実際に死ぬ三十年、四十年、あるいは五十年前に死んでいる。あなたは個人《インディビジュアル》だ。そして個人だけが、自分の本当の自己を知ることができる。人格は自己を持たず、人格と同じくらい偽の自我だけを持つ。個人《インディビジュアル》は、自己、魂を持つ。個人は生命の本質だ。

もしあなたが生命を知っているなら、この種の質問は決してしないだろう。生命を確実に知っているということは、生命が不滅だと知っていることでもある。不滅への理解とは本質的なものだ。それは外部からの情報に基づくものではない。ただ、あなたの真の存在をトータルに生きていれば、ゆっくりゆっくりと、自己の内なる生命の不滅の流れに気づく。あなたは体が死ぬことを知っている。しかしこの魂、それは全生命の本質だが、死ぬことはない。

存在の中では、破壊可能なものは何もない。

それは何かを信じることではない。あなたは何も破壊できない。それは科学的な事実だ。石の小さな破片さえ、破壊できない。あなたがたとえ何をしても、それは何らかの形で残る。

科学は外側の世界を調べて、客観的な実在さえ不滅であることを知る。宗教は内側の世界で、ちょうど科学のように調べて、舞い踊る生命が本質的に不滅であることを知る。

ソクラテスは何も信じなかった。この時点で彼を思い出すことは、役立つだろう。魂が肉体の死後に生き残るかどうかを彼に尋ねたなら、彼はこう言うだろう。

「最初に私を死なせなさい——私が死ななければ、どうやって言えるかね？」

そして彼が毒を盛られた日は、人類史上、最も重要な日の一つだ。弟子たちは彼のまわりに座っていて、彼は横たわっていた。彼は弟子に言った。

「何が起こっているかを、お前たちに言うつもりだ。できる限り、お前たちに知らせ続けよう」

それから彼は「私の脚はひざまで死んでいる。感じられるかどうか、誰か私の脚をつねっておくれ」と言った。誰かが彼の足をつねった。彼は言った。「私は感じることができない。脚は死んだ。だが、一つ覚えておきなさい。私はこれまでと同じくらい生きている。脚の死は、私の生命のどこも傷つけていない。私の生命はこれまでと同じくらい全体だ」その後、脚のすべて、体の半分が死んだ。そして彼は「私の体の半分は死んでいるが、私はかつて全体であったように全体だ」と言った。

次に彼の手が死んだ。彼は言った。「私はまだここにいる。そしてまだ全体だ。おそらく今、私の心臓が止まるだろう。しかし、たとえお前たちに知らせることができなくても、私は残ると言える。もしこれらの部分がなくなっても、私が全体ならそれは重要ではない。心臓は一部分に過ぎない」

そして彼が死んだとき、彼の顔はとても嬉しそうで、とても楽しそうだったので、プラトン、彼の弟子は回顧する。「私たちは、彼の顔があんなに光にあふれて、あんなに輝いているのをこれまで見たことがなかった。おそらく、魂が体を離れる最後の瞬間は、ちょうど太陽が沈み、空全体が非常に美しく輝く、夕焼けのようなものなのだろう」

それは信念の問題ではない。私は何の信奉者でもない。だから、魂が不滅だということを信じなさいというわけではない。しかし、私は自分の過去生を思い出すことができるので、それが不滅だということは私の経験だ。またそれは、来世があるだろうという確かな証明だ。私はあなたに、過去生を思い出すテクニックを教えることができる。そしてそれは、あなたが来世を持つという確かな証明になるだろう。あなたには、過去の永遠と未来の永遠がある。

あなたは常にここにいた。そしてあなたは、いつもここにいるだろう。

しかし、最初にあなたの偽の人格を落としなさい。

あなたの本物の個人《インディビジュアル》になりなさい。

存在があなたに望むように生きなさい。まさにあなたの人生は、とても情熱的で、とてもトータルであるべきだ。それゆえあなたは、あなたの生命の松明《たいまつ》を両端から燃やすだろう。その強烈さにおいて、あなたは永遠の何かに触れたことを知るだろう。そして生でそれを知ったなら、死においてはより深い確証を見出すだろう。

人格に生きる人々は、常に無意識の状態で死ぬ。彼らは決して生きなかった。彼らは意識が何であるかがわからないので、死の前に意識を失う。そのため、私たちは自分たちの過去生を覚えていない。あなたは無意識だった。そして死は、あなたの無意識の中で起こったのだ。

しかし、個人として意識的に生きるなら、意識的に死ぬだろう。ソクラテスが死んでいくように――最後の呼吸までも非常に意識しながら。そしてこの記憶は、次の生でもあなたと共にあるだろう。

東洋には三つの大きな宗教がある。ヒンドゥ教、ジャイナ教、仏教だ。この三つはあらゆる点で意見が一致しない――彼らの哲学はすべてに異なる――が、一つの点において一致する。それは魂の永遠の存在だ。それが理論上の議論の問題ではなく、存在に関する経験の問題だからだ。あなたはそれに反対できない――それは全くそうなのだ。

東洋のこれらの三つの宗教に対して、インドの外に三つの宗教がある。ユダヤ教、キリスト教、イスラム教だ。彼らは皆、一つの生を信じる。それは、単に彼らの貧困を示す。彼らは過去生を見出すほど徹底的に探求していないし、来世について何も保証できない。インドの外で生まれたこれらの三つの宗教は、表面的だ。彼らの仕事は徹底的な研究調査ではない。

しかしインドでは、一万年の間に何千もの人々が自己認識に至り、永遠に残るいくらかの光があることを知った。それは一つの体からもう一つの体へと移り続けるが、不滅だ。

私はそれを信じるようにと言うつもりはない。私は実験するようにと言うだけだ。私はあらゆる信念に反対だ。それがあなたを滅ぼし、あなたの考えを破壊するからだ。私は実験することに賛成だ。そして利用できる技法があるのだ。

それは私の生涯の仕事だ――真に探求したいすべての人が――好奇心の強い人だけではなく、探求のためにすべての危険を冒す用意がある探求者が、利用できる技法を生み出すことだ。なぜならあなたは、最もすばらしい宝を見つけるのだから。探求とは、そのためにあらゆる危険を冒すということだ。

個人にせよ、集団にせよ、自由とは何ですか？

自由という現象には、三つの次元がある。第一は肉体的な次元だ。人は肉体的に奴隷にされ得る。そして何千年ものあいだ、人間はまさに他の商品と同じように市場で売られてきた。アメリカに渡った黒人は、すべて物として買われた。

奴隷は世界中に存在した。彼らに人権はなかった。彼らは実際、人間としては受け入れられていなかった。人間以下だった。そして彼らはいまだに人間以下として扱われている。インドにはスードラがいる、不可触賤民だ。インドの四分の一はいまだに隷属の下に生きている。この人たちは教育を受けることもできず、五千年も昔からのしきたりによって、定められている職業以外のものに就けない。彼らを人間として考えることは不可能だ……。彼らに触れるだけでも身が汚れる、すぐに体を洗わなければならない。その人間に直接触らなくても、その影に触れただけで、風呂に入らなければならない。

つまり肉体的な隷属というものがあり、また肉体的な自由というものがある。肉体的な自由とは、自分の身体が束縛されず、ほかの誰かの身体より低いものとは分類されず、肉体に関する限り平等だということだ。だが現在でも、これは真実ではない。

女性の肉体は、男性の肉体と平等とは思われていない。女性は男性と同じように自由ではない。中国では何世紀にもわたって、夫が妻を殺しても罰を受けることはなかった。なぜなら、妻は夫の所有物だったからだ。それが自分の椅子であり、自分の家であれば、その椅子を壊してもいいし、またその家を燃やしてもいいのとまさに同じように、妻を殺してもいいのだ。中国の法律には、夫が妻を殺しても、処罰は存在しなかった。女性は魂を持たないもの、単なる再生産の道具、子どもを産むための工場と考えられていたからだ。

回教徒は四人の妻を持つ。この世では自然がバランスをとっているのだから、これはまったく醜い。男性と女性の数は等しい。だから一人の男性が四人の女性と結婚すれば、ほかの三人の男性はどうなるか？彼らは倒錯者、同性愛者、男色者になり、エイズその他のあらゆる病の原因になるだろう。モハメッド本人は九人の妻をめとった。

しかし、これはものの数ではない！　わずか四十年前、インドが独立したときには、インド国内の回教徒の州のひとつのハイデラバードの王、ニザームには五百人の妻がいた。だが、まだ上がいる。

ヒンドゥ教の神の化身クリシュナには、一万六千人の妻がいた。少なくともその王、ニザームの妻たちは彼自身の妻だ――彼はその妻たちと結婚していた。クリシュナは、自分の気に入った者なら誰でも連れてきた……その女性に子どもがいても夫がいても、その人たちの世話をしなければならないこともかまわずに――そんなことは一切おかまいなしにだ。彼には権力があった。だが、一万六千人の妻を持つなどあまりにも馬鹿げている――その名前すら覚えられない！

だがインドでは、女性は単なる財産であったために、多ければ多いほど良いと考えられた。そしてもちろん、神の化身はほかの誰よりも多くの財産を持って当然なので、最大数の妻を持たねばならないというわけだ。

だから肉体的な隷属があり、それは今でも別な形で続いている。次第に少なくなっているが、完全に消えてはいない。

肉体的自由とは、黒人と白人のあいだに差別はないということ、男性と女性のあいだに差別はないということ、肉体に関する限り、どんな差別もないということを意味する。誰ひとり純粋でもなければ、誰ひとり不純でもない。肉体はすべて同じだ。これこそが自由の原則だ。

それから第二の次元、心理的自由がある。この世に心理的に自由な人間は、きわめてわずかしかいない……なぜなら、回教徒ならもはや心理的に自由ではないし、もしヒンドゥ教徒なら、心理的に自由ではないからだ。子どもたちを育てる私たちのやり方のすべては、彼らを奴隷——政治的イデオロギー、社会的イデオロギー、宗教的イデオロギーの奴隷にすることだ。私たちは彼らに、自分自身で考える機会、自分自身で探求する機会を与えない。私たちは子どもたちのマインドを強制する……私たちは彼らのマインドに、自分自身でも経験してはいないことを詰め込む。

両親は子どもたちに神がいると教えるが、自分では神のことなど何も知らない。自分の子どもたちに天国と地獄があると教えるが、自分でその天国と地獄を知っているわけではない。

こんな話を聞いたことがある。ニューヨークで起こったことだが、ニューヨーク一の大きな教会に、枢機卿が入ってきてみると、中に若い男がいた。そして枢機卿は、その男がヒッピーなのかイエス・キリストなのか迷ってしまった。その男はイエス・キリストのように見えるのだが、しかしイエス・キリストがこんなふうに現われるはずがない、彼はヒッピーに違いない。司祭は恐ろしくなった。なにしろイエスというのは自分自身の経験ではなかったので、彼にはイエスを見分けられなかったからだ。

彼はその男に近付いていって尋ねた。

「あなたは誰ですか？」

するとその若い男は言った。

「お前には私がわからないのか？　毎日私に『主イエス・キリスト』と祈っておきながら、こうして私が来てみると、お前は無礼にも『あなたは誰か？』と尋ねる」

枢機卿は、この男は本当にイエス・キリストかもしれないと、心底恐ろしくなった——その男はまさにイエス・キリストそのものに見えた。だが、ではどうしたらいいのか？　彼が勉強し枢機卿になった神学校では、もしイエス・キリストが自分の教会に入ってきたら、どうすべきかなどと一度も教わらなかった。前例がないのだ！

彼はバチカンに電話をして、法王に尋ねた。

「どうすべきか指示して下さい。今ここに男がいるのですが、私はヒッピーのようだと思っていました。しかし彼はまたイエス・キリストにもよく似ているのです。そこで彼に尋ねると『私はお前の主イエス・キリストだ』と言うのです。私はどうしたらいいのでしょうか？」

するとと法王はこう答えた。

「何だって。これまでそんなことは一度もなかった！　こうしなさい。まず忙しそうにすること。次に警察に電話をするんだ」

人は、自分でも知らないことを、子どもたちに教えている。ただ子どもたちのマインドを、条件付けしているにすぎない。というのは自分のマインドは、自分の両親に条件付けられたからだ。このようにこの病気は、世代から世代へと受け継がれていく。

心理的な自由とは、子どもたちが成長することを許されたら、可能になるだろう——もっと知的になり、より深く理解し、よりいっそう意識し、より目醒めて成長するということでだ。子どもたちには、どんな信条も与えられない。何らかの信仰を教わるのではなく、できる限り真理を探求するようにと奨励される。そしてごく初期の頃から、子どもたちにこう教えることだ。ただ自分自身の真理だけ、ただ自分自身が見い出したものだけが、自らを解放するのだと。その他のものは、決して自らを解放してはくれないのだと。

真理は人から借りてくることはできない。

真理は本で学ぶことはできない。

誰ひとり、あなたにそれを伝えることはできない。自分で実存を覗き込み、それを見つけられるように、人は自ら知性を研ぎすまさなければならない。

もし子どもが白紙の状態で、受容的で、意識的に醒めているようにと、そして探求するようにと奨励されるなら、彼は心理的な自由を持つことになる。すると、心理的な自由とともに途方もない責任が訪れる。子どもにそれを教える必要などない。それは心理的な自由の影のようにやってくる。しかも彼は、あなたに感謝するだろう。そうでない限り、あらゆる子どもは、自分を甘やかしたことで両親に腹を立てる。自分の自由を破壊し、自分の思考を条件付けた両親に対して。子どもたちがどんな質問もしないうちから、親たちは子どもの頭を、自分自身の経験に基づいてもいない、あらゆる偽りの解答で満たす。


世界は心理的な奴隷制度の中で生きている。

そして第三の次元こそが、究極の自由だ。それは自分自身が肉体ではないこと、自分がマインドではないこと、自分がただ純粋な意識であることを知っている。その認識は瞑想を通して訪れる。

瞑想は、人をその肉体から分離させ、マインドから分離させる。すると究極的には純粋な意識としての、純粋な気づきとしての自分だけがいる。それが霊的な自由だ。

これが個人にとっての自由の、三つの基本的な次元だ。

あなたは個人的な自由と集団的な自由について尋ねた。集団が自由である必要はない。すべての個人だけが自由であるべきだ。それで集団は自由になる。集団には魂はない。集団にはマインドはない。集団には肉体すらない。集団とは単なる名称にすぎない。それはただの言葉だ。だが私たちは、あまりにも言葉によって印象付けられるために、言葉には実体がないことを忘れてしまう。集団、社会、共同体、宗教、教会——これらはすべて言葉だ。その背後にはどんな実体もない。

ある小話を思い出した。『不思議の国のアリス』の中で、アリスが女王の宮殿にやって来るところだ。アリスがやって来ると、女王は彼女に「ここにやって来る途中、使者に会いましたか？」と尋ねる。すると少女は「〝誰もいない〟(*Nobody*) です。誰にも会っていません (*I met Nobody*)」と答えた。すると女王は「ダレモイナイ」というのが誰かのことかと思って、「それならどうして、その〝ダレモイナイ〟はまだ着いていないんだろう？」と尋ねる。

少女は、「女王様、〝ダレモイナイ〟は誰もいないです！」と言った。

すると女王はこう言った。

「馬鹿なことをお言いでない！〝ダレモイナイ〟が〝ダレモイナイ〟に違いないことぐらいわかっていますよ。でも彼はお前より先に着いているはずなのよ。〝ダレモイナイ〟は、お前より歩くのが遅いみたいね。」

するとアリスは、

「それこそまったくの間違いよ。私より速い者は〝誰もいない〟です！」と答えるのだ。

そしてその対話はずっとこんなふうに続く。この会話の間ずっとその「誰もいない」は誰かになってしまって、アリスには〝誰もいない〟というのは「誰もいない」ことなのだと、女王を納得させることができない。それをどうやって納得させる？

アリスは懸命にやってみる。ところが女王が「〝ダレモイナイ〟はお前より歩くのが遅い」と言うのを聞いて、腹を立ててしまう。これはあんまりだ！

そこでアリスは、「私より速い者は〝誰もいない〟！」と叫ぶ。

女王はこう言う。

「そういうことだったら、もうここに来ていなきゃならないのに！」

集団、社会——こういうものはすべて言葉にすぎない。本当に存在しているのは個人だ。そうでなければロータリー・クラブやライオンズ・クラブに……そうなると難しいことになる。ロータリー・クラブの自由とは何か？　ライオンズ・クラブの自由とは何かね？　そういうものはただの名称だ。集団とはきわめて危険な言葉だ。

その集団の名において、個人が、真実が常に犠牲にされてきた。私はそれにはまったく反対だ。国家は、国家の名において個人を犠牲にしてきている――しかも「国家」とは言葉にすぎない。地図の上に引かれている線は、この地上のどこにもない。それは人間のゲームだ。だが人間が地図の上に引いたそれらの線のために、何百万という人々が死んできた――現実の人間が、非現実の線のために死んでいる。そして人間は彼らを英雄に、国家英雄に仕立て上げる。

この集団という考えは、完全に破壊すべきだ。そうでなければ何らかのやり方で、私たちは個人を犠牲にし続けてしまう。宗教の名において、私たちは個人を犠牲にしてきた。宗教戦争だ。

宗教戦争で死んでいく回教徒は、天国を確信している。彼は聖職者にこう言われている。

「もしお前が宗教のため、回教のために死ぬなら天国に必ず行ける。その天国には、これまで想像し夢に見たあらゆる快楽がある。それにお前に殺されたその男も、回教徒によって殺されたということで、天国に行ける。それはその男の特権にもなる。だからお前は、人間を殺したことで罪を感じる必要はない」と。

キリスト教徒には十字軍がある――ジハード、宗教戦争だ――そして何千という人々を殺し、生きた人間をあぶり殺した。何のためか？　何らかの集団のためだ……キリスト教のため、仏教、ヒンドゥ教、共産主義のため、ファシズムのために――どんなことでもいい。何らかの集団を表わすどんな言葉でもいい。それで個人を犠牲にできる。

集団は、存在すべき理由すらない。個人で充分だ。そしてもし個人に自由があるなら、個人が心理的に自由であり、個人が霊的に自由であるなら、当然その集団は霊的に自由になる。

集団とは個人から成立つ。その逆ではない。個人とは集団の一部分にすぎないと言われている。それは真実ではない。個人とは、集団の単なる一部分ではない。集団とは、集まっている個人を表現する象徴的な言葉にすぎない。個人はどんなものの部分でもない。個人とは独立したものだ。個人とは、有機的に独立したものとしてとどまる。それは部分にはならない。

もし私たちが本当に自由な世界を望むなら、このことを理解すべきだ。私たちは集団の名において、これまで実に多くの大量殺戮が起こってきたこと、もうそれを止めるべきだということを。あらゆる集団の名称に、いつまでも過去の威厳を保たせてはいけない。個人こそ最高の価値であるべきだ。

知るということは、知的な経験なのでしょうか?

知るという経験には二つの局面がある。一つは客観的な知、もう一つは主観的な知だ。客観的な知は知性によるものだ。それがあらゆる科学が続けていることだ。それは知性的に知るということだ。

知性は物事を知るには充分だ。物事は外側にある——目に見えるし、実験もできる。解剖することもできる。望むことなら何でも、ありとあらゆる実験ができる。物には純粋な知の力が及んでも、実存には知の力は及ばない。

自分自身の存在に到達できるのは、沈黙の中でのみだ。知的な行為においてではなく、静かな気づきにおいてのみだ。それはまったく別の次元であり、それが本当に知るということ、自分自身を知るということだ。だがそれは知的なものではあり得ない。なぜなら知性とは、外側のものにしか到達できないからだ。内側に到達するすべがない。

人は自分の目で、あらゆるものを見ることができる。だが——自分の目で——自分自身の目を見ることはできない。鏡の中では見えるが、それは自分の目ではない。それは鏡像にすぎない。人間の知性は外界のあらゆるものを知る能力を持っている。だが、人間はその知性の背後にいる。知性にはそこに至るすべがない。

今思い出したのだが……フォードが初めて自動車を作ったときには、バックギアがなかった。バックギアという発想そのものが、存在しなかった。だから、家を出てからほんの数フィートで何かを取りに戻りたくても、戻るために町中を大回りせざるを得なかった。それはあまりに面倒で、馬鹿げた時間の浪費だった。そこでフォードはバックギアをつけた。

だが知性に関する限り、神はフォードではない。知性にはいまだにバックギアが付いていない。それはただ、外に向かって進むだけだ。知性は遠い星の彼方にまで至れる。それに問題はない。だが知性は、すぐそばの内なる自分に到達できない。

アルバート・アインシュタイン、星の世界を探検した、おそらく最も知的な男は不幸のうちに死んだ。それは自分自身を知らなかったからだ。彼の不幸とは、全宇宙を知りながら――電子について、陽子について、中性子について、遥か彼方の銀河系について知りながら、自分自身について、自分が誰かを知らないことだった。

死の直前、彼はこう言った。

「もしもう一度生まれてきたら、私は物理学者よりは配管工になりたい。そうすれば、内なる自分を見る時間が充分にあるだろう。この物理学にあまりに巻き込まれてしまった」と。

知性によって、人は自分以外のあらゆることを知ることができる。

だからもし知性のみに頼るなら、人は自分の魂を否定することになる――それが、無神論者たちがし続けていること、共産主義者たちがし続けていることだ。その理由は単純だ。それは、あることが真実であるためには、それが知的に証明されることが必須だということにしたからだ。ところが知性には、意識を証明する手だてがない。

意識は、まったく別な方法で発見されねばならない。知性とは思考だ。ところが意識は、無思考の状態で――思考の片鱗すらも妨害になるような、完全な沈黙の中で発見されるものだ。

そうした沈黙の中で、人は自分自身の存在を発見する。

それは大空のように広大だ。

それを知ることは、本当に価値ある何かを知るということだ。それを知らなければ、あらゆる知識はガラクタにすぎない。それは役に立ち、便利な知識ではあるかもしれないが、自分の存在を変容させることにはならない。充足、満足、光明をもたらすことはできない。あなたを、「自分は家に辿り着いた」と言える地点にまで、連れて行ってはくれない。

あなたのお考えでは、精神分析における無意識の解放は、人類に何をもたらすでしょうか？

ほとんど何もない。精神分析とは無駄な実践だ。それは何ひとつ変えることがないからだ。それは新しい人間を生み出すことはない。あなた方に平安をもたらすことはない。実際、ジークムント・フロイトのような精神分析の創始者でさえ、信じがたいほどに死を恐れていた。普通の人間は、誰もあれほど死を恐れてはいない。

精神分析の創始者があまりにも死を恐れていたために、彼の面前では「死」という言葉すら禁句になっていた――それはタブーだった。それについては話してはいけなかった。誰かが「死」という言葉を口にしたために、フロイトが気絶したこと、発作を起こして意識を失ったことが三度ある。彼はあまりにも死を恐れていたために、墓地に行くことを避けていた。また、死にかけている人の所には決して、たとえ友人や弟子であろうとも、近づこうとしなかった。死に関係のある場所だとどこでも、彼は全くうろたえた。こういう男が、あなたたちに精神分析をしているのだ！

彼自身の問題が解決していない。彼は他の誰にも劣らずに腹を立てる。彼は嫉妬深い、他の誰よりも、もっと嫉妬深い。この男は貪欲だ。彼は独占を好み、人々を支配したい。彼は世界中の精神分析医の帝国と言ってもいいものを創り上げたが、誰でもみな、彼の言うことを何でもオウムのように繰り返さねばならない。何か違ったことを言う者は、即刻追放される。科学と言うよりは政治的な党派か、狂信的な宗教のようだ――科学的な研究ではない。

そしてユングについても同様だ。ユングは誰かに会うためにインドにやって来た……東洋では何千年も人々がマインドに働きかけてきているからだ。だが、決して精神分析のようなものを発達させては来なかった。彼らは瞑想を発達させた――まったく別のアプローチだ。

マインドのガラクタを分析することに何の意味がある？――それを選り分けることに……何年もかかる。十五年間も精神分析を行っている人たちがいる、しかも彼らはどこにも行き着かない。誰か他の人なら、うまくいくのかもしれないと思って、彼らは精神分析家を変えてみる。だが、どこにも至ることはない。それは無理だ。なぜなら、精神分析がすることのすべては――アドラー学派であろうと、ユング学派であろうと、フロイト学派であろうと、どの学派も――人のマインドのガラクタを選り分け、分析家のマインドに合わせて解釈することだからだ。そんなことをして一体何の意味があるだろう？

東洋では、我々は精神分析を発達させてはこなかった。我々は瞑想を発達させてきた。瞑想は単に人をガラクタから連れ出し、ガラクタを超越させる――そんなものは思い悩む価値がないからだ。それに、そんなものを思い悩みたいとなったら、いくつもの生涯をかけて思い悩み続けかねない。終わることはない。だがそのマインドに何をするでもなく、そのマインドをただ見ているだけで――ただ超然として、まるでスクリーンの上を、思考が通り過ぎて行くのを見てでもいるかのように、少しの善悪の判断もなしにそれを見ていれば――ある不思議な体験が起こる。

思考がゆっくりと消え始めるのだ。やがて空っぽのスクリーンだけがあり、どんな思考もないという瞬間が訪れる。自分の意識に対象も思考もなければ、それを遮るものがないために、意識は自分自身に戻る。それこそがまさに「対象《オブジェクト》」という言葉の意味だ――それは遮げ、反対《オブジェクト》する。

そこに対象がなければ、意識は進む……そして存在の中で、あらゆるものが円を描いて動くように、意識もまた円を描いて動く。それはそれ自身の源に戻って来る。そして、意識のそれ自身の源との出会いこそが光の爆発だ。人間に成し得る限りの最大の祝祭、最もすばらしい興奮にみちた経験だ。

しかもそれは、一度起こって終わるというようなものではない。そうではない、ひとたびそれが起こればそれは継続する。それは自分の許にとどまる。それは、ほとんど自分の呼吸のようになる。一日二十四時間、人はその中に生きる。

ユングは人を探し求めてインドに来た。いったいどうして東洋が、あれほどたくさんのゴータマ・ブッダのような人間を生み出したのかを発見するために来た――ブッダひとりだけではなく、何百人もの人々がマインドを越え、厄介と問題と心配と不安を超越した。その秘密は何なのか？　彼はさまざまな大学に通い、精神分析医たちに会った。そして至る所でこう言われた。

「あなたは時間を無駄にしている。この人たちは、あなたが探し求めている人たちではありませんよ。こういう人たちは精神分析を学びに西洋へ行って来た人たちで、彼らは大学で精神分析を教えている。あなたがここに来たのは、西洋にまったく影響されたことがない人を探すためです。そしてそういう人がいるのです」

そこに、ひとりの人がいた。シュリ・ラマナ・マハリシだ。ユングが行く先々で――彼はインドに三カ月いたのだが――至る所でその同じ名前が彼に告げられた。

「南インドのアルナチャルに行ってこの人に会うといい。その人は教育も受けていないし、精神分析など何も知らない。が、彼こそが東洋が生み出した人間なのです。ただ彼の所へ行って一緒に坐り、彼と話し、彼の言葉を聴いたらいい。もし何か質問があれば、彼に訊きなさい」

だが驚くかもしれないが、ユングはついにそこへ行かなかった。

後になって、自分が批判されると思ったのだろう、ユングはこう書いた。

「私はいろいろ考えてみた上で、ラマナ・マハリシの所へは行かなかった。なぜなら東洋には東洋のやり方があり、西洋には西洋のやり方があって、ごちゃまぜにするものではないからだ」と――単に批判から自分を守るためだ。それならいったい、何のためにインドに行ったのか？　彼はその現存している稀な人物の所に行くように、何度も何度も言われた。ところが彼は、マドラスまで行ったにも関わらず、そこへは行かなかった。マドラスからアルナチャルまではたったの二時間の距離なのに！

ユングはその人の所へ行かなかった。会うだけで、その人がいかに透明な人間か、自分のマインドを完全に片付けた人間というものがどういうものか――その人の目、その人の身振り、その人の言葉、その権威を――見ることができただろうに。その人は聖典を引用することはしない。自分自身で知っている。

ユングは行かなかった。そしてそれを自分でもやましく感じていた。自分を弁護するために、彼は東洋と西洋にはそれぞれ別なやり方があるなどと書き始めた。これはナンセンスだ。なぜなら人間は、東洋であろうと西洋であろうと同じだからだ。しかも不思議なことに、彼は東洋人の学生に、西洋心理学を教えていた。これは東洋と西洋を混在させることだから、拒否すべきだった。本当に正直なら、彼は「君たちは東洋に帰りなさい」と言うべきだった。

彼は、東洋人の学生たちに西洋心理学を教えてはいたが、自分自身はひとりの東洋人の瞑想者の所へ、ただ会いに行くだけの用意がなかった。何が恐ろしいのか？　その恐怖とは、ユングは他の誰とも同じ当たり前の人間——ただの知識ある人間だということだ。彼は本から知識を集めはしたが、自分自身で真の経験はしていなかった。

西洋の精神分析は、ただのビジネスだ。それは人を騙している。何の役にも立たないもので、ただ人を搾取している。ところが他に代わるものがないために、人々はそこに行くほかない。精神分析医たち自身は、他の精神分析医たちの所に行っている。しかも精神分析医たちは、他のどんな職業人たちよりも発狂している！　彼らは他のどんな職業人よりも多く自殺し、他のどんな職業人よりも、あらゆる意味でもっと倒錯している。

それは実に奇妙な現象だ。それは科学などではまったくなく、単なる虚構にすぎない。だがそれはたいそうな専門職になった。実際、ユダヤ人たちは、キリスト教という最大の企業を創り出したイエスを見逃した。そこでユダヤ人たちは、決して自分たちを許せない。自分たちの息子があのような大企業を創り出すことになったというのに、自分たちはそのかわいそうな若者を磔にしてしまったのだ！

ジークムント・フロイトとカール・マルクスもユダヤ人だ。そしてこのふたりは、ユダヤ人たちがイエスを磔にしたときに逃したものを埋め合せしようと、懸命にがんばった。今度は彼らもカール・マルクスを磔にはしなかった。ジークムンド・フロイトも、磔にしなかった。彼らは、磔が高くつくことを学んだ。ビジネスがすべて、他人の手に渡ってしまうということをだ！

第二章

ハートから旅を始めなさい

Start the Journey from the Heart

あなたがあんなにも素晴らしく、光明を得ること、目覚めること、そして夢見ることについて話されているとき、私にとって夢見ていることがあまりにも真実で、目覚めることなど想像さえ不可能に思えるのです。私はあなたの美しさ、あなたの慈悲、愛、あなたの理解に驚嘆します。けれども、あなたの臨在の許にいることは、私には非常に似つかわしくない状況のように思えて、それは夢か、それとも何か信じられない偶然に違いないと思われるのです。

〈生〉は私が望むどんなものでも与えてくれます。あなたを通じて、本当にいろいろなやり方で贈りものが降り注いできて、おとぎ話がずっと続いているようです。〈生〉が物憂く過ぎ去って行く中で、私は次から次へと楽しみに出会います。この状況があまりにも楽でうれしくて、光明を得ることへの欲望など、はるか彼方に見えるのです。どうかコメントして下さい。

光明への願いがはるか彼方に見えるのはいいことだ。なぜなら、光明を得たいという願いこそが、達成における最大の障害だからだ。

それは真理を求めるものにとって永遠の疑問のひとつだ。導師は一方では「光明を達成せよ」と言い続け、もう一方では、「それを欲してはいけない」と言い続ける。だが、かわいそうな弟子にとっては、これは大いなる謎だった。師はふたつのことを言っている、それを欲せよ、そしてそれを欲してはいけないと。それこそが、唯一欲すべきものだからそれを欲せよと。その欲望が障害になるが故に、それを欲してはいけない、と。

みんなを当惑させないために、私の働きかけ方は違っている。話をしていようといまいと、ただみんなと一緒にいることで、ただ自分のハートのすべてをみんなに与え、みんながそこで光明の何らかの味わいが得られるような状況を創り出すことで……。光明を得ることの、そのわずかの味わいでさえ、あなた方がこの瞬間、今ここにとどまるには充分だろう。あなた方は、光明を得ることも含めて、あらゆる欲望を忘れる。

もしあまりにも至福に満ち、あまりにも満足しているために、一瞬、心の中にどんな欲望もないような状況が創り出されるとしたら、あなた方は大いなる教訓を学んだことになる——この無欲の状態がずっと続いたら、光明を得ることなど、気にする必要はないのだと。それは、むこうからやって来るだろう。こちらがそこへ行かねばならないことはない。それはどこかで待ちかまえている対象物ではない——こちらがそれを願い、見つけ出し、懸命に働きかけ、そこまで行かなければならないような。それは単に、欲望がないときのあなた方自身の状態なのだ。

この無欲こそ、最も至福に満ちた状態だ。そして光明とは、それを表わすもうひとつの名前だ。一瞬でもそれを知れば、それで充分だ。なぜなら、ふたつの瞬間を同時に与えられることは決してないからだ。常に一瞬だ。そしてもしこの秘密を、この瞬間を変容する錬金術を知れば、人は〈生〉を変容する秘密のすべてを知る。なぜなら、次の瞬間もまた同じ瞬間だからだ。それまでと同じことを、新しい瞬間にもすればいい。無欲の中にとどまり続ければいい。

私の臨在の許にいれば……私はそれをみんなのマインドの中にある混乱や当惑を避けるための手段として使っている。私はその味わいを与えることができる。そうすれば、今度はその味わいがみんなの面倒を見てくれる。初めは光明を求める願望はとてもかけ離れて見えるかもしれない。やがて自分がその中にいることで、そんなものはすべて忘れてしまう。それは自分の内なるものになる。そして確かに最初は、それは美しい夢のように見える。私たちは現実とその醜さに慣れているからだ。私たちは夢の中でしか、美というものを知らない。
だからこういうことが起こればいつでも、自分がはっきりと目覚めているときでさえ、それはまるで夢のように感じられる。現実がこれほど慈しみに満ち、これほど途方もなく美しく、これほど崇高なものであるはずがない、と。現実にはこんな魔法はあり得ないと。だが、言って聞かせよう。実在はどんな夢より、いっそう魅力的だ。それはどんな夢より美しい。それは、この世の最もすぐれた詩よりもさらに詩的だ。

私たちが知っている現実は、本当の現実ではない。それは現実の上にマインド自体を投影する、醜いマインドを通して見た現実だ。私たちは現にあるものを見ていない。私たちが見ているのは常に、自分自身の偏見、考え、思考のすべてによってゆがめられている。しかもそれさえも、私たちは走りながらしか見ていない。私たちは決してくつろがない。私たちは、自分がどこへ向かっているのかも知らずに、いつも常に走り回っている。まるで何か失くし、あらゆるところで手当たり次第に見つけようとしているかのようだ。そして私たちは、それをどこにも見つけられない。なぜなら、いつでもこの思考が常に私たちと実在の間にあり、実在をゆがめているからだ。

私の臨在の許で受容的であるなら、愛に満ちているなら、その思考は一瞬、離れる——それは離れざるを得ない。思考よりも重要なことが起こっている。それが、愛だ。人は自分自身さえ犠牲にできる——信頼の中で、人は思考を犠牲にする。そしてその思考が脇におかれた瞬間、人は実在を直に見る。と、それは実に美しい、名状し難いほどに美しい。そしてそういう瞬間、人はまちがいなく、自分が光明を得ることなど望んですらいないと感じる。もしこの現実が永遠に続くものなら、光明はこの上何を与えることができるだろう。
その通りだ。なぜなら、これこそが光明の始まりだからだ。まさに一瞥を得た。そしてその一瞥でさえ、光明を求める欲望を捨てさせる――すると、その欲望を落とすことが、光明が起こることを容易にする。それはただ起こる。ある日突然、朝、目が覚めてみれば、自分はもう同じ人間ではない。すると自らの変化とともに、全存在が変化している。そうなれば、それを保つために何かをするという問題ではない。それは、自分のもとにとどまる。

実際は、たとえ捨てようと思ったところで、それを捨てることはできない。もう後戻りはできない。前進できるだけだ。そしてある日、自分の〈生〉に光明というものが、自分にとってはあまりに自然なもの――まるで呼吸のような、まるで心臓の鼓動のような、自らの血管をかけめぐる血液のような――自分が感じることもできないような、自然なものになるときが訪れる。血液は足の先から頭まで全身を非常な速さでかけ巡っているのだが、私たちはそれを感じることはない。それとともに生まれ、それに慣れているからだ。

光明が単なる自然の現象になったとき、最後の神秘がその扉を開く。人は光明をも越えて行く。光明を越えて行くとは、人がただの当たり前に、この広大な宇宙の一部になることだ――何を要求することもなく、どんな優越性もなく、少しのエゴもなく。人はただ、朝日に照らされて蓮の葉から海に落ちる朝露のように、実在の海に融け込むだけだ。それが最後だ……。そうなればもう何も起こることはない。人は海になる。

光明にはまだ、自分の中の何かが残っている……きわめてかすかにではあるが、まだ「自分」という何らかの思いがある。また光明のゆえに、知らず知らずに、優越感を抱く。だからこそ、最後の一歩がある。そのほんのわずかな「自分」さえ解体するとき……今や人は、優れてもいなければ劣ってもいない。自分はいない。存在がある。仏陀はそれを涅槃《ニルヴァーナ》と呼ぶ。仏陀はそれを表わす最適な言葉を選んだ。

私はあなたの言葉を理解することなく聞き、また完全な至福を感じていました――そしてあなたが、それが正しい聴き方なのだとおっしゃっているのも聞いていました。最近、私はあなたが何を言っているのかを理解したいという強烈な願いを持つようになりました。最初私は悲しみました。私が間違った方向に向かったように思えたからです。けれども、それはいい感じなのです。私の頭はわくわく興奮し、強烈に生きている感じがします。これを楽しむ以外に、何か私にできるでしょうか?

他に何も必要ない。もし楽しんでいるのなら、あなたはハートで私の言葉を聴いている。それは愛が溢れ出したものだ。言葉を越えた理解だ。あなたは理解しようとはしなかった。決してマインドを使ってはいなかった。それでいい、まったく申し分ない――まさにそのようにして、旅は始まるべきだ。ハートが完全に喜びでいっぱいになったら、それはあらゆる方向に溢れ始める。マインドだけ離れてはいない。まさにそれが起こっていることだ。あなたは突然、理解しようとする努力をもって聴き始めた。そして自分の頭がぞくぞくするような、不思議な興奮に満たされているのを感じている。何かが、ハートから溢れ出しているのだ。そのぞくぞくするような感じは、言葉だけの理解ではあり得ないからだ。そしてもし、あなたが喜びを感じており、それを楽しんでいるのなら、何も問題はない。それはただ、ハートとマインドの調子が合っているということだ。両者の葛藤が解消しつつあるということだ。両者の敵対が消えつつあるということだ。まもなくそのふたつは、ひとつのものになるだろう。

そうなれば、聴くということがその両方になる――それは波動、感動としてハートに達し、また理解としてマインドに達する。そして自分はその両方につながっている。問題なのは、頭が旅に出るときだけだ。

マインドはけちん坊だ。まず第一に、マインドにはたくさんのことは理解できないのに、理解したという振りをし、そのために虚偽を生み出す。そして、何ひとつハートに与えることができない。ハートに気付いてすらいない。それは与えることを知らない。手に入れることしか知らない。それは貪欲だ。

英語の「貪欲《グリード》」という言葉が、サンスクリット語に由来すると知ったら驚くだろう。サンスクリット語では、禿鷹はグリーダと呼ばれる。グリーダと貪欲《グリード》は同じ語根から来ている。マインドは禿鷹だ。これを理解することは重要だ。禿鷹は、死体がある場所には、誰かが死んだときには常にそこにいるからだ。

もしムンバイへ行くことがあったら、パルシー教徒の共同墓地は見る価値がある。それは最も美しい場所のひとつだ。ムンバイのちょうど真ん中にある。パルシー教徒はムンバイにしかいない。もともと彼らはペルシャ人だった。ペルシャという言葉から、ヒンディー語のパルシーという言葉が来ている。彼らは回教に改宗したくなかったために、ペルシャを逃れてムンバイに住みついた。それ以来、世界中でパルシー教徒は、ムンバイの街の中にしか存在しないことになった。全ペルシャが強制的に回教徒にされてしまったからだ。

彼らが初めてやって来たとき、自分たちの共同墓地として選んだ場所がムンバイの郊外だった。だがムンバイの全体が途方もなく大きくなった現在では、それはまさに街の真ん中だ――うっそうとした森だ。パルシー教徒の墓地には不思議なものがある。そこには非常に大きな井戸があって、その井戸の上には、何本かの鉄の棒が渡してある。彼らは井戸の中に落ちないように、屍体を鉄棒の上に乗せるのだ。すると禿鷹がその屍体を食べて、骨だけが井戸の中に落ちる。井戸は骨でいっぱいだ――それは実に大きな井戸だ。そして周り中の木に何千羽という禿鷹が止まって、誰かが死ぬのを待っているのが見える。禿鷹は屍体しか食べない。

不思議なのは、マインドもまた死んだものだけを食べて生きており、生きているものは何も食べないということだ。マインドが旅を始めるときには、自分は意味を理解しようとしているのだと考える。だが実は、それは意味を殺しているのだ。言葉の中で生きているものはすべて除外され、死んだ部分だけを取り入れる。誰かを知的だと私が言うとき、私が意味するのはそういうことだ。それは、その人はたくさんの死んだ骨を集めたが、〈生〉はまったく味わっていないということだ。彼は言葉でいっぱいになっているが、自分自身がその言葉に意味を与えている。彼の方がその言葉から意味をもらうことはない。だから、その旅はすべて間違ったものになる。

もしマインドから出発したら、人はマインドに閉じ込められたままになる。その人は言葉を集め、学者になり、知識人にはなるが、それは知性ではない。その第一歩のマインドで始めるということが、非知性的なのだ。私はこれまで一度も、知性のある知識人に出会ったことがない。それは不合理に見える。普通私たちは、知識人は知性のある人々だと思っているからだ。だが、それは真実ではない。知識人は死んだ言葉だけを食べて生きている。知性にはそんなことはできない。知性は言葉を捨てる――言葉は死骸だ――その中の生きている波動を受け取るだけだ。

だから、ハートから旅を始めるのはいいことだ。知性のある人の道はハートの道だ。ハートは言葉には関心がないからだ。それは言葉という容器に入ってやってくる果汁《ジュース》にしか興味はない。それは容れ物を集めることはしない。ハートはただそのジュースを飲んで、容れ物は投げ捨てる。マインドはちょうど逆のことをする。ジュースを投げ捨て、容れ物を集める。容れ物は美しく見える。そして容れ物の一大収集は、その人を知的な巨人に仕立て上げる。

人がもし頭から旅を始めたら、その人は頭の中をぐるぐる回り続けることになる。頭は思い上がり、人間はもっと利己的になることになる。

ハシャが私に、「あなたの言葉を理解するように、知識人や、作家や、著述家や、大学教授たちをなぜ招かないのですか?」と尋ねたことがある。これが問題だ。彼らには理解できない。私の本を読むのならい。いくつかの言葉、いくつかの容れ物を集めることはできるだろう。だが、私の臨在の許にいれば、彼らは居心地が悪い思いをする。なぜなら、私が強調するすべては、その容れ物ではなく、精髄《ジュース》だからだ。私は、みんなに容れ物を捨てさせ、何とか中身を飲ませようと懸命に試みている。

ハートは酔っぱらいになれる。ハートは与え方を、分かち合い方を知っている。それはマインドにさえ喜んで分かち合おうとするだろう。そしてハートがマインドに分かち合うとなれば、そこには違いがある。ハートには容れ物などないからだ。それはジュースしか、分かち合えない。もしマインドに受け取るつもりがあれば、ジュースを受け取らなければならない。あなたがぞくぞくするような興奮を感じているのはそのためだ。まもなくハートはマインドを、その同じジュースで満たすことにもなるだろう。それはあなたの全身を、その同じぞくぞくするような興奮で満たすだろう。それはあなたの中にあるひとつひとつの細胞の踊りだ。

だから、今起こっていることはまったく申し分がない——そしてそれは起こっていることで、あなたがしていることではない。することは常に疑わしい。起こっていることは、常に確かだ。だから何かが起こっているときには、いつでもそれと一緒に行きなさい——無条件で、全面的にそれとともに行きなさい。そうすればいつでも、より深い恵みの中へ、より深い祝福の中へと入っていくことになるだろう。

私はいつかあなたがおっしゃった、「最初の頃、私はたった一人の多数派だった」とおっしゃった言葉が大好きでした。真理とは、常に顕れるものなのでしょうか?

今でも私は一人の多数派だ。私は一人の多数派として死ぬだろう!

真理とは、集団のものにはなり得ないような何かだ。それはどこまでも個人として留まる。大衆としての集団が、真理の人をあれほど恐れるのには理由がある。それは真理が集団のものになることは決してないからだ。虚偽しか集団のものにはなり得ない。たった一人の真理の人でさえ、虚偽の森の全てを焼き尽くすに充分だ。なぜなら、何千という虚偽さえ、真実の、たった一つの言明《ことば》には対抗し得ないからだ。

虚偽にはどんな命もない。虚偽は死んでいる。虚偽とは重荷だ――それはどんな自由も与えない、どんな歓びも与えない。虚偽はただ重荷となり、自由な個人になろうとするあらゆる希望を失わせ、隷属を受け入れさせるだけだ。それが虚偽の機能だ。

あらゆる社会、宗教、あらゆる文明は嘘をついており、ありとあらゆる虚偽で子供達のマインドをゆがめている。すると当然の事だが、そうした虚偽で満たされた大衆は、ひどく恐がりになる。どんな真理も火のようなもので、彼らはそれに直面できない。真理とは常に個人の発見だ。それはいつもそうだったし、また将来もそうだろう。真理とは一人の多数派だ。

私がそれを「多数派」と呼んだのは、たとえそれが一人のものであっても、彼は小数党ではないからだ。彼の真理はあまりにも強力であるために、たとえ全世界がそれに反対しても……それでも彼の真理は破壊されない。彼が殺されることはありうる。社会はその人達の真理を破壊しようとするために、たくさんの素晴らしい人々を滅ぼそうとしてきた。それでもまだ彼らは、人を滅ぼすことはできても、真理は滅ぼせないのだと理解していない。

真理は残る。ひとたび発見されたら、消えることはない。その最初の発見者を滅ぼすことはできるだろうが、他の誰かがそれを引き継ぐ。真理はうっそうたる虚偽のジャングルの中にさえ、道を見つける。それは常に顕れる。それには時間がかかるかも知れない。だが真理にとって、時間など問題ではない。それは常に優位を占める。

虚偽はどれほど化粧をして身を飾っても、やはり虚偽だ。それをまるで本物のように見せかけることはできる。だがそれは、ほんの見せかけに過ぎない。ちょっとよく見れば、それが本物でないことがわかる。それは真実ではない。そして人が、あることを虚偽だと理解した瞬間、その虚偽は死んで地面に落ちる。それは死んでいたのだ――それは常に死んでいた、生まれたときから死んでいた――だが人は、一度もそれを注視したことがなかった。

どんな真理も、顕われるには時間がかかる。なぜなら、虚偽のジャングルがあまりにも繁茂しているからだ。既得権益はすべて虚偽を守る、権力はすべて虚偽に味方する。

あらゆる新生児は、虚偽の世界の中に生まれて来る。だがそれでも、真理がまさに生の精髄であるが為に、それは打ち負かされない。その勝利は何年にも、何世紀にもわたって延期されるかも知れない。だが、いつか突然、人は自分がそれまで間違った態度を取ってきたことに、虐待してきたことに気付かねばならなくなる…….。

つい二、三日前に聞いたのだが――アナンドが新聞の切抜きを持ってきたのだがね――二千年経って初めて、今のローマ法王がユダヤ教会に行き、イエス・キリストを十字架に架けたことで、ユダヤ人社会全体を非難してきたことは間違っていたと言ったそうだ。イエス・キリストを殺したことへの報復として、この二十世紀の間じゅうユダヤ人を非難し、殺し、滅ぼそうとしてきたことは全く間違っていたと。

もちろんユダヤ人に責任はない。そして未来においては誰ひとり、ただユダヤ人だというだけの理由で、イエスのはりつけに対して責任があると思われる者など、いなくなるだろう。僅かなユダヤ人達には責任があったが、だからといってユダヤ人が全て未来永ごう非難され、殺戮され、滅ぼされなければならないということにはならない。二千年間絶えず迫害し、殺害し、大虐殺してきた後にこの様に言うローマ法王を、ユダヤ人達は信じられなかったかもしれない――だが、真実はいつか認められなければならない。

それはただただ馬鹿げた事だ。責任のあるもの達が何人かはいたが、彼らは死んでいる。彼らに報復することはできない。何世代もが経過した。だがいまだにユダヤ人達はその事に責任があると言われ、何かにつけ迫害され、嫌がらせを受け、殺されなければならない。

ローマ法王は事実を受け入れた。だがそれはまだ真実の勝利ではない——地域戦に勝っただけで、大戦争に勝利したわけではない。もし事実を理解したのなら、彼は聖書の物語を変えるべきだ。アダムとイヴの不服従の犯罪、この二人の罪は、この二人の責任だ。だが彼らの罪ゆえに、あらゆるキリスト教徒は罪の許に生まれる。さてこの人達と、アダムとイヴはどんな関係があるというのか?

もしローマ法王が自分が言ったことの意味を理解していれば、「私たちはあの聖書の物語を取り消す」と言えるはずだし、その勇気を持つべきだ。アダムとイヴには責任があった。神が彼らを罰するのは構わない——そんなことは彼らの問題だ——だが六千年経っても、聖書によればだが、まだあらゆるキリスト教徒は罪の許に生まれ、アダムとイヴが罪を犯したが故に、罰せられなければならない。たくさんの世代を通じて、私たちは彼らにつながっている。だが私たちは、あのことの仲間ではなかった。あれは私たちがしたことではない。私たちは相談など受けなかった。

法王が何かを言うときには、含みがあるから気を付けるべきだ。今もし、イエスのはりつけに対してユダヤ人達には責任がない、とローマ法王が言うなら、アダムとイヴが神に従わなかったせいで、罪の許に生まれるキリスト教徒など誰もいないことになる。法王がそういう含みを受け入れて初めて、彼の言っていることに意味が生じる。そうでなければ、それは全て策略だ。真実とは何の関係もない。彼はただ、ユダヤ人からより多くの政略的な支持を求めているだけだ。

それに、ユダヤ人が彼を支持するのは危険だ。と言うのは、その支持は最終的にはローマ法王が全ユダヤ人を併合する事になるからだ。「私たちは異ってはいない。イエスはユダヤ人だった。私たちはイエスの信奉者だ。あなた方もユダヤ人だ——私たちは異ってはいない」と彼は言い始めるだろう。そうすれば彼は六億のカトリック教徒を持つことになる。もし聖書が間違っていることを認めないのなら、彼は自分の声明を撤回する、あるいはそれが政治戦略だと認めなければならない。

こんな事が起こったことは決してないのだが、私はジョークでこんな事を聞いたことがある。毎年ローマ法王とユダヤ人の司祭長が路上で出会うというのだ。二人とも相手の所に行く途中だ。二人はその真ん中で出会う。その会見を見るために大群衆が集まっている。それは非常に厳かに執り行なわれる。ユダヤ人がローマ法王にお辞儀をし、相手に巻物を渡す。ローマ法王はその巻物の内容を読み、それを相手に返してユダヤ人にお辞儀をする。それでその会見は終わりだ。

だから人々はいつでも、「一体何だろう？　あの二人の間には何が起こっているんだろう？　それにあの巻物の中には何があるんだろう？」と不思議がっていた。毎年その同じ巻物が相手に渡され、そして読まれ、また返される。そして何千人という人々がその秘密を知りたいと集まる。ついに人々はそのユダヤ人の司祭長の所に行って尋ねる。「あれは一体何なんですか？」

司祭長は笑って言う。

「秘密など何もない。あれは最後の晩餐の請求書だよ。あれはまだ支払いを受けていないんだ。だから私たちは毎年それを提示しなければならないんだよ。もしかしたら、どの法王かが払うかもしれないからね。だが彼らはただ突っ返して来るだけだ」

それ以外に出会いなどなかった。今回法王が彼らの所に行ったことは、単なる政治的ジェスチャーだ。もし彼が認めたことに何らかの真実があるのなら、それはそのあらゆる含みにおいて、認められるべきだ。それこそが、真実が認められたのかそうでないのかを判定するやり方だ。真実とは、そのあらゆる含みにおいて認められなければならない。そうでないなら、それを認めるための何か他の理由――真実を受け入れるということ以外の理由があるのだ。

私は、自分の旅を一人の多数派として始めたと言ったことがある。そして今日、私はみんなに、私は自分の旅を一人の多数派として終えるだろうと言わなければならない。その理由は単純で、私はみんなに真理を渡すことはできないからだ。もしみんなが私の用意した仕掛を通じて真理を発見するなら、あなた達もまた一人の多数派になる。

だが真実それ自体があまりにも強力なために、人は全世界を相手に回して立つ勇気を持てる。真実が勇気を与える。真理には「最後には自分が勝つ」という内在的な質があるからだ。みんなには私が勝っているとは見えないかも知れない。だがあなた方は、勝利することになる事を始めている。その事を喜びなさい。

流氷の上に乗っているペンギン達は、ひと泳ぎしたいと思うと、アシカの危険がないかどうかを見極めるために、心配そうに足元の海をじっと見つめ始めると言います。やがて、あんまりたくさんのペンギンが海を見つめている群れに加わって来るものですから、その場所は立て込んで来ます。すると何かの偶然で、その内の一匹が水の中に押し出されます。するとそのペンギン達はみんな水の中をのぞき込んで、もし最初のペンギンが浮かび上がってこなければ、もう泳ぐことに興味を失って、みんなでぞろぞろと立ち去るのだそうです。そのペンギンが無事に姿を現わすと初めて、他のペンギン達もみんな喜んで水の中に飛び込みます。

私たちも、ちょっとそれに似ているのですか?

あなた方はペンギンではない。そしてあなた方はどんな意味でも、似てはいない。だが、大衆とはそういう者だ。そしてそれこそが、大衆と求道者との違いだ。たとえ私が溺れても、あなた方は私を離れて行くことはしない。特に私が溺れようとする瞬間には、あなた方は私から離れられない。みんな私と一緒に、飛び込むだろう。

そこには、決して口にされたこともなければ、決してどちら側からも署名されたことのない、ある絆がある。みんなの命は私の命の一部だ。私の命はみんなの命の一部だ。私の死もそうなるだろう。あなた方は自分の命を救って永久にやましさを感じるよりは、むしろ喜んで私と一緒に飛び込むだろう。

違う、あなた方はペンギンに似てはいない。だが、大衆とはそうした者だ。彼らは様子を見る。そして何かが成功したら、それに従う。もし誰かが失敗したら、あいつは馬鹿だったのだといって笑うだけだ。

ライト兄弟が最初の飛行機を作っていたとき、二人とも自分の家族にさえ気違いだと思われていた。「これまで飛行機なんてものの話を聞いたことがあるか？　それを、何でお前達は時間潰しをしているんだ？」と。そして二人は、この無意味な仕事を止めさせようとする隣人、家族、あらゆる人によって邪魔されていた。二人が何を言いたがっているのか、どんな事を計画しているのかに、耳を貸そうとするものすらいなかった。しかも二人は貧しい人間で、たいした仕事場もなかった。二人の父親は、自転車屋に過ぎなかった。

日中は仕事ができなかったので夜の間だけ……。彼らの家には地下室があって、父親はそこに自転車の予備の部品や壊れた部分などを置いていた。だからそれはがらくただ。そのがらくたで、彼らは最初の飛行機を作った。それは自転車の部品で作られたものだった。

さて問題は、二人はそれを地下室で飛ばすわけには行かないということだった。そこで二人は夜の間にそれを秘かに運び出し、翌朝早く、日が昇る頃に、村から遠く離れたところで試してみた。彼ら自身にも確信はなかった……何しろ全く前例がなかったからだ。ところがうまくいったのだ！　ほんの六十秒間だったが、それは空中に浮かんだ。二人は成功した。飛行の秘密を手にいれたのだ。六十秒間可能なら、それを六十時間にもできるはずだ。公式は同じだ。今度はメカニズムを改良すればいいだけだ。

そうしてから二人は町中に、「今日の夕方、僕たちは実験する。みんな僕たちの狂気の沙汰を見に来てくれ！」と宣言した。彼らは最初、それを自分達だけでやった——兄弟二人だけで——一人が地面にいて、一人が飛行機に乗った。そして夕方、ほとんど町中が全部——その町の人間だけではなく、近隣の町の人々までが——二人が失敗して困るのを見に集まった。「あの馬鹿は飛ぶつもりなんだってよ！」

しかしみんなは、二人が成功したのを見てショックを受けた。飛行機は再び六十秒間空中に浮かんだ。そこでライト兄弟は、「さあ、今度はどう言いますか？　誰が気違いでしょう？」と尋ねた。

すると彼らはたちまちこう言った。「この若者達は天才だ！　それに二人は我々の町から、我々の地域から出た我々の若者だ」と。そして家族は大喜びだった。家族は、「家の息子が成功した」からということでパーティを開いた。

ライト兄弟は驚いた。どうなってるんだ？　誰も俺達を気違いだなんて呼ぶものはいない。俺達は突然天才になってしまった！と。世界中から人々が見に来るようになった……偉大な科学者や、それを製造するることに関心があるメーカー達が秘密を手に入れるためにやってきた。この小さな町が一つの巡礼地になった。

大衆はまさに、ペンギンと同じように振舞う。人が何かに成功すれば、誰もがその人に味方する。人が何かに失敗すれば、誰もがその人に反対する。もし成功したら、みんながこう言うだろう。「私たちには君が成功するってことはわかっていたんだ。だから私がそう言ったろ？」と。もし失敗したら、その同じ人たちはこう言うだろう。「だから言ったじゃないか。『馬鹿な真似するなよ。そんなことがうまく行きっこないんだから』って」と。

大衆はペンギンのように振舞う。あるいは逆で、ペンギンは大衆のように振舞う。だがあなた方は違う。

あなた方は既に世界を敵に回して、私と一緒に来ている。みんなは世間に逆らって私と一緒にいる。それは、これからみんながどうするかと想像するという問題ではない。みんなは既にそれをした。私と一緒にいることは、危険の中にあるということだ。そしてその危険は、大きくなり続けるだろう。その理由は第一に、私に止めさせたい人々、私が仕事ができなくなるように私を挫折させたい人々は、直に必死になって何でもするようになるからだ。彼らはすべての権限を持っている。ただ彼らには、真理という味方がついていないというだけだ。彼らには権力があるが、存在は彼らに味方していない。彼らは私や、私の仲間にはどんな害をも与えられるが、真理に対してはどんな害を為すこともできない。そして私は、自分にどんな害も加えられないうちに、できる限り真理を鋭く研ぎすます決心をしている。

言わなければならないことで、状況が私にそれを言うことを許していないことがたくさんある。だが私たちは、それを言えるような状況を見つけるだろう。私たちはどんな努力でもするつもりだ。そして私は、存在が私たちを支持しないだろうとは思わない。

思ってもみてごらん。私たちはヨーロッパから拒絶された——飛行場から飛行場へ、国から国へと移動した。あのときそのことを考えたなら、それは最悪だった。だが今になってみれば、存在が私たちの方をより守ってくれたことがわかる。彼らが私たちを拒否したのは有難いことだった。今では彼らは死の雲の下に座っている。もし彼らが私たちを受け入れていれば、私たちも同じ危険の下にいたところだ。

私たちは彼らに、次のような感謝状を送るべきだ。

「あなた方は大したものですね！『災害が起こるから、この素晴らしい人たちを危険に晒すべきではない』なんて、どうしてわかったんですか」

第三章

未知なるものに魅せられて

Enchanted with the Unknown

この頃私は、自分のマインドがおかしくなっているような気がします。特に講話の間、あなたと一緒に黙って座っていると、まるで、つかめるものなら何でもつかもうとしているようです。すがりつけるものがますますなくなっていくような、考えるべき事がますますなくなっていくような感じで、気違いじみた感じになっていくのです。これはあなたの仕事の一部なのですか、それとも、私は気が変になっているのでしょうか？

あなたは気が変になっているんだよ！　だが、それが私の仕事の一部でもある。

ただ、気が狂うのを恐れてはいけない。というのは、それは極めて稀な人にしか起こらない狂気だからだ。ありふれたことではない。それは精神異常ではない。それはマインドを超えて行く事だ。だからマインドは途方もない恐怖を覚える。なぜなら、超えて行くとは、既知なるものから未知なるものへ向かって行くことだからだ。光りが当たっているように見える小さな空間から向こうに行くことは、闇の中に入って行くことを意味する。ところがマインドは、人生におけるあらゆるもののために訓練されている。それを手放し、向こうに行くのは危険な感じがする。

それは、あらゆる子供が生まれるときに感じるのと同じ危険だ。母親の痛みは子ども故にある。どの子どもも、生まれることを望まないからだ。子どもは居心地のよいすみかに自己満足して、何の心配も、何の責任もなく、全くの至福の内に生きてきた。今や突然、彼はそこから投げ出されようとしている。彼はその狭い空間だけを知っている。それは彼の世界だった。そして彼はそれに全く満足していた。彼は、よく知らない、なじみのないところへ投げ出されようとしている。それは殆ど死のように感じられる。子どもは子宮の外から出ることに抵抗する。その抵抗が、母親にとっての痛みになる。子どもは自ら身を委ねて、自分が楽に子宮から出て来ることを許さない——彼は闘う。それこそが奮闘の始まりなのだ。

今や彼は、全人生を闘うことになる。そしてそれこそがまた、未知なるものへの恐怖の始まりなのだ。そこには確かな合理性もある。なぜなら子どもは、子宮の中で失った以上に良い世界を手に入れることは、決してないからだ。彼は惨めな世界を手に入れる。彼は惨めさなどは知らなかった。彼はどんな緊張も知らなかった。あらゆるものがあるべき姿だった。今や、あらゆるものがあるべき姿にはない。だから彼は生涯を通して、自分が失ったものと同じ快適さを生み出す努力をする。

快適さや贅沢、りっぱな家、愛に満ちた雰囲気を求めることは、自分の周りにもう一つの子宮を——失ってしまったあの子宮を——創り出そうとすることに他ならない。それを生み出すためになら、人はどんな事でもする。だが何をしても失敗する。どんなものも、あの子宮を取り戻すことには成功しない。その事が人のマインドに確かな保証を与える。どんな未知なるものも決して許すべきではなく、既知なるものの境界を決して超えるべきではなく、それは危険だという保証だ。いったんそれを超えてしまったら、自分は戻れなくなる。何しろあの子宮には、もう戻れないのだから。これは意識的に考えることではない。人が無意識に感じていることだ。

だから、黙って座っている間にその境界線まで来れば、あなたは恐ろしくなる。自分が知っているものを失って、広大な未知の世界で道に迷わないように、何にでもすがりつこうとするかもしれない。自分が生まれてきたときに犯したのと、同じ過ちを犯したくはない。無意識は未だにその傷跡を忘れないでいる。

もっと良い教育体系の中では、私たちは全ての子ども達に、あれは生ではなかったのだということを、教えるだろう。居心地はよかったが、冒険はなかったし、チャレンジもなかった。未知の世界に入って行くことへの恐怖は、正しい教育によって、無意識から跡形もなくぬぐい去られなければならない。そうなったら、そこには全く別のアプローチが現われるだろう。自分が未知の世界に近づいてきたときにはいつでも、途方もない歓び、興奮と発見する意欲を感じるだろう。人はしがみつかなくなる。

だが、今まではそうではなかった。世界の教育体系の全ては、人間の根本的な心理的問題に触れることすらなかった。それは人間に心理的な自由を与えるということに関心を持たない。そういう問題は提起されてすらいない。私は、いかにしてよりよく機能する教育制度を創るべきかを議論する、大学教授や副学長や教育理論家達との会議に出席したことがある。私は会議の度にこう言ったものだった。

「あなた達が言うことは、すべてくだらない。根本的問題に触れてもいない。学生が言うことを聞かないとか、学生が訓練ができていないとか、彼らには敬意がないとか――だから、どうやって彼らに敬意を持たせるべきかとか、言うことを聞かせるべきかとか、そんなことばかりだ。

あなた達が気にしていることは表面的だ。あなたたちの関心は、若い世代という広大な世界よりも、自分自身の事、自分の心配事、自分の問題にある。彼らの心理的な自由など、全然あなた達の話題にもならない。だからもしあなた達に、あらゆる学生が未知なるものへの恐怖から、心理的に自由になれるようなそういう努力――それは可能だ――を始められたら……。恐怖を持つ代わりに、学生は未知なるものに魅せられ、未知の世界に恋するだろう。小さなマインドを超えた世界へのロマンを、かき立てられるだろう。もしそういう事ができたら、学生達はあなた達を尊敬するようになるだろう。それほどの贈物を受けたのだから、学生達が敬意を持たないはずがない。彼らはあなた達の言うことを聞くようになるだろう。あなた達に彼らを利用するつもりなどないと知っているのだから。あなた達は、彼らが心理的に自由になるように努力してきた。どうして彼らを利用することなどあり得よう。学生達はあなた達を信頼するだろう。

あなた達が毎年、会議の都度討論しているそういう表面的な問題は……。その解決策は毎年同じだ。そしてまた、あなた達の解決策がすべてあまりにも低級だから、より多くの問題を引き起こす。いつも同じだ。もっと厳しくしろとか、言うことをきかない学生は退学させろとか、もめごとを起こす学生は処罰せよとか。あなた達の解決策では、学生達はもっと言うことをきかなくなるし、もっとあなた達に反抗するようになる。

今や学生達が、自分達は教師階級に対立する一つの階級なのだと、考える状況にまで至っている。これはまさに、貧民階級と富裕階級との間に行なわれるような階級闘争だ。彼らがしているのは、労働組合がするような組合闘争だ。今や存在するのは、いかにして学生達を守り、教師を相手に、学校を相手に闘うかを目的の全てにしている学生組合だ。あなた達は問題を解決しているのではなく、それを引き起こしている」と。

彼らは私の言うことを聞こうとはしたが、私はいつも、自分が壁に向かって話しているような気がしたものだ。私の言葉は彼らの厚い頭蓋骨を貫くことはなかった。彼らの心を動かすのは殆ど不可能だった。彼らはあまりに知識が詰まりすぎていて、人の言葉を聴く用意、特に彼らにとって耳新しいことを聴く用意がなかった。

そしてそれは単純なことだ。出産外傷《バース・トラウマ》が、人生における最も重要なことの一つだということだ。なぜなら、それこそが始まりであり、後に起こるあらゆる物事の種だからだ。私たちはその外傷《トラウマ》を変えなければならない。そうでなければ、人間はいつまでたっても同じだ――いつも未知なるものを恐れ、びくびくし、勇気に欠け、冒険心に欠け、新しい領域を探しても発見もしないだろう。

そして私たちの意識的なマインドは、極めて小さな領域だ。その下にも、その上にも膨大な世界が広がっている。その両方が探検されなければならない。下に落ちれば人は正気ではなくなる。本当に気が狂ってしまう。だが、もしそれを超えて行くなら、その狂気はあり得る限りの最大の正気になる。

意識の最高の高みに達した人は、新しい潜在能力を身に付ける。そして最も重要なことは、今度はその人は下にも降りて行けるということだ。彼は、以前なら降りて行けなかったような、より暗い領域へ入って行けるだけの光りを持つ。以前なら、マインドの下に落ちることは、間違いなく狂うということだった。マインドは、小さな光の点だからだ。そこからもし落下すれば、暗闇の中に落ちて行く事しかできない。しかもその暗闇はますます濃くなり、そこから戻ってこられる可能性などなくなってしまう。

だが、もし先にマインドのより高いレベル――超意識、集合超意識、宇宙超意識――に達していれば、人は大変な光を持つことになる。光そのものになる。そうなれば人は無意識、集合無意識、宇宙無意識の下界へ降りて行く事ができる。しかもどこへ行こうと、闇は消える。人は七段階の全範囲――光に満ちた連続体になる。これが、私の言う光明を得るということだ。

そうなれば、もう発狂することはあり得ない。その人間にはもはや恐怖はない、死さえも恐怖ではない。事実、人は自分の原初の欲望を達成したのだ。あなたはもう一度、存在そのものの子宮の中にいる。再び心配もなく、責任もなく、緊張もなく、完全に寛いで――それがどこに導こうとも。ただ存在を信頼して。存在の導いて行く所がどこであろうと、それがいいのだ。

どんな欲求もなく、どんな欲望もなく、どんな目的地も持っていない。面倒なことはすべて、存在に明け渡してしまった。今や永遠の子宮を手にいれたのだ。光明を得た人が、完全な寛ろぎのうちに生き、かつ死ぬことができるのはそのためだ。もはや生も死も何の違いもない。彼は永遠の一部、宇宙そのものの一部になる。

だから、沈黙のうちに境界線に近づくときには、心配することはない。沈黙の内にあることがその保証だ。沈黙の中では、そこから墜落するようなところに行くことはあり得ない。沈黙の中で人が近づいて行くのは、そこからは超越しか起こらないような地点だ。

人のマインドが苦悩と不安であまりにも一杯になっているときには、その人は、そこから墜落が起こり得るような境界線に近づいている。だから、これを判断基準として覚えておかなければならない。思考で一杯になっていればいるほど、それだけ狂気に近づいているということ——あと一歩の瀬戸際にいるのだということをだ。

カリール・ジブランにはこんな話がある。彼の友人の一人が発狂した。その男は天才だった。そして私たちの中の天才達は、常に狂気に陥る危険に晒されている。その理由は単純だ。その才能をますます知的分析に向けるだけだと、それが彼らを境界線に近付けてしまうからだ。そこからもう一歩を踏み出すだけで、こういう人たちは自分の正気をすべて手放してしまう。

この天才は精神病院に入っており、カリール・ジブランは彼に会いに行った。二人は親友だった。彼が入って行くと、その友だちは庭に座っていた。カリール・ジブランをみとめると、彼はベンチの自分の隣に腰掛けるように言った。カリール・ジブランに質問する暇も与えず、その友人は、「この気違い病院に入ってみた感じはどうだい？」とジブランに尋ねた。「外側の気違い病院についても何か話してくれないか？君達が世の中と呼ぶ大きな気違い病院から、君はまっすぐやって来たんだから。大きな気違い病院の事を何か話してくれよ。あっちでは今、何が起こっているんだい？」

カリール・ジブランはショックを受けた。「君は僕が、気違い病院から来たと思っているのかい？　じゃあ君は、自分がどこにいると思っているんだ？」

その友人は言った。

「僕はこの世に残されたごく僅かな正気の人たちと一緒にいるのさ。僕たちは大きな壁で保護されている。僕たちは医者や看護婦に面倒をみて貰っている。何しろ残っている人間は実に僅かだからね。全世界は狂ってしまっている。僕たちだけが唯一の希望だ。そうでなきゃ、だれがかまうものか。僕たちは実によく面倒をみて貰っている——それがいい証拠だよ」

「こうしたらいい」とその友人はカリール・ジブランの耳に囁いた。「君も気違いの振りをしてここに入ったらいい。ここはすごい所だよ。誰も自分の事しか気にしていない。他の者の邪魔をするものなんか誰もいないんだ。ここにはほんの僅かな人間しかいない——十五人ほどだ。みんな自分自身の生活をしている。お互いにそれは尊敬し合っていて、『おはよう』って言うことさえないくらいなんだ——だって余計なお世話なんだからね。やあ、なんて言うことさえないんだ。みんな何でも自分のしたい事にかかりきっている。『どうして君はそんな事してるんだ?』なんて聞くものは誰もいやしない。そんなことは誰にも関係のないことなんだ。自分のすることに責任のあるのは、たったひとり、本人だけなんだ。

誰かが話をしていても、誰も『君は誰と話をしているんだい?』なんて尋ねるものはいない。誰でも他の者と口をきかないことが認められている。外側の世界でだって、みんな自分と話をしているんだ、相手は口実に過ぎない。ここではみんなが実に正直で、誠実なんだよ。何も口実なんか要らないんだ。みんな一人で話をして、自分で両方に答えている。みんな本物だ。みんなは真実しか言わない。

私はこの場所がとても好きなんだ。だからあなたもすぐに——全世界のように気が狂う前に——来るだろう。あそこで生きるのは危険だからね」

カリール・ジブランは「世界は混乱しているように見えるから、おそらく彼は正しい」と思いながら家に帰った。

精神病院は、より正気でより静かに見えた。人々はひとりで、ありとあらゆることをしていた。誰かは微笑んでいて、誰かは笑っていたが、微笑むどんな口実も必要なかった。微笑みたくて微笑む。外部の世界では最初に、笑う何らかの口実を見つけなければならない。理由なく笑うことはできない。そうでなければ気が狂っていると思われる。

彼は日記に書いている、「その夜、私は眠れなかった。狂った友人が私の心をひどくかき乱したので、私は疑い始めた……誰が知るだろう、彼は正しいかもしれないし、私たちは間違っているかもしれない。そして彼は確信に満ちていた」

狂った人々は常に確信に満ちている。そして狂った人々は、自分が狂っているかもしれないとは決して疑わない——それは狂気の部分ではない。正気の人々だけが、おそらく自分は正気である、或いはおそらく自分は正気でない、という不安に駆られることができる。

世界で、狂気の人と正気の人には、少しの質的な違いもない——ほんの少しの量的な違いだ。狂人はあなたよりほんの一歩、あなたより二歩、無意識の暗闇に入ったが、他の違いは全くない。

だから恐れることはいいことだ……思考、あまりにも多くの思考でいっぱいのとき、あなたは狂気の非常に近くにいる。しかし、あなたが沈黙しているときには、恐れる必要はない。あなたは本当の正気の非常に近くにいる——もうほんの一歩で、あなたは超意識に触れるだろう。そしていったん、ほんのわずかな超意識を経験し味わえば、それに満足したままでいることはできない。それはますます多くの意識に対する、ますます多くの渇望をつくる。あなたが宇宙意識に達したときだけ、それは完了するだろう。それを超えては何もない——そしてそこから、あなたは無意識を通って後方に旅することができる。

ここが、西洋の心理学および精神分析医が間違っているところだ。私は彼らに同意できない。彼らは、直接無意識に入るようにと、無意識から夢を引き出すようにと、人々に言っている。知らずに彼らは危険なことをしている。

そしてあなたにはわかる。西洋ではより多くの人々が東洋より気が狂って、より多くの人々が東洋より自殺して、より多くの人々が東洋より不安と苦悩の中にいる。西洋はすべてを持ち、東洋は貧困、飢餓、病気、死以外には何も持たないので、それは反対でなければならない。しかし、病気、死、貧困、飢餓の中でさえ、満足、リラックスした状態があるようだ。

西洋にはすべてがあるが、大変な緊張があるように見える。それで、何千人もの人々が、せめて人生のこの緊張をすべて取り除くという単純な理由で、死ぬことを決める。そして、最も才能ある人々、天才はより脆弱だ。西洋のほとんどすべての天才は、時々精神病院を訪れる。そして彼らのほとんどは、単に普通であろうとするために精神分析を受ける。普通のままでいることさえ、目標になった。

光明について話すことは、星に届くことについて話すことだ。普通であることさえとても難しくなった。人々は、マインドの正常な状態以下に滑り落ちている。彼らはただ普通のままでいたい。そして精神分析はせいぜい何年間にもわたって、あなたが普通である助けになるだけだ。それ以上ではない。そして、あなたが普通なままであるという保証はない。どんな小さな出来事があってさえも、あなたは滑り落ちることがある。

あなたの精神分析医さえ、普通ではない。彼は自分を正常に保つために、別の精神分析医に行く。精神分析医はみな普通のままであることができるように、他の精神分析医によって分析されに行き続ける。

私は一人の男、大金持ちの男について聞いた。彼は常軌を逸していて、恐がっていた。彼は最も高価な精神分析医の予約を取っていたが、金持ちだったのでどんなに多額のお金でも支払うことができた。お金は、どれぐらいの時間がかかるかに応じて支払わなければならなかった。金持ちの男には問題がなかった……彼は、二時間、三時間、四時間、五時間、六時間のセッションを受けた。精神分析医の寝椅子の上に横たわって、彼はありとあらゆるナンセンスを話し続ける。

精神分析医は恐くなった。彼が夜に夢の中で、彼の考えを繰り返し始めたので、六時間彼の話を聞くことは危険だった。何かをしなければならないという、明確な兆候だった。「これはひどすぎる。この男が休まずに続けるなら、私は自分自身の正常さを保つことができない。それに終わりはないようだ。彼には充分なお金があるので、どれだけの時間がかかるかということは、彼には全く問題ではない」

精神分析医は、その患者が本当に宝だったので、彼を失わない方法でことを処理しようと試みた。それではその宝をどうするか？　しかし、彼は自分の正常さも失いたくはなかった。そうなれば、自分のマインドを掃除するために、他の精神分析医にお金をすべて与えなければならないだろう。それで彼はその金持ちに言った、「あなたがとても多くの時間を必要とするので、他の患者を診ることができません。あなたはそれほど多くの時間を必要とするので、止めようと言っているのではありません。私は方法を見つけました。あなたが好きなだけ長く話し続けられるように、ここにテープレコーダーをおきます。そして夜、時間が空いているときに、テープを聴きましょう」

「それは完璧です。問題ではありません」と金持ちは言った。

その翌日、精神分析医が診察室に入ろうとすると、金持ちが出てくるのに会った。彼は「何かありましたか？　ちょうど今、診療室がオープンしたところです。あなたは夜、お帰りになりましたが」と言った。

彼は言った、「私も非常に多くの企業、産業、工場に気を配らなければならないと思ったので、夜に時間があったとき、テープレコーダーに向かって話しました。そして今、私のテープレコーダーは、あなたのテープレコーダーに向かって話しています。あなたは夜に聞くことができます。それであなたはあなたの時間を節約し、私は私の時間を節約しました」

しかしこの方法では、その人間を助けられない。互いに話し、互いを聞いているテープレコーダーは助けにならない。しかし時間は貴重だ。そして精神分析医は最も多く支払われるが、危険な人々、危険な考え——それは彼らに感染することがある——と共にいるので、常に危険な状態にある。そしてマインドは考えを捕まえる。時々取り除きたい考えを持つことがあるが、そうすることができない。

一人の男は、変な生き物が体全体を這っているという考えを持っていた。彼以外には、誰もそれを見ることができなかった。しかし、彼は始終それを捨て、話し、それを捨てていた。ついに人々は疲れた。彼の家族は疲れた。彼らは言った、「何もあなたは捨てていませんよ。私たちには何もいないのが、生き物がいないのがわかりますよ」
彼は「あなた方にはわからないんです。それは目に見えないんです。どうしてそれを見ることができるでしょう？　それが見えるのは私の不幸です。私に何ができるでしょう？」と言った。そしてそれが体中を這っていたので、彼は絶え間なくそれを捨てていた。彼の家族が彼を精神分析医に連れて行くと、医者は「心配しないでください。私はそのような人を沢山治療してきました」と言った。

七日目に、精神分析医はまだ、これが単に想像であると強調していた。彼は七日間、続けざまに繰り返していた、「これはただあなたの想像です。生き物はいません。私にはそれが見えないし、誰にもそれが見えません。ただもう少し注意深くしてください。そうすれば見えなくなるでしょう」

「努力しましょう」と男が言った。しかし彼は――精神分析医のそばに座って――まだそれを捨てていた。突然、精神分析意は言った、「この馬鹿、やめなさい！君は私にそれを投げている！　夕べ私はそれを見始めた。まる一晩私は眠ることができなかった。それは私のいたるところを這っていた。それは君の仕業だ。そして申し訳ないが、私には面倒を見なければならない子供たちと妻と年取った両親がいるから、どこかほかの精神分析医を見つけなさい。私は、この目に見えない生き物の面倒を見ることはできない。しかし、君はたいした神経を持っているね！　私の目の前で私にそれを投げているんだから」――そして、精神分析医もそれを捨てていた。

あなたがしつこい狂人の言うことを聞き続けるならば、そして狂人は、彼らが主張するときには非常に固執的で非常に強い――彼らはすべて狂信者だ――遅かれ早かれ、彼らはあなたの中に確信をつくり上げることができる。誰が知ろう？　――彼は正しいかもしれない。目に見えない生き物がいる。そしてある夜突然、夜の暗闇で何かが這っているると感じるかもしれない。そしてその考えはあなたのマインドに入る……そうするとそれを取り除くことは非常に難しい。

精神分析における問題点のすべては、最初に下方へ行き始めると言うことだ。東洋では、私たちは正反対を試みた。最初に、より軽い飛行機で、光り輝く飛行機で、上方へ行く。何もあなたの邪魔をすることができないほど、あなたが全く落ち着いているとき――あなたの沈黙はきわめて堅固だ――その時にはあなたは、意識的なマインドの下の領域に移ることができる。そしてあなたと共に光があるだろう。

それで、無意識の各部屋で、あなたは光を運んでいるだろう。あなたはそこでも宝物を発見することができる。しかし、その宝物は最も高い意識に達した人によってのみ、発見されることができる。彼だけが、無意識の宝物を見つける目と知性を持っている。

あなたは心配する必要は全くない。沈黙の中で、あなたが気が狂っているように思えるところに来るなら――私のすべての祝福と共に気が狂いなさい。誰も沈黙を通して気が狂うことができないので、ただ気が狂いなさい。沈黙はとても保護的なので、あなたは気が確か、より確かでしかありえない。あなたは気が狂うことができない。しかしあなたが思考でいっぱいのとき――あなたは狂人に非常に近い――には、注意深く、意識的でありなさい。

いったん正常さのラインを越えると、異常で狂気のスペースに入り込むことが、より容易になるようだ。そしてますますコントロールがきかなくなる。ちょっとした小さなことが、それを引き起こすことがある。そしてそれは常にそこに、あなたの内にあるので、あなたは無意識に陥ることがある。

あなたが思考であまりにもいっぱいになったら、その時には瞑想しなさい。その思考が消えるように、注意深くしようとしなさい。そしてあなたが沈黙していて、未知なるものからの呼びかけが来るとき、それに従いなさい。それがどこに導いても行きなさい。

ラティハンと自己催眠の違いについて、あるいは何か類似性があるのでしょうか。

ラティハンは良い技法だ。しかしそれは、自己催眠よりダイナミック・メディテーションに近い。その目的は、あなたのマインドによってではなく、宇宙霊によって、あなたを存在にトータルに明け渡す状態にさせ、あなたの体のエネルギーを動き出させることだ。

ちょっと誰もいない部屋に立ち、リラックスし、目を閉じて待ちなさい。そして突然、あなたは手が動いているのを、あるいは頭が動いているのを感じる——そうしたらそれを止めないようにしなさい。そしてただそれに従いなさい。誇張もしないように。手がこれだけ動いているのならば、それ以上に動かさないように。それではあなたは再び行為者になってしまう。

ラティハンはレットゴーだ。あなたの体のエネルギーは、宇宙のエネルギーと合うようになる。そしていろいろなことがあなたの体で起こり始める。踊り始めるかもしれない。グルグル回り始めるかもしれない。手が動き始めるかもしれない。足が動き始めるかもしれない。あなたは言葉を話し始めるかもしれないが、その意味が何なのか、果たしてそれに意味があるのか、あるいはそれがあなたの知らない他の言語に属するのかどうかわからない。

しかし、起こっていることを抑えようとして、または助けようとして、干渉してはいけない。いずれにしても、あなたは妨げている。あなたはただ、いなくならなければならない……そしてそれが初めて起こるときは、危険なように見える。ちょうど狂うことを恐れていたように、気が狂って見えるので、あなたは恐れるだろう。急にどういうわけか舌を突き出している。どういうわけは頭を動かしている。ジャンプしている。ダンスしている。これまで想像したことも、考えたこともない、奇妙な運動をしている。

たった四十分間のラティハンは、あなたにすばらしい幸福感を与える。他のものは何も、あなたにその幸福感を与えることができない。そしてラティハンにない、もう一つのものを加えるならば……それが、私がダイナミック・メディテーション――ラティハンに何かプラスしたもの――をつくらなければならなかった理由だ。ラティハンでは、あなたが完全に失われるからだ。私はあなたに目撃者のままでいて欲しい。行為者になってはいけない。無理に動作してはいけない。何も強引に押し進めてはいけない。何も防いではいけない。ラティハン――それはインドネシアの技法だ――にない一つのもの……その一つのものは目撃者だ。目撃者なしでは、それが危険になる場合があるからだ。

ラティハンは多くの人々にとって危険なことがわかった。四十分で止めることができないかもしれない。エネルギーの嵐が強すぎるかもしれない。止めることができないと恐れるかもしれない。四十分以上それをすれば疲れ果てるかもしれない。そして疲れ果てる――それはすごい運動だ――なら、あなたに幸福感を与えるよりもむしろ、あなたは意識を失うかもしれない。そして目覚めるとき、リフレッシュされていなくて、全身が痛んでいるのに気づく。気分が悪く吐き気がする。胃全体に不快感がある。あなたはそれによって強くなったのではなく、弱くなったことに気づく。そして時々、人々はそれをして気が狂った――彼らは止めようとしなかった。

そして危険は……あなたが目撃者ではないので、それは時々、あなたがそれをするつもりでないときに――通りで、店で、どこでも――始まることがある。あなたはそれの目撃者ではなかったので、あなたはその技法のマスターではない。それの上には誰もいない。それで、どんな状況でも――どこでも、どんな場所でも――それが起こり得る。そしてそれは非常に奇妙でぶざまに見える。それを防ごうとすれば、とてもぶざまに見える。そしてそれをするならば、それもまたとてもぶざまに見える。

それで私は、ラティハン単独では支持しない。それは良い技法だ。しかし目撃することがそれに加えられなければならない。そうすれば、望むときに止めることができ、望むときに始めることができる。そうすれば、どこでもいつでも、それがひとりでに起こることはあり得ない。そして目撃することがそこにあるならば、身体はその緊張を緩め、その緊張を捨てている。

あなたは、私たちの身体も緊張をためることに驚くだろう。たとえば、あなたは誰かを殴りたいが殴らなかった。あなたの身体は準備ができていた。あなたの筋肉は準備ができていた。あなたの身体と筋肉はただ、あなたのマインドを聞くからだ。あなたのマインドはその人を殴りたがっていた。あなたの手はその人を殴る準備ができていた。しかし、あなたのマインドはいつも分裂している。あなたの宗教は言う。これはよくない、これは暴力だ、それをしてはいけない、と。

あなたのマインドの一部は言う、「これは犯罪だ。不必要にトラブルに巻き込まれるかもしれない」マインドの別の部分は「お前はあいつを殴ることができるが、あいつはお前より強い。あいつはただ突っ立ってそれを受け、さよならと言って帰ることはしないだろう。あいつはお前に跳びかかり、お前は必要以上に叩かれるだろう。だったら何でそんな状況をつくるんだ？」と言う。

しかし、あなたの手は準備ができていた。エネルギーはあなたの筋肉、あなたの指、あなたの手に達した。あなたは理由があって止まった。非暴力、恐れ、彼はあなたの目上だ。彼はあなたの上司だ――いずれにせよ、あなたは止まった。しかし、緊張はどうなるだろう？

あなたの手は準備ができていた。エネルギーは戻ることができない。表現されようとしていたエネルギーが、最初の源に戻るシステムはない。それはあなたの手首に残る。それはあなたの指に残る。それはあなたの手にのこる。この種のエネルギーは、あなたの身体のいろいろな部分に蓄積する――それが、ラティハンがうまく働く理由だ。ラティハンではこの種のエネルギーが動き始める。そしてあなたはそこにいない敵を殴り始めるかもしれない。

しかし、あなたの身体がためたすべての緊張から解放され、あなたが新鮮さとすばらしい幸福感を感じるためには、目撃者は絶対に必要だ。第二に、あなたが身体ではないことが、より容易にわかるので、目撃する四十分はさらに重要だ。あなたはそれをコントロールしていない。何もしていない。何も防いでいない。あなたは、それが全く自分と関係がないとわかる。それは単独で行っている。あなたはより容易に、自己同一視を解除することができる。それが、ダイナミック・メディテーションがラティハンよりも優れているところだ。

ラティハンは、体にあまり緊張がない人、マインドにあまり抑圧がない人を助けることができる。しかし現在、そのような人々を見つけることは非常に難しい。それは古い技法だ。現在、誰でも緊張でいっぱいだ。ちょうど二十年前に……ラティハンが世界的な運動になった時代があった。そしてそれは誰にでもアピールした。そしてその後、ゆっくりとそれは姿を消した。それは、解決したよりも多くの問題を生じさせたので、消えなければならなかった。それは多くの人を助けるよりも、彼らの頭をおかしくした。

世界にラティハンを紹介した男にとっては、それが自然に起こったという単純な理由のために、基本的なことが見落とされていた。ある日森の中でただ一人いるときに、彼は何かの運動が起こっているのを感じた。そしてこの動きが何なのか、なぜそれが起こっているのかにただ興味を持って、彼はそれが起こるままにした。しかし、彼の中にはあまり緊張がなかった。彼は単純な男だった――そして特にそのような男はいつも単純だ――彼は木こりだった。

ところで木こりは、決して彼の中に暴力をためない。彼が毎日それだけの暴力を、木を切ることを、しているので、彼の手は、誰かを叩く少しのエネルギーもためる可能性がない。木こり、漁師、農民――彼らにとっては、ラティハンは全く良いかもしれない。すでに彼らの身体が多くのことをしているからだ。それで残されているものは何もない。十分または十五分以内にラティハンは終わり、彼らは気分がいい。そして彼らの仕事柄、たとえそれが農場で、または湖で、または森で起こったとしても……それがひとりでに起こり始めても、問題ではない。

しかし世間で、それがあなたのオフィスで起こり始め、あなたが突然テーブルの上でジャンプし、ラティハンを始めるならば、すぐに警察が呼ばれるだろう。ラティハンはあなたを刑務所送りにする。そしてあなたは、それが霊的なものだとは、誰にも説明することができない。誰もあなたの霊性を理解しようとしないだろう――それは狂気の沙汰だった。あなたは何でもしたかもしれない。あなたは危険な人だ。

そして現代文明の中では、人々は一日中椅子に座っているので、抑圧されたエネルギーは大変なものだ。身体はそのようにはつくられなかった。人々は基本的にハンターだ。鹿が走るとき、彼の体は鹿を追うようにつくられた。あなたは鹿が走っているのを見たことがあるかね？　彼らは矢のように走る。そしてハンターは彼らの後を追うことができた。体は一生懸命に――八時間、十二時間――働くようにつくられた。そして体の緊張の問題は論外だった。ラティハンはこれらの人々には良かっただろう。おそらく数分で、彼らはちょうどシャワーを浴びたような新鮮さを感じただろうが、現代人のことではない。

あなたはあまりに多くをためているので、何時間もラティハンをし続けるかもしれない。そしてあなたが完全に自分を降ろしているので、あなたをコントロールするものは何もない。あなたは抑えることになっていない。あなたは何もしないことになっている。それであなたは、ほとんど発作を起こした状態になっている。そしてあなたは何時間も続けた後に、多分昏睡状態に陥り、無意識になって倒れる。あなたは気が狂った状態で目覚めるかもしれない。あるいはあなたは本当に気分よく目覚めるかもしれない。しかしそれは運だ。そして、私は誰にもそのような賭けをして欲しくない。

あなたを常に防ぐことができる目撃者であり続けることはいっそう良い。それは、あなたが常に支配下に、制御と共にあることを可能にする。したがって、それはただどこであれ起こり始めるということはない。そうすれば、それはあなたの身体により多くの恩恵――ラティハンが与えることができる全恩恵――を与える。そしてあなた自身のために、四十分間目撃していることはすばらしい祝福だ。ラティハンはすぐに忘れられるだろうが、目撃することは、永久に永遠にあなたと共にとどまるだろう。それはあなたの本質だ。

あなたは、仏陀の最後の求道者たちについて話されていたとき、「今や誰が、彼を師として受け入れるだろうか？　誰が彼を覚者《ブッダ》として受け入れる用意があるだろうか？」と言われました。愛するＯＳＨＯ、私たちは受け入れます。

それは言わなくてもわかっている。だが私は、できることなら全世界にそれを認知して欲しい。なぜなら、その認知そのものの中に全人類の変容があるからだ。あなた達は変容されるだろう、だが世界は大きい。何百万という人々が、自らの無知、迷信、愚かさにしがみついている。しかもあまりにもしっかりとしがみついていて、そこから彼らを引き離し、自分の状況を意識させることは難しいようだ。自分自身がその惨めさの、その暗闇の原因なのだということ――彼ら自身が、地上を地獄にしているのであり、その同じ地球は天国にもなり得るのだという状況を。それは、今ならまだ天国であり得る。

あなた達は私を愛している。だから私を理解できる。だが一般世間は、私に対して扉を閉じている。これこそは、全歴史を通じて彼らがやって来たのと同じ事だ。自分達の中に変化をもたらせるもの、自分達に何か新しいものを生み出せる誰に対しても、彼らはその扉を閉じて来た。これを殆ど習慣と言ってもいいものにしてしまった。

だから、「このような人間を誰が覚醒した者、解放された者、光明を得たもの、さらに、それら全ての範疇をも超えてしまった者と認めるだろう？」と問うた時、私の問は、あらゆる時代とあらゆる国で目覚めた者全てに、扉を閉じてきたこの世界に向けたものだった。彼らの扉を開けるのは非常に難しい。

あなた達にはそれが起こっているのが見える。かつて、これほど大きな規模でそれが起こったことはない。これほど大きな規模で働きかけた者は、一人もいないからだ。毎日新しく二つか三つの国が、私の入国を不可能にさせる議案を通過させた、というニュースが私の所に来る。

昨夜、もうこれでは国がなくなると言ってハシャが泣いていた。私はこう言った。

「心配は要らない。それはよい徴だ。これは一つの認知だ。一つの事だけは、彼らは確かに認知したと言うことだ。もし彼らがこの男を自分の国に入れたら、彼らの全構造が崩壊してしまうということを」

だが、どれほどの間、彼らが私を妨げられると言うのか？　私はあなた達みんなを準備している。彼らは私を妨げることはできるかもしれないが、あなた達を止めることはできない。間もなく私は、私の仕事をする用意のある人々を送り出す。私は道を見い出す。

今日もヴィヴェークが泣いて言った。

「あなたは存在が面倒を見てくれるとおっしゃるけれど、存在は面倒を見てくれていない」

これは理解されなければならないことだ。そういう疑問が、たくさんの人々のマインドにあるかも知れないからだ。我々がこういう事を思うときはいつでも、我々には常に要求がある。そしてそれが満たされれば、存在が面倒を見てくれているのだと思う。ヴィヴェークは存在が面倒を見なかった例をあげた。

「ソクラテス、イエス、アルヒラジ・マンスール……。この人達ははりつけにされ、殺されたのに、存在は面倒を見ませんでした。やがてあなたも十字架にかけられるでしょう。存在が面倒を見てくれるなんて、どうして信じられます？」

これは極めて意味深い問題だ。私は、これこそが存在が面倒を見るやり方なのだと言いたい。ソクラテスには何の要求もなかった。そしておそらく、あれがソクラテスにとっては最上の死に方だった——なぜなら、もし彼が他の死に方をしたら、彼の教えも死んでいただろう。彼の教えは、彼の身体よりはるかに重要だ。その身体はいつかは死ぬものだ。永久に残るものではない。もしかしたら毒を盛られなくても、まさにその同じ日に、死ぬことになっていたかもしれない。だが毒殺は、全世界に一つの事を明らかにした——彼の教えは維持されるべきだということ、彼の教えが古い腐敗した虚偽の全てにとって危険なものだと、認められたということをだ。そしてその教えは、いまだに古びていない。

ソクラテスの後にたくさんの大思想家達が現われたが、彼らはもはや古びてしまった。存在は面倒を「見て来ている」——だがそれは、あなた達の願望に応じてではなく、存在一流のやり方で面倒を見る。自分に願望が、要求があれば、それは存在を信頼していないということだからだ。信頼とは、どんな事が起こっているにせよ、また起こることになるにせよ、ただただ、それが完全に正しいのだと言う意味だ。

存在は、どんな個人よりも賢い。なぜなら、個人が持っているのは小さな意識だからだ。たとえ光明を得ていたとしても、彼はやはり広大な存在の海の中のほんの一滴に過ぎない。だから、存在が感じていることが正しいのだ。もし存在がアルヒラジ・マンスールが殺されるべきだと感じているのだとしたら、それが正しい。もし存在が、イエスは十字架に架けられるべきだと感じているのだとしたら、それが正しいのだ。

信頼とは、何が起ころうとも、喜びに満ち、いやいやながらではなく、しぶしぶではなく——そうだったら、要点の全てを見逃している——そうではなく、踊りながら、歌とともに、笑いとともに、愛を持って、起こることと共にあるということだ。起こることは全て、何かのためだ。

存在には間違えようがない。

もし存在が私たちの願望を満たさないのなら、それはただ、私たちの願望が間違っていたということだ。

第四章

現実は常に壊れやすい

Reality is Always Fragile

このところ私は、地面が自分の足元で崩れて行くような感じをよく味わうのです。まるで、私が愛しているもの、あるいは過去に私が愛してきたものが、すべて壊れていくように思われるのです。最近ロシアのチェルノブイリで起こったあの原子力発電所の大惨事は、すべてがどれほどはかなく、また束の間のものであるかを、痛いほどはっきりさせてくれました。両親、息子、兄や妹、友だち、そして愛する夫すべてが危険に晒されています。

いまこの瞬間しかないと考えることは、私にはとても辛いことです。私はおそるおそる自分に、「次にはいったい何が起こるのだろう?」と訊いてみます。でも誰が誰に訊いているというのでしょう? すべてがあまりに不条理で、あまりに空しく思われます。時に発狂するのではないかと思うこともあります。これは成長の一部なのでしょうか、それとも病気に過ぎないのでしょうか?

大災害は、人をあるがままの現実に目覚めさせる。現実は常に壊れやすい。誰もが、常に危険に晒されている。ただ平常の時は、ぐっすり眠りこけているために、それが見えないだけだ。来たるべき日々や将来に対し、夢を見続け、素晴らしいことを想像し続ける。だが危険が差し迫ってきた瞬間には、人は突然、未来はないかもしれない、明日はないかもしれないということに、自分には今この瞬間しかないということに気づく。

だから大災害の時というのは、非常に啓示的だ。大災害はこの世に何一つ新しいものをもたらさない。それはただ、あるがままの世界に気づかせるだけだ——それは人の目を覚まさせる。それを理解しなければ、気が違うこともあり得る。それを理解すれば、目覚めも起こり得る。

ある話を思い出した。ある偉大な武士、その国でも高名な剣士に、ひとりの非常に忠実な召使がいた。その剣士はその召使を可愛がり、信頼していた。主人が家を留守にしているとき、その召使はある失敗をした……人にはありがちの失敗だ。帰ってきた主人はひどく腹を立て、自分と闘うよう召使いに申しつけた。剣での決闘だ――彼は召使を成敗したくなかった。召使が犯した過ちは、本人にはわかっていなかったかもしれないが、大きな過ちだった。掃除をしているときに、非常に貴重な絵の一枚を駄目にしてしまったのだ。

その武士は言った。

「これまで可愛がって来たお前だ、殺したくはない。お前にチャンスをやろう。私と闘え。この剣をとって私と決闘するのだ」

召使は言った。

「御主人様、ご存じのように、私は剣の持ち方も知りません。ひと思いに殺して下さい。いずれにせよ、あなたが私を成敗することになるのですから――あなたは高名な剣士でいらっしゃる。闘ったところで私が勝てるわけがありません」

だが主人は、頑固に言い張った。

「お前は、私と闘わなければならない」

そこで召使は言った。

「では一時間だけお待ち下さい。私の座禅の師の所に行って来ます。ちょっと御挨拶に、お別れを言って参ります。あなたと闘って私が生き延びられるとは思いませんから」。彼は許されて師の所に行った。

師は笑って彼にこう告げた。

「心配することはない。これはお前にとってはいい機会だ。名うての武士であるお前の主人が、お前を打ち倒すことは絶対に間違いないのだからな。お前は剣の使い方など何も知らないのだから、間違いなく殺されるだろう。お前には未来などない、お前には勝てる見込みなど何もない。お前には、今この瞬間しかない。一生に一度くらいは、本気になってみてはどうかね？

わしはお前の主人を知っている。彼は武士だ。あの人がそう言ったからには、お前を許してはくれないだろう。だが、彼はお前にチャンスをくれた。そしてわしが思うに、これは大変な機会だ」

召使には理解できなかった。彼は言った。

「どんな機会があるというのです。私があの人に殺されるだけですよ！　こっちは剣の使い方も知らないのに、向こうは名うての剣士なんですからね。あの人にとっては遊びのようなものでしょうよ」

師は言った。

「それこそが肝心な点だ。向こうは、お前は召使に過ぎないと考えるだろう、お前などに何ができると。向こうは死を恐れることもなければ、無論、明日がないなどとは思いもすまい。お前の主人には明日もあれば未来もあることになる。相手はいつものまどろみの中にいることになる。

「が、お前はそうではない。お前にはもう明日はない、未来などない。今が最後の瞬間だ。だからお前には失うものなど何もない。お前はこれから死のうというのだ。それならどうして、思いきって全力で闘ってみないのかね？　それに、刀の使い方を知っているとかいないとか、そんなことは気にしないことだ。全身全霊を込めて、この瞬間を使って見るんだよ」

そうこうするうちに、近隣の者たちがみんな集まって来ていた。召使が戻って来た。主人はもちろん、いつものまどろみの中にどっぷりと浸かっていた——召使を打ち倒すことなど、彼にとってはほんの冗談に過ぎなかった。

だが、召使にとっては笑い事ではなかった。生きるか死ぬかの問題だった。彼は実にすさまじく、全身全霊で闘ったために、主人は後ずさり始めた。彼はこんな相手に出くわしたことはなかった……これまで生涯闘って来ていたが、これほど凄い相手に出会ったことはなかった。彼がこれまで相手にしたことのある戦士たちはすべて、平常の現実の中に生きていた、彼のようにまどろみながら。未来は終ってしまったとか、明日はもう来ない、という恐怖などなかった。

だがその召使にとっては、すべてが終っていた。だとしたら、どうしてここで思いっきりやってみないのか。彼は技術など何も知らなかった——だが、これが最後だというときに、自分の攻撃の仕方が間違っているかどうかなど、誰が気にするだろう？　すると、それがかえって主人である武士を怖れさせた。彼が知っていたのは、闘い方を知っている人間相手の闘い方だった——だが、この男は何も知らない。彼はただ、あっちかと思えばこっちを、ただもう無我夢中で打ちかかって来るだけだった！　彼は全身全霊であり、死に物狂いだった。これが最後の瞬間であり、もうどんなことにも、どんな期待もかけていなかったからだ。何を期待できよう——次の瞬間は死と決まっているのだから。

彼は完全に醒めていた——全存在が一つになっており、統合していた。かくて彼は主人を打ち負かした。彼は主人を殺しはしなかったが、主人は倒れた。そして召使は、自分の剣を主人の胸に突きつけて尋ねた。

「さあどうします？　これまでいつもお慕いしてきたあなたを、殺すことはできません。でも自分が負けたことは認めますか？」

そして主人は、生涯で初めて自分の負けを認めた。

何千人という人たちがこの光景を見ていた。人々には、このごく普通の召使がしたことが信じられなかった。しかも彼はそこで勝っただけではなかった……まさにその瞬間、彼は剣を捨てて主人に告げた。

「もう私はあなたの召使ではない。私は自分の道を見つけた。あなたに感謝します。これからいつまでも、あなたに感謝し続けるでしょう。私が目が醒めたのは、あなたのおかげだ」

彼は光明を得た人となった。その瞬間、彼は完全に生きていること、まさに存在の絶頂を味わった。

この瞬間をどう使うかは、その人次第だ。狼狽《ろうばい》することもできれば、気が違うこともあり得る。恐怖におびえ泣きくずれることもできる。だがそれでは自分の家族にも、自分の友達にも、あるいは自分の愛する者にも、何の役にも立ちはしない。それは自分にとっても何の役にも立たない。

このロシアに起こった災害は、まさに少しでも知性のある人間なら、自分の時間をもっともっと瞑想に捧げ始められるような状況を創り出した。何しろ本当に、明日は不確かなのだから。それは常に不確かだったのだが、今となってはこれまで以上に不確実だ。この災害は、これから起こる一連の災害の始まりに過ぎないかもしれない。こういう原子力発電所は全て、本質的に安全なものではないからだ。もし何かが失敗し――そして今や我々は、一つの発電所に欠陥があったことを知っているのだが――そうなったら、彼らにはどんな力もない。彼らはただただ無力なのだ。彼らは自分たちが創り出しているエネルギーを制御できない。

同じ災害がアメリカにも起こり得るし、ドイツでも起こり得る。消失したこの発電所にすぐ並んで、同じ年代の発電所が二つある。その二つは、同じ時期に同じ設計で作られた。それには同じ欠陥があるに違いない。直ぐに二つ目の発電所が吹っ飛ぶという可能性はいくらでもある。そして三つ目も、そう遠いことではないだろう。そしてそういう災害が、他の発電所で働いている何千人という人々に、恐慌状態を引き起こすこともあり得る。彼らは、いわゆるその抑制された態度を失うかもしれない。彼らはただ、熱に浮かされたような取り乱した状態で、これまで犯したこともないような過ちを犯し始めるかもしれない。しかもそれは、間違ったボタンを押しただけで起こりかねないことだ。だが、人間はこれを大いなる瞬間《とき》として用いることもできる。

私たちはみんな、常に危険に晒されている。
あなた方もこの古い諺を知っているだろう。

「誰《た》がために鐘は鳴る、と尋ねることなかれ。そは常に汝《な》がために鳴るものなり」と。

誰かが死ぬと、教会の鐘が鳴って、村中にそれを知らせる。だが決して、その鐘が誰のために鳴っているのかを訊きに人をやってはいけない。その鐘は常に汝のために鳴っている、というものだ。たった今死んだのが誰だとしても……その死はすべて自分の死だ。なぜなら、人の死はすべて、自分は永久にここにいるのではないということを、思い出す縁《よすが》だからだ。人の死はすべて、目を覚ますための機会だ。死がやってくる前に、死を超えたものを達成するために、生の機会を使いなさい。

心配しても仕方がない。そんなことをしても、この瞬間を見逃すことになるだけで、誰の役にも立ちはしないからだ。しかも危険に晒されているのは自分の両親、自分の友人、自分の愛する者だけではない。全世界が危険に晒されている。それはただ……今日危険な目に遭う者もあれば、明日危険な目に遭う者もあるだろう――が、何れにせよ危険はある。としたら、その危険の超越の秘密を学ぶことだ。

その秘密とは、もっと十全に、もっと全身全霊で生き始めるということだ。もっと油断なく醒めていなさい。そうすれば自分の中に、死が手を触れられないものを見い出せる。それこそが唯一の避難所、唯一の防衛、唯一の安全だ。そしてもしお前たちが自分の友人や家族を助けたいと思うなら、その人たちにこの秘密を気づかせてあげなさい。

今度起こったことは、これから何度も何度も起こることになる。原子力発電所は非常にたくさんあるし、それも専門的な知識を持たず、技術的にはまだ牛車の時代にいるような、ほとんど二、三千年も遡ったような未開の国にまで設置されているからだ。彼らは現代人ではない。だからこうした最新の技術開発は、彼らにとっては極めて馴染みのないものだ。だが彼らはそれを開発しなければならない。他の国々がそれを開発しているし、また競争もあれば恐怖もあるからだ。

しかもこれは、技術的には近代的なロシアで起こった。もしこれがパキスタンやインドで起こったらどうなるか？　彼らには技術的な感受性など何もない。彼らと原子力技術との隔絶はあまりにも大きく、それに橋をかけることはできない。アメリカやロシアの技術者がそこに行って発電所を作り、それを彼らに托すことはできるだろう。だが彼らの手に渡れば、それは面倒なことになる。

インドには汽車を見たことがない人がいるのを、私は知っている——しかも世界中の他のどの国よりも、インドにはたくさん汽車があるに違いないと思うのだが。だが遠い場所については、彼らは聞いたことがあるだけなのだ。飛行機なら空を飛ぶから彼らは見たことがある。人間が昔から使って来たわけではないことを意識もせずに使っている、何千という技術的な道具を、彼らは見たことも聞いたこともないのだ。そういうものは極めて最近発明されたものだが、私たちの頭にはそれをつなぐイメージがある。が、彼らにとっては、自分の過去とも、自分の思考とも、自分の習慣とも、どんな関連も付けようのないものだ。

インドにある技術は、すべてイギリス人たちによって過去三百年の間にもたらされたものだ。さもなければ技術など何もなかった。その必要がなかった。

こんな事を聞いたことがある。彼らは鉄道を、カルカッタからボンベイまで、一番大きな二つの都市を結ぶ最初の鉄道をつくっていた時の事だった。一人の男が木陰で休みながら、そこで行なわれている作業の一部始終を見ていた……インド人だ。イギリス人の役人がひとり、彼に近づいてきて言った。

「お前も入って働けば金が稼げるぞ。もうずっと何日もお前の様子を見ていた。お前はやって来ては、ここでしていることを見て楽しんでいる。だが、自分はただ木陰に寝そべっているだけじゃないか」

「でも、金を稼いでどうするのかね？」と、その男は尋ねた。

するとそのイギリス人の役人は言った。

「金を稼いだら、お前はゆっくりと休めるさ」

すると彼は言った。

「それは変だな。俺はもうくつろいで休んでるよ。だから、なぜ金なんか稼がなきゃならんのかって訊いたのさ。こうしてのんびり休んでいる俺に、金は何をしてくれるんだい？」

彼は何も答えられなかった。

これこそがイギリス統治《ブリティッシュ・ラージ》が始まる前の、インドの状況だった。家族の全員が働いてなどいなかった。働きたい者、働くのが好きな二、三人が働いていただけだ。他の者たちはただ遊んでいただけだった——笛を吹いたり、泳ぎに行ったり、木陰で休んだり、木に登ったり、果物を食べたりしていた——土地は非常に肥えていたし、人口はごく少なかったから、誰もが働く必要などなかった。不必要だった。五人の家族で、一人が働けば充分だった。他の四人はただ遊んでいればよかった。

彼らはいまだに同じ態度でいる。彼らは過去に生きている……ところが、あなたたちは彼らに危険な新しい技術を与えた。彼らの手にあれば、それらは非常に危険だ。それは牛車の乗り方しか知らない者に、美しい車を与えるようなものだ。事故が起こって当り前だ。

あるインドの王の話を聞いたことがある。彼は金持ちだった。イギリスの総督や役人たちが素晴らしい車を持っているものだから、彼も美しい車を一台手に入れた。彼はドライブに出かけたが、ブレーキのことを忘れてしまった。そして車を止めるために、ついには車を樹にぶつけて止めることしか思いつかなかった。それ以外にどうやって車を止めたらいいのか？　車が止まって彼は非常に喜んだ。彼は家に戻って、今度は家に同じことをした！　みんなが集まって来て口々に、「いったい何をしているんです！」と言った。

彼は答えた。

「素晴らしい車だ。だが止めたくなったら、ちょっと難しい。樹か家が必要なんだよ——何か止めるものがいるんだ。でないと、どこまでもどこまでも進んでしまう。しかし大丈夫だ……周りに樹はたくさんあるし、家もたくさんあるからな」

災害は必ず起こる。これはほんの始まりだ。目醒めるために、この機会を使いなさい——それがあなたのできるすべてだ。他にあなたができることは何もない。

そして友人には、その機会を瞑想のために使うように言いなさい。キエフの近くのチェルノブイリの原子力発電所で起こった災害が、起こって終わるというものではないからだ。その影響は何十年間も、少なくとも三十年間は残るだろう。それは燃えて鎮火する、どこかの家の問題ではない……。

キエフの周りで、特にキエフがあるウクライナで……ウクライナは小麦、他の食料のためのソ連の最も生産的な地域だ。しかし今後三十年間、ウクライナでは何も栽培できないだろう。

三十年間放射能は、果物、野菜、小麦、ミルクに影響を及ぼす……牛が草を食べるからだ。そしてどんな生物——草、小麦、果物——も直ちに放射能を捕える。それはそれらの一部になる。そしてあなたが食べるとき、それはあなたの器官の一部になる。

何千人もの妊娠している女性がいるかもしれない。放射能が彼らに入ったなら、彼らの子供は、ねじれて、盲目で、身体が不自由で、頭なしで——なんでも可能だ——生まれてくるだろう。最も好ましいことは、彼らが死んで生まれてくることだろう。他の何でも生涯の悲劇になるだろう。したがって、それは生きている人々にとってだけでなく、生まれてくる人々にとってさえも危険だ。また同じことは、動物にも当てはまる。彼らが妊娠しているなら、彼らの子供は身体が不自由だろう。

そして政府は嘘をつき続ける。あなたは政治家がどれほど嘘をつくことができるかを見ることができる。二千人が、災害が起こったチェルノブイリで死んだ。そしてロシアは、二人だけが死亡したと公表した。あなたは規模を想像することができるかね……？　二千人が死んだ——二千人の死体が燃えている施設から取り出されるのを見た目撃者がいた——そしてロシアは、二人だけが死亡したが、すべては制御されているとラジオで公表する。しかし何も制御されていなかった。

翌日、明らかになった。放射能雲は、他の国々の上を移動し始めた。また放射能の量は上がった。人は、特定の量しか許容できない——それはいくつかの場所では、その量の二十倍、百倍、二百倍にまで達した。ウィーンではそれは二百倍多かった。ロンドンではそれは百倍多かった。そしてこれらのすべての場所では妊婦は——彼女達だけでなく、彼女たちの子供たちも——危険な状態にあった。そしてそれは続くだろう。その子供たちが生きのびることができたら、彼らは子供をつくるだろう。そして放射能は、引き続き影響し続けるだろう……。

したがって、それは小さな悲劇ではない。その規模はすさまじい。そして、時が経てばわかる多くのことが知られていない。海の魚は放射能を受けるだろう。魚を食べれば放射能を受ける。放射能灰が、水面で容易に沈殿するので、水は飲めなくなる。第二次世界大戦において、広島と長崎で使われた原爆は、これらの原子力発電所と核ミサイルに比べたら、小さなおもちゃだった。しかし今でさえ影響は続いている。それが代々引き続いて行くからだ。魚をコントロールすることはできない。彼らはどんな場所へでも移動するが、どこに移動したのかはわからない。

それで、ロシアは作物が三十年間ウクライナにないだろうと公表した。しかしそれは三十年間、ロシア、最強国の一つ、が最も飢えている国になることを意味する。ロシアは貧しい国に頼らなければならない。そして貧しい国は食物だけを生産するから、戦争資材と引き換えにだけ彼らの食物を購入することができるので、事態はとても複雑だ。彼らは戦争資材が欲しい。

彼らは小麦を与える用意ができている。彼らは食物を与える用意ができている。しかし、彼らは戦争資材を集めている隣国を絶えず恐れているので、戦争資材が欲しい。それでロシアは、自分たちの食物を得るために、古い戦争資材、新たな戦争がいつにでも起こる場合、少しも役に立たない戦争資材を売ろうとしている。

そのようなもう一つの事故――そしてそれはすべて、風次第だ。それをコントロールすることはできない。風はどんな方向にでも、どんな国にでも、どこにでも、雲、ガス、放射能を運ぶことができる。それで、それは単に、一つの場所と影響を受けるその周囲の問題ではない。場所はどこかであって、あなたは何マイルも離れているかもしれないが、風が放射能を運ぶことができるので、あなたは影響を受け得る。そしてあなたは、それについてそれほど注意深くなく、少しの予防措置もとらないので、あなたはより傷つきやすい。

一つの薬がある。そしてそれが使われるのは、これが初めてだ――それは放射能の影響を防ぐと、人々が考えているものだ。しかしあらゆる国で、すべてのストックが使い果たされた。特にヨーロッパでは、人々はその薬を切望している。しかしそれだけの要求が突然あるだろうとは誰も思わなかったので、ストックは全くない。そして他のどんな国もそれを与える気はない。誰が知る？――雲は彼らのほうへ進むかもしれない。そうすれば、彼らは同じ立場に立たされるだろう。

危険はまだ他にもあるが、生命自体いつも死につかまれているので、それは意識しているための良い機会だ。そうでなければ、死があなたのところに来る前にはどんな通知もない。それは突然来るが、あなたにはちょっとの間もない。そして死が確実である場合で――癌でまたはエイズで――さえ、医者、家族、友人、誰でも、死が間近であるという事実を隠そうとする……善意ではあるが善意は役に立たない。彼らはその人に害を及ぼしている。

その人は意識するようにされなければならない。「あなたの死は一ヵ月以内に来るでしょう。あなたにはこれ以上の生命がないので、今月、あなたに不死の味を与える最高のことをしてください」そうすれば死ぬときには、悲しみ、惨めさがない――単にこの体からもう一つの体に移動する。あるいは光明を得るならば……死の突然の認識で光明を得ることがある。

あなたたちに物語を話そう。エクナットーーとても美しいマスターおよび詩人は、シヴァ寺院に住んでいた。彼は非常に自由な個人だった。王は無神論者だった。そして彼は本当に合理的で論争好きだった。彼の学者、賢人はみな、神が存在すると彼に信じさせることに、疲れていた。方法はないようだった……それで最後に彼らは言った、「エクナットのところへおいでください。彼はただ一人の人です……おそらく彼なら何とかできます」

王は変装してそこに行った。彼は朝に行った。九時だった。そしてエクナットは熟睡していた。王は「何てことだ！　彼は私の先生になるのだろうか？」と言ったーー有神論者、特に聖者は日の出前に起きるのに、彼は九時にぐっすりと眠っているのだ！　それだけではなく、彼は足をシヴァリンガ、シヴァ神の男根の像に載せている。「私でさえ、足でシヴァリンガに触れることはできない。神がいないと理性的には考えているが、心の底では恐れている。誰が知ろう？　神がいるかもしれない。この男は度を越しているようだ。そして宮殿の愚か者どもは、私をこの男のもとに送り出した！」

彼は待った。エクナットは目覚めた。彼は「それで何のためにあなたはここに来られましたか？」と尋ねた。

王は言った。「神が存在するかどうか、理解するためにここに来たのです。私のすべての推論では、神が存在しないと思われるので。しかし私の臣民、友人、家族はみな神の存在を信じている。そして彼らは私があなたに会うことを望んだのです」

「ちょっとあなたの手を見せてください」とエクナットは言った。

王は思った。この男は本当に狂っているようだ！　私の手と神に、どんな関係があると言うんだ？と。

エクナットは手を見て言った。「神については後ほど議論できます……しかし七日以内にあなたは死ぬでしょう。私の記憶がそれほど良くなくて忘れるかもしれないので、最初にあなたに言わなければなりません。あなたの生命線は終わっています。まあ、長くて七日ですね……。さあ、私たちは議論できますよ」

しかしそのとき王は、議論する用意ができていなかった。彼は死が怖かった。彼はすでに寺院の階段を下っていた。「どこに行くのですか？」とエクナットが尋ねた。

王は言った。「今、議論の必要はありません。私には時間がない。たった七日！ 議論に七日を浪費することはできない」。ちょっと前には彼はとても強く見えていたが、今や彼は、階段を下りながら震えていた――たったの七日だ！

彼は家に着いて言った。「私はあの人がどんな人かわからないが、彼は優れた手相見だ。それだけは確かだ。彼は私が七日で死ぬと断言した。彼は私の生命線が終わっている――ちょっとした小さな断片がそこにある――と私に示した。

そして彼は死ぬつもりだったので、死に備え始めた。彼は働こうとしなかった。彼は横になり、弱々しく青ざめていた。彼のすべての親類が来た。多くの王室が親類関係にあったので、それは大きな集まりだった。彼はますます弱くなっていった。彼の声は沈み、彼の目はくぼんでいた。そしてエクナットは「七日目に、太陽の沈むときに――終わりです！それがあなたの最期です」と言ったのだ。そして日暮れ前には、家族全員が泣き、親類が泣いていた。

エクナットがやって来た。彼は「どうしたのですか？　なぜそんなに泣き続けているのですか？」と尋ねた。

「私たちの王が瀕死の状態なのです」と彼らが言った。

エクナットは「彼に会いたいのです」と言った。彼は王のところへ行って、彼を揺さぶって言った。「ちょっと起きて私を見てください。あれはただの冗談でした――私は手相占いについて何も知りません！ 私があなたに示した線さえ、生命線ではありません。私が手相見に尋ねると、彼らは『少なくとも正確な線を知るべきです！』と言ったのです。あなたは死ぬことになっていません。すぐに起きて、私と座ってください。そうすれば、あなたが私に相談しに来た問題について議論できます」

王は言った。「今ではもう、議論する必要はない。神は重要ではない。しかしこの七日で私は悟った。重要なことは――死がとても近かったので、私は眠ったままではいられなかった――私は目覚めていなければならなかった。私は不必要な思考で、時間を浪費できなかった。私は思考が消えるように、それを注意して見守らねばならなかった。そしてそれは消えた。

あなたは正しかった。日暮れと共に――太陽はちょうど沈んでいた――あなたに尋ねに行った人間は実際に死んだ。私は全く新しい人間です。神がいるか神がいないか……それはもはや私の関心ではない。今私は私の存在に、全く新しい特質を持っている。私は私の不死を知っている。私は私の神性を知っている。いまや神について、何を気にかけるだろう？　存在はすべて神聖です。

あなたの冗談は本当にうまくいった。しかし、あなたはワークの奇妙なやり方を持っている。あなたは本当に私を殺したかもしれない。私が充分に注意深くなかったなら、正確に日没に私は死んでいたでしょう。私にとって、そうでなかったはずがないことは確かだった。しかし比喩的な言い方では、それは真実だ。古い人間は死んだ。そして私は新しい人間です。そして私は結局、神とは何の関係もない」

「そうです。それが本当の宗教性です」とエクナットは言った。

そして王は言った、「今私は、遅くまで、九時まで眠ってシヴァ神の頭に足を置いている、あなたのような人を理解できる。今や問題はありません。私は理解できます。あなたがあなた自身の神性を感じるならば、その像は石に過ぎません。それから日の出前に起きること、という問題は起こりません。あなたが起きるときはいつでも日の出です。人は自然になります」

それで、それはすべてのこと――それが何であれ――をどのように使うかについての問題だけだ。正しくそれを使いなさい。災害は大きく危険は大きい。が、機会もまた大きい。

催眠と瞑想が混じり合った何かがあるのでしょうか？　あなたの臨在で、私は催眠術をかけられたかのように感じながら、それでも私の周りのすべてに気づいているからです。

私のもとではそれは起こり得る。両方の混合……ほとんどあなたがいないかのように感じる静寂がありながら、それでもあなたは、周りで起こっていることについて注意深い。私の存在は、催眠と瞑想が一緒になった全く異なる方法だ。

それはこれまで試みられたことがなかった。あなたが催眠だけを試みれば、あなたは周りの他のものに気づいていることができない。あなたは眠りに落ち、深く寝入るだろう。催眠術師の声は聞くが、他のものは何も聞かない。あなたが瞑想するならば、あなたは注意深くなり、明晰な注意深さの中で、あなたの周りのすべてを聞く。しかし眠ってはいるが、まるで目覚めているかのような、心休まる穏やかさは感じない。そしてそれは、私の存在で起こって欲しいことだ——両方一緒に。

私は、あなたが催眠術にかかることを望まない。それは古くて粗雑な方法だ。私は、あなたにとても穏やかな催眠状態にいて欲しい。あなたに催眠術をかけるための努力は全くない。しかし、あなたが私の話を聞くことにとても注意深いので、副産物としてそれは起こる——それで、あなたは完全に意識しており、両方の効果、両方の獲得を得ている。催眠は、あなたに心の安らぎと、リラクゼーションの快い感覚を与える。そしてその注意深さはあなたを、あなたの周りで起こっているものすべての目撃者にする。そしてそれは互いに矛盾していない。この同時発生を創ることが私の努力だ。

そのため、私は再びコミューンを創るのではなくて、私が人々の小さなグループに話しかけることができる学びの場を持つことだけを望んでいる。そうすれば、彼らはみんな近くにいて、彼らはみんな一緒に催眠に、瞑想に入ることができる。

あなたの理解は正しい。それが起こっていることだ。それはこれまで試みられなかった。瞑想は試みられた。催眠術は試みられた――だがいつも別々に。それで瞑想はある潤いを欠き、催眠術は無意識だ。しかしこの組み合わせで、新しい特質が入る。

瞑想はそこにある。しかし、催眠があなたをリラックスさせ、平和にし、潤いに満ちさせるので、無味乾燥なつまらないものではない。催眠はそこにある。しかし、あなたの瞑想があなたを注意深くしておくので、無意識は全くない。誰もその組み合わせを試みなかった。理由は単純で、彼らがそれらは相容れない――どのようにそれらを組み合わせることができるのか？　と思ったからだ。しかしあなたが知っているように、私は矛盾した人間だ。矛盾するものは何もないと思っている。私の理解は、すべてが相補的になることができるということだ。そして瞑想と催眠の組み合わせは、それらのどちらかが別々に与えることができるより、はるかに豊かな経験だ。

誰かが私に「この家の主人は誰ですか？」と尋ねたなら、私は「もちろん私のマスターです。彼は二階に住んでいます」と答えるでしょう。しかし、もしあなたが同じ質問をされれば、あなたは「私はここのほんの客に過ぎない。主人は見つからない」と答えられるだろうとなぜか感じます。そうではありませんか？

その通りだ。私がいないときにのみ、私はあなたのマスターでいられる。もし私がいれば、私は本当のマスターであることができない。それでは、私は人々を利用しているエゴイストであるだけだ。私は客に過ぎない。それは、あなたが私を当然のことと思えないことを意味する。今日私はここに居て、明日私はここに居ないかもしれない。今日私は話していて、明日、私は話すのを止めるかもしれない。私は予測可能ではない。その意味で私は客に過ぎない。

「客」を意味するインドの言葉はとても美しい。インドの言葉はアティティだ。ティティは「日付」を意味する。そしてアティティは日付を指定しないで来て、日付を指定しないで去る人を意味する。彼は急に来て急に去る。彼の行き来を管理できない。彼の行き来はまるで微風のようだ。それは来て、あなたはその涼しさを感じ、それからそれは行く。それを防げない。それが外に出られないように、すべてのドアと窓を閉めるなら、微風はないだろう。淀んだ空気しかないだろう。

マスターは微風と同じくらい自由だ。

またマスターは、彼の人格に関する限り、不在だ。彼はただ、存在があなたに達することを可能にする乗り物――フルート、空洞の竹――だ。彼の役目は何もしないことだ。彼の役目は、あなたに達する存在を妨げないことだ。だから彼は非行為者だ。彼は何も、自分の功績にすることができない。彼は単に存在の手の中の楽器だ。存在が奏でたい歌が何であれ、音楽が何であれ、それは奏でる。マスターには異議、妨害がない。

だからあなたは正しい。あなたは、あなたのマスターが二階に住んでいると言うことができる。そしてマスターは常に二階に住んでいる。しかし私は、私がマスターであると言うことはできない。私は、私が空洞の竹だと言えるだけだ。あなたは私のフルートを作れる。存在は私を通して歌を歌うことができる。私の質は、私が邪魔をしていないということだけだ。私は純粋さの中で、存在をあなたのハートに触れさせる。

私がしたり言ったりすることは、私のものではない。

あなたは私のサインを見たことがある。人々は何千回も「このサインは何を意味しますか？　あなたがサインしている言語は何ですか？」と私に尋ねた。それは何も意味しない！　それは言語ではない。私はいろいろと答えたが、実際私は——私はいない——サインできない。それで私は単にシンボルを創った。私のサインは何も言わない。それは全くの記号だ。それは何かを示すが、何も言わないし、何も意味しない。それは私の名前ではない。

「私はいない。存在だけがいる」と言うことができるこの状態にあることは、世界で最も大きな祝福だ。

第五章

妥協した瞬間、真理は死ぬ

The Moment Truth Compromises, It Dies

ウルグアイに夕方がやって来ました。仲間の何人かは、沈黙が話すのを聞きます。愛するマスター、禅のエッセンスとは何ですか？

それは問うことのできる質問の内で、最も意味あるものの一つだ。「禅」という小さな言葉には、宗教意識の進化のすべてが込められている。それはまた宗教組織から、聖職者から、あらゆる神学から、神からの自由を表してもいる。この小さな言葉は、人間の存在に火をもたらすことができる。

まず、この言葉の歴史を見てみよう。それは禅のエッセンスを理解するのに、役立つはずだからだ。「禅」という言葉は日本語だが、これは日本の言葉ではない。これは「チャン」という中国語の日本式の発音だ。みんなに思い出して欲しいのだが、中国語と日本語はアルファベットの言語ではない。だから発音は異なる。中国国内でさえ、同じ単語に何百もの発音がある――この国はそれほどにも広大だ。だから、文字はアルファベットではなく、単に象徴だ。中国語や日本語を学ぶのが極めて難しいのはそのためだ。

中国語が本当に達者になるには、少なくとも三十年は猛烈に勉強しなければならない。アルファベットの言語ではないから、少なくとも百万語の意味を覚えなければならない――これは最小限だ――一つ一つの言葉がそれぞれ別の記号だからだ。アルファベットの言語なら、話はもっと簡単だ。同じアルファベットが異なった単語を作るが、アルファベットは同じままだ。

中国語では一つ一つの単語が独立しており、その記号の意味を覚えなければならない。その言語は記号的であり、象徴的だ。だがそうなると、同じ発音を保持するのは極めて難しい。同じ発音を保持する方法はない。その記号が、決まった発音を持たないからだ。だから同じ単語が、中国の別の地域では、異なって発音されるということになる。

日本人は中国語を読めるが、その発音はまったく異なる。日本語と中国語の違いは、その発音だけだ――その記号は同じだ。だが、発音があまりに違っているので、別の二つの言語と見なすべきだ。

だから日本人が「禅」と発音するようになった言葉は、中国語の「チャン」という文字だ。だが不思議なことに、それは元の言葉に非常に近くなった。「チャン」もまた中国の言葉ではない。それは仏教僧により、二千年ほど前に中国にやって来た。仏教僧はパーリ語を使っていた。彼らの言葉は「ジャン」だった。それが中国で「チャン」になった。パーリ語の「ジャン」は、サンスクリット語の「ディヤン」から来ている。だからそこには別のニュアンス、別の意味を担った長い旅の歴史がある。

私たちが瞑想、つまり純粋な瞑想、ただ見ていること、と翻訳しているのが「ディヤン」だ。特定の宗教というような問題はそこにはない。教理問答など何も要らない。前もって必要なものなど何もない。ディヤンはそれだけで完全だ。それは意識の全体の進化の始まりであり、終わりだ。アルファでありオメガだ。

人は「祈り」が何かは知っている。通常、宗教はすべて「祈り」に依存しているからだ。「ディヤン」は「祈り」のまさに反対だ。「祈り」は、単なる仮説に過ぎない神に向けられたものだ。神を褒め称えて、何かを言ったり、真言《マントラ》を唱えたり、何かを詠唱したりする。それは恐怖あるいは貪欲から出たものだ。恐怖に駆られ神を思い出しているのか、あるいはどうしても何かが必要なのに、自分でそれを見つけられないので、神に助けを求めているかだ。だが、恐怖や貪欲は、宗教ではあり得ない。そして、仮説上の信念で真理は発見できない。信念を持って始めれば、信念を持って終る。決して実際、何が本当かを、知ることはない。

「ディヤン」はちょうどその反対だ。誰に向けられてもいない――神にも、恐怖という問題にも、貪欲という問題にも。それは人を内側へと連れて行く。「祈り」は人を外側へ連れ出す。そして、人を外側へ連れ出すものは、どんなものでも世俗のものだ——それを教会の中で、あるいはモスクの中で、あるいは寺院の中でしようと、違わない。人を内側へ、自分の存在の中心そのものへと導くものでない限り、どんなものも宗教的ではない。

だから、宗教とは極く単純なものだ。ただ自分自身の中心へ向かうことだ。

「ディヤン」こそは、自分自身へと向かう過程だ。すなわち、肉体を外に残し、マインドを外に残し、ハートを外に残し、すべてを外に残して——すべてを、「私はこれではない」と排除しながら——何一つ排除すべきものがない地点に自分が来るまで。

そして最も不思議な経験とは、すべてを排除し尽くしたら、自分もまた、それまでのような古い人間、古い自我《エゴ》、古い「私」ではいないということだ。古い自分は、自分が排除したものすべての組合せだった。ゆっくりゆっくり、知らぬ間に、人は自分の自我《エゴ》を破壊してしまう。いまや純粋な意識、光そのもの、永遠の光しかない。

「ディヤン」は仏教徒たちによって中国にもたらされた。だが中国において、大いなる変容が起こった。なぜなら中国は老子の強い影響下にあり、彼の教えのすべては「手放し《レット・ゴー》」だったからだ。

ゴータマ・ブッダは、自らの存在の中に入って行くために闘った。そして最後の時点で、彼は手放す。だがそれは最後の事だ。努力に疲れ、奮闘と苦行に疲れて、ついに彼はすべてを捨てる。するとその手放しの中で、彼が永年求めてきたことが起こった。それは、それを求める欲望がないときに起こる。老子は「手放し《レット・ゴー》」から始める——だから、ある素晴らしい出会いが起こった。

宗教の出会いは他でも起こったが、それは醜いものだった。回教徒とキリスト教徒、回教徒とヒンドゥ教徒、キリスト教徒とヒンドゥ教徒、だが彼らの出会いはすべて葛藤であり、戦いであり、暴力だった。そこには殺戮が——相手を改宗させようとする大いなる努力があった！

ただ一つ評価できる宗教的な出会いは、中国で、仏教僧と道教の僧たちの間で起こった。彼らは議論もせず、闘うこともせず、誰を改宗させようともしなかった。実際、互いに相手を見て、彼らは即座に自分たちが同じスペースに立っていることを了解した。この仏教と道教の交感《コミュニオン》から「チャン」が生まれた。

これこそ、友好的で思いやりがあり、愛に満ちていると言える、ただ一つの二宗教の出会いだ。葛藤はまったくなく、議論すらなく、ただ了解だけがあった。深い沈黙の中で両者はともに、それぞれの道は違っているかもしれないが、自分たちが同じ高みに到達していることを理解しえた。道教《タオイスト》の信奉者には、名前が無かった。彼らはそれを名付けぬままにしておいた。仏教徒には名前がある、「ディヤン」だ。だがそれは非常に新しいものだったので、彼らは新しい記号を作らなければならなかった。そしてその記号は「チャン」と発音された。それは頂点として、もっとも偉大でもっとも高度に進化した二つの宗教の統合として存続した。だがそれは、仏教徒と道教の信奉者に限定されたままで残った。

それが日本の求道者たちによって日本にもたらされたとき、ある新しい高みに達した。それは仏教からも道教からも自由になり、ただの「禅」になった。それを支えるためのどんな仏教教義の必要もなく、どんな道教の哲学も必要なかった。それがあまりにも完璧であり、それ自体で完全なものであったために、日本における「ディヤン」は「禅」という名の下に、至純の質を持つに至った。世界の他のどこでも、起こらなかったことだ。その真髄は、「見ている」ということだ。それにはまったくどんな教義もない。教えというものがない。禅の人は、人に教えるべき何物も持たない。彼は哲学を持たず、宗教を持たない。それは別の仕掛、沈黙を通じて人に説明できるだけだ。そして禅は仏教徒の「ジャン」にもなければ、また中国語の「チャン」にもなかった新しい仕掛を発展させた。

禅はまったく新しい道筋を取り、清新さを得、新しい誕生を経過した。道教信奉者や仏教徒でさえ、禅については若干奇妙に感じる。最も正統的な人たちなら、それがまったく馬鹿げていると言って一笑に付す。

私は著名な仏教僧たちに会ったことがある。その一人は、比丘サンガラクシータだった。彼はイギリス人だった。この人は、非常に若い頃に仏教僧になったに違いない。今では彼は大変な老齢だ。彼はインドと中国の国境沿いのカリンポンに住んでいる。そこに小さな自分のコミューンを持っていて、非常に尊敬されている。彼は仏教についての素晴らしい本を何冊も書いている。だが私が禅について言及したとき、彼は笑った。

私は言った。

「あなたの本を読んでいて、私はきっと、あなたが笑うだろうと思っていた。それは、あなたがまだ仏教の教義に捕らわれているからだ。禅が哲学的な支援など無しで存在し得る事を、あなたは考えることもできない。哲学的な支援など何も要らない。禅は極めて実践的で科学的な方法だ。歩きながら、座りながら、食べながら、聴きながら、話しながら、ただ自分の肉体を観ている——自分が何をしているときでも、ただ注意深く観ているのです」

バール・シェム（ハシディズムの開祖）についてのハシッドの話がある。真夜中、彼はある哲学的な問題に悩まされていた。彼は自分の家を出た。通りに人影はなく、彼は行ったり来たりし始めた。彼が行ったり来たりしているのを見て、ある金持ちの守衛が家から出てきてバール・シェムにこう尋ねた。

「こんな真夜中、誰一人いないこんな道路で何をしているんです？」

バール・シェムは言った。

「私も同じ質問をあなたにしたかったところだ。こんな夜中に、人影もない道路で、あなたは何をしているんだね？」

するとその男は、「俺は見張り人です」と言った。

バール・シェムは彼を抱きしめ、彼に礼を言った。だがその番人は、「一体、何のためです？」と尋ねた。

彼は、「私は自分が探していた鍵を見つけた。私は、どうすればこの心配から抜け出られるかと考えていた。その『見張り』という言葉が、私に鍵を与えてくれた。あなたは私の師だ」と答えた。

「俺にはあんたの言うことがわからない」と、見張りは言った。

「あなたが理解したかどうかは、問題ではない。とにかく、あなたは私の師だ。あなたは私にその鍵を与えてくれた。私も見張りになりたい」

その見張りは言った。「あんたが見張りになりたいのなら、私は仕事を見つけてあげられるよ」

バール・シェムは答えた。

「あなたはわかっていない。そんな心配はいらない。これは仕事を見つけると言うわけではない。私の見張りの意味はまったく別のものだ。私は自分の思考を見張りたいのだ」


その全過程は単純だ。行為している時にも、していない時にも、自分の肉体を見張ること。思考があるときにも、思考がないときにも、自分のマインドを見張ること。感情、気分があるときにも、何の感情も、何の気分もない時にも、自分のハートを見張っていること。そして見張っていることでそういうものが全部消えてしまったら、その見張りは根本的な変容を通り抜ける。それはそれ自身を見張る。見張りはそれ自体に戻る。

この世では、あらゆるものが円を描いて動いているように――あらゆるエネルギーは円を描いて動く。そして見張っていることは、一つのエネルギーだ。何も邪魔するものがなければ、それはそれ自身に返って来ざるを得ない。このことは別なふうにも表現されてきた。老人が子供に還えること……意識がその源に帰って来ること、と。途方もない無垢が放たれる。

サンガラクシータは、私の道とかけ違うときには、いつでも私の所にやって来たものだった。彼は少なくとも、私とともに一日を過ごすことに決めていた。彼は仏教を教え、人々を改宗させようとして、絶えずインド中を動き回っていた。だが私は彼に、「仏教はゴータマ・ブッダより遥かに進んでしまったのに、あなたはまだ彼にしがみついている」と言った。

その禅の話と言うのはこうだ。

一人の禅僧がある寺に滞在している。その夜は寒く――日本の仏像は木で創られているのだが――彼は一つの仏像を取り出してそれを燃やす。

住職は眠っていたが、焚木のパチパチ言う音が聞こえ、明りが見えた。彼は自分の部屋からやって来た。住職は我が目を疑った……釈尊像が燃えており、その横で件の男はそれを見ながら喜んでいるではないか！　住職は言った。「そなた、狂ったと見えるな。そなたは、わしが大切にしている仏様を燃やしてしまった。恥を知りなさい。寺に泊めてやったお返しがこれだというのか――そなたは仏さまを燃やしてしまったんだぞ！」

「待ちなさい」と、その僧は言った。そして彼は木っ端を取り出して、灰の中を探し始めた。だが仏は完全に燃えてしまっていた。

「今度は何を探しているのだ？」と、住職が尋ねた。

「骨を探している」と彼は言った。実際に彼が言ったのは、「私は舎利を探している」という言葉だった。東洋では死んだ人間の骨は「舎利（花）」と呼ばれているからだ。

「私は舎利を探している」

住職は言った。「そなた、間違いなく狂っている。木像がどうして花などつけられるのか？」

その僧は言った。「ということは、あなたも私に同意のようだ。では、もう一つ持って来て下され。まだまだたくさんあるし、夜は長く、しかもひどく冷えるのでな。あなたも、これが木に過ぎないことがわかっておられる――骨など無いし、骨の無い仏があるはずもないのでな。もう一つ取って下さらんか」

だがその住職はかんかんに怒った。
「これ以上、あんたを一時も中におくことはできない。今すぐに、寺を出て行ってくれ！」
彼がその僧を追い出そうとしているとき、その僧は言った。「いいかな、あなたは死んだ仏を崇めて、生きた仏を外に放り出そうとしておられる。きっと後悔なさる」

こんな事は禅の導師にしかできない。キリスト教の司祭、枢機卿、あるいはローマ法王にさえ、イエス・キリストの木像を燃やすことなどできない。それが木でできていることを知ってはいるが、彼らにはそれを燃やす度胸がない。どんなヒンドゥ教徒にもそれはできない。全世界に一人もいない。

禅は、仏陀が終えたところを遥かに超えてしまった。もし仏陀が戻って来たら、彼なら喜ぶだろう。だが、こういう学者達には、これこそが究極の成長だということが理解できない。今や、禅以上のものは何もない。それを超えるようなものを、私が思い付ける可能性もない。それはありとあらゆるものを、置き去りにし、今や肝心要のものだけが残った――純粋な意識だ。もはやそれは仏教には関係ない。それは、それを自分でする人のものだ――誰であろうと、男であろうと、女であろうと、黒人であろうと、白人であろうと、何の違いもない。

私が教えているのは、まさに純粋な禅そのものだ。もっとも、「禅」という言葉は使わないが。と言うのも、禅は超越しているが、その言葉には未だに古くさい連想と意味合いが付随しているからだ。それは未だに、禅仏教と呼ばれている。未だに釈尊像が礼拝されている禅寺がある。

最も偉大な禅の導師達は、完全にそういう儀式をすべて超越してしまったが、禅には実にたくさんの範疇がある。私が「禅」という言葉を使わないのはそのためだ。それ以外は、私が教えていることはまさに純粋な意識そのもの、如何にその中に入って行くか、如何にそれになるかだ。

あなたの周りで起こっていることで最も美しいことの一つは、私たちがグループとして機能しているということです。おそらく他のたくさんのグループとは違って、何らかの美しい資質を持つ多様な私たちの仲間が、変化したり、あなたが話しているものに近付いているのを見るとき、その人に起こっている事が自分たちみんなに利益を与えることを知っているために、私たちはそれがあたかも自分自身に起こっているかのように喜びます。私は、この集団意識という現象については、あなたがほんのついでに言及したことしか、思い出せません。それは集団無意識と関係がありますか？

集団意識についてと、あなたの許にいるここでの状況の中で、私たちがどうすればそれを最もうまく利用できるのかについて、もうすこし話していただけますか？

私はみんなに、意識の下には、ますます意識を失って行く、無意識の三つの層があると説明したことがある。その最下層は、まさに岩石の中にあるような、宇宙的無意識だ。

みんなの意識の上には超意識があり、それもまた三層に分かれていて、その最上層は宇宙的超意識に届いている。それが私がこれまでに、純粋な意識として――「禅」として、「チャン」として、「ディヤン」として――語ってきているものだ。

集合意識という現象は実在する。世界がこんなにも混乱しているのは、あらゆる人たちが異なった段階にいるからだ。集合意識は、その人達がすべて同じ段階にいるときにしかあり得ない。例えば、もし誰もが無意識だったら、その時はその全員の存在からあるリズムが湧き起こって、その人たちを結び合わせる。そしてこういう事は、群衆がまったく我を忘れた行動をしている暴動などで、時たま見ることができる。

私は、ヒンドゥ教徒と回教徒との間に起こった暴動を、自分のこの目でみたことがある。その時私は、互いに殺し合っている人たちが良い人であったので、不思議でならなかった。その中には私が個人的に知っている人もたくさんいた。その人達があんなにも簡単に人を殺したり、生きている人間が中にたくさんいる家に、あんなにもやすやすと火をつけられることが、およそ考えられなかった。

暴動が起こったとき、私は本屋の二階に座っていた。人々は互いに殺し合い、手当り次第に商店から物を奪っていた。法もなければ秩序もなかった。私のすぐ前に商店があった。その町で一番大きな時計屋で、腕時計や柱時計があったが、人々はそれを手当り次第に掴み取りしていた。

そこに一人の老人がいて……、私が知っている人だった。朝の散歩の時によく出会う人で、何度も腰を下ろして色々話し合ったりしたものだった。彼は回教徒だった。その店はヒンドゥ教徒のものだった。回教徒であるにもかかわらず、彼は「そんなことをしちゃいかん！　こんなことは正しくない。ヒンドゥ教徒を殺したければ、ヒンドゥ教徒を殺すがいい。しかし盗みや泥棒は……回教はそんなことは教えてはいないぞ」と叫んでいた。彼はいすの上に立って、みんなに向かって叫んでいたが、老人の言うことを聴く者などいなかった。

だが最も驚くべきこととは、店中の物が奪い去られ、そこに残ったのがただ一つ、非常に大きな掛け時計だけになったとき、その老人がそれを取って家に向かったことだった。私は後を追って、階段を駆け降りようとした。店の主人が私に言った。「下に行っちゃ駄目だ。危ないよ。もう少し治まるのを待った方がいい。警察か軍隊が来るだろう」

「いや、僕はあの老人に何が起こったのか、訊かなきゃならないんだ」と、私は言った。

そして私は彼を捕まえて尋ねた。

「あなたは三十分も『そんなことをしちゃいかん！』と叫んでいたのに、それから急に、あなたに何が起こったんですか？」

彼は言った。

「私にはわからない。私はただ、みんながあんなことをしていて、誰一人私の言うことを聴く者などいないのを見ていて、おそらくみんなが正しくて私一人が馬鹿なんじゃないかと思ったんだ。それに最後に残ったのはこれだけだった。私が持っていかなけりゃ、誰かが持って行くに決まってる。だから私はすぐに取ったんだ。私みたいな年寄りには重いよ」。それは大きな柱時計だった。

しかし私は言ってみた。

「あんなことは回教に反する、こんなことは宗教じゃないって、あなたは言ってたのに」

彼は言った。

「あの瞬間、私は何もかも忘れてしまった。柱時計が一つしか残っていないのを見たとき……。何が私に起こったのかわからないが、私は哲学も宗教もすべて忘れた。私のマインドに残っていたのはたった一つのことだった。みんなが何かを持って行ったのに、私は半時間もここで馬鹿みたいに叫んでいるだけだということだった。大声を上げた手間賃だけでも、少なくともこれ位は持って行ってもいいはずだ、そうしないと一生後悔するぞと思ったんだ」

私は大学の教授達が盗みを働き、強奪し、ヒンドゥ教徒を、回教徒を殺し、燃やすところを見た。後になって私がその人達に尋ねると、彼らはこう言った。「私も自分で不思議に思っているんだ。誰かが私に、『行ってあそこの寺を焼け』と言っても、一人でならそんなことはできない。しかしみんながそこにいて寺を焼いているとなると、自分もそれに参加できるんだ」

「何が違うんですか?」と私は言った。

ある男は言った。

「何だか不思議なんだけど、自分の責任だという気がまったくしないんだ。群衆が全体でそれをしているんだから、自分には責任がない。自分はその群衆心理の一部に過ぎない。群衆がそれをやっていて、自分がしているんじゃない。それに自分が参加しようがしまいが、どのみち焼かれてしまうんだから、と言ったようなね」

　似たようなマインドの状態、意識状態があるときには、そこには必ず、人を結びつけて集団現象にするような目に見えない何かがある。もしそれが意識より低ければ、人は野蛮行為、殺人、暴力、放火に走ることになる。もしそれが意識より高ければ、人はそこに、誰でも近づけばすぐに明かりが灯るような、途方もないエネルギーを創り出す――無意識の人間でさえ、目が覚めずにはいられないほどの、それほどの意識の火を生み出している。

　これに基づいて、神秘主義の秘密のスクールは存在して来た。一人ではできないこと、あるいは骨が折れて困難であるかもしれないことでも、たくさんの人間が一緒になってやれば、より容易でかつ実現の可能性が高いものになる。そうなれば、人は突然、自分がその上に乗れる一つの波、集団エネルギーによって持ち上げられる。自分一人でなら、おそらく千回も考えたかもしれない。しかしそれほどたくさんの人々が歓びながら、より高く進んで行き――自分でその歓びを見、感じられたら――人は恐怖を忘れ、抑制を忘れる。自分もその仲間に加わり始める。スクールの技法は、この基本的事実に依存している――意識が集団として機能し得るという事実に。

　時代を通じて、無意識は集団として機能してきている。何千何万というキリスト教徒たちが、ユダヤ人や回教徒達を殺すために十字軍となって出かける――これをどう思うかね？　彼らは一人もそれを考えなかったのか？　何千人という女性が生きたまま魔女として焼かれているのに、誰一人、反対を唱える者がいない。その背後にあるに違いない理由とは何か？――まさに集団無意識だ。彼らは全員同じように感じているのだ。彼らは、そのあまりにもたくさんの人たちの途方もない流れに、逆らえない。あらゆる宗教に、構成員をもっともっと増やそうとする欲望があるのはこのためだ。そうなれば彼らは集団の氾濫を生み出せる。それが彼らがしたことだ。

あなたたちは驚くだろう。インドではゴータマ・ブッダが、殆どインド全土を、彼の考え方と生き方に変えた。だが今では、たった一人の仏教徒を見つけることもできない。かくも膨大な数の人間が滅ぼされたのは、単純な理由による。ヒンドゥ教徒の集団心理《マインド》、その無意識が、人々を生きながら焼き、また拷問する用意があったのに対し、仏教徒はこの無意識の狂気に反対できなかったからだ。彼らには、それに対抗する集団的超意識の心理《マインド》がなかった。彼らはただの追随者に過ぎなかった。

仏陀の時代には、彼らはそれを実践していた。が、ひとたび仏陀がいなくなれば——そして、彼は国中を変容するほどの超意識の途方もないエネルギーを生み出していたのだが——ひとたび彼がいなくなり、またその主だった弟子がいなくなったら……。五世紀の後には、仏教徒として残っていたのは仏教徒の家に生まれた者たちだけだった。それ以外に、彼らの中には仏陀のどんな香りも残ってはいなかった。だから、ヒンドゥ教という大きな無意識に対抗できるものは何もなかった。

ジャイナ教は妥協した。たくさんのジャイナ教徒たちが殺された。そして自分達はまさに仏教徒と同じように滅ぼされるのだ、ということがわかると、彼らは妥協した。こう聞けば驚くだろうが、この二つの宗教、仏教とジャイナ教は、ヒンドゥ教とバラモン教への反逆として起こった——バラモンに独占権などない……バラモンの家に生まれたというだけで、バラモンが光明を得ているわけではない、という反逆だ。それは努力して得なければならないもの、自らそれに値しなければならないものだ。ただ生まれて来ただけでは、誰でも同じだ。どんな優越性も主張できない、と。

ジャイナ教と仏教は、両方ともバラモンへの反逆だった。だが、仏教があまりにも残酷に滅ぼされるのを見て、ジャイナ教は妥協した。その妥協とは、子供が生まれたときには、バラモンが呼ばれて行くということだ——すなわち命名式はヒンドゥの教典を読むバラモンによって執り行なわれる——また、結婚式や葬式もバラモンが主催する。

ヒンドゥ教徒たちのために行なうすべての儀式を、バラモンはジャイナ教徒のためにも行なう。だからバラモンの職業はそこなわれない。そうなれば、相手が何を信じていようと、バラモンには気にならない。そんなことに関心はないからだ――ただ自分の職業が、自分が聖職者であることがそのまま保たれればいいのだ。そしてジャイナ教徒は、バラモンが聖職者であることを受け入れた――バラモンがヒンドゥ教徒に行なうのと同じことをジャイナ教徒にも行なう。だがそうなっては、ジャイナ教徒は増えることはできなかった。妥協した瞬間に真実は死ぬ。そうなったら、真理にはどんな影響力もない。それは栄光を失い、輝きを失う。

集団心理《マインド》の原理は他の分野にも見ることができる。例えば、心理学者や哲学者が不思議に思ってきた事実というのは、アドルフ・ヒットラーのような、ほとんど知恵遅れともいえるような、どんなカリスマ性も備えていないような人間が……。アドルフ・ヒットラーにカリスマ性があるのなら、チャーリー・チャップリンにだってカリスマ性があることになるよ！　彼らは両方とも道化だ。彼らの顔は人に影響など与えるような顔ではない。彼らの言っていることなどがらくただ。しかしドイツのような国が、世界中の他のどんな国よりも遥かに知的な、世界中の他のどの国よりもたくさんの哲学者たちを生み出してきたこの国が……国中がこの狂人に従うというようなことが、どうして起こったのか？

しかもその狂人がしていたのは、想像もできないようなことだった。何千何万というユダヤ人たちが、強制収容所で毒ガスで殺されていたのだ。一瞬の内に、そこには煙が漂うだけで、何千という生きた存在がすべてその煙の中に消えてしまっていた！　何百万というユダヤ人が、生きたままそのガス室で焼かれた。

そのガス室を運転していたのは、極めて高い教育を受けた資格のある人間達だったが、彼らは自分が何をしているのか、一度も考えなかった。これまで誰一人、解答を見出した者はいない。それは未だに一つの疑問だ。そしてそれは、マインドには集団的に機能する能力がある――そうなれば個人など問題ではなくなるわけだが――ということを理解しないかぎり、疑問として残るだろう。そうなれば、人は自分に責任があるとは考えない。国中があることをしているとなれば……。そしてそれこそがアドルフ・ヒットラーが愚かにも行なったことだった。彼の努力のすべては、大決起集会を生み出すために傾けられた。

彼の支援に結集した何千何万という若い人々が、人の目には見えないある衝撃と無意識の波を創り出した。その集会を見ている人々は、ただ集会に伴うある無意識のリズムの中に落ちて行った。そういう決起集会は、あらゆる大都市で催された。そして人々が田舎からそれを見にやって来た。

こういう決起集会の心理的目的とは何か？　その目的とは、国中を「みんな自分と一緒だ」と確信させることだった。

何千何万という青年達が同じスローガンを唱え、同じ服装をし、同じ音楽に合わせて行進して、今世紀最大の哲学者のひとりマルティン・ハイデッガーのような人間でさえ、アドルフ・ヒットラーの信奉者になるようなある雰囲気を生み出した。

何世紀にもわたってこれが続いて来ている。政治家がそれを利用し、宗教指導者がそれを利用してきた。おそらく自分が何をしているのか、どうしてそれが起こるのかを知らずにだ。多分、彼らはそれを知らないだろう。人は、電気がどのように働くのかは知らない。知っているのは、ただスイッチの入れ方と消し方だけだ。みんなの知識とは、ただそれだけだ。

その人たちは集団心理について何の理解も持っていなかったのかもしれない。しかし、それこそが起こったことであり、この理解は世界中のあらゆる人々に知らされるべきだ。行為する前に、二度考えなさい。自分はそれを自分の責任でしているのか、あるいはただ大衆に、群衆に従っているだけなのかを。大衆に従うことは犯罪だ。大衆とは超意識ではなく、無意識でしかあり得ないからだ。

我々は小さなグループ、砂漠の中のオアシスを創り出さなければならない。そこでは、僅かな人々が超意識に向かって集団で上昇することができる。しかし大多数の無意識の人々が、その少数の人たちを許さないかもしれないという危険はある。そしてそれがはっきりして来ている。

アメリカは私に反対した。そしてゆっくりゆっくり、世界的な現象になった。集団無意識の心理《マインド》を把握しなければ、この現象を理解できない。あの政治家達はそれぞれ別のイデオロギーを持っているが、彼らは他の誰とも同じように無意識だ。だから彼らがドイツ人であろうと、イギリス人であろうと、スイス人であろうと、スウェーデン人であろうと、アメリカ人であろうと違いはない。今や、世界のすべての政治家達の集団無意識が、たった一人の人間に対立して一致団結して機能している。そして自分達の嘘を互いに信じようとしている。

インド政府は、他国の政府に私を受け入れないように圧力をかけて来ている……何しろ、私への反対材料ならいくらでもあるからね。そしてちょうど今日も、私はラクシュミから新聞の切抜きを受け取った。インド議会では、内務大臣が「OSHOの信者が、インドに入れないようにはなっていますか？　彼がインドに帰ってきた場合、彼の信者が観光ビザで入国できないようになっていますか？」との質問を受けた。彼はそれを否定した。

その質問は別の人間によって二度提出された。もう一度、彼はそれを否定した。彼は、「いいや、そのような条件はありません。誰でもやって来て彼を訪れることができます」と答えた。

するとその翌日、野党の人間がある質問をした——彼はその党の党首で、プネー出身だから私の事を知っている。彼は「OSHOが払っていない所得税はありませんか？　あるいは何か彼が払っていない税金のようなものは？」と質問した。

すると大蔵大臣は「いや。彼には所得がありませんから。所得税などかかりようがありません。だから彼が払っていない税金などありません」と答えた。

議会では政府はこう言っている。それは、もし彼らが別の事を言えば、それを証明しなければならなくなるからだ。ところが外国政府に対しては、彼らはあらゆる政治家達と協調している。

どうやら時は熟したようだ。もし我々が、悪循環を断ち切り、遥かに高く、かつ優れた集団エネルギーを持ったグループを創り出さない限り、歴史は繰り返すだろう。

彼らはアル・ヒラジ・マンスールを殺した。彼らはイエスを殺し、ソクラテスを殺した――同じことを私にするだろう。私に反対する理由が何もないことなど、彼らは気にもしないだろう。その理由をつくり、うそをでっち上げるだろう。しかし彼らは集団無意識の環と同調したままだろう。

常にそういうものが作用しているのは本当だ。流行にもそれを見ることができる。突然、何かが流行りだすと、何千何万という若者達がそれに同調する。何かが流行らなくなれば、それはただ消え失せる。ある音楽が流行れば、誰もがそれを好きになる。ところがそれが流行らなくなれば、誰もそんなことを二度と考えさえしない。

人々のマインドに影響を与えているのは、集団的な波の流れだ。だからどんなものでも流行になる。ただ集団無意識に火をつけなければならないだけだ。そうすれば、それは人から人へと野火のように広がる。

話がより高いものに関係して来れば、それは難しい。きわめて難しい。なぜならそれにはある努力、ある大胆さ、ある勇気、真理のための何らかの探求が必要だからだ。だからあちこちほんの少数のグループにしか、集団超意識を生み出せなかった。だが今や、少数のグループでは役に立たない。

世界は遥かに大きな危険にさらされている。我々は世界中に、政治的愚劣さ、政治的無意識に対して本当の防御になり得るグループを、もっとたくさん必要としている。それは途方もない大仕事だ。だが何らかの勇気をもつ、何らかの知性のあるすべての者にとっては、この上もなく魅力のある挑戦課題だ。私は私の人々に障壁になり、政治的無意識を防いで欲しいと思っている――それはまだ可能だ。我々は最後の息を引きとるまで闘うだろう。

第六章

弟子であることの花

The Flower of Discipleship

朝、目覚め始めるとき、私は何度となく、自分という特定の形態の中に戻って行くことが、いかに自分の意志次第なのかという非常に強い感じを持つのです。私は自分が戻って行くその人間を認めます。彼女の癖も、その好き嫌いも、私にはわかっています。するとどうも他には誰も、彼女の肉体に入れそうな者はいないようです――みんなそれぞれ、自分の肉体の世話で忙しくしています――そこで私は自分に入り込みます。そして、その日が始まるのです。

オーストラリアの原住民は、眠っているとき、人は間違いなく自分の肉体を離れているのだと信じています。実際夢とは、彼らによれば、肉体を持たない自分の存在の冒険なのです。

私はこの距離の感覚を、常に維持できたらと思います。それが絶対的に覚めていること――目撃していること――を通して起こるか、あるいは深い無意識から戻って来るときに起こるかの、どちらかだというのは不思議な感じがするのですが――。

自分の肉体との距離の感覚は、次のどちらの方法でも起こり得る。すなわち、より意識することで、油断なく覚めていることで起こるか、あるいは深く無意識に入って行くことで起こる。自分が無意識の時には、その距離は認識されない。だが自分が意識すれば、ほんの一瞬その距離を見ることができる――自分がある一つのもので、肉体はそれとは別のものなのだ、と。油断ない目覚めの中では、それはもっと明らかになる。だがその現象は同じだ。

様々な原住民族には、夢の中では魂は肉体を離れて旅をする、という神話がある。夢の中で見るものはすべて、夢ではなく現実だと言うのだ。そういう神話が広くいき渡っている原住民族の中では、誰も眠っているところを起こされることはない。なぜなら、もしその人を起こしてしまって、その人がまだ戻って来ていなかったら——何しろ、夢の中で遠く旅をしているかもしれないのだから——その人を殺してしまいかねないからだ。また何かの偶然で、誰かが突然起こされてしまい、その人間が死ぬというような事がしばしば起こった。だがそれは、深い自動的な条件付けから起こったものだ。

夢の中で、人はどこへも行きはしない。でなければ、それはそういう信念が深く根付いた特定の部族の中だけではなく、世界中いたるところで起こるはずだ。誰を起こしても構わないし、だからといってその人間が死ぬことはない。だが、そういう特定の部族の中では——インドには二、三の部族がいて、また極東の他の国々にもいるのだが——その人たちは人が眠っているとき非常に礼儀正しい。それはその人間が遥か遠くの地を訪れているかもしれないからだ。その人間が自分で目覚めて、戻って来れるように、音も立てず邪魔をもしないようにする。もしまだ戻っていないのにその人を起こしてしまったら、その人とその人の魂を結びつけている糸を切ることになる。こういう部族の中ではそういう事が起こる。

だがここには、理解すべき極めて本質的なことがある。これは悪循環なのだ。人があることを信じていれば、それが起こるということだ。すると人はそれをもっと信じるようになり、それはますます頻繁に起こる。その車輪は自分の存在に深く入り込む。

そういう神話を持っている部族の者は、また自分が夢の中ですることは、すべて現実だと考えている。例えば、夢の中で自分が誰かを叩いたとしよう。翌朝、最初にすべきことは部族の長老に、「どうしたらいいの？　夢の中で僕は人を叩いてしまった」と尋ねることなのだ。そうすれば彼らは、「その人の所にお菓子を、果物を持って行って許しを乞いなさい」と、謝り方を教えてくれる。そしてこんなふうに純朴なものだから、彼らはめったに夢を見ない。こういう部族の中で人が夢を見ることは滅多にない。彼らの眠りは沈黙の硬いブロックだ。

ジークムント・フロイトの精神分析と考え合わせてみれば、このことは意味深い。こういう部族は何世紀にも渡って精神分析をして来ている。夢の中で誰かを叩いたら、翌日には許しを乞うために謝りに行く。これは一つの深い精神分析だ。たんに精神分析医に夢の話をするだけではなく、現実にそれをもう一度生きてみる。しかもただ生きてみるだけではなく、自らそれを片付けようと試みているのだ。

こういう部族の者たちは、ガラクタを集めることはない。彼らは何の苦もなく眠りに落ち、ぐっすりと眠る。だから誰かが「夢を見た」と言ったりする事態はめったに起こらない。

だが、魂が肉体から抜け出て行くという考えは、こういう原住民の信念の中だけにあるのではない。異なる文化を持つ多くの人たちが、突然何の理由もなく、そうしたことが自分に起こっているのを感じてきた。そういう人たちは寝入ってから、突然、肉体から出て上昇し、動き回り、何かをしている自分を見る。そして翌朝になれば、自分が確かにそういうことをしたとわかるのだが、肉体に関する限りはベッドを離れていない。

だから、体外経験の記憶というのはたくさんある。そして人間が肉体から出て行けるという事実は、ますます多くなっている。それは危険なことだが、もし覚めた意識の許でひとりでに起こるのなら害はない。実際にはそれは無限の充足、牢獄からの途方もない解放だ。自分が肉体を超えたものだという感じは、病気のときの自分、そして死における自分を助けることになる。もはやどんなものも、自分に惨めさをもたらすことはない。

だが時として、少数だが朝、目覚めるときにそれが起こる人がある。それはすべて、目覚めの速さにかかっている。ある人たちは非常にゆっくりと目覚めて行く——眠りの状態から目覚めの状態までに時間がかかる。こういう人たちは、決してそのようなことを感じることはない。こういう人の場合は、目覚めまでに非常に時間がかかるので、起きる頃には眠りはほとんど立ち去っている。だが僅かだが、突然目覚める人たちがいる。そしてあなたの場合は、それに違いない。あなたの目覚めは突然なのだ。そのことに、何もまずいことはない。だがそうなると、この二つの状態は違うから、あなたは突然の変化を感じることになる。夢の中ではある状態にあったのに、目覚めると、それとはまた別の状態に入っている。

突然の目覚めは、一瞬、肉体が分離しており、自分がその中に入って行くのだという感覚を与える。その瞬間を楽しみなさい。その瞬間を引き延ばして、細かいところまですべて楽しむといい。起こっていることをすべて見ていなさい。そうすれば、それはあなたにとって一種の瞑想になるだろう。寝入るときにも、それを目撃していようとしていれば、それは役に立つだろう。目撃が、より容易になるはずだ。

こんな風に、突然目覚めることは滅多にない。たいていすべては極めてゆっくりしている。そうなるとこの二つの状態はすっかり混ざって――一方が増加し、一方が減少しながら――人にはこの二つの区別がつかない。突然の目覚めが起こるのは、その人が過去生で突然死んだ場合だけだ――つまり、あなたは殺されたのだろう――その場合、その経験は深い傷跡を残す。それは利用できる。それについて心配することはない。あなたの過去生で何が起こったかは問題ではない。我々は何事も最善のために利用しなければならない。だが、突然目覚めるということは、私の経験では滅多にない。なぜなら、殺される人間はごく僅かしかいないからだ。

他の人々にとっては、死んで行くというのはゆっくりとした過程だ。ゆっくり、ゆっくり、ゆっくり意識を失い、無意識に入り、そうなってから死が起こる。だが、突然殺された人には、緩慢な過程のための時間がない。彼は目覚めている――全面的に目覚めている――そしてそのまま肉体を離れる。

そしてそこには関連した現象がある。殺された場合、人は突然その肉体を離れる――自分の家が火事になれば、窓から飛び出すようなものだ。数秒の内にその人は別の子宮に入って行くだろうが、殺されるというような経験は、あまりにも強烈な経験なので、数秒で拭い去るというわけには行かない。その人はまさに、今あなたが、何か新しい形態に滑り込んで行く、と描写したように、母親の子宮の中に入って行くことになる。そして、その同じことが毎朝繰り返されている。

あなたなら、眠りに入って行くときにも、静かに意識していることを試みてみれば、そこでも同じ経験を得られるだろう。だが、大抵の眠りはゆっくりやって来るものだから、その距離を見るための時間はない。だが、それが見えようと見えまいと、その距離は現実のものだ。それが見えるのはいいことだ。それをもっと大きくして行きなさい。

そういうわけで、人はまず肉体からの距離を、極めて堅固な現実にすることができる。次いで、マインドからの距離を作れるのだが……それは瞑想によってのみ可能だ。この経験では、あなたは自分のマインドと別であるとは感じていない。その距離は肉体からのものだ。が、それは最先の良い第一歩、良いスタートだ。過程の三分の一は達成された。出発点としては立派なものだ。同じように、自分のマインドを、自分とは別個の物として見てごらん。そして最後には自分の感情とハートを、別個の物として見るのだ。


最後に私たちは、自分自身がそれであるが故に、どんな風にしても別個に感じられないような一点を、自分の中に見つけ出さねばならない。まさに玉葱のように、そこにはいくつもの層がある。一つの層を剥げば、また別の層が現われる。その層を剥けば、また別の層がある。玉葱の皮を剥き続けなさい。禅には「何一つ残らなくなるまで玉葱の皮を剥き続けよ」という言い方がある。そしてその無こそが自分だ。

あなたの経験からはっきりすることは、過去生においてあなたは殺されたか、事故にあったに違いないということだ——列車から落ちるとか、車にひかれるとか——何か突然のでき事が、あなたをその肉体から引き離した。だからそういう経験が起こっている。しかし、今度はそれを使いなさい。それには途方もなく価値がある。

私には、あなたがサニヤスを与えたからというだけでは、その人が必ずしも弟子であることにはならないような気がするのですが。弟子であることとは、努力して得ることなのでしょうか、それとも、ただ起こる事なのでしょうか?

これは複雑な質問だ。三つの事がある。第一は、私がサニヤスを与えるだけでは、その人間は弟子にはならないということだ。それはただ、弟子になろうとするその人間の意志を示しているだけだ。

二番目は、弟子であるために、できる限りのことをしなければならない。しかし——にも関わらず、それを努力では得られないということだ。それは起こるものだ。だが、それを獲得しようとして、自分の力をすべて消耗し尽くしたときにしか、起こらない。だから、それを獲得しようとする努力を止めるわけにはいかない。もしその努力を止めたら、その出来事は決して起こらない。その出来事が起こるためには、みんなのエゴがあまりにも消耗し、あまりにも疲れ、地面の上に伏してしまい、殆どエゴのない状態になるべきなのだ——それがほんの数秒であっても——そうすれば、それが起こるための充分な時間が生まれることになる。

弟子であることの花は、実にユニークで実に美しい。それを見つけなかった者は、人生における宝を見逃したのだと言いえるほどのものだ。それは最も貴重な宝だ。なぜなら弟子になることで、実に多くのことが多面的に起こるからだ。

みんなはくつろいでいる。あなた方は初めて、くつろぎとは何かを知っている。今やそれは、起こっていることの一部だからだ。アメリカ風のくつろぎではない。アメリカには、『あなたはくつろがなければならない』という題名の本がある。こうなるとその「なければならない」が、すべてをぶち壊しにする。くつろぎを操作できる者など誰もいない。

だが、弟子であるということの中で——というのは、それがハプニングであるからだが——同時に同様の性質の多くのことが、その人たちの中で起こることになる。くつろぎが起こる。初めて人は、何の緊張もない非常な身軽さを感じる。初めて、何の理由もなく信頼が起こる。存在への深い「イエス」だ。それが何をもたらそうと……。それが生をもたらすなら、より多くの生をもたらすだろう。それが死をもたらすなら、それもまた問題ない。そういう人たちが「イエス」と言えば、何がどうなってもかまわない。その「イエス」は無条件だ。それは自分の中から起こり、ハートを満たしている。そうなれば、その人たちはどんな目標も持たず、何を達成しようという欲もない。心配のない、緊張のない生を生きる。

愛が初めて起こる。憎しみに対立したものではない愛だ。この愛が憎しみに変わることはない。それは通常の人生の経験の二元性の外にある。それまで自分がいつも、生命のないものと考えて来たものに対してさえ慈悲が起こる。慈悲がやって来る。それは慈悲に満ちた主体の問題だ。例えばこの電球だが、光が死んだものに降り注ごうと、生き物に降り注ごうと、そんなことを気にしてはいない。そんなことを思い煩わない。ただ、それが自分の本質であるだけのことだ。だから愛とは、それが自然のものなら、決して憎しみに変わることはない。それを見つければ、ある大いなる感情が沸き起こるのだ。

弟子であることは通常の経験ではない。だからいいかね、私もみんなをサニヤシンにすることはできないし、みんなもまた、自分をサニヤシンにすることはできない。私はみんなに方向性、動機を与えることはできる。そしてみんなは、それが自分を弟子にするわけではないと完全に知りながら、何一つ後に残しておく事なく、自分を完全に消耗し尽くすまでに、猛烈に働きかけなければならない。だが、ある意味では、それこそがサニヤスを与えることになる——なぜなら、できることをすべてやったら、沈黙がその人の上に降りてきて、努力は落ちるからだ。人は無為の状態に入る。するとその状態の中で、その瞬間に、弟子であることが花開く――突然、人は実にたくさんの花々に、多くの芳香、多くの光に包まれる。

師に対して感謝を感じる。彼がそれを与えたわけではないが、彼がいなくては何の手引きもなかったはずだ。すると、人は自分がしたすべての努力の故に、感謝を感じることになる。なぜなら、その努力なくして、時間と空間が静止している、突然の終点に到ることはないからだ。

一度それが起こったら、一度それを味わったら、まさに自分の部屋のあり場所を知っているように、その道を知ることになる。暗闇の中でもそこに行けるし、目をつぶっていてさえ、それを見つけることができる。その経験があまりにも素晴らしく、あまりにも豊かなものだから、人はそれを何度も何度も味わいたいと思う。

ゆっくりと、それはあまりにも自然なものになって、部外者には理解できないものになる。師の姿を見るだけで、その引金が引かれる。ロケットの中の師の写真を見るだけで、その引金が引かれる。あるいは師のことを思い出すだけで、引金が引かれるかもしれない。師と関係のあるどんなことでも、どんな言葉でも……。みんなはその過程をすべて通り抜けて行くことはない。その全過程はあまりにもす速く、それに気付くことさえできない。人は突然、弟子になるのだ。

みんなが何故、自分のマラに私の写真をつけているのかを、人に説明するのは実に難しい。それはあまりにも秘教的《エソテリック》で、彼らには理解できないだろう。だが、それが鍵なのだ。極く単純だ。ただ自分の手にそれを持つだけで、あなたたちは即座にその美しい空間に運ばれて行くことができる。

どうして私には、他の人と直接アイコンタクトをすることがこれほど難しいのでしょうか？

質問はキルタンからのものだ。さまざまの理由があるだろう。一つ考えられるのは、あなたの過去生が、目と目を直接合わせることをせず、視線を落としていることが女性にとって優美であると考えられている、東半球にあったのだろうということだ。直接目を合わせるのは無作法な、若干威圧的なことと考えられている。だから東洋では、女性は誰も、直接目と目を合わせることを経験していない。

あなたがそれを、自分の過去生から持って来ていることはあり得る。そして私には、それが事実に違いないと思われる。なぜならあなたには、自分がつまらない人間だという感覚もあるからだ。これもまた、女性すべてへの東洋の教えだ。女性であることは無価値だ、女性の肉体から光明を得ることなどあり得ないのだから、という教えだ。女性はまず男性として生まれなければならない。そうして初めて、光明に働きかけられる、と。それに、あなたは東洋にいただけではないだろう……。

あなたは尼僧だったのだろう。仏教の尼僧か、ジャイナ教の尼僧だ。こういう人たちは、自分の四フィート先より前を見ることを許されていない。この人たちとは、話すのさえ変な感じだ。向こうがこちらを見ないからだ。自分の四フィート先の地面を見つめている。この人たちは、こちらの言うことを聞こうとするし、応えもするだろうが、こちらに目を向けることはない。そしてその理由とは、尼僧は誰とも親しい関係を持つことはできない、ということのようだ。

心理学者が発見したことだが、誰かの目を二、三秒見るだけならそれは許されるし、また偶然に過ぎないという。だが、もしそれ以上長く見たとなれば、それは偶然ではない。それは当の相手に介入しようとしているということだ。そして、もし相手がたまたま女性だったら、それは絶対に不道徳なことだ。それが東洋のやり方だ。あまり長いこと他人の目を覗き込むべきではないというのだ。

ならず者を表わすヒンドゥスタン語が、ルッチャであることを知ったら、人は驚くだろう。そしてそれは、私たちが今話している問題への洞察を与えるだろう。ルッチャという言葉は、ロチャンからきている。そしてロチャンとは目を意味する。ルッチャとは、人を見つめて偶然の限界を通り越す者のことだ。その人は文明人ではない。そのふるまい方は無作法だ。

批評家を表わすヒンドゥ語、ヒンドゥスタン語は、アロチャックだ。これもまたロチャンから来ている。批評家は、何気なくというのではなく、できるだけ深く物事をのぞき込まなければならない。そうして初めて何が間違っており、何が正しいかを見つけることができる。批評とは、充分に深く見て初めて可能なことだ。アロチャックとルッチャは、言語学的には同じものを意味する。その用法が違うだけだ。両方とも見つめるということから来ている。


さて、あなたにとって厄介なのは、あなたが東洋的思考《マインド》を持ちながら、西洋に生まれたことだ。西洋の新しいやり方は、目と目を見つめ合うということだ。それは正直であること、誠実であることだと考えられている。そこにはある真実がある。もし話をしている相手の人が脇を見続けており、決してこちらをまともに見ないとしたら、その振舞いは……それは間違いなく、その人が何かを隠しているということだ。それが見つかることを恐れて、相手の目を見つめたくない。なぜなら目とは、極めて明からさまなものだからだ。目は、その人の全存在を明らかにする。もし人の目の読み方を知っている人がいたら、その人は、ただ相手の目を見るだけで、たくさんの事がわかる。相手に何一つ尋ねる必要はない。

インドでは、アーユルヴェーダと呼ばれるインドの医療がそれを極端まで押し進める。アーユルヴェーダ医療の偉い医者で、全インド・アーユルヴェーダ医師協会の会長だった男だが、彼は私に、医者が相手の目を見、舌を見、脈を取るだけで……もしそれだけで、相手がどんな病気で苦しんでいるかわからないようだったら、その人は医者と呼ぶには値しない、と言ったことがある。そういう人は獣医学校に移籍した方がいい、と。

対症療法の医者にとっては、アーユルヴェーダの医者などは獣医のようなものだ。動物はものが言えないから、こちらが相手の病気を推察しなければならない。人間は話せるし、本人に訊くことができる。だが、アーユルヴェーダ療法は、たとえ人間が話せても、自分の病気の真の原因を本当に告げることはできないと言う。症状については話すかもしれない——頭が痛い、とか何だとか——だが、その原因は医者が見つけなければならない、と。しかも、彼らのやり方は全くもって洗練されていない——ただ脈を取り、目を覗き込み、舌を見るだけだ。

彼らにとっては、舌には胃に関するすべての情報がある。目には、本人の心理に関する情報すべてがある。そして脈には、肉体とその状態についての情報がすべてある。そしてそれで充分だ。

驚くだろうが、対症療法を取り入れていない本当のアーユルヴェーダ療法の医師の所に行けば、医者はどんな具合かとは訊かない。ただ脈を取り、目を覗き込み、舌を見る——それだけだ。それから患者が飲まなければならない薬の処方を始める。

私は先ほどの男に、「目を見るだけで、マインドについてどんな事がわかりますか？」と尋ねた。すると彼は、「私たちの目的に必要なことは、ほとんどすべてですね」と答えた。

純真な人間、真実の人間、誠実な人間には別な質がある——その目にはある柔らかさ、深さがある。表面的な人間には深さがない。その目からは、ずる賢さが覗いている。だから、キルタン、もしあなたが人々の目を直接見ることができないのなら、その必要はない。あなたは医者ではないのだし、その必要はない。必要なのは自分自身の内側を覗くことだ、他人の目の中ではない。

しかもあなたは、何世紀もの間、女性が優美であるように育てられた東洋に、過去生を持っている。それが女性の優美さの一部だ——人の目を直接見ないということが。東洋ではそういうことをするのは、売春婦しかいない。東洋の女性には、慎ましく、攻撃的ではないあるやり方がある。人の目を覗き込むのは攻撃的なことで、優美ではない。私自身の経験では、東洋が女性の中に育ててきたこの優美さは、女性をより美しくした。

時々私は不思議に思うことがある……。ミスユニバースのような、国を代表する美女たちの写真を見たりすると、私には何かが根本的に間違っているのではないかという気がする。東洋なら、ああいう女性がミスユニバースとして受け入れられることはない。彼女達の振舞いはすべて醜い。その顔は優美さを表わしてはいないし、その目は優美さを表わしてはいない。しかも彼女たちはほとんど裸体で、何千人という人々の前で舞台の上を歩いている。つまりああいう女性は、自分を単なる性的倒錯の対象におとしめているのだ。こういう競争はすべて、ポルノグラフィーを求める男性の発明だ。

東洋ではあんなことはあり得ない。しかも過去に遡れば遡るほど、もっともっと優美だったことがわかるだろう。今日の東洋の現代的都市の中では、その優美さは見当りもしない。それは彼らが西洋を模倣しようとして、ほとんど西洋化してしまったからだ。本当の東洋の美しさは、西洋がそれほどの影響力を持っていない、こういう国々の内陸の地域にまだある。彼らの仕草、身のこなし、様子――あらゆるものに、人間を超えたある種の質がある。

だから、そのことを心配する必要はない。問題を作らないことだ。それを利用しなさい。他人の目の中を覗き込むよりはむしろ、自分自身の中を覗き込みなさい。そここそが真の洞察の必要な所、深い洞察が必要な所だ。

先日の夜、あなたは、自分が如何に誤って伝えられているかを話されました。でもあなたについての口汚い見せかけだけの報道に関しては、たった一人のサニヤシンの愛と信頼の方が、遥かに意味深く、真のあなたについての、はるかに有効な確証なのではないでしょうか?

その通りだ。だから私は、誤って伝えられることなど気にしていない。私は彼らが広め続けているあらゆる虚偽など気にしていない。また、大衆とは書かれたものなら何でも信じるものだ。彼らは新聞に頼って暮らしている。彼らのマインドは、新聞の切抜き、ただの古い新聞のファイルでいっぱいだ。

私は彼らのことを気に病んでもいなければ、彼らに腹を立ててもいない。実際は、彼らがしているのはまったく予想通りのことだ。真の奇跡とは、私の人々が——この世界規模での政府や政治家やジャーナリスト連中の陰謀にも関わらず——なお、私を認めているということだ。それだけで、私への報酬は充分だ。

この陰謀はまた、私に否定的な意味での認知を与えてもいる。彼らは私を無視できない。それだけは絶対に確かだ。私が行ったことがない国——その可能性もないような国——でさえ、私を無視することはできない。それが彼らの認知の仕方だ。私はそれに感謝している。

だが、私の歓びは、私を愛し信頼してくれている、あの僅かな人々だ。たとえ全世界が私に反対したとしても、問題ではない。たとえ、たった一人のサニヤシンであっても充分だ。実はそれさえも必要ではない。私自身、独りで充分だ。私は、自分が言っていることこそが真理であると、絶対に確信しているからだ。これこそが新しい人間がやって来るやり方であり、これこそが人類が救われる道だということを。私の中には一点の疑いもない。

自分が見逃したということ、この男の洞察からもっと学ぶことができたのだと人々が認知するのに三百年かかろうが、五百年かかろうが問題ではない。彼らは、それらの洞察から学ぶどころか、国から国へとあらゆる手段を使って私の邪魔をし、世界中の青年が私に影響されないようにと、偽りのイメージを作り上げて、私の時間を浪費して来た。

だが、存在は実に神秘的に働く。クレタ島で彼らが私を逮捕した日、ギリシャ語に翻訳されていた唯一の本『隠された調和』は一日で完売した。もう一冊も残ってはいない。

だから、彼らは妨害したと考えているかもしれないが、真理とは決して妨害し得ないものだ。どんなことをしようとも、なぜかそれは真理にとっての栄養に変容する。

私はあなたが、御自分一人が――独りで――世界を相手に闘っている、あるいは世界への脅威だと思われている、とおっしゃるのを聞いたことがあります。

私は、私たちがみんな、それぞれの個人が独りであると知っています。と同時に、私はあなたに大声で叫びたいのです。「でも、あなたを愛している私たちみんなが、あなたと一緒にいます」と。なぜなら、あなたとの愛の中で、私たちはあなたなのですから。

その通りだ。そしてみんなが私と一緒にいるから、私と一つであるほど深く私と共にいるからこそ、私は全世界を相手に独り闘っている、と言えるのだ。みんなは私と離れてはいない。みんなは私の一部だ。だから、みんながここにいるにも関わらず、私は独りでいることに変わりがない。みんなはその一部になって、その中に溶け込んでいる。

私の努力は、いわゆる知識人とは、本当に知性のある人ではない、という事実を強調することだ。政府を向こうにして立ち上がり、政府に何の害も為していない一人の人間に彼らがしていることは、完全な犯罪行為であると、語る勇気のある者は誰もいなかった。

逆に私の感じでは、私に対する世界的な陰謀が積み重なれば重なるほど、ますますいわゆるインテリ達は喜んでいるように見える――なぜなら、彼らにとっても私は脅威だからだ。彼らはただ、知識を集めているだけだ。ところが私は知識のある人たちを叩き、「正直になりなさい。自分は他の誰とも同じように何も知らないのだと認めなさい」と言ってきた。彼らは抗議するどころか、喜んでいるようだ。

そしていわゆる宗教的な人々も、抗議するよりはむしろ喜んでいるようだ。なぜなら私は、ただ宗教組織に属しているというだけで、その人間が宗教的とは言えないのだと、彼らに気づかせてきているからだ。宗教性とはそれとはまったく別物だ——それは個人の成長であり、個人の自覚だ。というわけで、彼らもまた喜んでいる。

自分たちが真実を持っており、しかも自分たちしか真実を持っていない、と思っているような狂信者たち——しかもそれを声高に叫ぶだけで何の議論も持たず、どんな影響力も持っていない狂信者たち——彼らもまた、みんな喜んでいる。

私が教師をしていた時だが、ひとりの若い女性、非常に綺麗な上品な感じの女性が、あるキリスト教の宣伝パンフレットを持って私の家にやって来たことがある。私はそのタイトルに目を通してこう言った。

「あなたは立ち上がって、このパンフレットの中のどれか一枚を手にとって、そこに書かれていることが自分自身の経験だと正直に言えますか?」

彼女はひどく腹を立て、上品さなどまったく消えてしまった。彼女は言った。

「私はこれを、無料で皆さんに配っているんです。今までにそんなことを訊いた方などいません」

私は言った。「その人たちはみんな、あなたに訊くべきでしたね。もしそれがガラクタだったら、そんなものを私の家に投げつける権利は、あなたにないはずですから。それに、もし自分の経験でないのなら、どういう権限があって、あなたはこういうものを配布しているんですか? あなたにその権限はあるんですか?」

彼女は言った。「私はこのパンフレットを神の権限で、イエス・キリストの権限で配っています」

私は言った。「こうなると、ナンセンスの領域に入って来たな。あなたには、神を証明できませんよ。今すぐここで、何か神の存在を証明する例を、私に見せられますか? それにあなたは、イエスの信者のようにも見えない。美しい服を着ているし、素晴らしい車を運転している。あなたは、長い木の十字架を背負うべきだし、イエス・キリストみたいに、少なくとも二つ三つは奇跡を見せるべきだ。あなたがワインに変えられるように、ちょっと水を持って来ましょうか?」

彼女はすっかり腹を立てて、一言も口をきかずに自分の車に駈け戻った。そして立腹のあまり、あんまり懸命に車をスタートさせようとしたものだから、車がどうしても動こうとしなかった。私は彼女の所に行って言った。「車をスタートさせてくれるように、神に頼んだらいいですよ。少なくともそれくらいの奇跡は、神にもできるでしょう――どんな整備工だって、それくらいはできるんだから。それとも車から出てひざまずき、私があなたの車をスタートさせている間、イエス・キリストに祈ることにしますか?」

私は彼女の車をスタートさせなければならなかった。彼女は怒りで苛立っていた。

私は言った。「ときどきあなたが来てくれると嬉しいですね。何から何まで気に入った。あなたは実に上品で、実に可愛らしかった。イエスが、『愛に満ちて優しくありなさい。敵さえも愛しなさい』と言っているようにね。しかしあなたは、瞬く間に敵になって、愛も上品さもすっかり忘れてしまった――それがあんまりひどいものだから、キーを回し過ぎたに違いない。そしてガソリンのオーバーフローで車のエンジンがかからなかった。あれがキリスト教風のやり方なんですか?　あなたのパンフレットを読んで、私もあなたのようになるべきなのかな?　どうかそのパンフレットを持って帰って、誰か他の人にあげて下さい。そうすれば、その人がそれをくずかごに捨てるだろうから。私には、それはできない」

知識人や宗教家、政治家、政府は、これまで何一つ危害も加えずに、全世界をこれほど恐怖させた個人は誰もいないと私のことを認めつつある……。それも、その恐がり方が余りにひどいものだから、私にとってそれ以上の褒美《ほうび》はあり得ないほどだ。私はテロリストではない。私は爆弾を投げるわけでもなければ、彼らの飛行機をハイジャックするわけでもない。彼らの恐怖はいったい何なのか?　おそらく私は彼らの腐った根っこそのものに触れたのだ。痛んでいる神経を押したのだ。何一つ解答すべき言葉がないことを、彼らは自分でも知っている。そして答えるべき言葉がなければ、いつでもピストルがその解答だ。しかし彼らは私を殺すこともできない。彼らは本当にジレンマに追い込まれている――私をどうしたらよいのか、と。

彼らが私を殺せない理由は単純だ。もし私を殺したら、世界中を巻き込む大変動を引き起こすからだ。そうなったら私の人々が、自分の些事をすべて忘れて一つになるだろう。彼らは最強のコミュニティの一つになる。そうすればこういう知識人や、宗教人や政治家たちはその責任を負うことができない――全世界が尋ねることになる。私に反対しているその同じ人々が、同情を感じ始め、どうしてこんなことをしたのかと問うだろう。

アメリカ政府が、そのすべての海外大使館に、私が行くところどこでも、ただちにその政府に接触して、もしその人間の滞在を許すならアメリカの援助、アメリカの資金は停止されると脅迫するなどとは、ただごとではない。

だが、そんなことは私にとっては問題ではない。私には自分の仲間がいることがわかっている。そして、各国の政府によって広められているこのような敵意や毒が、深い結束の中で私の人々をより私に近づけるだろう。彼らが望んでいることは、何とかして私を孤立させることだ。それもまた彼らには不可能だ。

彼らはインド政府に対して、私の入国を許して、私のコミューンをそこに創らせるように、しかし外国人の弟子や、外国のニュース・メディアが私の所に来ることは絶対に許可しないように、と圧力をかけたことがあった。そしてそれは私がインドを後にした時期だった……。

今ではインド政府は戸惑いを感じている。というのは、国会では彼らは合理的な議論とはっきりした証拠をもとに解答しなければならないからだ。まず、どういう理由で私の弟子を阻むべきか？　そこで関係大臣は言った。「いや、我々は彼の弟子を止めるつもりはない。他の誰もがこの国にはいることができるように、彼らも入って来ることができる」と。

すると、こういう質問を受けた。「あなたは弟子の中にFBIの捜査官とか、そのほかの外国政府のスパイがいると思いますか。」

彼らはそれを否定せざるを得なかった。そうしなければ、その証拠を出さなければならなくなるからだ。彼らはそんなものはいない、と否定した……スパイなどいないし、FBIも何もいない、と。すると今度は、何か私に対する訴訟はないのか、私が所得税を払っていないというようなことはないのか、という質問を受けた。大蔵大臣は、私には何も所得がないから、所得税という問題は起こらないし、私に対する訴訟は何もない、と答えなければならなかった。

みんなは驚くだろう。私がこれまで行ったことのないような国、サニヤシンなど一人も存在しないような国々の議会でまで、私のことが議論されている。まるで彼らにとって、私が最大の世界的な問題だと言わんばかりだ。核による第三次世界大戦に直面しているというのに、彼らの心配は私についてなのだ。

もし私が語り続けることが許されたら、自分たちの腐敗した社会は崩壊し始めるだろうということを、彼らが認めたことは意味がある。そして私は、どんなことがあろうと、続けるつもりだ。彼らに私を阻止することはできない。私は自分のやり方を見つける。そしてこれからは、私は今まで以上にあらゆる議論を鋭くし、私が私の人々に連絡を取れないようにしている、あらゆる政府を暴露するつもりだ。

そして無論、私の人々は私と一緒だ。ひとたび私が、今こそ我々が闘いを始める時だ、あらゆる国々のサニヤシンは法廷に出てその政府と闘うべきだと宣言したら、私たちは世界中に大混乱を生むだろう。私はただ、時期を待っているだけだ。ひとたび自分たちの拠点ができたら、これまで汚いことをやってきたあらゆる政府と、一つ残らず闘うだろう。そして私たちが勝つのは確実だ。

しかもみんな驚くだろうが、弁護士までが……。ドイツのある最高の弁護士の一人が私に、その事件で争う権限を自分に委任しないかと求めてきた。あれは完全に憲法に反しており、その訴訟が自分の名前を国際的なものにするだろうと、彼にはわかっているからだ。

もう一人の弁護士、これもスペインの一流の弁護士だが、彼も私の合図を待っている。彼は政府との闘いを望んでいる。彼は、「何もありません。私は政府のファイルを全部見たが、あなたに不利な証拠は何もありません。彼らが言っていること、あなたが税金を収めていないというようなことはみんな、何の証拠もないナンセンスです」と、言っている。今となっては、インド議会自身が、インドでもアメリカでもそのほかどこでも私が税金を未納などしていない、ということの証拠になるだろう。

我々は闘うつもりだ。楽しいことになるだろう。ほんの二、三日の間だけ、私はみんなを引き止めている。まずどこかに落ち着こう。そうでないと面倒が持ち上がる——どんな国も、我々が彼らの国の政治家や政府に逆らうのではないかと、心配しかねないからだ。だから、いったんどこかに腰を落ち着けたら、我々は世界中で闘うつもりだ。これはメリーゴーランドになるだろう。

第七章

二つの夢の間に……

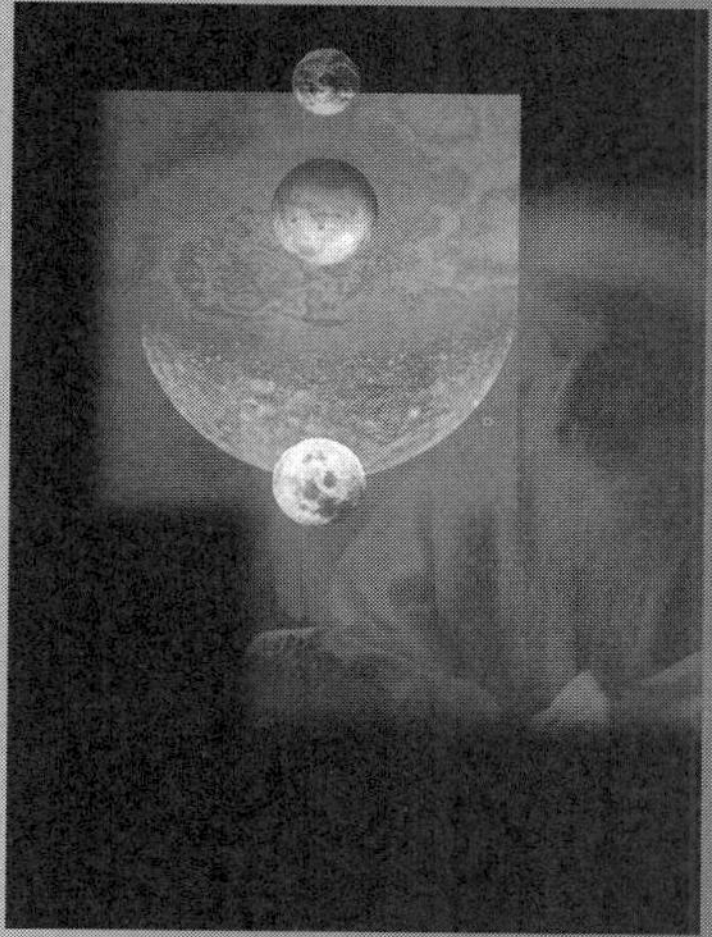

*Between
These
Two Dreams…*

私はいつも、古代チベットの聖典に書かれているバルドという状態に魅かれてきました。これについて何かおっしゃっていただけますか？

バルドは単純な技法だが、非常に深い意味がある。生涯で少しでも瞑想したことがなければ、恩恵を受けられない。そしてチベットは、ほとんど誰もが何らかの時間を瞑想に捧げている国の一つだ。ただ一人沈黙し、何もせずに、ただ見つめているということだ。

もしこういう人に、生前光明を達しないうちに死が訪れたら、その時バルドが用いられる。

こういう人は、その扉をある程度開いている。彼は中に入ってはいないが、少なくとも試みたことがある。その扉を叩いたのだ。彼にはある受容性がある。そして死の際には、完全に瞑想状態に入ろうとしている。今や何一つ恐れるべきものはない。死は既にやって来た。彼はすべてを賭けることができる。

そしてバルドとは、穏やかな催眠の技法だ。まさに私が用いているような方法だ。

私の言葉に耳を傾けていると、みんなは静かになり沈黙する。バルドは死にゆく者への呼びかけだ。

『さあ、静かにしなさい。意識してこの生を離れなさい。

死によって生を奪われるのではなく、むしろ掴んでいる手を緩めなさい。

死に打ちのめされてはならない。闘ってはならない。

ただ、自分の執着をすべて捨てなさい。あなたにとって、この世は終わった。

この生涯は、あなたにとっては終った。それにしがみついても意味はない。

それにしがみつけば、死を相手に闘うことになる。あなたに勝ち目はない。しかも、ある非常に重要な可能性を見逃すことになる。

自分の中に起こって来ることすべてを、ただそのままに任せなさい。くつろいで敵意など抱かずに、死を生の頂点として、自然な現象として受け入れなさい。それは何一つ終わらせはしない。

意識を持ち続け、起こっていることを見ていなさい。

肉体が、ますます自分から離れて行く様子を、あたかも鏡が倒れて粉々に砕けて行くように、マインドが剥がれ落ち、バラバラになって行くさまを、自分の感情、自分の情感、気分、自分の生を形作っていたものすべてが、消えゆくようすを見ていなさい』

それは夢の終わりだ。それがバルドの基本点だ。あなたは人生という夢を、七十年の夢を見た。それが終わろうとしている。あなたは、取り返しのつかないことを嘆いて機会を逃しかねない。何しろ、何秒もしない内にまた別な子宮の中へ、もう一つの夢の中へ入って行こうとしているのだから。

その二つの夢の間に、ほんの数瞬、注意深く、目覚めていられる瞬間がある。そしてもし、何とかその目覚めを保っていられれば、あなたは死を克服し夢味を克服したのだ。あなたは意識して、別の子宮へ入って行くことになる。意識してこの肉体を去り、意識して別の肉体に入って行くことになる。


あなたは次に訪れる生の中で、その死を、自分が生きた夢を憶えていることだろう。それはあなたが同じ轍に入らないように、油断なく意識させることになる。再びその愚かな欲望を追いかけ、同じ嫉妬に捉えられ、同じ無意味な体面のために闘うことがないようにだ。

それは自分が以前したことを、意識させていてくれるだろう。死においてすべてが終わるのだということ、これもまた死の中で終わるだろうということを。つまりバルドとは、消えて行くものは夢だと思い出させるものだ。死がやって来たら、自分の人生を一つの夢として見ることは、ごく容易だ。それ以外の何であり得よう。まさに朝になって目覚めるようなものだ。

一晩中、実にたくさんの実に様々な夢を見た。その夜の中で何年も過ごしたかもしれない。だがバルドは、それが夢だったのだと思い出させるものだ。バルドは、極めて進化した存在が行なうべきものだ。ラマによって、導師によってだ。そして彼は、今こそそれが夢だったのだと、悟る時だと主張する。あなたが死のうとしているのではない。夢が壊れようとしているだけなのだと。

だからあなたが、一つの夢からもう一つの夢へと移行している間、その間隙は途方もなく重要だ。なぜなら、その隙間には夢はなく、あるのはただ明晰さ、絶対的な明晰さ、覚醒だけだからだ。

だから憶えておくべき第二の点は、その隙間を見逃すなということだ。

そして三番目は、子宮への潜入の瞬間を見逃してはならないということだ。

そうすればあなたは、人々がそれに働きかけるために幾多の生を生きねばならないものを、達成したことになる。その人はまさに、深い沈黙の中へ落ちて行く。そして死が降りて来る。彼はこれらの言葉を聞いている。自分が愛した人、信頼した人、その人が誰かを騙すなどとは想像できないような人物の口からだ。そうして初めて、それは意味を持つのだ。ただ誰かの口から聞かされただけでは、効き目はない。

バルドは利用できる。その指示はすべて役に立つ。しかしこのことは、その人が尊敬し、敬い、信頼し、愛してきた人を通じてしか可能ではない。

この決定的な瞬間には、その人が語ることにほんの少しの疑いがあっても、すべてを破壊することになる。そうなったら、バルドは役に立たない。だが、もしあなたが逃さずその指示に従ったら、あなたはまったく別な、新しい生涯のための基礎を築いている。それはあなたの最後の生涯になる。なぜなら意識的に死んだ人、そのギャップを絶対的な純粋さを味わうために使った人は、意識して子宮に入ることになり、意識して生まれることになるからだ。その人が光明を得ることは、生まれながらに保証されている。その人はその種を持っている。その下地がある。

だから、バルドは単純な過程だが、それは少しばかり瞑想をしたことがある人、導師の許にいたことのある人、時として その沈黙、その臨在を味わったことがあり、その瞬間の存在の美を味わったことのある人にだけは役に立つ。その人たちには可能だ。

バルドこそは、この世界へのチベットの最大の貢献だ。チベットには、その他の貢献など何もない。それは貧しい国だ。世界から遠く離れた、到達不可能な世界の屋根だ。今日でさえ、チベットまで辿り着くのは非常に難しい。

チベットは仏教の影響の許で瞑想を発展させた。ついには、歴史上唯一、誰もが瞑想している国、瞑想が自然な現象であるような国になった。あらゆる家庭から、少なくともその家族の一人、準備ができている誰かを、ひたすら瞑想するために僧院に送らなければならない。だからあらゆる家庭から、少なくとも各世代から一人だけは出て行くことになる。ほとんどチベット全土が一つの僧院になった。まさにソビエトが、一つの収容所になってしまったように、チベットは一つの僧院になった。

山の中の美しい場所に、何百という僧院があった。あらゆる家庭から一人、本当に求道に関心を持つ人を捧げてきた。それは、人々が道を求めて行くように激励される唯一の場所だった。それがその国全体の様式の一部になっていた。そして僧院に行かなかった者も、できる限り瞑想していた。だからその死に際には、バルドは誰にでも役立つものになった。たくさんの導師が存在した。これらの指示を復唱できる、たくさんの進化した存在がいた。

そして誰もが自分自身の導師を持っていた。それは完全な別世界だった。

今世紀には、たくさんの素晴らしいものが滅ぼされたが、チベットこそはその筆頭だ。チベットは滅ぼされた。中国からの共産主義者の侵略によって、僧院は学校や病院に変えられた。そして僧侶は、畑に出て働くように強制された。「瞑想」という言葉を口にすることすら、犯罪になった。それによって傷つくものは誰もいなかった。この国はそれほど超然としており、世界から切り離されていた。だが、それは破壊されてしまった。私にはその美を、その偉大さを回復できる可能性があるとは思えない。それは不可能だ。


今となっては、パキスタンや中国と結ぶ道ができてしまった。今やバスが行き来し、空港があり、飛行機が行ったり来たりしているし、軍隊もある。それは中国にとっての軍事基地になってしまった。黄金時代は消え去った。間もなく、バルドの指示に耳を傾けられる人間を見つけるのが、難しくなるだろう。そしてその指示を与えられる人間となれば、見つけるのはほとんど不可能になるだろう。

それは本になるだろう。今ではあらゆる言語で手に入る。それは単純な指示だが、それを改良することはできる。私はそれを改良するつもりだ。というのもあれは非常に古く、ひどく粗雑だからだ。それは洗練できる。それに様々なことを付け加えることができるし、もっと広がりを持たせることができる。だが根本的なことは、人々が瞑想的であるべきだということだ。

私たちの仲間は瞑想的だ。だから私たちの仲間がそれを利用できるように、バルドをもっと洗練された形で甦えらせることが、私たちの基本的な仕事の一部になるだろう。チベットは、もはや同じチベットではない。だが我々は生み出すことができる。バルドが、あるいはバルドに似ているがもっと遥かに進化している何かが、人々を助けることができるようなそういう状況、そういう心理学をだ。それは素晴らしいプロセスだ。ちょうど日本が瞑想という仏教的源泉から、禅をもたらしたように、チベットは同じ瞑想という仏教的源泉からバルドをもたらした。それは彼らの不滅の貢献だ。核兵器が忘れ去られる時が来ても、これらの発見にはまだ同じ様な重要さがあるだろう。

昨日ある人に、私が何故あなたと一緒にいるのかと訊かれたとき、私は自分が意味をなすような答を持っていないことに気付きました。ただ、あなたを愛しているからというだけでは単純すぎて、あなたと一緒にいるというこのすさまじい経験は、まったく表現できそうにありません。それに私は、何か個人的な理由であなたの所にいるわけではありませんし、また特に秘教的《エソテリック》というわけでもなく、宗教的ですらありません。実際、弟子としては私はむしろ、情けない人間です。けれども私は、微少な鉄片がこの世で最強の磁石に引き付けられているように、引き離しがたく、あなたにくっついているのです。この現象を説明していただけますか？

質問はアナンドからのものだ。みんながどうして、私と一緒にいるのかを人に説明するのは難しい。自分に言えることは何であれ、不充分で安易すぎるし、表面的な感じがして正しく言い表わせない。また何も言わなければ、それもまた具合いが悪い。何かを言わねばならない。何も合理的な説明がなければ、それはもっと難しくなる。それにみんなは、何か特定の哲学的、合理的教義のために私の許にいるわけでもない。もし自分が何か宗教的な意図の許に私の所にいるのでなければ、当然その問には答えられないという感じがするはずだ。

だが私にとっては、あなたがその質問に答えられないということが重要だ。その質問に答えられるようなら、あなたとの関係は間違いなく表面的なものだということだ。それは恋と呼べるが、恋なら誰でもしている。人は恋に陥り、またその恋から覚める。それはごくありふれたことだ。

恋という言葉は、世俗的なものを連想させる。そしてあなたが、何か特定の知的確信の許に、ここにいるのではないのはいいことだ。

なぜなら私は知的な人間ではないからだ。あなたが何か宗教的な理由で、ここにいるのでないのはいいことだ。私は宗教など、遥か彼方に置き去りにしてきたからだ。だが、特にはっきりとした返答などしなくても、あなたは自分が質問したそのままのやり方で、その全状況を説明できる。誰に尋ねられても、その状況全体を「状況はこうなんです。これがどういう関係なのか、あなたが考えてみて下さい」というふうに説明したらいい。どうしてあなたが、どぎまぎすることがある？　その質問をした人に、どぎまぎしてもらえばいい。その人にそれを考えさせなさい。

その人に一晩を費やしてもらってだ。それがどういうことなのか、それがどういう関係なのか考えさせなさい。あなたはただ、真実でありなさい。あなたの質問は、完全に答えになっている。あなたが質問に書いたその通りを、その人にただ言えばいい。

「状況はこうです。ですから、あなたが考えてみて下さい。私にはどういうことなのか、わかりません。多分私は内側に入りすぎているのでしょう。あなたは外側にいらっしゃる。あなたなら、これがどういうことなのか、考えられるかもしれません。もし答えが見つかったら、私に教えて下さい。そうすれば、私も他の人に答えられるから」と。

私への関係が、神秘的なものになればなるほど、答えることはますます難しくなるだろう。だが答えなど必要ない。あなたはただ、説明すればいいだけだ。「こういう状況なので、どういう言葉がこの状況全てを説明する正しい言葉なのか、私にはわかりません」と。

そうすれば、それは本当のことだし、誠実になるだろう。適当でないと感じることもないだろうし、どぎまぎすることもないだろう。実際はその相手の方が、自分がそんな質問をしたことで恥ずかしい思いをするだろう。そんな質問をするのは優しさに欠けていたと。それは不作法で幼稚なことだったと。どんな言葉でも説明できないような関係がある。そしてそれが、私とあなたの間に起こっている。あなたはただ、こう言えばいい。「私にはわからないけど、状況全体はこうだと説明できます」と。それは、その人にとって役に立つだろう。

言葉で表現できないような広大な関係があるということ。普通の言語から遥かに離れているので、言葉にすることが暴力になってしまうような関係がある、と気付かせることでだ。おそらくあなたが、自分の全状況を誠実に、そして真実に説明することで、その人に何かを感じさせてあげられるかもしれない。あなたの質問がその答えだ。

私は聴いたことがあります。あなたが、私たちはあなたに近づくことを恐れていると仰るのを。けれども、私たちがどうやってあなたに近づけるでしょうか？　それに、あなたが私に名前を下さった時は、私は自分の内側が騒音そのものであり、群衆であっただろうと推測します。そんなに前からではありませんが、自分の内側に、それぞれ時を違えて少なくとも五人の、まったく別の人間がいることに完全に気付き始めました。その内の一人はふてぶてしく反逆的で、強くて怒り狂い復讐心に満ちた、ギリシャの闘いの女神のようです。もう一人はひどく頼りなげな、傷つきやすくて優しく、可愛らしい傷ついた小さな女の子のようです。他にもいますが、この二人が両極端です。そういう者たちの中で、私はどうやって真の自分を、個である自分を認められるのでしょうか？

それはあなただけの状況ではない。それは誰しもの状況だ。しかもその数は五人ではない。それは群衆であり無数だ。

ただもう少し注意して、もう少し深く見なければならないだけだ。そうすれば、自分の中にたくさんの人間が見つかるだろう。そしてそのみんなが、その時々にあなたである振りをする。腹を立てればある人格があなたを支配し、それが自分なのだという振りをする。愛に満ちている時には、また別な人格があなたを所有し、それが自分だという振りをする。

それはあなたを混乱させるだけではなく、あなたと接触する誰をも混乱させる。それがどういうことなのか、その人たちにはわからないからだ。その人たち自身もまた群衆だ。男女関係各々において、結婚しているのは二人の人間ではなく、二つの群衆だ。大いなる闘争が絶えず起こることになる。何しろこちらが愛している人間が、向こうで力を握っていることは滅多になく、それは単なる偶然でしかない。また相手が愛している人間が、こちらで力を握っていることは、滅多にないからだ。

人は見逃し続ける。こちらが愛に満ちていれば、相手は悲しかったり、腹を立てていたり心配していたりする。そして向こうが優しい状態の時は、こちらがその状態にはない。しかもそれらの人格を制御する方法はない。彼らは、自分勝手に動いている。


グルジェフにこんな話がある。

一人の主人が山の上の宮殿に、何十人という召使と一緒に住んでいた。彼は召使に告げた。自分は巡礼の旅に出かけようと思うと。

「一年かかるかもしれないし、二年かかるかもしれないし、三年かかるかもしれない。あるいは旅を終えないで帰って来るかもしれない。私はいつ、旅の途中から帰って来るかもしれない。だから毎日、私がその日に戻って来るつもりで準備していなさい。この家は、私が望むような状態に、なっていなければならない。『これで、彼が帰って来るまでは三年もあるから心配ない。三年間は遊んで暮らそう』などと考えてはいけない。私はいつ帰って来るかもしれないし、三年かかるか十年かかるか、あるいは全然帰って来ないかもしれない。しかし、あなたたちとしては私がいつ帰って来るかわからない、と憶えておかねばならない。そういう可能性がすべてあるのだ」

召使にとっては、実に厄介だった。もし彼が決まった日付を言ってくれれば、休むことも楽しむことも、ごく簡単だっただろう。召使各々が、毎日二十四時間の内一時間だけ当番に当たった。一日中、誰かが番をすることになった。そこで一人の人間が一時間当番をし、別の人間が次の一時間というふうに当番に当たった。

そして何年もが過ぎた。実際のところ彼らは、主人が帰って来ることなどすっかり忘れていた。それほどに長い時間が経っていた。当時世界は開けておらず、巡礼は危険だった。実際人々が巡礼に出かけるのは、死期が近づいていて、何れにせよ自分は死ぬのだからもう危険はないと、人が考えるようになってからだった。巡礼から帰って来る者など、ほとんどいなかった。

召使たちは「もう何年も過ぎた。おそらく彼は死んでいて、俺たちは無用な心配をしているんだ」と考え始めていた。彼らは怠け者になっていたが、毎日の日課だけは続けていた。何しろ「もしかして、いつか彼が帰って来るかもしれない」という深い疑いがまだあったからだ。

そのうち、門の所を通りかかる誰彼が「何という美しい御殿なんだ！　この家の主人はどなたですか？」と尋ねることがあった。すると当番に当たっていた召使が「他に誰がいますか、私ですよ。私がこの素晴らしい宮殿の主人です」と答えるようになっていた。

だが人々は、ちょっと不思議に思うようになっていた。何しろ毎回違う主人がいたからだ。当番は交代し続けた。一日の間、どの人も一時間しか当番になれなかった。次の時やって来ると別の人に出会うのだが、その人もやはり、自分が主人だと主張した。主人は死んだと思っているので、自分が主人だと主張しても何も問題はなかった。実際、今や彼らこそが主人だった。主人には息子もなく、親戚も何もなかった。彼は一人暮しだった。召使たちは主人の衣服を使い始め、主人の道具を使い始めた。彼らは本当に、主人は死んだものと確信し出していた。そして彼が死んだということは、自分が主人だということだ。するとある日、主人が現われた。その光景たるや、見物だった！

みんな自分が着ているものを投げ捨て、もとの服を探すために裸で走り回った。大混乱だった。「いったい何事だ？」と主人が訊いた。彼らは言った。

「許して頂きたいと思います。あなたがあまり何年も、お帰りにならないものですから、私たちはもうお帰りにならないものと思いました。それに私たちは馬鹿な者たちですし、無教育な愚か者です。私たちはあなたの道具を使い始め、また自分が主人なのだと言い始めました。もちろん誰もが、たった一時間だけの主人です。衝突や喧嘩を避けるために、私たちは当番に当たっているものが、その時だけ主人になるということに決めました。その時は、その当番の命令に従うのですが、それは一時間だけのことです。それが終わればただの召使になり、他の人間が主人になるのです」

グルジェフは、この物語は私たちの内なる世界の象徴だとよく言っていた。たくさんの人格がある。五人などではない。まさにおびただしい数だ。しかもそれが交代し続ける。それは一種のロータリー・クラブだ。ロータリー・クラブでは、ただ競争を避けるために交代でみんなが会長になる。年が変わる毎に別の人間がだ。誰もが、自分の順番が回って来るのを望んでいる。そして誰かが会長になっても、そのことで気を悪くするものはいない。それは一年だけのことで、それが過ぎれば他の誰かが会長になる。実際は全員が会長のようなものだ。

みんなの内面には、あるローテーションが組まれている。そしてもしそれを見守り続けたら、それらの人格にちょっかいを出してはいけない。そんなことをすれば、より大きな混乱を、より大きな紛糾を呼び起こすことになるからだ。ただ見守っていなさい。なぜなら、そういう者たちすべてを見守っていれば、人は見張りの存在に気付くからだ。そういう人格ではない一人の見張り、その見張りの前で、様々な人格が行ったり来たりしているようなだ。あなたは質問の中で、五人の人格に気付いていると言っている。だが、誰がその五人を見ているのか？　六人目がいるに違いない！

それは一人の人格ではない。なぜなら、一つの人格は別の人格を見守ることはできないからだ。これは非常に興味のある、また非常に基本的なことだ。一つの人格は別の人格を見ることはできない。そういう人格には魂などないからだ。それは衣服のようなものだ。人は着るものを取り替えることができる。だがその衣服の方は、自分が取り替えられて、今度は別の服が使われることを知ることはできない。人は衣服ではない。だから、その服を取り替えられないのだ。

あなたは人格ではない。だからこそ、五人の人格がいるとか、あるいは十二人の、あるいは無数の人格がいると気付くことができるのだ。この事はまた、一つの点を極めて明瞭にする。それは自分の周りに起こっている、この人格のゲームの全てを見守り続けている何かがあるということだ。そしてそれがあなただ。だから、それらの人格を見つめていなさい。だが、その見つめている者こそが真の自分なのだと、覚えていなさい。

そしてもしあなたが、それらの人格を見守り続けていることができたら、そういう人格は消失し始める。それらは生きられない。それらが生き残るためには、同一視が必要だ。もしあなたが怒っているためには、その怒りはあなたが見つめることを忘れて、その怒りと同化していることが必要だ。そうすれば怒りは生き残る。もしあなたが、ただ見守っているだけだったら、怒りは命を持たない。それは既に死んでいる。命を失い消えていく。だから、もっともっと見守っていることの中に、自分を集中して行きなさい。そうすれば、それらの人格はすべて消えてしまう。そして、そこにどんな人格も残っていなければ、その時真実のあなたが主人が、家に帰り着く。そうなれば人は誠実に、真摯に振舞う。そうなれば何をしようと、人は全身全霊で全面的にそれを行なう。もう決して後悔することはない。いつでも喜びに満ちた気分でいられるのだ。

あなたは私にサニヤスを下さいました。あなたは絶えず、慈悲と愛を浴びせ続けてくださり、生の素晴らしい領域を下さいました。私は瞑想や内なる旅について、何一つ知らないような気がします。私はどうしようもない人間です。どうか私の顔の上に少し冷たい水をかけて、この深い眠りから起こして下さい。

私にそうさせなくても大丈夫だ。それこそ、私が絶えずしていることだからだ。みんなの顔に冷たい氷水を浴びせかけることだ。だが、みんなを目覚めさせるには、冷たい水だけでは足りない。あなたたちはそれさえ楽しみ始めて、寝返りを打ち毛布を引き上げて、また眠ることができる。私たちの眠りは深い。殆ど昏睡にも似ているが、必ず破れる。

自分が瞑想について知らないというような事を、心配する必要はない。あなたはただ、うろついていればいい。いつか眠りの中でさえ、ふいに気付く時がくる。ただ手探りを続けていれば扉は見つかる。何しろ扉はそこにあり、私はみんなの所まで到達すべく、あらゆる努力をしているのだから。

その眠りがどんなに深かろうと、みんながどれほど深い昏睡の中にいようと、私はありとあらゆる方法で、みんなに到達しようとしている。あなた達は目が覚めたときに初めて、私がみんなに到達するために何をしていたのかを、理解するだろう。

いつでもどこかに道が、どこかに小さな窓がある。なぜなら、すべての窓と扉を閉じたら、人は生きられないからだ。それでは死んでしまう。そうなると、それは眠りではない。昏睡ではなくなる。それではただの死になってしまう。人には、少しは新しい空気が必要だ。だから、何かしら窓が開いているのだ。

例えば、全員がこの部屋で眠り続け、みんながいびきをかいてぐっすり眠りこけているとして、もし私が「マニーシャ！」と声をかけたら、マニーシャにだけはそれが聞こえる。他の誰にも聞こえないだろう。不思議なことだ。

その音は、誰の耳をも打っているのだから。だが目を覚まして「何ですか？　どうしてこんな夜中に私を呼んだんですか？」と訊く者はマニーシャしかいない。名前は、無意識の中に深く達している。ごく幼い頃から名前が与えられているからだ。あるいはもしサニヤシンになっているなら、それが二番目の幼年時代になっている。ある名前が与えられ、その名前が、その人間の無意識へのある道を作っている。眠っていてさえ、それが自分の名前だと知っている。他には誰も起きる者などいない。それに眠りを妨げられる者は他には誰もいない。ただ自分の名前を呼ばれた者だけが、目を覚ます。

だから、瞑想について心配することはない。私と一緒に座っている時には、みんなはそれと知らずに瞑想の味を味わっている。意識について心配することはない。私に目を向けている間、私を見守っている間、みんなは意識の何かを感じている。いくつかの扉が緩み、開いている。それには少し時間がかかる。それに急ぐ必要はない。永遠があるのだ。あなたに必要なのは、ただ忍耐だけだ。そうすれば、あなたに必要なことはすべて起こる。

昨日私たちの家に来たある訪問者が、私たちみんなが、異常に輝かしい目をしていると言っていました。私は他の人たちが同じ事を言うことを、何度も聞いたことがあります。
あなたのサニヤシンはなぜ、輝く目を持っているのでしょうか？

それは私のサニヤシンであるために、彼らが私の目を映し出し、私を映し出すからだ。彼らの心臓の鼓動は、私のハートを映し出す。みんなが静かになり、もっと油断なく意識するようになれば、その目は別の輝きを持つことになる。

そうでない限り、普通の人々の目はただ眠た気なだけで、輝きを持たない。そういう人たちの顔は、まるで麻薬を飲まされたか、半分しか目が覚めていないというように見える。その語る言葉は、どんな権威から来ているようにも見えない。その身振りは死んでいる。彼らの全人生は、部分的にしか生きられていない。サニヤシンであるということは、人生を全面的に、強烈に生きるということだ。その強烈さの中で、みんなの目は最も影響を受ける。

インドには、ジャイナ教の二つの宗派がある。その違いはごく僅かだが、ある意味では非常に意味がある。一つの宗派は目を閉じたマハヴィーラの像を拝み、もう一つの宗派は目を開けた像を拝む。

さて、これはわざわざ別な寺を建てたり、絶えず喧嘩をしたり、論争をしたり、注釈書を書いたりするほどの違いではない。だが中には、このことからひどく陽気な空騒ぎが起こる所もある。

ジャイナ教徒の共同体とは小さな共同体で、彼らは本当に素晴らしい寺院を建てる。おそらくジャイナ教徒の寺院が最も美しいだろう。だが一方の宗派だけで寺を建てられるだけの金がなくて、両方の宗派で一緒に寺を建てることがある。寺も同じ、教典も同じ、本尊も同じだが、ただ一つ問題になるのはその目だ。そこで彼らは、ある方法を見つけた。一日の半分は一方の宗派が拝み、もう半分はもう一方の宗派が拝むのだ。像は大理石でできている。さて大理石の像に、こちらが望む時に目を開けさせ、こちらが望む時に目を閉じさせるというわけにはいかない。少なくとも、東洋では不可能だ。

もしかしたら西洋なら、何か技術的な仕掛け、電気的な仕掛けができるかもしれないが。あるボタンを押せば目が開いて、別のボタンを押せば目が閉じる、というふうな。だがこのいさかいは、殆ど二十五世紀にもわたり、その頃そんな技術はなかった。そこで彼らは、あるやり方を発見した。彼らは閉じた目の上に、ただ張り付けるための木でできた目を二つ作った。

時々厄介な人々がいて、これが問題になることがある。目を閉じているマハヴィーラを拝む人たちは時間が十二時までだが、それを過ぎてもお祈りをする者がいて、他の人たちが待っている。これはやり過ぎだ。ついに人々は、時間を過ぎたのだし、この人のしていることはひどい。周りの迷惑を考えていないというわけで、彼らは開いた目を上に張り付け始める。するとその男にはひどく不愉快で、「私は目を閉じているマハヴィーラを拝んでいるんだ。それをあんた達は開いた目を付けようとしている。あんた達は私のお祈りを邪魔した!」というようなことになる。

時には裁判沙汰になることもある。その寺には錠が下ろされ、何年間も誰も礼拝できなくなる。というのも、マハヴィーラが本当に目を開けて瞑想していたのか、あるいは閉じていたのかなど、法廷には決められないからだ。二つの宗派が各々の教典を提出し、しかもそれは同じように古い。解決の方法はないようだ。

ある場所で、こういう紛争が殆ど二十年も続いていた。私は例年の行事に参加するために、そこの大学を訪れていた。そこの学生達に講演をすることになっていた。その二つの宗派が私の所にやって来て、「何とかしなくてはなりません、二十年です。しかもマハヴィーラの像には、警察は鍵を掛けてしまっているんですよ。どうにも方法はないようなんですが、あなたならどう思いますか」と私に言った。

私は言った。「多分、両方の教典は正しいんでしょう。瞑想に関して言うなら、彼は目を閉じて瞑想したに違いない。しかし彼は一日二十四時間、瞑想していたわけではない。托鉢にも行っただろうし、弟子達に講話もしたでしょう。そして、そんなにも長いこと瞑想していた人は実に美しい、まるで炎のような輝くような目をしていたのに違いないので、彼の開いている目に、強い印象を受けた人たちもいるに違いない。だから、何も矛盾はないと思いますよ。私なら寺に一つの像を作っておくよりは、むしろ二つ、一つは目を開け、もう一つは目を閉じた像を作って置くことを提案しますね。それにこんな単純な問題を、最高裁判所が二十年も決定を出せなかったとか、あなたたちがもう一つ像を買うことも決められないほど愚かだったなんて、私には信じられない。目を開いている像を作ればいい。そうすれば、誰でも自分が拝みたい像の方を拝むことができる。そしてもし誰かがその両方を拝みたかったとしても、何も問題はない。何しろ目を閉じて座っている人と、目を開けて座っている人は同じ人なんだから」

だが二十五世紀もの間、彼らはそんなつまらないことで争って来ている。そこには何かがあるに違いない。そしてその何かとは、正統派が目を閉じていることに凝り固まっていたのに対して、マハヴィーラの開いた目とその目の磁力に魅せられた反正統派が、その目を開けたいと思ったということだ。だからもし誰かに、どうしてそんなに輝くような目をしているのかと聞かれたら、ただ自分がサニヤシンだからだと言いなさい。みんなの中のあらゆるものが、輝かなければならない。あなたたちの中の何もかもが、光になって放射しなければならない。

第八章

彼方なるものへの憧れ

A Longing for the Beyonds

私はしばしばあなたが、あらゆる子供はこの世に空っぽのマインドを持って、タブラ・ラサ（真新しい石版）としてやって来るのだとおっしゃっているのを聞いています。にも関わらず、私たちが過去生からの記憶と条件付けを持ち運ぶことが、なぜあり得るのでしょうか？　これについて何か話していただけますか？

一つの区別が理解されなくてはならない。その区別とは、脳とマインドの区別だ。脳は肉体の一部だ。あらゆる子供はまっさらな脳を持って生まれて来るが、まっさらなマインドを持って生まれて来るわけではない。マインドとは、意識の周りにある条件付けの層だ。人はそれを憶えてはいない。だからこそ、不連続があるのだ。それぞれの生涯で人が死ぬと、その脳は死ぬ。だがそのマインドは脳から解放され、意識の上の層になる。それは非物質的なもので、ある特定な波動に過ぎない。だから我々の意識の上には、何千という層がある。

いつも私が、子供はタブラ・ラサであるマインドを持って生まれて来ると言うとき、私が言っているのは脳のことだ。マインドは非常に古い。存在と同じように古い。それには始まりはないが、終わりはある。人が、何世紀にもわたって蓄積されてきたその層を、すべて捨てることができたその日、マインドは死ぬ。それには終わりがある。同じようなことで理解すべきなのは、光明には初めがあるが、終わりはないということだ。そこで人は、その二つを結ぶのだ。

マインドには始まりはない。それは常に人と共にあった。それからある時がきて、人はそれを捨てる。

マインドの終わりが光明だ。

そこからは光明が継続する。それには始まりがあって終わりがない。その二つが一緒になって、過去から未来にわたる全永遠を覆う。

だが脳は、人が肉体に入るたびに生まれ、また肉体を離れるたびに死ぬ。だがその中味は――それこそがマインドだが――それは死なない。意識とともにとどまる。だからこそ自分の過去生を――自分が獣、あるいは樹木、あるいは岩であったときのことさえ――憶えていることがあり得る。そのマインドのすべてが、まだその人のもとにある。だが、心理学がマインドと脳の間に区別を設けないために、そして科学がどんな区別も受け入れないために……英語ではマインドと脳は、殆ど同意語になっている。ときどき私が忘れて、脳という言葉を使う代わりに、マインドという言葉を使ってしまうのはそのためだ。

内なる実在への深い探索が為されてきた諸言語の中には、別々の現象を説明するたくさんの単語がある。それらの言語の中には、どんなふうにしてもマインドと混同のしようもない、脳を現わす単語がある。英語の単語も、やはりサンスクリットのマナから来ている――それがマインドになった。だが、マナは一つ一つの層を表わす。となると、そこには動物のマナも、野菜のマナも、人が通過して来ただけの数の、別々の進化段階があることになる。

そしてサンスクリット語では、その全体はマナとは呼ばれない。全体はチタムと呼ばれる。それがチタムと呼ばれるのは、それが肉体の重要な部分、肉体の一片ではなくて、意識の重要な部分だからだ。意識はサンスクリット語ではチェタナだ。それがチェタナにまとわりつくために、それはチタムなのだ。これらの言語は、単語に関して、その意味に関して明快だ。だが、その理由は明確だ。彼らは働きかけ、その違いを発見したのだ。

チタムとは過去全体だ。意識に集合的にまとわりついているすべてのマインドのことだ。それは総て捨てられることになる。そしてひとたびそれが捨てられれば、人の意識はまるで服を脱いだように裸になる。

この裸の意識こそが、実存《ビーイング》の究極の経験だ。

捨てられたマインドは、その人の脳の最下部に残っているだろう。だから光明を得た人でも、それをもう一度見てみたいと思えば、その中を通り抜けてみることができる。ちょうど自分の家の地下室に行って放り込み続けてきたガラクタを、ひと通り調べてみるように。

脳は最新の層だ。だが、脳そのものはその層、つまり内容ではない。脳そのものは、ある機構に過ぎない。それはバイオ・コンピューターだ。コンピューターを買ったばかりの時は、それは空っぽだ。何もインプットされておらず新しい。それから人は、何でも自分が望むものをその中に入れ始める——歴史、科学、宗教、数学、コンピューターに試させたいと思うものどんなものでもだ。コンピューターはそれを集める。脳に記憶の機構があるのとまったく同じように、コンピューターにはメモリー・システムがある。そして何かの情報がほしくなればいつでも、コンピューターにそれを聞けば、その情報を教えてくれる。

将来コンピューターが、人間の記憶能力を滅ぼしてしまうかもしれない危険性がある。何しろ、コンピューターの方が遥かに正確だし、小さなリモコンならいつも身に付けていられるようになるからだ……。自分の家にコンピューターを持てるようになるか、あるいは都市の共同のコンピューターに接続できて、リモコンを使ってどんな事でも解答を得られるようになる。ソクラテスの結婚した日付までわかるようになる！　だが、コンピューターが提供できるのは、与えられた情報だけだ。もしそれまでにプログラミングされたことのない新しい質問をしたら、コンピューターは無力だ。どんな答えも出てこない。

脳についての状況も同じだ。脳とはコンピューターだ。ただの記憶装置のようなものだ。そして私たちの教育はすべて、そのコンピューターにデータを入れることでしかない。それは、自分が与えられたものしか、答えられない。物理学を学んだことがないのに、何かそれについての質問をされたら、マインドには答えられない。何しろ、自分の記憶にないのだから。そうなれば、あなたたちが思考と呼ぶものは、不毛な作業に過ぎない。もともとその解答を持ってもいない、ある疑問の解答を求めて、記憶装置に直面するだけだ。どんな新しい質問が出されても、それは機能を停止する。コンピューターは無力だ。

だからこそ私は、真理について考えることはできない、光明について考えることはできない、愛について考えることはできない、と強調しているのだ。生における偉大な事柄はすべて、考えることができない。なぜならそれを、前もってコンピューターに与えておけないからだ。

学者は容量の大きなコンピューターを備えている。その記憶はより豊かだ。大学教授のはもっと豊かだ。ただその記憶故に、尊敬されている人々がいる。私たちの教育のすべては、記憶の訓練に他ならない。それは知性の教育ではない。知性とはまったく別のものだ。私たちの教育が教えることは、ただ何を記憶しなければならないかだけだ。

ロシアでは、脳が正確にコンピューターに似ているという事実が認識された。それならそれを苦しめ、無用に悩ます必要がどこにある？　そこで試験では、学生達が図書館で本を調べたり、望む本を持って来るたりすることが許されるようになった。必要になるかもしれない本はすべて、試験場で手に入れることができる。本に書かれているのに、記憶する必要はない。だが、あることがわかった。しかもそれは、状況をまるで変えるような事だった。それまで「優」など貰えなかったような人たちが、「優」になった。それまで「優」だった学生達が、その位置を失い始めた。下がり始めたのだ——「良」になり「可」になって行った。

何が起こったのか？　解答を探すためには知性が要る。しかも本はたくさんあり時間は限られている——三時間だ。学生達は五問答えなければならない。適切で正確な情報をすべて見つけて解答を導き出すには、非常に油断のない知性が必要になる。それまでいつもトップ・クラスにいた学生達が、その地位を失い始めた。彼らには知性はなかったからだ。彼らが持っていたのは記憶だけだった。今度はその記憶は役に立たない。

これはすべて極めて素朴なことだ。学生一人一人に小さなリモコンを与えればいい。そうすれば彼の方は必要な解答を調べるだけでいい。彼の知性はそのリモコンの使い方に現われる――いかにそれを賢く使うか？　いかにして頭が混乱せずにいられるか？　知性ある解答を見つけ出すために、どうその質問を明確に理解するか？　ということの中にだ。だが、それは記憶の問題ではない。知性を教える、別種の教育が必要になるだろう。

偉大な知性のある人が、さほど大した記憶の持ち主ではないということは、周知の事実だ。また、大変な記憶を持った人々もいるが、そういう人たちには知性などまったくない。そういう人たちの記憶は、殆ど奇跡的で信じられないほどだが、それはまったく機械的なものだ。

万年筆が発明されて、美しい手書きの文字が失われつつある。旧式の単純なペンの方が、万年筆よりもうまく書ける。万年筆で書けば速いし、何度も何度もインクをつける必要はない。ペンの中にインクがある。その手軽さとインクの出方のために、人々は速く書き始めた。ゆっくり書くことの中にあった優美さが、突然消えた。

同じ事が、コンピューターに関しても起ころうとしている。コンピューターは人の記憶に非常に役立つだろうが、それは否定的な意味でも機能するだろう――人は記憶力を持たなくなるだろう。自分の友だちの名前まで、コンピューターで調べなければならなくなるだろう。自分が住んでいる通りの名前まで、コンピューターで調べなければならなくなるだろう。何しろ今となっては、自分のコンピューターを働かせる必要はない――機械装置を持っているのだから。

脳が問題ではない。脳とは機械に過ぎないからだ。問題はマインドという脳の中味だ。脳とは入れ物に過ぎず、各々の生涯で人は新しい入れ物を手に入れる。その古い中味が移行して、人の意識を取り囲む層となる。

だから、人は新しい始まりを手に入れると言うとき、私が言うのは脳のことだ。マインドではない。だが英語では、その二つの言葉が同じ意味に使われている。過去生の中に入り始めれば、みんなはマインドの世界に入って行くことになる。それは膨大な世界であり、一つ一つの層が、一つの生涯を顕わすことになるだろう。その層をすべて意識して通り抜けたとき、その時初めて人は、自分の意識の中心に行き着く。


ヒンドゥ教の寺院は、マンディールと呼ばれている。周りの壁はマインドを表わしている。そして中に入れば、その中心には神の像がある。ジャイナ教の寺院は同じ理由で、チャイチャラヤと呼ばれている。チッタを、マインドの層を完全に通り抜けられれば、人はその寺院の中心である意識に到達する。

日本には他のどの寺院よりももっと正確に、マインドと無心《ノーマインド》、マインドと意識の真実を表わしている寺院が一つだけある。その寺院には壁しかない。内側は空っぽだ。仏像もなければ何もない。人はただ中に入って、黙って座るだけだ。何故そうなっているのかを尋ねる者もいたが、住職にさえ、その理由が説明できない。彼らはその象徴が表わす意味を忘れてしまっているからだ。それは寺には何の関係もない。それが関係しているのは、人間のマインドだ。

ゴータマ・ブッダの死後五百年間は、どの寺にもゴータマ・ブッダの像は置かれていなかった。その代わりに、寺院の内側の壁には、大理石に菩提樹の木が彫り込まれていた。そして仏陀がそこで座り、光明を得たその木の下には何もなかった。それは不思議ではあったが、極めて意味の深い象徴だった。菩提樹の木によって、ゴータマ・ブッダが光明を得た場所が意味されていた――だが、彼が光明を得たとき、そこにゴータマ・ブッダはいなかった。それは空であり、無であり、ただ静寂であるに過ぎなかった。それらの寺院は美しかったが、すべて破壊され消えてしまった。

私は、インドである寺を見たことがある……それをどんなふうに建てたのか、想像するのは難しい。その建物には土台がない。巨大な寺院だ——円形の寺院で、非常に高く、おそらく五十フィートはあるだろう——それに土台がないのだ。その壁の下に糸を通すことができる。そうやって寺の周りを一回りすることができるのだ。そうやってみれば、どの壁のどこにも土台がないことがわかる。まるで地面につながっていないのだ！

これはどういう意味なのか、と私はそこの僧に尋ねた。そこにはある愚かしい話があったが……それを聞いて私は言った。

「それは本当の意味じゃありませんね。あなたが言っているような話に感心するのは、白痴だけだ——この寺が天から降って来たとか、神々が敵味方に別れてとか……」。

ジャイナ教と仏教には神はいないが、天国にいるものはすべて神と呼ばれるので、複数の神々がいる。

「神々が二手に別れて、この寺院を手に入れようと争っていると、この寺は彼らの手から滑り落ちて地上に落ちて来たのです。そういう訳でこの寺には土台がないのです」

私は言った。

「これはまた馬鹿げた話だ。第一、天国がどこにあるかあなたにはわかっていない。またもし、天国が星の彼方のどこかにあるとしたら、この寺は途中で燃え尽きていますよ——こんなに小さいものなんだから」

毎晩何千という流れ星が見えるが、本当に落ちて来る星はない。それは、星というのは非常に大きなもので——ああいうのはただ、宇宙空間をさまよっている大きな石に過ぎないからだ。

星が生まれるとき、あるいは惑星が生まれるときにはいつでも……。それは液体なのだが軸を中心に回転し続けている。それが液体であり動いているために、多くの部分が放り出される……。

月はそんなふうにして地球から飛び出た。それは地球の一部だった。そして地球にこんなに大きな海があるのは、その月のためだ。こういう海は、液体の地球が飛び出た場所だ。何千という小片が宇宙空間に飛び出し、やがてそれはある引力圏に達する。

その引力がそれらの小片を引き付けるときには、その力と速さのために、それらは燃え上がってしまう。だから流れ星が見えるのは、ただ石が燃えているだけだ。その速さのために、それは熱くなりある所まで来て、それはただ炎となって燃え上がる。大抵それは空中で消滅する。非常に大きな石だけが、例えばカーバの石のように、地上に到達できた。回教徒はあれを神の石と考えているが、神の石などではない。あれは完全に燃え尽きることができずに、地上まで到達した石だ。そういう石があるところは、他にもたくさんある。

だから私はこう言った。

「こんな寺など消えていたはずです。それはあり得ない。それに神などいない――それにいったいどんな神が、こんなくだらない寺のために闘うって言うんです？　土台がないということ以外に、何も特別な所などない」

だが、私の理解では、その壁はマインドを表わしている。そして内側には神の像は置いていない。内側の空虚は、意識を表わしている。そして土台がないのは、人間のマインドには根拠がないと表わしているのだ。自分が捨てると決めれば、何時如何なる時にも捨てることができる。それには根拠がない。それはただ意識の周りにまとわりついて、くっついているだけで、どんな根拠もない。

大いなる哲学的洞察が建築物に表わされているというのに、ああいう白痴達は、神々が闘っていて、その寺がその手から滑り落ちて、地面に落ちたなどと話している。彼らは、その意味をまるで滅茶滅茶にしている。だがあの寺院を造った人々は、自分が何をしているかについての洞察を持っていたに違いない。あれをまったく土台のない建物にするには、大変な努力がいったに違いない。それは巨大な建造物で、殆ど十五世紀を生き延びていた。

生まれるたびに新しく、新鮮なものとしてやって来る大脳がある。それは肉体の一部だ。生命と同じく永遠な、マインドというものがある。それは人が光明を得るまで、その人間にまとわりつく。それは自分が生きてきた何生涯ものほこりに過ぎない。人間の死後にマインドが放った記憶だ。そしてそういう記憶が意識の周りで待ちかまえている。それは厚い層になる。
瞑想とはこの厚い層の中を、意識の水に到達するための穴を掘る方法だ。この故に、瞑想には始まりはあるが、終わりはない。

私は二、三日後に、もう七年会っていない八十歳になる父を訪ねようと思っています。父は私に会うことを非常に望んでいるのですが、同時に私がサニヤシンであることを、とても不満に思っています。どうしたら彼を喜ばせてあげられて、なおかつ偽善者のように感じないでいられますか?

行かないことだね……それが唯一の方法だよ! 第一、放射能のこういう状況下のヨーロッパに行くことは危険だし、そんなことをしても仕方がない。第二に、八十歳で亡くなろうとしている人に不幸な気分を味わわせるのは良くない。サニヤシンとして行けば、お父さんは行かない場合よりも、もっと不幸せになるだろう。
七年間も帰っていないという。ノンサニヤシンとして帰れば、偽善者である自分に嫌な感じがするだろうし、それにノンサニヤシンの振りをしているのが、わかってしまう可能性だっていくらもある。どうして年寄りを苛立たせたりする? それに彼が死ぬと決まった訳でもない。私が知る限り、人間というのは長生きすればするほど、死ぬ可能性が少なくなるものだ。百二十歳か百三十歳で死んだような人を誰か知っているかね? より長く生きるほど、それだけ死ぬ可能性は少なくなる!

お父さんは、死ぬべき時期をもう通り越してしまった——見逃してしまったんだよ。七十才というのが適当な時期だ。お父さんは十年遅れてしまった。だから心配することはない。この放射能がおさまってから行ったらいい。死とは、決してそれほど確かなものではない。八十になれば死ぬという保証は何もない。ただ、もしかしたら死ぬのではないかと恐れるだけだ。

だが、もし行くことに決めたのなら、サニヤシンとして行きなさい。そうすれば偽善者にならずに済む。お父さんはむかっ腹を立てるかもしれないがね。楽しく聴いてあげなさい。静かに座って、お父さんにこう言うのだ。「いつも言いたいと思っていたことを、何でも言っていいよ。怒ってもいいし、僕を叩きたいなら叩いてもいい——でもお父さんはもう年なんだから、自分でやることはない。代わりに僕が自分をピシャっとやってあげるよ」。それを冗談にして、お父さんを笑わせてあげなさい。

あまり深刻にではなく、一緒にいてあげたらいい。お父さんが死にそうだから、それで帰って来たのだというふうにではなくだ。こう言ってあげなさい。「僕の師が言うんだけど、お父さんはもう十年超過しているって——遅れちゃったんだよ。そして一度遅れると、その人のために列は止まってくれないんだって、その列は動き続けるんだよ」と。今度他の誰かが遅れて、列の中に隙間ができたら、もしかしたらお父さんにもチャンスがあるかもしれない。そうでもなければ、今の所死ぬ可能性はないね。だから悲しむことはないし、彼を悲しませることもない。

最初、お父さんは腹を立てるだろう。まず、あなたのやったことは間違っていると、お父さんは言うだろう。どんな事にもイエスを言いなさい。ただ彼にこう言いなさい。「僕はお父さんの息子だ。だから僕は偽善者にはなれない。だって、自分の息子が偽善者だなんて、お父さんの誇りを傷つけることがわかっているからね。だから僕はありのままの僕で来たんだ。怒りでも何でも、お父さんが僕に課したいと思うどんな罰でも、僕は引き受けるつもりだよ。

「僕の師の教えでは、死んで行く人には、その人の欲望をすべて終らせてあげなさいって言うんだ。だからもしお父さんの欲望が僕をぶつことなら、僕をぶつといい。そんな愚かな欲望と一緒に死なないで。だってそんな欲望を持っていたら、お父さんはもう一度愚かな生涯に戻って来ることになる。また僕みたいな子供を持って——おそらくまた僕だろうけど——その子がまたサニヤシンになるよ。だからすっきりした関係にするために、何でもしたいことをしていいよ」。三十分もあればすべて終る。それ以上、長いことはあり得ない。

そうしてから、彼が瞑想するのを手伝ってあげなさい。こう言うのだ。

「これはサニヤスとは何の関係もないんだ。瞑想したらいいよ。年をとって、死ぬチャンスを逃した人には特にいいんだ。お父さんは十年も遅れているからね。瞑想はお父さんが静かになるのを、安らかな気持ちになるのを手伝ってくれる。そして死が訪れたときにも、それを恐ろしいとは思わなくなる」。お父さんがヴィパサナを覚えるのを手伝ってあげなさい——ごく簡単なことだ。「横たわりながら呼吸を見守ればいいんだ」と言ってあげなさい。

そういうわけで、自分で決めなければならない。一番いいのは帰らないことだ。お父さんがそんなにすぐに列車をつかまえられるとは思えないからね。しかしもし、お父さんが列車をつかまえそうだと恐れているのなら、行ってあげなさい。だがサニヤシンでありなさい。それに恐れる必要など何もない。ただこう言ったらいい。「僕は同じ人間だよ。ただ、ちょっとましになっただけだ。お父さんの息子は道に迷っちゃいないよ」と。自分がやっていることを話して、そのどこが間違っているかをお父さんに訊くといい。

そしてもう一度、心のつながり《コミュニオン》を持ちなさい。そばに座って、彼が瞑想するのを手伝ってあげなさい。かえって自分の子が楽しげで、幸せそうなこと、息子の選んだ道がどんなものであれ、それが息子を楽しくし、より自立させ、息子にある誠実な感じを与えていること——それが息子を隷属させるものではなく、以前よりももっと本人が自由になっていることがお父さんにわかったら、何も問題はない。

お父さんは喜ぶだろう。しかも彼は年老いたフランス人だ。フランス人は常に自由を愛してきた。あなたがしてきたことはすべて、フランス人が何世紀もの間やってきていることだ。それに問題は何もない。どんなフランス人も実際にはキリスト教徒ではない。彼らにはそんな時間はない。まずガール・フレンドにけりを付けなければいけないからね。その頃にはもう八十になっている。そうなればもう教会に行くときではなく、家に帰るときだ。

だからお父さんには、ただ福音を知らせてあげるといい。こう言ってあげなさい。「すぐに戻っておいでよ、今度もフランス人で。ここはいい所だからね。そして僕もお父さんの道にしたがっている。だから問題なんか何もないんだよ。キリスト教徒であろうとサニヤシンであろうと、基本的には僕はフランス人だ。だから僕は本当はお父さんに会いに来たんじゃなくて、ガール・フレンドの所に来たんだ」と。ただ本当の事を言えばいい。

私は一度、ある催眠術師が人々に催眠術をかけて、過去生を思い出すように退行させている所を見たことがあります。その催眠状態の人々が自分を取り巻く状況などを詳しく説明するところは、見ていてかなり説得力のあるものでした。ほとんどの場合、その人たちはあるショッキングな経験に導かれて行き、それは大抵、その人の死に至るのでした。正しく用いられれば、この催眠術は有効な方法になり得るように思われます。けれどもこの場合は、その催眠術師が、そういう経験をした後のその人にかなり無神経であるように、感じられました。これがカリフォルニアで起こったことだということも、付け加えておくべきだと思います。どうかコメントして下さい。

その事があったのはカリフォルニアだったと、付け加えたのはいいことだ。カリフォルニアでなら、どんな事でも起こり得る。テクニシャン、特に催眠術師の手にかかれば、どんなことでも利用され得るということをもしあなたが知っていたら、あなたにそれほど不思議に見えたことも、それほど不思議には見えなかっただろう。

その人間はテクニックを知っていただけだ。彼はその人達に、何が起こっていたのかなど、わからない。自分の死の経験へ、自分の過去生へ入って行こうとしている信頼しきった人々に対して、自分が繊細でなければならないというような事を彼はわかっていない。その男はただのテクニシャンだ。その男の関心は、催眠術を職業として使おうということにある。その男は切符を売ってあったのかもしれないし、彼の関心は自分の稼ぎ高にしかなかっただろう。こういう人たちが、世界中で催眠術を非難されるようなものにしてしまった。インドが分割される前は……。私に言わせるなら、インドとパキスタンが別れたことによる最大の損失は、インドの路上から、ある素晴らしいものが消え去ってしまったということだ。もし別れていなければ、インドのいたるところの路上で、信じられないような奇跡を行なう手品師や催眠術師を、見かけたことだろう――彼らはすべて回教徒だった。

あなたのお話を聞いていると、しばしば柔らかい、平和な、静けさに取り囲まれた感じになるのは本当です。けれどもそういうもの全部の中に、ある非常に深い憧れがあるのです。それは、時として自分が日没や満月や素晴らしい音楽の調べに圧倒され、それを喜ぶときにも起こります。そこには常に殆ど甘い痛みにも似た憧れがあります。私が憧れているものは何なのでしょうか?

美しいものはどんなものでも、彼方なるものを思い起こさせるものはどんなものでも、人の中にある憧れを、対象をそれと定めることのできない、ある憧れを生み出すことになる。自分にはその対象の名前はわからない。実際それは、何らかの対象物への憧れではないからだ。

美しい音楽を聴いていても、日没や、あるいはただ飛んでいる鳥や美しいバラを見ていても、あるいは黙ってここに座っていても、ある甘い痛みを感じることはできる。

その憧れとは、どうやってその感じと一つになれるかということだ。それは来てはまた去る束の間のものではなく、自分のところに留まり、自分そのものになるべきものだと。何故と言って、今日甘美だったその同じ音楽が、明日にはもう甘くはないかもしれず、明後日になれば退屈になっているかもしれないのだから。

だから、それはその音楽ではない。あなたの中で引金を引かれたものは、それとは別の何かだ。安らぎに満ちていたい、音楽の流れに身を任せていたい、存在の美をすべて持っていたい、それも永遠に持っていたいという憧れだ。それは霊的な憧れ、彼方なるものへの憧れ、束の間の経験を超えたものへの憧れだ。時間を止め、今ここにいたいという、この瞬間の中に永遠にいたいという憧れだ。これが真の宗教性だ。

真の宗教性は教会にも、モスクにも、聖職者にも、一切関係ない——そういうものは、すべて人を搾取するテクニシャンだ。彼らのイデオロギー、彼らの神学は、あなたたちの中にあるこの憧れを満たすための支給品なのだ。が、そういうものはそれを満たせない。だから人々がキリスト教徒であり、ヒンドゥ教徒であり、回教徒であっても、なおそのハートのどこかの隅では、未だにある探求が、ある追求が継続しているのだ。そしてもしその人たちが、それこそが真の宗教の方向であると理解したら、彼らはキリスト教を、ヒンドゥ教を、回教を捨て、その憧れに従うことになる。

それは自分の生を、より創造的なものにしようとする。人生そのものが音楽になり、日没になるほどにも創造的になろうとする憧れだ。それは、生そのものが、自分を取り巻く未知なるものの臨在に、この世ならぬものの香りを放つ臨在になるほどに、瞑想的になろうとする憧れだ。

第九章

存在への感謝

Grateful to Existence

あなたが光明を得ずに生まれて来たというのは、確かなのでしょうか？　これまでの生涯あなたは、あたかも最初からずっとある覚醒の質があったかのように、非常な明晰さと勇気をもって、一度も自分の尊厳性を傷つけることなしに、生きてこられたように思えるのですが。もし二十年間は光明を得ていなかったのだとすれば、あなたにとって苦しみだったことが、何かあるのでしょうか？

私には苦しみは何もなかった。私は苦しむということの味を知らない。私は人々が苦しむのを見て来たし、その人たちの中で起こっているに違いないことを思い浮かべることはできる。だがこの生涯では、私は一瞬たりとも苦しんだことはなかった。だからあなたの言う通りだ。私はほとんど光明を得て生まれて来た。

「光明を得ていた」とは言えないが、だがほとんど……まさにその瀬戸際に、あたかもその境界線上に立っているようなものだった。こちら側には闇と無意識と苦しみのこの世があり、そしてもう一方の側には至福と光と祝福の世界があった。私はそのこちら側でも向こう側でもなく、まさにその境界線の上にいた。

私の過去生では、ほんの少し未完成なままに仕事《ワーク》が残されていた。私が「ほとんど」という言葉を使っているのはそのためだ。もう一歩進めば、光明を得ていただろう。だが光明にそれほど近いというだけでも、苦しむことはあり得なくなる。苦悶を通り抜けることもなく、悪夢を見ることもあり得ない。するとその人間の生は、普通あらゆる子供に備わらないような様々な質を持つ。即ち勇気、高潔、絶対に妥協しない態度、全身で打ち込むこと——結果がどんな事になろうとも決して引き返すことはなく、またあたかも結果など問題ではないかのように、喜んでそれを受け入れる、というような質だ。

肝心なことは、自分がどんなふうにその状況と向かい合ったかということだ。自分は全身全霊だった、自分は全面的に関わっていた、自分には疑いなどなかった、と。その信頼は究極のものであり、相対的なものではなく、どんな条件にも依存しない——無条件のものだった、と。それが肝心だ。結果が肝心ではない——結果は重要ではない。

その行為自体が、それ自身の報酬だ。それこそ、私が生きて来たやり方だった。そしてもし私がもう一度チャンスを与えられるなら、私は何度でも何度でも、何一つ変えることなく同じやり方を通したい。その理由は単純で、これまで私は起こっていることを何でも喜んできたし——またこんなに短い生涯に、実にたくさんの事が起こったからだ。

ある時エマーソンは、「おいくつですか？」と訊かれて、「三百六十歳です」と答えた。

訊いた人は、信じられなかった。

「あんまりですよ。からかっているんでしょ！　本当はいくつなのか、言って下さい」とその男は言った。

するとエマーソンは言った。

「言った通りですよ。でもあなたが当惑するのもわかります。あなたは三百六十歳をカレンダーで数えている。それは私の命の数え方ではありません。暦に合わせて言うなら、私は六十歳に過ぎない。しかし六十年の間に、私はあなた方がその同じ期間に生きると思われる六倍の人生を生きてきた。私がどれだけ生きたかで見るなら、私は三百六十歳です——六十年の中に圧縮された三百六十年の生涯です」

一瞬一瞬に途方もない価値があった。光明を得る前のその一瞬一瞬、光明を得るときのその一瞬一瞬、そして光明を超えて行くときのその一瞬一瞬——そのすべてにあまりにも多くのものがあり、私はただただ存在に感謝することしかできない。この感謝から、私の信頼が起こる。それは存在にも、また存在が信頼に値するかどうかにも何の関係もない。それは私自身の経験に、私の感謝に関係したものだ。それが私の中にこの信頼を生み出した。

だから、存在が私にしようとすることは、どんな事でも絶対的に受け入れられることになる——たとえ、はりつけであってもだ。そのはりつけは、イエスのようなものにはならない……彼は異常な精神状態になった。彼は一瞬、神への信頼を失った。

それを神と呼ぼうと存在と呼ぼうと、そんなことはどうでもいい。「存在」の方がより自然であり、より真実だ。「神」はより象徴的、より比喩的だ——それを立証することはできない。存在はどんな証拠も必要としていない。それは既にここにあり、私たちはその一部だ。だが一瞬、イエスはその信頼を失った。そして信頼を失うということは、すべてを失うということだ。

彼は虚空に向かって、「父よ、私は見捨てられたのですか？」と叫んだ。この疑いの一句、疑念の、不信の一句はこの上もなく意味が深い。それは、その信頼が全面的なものではなかったということだ。そこにはある期待があった。意識的なものではなかっただろうが、奇跡が起こって自分は救い出されるだろう、という期待があったことを示している。何も起こらなかった。ところが彼は弟子たちに、「私の父が何をするか、あなたたちは見ることになる」と約束していたのだ。空から何かの奇跡が起こり、一本の腕が伸びて来て自分を十字架から連れ出すとか、あるいは全状況を変えて自分がもはや乞食でも罪人でもなく、王冠を頂いた帝王に、平和の王子になるというような、この期待……。

何一つ起こらなかった。彼は、神のことなど思ったこともない、一度も祈ったこともない、あらゆる罪を犯して来たもう一人の犯罪人と、まさに同じように死のうとしていた。その人間も、イエスが死んでいくのとまさに同じように、死のうとしていた。神は無関心のようだった。それ故に、この一句には怒り、失望、挫折がこめられている——この僅かな言葉に、そういうものが表われている。この僅かな言葉が救い主としての、目覚めたる者としての彼の全生涯を帳消しにする。

信頼とは無条件のものだ。それはただただ感謝であり、感謝の心に満ちていることだ。もしこれらの経験すべての、その愛すべき一瞬一瞬の、喜ばしくも美しい空間すべての後で、その結末がはりつけだと言うなら、もしそれが終止符だと言うなら、それでまったく申し分ない――それを楽しめばいい。

私はいつも思っていたのだが、もしイエスが神に感謝できたら、私の彼に対する全評価は違ったものになっただろう。もし彼がはりつけを喜んでいたなら……何故と言って、何が起こるべきかを指示するなど、人の役割ではないからだ。ただ何が起ころうとも、深い受容の中で、それを楽しむだけだ。それがその人の尊厳が、その人間の信頼が信実であることを示すのだ。それは、その人が火の試練をくぐり抜けるときにしか……。なにもかも円滑にうまく行っているときには、人はごく容易に信頼できるからだ――だが十字架上で信頼することは、試練だ。

もしイエスが十字架上で信頼していたら、そしてあの疑問の、疑いの、疑念の声を上げなかったなら、彼は仏陀と同じ範疇の人間だった、と言えただろうに。彼は機会を逃した。だが人がやりそこなうのは、ある地点では、ある決定的な地点まで来れば、顕われざるを得ないようなものを、その人間が自分の中に持っているからだ。

あなたの質問はもっともだ。私の両親、近所の者、教師たちでさえ、私をどう分類していいかわからずに、みんな当惑していた。彼らはあらゆる種類の人間を知っていたが、私を分類しかねていた。

私の高校の校長は実に厳格な人で、非常な筋金入りのスパルタ教育者だった。私が中学から高校に移ると、まさに初日から彼との闘いが始まった。そこでは毎朝、授業の初めに全員一斉の祈祷の時間があった。私は黙ったままだった。私はそのヒンドゥの神を褒め称える祈祷には加わらなかった。人間の体を持ち、像の頭を持ったあの象神のガネーシャだ。彼は私を呼んで、「そういう事は許さない」と言った。

「何も許す必要なんかありませんよ。あなたはできることを何でもしたらいい。でも覚えておいて下さい、僕は自分が正しいと思うことを何でもしますからね。僕にとってはお祈りなんてナンセンスだ。それも特にあんな神じゃね。滑稽だ。僕には祈るなんてできません。黙っていることならできるけど」と、私は言った。

「私は、非常に厳しい人間だぞ」と、彼は言った。

「気にしませんね。僕を殺したらいい――あなたにできるのは、せいぜいそのくらいだ。しかし、命があろうとなかろうと、僕はあんな祈りには加わりません。僕はどんな神も信じていないし、特にあんなばかげた神や像なんか。それに僕はヒンドゥ教徒じゃない。あなたは、僕と一緒に法廷に出なきゃならなくなりますよ」と、私は言った。

「何のためだ？」と彼は言った。

私は言った。

「僕が属してもいない宗教に、僕を強制したことでです。これは法律に反しています。僕と一緒に裁判所まで来て下さい」。私には友だちの父親によい弁護士が一人いた。「僕には知合いの弁護士がいます。そして、いつでも必要なときには頼むから、と言ってあります……いいですか、僕は直接裁判所に行きますからね」

「君はひどく変わった人間らしい。この私を裁判所に連れ出そうと言うのかね？」と、校長は言った。

「もちろんですよ。あなたのしていることが罪なんだから。僕はヒンドゥ教徒じゃありません。その僕がどうしてヒンドゥ教の祈りに加わらなきゃいけないんです？　この学校はヒンドゥ教の学校じゃない。これは国立の学校だ。政府は非宗教ですよ。僕と一緒に裁判所に来て下さい。そうしたら、弁護士に事情を説明して、あなたを行政長官の前に連れて行くようにしますから」と、私は言った。

「なんてこった。君がそんな極端なところまで物事を誇張するとは思ってもみなかった」と彼。

私は言った。

「僕が、誇張してるんじゃない……あなたが、僕に誇張させてるんですよ。そうしないのなら、その手厳しさをすっかり忘れることですね。それに今日は初日だから、お互いに紹介し合うのにちょうどいい。僕にはあなたがわかったし、あなたも僕を知った——これからは、何時どんな事が起こるにしても、あなたが相手にしているのはトムやディックやハリーじゃないってことを、覚えておくんですね」

　私は彼に言った。

「これはあなたの初めての失敗だから、今日はあなたを許してもいいですよ。でもこの次は、僕と一緒に裁判所に行かなければなりませんよ」。そして私は彼の部屋を出た。彼は黙ったままだった。


　その日の晩、彼は私の父に会いに来て、「いったい、あの子はどういう子なんですか?」と言った。「私たちにはどうにもできません。あなたなら人も知る厳格な規律主義者だし、あの子はまだほんのひよっこなんですから、あれを何とかできるでしょう」と、父は言った。

「彼はひよっこなんかじゃない。私を裁判所に呼び出すと言って脅かしましたよ。それに彼ならやりかねないな! 彼にはもう弁護士がついているんですよ。その弁護士というのは私も知っている。あの子がその弁護士と話をしているのも、何度も見たことがあります。何しろ、二人はまるで……」。その弁護士というのは、その校長のすぐ隣の家に住んでいた。「年はひどく違うのに二人は友だちでね。実に仲のいい友だちですよ。まるで同年輩の人間みたいに話している。で、私としてはどうしたもんでしょうね?」

「誰にもわかりませんね。あなたのやり方を見つけて下さい。私たちも自分なりのやり方を見つけました。誰もあの子の邪魔はしないんです。何でも本人のやりたいようにさせておくんです——それが一番簡単ですよ。あの子は誰にも害を与えません。ただ本人の邪魔をしなければいいんです。そうしないと、事があんまり大きくなり過ぎて、手のつけられないことになります」と、父は言った。

　翌日、私はまた黙って立っていた。彼はひどく腹を立てた。私には彼が腹の中では煮えくり返っているのがわかった。ひどく恥をかかされたように感じたのだ。彼は私を呼び出さなかったが、私は彼の部屋に出向いて行った。「私は君を呼ばなかったがね」と彼は言った。

私は言った。

「呼び出す勇気がないだけで、僕を呼びつけたがっていました。あなたの顔や目を見ていれば、それくらいわかります。あなたは怒りで煮えくり返っていた。だから来た方がいいかなと思ったんです。呼び出されるのを、待っていなくてもいいでしょう？」

「君は喧嘩を楽しんでいるようだね！」と彼は言った。

「僕は何でも楽しむんです――喧嘩もね」と私は言った。彼が立っているので、私は彼の椅子を引き寄せてその上に腰を下ろした。「君は何をしているんだ？」と彼は言った。

「ただ椅子に座っているだけですよ」と私は言った。

「それは私の椅子だ」と彼。

「どの椅子にも、誰の名前も書いてありませんよ。椅子は腰掛けるためのものです。それにあなたはどのみち立っているから。僕は小さな子どもですからね。僕は疲れた。先生は立っていてもいいですよ。先生はずいぶん強そうだ」――彼は非常に長身で、筋骨逞しいどっしりした体格の人間だった――「先生なら立っていられますよ。僕が椅子に腰を下ろしてあなたが立っている方が、上品でまともに見えます」

「ねえ君、我々は妥協しなければ駄目だ。こんな事をやっていたんじゃ、君は私のこの学校での評判やイメージを台無しにしてしまうよ」と彼は言った。

「しかし、僕はどんな妥協も信じません。僕はあなたのイメージを壊したくはない。あなたはあなたのイメージを保ったらいい。ただ、僕にちょっかいを出さないで下さい。僕は決して誰のどんなものも壊したくなんかない――僕は破壊的な人間じゃありません――ただ、僕をほっといて下さい。先生がもし僕にそれだけ約束してくれたら、先生が僕との揉め事に巻き込まれることはありません」と私は言った。

彼は約束しなければならなかった。

「私は決して君にちょっかいは出さないよ。何でも君の好きなようにしたらいい」

彼はまた、私の受けていた授業の一つの先生でもあった。理系の先生で、化学を教えていた。私は自分でその気になったときにはいつでも、彼に訊かずに教室から出、自分でそうしたくなれば彼の許可など求めず、いつでも教室に入って行ったものだった。「ああいう事はよくない」と、彼は私に言った。

「先生には言っときました。僕の事はほっといてくれって。それが僕たちの了解事項だったはずじゃないですか。僕が外に出たいとき、もし先生に許可を求めて先生が駄目だと言ったら、僕は先生が駄目だと言うのを聴こうとせずに、出て行くことになるでしょう。だから先生に恥をかかさないために、僕は許可を求めたりしないで黙って出て行っているんです──先生のイメージを保つためなんですよ」と私は言った。

彼は途方に暮れていた。

三年間、私は彼の許にいた。卒業写真の時でさえ……。彼は私が写真に入っているかどうか、私がその場に現われるか現われないかを、非常に心配していた。私はやって来たどころか、写真屋まで伴なって来た。

「しかし、君は何故その写真屋さんを連れて来たんだね？」と彼は尋ねた。

「この人はこの町の貧しい写真屋です。先生はいつでも大きな町から写真屋を呼んでますよね。あんな必要ありませんよ。この貧乏な人には、もっと仕事が必要なんです。だってこの写真屋は、雨期になれば傘を売って、夏には氷やソーダや、他の冷たい飲物を売ってるんですからね。でも何かあれば、いつでも写真を撮っています──結婚式だとか何だとか。彼は貧乏なんです。だから僕は、彼を今日からこの学校の指定写真師にしてやりたいんです。この学校は彼に敬意を払うべきですよ」

「もう君が、その人を連れて来たんだから……」と校長は言った。

その可哀そうな写真屋は、すっかりおびえ上がっていた。それまで一度も、呼ばれたことなどなかったからだ。私は彼に、何もかも説明してあった——何をすればいいのか、どんな手筈を整えなければならないのか……そうして彼は一番いい服を着、何もかも整えて私と一緒にやって来たのだった。校長が真ん中に立っていた。周りに教師や生徒全員が立って、彼は準備をし何もかもやった。それから彼は、「よろしいですか？」と声をかけた。私がそう仕込んでおいたのだ。

「私はその地位を辱めないようにしなくちゃ。あの高校の指定写真師としての地位を」と彼は言っていた。それはその町で一番大きな学校だった。そこで彼は「準備はよろしいですか？」と声をかけて、カメラをカシャリとやり、それから「有難うございました」と言って、みんなは解散した。すると彼が「待って下さい——感光板を中に入れるのを忘れました！ みんなあんたが悪いんだ」と彼は私に言った。

「あんたは『感光板を中に入れなきゃ駄目だよ』って、一度も私に言わなかったじゃないか。他の事は何もかも教えてくれたのに」

「写真屋なんだから、中に感光板を入れなきゃならないことくらい知ってるはずだと思ったよ。感光板を入れないでどうやって写真を撮るんだ……？『有難うございました』も、『準備はよろしいですか？』も、まったく無駄になったじゃないか。でも、大丈夫」と、私は言った。

「もう一度準備して下さい！」と私は言った。そこには視学官も徴税官もいたものだから、校長はすっかり腹を立てていた。あの写真屋が「感光板を入れるのを忘れていました。一体どうしたらいいでしょう！」と言ったときは、まったく見物だった。

校長は私を呼び入れた。彼は言った。「今日は最後の日だ。ここを出て行こうという日にも、君はいたずらをせずにはいれない。あんな写真屋を呼べと、誰が頼んだっていうんだ？ あんな白痴！ これだから、私たちは今までずっと彼を避けて来たのに！ 君だって自分で見ただろう……」

「でも、本当に素敵で陽気な場面だったじゃないですか！ 今日ここに出ていた者は、一生このことを覚えていますよ。彼にちょっと余計に払ってやった方がいいくらいだ！ それから、これからは彼がこの学校の指定写真師だって事を覚えておいて下さい」

「君はこの学校を出て行くつもりなのか、それともまだずっといるつもりなのかね？　そんなことは我々の問題だ……誰を指定しようと、しまいと」

「そうはいきませんよ。僕は次の学年のしかるべき人間に、毎年必ず、あの写真屋を連れて来るように言ってあるんです。そしてもし必要だったら、大学にいる僕に声をかけてくれって。大した距離じゃない。たったの八十マイルです。だから毎年写真を撮る日には、あの指定写真師がここに来ているかどうか、僕は確かめに来ますからね」

「わかった。彼を指定写真師にするよ」と、校長は言った。

「何か書いたものが欲しいですね。僕はあなたたちのことは、全然信用していないから」と私は言った。そこで彼は、認定証を書かなければならなかった。私はそれをあの写真屋に渡した。

「とっても心配だったんだ。しかし、あんたは凄いことをやった――あんたは私を永久に指定写真師にしてくれた。これを他の奴らにも見せてやれる。私は、みんなが考えているようなただの白痴じゃないってね。私はこの町の教育機関の指定写真師なんだ」。そして彼は私に「私のできはどうだった？」と訊いた。

「申し分なくうまくやったよ」と、私は言ってやった。

「失敗は一つだけだ」と彼。

そこで私は言った。「あれは失敗じゃないさ。あれこそまさに本物、感光板を入れ忘れるとはね。ああでなくちゃ、面白くない。写真なんか誰だって撮れる。だけど、あなたは本当の天才だよ！」

「私は、みんなが腹を立てるとばかり思っていた」と、彼。

「僕がここにいる間は、誰も腹なんか立てられないよ」と、私は言った。

そして、彼は今でも指定写真師だ！　町へ行ったときにはいつでも私は彼に尋ねた……。

「今じゃ、すっかり落ち着いたよ。校長は何人も変わったけど、私は学校の指定写真師のままだ。でも、あんたの言う通りだった。初めての時に起こったあんな愉快なことは、二度と起こらなかったよ。あれ以来感光板は忘れない」と、彼は私に言った。

そういう人間たちが、あらゆる意味で権力を持っていた。だがどういう訳か私は、彼らが本当に力を持っていると感じたことは、一度もなかった。私には、彼らはただ力を持っている振りをしているだけだ、と感じられた。だから、内面深くでは彼らは臆病者であり、急所を突かれれば、彼らの権力などすべて消えてしまう。そして私は子供時代、ずっとそんなふうだった――学校時代も、大学の時も――毎日がそんなふうだった。私はそういう瞬間のすべてを楽しんだ。

私は時々、もしかしたら、自分は他の人たちとは何処か違うのではないのかと思ったものだ。と言うのは、私が巻き込まれるような揉め事に巻き込まれている者など、一人もいなかったからだ。だがそういう揉めごとはすべて、私にある強さを与え、また自ら権力があるようなふりをしている人間たちは、ただ劣等感に苦しんでいるだけなのだという、不思議な経験を私に与えていた。

私の事を気遣っている人間はみんな、私が毎日何をしでかすかと心配していた――ところが、私は何一つ計画などしていなかった。ものごとは、ただ起こっていた。

ただ、私がそこにいるだけで充分だった。すると、何事かの引金が引かれるのだった。

私は、誰でもがあんなふうに生きて欲しいと思う。一人一人のユニークな個人には、それぞれ別な状況がやって来るだろう――だが私はどんな子供にも、自分が過ごしたあらゆる瞬間が、まさに黄金の瞬間だったのだと思い出せるように生きて欲しいと思う。

私は自分が、あれは起こるべきではなかったとか、あれは別なふうに起こるべきだったと言えるようなことを、何も覚えていない。起こったそのままを、私は大いに楽しみ、またそれが大いに気に入った。だがそれに関係した人誰もが、私がその状況を駄目にしたと心配していた。

私が卒業試験に合格したとき、最も有名な精神分析学者の一人だった、ベナレス・ヒンドゥ大学の心理学部長が私に興味を持った。彼はすぐ近くの村の出身で、自分の村に帰る途中で私の町を通らなければならなかったので、よく私の所に寄った。鉄道の駅が私の町にあって、彼はよく来て立ち寄ったり、一晩私の家族の所で過ごしてから、自分の村に帰った。また学校に戻るときにも、彼はそこで列車を待ったものだった。

そういうわけで、私が文学士を取った後、私がベナレス大学――それはインドのオックスフォードに当たる最高の大学だが――に来るべきだと、非常に関心を持っていた。

「君は心理学をやって、心理学教授になるべきだよ」と、彼は私に言った。

「それはまた先の長い話ですね。私はものごとをそんな遠くまでは考えません。でも行くことは行きます」と、私は言った。

卒業後、私は出かけて行ったが、たった一日で彼はすっかり私に腹を立てて、私の持ち物を彼の家から外に放り出した。「何故そんな面倒なことをするんです？　ただ私にそう言ってくれれば、私は荷物をまとめて引き払うのに」と、私は言った。

「君がこんなに危険な人間だとは思ってもいなかった。君のお父さんがよく、『あの子には気を付けた方がいいですよ。あなたの大学や、あなたの学部に、招いたりしない方がいいです』とよく言っていた。しかし私は彼に、『私は心理学者だ。私があの子をちゃんとしてやるさ』と答えたものだった。しかし、君は本物の厄介者だ」と、彼は言った。

初めての朝……私は夜、到着した。朝になると、彼は日の光を浴びてテラスに座っていた。冬のことで、そこが比較的暖かだったのだ。彼は二、三十人の優秀な弟子たちと、数人の教授連中と一緒に座っていた。彼は私のことをその人たちに紹介したいと思っており、また何故私がそれほど危険で厄介な人間だと考えられているのかということについての、彼の頭に何度も浮かび上がったことがあるに違いない二、三の質問をしてみたいと思っていた。

そこで彼は質問を始めた。「君は神を信じるかね、信じないかね？」と、いったような単純な質問だ。

「そういう疑問は起こりませんね」と、私は言った。

「どうして？」と、彼は訊いた。

「何故なら、人は存在しないものを信じたり、信じなかったりはできないからです。両方とも間違っている。そういうものは、ただ存在しないだけです。そんなものを信じるのは、そんなものを信じないのと同じく、馬鹿げたことです。だからそういう疑問は起こりません。『神』という言葉には、何の意味もありません」と、私は言った。

彼は非常に神を恐れる人間だったので、彼の緊張が高まった。そして、一つ一つ質問のたびに……一時間半もしない内に、彼は私の持ち物を家から外に放り出していた。そこで私は「そんな必要はありませんよ……あなたは老人だ。私が自分で持って行きます」と、言った。

「私は君を望まない。君は私の学部に入ることはできない」と、彼は言った。

「私は一度も、あなたの学部に入りたいと望んだことはありません。ただ、あなたが私が来ることを望んだので、あなたの招待に敬意を払って来ただけです。今、あなたは私の荷物を放り出している。荷物なしでは私も生活できないので、自分の荷物と一緒に帰らなきゃなりません。しかし、素敵な経験でしたよ！偉い精神分析学者が、そんなに動揺するんですからね。しかもあなたが質問をしたので、私が質問をしたわけではなかったんですが」と、私は言った。

そこに居合わせた誰もが、それはまったく道理にはずれていると感じていた。最初に彼が私を招待し、次に彼が質問を始め……それで私が答えた。しかも私は明瞭に、かつ完全に理性的に答えた。そうすると、私の荷物を放り出したのだ……。

彼の所の教授連中や学生たちは、みんな出て来て私に同情を示した。「あなたには申し訳ない。こんな事になると知っていたら、我々はここに来るんじゃなかったんだが。我々はいつも、あの老人は非常に穏やかな静かな人だ、と思っていたんですがね」と、彼らは言った。「誰だって刺激しなければ、その人の痛いところを突かなければ、穏やかで静かな人間ですよ」と、私は言った。

そしてその心理学者は、教授や学生たちがみんな、彼一人をテラスに残して私と一緒に道に出て来たものだから、ますます腹を立てた。彼らはタクシーを呼んで、私と一緒に全員鉄道の駅までやって来た。後になってその学生の一人が、その心理学者がみんなに物凄く腹を立てた、という手紙を書いてきた。「あんな危険な男を送りに行って、君たちはみんな私を侮辱した」と、彼は言ったそうだ。彼らは「行かずにはいられませんでしたよ。見送ってあげたいという感じがしました。あなたの振るまいときたら、学部全体の恥ですよ！」と、彼らは言った。

その出来事があってからは、彼は私の家族の所に来るのを少し恐れていた。しかし彼から電報が来たときにはいつでも、私が駅まで彼を迎えに行ったものだった。すると彼は、私が何かするのではないかという、恐れと疑いの混ざった目で私を見たものだった。「心配要りませんよ。あなたが私の客であるときには、私はあなたの持ち物を投げ出したりしませんから。何か投げなきゃならないようなら、私はあなたを投げ出します、物じゃなくてね。可哀そうな持ち物に何の罪もないんだから……あなたは私のスーツケースを壊した。あのスーツケースは、あんな議論には全然口を差し挟んでいなかったのに。だから、何かを投げ出さなきゃならないようなら、私はあなたを投げ出しますね。ですから、心配はいりません。あなたの持ち物は大丈夫です」

私の家に来ると、彼は私の父に言った。

「彼が言うにはね、もし何か投げ出す必要があるようなら、私を投げ出すとさ。だから私の荷物は大丈夫だって言うんだよ。危険な男だね。夜になったら何かするかもしれない」

「心配いりませんよ。あなたを投げ出したりはしません。あの子はただ、あなたのしたことは間違っているとはっきりさせたんです。物を投げるのは、癇しゃく玉を投げるということですからね。それも国で一番の心理学者がですよ……。それはあなただけの問題じゃありませんでした。あなたの振舞いを見てからというもの、あれは精神分析学に反対しています。あなたがあんな事をして以来、あいつはシグムンド・フロイトに反対しているんですよ。精神分析に関するあらゆる本を集めて、あらゆる細部にわたって非難する準備をしていますよ。だからあの子を精神分析の敵にしたのはあなたです。あなたの敵じゃなくてね。あの子は個人には注意は向けないから、あなたは心配なさる必要はありません。あの子があなたを投げたり、何かをしたりすることはありません」と、父は言った。

彼は私に謝りたかったのだ……というのは、あの事があって以来、私は三度彼を迎えに行かなければならなかったが、私には彼が「すまなかった」と言いたがっているのがわかった。だが、彼には言えなかった。その三度目は、最後の機会になるはずだった。その時、私は講師として外の町に移ることになっていたからだ。そこで私は「これが最後の機会です。もしあなたがそれを本当におっしゃりたいのなら、それを今言ったらいいですよ」と彼に告げた。

「どういう意味かね？　私が何を言いたがっていると言うのかね？」と彼は聞いた。

「あなたも知っている、私も知っている。そして私が知っているということも、あなたは知っている」と、私は言った。

「まさにその通りだ。申し訳なかった。そう言おうと思っていたんだが、なぜか言えなかった」と、彼は言った。

「だから、私があなたにチャンスをあげなければならなかったんですよ。何しろ、これが最後の機会ですからね。おそらく、私たちはもう会うことはないでしょう。これであなたもそれを言った。もし他に何か言うべき事がおありなら、それを言って構いません。そうしないと、それがあなたの中で傷になるだろうから。それは私には何の関係もありません。私はあのエピソードの全体を楽しんだだけです。ただ私には、知識がどんなに偽物かということ、あなた方の大層な学位がすべて、どんなに空虚なものかということはわかりました」と、私は言った。彼はヨーロッパの大学の学位を持っていた。

「あれは私にとってはいい経験でした。マインドについて知っている人でも、静かで、落ち着いているということについては、何の理解もないのだと知りました。あのエピソードは私には役立ちました。あれは、あなたの大学での二年間のコースより、私にとってはずっと教育的価値があったと思いますね。

私はあなたがあんな子供っぽい振舞いをするのを見た瞬間、精神分析についてのすべてを学びました。それを理解するために、私は精神分析についての文献を全部読みました。そして私には、その理由は、あのすべての知識が瞑想と何の関係もないからだと、わかりました。知識は自分のものではない、ただの借り物です。あなたたちは人々の夢の分析を基にし、大層な体系を作り上げている。しかし、それはあなたたちにどんな変容も、どんな新しい人生も、新しい人格も与えてはいない。あなたたちはやっぱり、古くさい腐った卵に過ぎない」

そういうわけで、周りの者たちにとっては大変だったが、私にとってはこれまでずっと、素晴らしい経験だった。また私には、将来、存在への私の感じを変え得るようなことが、何か起こり得るとは思えない。

信頼とは、人がそのためになら何千回の生涯を捧げてもいいほどの貴重な感情だ。たとえそうしたところで、信頼とは比べものにならない。それは人が、どんな状況であれ、その状況を満喫しながら、一瞬一瞬を過ごして人生を通り抜けて行く内に、ゆっくりとやって来るものだ。それは他人の目には、悪いものに見えるかもしれない。そんなことは問題ではない。もしあなたがそれを楽しめるようなら、その事を喜びなさい。それは申し分なくいいことだ。世界中がこぞって非難するかもしれないが、それはまったくどうでもいいことだ。

だから、私がほとんど光明を得て生まれてきたに違いないのは本当だ。

この前の晩、あなたがジャーナリストに話しているのを聞いて、私はあなたが実に断固としていること、そして自分が如何に臆病者であるかということを感じました。この国の中で、自分が異邦人であるかのように感じながら、私は何かを買いに出かけることでさえ恐がっています。私が自分自身とあなたに満足を感じれば感じるほど、人々への恐怖が強くなります。それを見ていることの他に、何かすべきことはあるでしょうか?

見ていることは、人にできる究極のことだ。他のことはすべてそれ以下だ。それこそが為すべき最上のことだ。

私に関して言うなら、話すということは自然発生的なことだ。みんなに話している時なら、私はごく穏やかに話す。みんながそれを受け入れようとしているから、何も断固と話す必要などない。みんなが受容的であればあるほど、ますます私は断言的である必要がなくなる。

だが、ジャーナリストに向かって話しているときには、私は自然に極めて断定的になる。なぜならそうしないと、彼らには聞こえないからだ。そうしなければ彼らには聞こえない。彼らは毎日記事を書き、記者を恐れている政治家やいろいろな種類の人々にインタビューをしている——その人たちが彼らのことを恐れるのは、世論の中の自分のイメージを彼らが壊せるからだ。

私にこういうことを表明したジャーナリストはたくさんいる。「不思議です、我々は政治家やその他の人たちを相手にインタビューしている時には、支配権が完全にこっちにあるのを感じるんですが。あなたが相手だと、落ち着かなくなって来る。こんなことは他の人とでは起こったことがありません。どうしてあなたが相手だと落ち着かなくなってくるんでしょう？」と。

私はこう言った。

「唯一の理由は、私が自分のイメージなど気に懸けていないからだ。私はあなたの書く記事など気にしていない。あなたが何を書くかなど、気にしてはいない。その瞬間、私がただ気にかけることは、何であれ自分が言っていることがあなたに届くかどうかだけだ。その他には、何の関心もない。もう七年間私は何の本も読んでいない。どんな雑誌も新聞も読んでおらず、ラジオも聴いていないし、テレビも観ていない――何一つだ。そういうものは、すべてがらくただ」

だから、ジャーナリストが私に質問をするときには、その質問者はその解答を聴くために、目醒めていなければならない。彼は政治家の言葉を聴いているのと同じでいるべきではない――そのことが間違いなく私を断定的にするのだ！　ああいう人々には、穏やかで謙虚であっては、その声を届かせることはできない。それは彼らには弱さと映る。なぜならそれこそ、彼らが政治家やその他の人間たちを相手に、慣れている世界だからだ。ごく謙虚で物柔らかく、ジャーナリストが聴きたいと思うことなら何でも言いたがる――。自分にどんなイメージを作るべきかという、ある考えに基づいて政治家たちは話す。

私にはどんなイメージもない。だから私がジャーナリストを相手に話すときには、私の努力は相手に自分の言葉が届くようにということで、大衆に届くようにではない。それは二の次だ。もし大衆に届けばそれでよし、もしそうならなくても、心配する必要はない。

それに、あなたは何故、人々が恐いのだろう？

私はどこにいても、これまで一度もよそ者のような気がしたことはないが、その理由は単純で、どこにいようとも、人はよそ者だからだ。今更、そんなことを感じることはない。どこにいようとも、人はそうでしかあり得ない。私たちは異邦人だ。一度これを受け入れたら、自分がどこで異邦人なのか――ここでか、それとも別なところでか――という問題はない。自分が異邦人であることに変わりはない――ある場所ではそれがよりはっきりし、ある場所では少々あいまいだ。

だがどうして、それを恐がるのか？　その恐怖は、あなたが、自分のことを人によく思われたいと思っているためだ。それが誰をも臆病にする。それがみんなを奴隷にする。人に自分のことをよく思われたいということが。これがその恐怖だ。知らない場所で知らない人が相手では、自分が何かをし、何かを言っても、その人たちは良く思ってくれないかもしれない、ということがだ。

あなたがいつも人に認められる必要を感じているのは、自らが自分自身を受け入れていないからだ。だからその代用品として、人に認めてもらいたくなる。いったん、自分自身を受け入れたら、人が自分のことを良く思おうが悪く思おうが、問題ではない。それは彼らの問題だ。自分の問題ではない。自分が自分のやり方で自らの人生を生きていれば、それを他人がどう考えるかはその人たちの問題、その人たちの心配だ。

だが、自分を受け入れていないために――本当に子供の時から、自分はそのままではいけないのだという考えを絶えず浴びせかけられ、頭にたたき込まれて来た。こう振舞うべきだ、ああ振舞うべきだと。そうして初めて、自分は受け入れられるのだと。だから人々が自分を受け入れてくれ、評価してくれ、尊敬してくれたら、それが自分が良い人間だということを意味する。だがこれが、世界中の誰にとっても、問題のすべてを創り出している。誰もが他人の意見に依存するようになり、また誰もが、他人の意見に支配されている。

こういう単純な事実を見て、私は他人の意見を気にするという考えを捨てた。するとそれは、まったく名状し難いような自由を私に与えてくれた。ただ自分でいられるということの、この非常な解放――余計な心配などしなくていい。しかも世界はとても広く、人の数はあまりにも多い。もし私が、そのあらゆる人たちについて、その人が私をどう思っているかを考えねばならないなら、私は生涯、ただ私についての他人の意見を集め、どこに行くにもそのファイルを持って行くことになる……。

私が大学教師としての公務員の職に応募したとき――それが私のやり方であり、またいつも私はそうしてきたのだが――私はまっすぐ文部大臣の所に行って、彼にこう言った。

「これが私の申請書で、これが私の資格証明書です。何か御質問か、私に訊いておきたいことがあるようでしたら、準備はできています。」

彼は、何とまたおかしなことをする人間がいるものだ、というふうに私を見た。願書はしかるべき筋を通して提出されなければならない。

「あなたの申請書は、しかるべき筋を通して提出して貰わなければならないのだが」と彼は言った。

「これこそ直接の筋ですよ。これ以上正しい筋なんてありっこありません！　私が応募する人間で、あなたがそれを受け取るべき人間です――面と向かって、腹を割って。私はこれ以外のどんな筋も信じませんね」と、私は言った。

すると彼は「面接には日程を組まなきゃならないんだが」と言った。

「あなたはそこに座っているし、私はここにいます――面接を始めて下さい！　どうしてあなたの時間や、私の時間を無駄にすることがあります？　もしあなたに御質問がなくて、今私に面接できないのだとしたら、私があなたを面接してもいいですよ」と、私は言った。

彼はその願書を眺めた。「で、推薦状はどこですか？」と彼は言った。

「これまで私は、自分がその人物を保証できるような相手に会ったことがありません。どうしてそんな相手に、私の人物を保証してくれなどと頼めますか？　私にはわかりません」と、私は言った。

「それは、また！　あなたは今までに、自分の人物を保証して貰える人間に会ったことがないと言うのですか？」と、彼。

「そうではありません。私が彼らに推薦状をあげられないのです。私の人物を保証してくれようという人間なら何百人といます。しかし私は彼らの推薦状など問題にしない。当の相手に、人格などないのですから」と、私は言った。

「あなたはおかしな考え方をする人だ。しかし私としては、規則と規定に則して職務を果たさなければならない。推薦状は必須です。それは願書に添えて提出すべきものです。さもないと、私の手落ちということになる」と、彼は言った。

そこで私は「わかりました。紙を一枚下さい。私が自分で推薦状を書きますから」と言った。

「あなたは自分の推薦状を書くつもりですか？」と、彼。

「いや、私が書くのは私の学部長、S・K・サクセナ教授からの推薦状の、本物の写しです」と、私は言った。

「それはまた、実に不思議な話のようですね。あなたはその原本を持っていない。どうやって、その本物の写しが書けるんですか？」と、彼。

「この原本の方は、これから手に入れます。そしてその原本もあなたの所に送りますから、私が騙したのでないことはわかりますよ」と私は言った。そして私は、それまでまったく存在もしていなかった証明書の原本の真の写しを書いた！　そして私は写しを二通作り、その一通を彼に渡して言った。

「一通はS・K・サクセナにこの原本を作って貰うために持って行きます」

「それはまたひどく込み入った話のようですね！　とにかく、その原本を送って下さい。そうすればサクセナが推薦する気があるのかどうか、私にもわかりますから……」と、彼は言った。

「心配はいりませんよ」と、私は言った。

私はサクセナの所に行った。私は彼に「この本物の写しそっくりに推薦状の原本を書いて下さい。これがその本物の写しです」と、言った。

「この本物の写しというのは、どこで手に入れたんですか？」と、彼が言った。

「私が自分で書きました。しかし、あなたが私について書けないようなことは何も書きませんでしたから」

彼はその本物の写しを見て、「あなたのためなら、この千倍も立派な推薦状を書いたのに」と言った。

「最小限を書きましたから、私が誇張しているなどとはおっしゃらないでしょう」と、私。

「しかし、残念だがそれにサインしなければならないでしょうね……あなたがもう全部やってしまってあるんだから」と、彼は言った。

そこで彼は原本を作成してこう言った。

「これは生涯、忘れられません――本物の写しにしたがって原本を書くなんて、これが初めてだ！」

そして、私はその原本を文部大臣の所に送った。

二年後、私は既に文部大臣ではなくなっていた彼と、列車で乗り合わせた。

「あの原本の写しで満足しましたか？」と、私は訊いた。

「不思議だった――一字一句同じだった！　どうやったのですか？」と彼は言った。

「サクセナはひどく私に腹を立てましたよ。彼がそれまで一度も書いたことがないような、本当に素晴らしい推薦状を私のために書いてくれるつもりだったから。でも、ああなっては仕方がありませんでした――私が既に本物の写しの方を渡してしまいましたからね。で、彼はそれを書いて、あなたの所に送ったというわけです」

「あれ以来、何度もあなたのことを考えた。面接もせず、推薦状も持たず、しかるべき筋から願書を通すこともせずに……あなたはどうやって私から任命書を取り付けたのだろう？　私はそれほど軟弱な人間でも、騙されやすい人間でもない筈なんだが」と、彼は言った。

私に任命書を渡すとき彼は「これは郵送しますから」と、言った。

「そんな必要はありません。私に手渡して下さい。私はここにいるんですから。私の住所宛にそれを送ったら――無用に三日間費やすことになります。今ここで、私に手渡して下さい。私がいるんですから」と、私は言った。

彼は「私は何度も何度も、自分が催眠術か何かにでもかけられたんじゃないかと思ったものだ。何しろ、あんなやり方はないんだから」と言った。そして、それは確かに本当だった。

私が任命された大学に到着してその学長に自己紹介したとき、彼は言った。「しかし任命書は昨日発行されたばかりですね！　どうやってこんなに早く手に入れられたんですか？　郵便であなたの所に届くのに、三日はかかるはずだが」彼は疑った。奇妙だと思ったのだ。

署名は昨日の日付だった。この私は、その翌日にもう来ている――しかも首都からその大学までは、千マイルの距離があった。

そこで彼は「私は大臣に電話をかけなければならない。済まないが許してくれたまえ」と言った。

「構いません。電話して下さい。私はここに座っていますから、もし何かあったら……」

彼が大臣に電話をすると、大臣はこう言った。

「ええ、確かにそういうことがありました。どうしてそういうことになったのか私にもわからないんだが。私はそうすべきではなかったんだが、しかし彼が、私が彼を任命しなければならないということを、実に明瞭に権威を持ってはっきりさせたものですからね。しかも私は規則を知っていたのだが」と。

政治家というものは、世論に依存している。彼らには尊厳などない。こちらが断固とするだけで、彼らはたちまち言うことを聴く用意がある。こちらが断固としていなければ、今度は向こうが断固とすることになる。

列車で乗り合わせたとき、私は文部大臣にこう言った。「催眠術でも何でもありませんでした。ただ私が、政治家のマインドとは、弱いマインドだと知っているだけです。それはみんなの意見に依存している。それ自身は何の権威も持っていなければ、どんな受容能力も持っていない。実際それは、それ自身を否定し続けている。だからもし、誰かがやってきてあらゆる大衆の意見を投げつけ、直接その目を、その政治家の内面を覗き込めば、相手は恐ろしくなる。何しろ中味は空っぽなんですからね」

だから、もしあなたが人々の中に出て行って、人々と出会うことを恐ろしいと思っているとしたら、それはあなたが、自分をひどく空虚なものに感じているということだ。それはそうあるべきではない。人は自分自身で溢れているべきだ。他の誰の意見や評価ではなく、活気と心からの喜びで溢れているべきだ。

そして、それこそまさに私が意図するものだ――瞑想は人に権威を、力を与える……他人を支配するものではなく、ただ誰も、その人間から奪い去ることのできない力という質、権威という質をだ。それこそが、その人間のものだ。

世論などいつ変わるかわからない――今日それが自分の意見と一致しても、明日になればそうではない。今日彼らがみんなして、あなたが聖者だと褒め称えたとしても、明日になれば、その人たちは全員あなたを罪人として非難している。自分自身の足で立った方がいい――聖者であろうが、罪人であろうが。自分が何であれ、誰一人それを持ち去ることができないように、ただ自分自身を拠り所にしていなさい。

大衆の意見の中の聖者であるよりは、自分自身の足で立った罪人の方がましだ。そんな聖者は借り物、自分自身は空虚だ。

第十章

人は誰かになるためにいるのではない

You are not To Be Somebody

意識的なマインドと無意識のマインドの関係について、もう少し話していただけますか？　脳には経験を貯蔵する能力、言ってみれば記憶銀行のような所があると思います。今もし、その記憶が最後には無意識になるとすれば、何が起こるのでしょうか？　それは、意識的なマインドが記憶を抑圧して、「検閲済み」というレッテルを貼るようなことなのか、それとも無意識的なマインドが、そういう検閲をするのでしょうか？　でもそんな抑圧をして、無意識にとって何かいいことがあるのでしょうか？　もしそうでないとすれば、そういう内容を検閲し続けるためのエネルギーを絶えず供給しているのは、意識的なマインドなのでしょうか？　またもしそうなら、その意識的なマインドの中に、無意識に至るための鍵があるのでしょうか？　それが無意識との接触を手に入れる前に、超意識に行かなければならない、ということでしょうか？

意識的なマインドが、記憶内容を無意識へと抑圧する。こと抑圧に関する限り、無意識のマインドは何の関心も持っていない。実際には、無意識は重荷を下ろせるように、何もかも表現したい。投資はすべて意識的なマインドからやって来る。なぜなら意識的なマインドは、社会と教育と宗教に接触しているからだ。

何が正しいか、何が間違っているかを学ぶのは、意識的なマインドだ。正しいものは意識の中に保ち、正しくないものは地下室の中に、無意識の暗闇の下の方に放り込まなければならない。意識的なマインドは、無意識のマインドをただ地下室として使うだけだ。そこが暗いために、いったんそこに抑圧してしまったものを、意識的なマインドは徐々に忘れる傾向がある。時間が経つと、意識的なマインドは、自分は何一つ、一度も抑圧したことなどないと、絶対に確信し得るようになる。

無意識は、その抑圧された記憶内容のどれ一つも、直接的に解放する手段を持たない。その道は閉ざされている。唯一の方法は、それを意識的なマインドに戻すことだ。しかし、意識的なマインドの方が以前と同じ意見のままだったら——精神分析によってさえ、人は無意識的な抑圧の何がしかを捉えて、それを意識的なマインドに取り戻せるわけだが——それはあまり役に立たない。それは、マインドの方が、何が間違っており、何が正しいかについて同じ考えのままだからだ。

だからさしあたり、精神分析医の影響の下で、意識的なマインドは正しくないものを認め、それを抑圧しないかもしれない。だがその影響は、社会的条件付けほどに深くはない。明日か明後日になれば、再び同じ抑圧が起こる。どんな心理分析も決して完了しないのはそのためだ。完了はあり得ない。今日、あるものを取り出したとしても、明日になればそのマインドは再び元のやり方で機能し続ける。

精神分析は、意識的なマインドを変えない。だから、意識的なマインドが同じ意見のままなら、たとえある記憶内容を取り出してみても、何の違いもない。その記憶は解放されるだろうが、生には毎日あまりにも多くの物事があり、マインドはまたもやそれまでのやり方で機能し、悪いことを抑圧することになる。

精神分析医はセックスに悪いところは何もないと言う。彼の影響の下で、神経症の何がしかを癒された人は、喜々としてその抑圧を解放するだろう。だがその解放には、その人が性的なものを再び抑圧しない、というほどの強さはない。明日になれば彼は再びそれを抑圧し、また精神分析医が必要になるだろう。そして、これは終わりのない過程だ。

精神分析に欠けているところは、意識的なマインドの態度を変えないということだ。それは意識的なマインドをそのままにしておく。そして実際、もし意識的なマインドを変えようとしたら、社会は精神分析を容認しようとはしなくなるはずだ。精神分析は、私が巻き込まれているのと同じ面倒に巻き込まれるに違いない。それは尊敬される職業ではなくなり、排斥されるに違いない。そして教会は、魔女に行なったのと同じことを、精神分析医に行なうだろう。彼らを生きたまま焼くに違いない。

社会や教会や国家はすべて、あなたたちが意識的なマインドを変えない限り、申し分なく幸せだ。そうである限り、どんな事でもやりたいことをやり続けて構わない――古いもの、過去、伝統、その根っこが意識的なマインドの中にあるものを破壊することにならないので、それは遊びだ。社会はその意識的なマインドを訓練してきており、またその訓練を保護している。

唯一の方法は、その意識的なマインドよりも少し高いところへ行くことだ。社会がまだ何一つ条件付けをしておらず、社会がまだ接近していない……まだ完全に純真無垢であるようなところへ。そしてこれは自然現象なのだが、超意識は意識よりもさらに強力だ。しかもそれは無垢だ。無意識と同じように無垢だ――唯一の違いは、無意識は暗いが超意識は油断なく覚めており、光に満ちているということだ。それは自分自身の光でものを見ることができる。借り物の洞察など必要としない。

だから新しい精神分析を生み出すための唯一の可能性は、超意識を取り込むことだ。そうなれば、意識的なマインドには何もできない。超意識的なマインドは、意識的なマインドをその条件付けから解放できる。超意識は、無意識のマインドがその中にある抑圧されたものを、意識を通じて、すべて解放するのを許す。

そして奇跡とは、無意識のマインドがその中にあるものをすべて解放した瞬間、それが暗さを失い、もはや無意識ではなくなるということだ。そうなれば、人は大いなる意識のエネルギーを持つ。もはや人のマインドの三つの部分――無意識と意識と超意識――は一つになっている。そして、その中の支配的な要素として、超意識がとどまる。そうなれば、そのエネルギーで集合無意識を貫通することが可能になる。それはまだ難しいだろうが、可能ではある。

より容易なやり方は、このエネルギーでまず集合意識の中に入って行くことだ。いったん集合意識がその扉を開いたら、集合無意識はごく簡単だ。より高いものの前では、より低いものはすべての力を失う。主人が入って来れば、召使は即座に、自分がどこに属しているのかを認知する。

集合意識と集合無意識を一緒にできたら、人はそれまでかつて感じたことがないような注意深さの、気づきの、まさに大いなる力を持つことになる。人は宇宙無意識に直接に近付いて行ける。それは難しくはあるだろうが、可能なのだ。私の提案は、なぜ不必要に困難な道を行くのか、ということだ。私が自分の道を、怠け者の悟り方と言っているのはそのためだ。どんな葛藤もなしに、より容易に行くことができる時に、不必要な争いを引き起こす必要はない。まず宇宙意識へ行きなさい。いったんそこへ到達したら、人は大変な力を持つので、宇宙無意識はひとりでにその扉を開く。今やその意識の重みはあまりにも大きく、そのエネルギーはあまりにも大きいので、宇宙無意識は閉じたままではいられない。

そしてこれらの各層には、すべてある種の抑圧がある。集合無意識にもある抑圧があり、その抑圧されたものは、無意識よりももっと深く潜行する。意識が抑圧するとき、意識はそれらを無意識の中に抑圧できるが、その無意識はごく近接している。くつろいだ瞬間には、いつでもその抑圧してきたものが浮上して来る可能性がある。夢の中でそれが浮かび上がり始めるのはそのためだ。だが無意識はそれらを、集合無意識の中に抑圧することがある。そうなると、人は夢を見ているときにも、そういうものを見つけられなくなる。そうなると、人の夢を集合無意識で満たすには、ある特殊な方法が必要になる。カール・グスタフ・ユングが研究したのはそういう方法についてであり、それは正しい方向だった。

普通、夢はあまり役に立たない。夢とは、ごく表面的に抑圧された部分だからだ。社会は様々なレベルに働きかけており、中にはごく表面的に抑圧されねばならないものもある。例えば、人の怒りは抑圧されるが、それはごく表面的に抑圧される——ほんの皮一枚だ。ちょっと引っかければ、怒りはそこにある。夢を見る必要もない。

社会は、怒りをそれ以上深く抑圧できない。それは時として、社会が怒りを必要とすることもあるからだ。戦争の時には怒りと暴力が必要となる。また野蛮な社会への自衛のためにも、怒りと暴力が必要になる。社会はこれらを抑圧できない。それらを何の苦もなく呼び戻せるように、ごく表面にとどめておくのだ。

だが、社会が集合無意識にまで抑圧してしまうようなものもいくつかある。例えば、人は自分の母親と愛を交わすべきではない、というようなことだ。男の子はすべてそうしたいと望むし、また女の子はすべて、自分の父親と愛を交わすことを望む。社会はそれを非常に深く抑圧し、そんなことを考えることすら、それを夢に見ることすら非常な罪悪にしてしまう。

普通、夢は偽りのない、真実なものだが、集合無意識の内容に関する限り、夢に見るときそれが微妙に変化することもある。例えば、自分の父親と愛を交わしたいとする――夢の中でまで、その人は父親とではなく、叔父と愛を交わすことになる。それほどの抑圧だ……叔父さんなら父親に似ているからだ。

無意識は、時として集合無意識を許容する……それが浮かび上がって来るように、非常に強く働きかければ……例えば、人は自分の妹と愛を交わすべきではない、というようなことだ。世界中のあらゆる社会が、これを何千年もの間抑圧してきている。それはもはや、無意識の中にはない。だから精神分析は、人をその抑圧から解放できない。たとえ夢の世界に浮上して来た場合でも、それは仮面をかぶって来ることになる。それは自分の妹ではなくて、妹の友人になっているかもしれない――妹に似ている誰かではあっても、妹本人ではない。

その先に最後の抑圧があり、それは宇宙無意識の一部になっている。例えば、あなたたちは生まれてすぐから、これがたった一回の人生だと教えられている。東洋においてのみ――なぜならそこでは、人々が宇宙的超意識にまで到達したからだが――宇宙的無意識の中には、過去生についての記憶が抑圧されていることが発見された。これが最も深い抑圧だ。時としてそれが自分の夢の中に出て来ても、人はそれが過去生からのものだと認識できない。それは、他のあらゆる夢と同じような夢に過ぎない。

ほんの時たま、一定の状況の中で、宇宙意識までがこちらに語りかけてくるかのようなことが起こる。それは人に、人間は偽りの知恵と共に、偽りの世界の中に住んでいるということ、真実は、人生は一回だけではない、というメッセージをこちらに伝えて来ようとする。それこそが人のマインドの最奥の部分だ。だがこれは非常に難しい。そのためには、集合無意識と無意識の防障壁を通り抜けねばならないのだが、そのメッセージはどんな障壁に当たっても、歪められてしまうからだ。それが夢の中に到達した頃には、人はそれを認識しなくなる。

ゴータマ・ブッダは、自分の過去生についてたくさんの話をした。マハヴィーラも同じことをした。こういう人たちは、全人類が否定して来た途方もない現象への扉を開いた開拓者だ。では何故社会は、過去世もなければ来世もなく、人はただ天国か地獄に行くに過ぎないということに、あれほどの関心を持つのか？　なぜユダヤ教もキリスト教も、回教もあれほど頑固に主張するのか？　その理由は、ひとたび人々が、自分は過去と未来の両方向への永遠を手にしているのだと知れば、彼らの宗教は劇的に変化せざるを得なくなるからだ。もし自分が永遠の存在だとしたら、天地創造は一体どういうことになるのか？　あなたたちは一度も創造されたことなどない。では、創造者たる神は一体どういうことになる？　もし天地創造などなかったのだとしたら、創造者など要らなくなる。あまりにも多くのことが、大変なことになる。もし自分たちがその扉を開いたら、これまでの彼らの宗教がすべて崩壊するのを、彼らは恐れている。

ジャイナ教と仏教は神を信じないが、その理由はこれだ。それは、神という仮説への論理的反駁ではない。それは、自分という永遠の存在が、自分が決して創造されたことなどないという証拠であること――そして、自分が一度も創造されたことなどないとすれば、存在が創造されたことなど決してない、という実存的な経験なのだ。

私たちは、常にここにいた。

存在は、常にここにあった。

神はまったく意味を持たなくなる。

神の存在に根本的に依拠するどんなイデオロギーも、ジャイナ教と仏教が言っていることをひどく恐れざるを得ない。彼らは、あなたたちは一人一人、本来神だと言っているのだ。ある神は眠っており、目覚めている神も少しいる――だが、だからといってその質が違うわけではない。いつの日か、最後にはみんなが目覚めることになる。

だから、神が一人しか存在しないということではない。存在しているものと同じ数だけの神がいる――その数は無限だ。なぜなら人間だけではなく、動物にも樹木にも、岩さえも存在があるからだ。そしてそれらがすべて、それぞれ違った歩調でゆっくりと進化している。

誰もジャイナ教と仏教の心理学を研究し、何故この二つの宗教が神という考えを捨てることになったのかを調べようとはしない。それは、神の存在への哲学的な反論ではない。彼らがしたのは、決してそんなことではなかった。だが、もし永遠の過去に手が届くとしたら、人の生はある個性を獲得することになる。人は自分が何千回の生涯で獲得した経験に応じて、行為しなければならない。人にはその他の教義などない。人は自分の中に、自分の教義を持ち運んでいる。この二つの宗教は、教理に基づくものではない。その修業がどんなものであれ、内なる経験に基づいている。


マハヴィーラとブッダは、絶えずこう繰り返す。

「悪循環を続けてはならない。ただ自分の過去生を調べ、そういうことを何度も、永遠にわたってして来てはいないかを見なさい。あなたにマインドなどあるのかないのか？　知性などあるのかないのか？」と。

思い出しなさい。自分が何千年もの間、お金を追い続け、しかも幾つもの生涯でお金を手に入れながら、そこには失望以外の何もなかったということを。権力を求め、また何回も権力を手にしながら、その梯子の最後の段に辿り着いた後で、そこには何もなく――自分が世間に騙されていたのだということ、野心というものが無意味なのだ、と気付いたことを。

人は、誰かになるためにいるのではない。

あなたは、あるがままのあなただ。

梯子を上ればもっと良くなる、というようなことはない。

こういう過去生の経験は、事の性質をすべて変えてしまうことになるから、抑圧してしまった方がいい。それに永遠の未来があれば、人々を恐がらせることはできなくなる。そして、西洋の三つの宗教はすべて、もしこの機会を逃したら……という恐怖に基づいている。しかもその機会たるや極く僅かだ――大部分の人々はそれを見逃すことになる。七十年の生涯の中で、天国に入るための資格をすべて満たし得る者があろうなどとは思えない。充分な時間がない。そこで彼らは時間のかからない信条に、信仰に向かう。ただ信じるだけだ。イエス・キリストを信仰し、最後の日に彼が自分の羊たちを選り分けて天国に連れて行くことを信じる。他の羊たちは奈落の暗闇の中に落ちることになるのだ、と。

恐怖を生み出せば、人々を改宗させるのは容易だった。欲望を起こさせれば、人々を改宗させるのは簡単だった――もし信仰を持てば、あらゆる快楽を備えた天国に行けるのだ、と。だが本人の人格は同じままだ――偽物だ。そんなものによって、その人が変容することなどない。

東洋で、永遠の未来があることを人々が知るに到ったとき、無論、西洋と同じような性急さを生み出すことはできなかった。彼らは極めて忍耐強い。過去を振り返っては、同じ過ちを繰り返さないことを学んだ。未来を望む彼らは辛抱強い。緊張も心配もする必要はない。

これこそが、東洋では極貧の者すら、完全なくつろぎの中にいるように見える理由を明かす心理学だ。飢えているかもしれないし、死にかけているかもしれないが、彼は誰にも逆らってはいない。自分をこの境遇に導いた社会を恨んではいない。違う。彼は何一つ失ってはいない。死ぬときは死ぬ。また次の生涯がある——旅は続く。列車が変わるだけだ。死とは、列車を乗り換えるようなものだ。
東洋の宗教は、人を改宗させようとはしない、わざわざ誰かを改宗させるようなことはしない。もし誰かが彼らの宗教を理解しようとし、入門したいと望んでも、そんな時でさえ、彼らはそれほど夢中にはならない。「あなたは理解した。あなたの宗教の中にいたままでもそれはできる」と、彼らは言う。だが、もしどうしてもと望む者があるなら、その人は許される。

ある時、日本の大司教が非常に偉大な禅師、南隠に会いに行った。彼は経典を持って行き、山上の垂訓からのいくつかの言葉を読んで聞かせた。彼がほんの少し読んだだけで、南隠は、「もう充分です。この方はまさに悟りの瀬戸際に立っておられる」と言った。仏教徒の言葉で彼はこう言ったのだ。

「その方は菩薩です。それを書いたのがどなたであれ——それを書いたのは誰かはどうでもいいことです——その方は菩薩です。それ以上読む必要はありません。その文章だけで充分に明らかです」

大司教はそれを誤解した。彼は相手が、イエスが覚者《ブッダ》だと言っていると思ったのだ。彼はイエスが菩薩だと言ったのだ。菩薩とは、殆どその準備はできているが、まだ事は起こっていないということだ。彼は境界線の間近まで来ている。彼は新鮮な空気を感じている。その言葉を読めば、彼がもう遠くはないということがわかる。

大司教は南隠を改宗させに来たのだった。そこで彼は、「もしイエスも覚者《ブッダ》なのだとしたら、あなたもバイブルを説かれてはどうでしょう」と言った。

南隠はこう言った。「あなたは私の言う事を誤解された。私はこの方は菩薩だと言ったのです。そして菩薩とは、その人は本質的には覚者《ブッダ》だが、まだ現実にはそうなってはいないという意味です。また、私がなぜ、その方の言葉を説かなければならないのか……?」と、彼は尋ねた。「私は覚者《ブッダ》です。だからこそ、私にはその気の毒な青年がほんの間近まで来ていることが……懸命に辿り着こうとしていることがわかる。

その方は辿り着くかもしれないし、辿り着かないかもしれない。人は、あとほんのひと足という所でさえ、もう一歩の所でも迷うものだからです。人間は横道にそれることがあるものです。間違った方向をとってしまうことが、歩みを止めてしまうことがあるのです。自分が辿り着いたと思ってしまうことがあるのです」

彼は言った。「私にはその気の毒な青年が見える。その方はよくやっている。心配なさるには及ばない、その人はきっと辿り着くでしょう。だが、私がどうしてその人のことを気にしなければならないのか？私は菩薩ではない。かつてはそうだったが、その日々は遠く過ぎ去った」

大司教はひどく傷ついた。最初彼は、偉大な禅師、南隠がイエスを覚者《ブッダ》として受け入れたことを非常に喜んだ。だがそれは、彼の誤解だった。ところが、今彼はこう言っているのだ。

「その気の毒な青年は頑張っている。私にはよくわかる。その僅かな文章だけで充分だ。覚者がこういう言葉をいうことはあり得ない。あらゆる可能性を備えながら、途上でよろめいている者だけが――その人は辿り着くかもしれないし、辿り着かないかもしれない……。だがその人は非常に近い。だからその人の言葉にはあるものが表れている。その人の言葉にはあるものが反響している」と。

東洋には、ある種の心の安らぎがある。それは、前途に永遠があるからだ。「たとえ、今辿り着けないとしても、惨めになる必要はない。幾つもの生涯が手に入るのだから」と。こういうことを宇宙無意識の中に抑圧するのは、ある種の緊張、焦燥、貪欲、恐れを生み出すことになる。それは霊的な搾取だ。だが、もし宇宙意識に達したら、人は宇宙無意識に達することができる。そうすれば、即座にその人の全存在は無限の光によって満たされる。

カビールは歌う。「あたかも、何千もの太陽が私の中に昇ったようだ……。私には数えることもできない。この光はあまりにもまばゆい」と。そして彼の言うことはまさに正しい。彼だけではない、たくさんの人たちが、何千もの太陽が突然一斉に昇る、という比喩を使ってきた。私たちはたくさんの朝を見てきたが、自分の内に何千もの太陽が昇る、この朝の出会いこそが最大の神秘だ。

この前の晩、私は催眠に入るためのテクニックとして、あなたが薦められた方法をやってみました。かつて経験したことがないほどに深くリラックスはしたのですが、それでもやはり、はっきり意識は残ったままでしたし、無意識や無意識の記憶に触れたようではありませんでした。けれども私のマインドの中をたくさんのイメージが素早く通り過ぎて行って、私はそれを声に出して言いました。そうすることに意味がありますか、あるいはそういうイメージは無視して、無意識の中に落ちて行けるコツを見つけるまで待つべきでしょうか?

自己催眠は少し時間がかかるが、イメージを復唱したり、声に出して言ってみたりする必要はない。そういうことは邪魔になるからだ。ただ、イメージを通り過ぎるに任せなさい。ただそれを見ていて、もっともっとリラックスしていきなさい。そういうイメージが全てなくなる瞬間が来る。そして前もって決めた時間に、目覚めないでいる。そのすき間に、人は無意識の中に入っている。無意識から出て来ると、この上もなく爽快になっているのを感じるはずだ。

だから先ず、無意識の中に入って行けるように、イメージを復唱するのはよしなさい。一定時間無意識の中に入って行けるようになると、自分が何処にいたかを忘れる——それについてはどんな説明もできない……。その時間は、記憶にはまったく記録されていない。記憶とは、意識的なマインドの中にあるからだ。無意識には記憶機構はない。だから無意識には暦の観念も、時間の観念も、一日の観念も、日付の観念も

――何もない。

だから先ず、それを起こらせなさい。そして目が覚めたら、無意識から出て来たと感じた最初の瞬間に、「この次この実験をするときには、私はもっと速く、もっと深く無意識の中に入る」と、三度繰り返して言いなさい。

これが自分にとって些細なことになったら、まったく何の問題もなくなったら――ただくつろいで無意識に入れるようになったら――そうなったら、あなたは第二段階を実行できる。無意識から出て来たときに、先ず最初に復唱しなければならないのは「今度は、無意識の中で見るものを私はすべて覚えていよう。私は無意識にはならない。無意識には入って行くが、ある小さな意識が私と共にあって、私はそこにあるものを見ることができる」ということだ。これが第二段階になる。

その第二段階から、人は無意識の解放を始めることができる。それは、意識のある部分が無意識の中に入って行くからだ。そうなれば、抑圧された記憶が解放される道が開ける。そうなれば無意識から出てきたときに、あなたは爽快感を感じるだけではなく、解放され、重荷を下ろした感じがするだろう。その微妙な感覚を覚えておくことだ。先ず最初は、夜ぐっすり眠った後のように、爽快感だけを感じることになる。次に、重荷を下ろした感じを味わう。何かが自分の胸のところにあって重荷だったが、今それはもうない――あるいは少なくなっている。そうしたら、その方法を続けなさい。そして、「私はもっともっと意識的になって、もっともっとたくさんの無意識を解放できる」と復唱し続けるのだ。

そして第三段階では、「意識と無意識の間にある障害物を壊すために、私は完全に意識したままでいる」と繰り返しなさい。そこから出て来れば、新鮮に感じ、重荷を下ろした感じになるだけではなく、絶対的な自由を感じるだろう――あたかもそれまで鎖につながれ、手錠をかけられていた者が完全にそれらを取り外されたかのように。自己催眠は少し時間がかかるが、それはいいものだ。自分が全面的に自分の主人だ。

だが、そのイメージを復唱するのはいけない。それを復唱すれば、無意識には入っていけないからだ。それをそのままやり過ごしなさい。今の所あなたの全面的な努力は、リラックスや沈黙によって、ただ〝見ていること〟を通して、如何に意識から無意識に入って行くか、ということであるべきだ。そして、すべて極めて穏やかな方法で行なうこと——〝見ていること〟でさえそうだ。

目を見張っていたら、無意識の中には入れないだろう。ただ、傍らから見ていなさい。あたかも、自分が道の脇に座っていて、そこを人々が通り過ぎて行くというように——誰が通り過ぎて行くのか、その人が男か女かすら気にかけてはいないというように。それが自分の目に映るのは、ただそちらに目を向けているからで、それを見つめているからではない、というふうにだ。

だから、あなたがしていることはすべて正しいが——ただ復唱することだけは間違っている。それはすべきではない。そうして、ゆっくりゆっくり、私が三つの段階で説明したように進み続けなさい。

私が初めてあなたに会ったのは、私がサニヤスを受けたときでした。その時私は生涯で初めて「わが家にいる」というあの素晴らしい感じを味わったのです。私があなたから離れているときにはいつでも、ある落ち着かなさのようなものを感じて、それが私を一つの場所から別の場所へと移動させ続けました。そうしてあなたのお側にいると再び、あの感覚が戻って来ています。私はふたたび自分の家にいます。

この素晴らしい感じは何なのですか？　あなたはいつでも、私たちが自分の中にそれを見つけない限り家《ホーム》はないとおっしゃいます。でも、このわが家にいるという感じは、何なのでしょう？

自分自身の中にそれを見つけるのでない限り、家《ホーム》はない。だが、もし人が、わが家を見つけた人の側にいて、しかもその人に対して開いていて、その人が働きかけられるような受容的状態にあれば、その時はその人もまた、自分がわが家にいるという感じをわかち合うことになる。結局、マスターの家は、自分の家でもある。

だから、起こっていることはまったく正しい。遠くに離れていて、自分の家にいるという感じを見失い、何かが正しくないという感じがする。それこそ、完璧にあるべき姿そのものだ。だがそれは、旅のほんの始まりに過ぎない。

私の側にいるときに、あなたは自分の家にいる感じがする。その感じを、もっと深く育てて行きなさい。それを表面的なものにしてはいけない。それが自分の存在そのものに、沈んで行くのを許しなさい。そうすればあなたが何処にいようとも、私はあなたと共にいる。今の所は、何処にいても私があなたの所にいられるようにするためには、あなたは私と一緒にいなければならない。そうすれば、あなたは見失ってはいないし、何処であろうと、そこがわが家になるだろう。すべては……溶け込み、溶け合うほどの親密さ、信頼、愛の問題だ。


スーフィーにこういう話がある。最も重要なスーフィーの導師の一人バヤジットは、弟子によくこう言ったという。

「あなたたちは、実に堪え性がない。あなたたちは、我が師の許にいた時、私の身に起こったことを知らない。三年間というもの、師は私に目を向けられることすらなかった——まるで、私などいないかのようだった。そして、師は正しかった。今では私は、自分がそこにいなかったことがわかる。体は確かにそこに座っていたが、私のマインドは世界中をさまよっていた。ところが、私はひどく傷つけられた感じを持っていた。師が私に関して何かを尋ねることなど問題外だった。私の方を見さえしなかった。三年たったある朝、師は初めて私の方を見た。私にとっては、それは初めてのことだった。

「それからまた三年経った。師は私に何も言わなかった。私は希望し、強く望んでいた——今や師は私を見、私がそこにいることを認めてくれたので、今度は何か私に、声を掛けてくれるだろうと。しかしやがて、その願望とその希望は消えた。その人は変わった人のようだった。師は他の者には話をする。一日中やって来続けるよそ者にさえ口をきく。ところが、こちらは一日中、朝から晩まで座っている。それからまた三年経って、師は私の方を見て微笑んだ。

師が何故、私の方を見たり、私に微笑みかけたりしなかったのか、今なら私にはわかる——それは私の願望のせいだった。それが障害だった。そのことが起こったのは、私が初めてその希望を捨てたときだった。その人は変わった人だ、期待しても意味はないと。私はそんな願望を、そんな希望をまったく忘れた。そこにいるのは、ただの習慣になっていた。そこにいるのが嬉しかったのだ。師の存在だけで充分だった。

また三年経った。すると初めて師は私の方を見、『バヤジット、どうかね？』と言った。

そして今なら、師がなぜ十二年後に声を掛けたのか、私にはわかる。人々は互いに出会ったときに、『お元気ですか？』と声をかける——だが十二年後ということはない！　しかし師は正しかった。なぜなら、師が『バヤジット』と私の名前を呼び、『元気かね？』と声を掛けて下さったあの夜こそ、私が存在せず、師だけが存在していた初めての時だったからだ。

その十二年間は、絶えざる溶解、消滅の月日だった。そして何という不思議な方だったのだろう。私がいるときには一度も尋ねず、私がいなくなったとき『元気かね？』と尋ねて下さるとは。

その同じ日、師は私に言った。『あなたはもう用意ができている。あなたはどこへでも行って、言葉を伝えたらいい。そして、あなたはもういないのだから、あなたの所にいるのは私だ。あなたは私のためにその場所を空けてくれた』と。その時以来、師は私を通して話している。それ以来、私を通して師がものごとを行なっている。それ以来、私はこの世に何の責任も、何の問題もない。すべては、師が肩代りしてくれた」

だからあなたに起こっていることは、まったく申し分ない。ただ、もう少し溶けて行きなさい。もう少し消えてしまいなさい。私だけがあなたの中に存在できるように、もう少しいなくなりなさい。そうなれば、何処にいても私を見失うことはない。そして、自分がわが家にいないと感じることもないだろう。何処にいようとも、それが自分の家だと思うだろう。

私はあなたが、無意識のマインドの内奥が直接的に解放される方法はない、とおっしゃるのを聞きました。無意識の心はまず意識的なマインドに認知されなければならず、そこで受け入れられ表現されなければならないと。では、ヒステリー性の麻痺の場合に起こるああいうメカニズムはどういうことなのでしょうか? あなたは夫の死のショックで麻痺してしまった女性の話をされたことがあります。彼女の家が火事になったとき四肢に命が蘇り、彼女は家から逃げ出すことができました。おそらく彼女の器官にとって、自分が抑圧している未解決の問題を無意識がただ手放してしまうほどの、強烈なショックがあったのだろうと思います。でも、意識的なマインドがそれに働きかけるのに充分な程の時間はなかったはずです。どうか、このことについて話していただけますか?

それはまったく別のことだ。夫が死に、そのショックの余りの大きさに、その女性は麻痺してしまった。ここには無意識の問題は全然ない。すべては意識的だ。そのショックも意識的であり、麻痺も意識的だった。麻痺が起こったのはただ、生きることに何の意味もなくなったからだ。何処へも行くべき所がなかった。ある意味では意識的なマインドは、「これが死だ」と感じたのだ。彼女はその男性を余りにも愛しており、彼がいなくては生きられなかった。そういう思いが意識的なマインドにひらめいたのに、彼女は死ななかった──死はそれほど簡単にはいかない。だが彼女は半分死んだ。つまり、麻痺したのだ。だが、すべては意識的だった。抑圧されたものは何もなかった。今や生きることに意味がない、この肉体に意味がない、という意識的な理解だった。当人に関して言えば、彼女は実際死んだのだ。肉体は呼吸を続け、心臓は鼓動を打ち続けたが──それはまた別なことだ。ショックは途方もないものだったが、それはすべて意識的なものだった。

抑圧は、自分が何かを正しくないと感じたときにしか起こらない。そのとき、人はそれを無意識の中に投げ込む。だが彼女にとっては、自分が感じていることはまったく正しいことだった。生きること、生きようと欲することこそ、間違いだったろう。だからそこには、抑圧はまったくない。家が火事になったとき、彼女がそんなにも容易に走り出せたのはそのためだ。それは、自分が麻痺していることを忘れただけだ。今度はもう一つのショック──家が火事なのだ。それは新たな衝撃だった。彼女はただ古いショックを、自分が麻痺で走れないことを忘れた。

時間がなかった。みんなが家から飛び出しているので、即座に自分も家を走り出た。彼女がそのことに気付いたのは、家から走り出た姿を見て人が、「あらっ、あなた何年も麻痺していたのに！」と言われてからだった。彼女はその場で地面に打ち倒れ、再び麻痺していた。

だがこれはすべて意識的だった──彼女が麻痺を装っていたというのではない、その振りをしていたというわけではない。最初の衝撃はより古く、次の衝撃はそれ以上で、より新しかった──しかも、全員が駆け出している。ほんの一瞬、彼女は自分を麻痺させた最初の出来事を忘れた。だが人にその事を気付かせられた瞬間、彼女は即座に麻痺して倒れた。だが、何も無意識には入っていない。事態はすべて意識の中で起こっている。

精神分析では彼女を助けられない――新たな愛、新たな意味しか、彼女を救えない。生きようとする新しい欲望だけが、再び彼女の四肢を蘇らせることができる。が、それもまた意識の中でのことだ。彼女が必要とするのはただ生きるための何か、彼女の人生に意味を与えられる何かだ。彼女が再び踊って、再び歌いたくなるような、かつての愛に取って代わる新鮮なそよ風をもたらす何かだ。そうなれば、すべては違って来る。

どんな精神分析の必要もない。精神分析には何もできない。なぜなら、彼女の夢の中にどんな糸口も見つかりはしないからだ。糸口ははっきりしている、明瞭だ。生きる意味を奪ったのは、彼女の愛の深さだ。そしてそれが彼女の肉体に影響した。マインドには、肉体への途方もない支配力があるからだ。

試してみるといい。ときたま指をこうして絡ませて、両手の指をしっかりと組み、「たとえ自分で開けようとしても、私はこの手を開けられない」と言ってみるだけでいい。五分ほどそれを繰り返しなさい。「たとえ自分で開けようとしても、私はこの手を開けられない」と。五分経って、「これから七まで数えて、手を開けようとするが、私には自分が開けられないことがわかっている」と言いなさい。そして七まで数えて、七の後で手を開けようとしてごらん。その手を開くことはできないだろう。少なくとも三十三パーセントの人は、それを開らくことができない。開けようとすればするほど、ますます不可能になる。両手は完全に組み合わされたままだ。

そして、これはすべて意識だ。無意識の問題など、ここには何もないからだ。全部の手順をちゃんとやらなくては駄目だ。そうしなければ指を開けない。指は組み合わされたままだ。あなたは繰り返さなければならない。「私が七まで数えたら、ゆっくり開けられるようになる……私は手を開くことができる」と。

ゆっくり七まで数えて、あまり無理をせずに、徐々に手を開きなさい。無理をすれば、かえって面倒なことになる。ただゆっくり開きなさい。そして、あなたはマインドがしたことに驚くだろう。そして、こういうことがあり得るのなら、麻痺させることもできるわけだ。それは同じプロセスに過ぎない。「私の足は動けなくなる」、と。

人は自分の体にどんなことでもできる――マインドには、肉体への途方もない支配力がある――だが、それはすべて意識だ。そこには無意識に関係するようなものは何もない。

自分の指でやってみなさい。そしてうまくいった者があったら、誰でも私に知らせなさい！

第十一章 エゴこそ最大の束縛

Ego is the Greatest Bondage

ある人を見ると、親切さや知性、誠実さや無垢、無邪気さ、強さ、謙虚さといった、その人の存在に属していると思われる性質が私には見えます。そして、その人たちがたとえどんな事をしても、そういう性質は同じままだと思います。私が人々にそういう事を話すと、彼らは驚いて、そういう性質が自分のものであることを認めないようなのです。それを知ることはエゴを強めることになると、その人たちは思っているようです。私はいつも、本質のこういう特性を知ることは、エゴを溶かすと思っていたのですが。

これは複雑な状況だ。あなたたちは両方とも正しいのだが、しかし違った意味においてだ。経験として本当にそういう性質を知ることは、エゴを強めはしない。エゴは消えていくだろう。だが、経験なくしてそうした性質を知るとなると——つまり、自分にはそういう性質があると、誰かに言われたからということになると……。それに、そういう性質を持ちたくない者など誰かいるかね？——たちまちそれを受け入れ、しがみつくことになる。それはその人のエゴを強めることになるだろう。

だから、彼らの言うことも正しい。「もしそういう性質があると自分で考え始めたら、それは私のエゴを強めることになる」と。

それぞれまったく正しいが、あなたたちはその「知る」という言葉を違った意味で用いている。あなたはそれを経験として、存在の実現として使っており、彼らは知識として使っている。

知識としてそういう性質を受け入れるのは、最も危険だ。そうなると、決して自分で発見しなくなるからだ。その人がそれを求めることは決してなくなる。その人は偽善者になる。

だから、誰かのそういう性質に気付いたときにはいつでも、それを知識として教えるのではなく、相手がそういう性質に興味を持つように、もっと知りたいと思うように仕向けてあげなさい。相手が自分の中にそういう性質を探し求めるように、仕向けてあげなさい。多分、その人にはそれがあるだろう。だが、その「多分」を忘れないように。

その人たちに確信を与えてはいけない――誰でも確信が、何か手軽な保証が欲しい――その人たちに、探求したいという願いを与えるだけでいい。ただその人たちに、渇望させなさい、そしてその渇きを癒し得る水源はおそらく自分の中にあると、ただそこを覗き込めばいいのだと、気付かせてあげなさい。

いつか自分でそういう性質を発見できるように、その人たちに瞑想を教えてあげなさい。自分にそれがあるとその人たちが知ったら、そのときは、エゴが強められる危険はない。でなければ、エゴは実に巧妙なやり方で自らを強化する。エゴはいつでも、あらゆる所で、自分の栄養になる食べ物を捜し求めている。

これはここにいるみんなにとって、この上もなく重要なことだ。というのは、あなたたちは徐々に徐々に明敏になって行くからだ。あなたたちは、人々が気付いていないものを見始める。彼らはそれを持っている。だが彼らは、自分がそれを持っていることを知らない。だから、あなたたちが明敏になるにつれて、あなたたちの責任は大きくなる。「あなたにはこういう性質がある」と、その人たちに言ってはならない。

その人たちに言っていいのはせいぜい、「多分、あなたはにはそういうものがあると思うけれど、でもそれは自分で見、自分で捜し、自分で求めなければなりません。それにもしかして――私が間違っているかも知れませんから」ということだけだ。エゴは最大の束縛、私が知っている唯一の地獄だから、知ってであろうとなかろうと、決して彼らのエゴを強めてはならない。

私たちが送るそれぞれの連続した人生は、その前の生涯より霊的に進歩するのでしょうか？

必ずしもそうではない。それはあり得るが、そうでないこともある。すべてその人次第だ。存在の中には、人は常により高く進むという法則はない。より低い方に進むこと、以前の段階より下に落ちることもあり得る。進化の道が確実になるのは、人がより意識的になって行く場合だけだ。その場合は、後続する生は、常により高い段階のものになる。

だが、どれほどの人間が意識的であろうとしているかね？　それどころか、この世の大部分の人たちは、できるだけ無意識であろうとしている。なぜなら彼らが知っている僅かだが全ての意識とは、不安と苦悶と心配以外のものではないからだ。それは苦しみであり緊張だ。しかも自分が決めていることが正しいという確信もない。だから、大変な恐怖と躊躇がある。人が持つ小さな意識の中では、彼は常にあれかこれかの位置におかれている――分割され、分裂し、バラバラにされている――ある部分は一つの方向に引かれ、もう一つの部分はもう一つの方向に引っ張られている。人間はただ惨めなだけだ。

人の意識を広大な無意識の中に溺れさせるアルコールや他のドラッグが、人類と同じほどに古いのも偶然ではない。こういうものを捨てるべきだと、人間は何千回となく言われてきている。人間はそのために罰されてもきている――牢屋に入れられ罰金を科され――だが、こういうドラッグは、そうした罰への恐怖よりも大きなものを、人間に与えることができる。

あらゆる宗教は基本的にドラッグに反対し、あらゆる政府は基本的にドラッグに反対し、あらゆる教育制度はドラッグに反対している。実に不思議だ。誰もがドラッグに反対している。では、なぜドラッグが続くのか？　ところが、立ち上がって何故かと問うたった一人の個人もいない。

ドラッグは人類と同じく古く、またそれを捨てようとする努力も、人類と同じく古い。そしてあらゆる努力は失敗した——そしてその努力は、権力によって今も、何の力も持たない個人に対して為されている。だがいまだに彼らは、人間の生活からドラッグを根絶できないでいる。そして私は、彼らがいつかそれを根絶できるだろうとは思わない。なぜなら彼らはその根本原因——なぜ人間が無意識になりたがるのかというその原因を、考慮しないからだ。彼らはただ、その症状と闘い続けているだけだ。これは、ただただ愚かなことだ。

どの宗教も、どの政府も、なぜ人間が無意識になりたがるのかという正確な理由を説明しない。実際は、たとえ彼らがそれを知っていたところで、彼らには言えない。なぜならそれは、自分たちの社会全体を非難することになるからだ。彼らが世界を作り上げたやり方があまりにも醜いために、人々は意識的であることを望まないのだ。人々は無意識になりたい、何もかも忘れてしまいたい。人々は罰を受けることも厭わず、刑務所に入ることも厭わないが、ドラッグを捨てるつもりはない。なぜなら、いわゆる権力と、いわゆる宗教が構築した世界では、意識的である価値がない、その世界はとてもひどいものだからだ。

そして私たちがこの状況を変えないかぎり……人が無意識にはなりたくない——もっと意識的になりたいと思うような、とても美しく、愛に満ち、至福に満ちた意識的な生を作るか、あるいは、人間を惨めにさせるあらゆるものから、人間自身を完全に解放するかすべきだ。そうなれば、人間は無意識になろうとなどしなくなる。そうなれば、人間はもっともっと意識的になろうとする。なぜなら、より意識的であるほど、生命はよりみずみずしくなり、人生はより冒険に満ち、人はより存在の神秘を知るようになるからだ。

人間はもっと意識的になりたい。そしてより以上の意識へのこの憧れは、人間が絶対の意識を達成するまでは止まない——純粋な意識となって、自分の中に闇と無意識のほんの小さな片隅もなくなり、自分が光に、ただただ光に満ちるまでは。

人間の全歴史は、人間をますます無意識にしようとする歴史だ。ドラッグだけが、唯一の方法ではない。人間を無意識にする他の方法もある。だから時には、ある人間がドラッグに興味がなくても、彼は意識的であり続けることに関心があるわけではない、という場合もあり得る。その人間は、ドラッグとしては知られていないある別種のドラッグを見つけている——例えば、権力欲でいっぱいの人間がそうだ。それもまたドラッグだ。だが、彼の場合は完全な無意識になる程の余裕はない。彼は権力のために闘わなければならず、意識していなければならない。

政治は、マリファナやLSDと同じ範疇のドラッグだ。あるいはそれ以上に危険かもしれない。なぜなら、マリファナやLSDやハシシを乱用する者たちは、世界に危害を加えていないからだ。彼らは自分自身を害しはするかもしれないが、他の誰にも害を及ぼさない。だが政治家はどうか？　彼らは害になることと以外、何一つして来ていない。全歴史は血塗られている。


さて、マリファナとか、そういうものを吸う人々は歴史を作ることはない。彼らはジンギスカンにも、チムールにも、ナディール・シャーにも、アレキサンダー大王にも、ナポレオン・ボナパルトにも、アドルフ・ヒットラーにもならない。彼らはそういう怪物にはならない。彼らの麻薬は、政治と比べればまったく害にならない。

ある者はお金を追いかけるかもしれない……そういう者にとっては、お金はほとんど麻薬になる。私はある男を知っていたが……これまで、あれほどお金に取り憑かれた人間を見たことがない。誰かが百ルピー札を持っているのを見れば、彼はどうしてもそれに触らずにはいられなかった。しかもその触り方ときたら、まるで自分の恋人にでも触っているようだった。あらゆる方向からすかして見ては、触るのだった。それも自分の札ではなく、返さなければならないのにだ。

彼は自分が借りたお金を、一度も返したことがない。彼には、どうしてもできなかった。私はあれを犯罪とは呼ばない。彼はただただお金と別れられなかっただけだ。彼には充分なお金があった。家を七つ持っていたが、それは人に貸してあった。そして自分は無料《ただ》の家、ダルマサラ、三日間無料で泊まれるキャラバンサライに住んでいた。だが大きな町だったので、キャラバンサライはたくさんあった。だから三日間一つのキャラバンサライに泊まれば、次には別のキャラバンサライに移るのだった。そして自分の金は全部、別々の銀行に預けてあった。彼は銀行が破産するのをひどく恐れていた――だから色々なところに金を分けておいた方がいいというわけだ。

私はよく彼に、「それをどうするつもりだい？　君には奥さんもいないんだし」と訊いたものだった。彼が一度も結婚しなかった理由は単純で、女はお金を使うことにしか興味がないと言うのだ。そんなことになったら厄介だ。彼は、結婚すれば自分の平和な生活がめちゃくちゃになると恐れていた――避けるに越したことはないと。彼には子供はいなかった。「誰のために、そんなにお金を貯めているんだい？」

「私はお金に惚れてるんだ」と彼は言った。

「しかし」と私は言った。「お金は使って初めて意味があるんだよ。君は使わないじゃないか！　百万ルピー持っていようと、二百万、五百万持っていようと……銀行にいくら預金があろうと、何もなかろうと変わらないよ――同じじゃないか。君は全然それを引き出さないんだから」

「あんたはわかってない。本当に心が慰められるんだ。お金を数えているだけで、豊かな気持ちになれるんだよ」と彼は言った。

毎日晩になると、彼は私に会いに来たものだった。彼は誰にも好かれていなかった。何しろ、みんなが彼のことをしみったれだと、ただのけちだと思っていたからだ。だが私は、何事も究明するのが癖だった……私は、彼がどういうマインドの持ち主なのか理解したかった――彼はユニークな人間だった！　彼は通帳を持って来ては、私に見せた。「ほら、この銀行にはこれだけだ。この銀行にはこれだけ。そしてこれが合計だ。わかるかい？　合計が増えて行ってるだろ！」。そういう時、一瞬彼の目が輝くのがわかった。さて、こういう人間は完全に中毒だ。彼にはもう意識はない。

彼には、他の心配事は何もなかった。彼こそはまさに一点集中型の人間だった。彼が死んだときに私はそこに居合わせた。医者は、彼が毎日訪れていた人間は私しかいないのを知っていたので、彼が死にかけていることを、私に知らせてよこした。私は彼が何番の病棟にいるのかを尋ねた。「奴のことは知っているだろ、いるのは無料病棟に決まってるさ！　お金を払わなければならないような所で死ぬことだって、彼にはできないよ。何が起ころうと、銀行から金を下ろすなんてできっこない。だから銀行の通帳は全部、今自分で手に握っているよ」ということだった。それが彼の人生だった。

私がそこに着くと、彼は非常に喜んだ。銀行通帳をすべて胸の上に載せて、それを両手で抑えながら彼は死んだ。私はたくさんの人々が死んで行くのを見たが、彼は非常に美しく死んだ。何百万ルピーという金と、何百万ルピーの価値のある財産を持ちながら、彼は無料病棟で乞食のように死のうとしていた。だが彼は完全に幸せだった。

お金に中毒してしまう人間、権力に中毒してしまう人間がいる。だが、彼らがしていることは、少し洗練されたやり方ではあるが、単純な人間がマリファナを吸うことでしているのと同じ事だ。マリファナを吸うような人間は、誰もアドルフ・ヒットラーになどならない――あり得ない。そんなことに興味を持つことはない。阿片常用者は首相になることなど思いつかない。ではどんな人間が、阿片を吸うのか？

私はあなたたちに、私の祖父の友だちの、阿片中毒の床屋について話したことがある。私は彼にこう言ったことがある。「みんなにあんなに尊敬されているんだから」――それは嘘だったが、彼が喜んでいたのだから、何も害にはならなかったと思う。それを喜び、嬉しく思う者がいて、しかも一銭もお金がかからないのなら……。私は、「みんなにあんなに尊敬されているんだから、もし選挙に立候補したら、何だって好きな地位に就けるよ」と言った

「そんなことわかってるさ。だけど、面倒くさくって。そんなのは、票の物乞いみたいなもんだよ。第一、阿片を吸ったら、あたしは全世界の帝王だ。誰が閣僚や首相なんかになりたがるもんか？ 阿片を吸ったら、もうそうなんだから」と、彼は言った。

こういう人たちは、害になることは何もしない。そして危害を加えた人々、我々は彼らを何らかのドラッグの中毒者だとは見なさない。彼らのドラッグは極めて洗練されている。そして問題は、こういう洗練されたドラッグ中毒者たちが、歴史を通じて気の毒な麻薬中毒者たちを悩ませてきたということだ。いまだに彼らは同じ事をしており、これからも同じ事を続けるだろう。だがそういう人たちは、単純な理由で状況を変えることができない。いったい何のために意識的である必要があるのか。そんなものは何もない。

無意識であることには、ある魅力がある。それはあらゆる心配事と責任を忘れさせてくれる。それは人をくつろがせてくれる。全世界は、核兵器とロナルド・レーガンとともに、意識から消え失せる。それこそが、なぜ人がより意識的になろうとしないかの理由だ。なぜなら小さな意識は、もっと意識的になりたいというほどの味わいを与えはしないからだ。それは実に苦い経験だった。人はそんなものを求めない。

道は次のどちらかだ。世界が本当に美しくなって、その意識の苦さが甘い経験に変わるか――いや、そんなことは起こりそうにない。それはほとんど見込みがないのに、希望を持つということだ……。もう一つの可能性は、個人が自分の意識を拡大させられるということ、そしてその意識の拡大につれて、その苦さが消えるということだ。人は世界がまだ汚染していない新たな大地に出会う。彼らが意識の中により深く進めば進むほど、より新鮮な大地が、氷河から直接に流れ出す、より新鮮な水が出て来る――するとそのすべてを持ちたいという大いなる憧れが出てくる。そうなれば一つ一つの生涯で、彼らは自分の意識を拡大

して行くことになる。

そうでない限り、一回一回の人生が苦い経験だった。何一つ価値あるものを手に入れられず、ただ一生を棒に振るだけだ。人は惨めさの中で苦しみ、何とか命をつなぎ――まるで、自分の死体を両肩に担いで運ぶようにして――そして息絶える。

このような経験は、その人の来世により高い質をもたらす事にはならない……もしかしたら、それほど意識していなくてそれほど苦しまないように、より低い質をもたらすかもしれない。苦しむことがないように、ほとんど無意識でいられるような状態を、その人にもたらすかもしれない。もしその人の苦しみが余りにも耐え難いものであれば、次の生涯はその人を保護することになるだろうが、それは降りて行くということだ。どんな場合もあり得る。


例えば、インドの聖者スルダスの場合だ……。彼の歌は素晴らしい。彼は偉大な詩人だったが、その生涯はそうではなかった。彼のその献身の歌とその犠牲の故に、それは途方もない犠牲だが……。彼はサニヤシンで、施しを請いに行っていた。するとある婦人、若い婦人が彼にこう言って頼んだ。

「どうしてわざわざ他の家にまで行かれますの？　私が毎日ご用意します……。私は喜んで、あなたの食事のお世話を致します。私に是非そうさせて頂けませんか？」

彼にはいやとは言えなかった。ヒンドゥ教には何も拘束はなかったからだ……。仏教僧は毎日同じ家に托鉢に行くわけにはいかない。場所を変えなければならない。ジャイナ僧も、毎日同じ家に行くわけにはいかない。場所を変えなければならない。だがヒンドゥ教には、そんな制約はなかった。それで彼は通い始めた。彼女は彼のために美味しい食物を用意し、彼は感謝して受け取っていた。

だがある日、彼は考えた。「なぜあの女性は、こんな事をしてくれるのだろう？　毎日あの人は私のために、たくさんのご馳走を用意してくれる。これは訊いてみなければならない」と考えた。そこで彼は彼女に「あなたはどうして、こんなにまでしてくださるのですか？」と尋ねた。

彼女は言った。「私はあなたの目が大好きなのです。あなたの目を毎日見たいのです。食事の御用意をすることなど、私にとっては何でもありません。でもあなたにお会いしないと、一日中何か物足りないのです。胸が痛むのです」

スルダスは、「これは執着だ」と思った。これこそが苦行者の考え方だ。「これは執着だ……あの女性は執着した。彼女は私の目に魅せられた。そしてこれはいいことではない。私のこの目は、他の人たちのマインドにも執着を生み出すかもしれない――そうすれば私は、そういう人たちがみんな横道に逸れる原因になってしまう」

そこで彼は自分の両の目をえぐり出し、一人の友人の助けを得て、その女性の所まで行った。彼はその目を贈り、こう言った。「これはあなたが愛していらっしゃる目ですから、あなたがお預かり下さい。私は二度とこちらには参りません。もうあなたがお望みになり愛されたものは、あなたの手元にあるのですから。それに、この家を見つけることは私には難しくなるでしょう。今日はこの友だちが手伝ってくれましたが、これからは毎日私を助けてくれる人などいはしません。それにその必要もない」

その女性は、彼のしたことが信じられなかった。彼の顔は血だらけだった。彼女は言った。

「でも私、あなたにその目をくり抜いて私に下さるようにとは申しませんでした。目はあなたのものであってこそ美しかったのに、もう死んでしまいました」

ヒンドゥ教徒たちは、人々を執着から守るために、かくも偉大な犠牲を払ったということで、このスルダスを聖者にした。が、私はそうは思わない。私はこれをまったくの無意味だと思う。次の日になって誰かが自分の鼻が好きだと言えば、その鼻を切る。誰かが自分の耳が好きだと言えば、その耳を切る。誰かがその頭が好きだと言えば、自分の首を切ってそれでおしまいだ！

そんなことには、何の意味もないと私は思う。では、何が間違っているのか？　その女性は彼の目が好きだったのだ。彼女は彼に何一つ頼んだわけではない。それに第一、何故その目を自分のものだなどと考えるのか？　それが所有だ、それこそが本当の執着だ。その目は存在に属している。星や花を楽しむ者がいるように、人間の目を楽しむ者がいたっていい。しかも、あの女性は決して何一つ頼んだわけではなかった。それは残酷な行為、暴力的な行為だった。

私はスルダスを実に容赦なく非難した。ヒンドゥ教徒たちは、彼を最も偉大な聖者の一人と考えているので、それにひどく腹を立てた。「彼は聖者ではない。ただの役立たずに過ぎない。彼はその女性を実にひどく傷つけた。彼は自分に暴力を振るったが、それ以上にその女性に暴力を振るった。今やその女性は、自分が何故彼の目が好きだなどと言ったかと、生涯悔やむことだろう。決して自分を許せないに違いない」と私は言った。

あの女性は次の生涯で、進化のより高い状態を達成したかもしれない可能性がある。そしてスルダスは墜落したかもしれないという可能性もある。なぜなら彼の行為は、まったく非人間的なことだからだ。

墜落は色々な形で起こる。例えば、スルダスは次の生涯では、本当の盲人として生まれるかもしれない。となれば、人生の経験の八十パーセントが失われることになる。それにこれまでたった一人の盲人も、光明を得た例がない。それを妨げるものは何もないはずだが、どうやら不可能のようだ。

人に経験の八十パーセントを与えるのは、その目だ。その経験がその人に、人生が正しい道を進んでいないということ、何かが間違っているということ、自分が変えなければならないということを気付かせる。盲人はその八十パーセントのすべてを見損なう。彼は二十パーセントの経験という最小限で生きる。ほとんど動物になってしまう。だからスルダスは、人間として生まれるかもしれないが、進化という梯子のより低い段の上に生まれるだろう。

人がより低く、あるいはより高く生まれることは、様々な形で起こる。聾唖者は人間ではあるが、しかしこれまで誰も……。彼は完全に静かだ——音など一度も聞いたことがない——とすれば即座に覚者《ブッダ》になってもいいはずだ。一度も音を聞いたことがないし、一度も音を発したことがない——それ以上に何が要るというのかね？　彼は必要条件をすべて満たしている。人が望む以上にだ。だが、かつて一人の聾唖者も光明を得たことはない。つまり沈黙とは、理解されねばならないものだからだ。自分が耳が聞こえず、口がきけなければ、沈黙の何たるかを知ることはない。

人々が、この人が完全な沈黙の中にあると思うことは誤りだ。それは外見上のことだ。彼は沈黙など何も知らない。なぜなら沈黙を知るためには、人は音を知らなければならず、また静かであるためには、話せなくてはならないからだ。彼には話すこともできず、聞くこともできない。彼は音と沈黙を共に見逃している。彼が置かれているのは、非常に奇妙な状況だ——何処から成長したらいいのかね？　それは極めて難しい、ほとんど不可能だ。

だから、何度も何度も生まれて来るだけでは、人は必ずしも成長しているわけではない。どんな霊的な強さも獲得せず、どんな意識の進化に到達することもなく、同じ輪の中を動き続けることもあり得る。

だがもしあなたたちが、この生涯でより意識的になろうと心がけるなら、そこで得られたものは何であれ、次の生涯に持ち越され、決して失われることはない。すると次の生涯では、自分が過去生で立ち去ったまさにその同じ場所から始めることができる。なぜなら、その人は肉体を変えたに過ぎず、その人自身は同じままだからだ。だから自分の中で何かが意識的になったら、それは新しい生涯でも自分の中で意識されることになる。何もかもが新しく始まる。自分の上をおおっているものは何もなく、人は意識の中で成長して行くための、より大きな自由を持つことになる。あらゆる生涯の中で、その人は成長のためのより大きな可能性を、より多くの機会を持つだろう。それはすべて本人次第だ。

そんな場合には一度も出会ったことがないからだが、私は、あなたたちが今の人間から動物の体に生まれ変わるほどに墜落することがあり得ようとは思えない。だがジャイナ教も仏教も、人がそのように墜落し得ることに同意している。そして私にはそれを否定できない——あり得るかもしれない——何しろ、彼らは何千年にもわたって無数の人々に働きかけて来たのだから。彼らは、人間が本当に動物に生まれ変わるほどの無意識の状態に落ちた二、三の場合に出会ったのかもしれない。だが私は、一度もそういう場合に出会ったことがないので、何とも言えない。

また、私にはそんなことはあまり合理的とも思えない。人は墜落することもあり得るが、人間のままだろう。人には、自分を動物にし得るほどのことはなし得ない。私がその過去生に入ることを試みた人の中には、そういう人はたったの一人もいなかった……。このことに関しては、私は仏教とジャイナ教に同意していないが、彼らに有利な解釈の余地を残しておく。彼らが正しいのかもしれない。何しろ彼らの経験は長く、そういうケースに出会ったのでもないのに、彼らがそんなことをでっちあげる必要がもないからだ……。おそらくそれは極めて稀な場合だ。もしかしたら、まったく何の理由もないのに、何百万人という人々を殺したアドルフ・ヒットラーのような人間が、人間である資格を失うのかもしれない。特定のユニークな場合には、あり得るのかもしれない。

だが私には、もう一つ別な根拠で同意できないことがある。その根拠においては、私は自分が正しく、ジャイナ教と仏教という過去生に関して研究して来ているこの二つの宗教は、嘘を言っているという感じがする。私がこれから話そうとしている事実に、彼らが出会っていないことはあり得ない。彼らはそれに出会っているに違いない。ただ彼らの教義の故に——というのは、それが彼らの教義に、彼らの哲学的見地に矛盾する事実だからなのだが——彼らはその事にただ触れないでおいたのだ。彼らは直接嘘をついたわけではないが、言及しなかったというだけでも、それは嘘だ。私が発見した事実とは、もしこの生涯に男として生まれて来ていれば、その人の前世は女性だったということだ。そしてもし現世で女性なら、その人は前世では男性だったということだ。

どの宗教もその事に触れていないが、それは不思議なことだ。私は例外なく、あらゆるケースにおいてこのことを発見した。それに私には、これは心理的にも、もっともだという感じがする。つまり、女性は女性であることが嫌になっており、男性があらゆるものを――自由、権力、権威を持っているのに、自分が何一つ持っていないと感じ始めているからだ。当然、死んで行くときには、男性の肉体に生まれたいという欲望があるに違いない。

男にとっても状況は同じだ。彼には権力があり、より多くの自由を持ってはいるけれども、心の底では、女性には自分が持っていない生命を生み出す力があるので、女性への劣等感がある。女性の方がより美しい。女性の方がよりしっかりと、大地に根付いているように見える。

母親の子宮の中にあってさえ……。二、三人子供を生んだ経験のある母親なら、二、三カ月後には、お腹の中の子供が男の子か女の子か、完全にわかっている。それは、女の子は子宮の中にあっても非常に静かにしており、男の子は母親の子宮の中で蹴飛ばし始めるからだ――彼はフットボールをし始める。母親には、その子が男の子なのか女の子なのかがわかる。

人生でも、女性はより根付き、より平和に満ちている。ときどき女性は癇癪を起こす。男は決して癇癪を起こさない。男はそれを貯める。癇癪は卸売りより小売で起こすほうがいい。卸売は危険だからだ。自殺だとか人殺しだとか、気が狂うとかになる。癇癪玉の卸売商売は非常に危険だ。ところがほんのちょっとしたショックがあった後で、二、三分、あるいは二、三時間もすれば、女性は正気に戻る。そして彼女は静かになり、ほとんど忘れてしまう……。

女性は子どもの性質を持ち続ける。男性はその性質を失い続ける。男はもっとずる賢くなる。なぜなら男は、あらゆる類のずる賢い人々のいる世間の中にいるからだ。そこで男は自分もずる賢くなる。そうでなくては、生き延びて行くことが難しいからだ。そして徐々に徐々に、男性は、女性の方がもっと楽しんでいるという感じを抱く。セックスでさえ、女性の方が自分より楽しんでいるという感じを持つ。そして年を取るにつれて、男性は自分が何一つ楽しんでおらず、女性は男が羨ましくなるほどに楽しんでいると感じ始める。

そこで死にゆく男性は、女性として生まれることを考えるようになる。これが普通のプロセスだ。例外はあるだろう——例外はある。もし当人が意識して死ねば、それは別だ。

だが、ジャイナ教と仏教の両方が、この事実に口をつぐんできた理由は単純だ。それは彼らが、男はより高い段階であり、女はより低い段階だと考えているからだ。そしてこのことでは、極めて誠実な人々でさえ非論理的になることがあるのが、みんなにもわかるはずだ。彼らには、男性が墜落して動物になるのは我慢できるのに、男性が墜落して女性になるのは我慢できない。ところがその方が近いし、大きな墜落ではない。おそらくたったの一歩に過ぎないだろう。もし女性の方が低いという彼らが正しいのなら、どうして男性が女性になれないことがあるのか？　もし男が犬になることができ、男が驢馬になり得るというのが我慢できるのなら……。

だが、私に言わせるなら、この事実について沈黙を守るのは非常に不正直だ。先ず第一に、女性が男性として生まれるのが簡単であるという考えを、彼らは女性に与えたくない。それはごく簡単なことだ。ただ死んで行くときに、それを望むだけで、女性は男性として生まれて来る。

この二つの宗教はともに、男性という状態を達成するのは困難な旅だとはっきりと示したいのだ。ちょっと望むだけで起こるようなことではないと。女性も男性と同様に、あらゆる苦行と修行をしなければならないが、それで男性が光明を得るのに対し、同じ修行で、女性は男性であることを達成することになるのだと。まるで、女性と男性との距離は、男性と光明の間の距離とまったく同じだとでもいうかのようだ！——だから同じ修行が必要なのだと。これはまったくのナンセンスだ。

第二には、次の生涯に自分が女性になるというのは、男性のエゴに反するということだ。彼は馬になるのも厭わない、象になることも厭わない。何にでもなるつもりはあるが、女性だけは駄目だ！　なぜなら、象との間には問題も面倒も闘いも何もないからだ。ところが女性との間となると、絶えざる葛藤がある。

だが私の経験によれば、それはほとんど輪のようなものだ。男性と女性は、まさにあの中国の陰陽の輪に似ている。男性であるときもあれば、女性になるときもある。かくて、車輪は動く——あなたが光明を得るまでは。光明を得たら車輪は止まる。そうなれば男性と女性は一つの車輪の、一つの全体の、一つの円の部分だ。

そして現在では、整形手術というものを通して、我々はマハヴィーラと仏陀が二人とも間違っていたということを知っている。私が正しい……なぜなら整形外科医は、人を驢馬に変えることはできないが、整形外科医は男を女に、女を男に変えることはできるからだ。如何に天才の整形外科医といえども、人間を馬や象に変えるわけにはいかない。それはとてもできそうにない。どうやってそんなことができるかね？　彼は男を女に変えることならできる。それは両者が非常に近似した、相補的な存在だからだ。違いは、器官を容易に移植できるほどのものだ。

整形手術がしたことは、私の経験を支持することになるだろう。だから私は……。私はこれまで一度もそういう例に出会ったことがないのだが……。人間が動物や鳥になるほどまでに墜落することがあり得るとは言えない。その可能性はないと私は思う。人間は墜落することはあり得るが、やはり人間の肉体にとどまるはずだ。

だから、次の生涯、次の生涯と、自動的により高く上って行くのが当然だと思ってはいけない。それは危険だ。人はそのために働きかけ、それを努力して得なければならない。それに値しなければならない。

あなたの臨在の許で静かに座っている間に、本当にたくさんのことが起こります。ある時には飛び立って行くように感じることもあれば、別なときには岩のように感じるときもあります。ある時は私のマインドは非常に静かで、また別なときには見境をなくします。ある時私のハートは涙で溢れ、また別の時にはおびえています。私の体は完全にくつろぎを感じたり、あるいはそこら中が痛かったりします。ただここに座っているだけで、全世界が私に起こっています。私にとって、それは気を散らすことなく鏡の中に見入っているような感じです。それについて何かおっしゃっていただけますか？

起こっていることは、何もかも絶対的に正しい。あなたは、ただそれを見ていればいい。その邪魔をしてはいけない。どんなふうにも介入してはいけない。時々これはいい、などと思わないことだ。自分がくつろぎを感じているとき、これはすばらしいとか、体中が痛むとき、これは良くないとかいうふうに。いや、判断してはいけない。なぜなら、それは両方で補い合っているからだ。その痛みは、体がくつろげるようにと、その緊張を解き放っているだけかもしれない。また、体がくつろいでいる時は、もっと深い緊張を解放できるようになる。だから、全世界の苦しみを感じているかのように、体中が痛む時がまたあるだろう。

判断しないこと。起こっていることは、完璧にあるべき姿だ。あなたはただ、あたかもそれが誰か他の人間に起こっていることでもあるかのように、黙って見ていなさい。あなたはずっと遠くにいる、ただの見物人だ。ゆっくりゆっくり、物事は変わる。だから、今のあなたに正反対のものとして現れているものは——ある時はマインドが静かで、またあるときは散漫だというふうに——互いに補い合っているのだ。もしあなたが、ただ超然と見ていることができれば、そういうものはすべて消える。対立するものがない、まったく新しい類の静けさが現われる。そして、対立しない何かがあなたに現われる時はいつでも、あなたは超越に近づいている。それこそが印、象徴だ。どんな対立も感じなくなれば、それはあなたが家に辿り着こうとしているということだ。

光明を得た後には、対立は存在しない。それは対立するもののない単純な経験だ。それが目印にされるべきだ。だがそれまでは、起こっていることは完全に正しい。それはカタルシスだ。そして一つ一つのカタルシスは、たちまち報われる。

もし体が疲労や緊張を感じ、その後で完全なくつろぎを感じたのだとしたら、それは、疲労とはくつろぎに対立するものではなかったということだ。それは基礎を作ったのだ。マインドが散漫だったのが、突然沈黙が訪れた。とすれば、その散漫は沈黙に対立するものではなかった。それはただ、その基礎を準備していただけだ。

そして、あなたの側からは何一つする必要はない。ただ超然と、見ていなさい。

確かに、私の臨在は鏡以外のものではない。

あなたは、ただ鏡の中を覗き込み続けていればいい。そして何事も、起こっていることはすべて、それが自分の実在の中で起こっているのではなく、鏡に映ったのだと覚えていなさい。自分の実在は、いつも同じだ。いまだかつてその実在に何かを起こし得たものはない。だからあなたが、起こった、あるいは起こっていると感じるものはすべて、一種の夢だ。その夢を続かせなさい。その一部になってはいけない。

人類の大部分は眠り続けていたいようです。彼らは、たとえあなたのような慈悲の人からであっても、顔に冷たい水を浴びせられると腹を立て、敵対します。彼らはむしろ真実が隠されるのを見たい、そしてあなたとあなたの仲間を永遠に追放したいのです。どうしてマスターは、そんなことを思い悩むのですか?

もしそれが「思い悩む」と言えることであっても、マスターは誰も思い悩んでなどいない。マスターの側に関する限り、それはただ、彼の愛、彼の慈悲であるだけだ。彼には他にどうしようもない。人類が何をしようと、何の違いもない。せいぜい、ときたまそれで大笑いをすることがあるくらいで、それだけのことだ。

ちょうど今日も、私はオランダから二、三の新聞の切抜きを受け取った。大いなる抗議の声が上がっている――サニヤシンだけではなく、ノンサニヤシンの、しかも様々な分野の著名な人々が、私を彼らの国に入れないのは表現の自由に反すると、政府に抗議した。二つの主要な新聞が社説を書いた。両方ともこれまでは私に反対しており、また、「我々は彼に反対だった。そしていつも彼に反対する資料を公表しようとしてきた。だが我々は自分たちが間違っていた、と感じている。政府の態度を見て、我々は強く抗議する。彼は入国を許されるべきだ。これは民主主義の原則と人権に反することだ」と、その事実に言及した。

その他、個人からの抗議もあった。それに対して政府が答えたことは、ただただ私を大笑いさせた。彼らの答えは、ちょっとした考察に値する。彼らは、自分たちが私が国に入ることを妨害しているのは、私がオランダの国益に反することを言っているからだと言う。オランダの国益に反するどんなことを言ったのか、と尋ねられて彼らは、私がカトリックに反対し、ローマ法王に反対し、マザー・テレサに反対している――そして最後に最も重要なことは、私が同性愛に反対している、と語った。

ということは、この政府は、同性愛が彼らの政策であるか、あるいはオランダが同性愛の国だということを受け入れているということになる。今は、オランダ全体が「あなたたちは我々を非難している」と抗議すべき時だ。多分、この内閣は同性愛なのだろう。

今度は、オランダの人たちが、無意識に自分たちを暴露してしまったこれらの同性愛者たちを放り出す番だ……というのも、私が同性愛に反対して話したからといって、どうして彼らが傷つかなければならないのかね？　それに、それがオランダにどう関係すると言うのか？　彼らはオランダと同性愛を同意語にしてしまっている。彼らが言っているところでは……私は四つの点においてオランダの国益に反することを話しており、その一つが同性愛だ。私としては彼らに、カトリックもまた同性愛に反対しており、バイブルも同性愛に反対していることを思い出して貰いたいものだ。

しかも、私は話しただけだ！　キリスト教の神は、人々が同性愛者になり、他の性的倒錯に陥っていたということで二つの都市――ソドムとゴモラ――を滅ぼした。だから、もし彼らが正直な人間なら、カトリックはオランダから放り出されるべきだし、バイブルは禁止され、カトリック教会はすべて同性愛クラブにされるべきだ――それが合理的というものだ。そしてソドムとゴモラを破壊した神には、観光ビザすら出すべきではない。実に明らかなことだ。

それから私は、ローマ法王について考えた。何しろ彼らは、私が法王に反対していることも、問題にしているからだ。法王とは、同じバイブルと同じカトリックを代表している。彼こそはこの宗教の代表……同性愛に反対した神の代理人だ。彼らが本当に誠実な人間なら、法王はオランダ入国を許されないはずだ。だから、彼らが法王を許すとなると、疑わしくなってくる。この法王の前の法王が同性愛者だったことは確実だ。今の法王については知らないが、彼がオランダ入国を許されるとなると、彼が同性愛者であることの一つの示唆にはなるだろう。彼のボーイフレンドが誰なのかちょっと心配だね……おおむね、どこかのオランダ人なのだろうが。

それに、何故彼らはマザー・テレサの心配をするのだろう？　どうも男性同性愛の秘密の位階、女性同性愛の秘密の位階があることは間違いないようだ。法王が男性同性愛の秘密の位階の主席、マザー・テレサが女性同性愛の主席らしい。それで何もかも明瞭になる。これは同性愛の国であり、その宗教は同性愛であり、その政策は同性愛、指導者たちは男性同性愛者と女性同性愛者というわけだ！

オランダで同性愛イデオロギーに加担しない者は誰でも、この政府に反対して立ち上がるべきだ。この政府は転覆する必要がある。もしオランダが立ち上がってこの政府を権力の座から投げ出さないのなら、それは彼らが政府に同意し、自ら同性愛の国であることを自ら認めたということを、明らかにすることになる。

オランダで誰一人、この政府の声明に何の注意も払わないのは不思議なことだ。今度は私は、あらゆるオランダの男性と女性に、この事実を考えて欲しいと思う。彼らが本当に同性愛者であるなら、私には何の反対もない。こういう政府を持ったらいいだろう。そうでないなら、この国が同性愛の国かそうでないのかの緊急国民投票が必要だ。そしてもし、この国民投票で政府が破れたら、投票の過半数を獲得できなかったら、この政府は即座に総辞職をすべきだ。

それはもはや、私がこの国に入るかどうかの問題ではない——私は気にしてなどいない。それは彼ら自身の威信の問題、何という愚かな人間たちを自分たちが権力の座につけたかという、国全体の誇りの問題だ。たとえ自分が同性愛者であったとしても、それについては黙っているべきだ。だが、彼らがそれを公表したのはいいことだ。彼らの本当の理由は明瞭だ。同性愛こそ独自の要素だ。カトリックは彼らの独占物ではないし、ローマ法王もマザー・テレサも彼らの独占物ではない。

そして私の批判の何処がいけないのか？　カトリックは何百年も批判されてきている。そうでなければ、プロテスタントはなかったはずだ。彼らはプロテスタントのオランダ入国を妨げるのか？　またもし、カトリックは批判し得るものであり、どんなプロテスタントも入国を妨げられないのだとしたら、何故私が妨げられなくてはならないのか？

ローマ法王がインドに来たとき、私は彼に反対すればできた。だが、私は彼を支持して、法王に反対し彼を帰らせようとしていた反対者たちに反対した。私は法王を弁護し、みんなが彼の言葉に耳を傾けることを望んだ。彼が何か間違ったことを言えば、丁重にそれを公開の場で議論するように要請すればいい、だがそんなやり方……石を投げたり、暴動を起こしたりというのは礼儀ではないと。それは野蛮だ。だがローマ法王には、オランダの人々、あるいはイタリアの人々に、私の入国を妨げるべきではないと言うだけの肝っ玉はない。実際には、彼は、自分が政府に何らかの影響力を持っているどの国へも、私が入るのを妨げる、あらゆる努力をしている。

つまり、これは単純な現象だ。宗教は何時も、様々な問題を議論して来た。さもなければ、こんなにたくさんの宗教はなかっただろう。彼らは互いに批判し合っている。それは彼らが無作法なのではなく、ただ彼らが同意しないことを意味している。そして意見の相違は人間の基本的権利の一つだ。だからもし彼らが、私がマザー・テレサに反対して語っていると思うのなら……、私は世界中の何処ででも、公開の場で彼女と議論する用意がある。自分の言ったどんな言葉にも私は責任を持つ。が、彼女にそれだけの肝っ玉はないし、ローマ法王にもその度胸はない。

また、同性愛者について言うなら、彼らは心配すべきではない。私がオランダに行ったとき、同性愛者たちが私に抗議すればいいことだ。私は彼らと話し合うことができる。私はこれまでに、同性愛者たちと議論してきている……どうして政府がそんな心配をしなくてはならないのかね？

またこれらの四つの事で、オランダの国益に反するものは何一つない！　基本的に、彼らがその声明の中で言っていたことは、私がオランダの国益に反することを言っているから、私を国内に入れないということだった。そして、私がオランダの国益に反するどんなことを言ったのか、と尋ねられて出て来たのがこの四つだ。私はこの四つのことが、オランダだとは思ってみたこともなかった。マザー・テレサがオランダだとは、ローマ法王がオランダだとは、カトリックがオランダだとは、同性愛がオランダだとは。

私は、この世が狂った世界だとは知っているが、だがこれは「思い悩む」という問題ではない。これは私の人類への愛であり、そしていつの日か、誰かが何処かで理解するだろうという私の希望だ。たとえその真理を理解するのが僅かな人であっても、その火で充分だ。その火は世代から世代へと受け継がれ、成長し続けることができる。それが私の歓びだ。

第十二章

マインドこそ問題のすべて

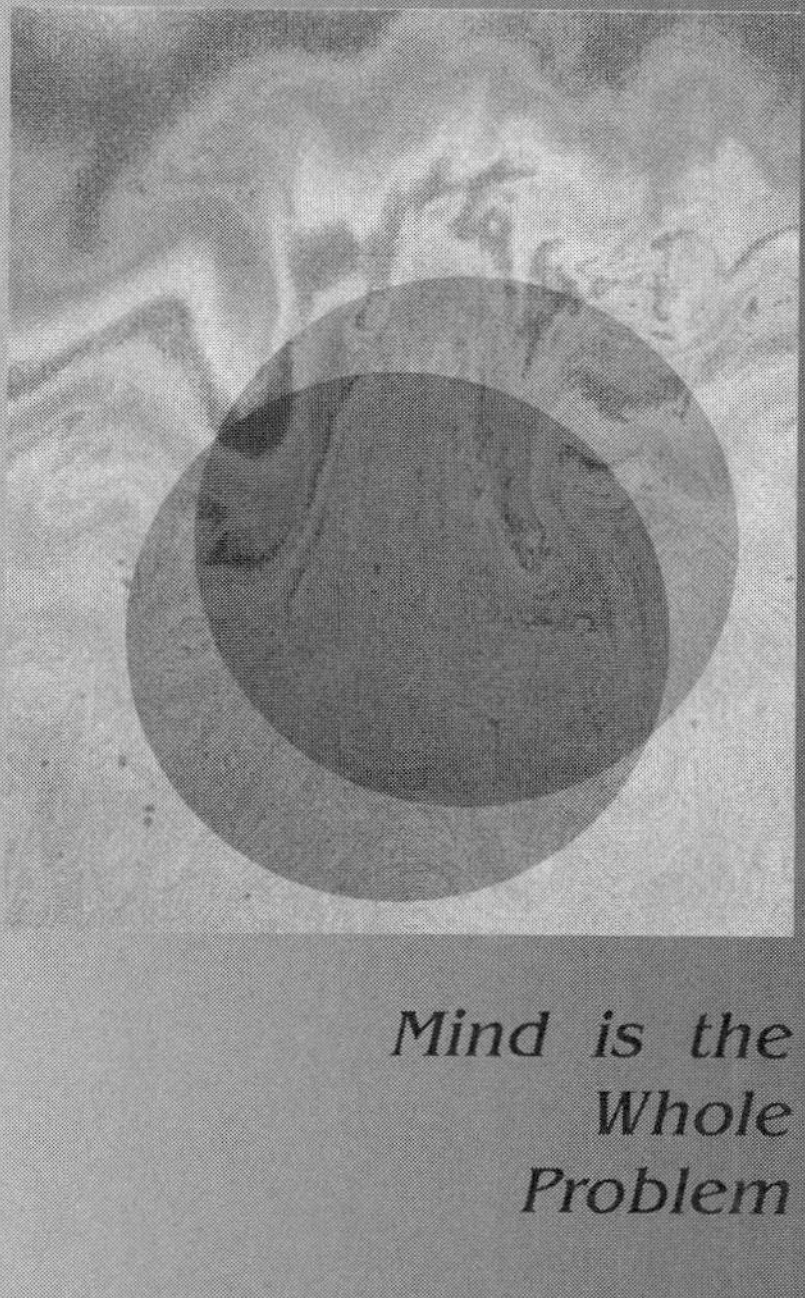

Mind is the Whole Problem

先日の朝あなたは、意識のそれぞれのレベルを通り抜けて上って行くこと、そして無意識の中のそれぞれ対応する部分に光を持ち込むことについて、話されました。これには何か特別な技法が必要なのでしょうか。それとも、マインドと肉体と感情を見つめているだけで、そのような別々のレベルを通り抜けられるのでしょうか?

肉体とマインドとハートを見守ることは、充分以上だ。他には何も特別な技法は必要ないが、そういう技法があることはある。しかし私の見るところでは、それは必要ではない。逆に、そういうものは現象の全体を複雑にする。そして、霊的成長とは技術的な現象ではない。だからどんなテクニックも障害になる。技法に執着し始めることがあるからだ。それは無数の人々に起こった。

霊的成長を求めて、あるテクニックを与えてくれる教師に出会う。そのテクニックは、その人たちがもっと静かに、もっと穏やかになり、よりくつろぎ、幸せで健康であるためには役に立つ。そのテクニックが絶対に必要なものになってしまう。そのテクニックを離れられなくなる。そのテクニックを離れると、そうした経験がすべて消え始める。たとえ何年もの間その技法を実践しても、わずか三日の内にすべての経験が消え失せる。そういうテクニックは、霊的な成長を与えるのではない。霊的成長が何かを知らないその人たちに、霊的に見える幻覚を作り出すのだ。

一度、一人のスーフィーのマスターが私の所に連れて来られたことがある。彼は何千人という回教徒の導師で、一年に一度その町にやって来た。彼のグループの回教徒の何人かが私に関心を持っていて、彼らが二人の会見を望んだ。その人たちは、自分たちのマスターがいたるところに、あらゆるものの中に神を見、そして常に悦びに満ちているということを高く評価していた。「私たちは師の許に二十年もいますが、あの方が法悦以外の状態にある姿を、一度も見たことがありません」

私は彼らに言った。「彼に私の家の客人として来てもらうといい。三日間、彼を私の所に置いて行きなさい。私があなたたちのマスターの世話をしよう」。彼は老人で非常な好人物だった。

私は彼に、「そういうふうに絶えず法悦に浸っているために、あなたは何かのテクニックを使ったのですか、それとも何のテクニックもなしに、独りでにやって来たのですか？」と尋ねた。

「もちろん、テクニックを使いました。そのテクニックとは、あらゆるものを見るときに、そこに神がいると覚えていることです。初めのうちは変な感じがしましたが、徐々にマインドがそれに慣れました。今では私には、至る所、どんなものの中にも神が見えます」と彼は言った。

そこで私はこう言った。

「一つ、やってみませんか。あなたはその訓練をどのくらい長くしているのですか？」

「四十年間です」――彼は七十近くになっていたに違いない。

私は、「あなたは、ご自分のその法悦の経験を信頼できますか？」と訊いた。

「絶対的に」と彼は言った。

そこで私は言った。「こうしてご覧なさい。三日間あなたはそのテクニックを止めるのです……あらゆるものの中に神がいるということを、思い出さないのです。三日の間、物事をあるがままに見ます。神という自分の考えを押し付けません。食卓は食卓、椅子は椅子、木は木、人は人です」

彼は、「しかし、何が目的でそんなことを？」と訊いた。

「三日後に言いますよ」と私は言った。

だが三日も要らなかった。たった一日経っただけで、彼は非常に腹を立てて私の所にやって来た。

「あなたは私の四十年の修行を台無しにしてしまった。あなたは危険な人だ。あなたはマスターで、むしろ私を助けてくれる人だと聞かされていたのに……。もう私には椅子は椅子にしか見えない。人は人にしか見えない。神は消えてしまった。そして神が消えたら、神の海に取り囲まれているという私の法悦は、消えてしまった」

「それこそが目的だったんですよ。私はあなたに、あなたのテクニックが幻覚を生んでいることを、理解させたかった。幻覚でなければ、四十年の修行が一日で消えるはずがない。あなたは、その幻覚を生み出し続けるために、そのテクニックを続けなければならなかったんですよ。さあ今度は、あなた次第だ。残りの生涯を幻覚の法悦の中で暮らしたければ、それはあなた次第です。しかしもし、目を覚ましたいのなら、テクニックなど何も要りません」と、私は言った。

そしていいかね、見るということはテクニックではない。それはあなたたちの本質だ。見ているというのはテクニックではない。何一つ押し付けているわけではないからだ。だから、幻覚を生む可能性はない。あなたは、ただ見ているだけだ。たとえ目の前に神がやって来ても、地面にひれ伏して、その神の足に触れる必要はない。あなたは、ただ見ていなければならないだけだ。見ていることは、テクニックではない。テクニックは何かを創作する。見ていることは、現に在るものを顕すだけだ。それは何も創作しない。逆にそれは、人が充分に見ていなかったために、幻の現象だと気付かずにいた。幾つかのただよっている幻を、滅ぼすかもしれない。

幻を生むのがあまりに容易なものだから、マインドは常にテクニックを楽しむ。誰がそのテクニックを使うことになるのだろう？　マインドがそのテクニックの主人になる。

見ていることは、マインドの彼方にある。マインドには見ていることはできない。

それこそが、存在の中でマインドができない唯一のことだ。だからこそ、マインドはそれを汚すことができない、マインドがそれを脇道に逸らせることはできない。

私は二、三年の間、父の妹の所に住んでいたことがある。その叔母の友達の一人が、ときたま彼女を訪れて来ることがあった。二人は非常に仲が良かった。私は夜遅く、三時まで本を読んでいて、それから床に就くことにしていた。ところがその女性、叔母の友人は不眠症にかかっていて、眠ることができなかった。それで家中のみんなが眠ってしまうと、彼女は私が勉強している部屋に来て私に話しかけたり、ただ座っていたりした。私は少なくとも三時までは起きていたし、またその時間になると、彼女も眠くなるのだった。朝方になってから彼女は眠った。

叔母の夫は、夜中に二度か三度、歯ぎしりをする癖があった。何か胃の調子が悪かったのだろう、彼は歯ぎしりをし、その音は非常にはっきりと聞こえた。

ある日この婦人と話していると、彼女は「あなた、幽霊を信じる?」と訊いた。

「なぜそんなこと訊くんです?」と私は言った。

「私、一人暮らしでしょ」と彼女は言った。彼女は未亡人で非常な金持ちだった。「独りぼっちなものだから、いつも自分が一人だってこと考えるのよ。幽霊がいるとしたら、私は危ないわけでしょ。私の部屋には他に誰もいないんだから」

「幽霊はいるどころか、今この部屋の中に、この家の中にいますよ」と私は言った。

「それ、どういうこと?」と彼女。

「お話しましょう。この家が建てられたとき、ここには洗濯屋が非常に美しい奥さんと一緒に住んでいたんです。ところが彼女には、目が一つしかなかった。彼女の顔は非常に美しかった——ただ一つ困ったことに、目が一つしかなかったんですよ。その洗濯屋は、第一次世界大戦で徴兵されて、戦地で死にました。その洗濯屋の奥さんにはショックが大き過ぎて、それを信じなかった。夫が死んだと信じることを拒否したのです。明けても暮れても夫を待ちました。こういう状態にいたものだから、絶えず夫を待ちながら、彼女はあまり食べず、自分の体のことなど考えなかった。みんなが、『御主人は死んだんだよ。もう帰って来ないんだ。一日中、戸口の所で座っている必要なんかない』と彼女を説得しようとしました。

しかし奥さんの方は、夫が自分を残して一人で逝くなどとは絶対に考えられなかった。二人の間には、自分たちは一緒に生き、一緒に死のうという絆があったのです。二人はお互いに、それは愛し合っていました。ついに彼女は死にました。しかし夫が自分を探しに来るのを迎えたいという願望のために、彼女は幽霊になりました。そして今でもここに住んでいるんです。

その奥さんが死んでから、その小さな小屋は取り壊されて、この建物が建てられました。しかし彼女はまだここに住んでいて、まだ待っているんです。毎晩彼女は来ます。そして来るときには……ある合図があるんですよ。まるで誰かが歯ぎしりをしているような音がするんです。どうして彼女がそうするのか僕は知らない——誰にもわかりません——しかし夜中に二、三度はやって来ます。それも特にこの家に誰か客があるときには、間違いなく出て来ます。この家に客があるのだから、もしかしたら自分の夫が帰って来たのかもしれないと思うんですね。彼女は出て来ると、毛布を上げてあなたの顔を見ますよ。非常に美しい若い婦人ですが、目が一つしかない」

「誰も私にそのことを言ってくれなかったわ」と、彼女は言った。

「それなら誰にも言わないでください。そうでないと、この家に泊まる人なんかいなくなるから。それに、この家を売ることだってできなくなりますよ。彼らはこの家を売りたがっているので、本当のことは黙っているんですよ。いったん売れたら彼らは別の家が買えるし、そうなったらそれは他人の問題で、こっちの知ったことじゃありませんからね。だからそれについてはまったく口を噤《つぐ》んでいるんですよ。でもあなたが訊いたから僕は言ったんです。それに僕はこの家に何も関係ないから、ただ事実をありのままに言うだけですよ」

「ただ、もしその女性があなたのベッドまで来て、あなたの顔を毛布をめくって見たとしても、恐がっちゃいけません。何しろごく純真な女性なんだから。これまで誰一人傷つけたことなんかありません。ただあなたの顔を見るだけです。そしてそれが自分の夫ではないとわかったら、毛布を戻して行ってしまいます。そして彼女が来る前に聞こえるのが、歯ぎしりの音なんですよ」

「何てことなの！　恐ろしい家ね――私はこれまで何度も泊まったことがある。多分、その人が来たとき私は眠っていたんでしょう。でもこうなったら眠れないわ」と彼女は言った。

「まあ試してごらんなさい。部屋に戻ってお休みなさい」と私は言った。一時近く、彼女は自分の部屋に入って明かりを消したその瞬間、何という偶然か、歯ぎしりの音が聞こえて、彼女は悲鳴を上げた。私は飛び込んで行った。

みんなが起き出した。「何事だ！」

彼女は床の上に倒れていた。ベッドまでも行けなかったのだ。

彼女は意識を失って床の上に横たわっていた。

みんなは私に言った。「根も葉もない話を作らないでって、あなたに言っておいたでしょ。これはあなたの義務よ、責任を持ってこの人の面倒を見てちょうだい。まず意識を取り戻させて」

「やってみるよ。でもそんなに簡単に意識を取り戻すとは思えないな。時間がかかると思うよ。それに意識を取り戻したにしても、また気を失うよ」と私は言った。

「でも、あなたは一体、この人に何をしたの？」

「明日の朝、この人が大丈夫になったら全部話すよ」と私は言った。私は色々やってみた。彼女の目に冷たい水を注いでみた。

彼女は意識を取り戻して、「ほら、あそこに立っている！」と部屋の隅を指さした。

そして再び悲鳴を上げてまた気を失った。

家族の者が尋ねた。「隅に誰が立っているの？」

「僕は知らないよ。誰か立ってるんでしょ。幽霊がいるって聞いたことがあるから」と私。

「私たちは幽霊のことなんか聞いたことがない。あなたはここに来て二ヶ月にしかならないのに、そのあなたが幽霊のことを聞いたことがあるの？　誰があなたにそんなことを言ったの？」

「明日の朝になったら……まずこの人に意識を取り戻すせて寝かせなきゃ」と私は言った。しかし三、四度もそんなことがあった。彼女は意識を取り戻す度に、部屋の片隅を見、「あそこに立っている。が！」と言って指さした。一晩中、みんな起きていなければならなかった――寝たのは私一人だった。

朝になって彼女は、私が彼女にして聞かせた話をみんなに話した。「あの子の言うことなんか聞かなくていいの。あの子はある事ない事みんなに言っているのに、それが不思議と、みんながそれを信じるのよね――年輩の人たちまで」と彼らは言った。


ある男が、私の隣の部屋に住んでいたことがあった。その人はいつも来る客だった。非常に立派な人で――六十五歳だったので、その家の他の誰よりも年上だった――そして非常に愛すべき人だった。彼は町で一番の食料品店を持っていた。他のどこでも、その店より上等の品は手に入らなかった。彼の店が最高の品をそろえていた。彼は独り者で――妻も子もいなかった――自分の職業を、無数の人々への奉仕だと考えていた。それは彼にとっては単なる職業ではなく、宗教的義務のようなものだった。何もかも最上の品質でなければならず、また利益は最小でなければならなかった。

私は彼に、その女のことを話したことがある。彼は、「私は幽霊なんか信じない。神を信じているから。幽霊なんか全然信じないね」と言った。

「これは信じるかどうかの問題ではなくて、本当なんですよ。一度来て、この部屋で寝てみるといいですよ」と私は言った。

「どうして私が、この部屋に来て寝なきゃならないのかね？」と彼。「そんなことを言うところを見ると、あなたは間違いなく恐いんだ。たった一晩ですよ……。この部屋の隣で寝るだけのことです。一人で寝るんだし、何の問題もないはずです。ここで寝たらいいですよ。僕はあなたに証拠を見せてあげますよ」と私は言った。

「しかし、どうして私がそんなことをしなくちゃならないのかね？」と彼。

「あなたは幽霊を信じないって言ったでしょ。そして僕は、幽霊は存在するし、ここに女の人が来るって言いました。でもその女は、新しい客がいるときにしか出て来ないんですよ。だから、もしあなたがよければ、そうしてみたらいいと思って」と私は言った。

ところが、この男にも同じ事が起こった。彼は床に就いたが、その女性が来るのを待っていたために寝付けなかった――するとあの歯ぎしりが来た。それは確実なことだった。夜の間、少なくとも三度は歯ぎしりの音が起こるのは保証付きだった。

そして歯ぎしりの音が起こるや否や、その男は毛布を投げ出して私の部屋に飛び込んで来て、私を起こして、「あの女が来た！」と言った。

「誰がですか？」と私は言った。

「君が話していたあの女だ。私は幽霊を信じるよ。これだけで充分だ。これ以上は御免だ！　あの音が聞こえた。だからあの婦人に起こったような面倒には、巻き込まれたくないんだ」と彼は言った――何しろ、あの女性の話はすっかり町中に広がっていたからだ……。彼女はすっかり怖じ気づいてしまって、その家に来るのは止めてしまった。彼女は三、四日絶えず熱にうなされ、意識を取り戻して自分の家に帰ってからも熱を出した。恐怖がそんなにも深く入ったのだ。

そしてその老人の方は、「私はそんな面倒に巻き込まれたくない。扉を開けて、私を家に帰してくれ！」と言った。

「あなたは大変信心深い人なんだから、今こそあなたの神を試すときですよ」と私は言った。

「私はもう君の言うことは聴かない。君は恐ろしい奴だ。神だって？　神がいるかどうか知らないが、幽霊は確かにいるよ！　私はたった今聞いたんだ……彼女が歯ぎしりをしているところを！」。その彼は老人で、非常に宗教的な人で、毎日寺院に通い、マントラを唱えるなど何もかも実行している人間だった。

「とにかく私は……だが先ず、その扉を開けて私を家に帰してくれ！　神が存在するなんて、私は二度と言わない。これから何時でも、幽霊はいるって言うよ。とにかく私を帰してくれ！　もう証拠は充分だ。充分以上だ……、私は年寄りなんだから。心臓か何か、どうにかなるかもしれない……」

家族の者がみんな集まって、「一体どうしたんだ？」と言った。

「何にも。ただこの人が、また幽霊の音を聞いたんですよ。それで僕が『あなたは非常に信心深い人なんだから、幽霊はあなたには何もできない』と言っていたところです」

「あんたって人は……どうしてあなたはそんなことばかり言うの？」と家の者たちが言った。

「僕が言ったんじゃない……この人が言い始めたんですよ。そしてそれが神か幽霊かという問題になったんです。それで、神が存在するかどうかは知らないけれど、幽霊が存在することなら僕は知っている、と言ったんです」

そして家族の者は、みんなそれが私の作り話であると知っていたのに、彼らまでがみんなそれを信じ始めた。「もしかしたらその話には何かあるのかもしれない。一度ならまだしも……あの女の人がショックを受けたのは、深夜に一人で彼の歯ぎしりを聞いたからだ。でもあのお年寄りは信心深い立派な人なのに、まるで子供みたいに騒いで！」と彼らが言った。

そういうことが起こってから、誰もその部屋に寝ようとしなくなった――その家に住んでいる人間さえそうだった。誰一人そうしようとする者はいなかった。「もしあんたがそうしたいんなら、あなたがそこで寝たらいいでしょ」と彼らは言うのだった。

それで「でも僕には自分の部屋があるし、あの部屋は僕の部屋より良くはないから替えたくはないな」と私は言った。ところが夜になってその部屋から何かを取って来ようとするときには――その部屋は、誰も住もうとしないものだから、物を置いてあるだけの部屋になっていた――彼らは私に「あなたが先に行って。後からついて行くから」と言ったものだった。

「みんなわかってないな、幽霊がいるにしたところで、彼女は僕なんか恐がらないよ」と私は言った。「何も聞きたくない。ただあなたがそこに行くのを見れば、確かに危険がないってことがわかるでしょ。だから先ず、あなたが先に中に入って。明かりを持って中に入ってちょうだい」とみんなは言った。夜中にそこから何かを取り出したいと思うとき、あるいは日中でさえ、みんなは自分一人ではそこに行けなかった。誰にもその勇気はなかった。子供たちまでその部屋は駆け抜けて、歩いて行こうとはしなかった。

その部屋のことがあまりに有名になり、その家を売りたいと思っても、誰も買い手はいなかった。それでみんなは私に、「さあ、あなたが買い手を見つけてちょうだい。あなたがこの家を台無しにしてしまったんだから。素晴らしい家なのに、みんなが幽霊屋敷と呼んでいるのよ」と言った。

それで私は、「幽霊なんかいないこと、知ってるくせに」と言った。

「私たちは知ってるわよ。でもこういうことは、知っているだけじゃ駄目なの。肝心なのはその感じよ。二人の人が恐がってしまって……二人とも二度とこの家に来ないでしょ。私たちはあのお年寄りをときどきお呼びするのに、あの方は、『あの家は二度と御免だ！　彼が扉を開けてくれようとしなかったあの夜のことは覚えている――鍵は彼が持っていたんだ――そして、恐ろしさのあまり、神は存在しない、幽霊が存在する、と言ってしまったことで、非常にやましく思っている。今では私は朝晩二回お祈りに行ってる――私が神を信じていると神を説得するためだ。あなたは存在します。幽霊なんかは存在しませんとね』って言うのよ」とみんなは私に言った。

マインドは、どんな経験でも投影できる。あの女性は、その洗濯屋の女を本当に私が説明した通りに見たのだ。朝になると、彼女はその女を正確に説明して聞かせた。長い髪の美しい女で、目が一つで、黒い縁取りをした赤いサリーを着ていたと。彼女は「私がもし絵描きだったら、正確にその姿を描けるのに。目を閉じれば、今でもあの女の姿が見える」と言った。

霊的成長のために用いられる技法も、これと違ってはいない。そのスーフィーのマスターは、私の所に三日と滞在できなかった。だが立ち去るに当たって、最後に彼は私に「私は感謝しています。私はもう一度、自分の旅を始めざるを得ません。何が起こったのか私にはわかります。最初私は、ただ投影を始めた。私は食卓は食卓、椅子は椅子と知っていたのに、それが神であると、神の存在によって輝いているという投影を始めた。それが自分の思いつきに過ぎないことは知っていました。だが、四十年間です！徐々に徐々に、それは現実になった。だがあなたは、そのテクニックはただ幻覚を生んでいるだけだと、はっきりさせて下さった」と言った。

たくさんの人たちがいた——いわゆる大聖者、予言者、救世主と呼ばれるたくさんの人たち——その人たちは幻覚の中に生き、ただ見ているという、単純な自然な過程については決して知らなかった。

どんなテクニックにも巻き込まれない方がいい。見ているということは実に純粋だ。それを他の何によっても汚さないことだ。しかもそれは、あまりにも全体的かつ完璧で、他に何の助けも要らない。だがマインドは、常に何らかのテクニックを求めている。それはテクニックならマインドが支配できるからだ。マインドは技巧家だ。技巧こそがその領域だ。だが、「見ていること」はマインドの支配を越えている。それはマインドの彼方に、その上にある。そして実際、それこそがマインドの死なのだ。

もし「見ていること」があなたの中で成長したら、マインドは死ぬ。

そして、超越瞑想を教えているマハリシ・マヘッシ・ヨーギのような、ああいう人たちはすべて、マインドが完璧に気持ち良くいられるようなテクニックを与えている。マインドはそれを使うことができる。だが、どんな成長も生まれては来ない。そのテクニックは悪くはないが、錯覚の幸福感を与えるだけだ。あたかも自分が進化しているような……ところがあなたは、それまでと同じ所に立っている。進化、成長はない。そういう人たちはすべて、テクニックを与えることで人間性を操作している――それは最悪の搾取だ。なぜなら、進化を止めるからだ。

私はあらゆるテクニックに反対だ。

私は、素朴で自然な方法を支持する。それはあなたたちが既に持っており、ときたま使うことがあるものだ。

腹を立てたとき、自分が腹を立てていると、どうやってあなたは気がつくのだろう？ もし怒りしかなく、それを見ている者が誰もいなかったら、あなたはその怒りに気付けなかったはずだ。「怒り」そのものが気付くわけにはいかない。

だから人は、自分が腹を立てているとき、自分が腹を立てていないとき、自分が良い気持ちのとき、自分が良い気持ちでないとき、それに気付いているのだ。だがあなたたちは、この「見ている」ということをマインドのあらゆる面で、絶えず、科学的に、深く、全面的に使うというわけではなかった。そして私に言わせれば、この言葉にこそ瞑想の真髄が含まれている。

先日の夜の講話の中であなたは、人が死んだら、その魂が一つの肉体から次の肉体まで旅する間には、わずか二、三秒の隙間しかないとおっしゃいました。マスター、あなたは御自分の前生は七百年前だったとおっしゃっています。その長い歳月の間、あなたはどこにいらっしゃったのですか？

ここだよ、このウルグアイの！　他のどこに、私がいられたと言うのかね？　全存在が手に入るのだ。肉体の中にいなければ、人はただ、どんな仕切もない存在全体の一部として在るだけだ。

私が七百年間留まっていなければならなかった理由は……。数は少ないが、すぐには次の生涯に入って行かない人々がいる。あまりにも邪悪で、あまりにも動物的で、あまりにも殺人狂的なアドルフ・ヒットラーのような場合……。彼はまだ再誕していない。何千年も手に入らないかもしれないような、ある種の子宮が彼には必要だからだ。彼は待たなければならない。また、人がある種の意識の進化を遂げた場合にも、同じ問題がある。そういう人も、ある特定の子宮を必要とする。それが手に入らない限り、その人は次の生涯を掴めない。

通常、それは二、三秒のことだ。眠っている人間なら、同じような種類の子宮は手に入るからだ。一日中、何百万という人間が愛を交わして、新しい人々に子宮に入って来るための機会を提供している。だから大衆にとっては何の問題もない。彼らは待つ必要がない。それはほとんど瞬間的に起こる。一つの肉体を離れると、すぐにある子宮がどこかで用意されている。そして彼らは最も近い子宮に入っていく。

ついでだが、ドイツに生まれていれば、その人間は何回もの生でドイツに生まれて来る可能性がある。それは、その人が大衆の一部としてとどまる限り、何も遠い中国や日本まで行ってそこで生まれることはないという、単純な理由によるものだ。自分のすぐ周りに、自分を受け入れてくれる子宮が存在する。

私が自分の実験で見て来たところでは、何かがその人の中で成長し始め、自分の身近で適当な子宮を見つけられなくなったのでない限り、通常人々は同じ環境の中にい続ける。が、見つけられない時は、その人たちは場所を変える。その時は、その人たちは別な国、別な人種、別な民族へと移動する。

だがこの両極端の場合――あまりにも呪われているか、またはあまりにも祝福されている場合――は、その人は待たなければならない。なぜなら、そういう人を受け入れられる子宮は、滅多に用意されないからだ。その父親はある特定の資質を備えていなければならず、その母親はある特定の資質を備えていることが必要だ。しかもその人たちの資質が、その本人の資質と釣合がとれている時にしか、ある種の魂は入って行けない。だから人間は自分の両親の血と、両親の骨と、両親の細胞を持ち運んでいるというだけではない。そこにはより深い何かがある。あなたにはまさに、自分の両親のものである特定の資質があるのだが、それをあなたは両親から学んだわけではない——あなたがそれを持っていた。だからこそ、そういう両親を得たのだ。

肉体がなければ、人はただ存在の一部であるだけだ。それが何処にいるということなのか、説明するのは難しい。なぜなら、「何処」は、特定の空間を示すことになり、「何時」は一定の時間を示すことになるからだ。だが肉体を離れれば、人は時間と空間を共に越えて行く。だから、何処にいるのかを言う方法はない。その人は確かにいる。その人にとっては時間は止まってしまい、その人にとって空間は消えたのだ。

その人は、至福に満ちてその状態にとどまる——その人が新しい子宮を見つけるのを妨げているのが、至福であればだが——あるいはまた、その人が惨めさのゆえに、苦悶のゆえに、自分がして来たあらゆる邪悪なことのゆえに行き詰まっているなら、その人は非常に惨めな状態にいることになる。

アドルフ・ヒットラーは何百万という人々、少なくとも六百万の人間を殺害し、それから自殺した——しかもすべて何の目的もなくだ。すべてはまったく無用だった。今や、同じような資質、同じような犯罪的なマインドを持った親を見つけるために、彼は待たねばならない。だがこの待機はすべて、強烈な苦痛になる。

私自身の理解では、こういう状況から天国と地獄という観念が起こった。地獄もなければ天国もない。ただ行き詰まって子宮を見つけられない人がいるだけだ。もしその人たちが苦悶、惨めさ、闇の中にいるとしたら、それは彼らが他人にして来たあらゆる拷問が、本人自身に影響を及ぼし始めているということだ。そういう人たちは、徹底的な自己拷問の中で生きる。そしてこれこそが、地獄という観念が生まれた理由だ。それ以外に地獄などない。だが、地獄という言葉にも、象徴的な意味はある。

その七百年間は、私にとってまったくの至福だった。そして私はあのような時空を越えた至福を経験した者は誰でも当然、自分が天国に住んでいると思うだろうと言うことができる。だが天国などない。この存在がすべてだ。人は肉体の中にいるか……その時、その人は進化のためのチャンスを手にしている。肉体がなくては、人は進化できない。肉体とは一種の学校だ。それは人に、進化のためのあらゆる状況を与えてくれる。その七百年間は至福に満ちたものではあったが、自分が前進できなかったことを、私は知っている。それは凍結した至福だった。そういう状態では、成長の可能性はない。人は再び生まれるまで同じ地点にとどまる。生まれてから、成長し始めることができるのだ。成長するためには、肉体が必要だ。いったんその人が成長のあらゆる可能性に、全範囲に到達したら、もうどんな進化の必要もない。その人は最終点に達した。そうなったら、その人は肉体に戻ることはない。学校に戻る必要はない。その人はすべてを学んだ。今やその人は永遠の至福と共に、永久に存在の一部としてとどまることができる。

肉体とは大切にされ、慈しまれなければならない。なぜなら、それは人が成長し、前進するための乗り物だからだ。それがなくては動けない。宗教が、肉体を何か反宗教的なものだとする観念を創作したことに、私が絶えず驚いているのはそのためだ。肉体は人がそれに望む状態だ。霊性に反するものにもなり得る。霊性のためのものでもあることもできる。それは乗り物だ。自分が望むどこへでも、その人を連れて行くことができる。肉体そのものの中には何も決められた計画はない。肉体とは、どんなプログラムも持たない極めて無垢なものだ。

あらゆる宗教が肉体を非難してきたという事実は、人間性を損ってきた。なぜなら、肉体を非難してきた人たちは、自分をより高い状態に連れて行くことができる、肉体が持っているその可能性を使うのを止めてしまったからだ。逆に、彼らは肉体に害を加え始めた。彼らは肉体に対して破壊的だったが、そんなことは役に立たない。そういう人たちは、自分自身の乗り物を破壊している。

だが、光明を達成した人たちが再び肉体に入っていないという事実が、聖職者とか学者——自分では知らないのに、知っていると思っている人たちに、誤った考えを植え付けたようだ。人が光明を得た後に肉体に入らないのは、肉体が霊的なものではないからだ、それが霊性に反するものだからだ、という考えが彼らに浮かんだ。肉体にいるのは、その人間が光明を得ていないためなのだから、肉体と闘い、肉体を苦しめ、自分を肉体から自由にしなければならないと。だがこの人たちが用いている方法が、彼らを肉体から解放することはない。彼らはより以上に肉体に巻き込まれることになる。だが、どんなことでも、その含意のすべてを調べてみようとする者はいない。

光明を得た人が、決して肉体に入って行かないのは真実だ。だがその逆は——つまり、肉体に入って行かなければ、その人は光明を得ることになるとか、肉体を滅ぼせば、その人は光明を得ることになる、などということは——真実ではない。その「破壊する」という、「苦しめる」という考えそのものが非霊的なものだ。そして自分自身を破壊できる人間は、容易に誰をも破壊する可能性がある。自分を苦しめられるのなら、その人間が他の誰かを苦しめるのはごく容易なことだ。

もしかしたら、アドルフ・ヒットラーのような人たちは、過去においていわゆる聖者だったのかもしれない。こういう人たちは自分の肉体を余りにも苦しめたために、今度はその反動が起こる。振り子がもう一方の端に振れる。今度は、他の人々を苦しめる。そうでもなくて、他人を苦しめる理由など何もないからだ。他人を苦しめることで、どんな楽しみが得られるというのかね？　その背後には何か理由があるに違いない。その人たちは、余りにも自分を苦しめて来た。だから、それは今や悪循環になる。自分自身を苦しめ、次に生まれて来ると、今度は他人を苦しめる。そして他人を苦しめたがゆえに、また肉体に生まれて来て、自分自身を苦しめるのだ。

「世界」を表すヒンドゥスタン語はサンサーラだ。

インドは、言語に関しては極めて注意深かった。一つ一つの単語に、それ自身の哲学的背景がある。サンサーラとは、動き続ける車輪を意味する。その車輪から跳び出す唯一の方法が〝見ていること〟だ。なぜなら〝見ている〟ということは、既に車輪の外側にあるからだ。〝見ていること〟に慣れ親しめば、その人は突然車輪の外側にいる。だがもしその人が、怒りや嫉妬、愛や憎しみ――あらゆることを自分だと思えば、その時その人は車輪に捕まっている。

そしてその車輪は、一つの極端からもう一方への極端へと動き続ける。下にあったものは上になり、上にあったものは下になる――そして、それからただ外に跳び出さない限り、それに終わりはない。そこから跳び出す唯一の方法が、自分の怒りや愛、自分の憎しみ、惨めさ、喜びに気づくようになることだ。ただ〝見ている〟だけで、あなたは既に車輪の外にいる――鷲鳥は出ている。

暗闇は余りにも深く、私の目は靄《もや》に覆われています。私があなたと共にいるこの瞬間を除けば、私のマインドの終わることのない騒音は、ぐるぐると回り続けています。光はあっても、この暗闇そのものの中で、あまりにも遥かに遠いようです。ときどき、私は自分にそれができるのだろうかと訝ります。愛するマスター、私には扉が見つかりません。

心配することはない。扉を見つける必要などない、あなたは、扉の外にいるのだから！　あなたは一度も中にいたことなどない、ただ自分が中にいると信じているだけだ。実存としては、あなたは常に外にいる。自分が外にいると理解した途端——中にいるというのは、単なる観念に過ぎなかったのだから——遥か彼方のその光は、もはや遠く離れてはいない。それはあなただ。すると、自分を取り巻いていた暗闇は、もう何処にも見当たらない。

だが根本的なことは、自分が既に扉の外にいると理解することだ。あなたにとって、扉の内側にいる方法などない。私が〝見ている〟ことはマインドの一部ではない、マインドの一部にはなり得ない、と言っていたのはそのことだ。

マインドは、観照者ではあり得ない。

マインドは暗闇だ。

マインドこそが問題のすべてだ。そしてその解決は扉の外で、自分は中にはいない、自分は外にいるのだと、あなたが理解するのを待っている。

自分のマインドの内容を見ていれば、突然自分が、何時も外にいるのだと気付く瞬間が来る——かつて通り過ぎた最も暗い闇夜の中でさえ、自分はその中にはいなかったのだと、わかる瞬間が。自分が中にいることなど、実存的に不可能なのだという、余りにも大きな喜びがあなたの上に降り注ぐ。あなたがその扉を見つけていないのはいいことだ。さもないと、その中に入ってしまうことになるよ!

扉などない。マインドは中にあるまま、あなたは外にいるままだ。マインドが外に出て来ることもあり得なければ、あなたが中に入ることもあり得ない。だが扉などなくても、マインドへの執着はあり得る。扉などなくても、マインドに自己同化することはあり得る。

人は、ただ自分自身を忘れているだけだ。

何一つ失くしてもいなければ、何一つ見失ってもおらず、何一つ見つけなければならないものもない。ただ、思い出さなければならないだけだ。単なる想起——最も単純なことが、非常に難しいのは本当だ——

そして、これこそが最も単純なことだ。

問題のどれ一つとして、あなたのものではない。あなたに関する限り、どんな問題もあなたの中には入り得ない。だが、あなたが自分のものではない何かに、自己同化することはあり得る。

ある話を思い出した。ある男の家が火事になった。その家が燃えていた。しかもその素晴らしい家を建てるには、彼の全生涯の努力を要した。何千人という人々が集まっていたが、手の施しようがなかった。火の手はあまりにも大きくなっていた。その男の様子は理解できるはずだ。目から涙がこぼれ落ちていた。その目の前で燃えているのは、彼の全人生だった。すると突然、彼の息子が駆けて来てこう言った。「お父さん、何故心配なんかしているんです？　私たちは、この家を昨日売ったんですよ。お父さんはいなかったけど……私たちは、この家を売りました。泣くのはお父さんじゃなくて他の人ですよ。私たちは、この家で充分な利益を手に入れたんです」

その男はたちまち涙を拭い、他の野次馬と同じようなただの見物人になった。その自己同化、「これは自分の家だ」という目に見えない自己同化は、もはやなかった。痛みもなく、惨めさもなく、一切何の問題もなかった。そしてある意味では、彼は本当に嬉しかった。「今度は、もっと良い家を建てられるぞ」。彼はほっとした。家は燃えていたが、彼は安堵の胸をなで下ろしていた。

すると、二番目の息子が駆けて来た。彼は「私たちが家を売る交渉をしたのは本当です。でも、書類はまだ署名されていないし、金も受け取ってはいません。だから、この燃えているのは私たちの家です。それをお父さんは、まるで野次馬みたいに見ているなんて！」と言った。またもや涙が溢れ、悲嘆の底に落ち込んでいた。そして、目に見る限りでは、何一つ変わってはいない。その家は燃えており、男はそこに立っている。ただ、知らせを持って来る者が一切を変えているのだ！　同一化しているときには、その家と一緒に燃えているのは〝彼〟だ。同一化が取れれば彼は安心し、その家とは何の関係もない。それは誰か他の者の家だ。

覚えておくべき唯一のことは、自分は既に外にいること、そして自分が中にいる術など本来無い、ということだ。中にいると信じることはあり得る、そう想像することはあり得る……が、それでもやはりあなたは外にいる。自分の家の玄関の前に座って、あなたは出口を探そうとしている。決して見つけることはない。それはそこにはない。大空のすべてが手に届くところにある。あなたはただ立ち上がって、どんな方向にでも歩き出せばいいだけだ。扉など開ける必要はない。

だがあなたの執着、あなたの自己同化は、マインドの側にある。それは中にあり、外に出ることはあり得ない。それは光の許では存在できない。さあ、これこそが状況だ。〝見ていること〟は常に外にあり、中には入れない。それは光の許でしか存在できない。それは闇の中では存在できない。マインドは常に中にある。それは闇の中でしか存在できない。それは光の許では存在できない。

このまったく違った二つのことの間で、ある自己同化、ある執着を持っているために、それがその人に面倒を引き起こしている。

だから、自分が外にいるということを、ただ覚えているだけでいい。もし、急にはできないのなら、ゆっくり、少しずつやりなさい。怒りがあれば、それを見ていなさい。そうすれば、怒りは中にあり、自分は外にいることがわかるはずだ。

グルジェフの父親が死んだとき、グルジェフは僅か九歳だった。父親は貧乏だった。彼はグルジェフを側に呼び寄せてこう言った。「私には、お前に財産としてやれるような物は何もない。私は貧乏だし、私の父親も貧乏だった。だが、父は私にあるものをくれた。そのために私は、外側の世界では貧乏なままだったが、この世で一番豊かな人間になった。私にできることは、その同じものをお前に譲り渡すことしかない。それはある忠告だ。多分、お前はまだ幼な過ぎて、今すぐにそれを実行できないだろう。だが覚えておきなさい。自分がその忠告に従えるようになったら、その忠告に従って行為しなさい。その忠告とは単純だ。これから、それを言って聞かせる。私は死んで行くのだから、注意深く聴いて、それを私の前で復唱しなさい。そうすれば、何世紀にもわたって父親から息子へと受け渡されて来たかもしれないそのメッセージを、私はお前に伝えたと満足して死ぬことができる」

そのメッセージは単純だった。父親は言った。

「もしお前が誰かに侮辱されたり、苛立たせられたり、嫌がらせをされたら、その人間にはただこう言いなさい。『君の言い分は受け取った。でも僕は父さんと、二十四時間経たなければそれに応じない、という約束をしたんだ。君が腹を立てているのは知っているし、そのことはわかった。僕は二十四時間経ったら、その返答をしに来る』と。そしてどんなことも同じようにやるのだ。二十四時間の間を置きなさい」と。

九歳の少年は父親の言ったことを復唱し、そして父親は死んだ。だがそういう時であっただけに、そのメッセージは心に深く刻み込まれた。息子がそのメッセージを復唱すると、父親は、「よし。私の祝福はお前と共にある。これでやっと私は安心して死ぬことができる」と言った。彼は目を閉じ、そして死んだ。そしてグルジェフは、まだたった九歳でしかなかったが、父親に言われたことを実行し始めた。誰か侮辱する者があると「二十四時間経ったら、僕はこの返事をしに来る。だって、僕は死んで行く父さんにそう約束したんだ。僕には、今すぐ返事することはできない」と、彼は言ったものだった。

誰かに殴られると、「今は僕を殴ってもいいよ。でも僕は、今は仕返しできない。二十四時間経ったら、僕は君のところに行って返答する。これは、僕が死んで行く父さんにした約束だから」と、言うのだった。そして後になって、彼は自分の弟子によくこう言ったものだった。「この単純なメッセージが、私を全面的に変えた。誰かが私を殴れば、その時私は反発しないのだから、そこでは見ていること以外にすることはなかった。私がしなければならないことは何もなかった。今相手が自分を殴っている。私はただ、それを見物していなければならないだけだった。二十四時間、何もすることがなかった。

「そして人間を見ていることは、私の中にある種の新しい結晶作用を生み出した。二十四時間後には、私はもっと明瞭に見ることができた。相手が自分を殴っているその瞬間には、明瞭に見ることは不可能だった。私の目は怒りで満たされていた。もし私がその瞬間に応酬していたら、私はその男と取っ組み合いをしていただろう。私は相手を殴り、あらゆることを無意識の反応としてやったことだろう。

だが二十四時間の後には、私はそれをもっと穏やかに、もっと落ち着いて考えることができた。相手が正しいのか――私が何か間違ったことをしたのなら、私は殴られ、侮辱される必要があるし、それに値する――または、相手がまったく間違っていたのか。もし相手が正しかったのなら、相手の所へ行って彼に感謝するほかに相手に言うことなどなかった。もし相手がまったく間違っていたのなら……そんなまったくバカげた、間違ったことばかりをしている相手と喧嘩したりすることには何の意味もなかった。それは無意味であり、時間の無駄だ。そんな相手は、どんな仕返しをするにも値しない」

そういう訳で、二十四時間後にはすべては落ち着き、そこには明晰さがあった。そしてその明晰さと瞬間を見ていることによって、グルジェフはこの時代の最もユニークな存在の一人になった。そしてこれこそが彼という存在の結晶化のすべての、根本的な基礎だった。

あなたは常に外側にいる。

ただ見ていなさい。

マインドは常に内側にいる。それを自分だと思ってはいけない。自己同一化しなければ、あなたはますます明晰になり、マインドは独りでに死んで行く。

マインドの死と、この見ているということの誕生こそが、あなたの進化の始まりだ。そうすれば、光は遠くはない――それそのものが光なのだ。暗闇は消え去る。あなたが光であれば、その周りに暗闇はあり得ないからだ。私が、見ていることはテクニックではない、それはあなたの本性だ、と言うのはそのためだ。それを覚えていなさい。

第十三章

惨めさとは、選択にすぎない

Misery is Nothing But Choice

ハートの中で誰かと会うとき、私は完全にその経験に酔ってしまいます。そういう瞬間、私は栄光に満たされて、恍惚感を感じます。大変な量のエネルギーが私の身体の中で動き始め、私は全身でそれと共に行ってしまいたい、その中に我を失ってしまいたいと思います。その時――そしてそれはいつも起こることなのですが――振り子は自然に反対の方に振れ、私はさっきの愛の瞬間にしがみついているのに気づいて、不幸になります。これがずっと昔からのパターンのような気がします。

気づきと愛について、あるいは手放しでありながら我を失わないということについて、話していただけるとありがたいのですが。

人は、相互に補い合う全体の中から、一部分だけを選ばないように覚えていなければならない。自分が円の片一方を選んでいて、もう片側がやって来れば――それは必ず来る――それが惨めさを生むことになる。惨めさとは、選択そのものに他ならない。

人は愛の経験を、恍惚感を選ぶ。だが選ぶことによって、人は自然なプロセスの中に捕らえられることになる。人はそういう感情に執着しようとするが、そういうものは永続しない。それは動いている車輪の一部だ。ちょうど昼と夜のようなものだ――もし昼を選んだら、夜を避けるために何ができるかね？ 夜は必ず来る。夜が惨めさをもたらすのではない。惨めさを生むのは、あなたが夜に逆らって昼を選んでいるということだ。あらゆる選択は必ず惨めな状態に至る。

無選択でいることが、至福に満ちていることだ。

そして無選択とは、手放しのことだ。それは、昼が来、夜が来、成功が来、失敗が来、栄光の日々が来、非難の日々が来るということ――そして、自分が何一つ選んでいないが故に、どんなものが来ても、自分にとっては申し分ないということだ。あなたにとってそれはいつもすばらしい。徐々に、あなたは自分に距離が増大しているのを見ることになる。円は動き続けるだろうが、自分はその中に捕らえられてはいない。昼であろうと夜であろうと、自分にとっては重要ではない。あなたは自分の中に中心を据えている。他の何にも執着していない。あなたは他の何処をも、自分の中心とはしていない。

あなたたちは幼い子供向けの本で、ある怪物が何か他のもの、例えばオウムに自分の命を閉じ込める話を聞いたことがあるだろう。そうなると、その怪物を殺すことはできない。何をしても駄目だ。その怪物は、こちらが、つまり怪物の命がそのオウムの中にあるという鍵を知らない限り、絶対に不死身なのだ。が、そうわかったら、その怪物を殺す必要はない。そのオウムを殺せばいいだけだ。そしてそのオウムを殺せば、その怪物は途方もない苦しみに直面する。オウムが殺されればその怪物は殺される。

子供の頃、私は何時もこういう話が不思議だった。そしてそれが単なる話だとはどうしても思えなかった。そこに何か意味があるに違いないと、私は両親にまとわりつき、教師をうるさがらせた。すると彼らは全員、それはただの話だ、子供の娯楽に過ぎないと言った。それに何も意味などない、と。

しかし私は決して納得しなかった。ただ、みんながそれを考えたことがないだけだと思った。そして私は正しかった。というのは、後になって私はこんな現象――誰もが自分の命を、何か他の物の中に閉じ込めている、という現象を発見したからだ。ああいう物語は普通の物語ではなかった。それは途方もなく意味の深い物語だった。それは一人の人間の問題ではなく、誰もが自分の命を、何か他の物に閉じこめているのだから。

執着とは、あなたが自分の命をそこに置いているということだ。が、あなたの執着は存在の車輪が動くのを止めることはできない――それは必ず動く。するとあなたは、反対側に墜落しなければならない。するとそこに惨めさが、苦悶が起こる。あたかも、存在がわざとあなたの愛、あなたの歓喜を、あなたの喜びに溢れた経験を壊しでもしたかのようにだ。

存在はあなたに何もしていない。あなたの人生に何が起こるにせよ、あなた自身に、あなただけに責任がある。あなたが執着していなかったら、車輪は回っただろう。しかし、あなたは執着することなくそれを楽しむこともできたし、またそれが過ぎ去ったときにも、それを楽しんだだろう。

これは少しばかり微妙だ。あなたは並はずれた歓喜の瞬間を楽しんでいる。だが、それがどれほどの歓喜であろうと、その歓喜でさえも退屈なものにならざるを得ない。人は二十四時間歓喜に満ちてはいられない。それでは消耗し尽くしてしまう。愛にさえ、限界がある。


あるスーフィーの話を思い出した。一人の国王がある非常に美しい女性を愛した。だがその女性は既にその王の召使いを愛していた。しかもその召使いは、王よりも遥かに真実の人間だった。その王は偽善者だった——いつものことだ。だが王にとって、自分が退けられ、自分の召使いであるその男が愛の勝者であることに我慢ならなかった。

王は相談役に尋ねた。「どうしてくれよう？　余は自分の家来にそう簡単に負けるわけにはいかぬ」

相談役はある思いつきを提案し、王はそれに従った。その女性と召使いは捕らえられた。裸にされ、二人は互いに抱き合った姿勢で宮殿のある柱に縛り付けられた。廷臣の中にはそんなことが信じられない者もいた。「何をなさっているのですか？　あなたはあの女性を望まれていたのに、ご自身から召使いに与えておられる」。だが王は、相談役のその心理的な思いつきを理解していた。密かに二人だけで恋人と抱き合うということと、何百人という人が通りかかる公の場で、柱に縛り付けられた相手を抱くということはまったく別のことだ。

まもなくうんざりするような事態になった。暑い季節で、二人は汗をかき始めた。二十四時間一緒にされていたが、その経験は余りにも恐ろしいものになって、二十四時間後に解放されたときには、二人は宮殿から逃れ、また相手から逃れた。彼らは二度と再び会わなかった。すべては終わった。恋人との逢い引きのロマンスも、彼女によって抱擁されることも、悪夢に転じてしまった。二十四時間一緒に柱に縛り付けられるとは……それはおぞましい経験だった。

王は相談役に褒美を与え、「お前は本当に人間のマインドを知っている」と言った。

ちょっとの間、それは意味の深いことかも知れない――誰かにキスをする。だが一時間、二時間、三時間とそのキスを続けたとしたら、時間が増すに連れて、その人にキスをする喜びが増えると思うかね？　それは減って行くだろう。時間が経つに連れてその喜びは減少する。そしてある時点で、恐ろしい経験に転じる。何とかしてその恋人から逃れたいと思うことだろう。もしかしたら、その恐ろしい経験が余りにも深い印象を残して、再びその女性にキスをすることは、ほんの一瞬でも喜びではなく、悪夢の記憶しか呼び起こさないかもしれない。

あなたが、それが何時までもあるべきものとは思わずに、その歓喜を楽しむのなら、何も問題はない。歓喜が来たらそれを楽しみ、それが消え去れば、なくなったことを楽しめばいい。なぜといって、もしそれが永久にとどまったら、それはもう歓喜ではなくなるのだから。それは苦しみになる。

存在はあなたたちより賢い。物事があなたたちに対して重要性を失う前に、存在はそれを奪い去る。そして、素晴らしいことが起こると、次に間隙、休息があるのはいいことだ。人は愛からも休みを必要とする。人は歓喜からさえ休息を必要とする。どんなことにも休息が必要だ。休息を歓喜の反対物だと考えてはいけない。それは本当は歓喜の味方だ。明日になったら再びあなたが楽しめるように、背景を作っているのだ。

インドの偉大な詩人のラビンドラナート・タゴールは、ある本を書いている。『最後の詩』というのがその本の題名だ。だが詩の本ではなく、小説だ。主人公の男女は深く愛し合っており、結婚したいと望んでいる。だがこの本のユニークなところは、そのヒロインが一つの条件の下でしか結婚に同意しないことだった。つまり、二人は同じ家には住まないというのだ。二人は非常な金持ちであり、その女性は提案した。

「あなたは湖の向こう側に家を建てたらいいでしょう。私たちはお互いに招いたりはしません。二人は偶然出会うのです。ときたま私が船に乗るかもしれず、あなたが船で漕ぎ出すかもしれません。あるいは私が湖の周りを歩いたり、あなたが歩いているかもしれません。でも私は、それが偶然であって欲しいのです。それも、ときたまのことで、毎日ではありません。私はそれに憧れていたい、それを待ち望むようでありたいのです。そして余りにも多くその機会を持つことで、それを壊したくないのです。あなたを愛しています」と。

男には理解できない。彼はこう言う。「そんなことは無意味だ。もし僕を愛しているなら……あなたが言うようなことは、これまでどんな恋人だって提案したことはない。恋人たちは、一瞬も別れてはいたくない。そして、これはどういう愛なのだろう。僕が湖の反対側に遠く離れて住んでいるなんて。何マイルも離れているうえに、あなたは僕を招くことができず、僕もあなたをを招くことができない。結婚していながら、ほんのときたま、示し合わせもせずに、偶然に他人のように出会わなければならないなんて」

「もしあなたが理解できないようでしたら、私はあなたには合わない人間です」とその女性は言った。

この女性が言うことは、まったくの真実だ。もしあらゆる恋人がこれを理解したら、人生は非常に喜ばしい経験になっていただろう。だが恋人たちは執着する。彼らは一日二十四時間一緒にいることを望む。そうして彼らは、ある美しいものを滅ぼす。それは休息を与えないからだ。それは喜びというより、むしろ重荷になってしまう。彼らは憧れ、待ち望むための隙間を許さない。

だから結婚した恋人はすべて、自分が犯した唯一の過ちが結婚であることに、やがて気がつく。あらゆる恋愛結婚は失敗する。例外なしだ。唯一成功する恋人たちとは、環境によってか、社会によってか、両親によってか、会うこと、結婚すること、一緒にいることを許されなかった恋人たちだ。彼らだけが、唯一成功する恋人たちだ。彼らはその生涯の最後の瞬間まで互いを愛し、相手への憧れは成長し続ける。自分が会いたい人に会えないということでは、彼らは不幸だ、惨めだ。だが彼らは真実を、物事の働き方を知らない。


聞いた話だが……二人の男が自殺しようとしていた。滅多にないことだったが、その二人の男は偶然、そこから川に飛び込もうとして、ある同じ岩にたどり着いた。彼らは相手を見て、「不思議だ。あなたも自殺しにここに来たのですか？」と言った。

二人とも、「そうです」と答えた。そこで自殺をする前に、少々話すことになったのだが、それが事態をまったく変えてしまった。自殺は起こらなかった。彼らは互いに、「あなたはなぜ自殺をしようとなさるのですか？」と尋ねた。

一人は、「私はある女性を愛していましたが、彼女が別の人を愛していたので、その人を得られなかった。私は彼女がいなくては生きてはいられません」と言った。彼はその女性のことを説明し、その女性の名前を告げた。それを聞いて相手は衝撃を受けた。

彼は言った。

「何とおっしゃる？　私が自殺しようとしているのはその女性の為なのです。私はその女性と結婚しましたが、あれと一緒に生きることはできません。あなたは彼女なしには生きられないと言う。私は彼女と一緒では生きられない。私たち二人をこの岩に連れて来るとは、何という運命のいたずらだろう。これから一体どうしたらいいのか？　今となっては、自殺をするのはまったく無意味に思われる」。両方ともが正しかった。一人は、その女性がいなくては生きられなかった。彼は彼女を失った、手に入れられなかった。もう一人は、その女性を手に入れた。そしてやがて何もかも失敗に帰した。

責任があるのは自分たちだ。美しかったことはすべて醜くなる。極めて魅力的に見えていたことが、ひどく苦いとわかる。

問題のすべては、人がどんな選択もなしに生きられるかどうかだ。何が来ようとも、楽しみなさい。それが過ぎ去り何かほかのものが来たら、それを楽しみなさい。昼は素晴らしい、だが夜もそれなりに素晴らしい——どうしてその両方を楽しまないのか？　その一方に執着しなければ、人はその両方を楽しめる。

だから無選択の人だけが、生のジュースを全部搾り取る。決して惨めになることはない。何が起ころうとも、彼はそれを楽しむ方法を見つける。そしてそれこそが生のアートのすべてだ——それを楽しむ方法を見つけるということが。だが根本条件を覚えておかなければならない。それは無選択であれということだ。そして油断がなく、意識していて、注意深い時にのみ、人は無選択でいられる。そうでない限り、人は選択に陥ることになる。

だから無選択でいることと気づきとは、辞書の中では別な意味だが、存在の中ではそうではない。その二つは同じ意味だ。無選択でいるか、気づいているか——それは同じことだ。そうなれば、人はあらゆるものを楽しめる。成功が来たらそれを楽しめる。失敗が来たらそれも楽しめる。健康ならそれを楽しめばいいし、病気ならそれを楽しむことができる——何しろ、何にもどんな執着も持っていないのだから。自分の命をどんなものにも閉じ込めていない——あなたたちの生は、自由な動きだ。それは時と共に動き、存在の車輪と足並みをそろえて動き、決して遅れない。

生とは確かにアート、すばらしい芸術だ。そしてその最も短い公式が、無選択の気づきだ——あらゆる状況に、あらゆる問題にこれは適用できる。

眠りの中で醒めているように自分に言い聞かせ始めるようになってから、三つのことが浮かび上がって来ました。一番目は、自分の夢が、眠りのより深い方へ退却しているらしいということ、二番目は、夢の中に意識が入って行くと、自分がすぐ目が醒めるということです。これは夜の間に何度か起こることがあります。そういう時、私は再び眠りに入ろうと努力します。三番目は、私の一部が夢の出し物を見ることを楽しみ、眠りが来るとすぐにそのショーが始まることを、大はしゃぎで待ち受けている部分があるらしいということです。

この私の地下室の暗い一隅を、あなたの松明で照らしていただけませんか？

あなたは三つの事に気がついた。だが実際には四つのことが起こっており、その四番目こそが一番重要だ。あなたが数え上げられなかったその一つは、あなたの中のある部分がそれに気づき、それを見ているということだ。その部分は、その三つすべてに気づいている。夢がより深く無意識の中に入って行くということ、あなたが夢だと気づいたときに、いつでも目が醒めるということ、そしてあなたの中にその夢を楽しんでいる部分があるという、その三つのことにだ。その三つはすべて真実だ。だが、四番目ほどに意味が深くはない——その三つの事に気づいている者ほどには。

だから、今していることを続けなさい。ただ、その四番目も意識するようになりなさい。その四番目にもっと注意をはらい、もっとエネルギーを注ぎなさい。それこそが、あなたの中での唯一の本物——観照者だからだ。

その三つはすべて、徐々に消えていく。まず、夢はより深く無意識の中に滑り落ちて行くが、あなたが続けていれば、夢は無意識のどん底に行き着く。そうなれば、夢はもうそれ以上は逃げられず、あなたと対面せざるを得ない。

もしその訓練を続けていれば、あなたは毎回目が醒めるようになるだろう。それが夢だと気づくようになるからだ。重要なのは、あなたの訓練がますますしっかりしたものになってくるにつれ、目が醒める回数はだんだん少なくなっていくことだ。なぜなら、夢がますます少なくなるからだ。

三つ目は、時が経つにつれて、その夢見を楽しんでいる一部とは、あなたが目覚めている生活でそれを許さず、満たされていなかった部分だとわかるだろう。そこには楽しめることが実にたくさんある——その多くは子供っぽく見える。それを楽しまないのは、人が何と言うかと気にするからだ。浴室の中では誰でも、人前ではしないようなことをして楽しむものだ。鏡の前でしかめっ面をしてみたり……。楽しみたがっているマインドの部分を、あなたが許してあげたら……それは単に、真面目になるように強制された、まさしく幼年期からの抑圧された部分だ。どんな子どもも真面目に生まれては来ない。あらゆる子どもが喜びに溢れ、どんな楽しみごとにも、すぐに応じる用意がある。だが大人の社会は、彼ができるだけ早く大人になることを望む——すぐに年を取れないなら、少なくとも作法だけでもと。

この抑圧された部分があなたの夢を楽しむ。もしあなたがこのことを——世間がそれをどう思うかというようなことを気にせずに、ささやかなことを楽しむことを許したなら……。人の意見など何の意味もない。人は、他の誰かの意見に合わせてではなく、自分自身の内なる源に従って自分の人生を生きることだ。もしこの部分を許せば、夢の世界から消えることになる。それは他に満たされる道がないために、夢の世界に入る必要があったのだ。

全体の場面のすぐうしろにいて、起こっていることすべてを見ている観照者にもっと注意を払いなさい。やがてその見張りしか残らない日が訪れる。自分自身の眠りを見ることができる日が……。そして、眠りを見ているということが、眠りを妨げることではないことを覚えておきなさい。見ているということは行為ではない。この見ているという言葉は誤解を招く。それは行為ではない。それはちょうど鏡のようなものだ。鏡は物事を映しはするが、映すことは行為ではない。前に来たものがすべて映るということは、鏡の本質であるだけだ。

全く同じことが「観照」にも当てはまる。それはまさに鏡に他ならない。それは人の目覚めも映せるし、その眠りも映せるが、決して何一つ邪魔はしない。自分が寝ているのを見るのは素晴らしい経験の一つだ。そしてこのことが目覚めている自分を見るための基礎になることになる。

最終的にこのことは、自分が死んでいくのを見るのに役立つ。この見ているものは永遠だ。それは不死だ。それは眠っている自分を見ることもできるし、自分が死んでいるのを見ることもできる。

アレキサンダー大王が、インドで一人の神秘家を脅迫した。彼は鞘から剣を抜き、こう言った。

「お前が余と一緒にギリシャに来なければ、お前の頭を切り落とす！　瞬く間に、お前の首が地面の上に転がることになるぞ」

神秘家は言った。「待つことはない。やりなさい。あなたは地面に転がった頭を見ることになるだろうが、私もその地面の上の頭を見るだろう」

アレキサンダーは若干訝りながら言った。

「どういうことだ。地面の上の頭をお前が見るとは？　お前の頭が地面に転がるのだぞ！」

神秘家は言った。「その通り。私の頭は地面の上に転がるだろう。だが私の実在は、私の頭や私の肉体よりも遥かに大きい。あなたは私の肉体をすべて切り刻めるだろう、だがあなたがそれを見ているのと同じように、私もまたそれを見るだろう。唯一の違いは、あなたには私が見えないが、私には私の身体を切り刻んでいるあなたが見えているということだ。それこそが神秘主義の秘密のすべてだ。

だから待つことはない、首を切り落としなさい！　いずれにせよ、この頭はこれ以上あっても仕方がない。私はこの頭を使って、もはやそれが必要のない地点にまで来た。そして身体の他のどの部分でも切るが良い。もし切るのが楽しいのなら、気の済むまで――百にでも二百にでも切り刻むがいい。しかしいいかな、私を脅迫することはできない。なぜなら死は、私にとって何の意味もないからだ」

これは難しい。このような人を傷つけることは、アレキサンダーのような人間にとってさえ難しい。彼は剣を収めて言った。「お許し下さい。私は東洋の神秘家がどういうものかを知らない。ただ私の師が――彼の師はアリストテレスだった――私が戻るときに、インドからサニヤシンを連れてくるようにと頼んだものですから。師の求めは無視できません。これまでたくさんのサニヤシンと話したが、連れて行くだけの価値があるようには見えなかった。あなたこそ、師のアリストテレスが会えば喜ぶという人だ。だがあなたは喜んで行こうとはされない。あなたが望むものなら、私はどんなものでも与えよう。あなたは王の客人として遇されることになる。宮殿に住まわれ、あなたのためにあらゆる便宜がはかられるでしょう」

だが、その神秘家は言った。

「とうてい無理だ。私は決して誰の命令にも従わない。あなたは最初に間違いを犯した。あなたは私に命令をした。もしあなたが私に請うていたのなら、私は行ったかもしれない。だが今となってはもう遅い。しかもあなたは私を脅迫した。自分が誰を相手に話しているのかもわからない人間と、私は行く訳にはいかない。あなたはただのあきめくらだ！　東洋では、誰もこういう人間を脅迫したりはしない。自分の師に、もし本物のサニヤシンに出会いたいのなら、自ら出向いて来なければならないと告げなさい。それしか方法はない。本物のサニヤシンなら、誰一人あなたと一緒には行かない。その理由は単純で、そういう人たちは自由に生きているからだ。たとえそれが黄金の檻であっても、囚人になることはあり得ない。ただこのことを、あなたの師に伝えなさい。そして彼に、あなたは何一つ意味のあることを教えてはいないと告げなさい。彼はただの教師で、導師ではない」

遥か遠くから、ただアレクサンダーと彼の振る舞いを見ただけで、この神秘家はアリストテレスに関して非常に有効な結論を推測した――アリストテレスはまさに教師であって、導師ではなかった。彼は論理家に過ぎなかった。彼は知るに至った人間ではなかった。

この神秘家に会った後に、アレキサンダーはアリストテレスへの興味までも失った。それもそのはずだった。彼はアリストテレスが貪欲で臆病なことを知っていたからだ。アレキサンダーが子供の頃、アリストテレスは彼に勉強を教えに来ていた。だがアレキサンダーは、「馬になれ、僕は今日は勉強はしたくない。僕はお前の上に乗るんだ」とよく言ったものだ。そしてアリストテレスは馬になり、アレキサンダーは彼の上に乗ったものだった。

今やアレキサンダーは別種の人間に出会った。その人間を抜き身の剣で脅すことさえできない。彼は彼の頭を切り落とすよう促した。しかもあろうことか……「私もそれを見ていよう」と彼は言ったのだ。見ること、目撃することは肉体とも、マインドとも完全に別のものだ。

最も重要なことは、その訓練を続けるということだ。そうすればゆっくりゆっくり夢は消えて行き、それとともに、だんだん目が覚めることもなくなって行くだろう。待っている間、それがどんなに子供っぽく見えるものであっても、あらゆる類のことを楽しみなさい――少なくともここに、私の許にいる間は、誰もあなたを裁くことはない。

これがミステリー・スクールについての、根本的なことの一つになるだろう――誰についても決して判断しないということが。誰もが自分がしたいと思うことを、そうするのが好きなことをして、それを楽しまなければならない。そして見ていることだけが残る。それこそが、あらゆる角度から、私があなたたちに到達してもらいたいと思っている源だ。

私たちの質問へのあなたの素晴らしい解答を聴いていると、私は自分の肉体がますますあなたのメロディと調和していくのを感じます。時にはそれは、クンダリーニ瞑想の第三ステージでの、ある経験を思い起こさせることもあります。

これについて何か理解を与えていただけますか？

それはまったく申し分ない。私の言葉を聴くことは、少なくとも私の人々にとっては、瞑想になるべきだ。それは単なる講義ではない。大学で聴いたり教会で説教を聴いたりするように、聴くべきではない。その目的はまったく別だ。

その目的は、あなたたちの中に沈黙を生み出すこと、私のリズムと同調するような、あるリズムを生み出すことだ。それは徐々に徐々に、独りでに起こり始める。あなたたちは何をする必要もない。ただ、そこにいなければならないだけだ。そうすれば、それはほとんど瞑想になる。それはクンダリーニかもしれない、ダイナミックかもしれない、ヴィパサナかもしれない、どんな瞑想でもあり得るだろうが、その精髄になるだろう。

一人、マハヴィーラだけがこの点でユニークだ。全歴史の中で彼だけが、弟子が全身全霊で耳を傾けるなら、他に何一つする必要はない——どんな瞑想も、どんな修行も、ヨガも、他のどんなことをする必要もない、と言っていた。彼は二つの道があると語った。一つは修行僧《モンク》の道、もう一つはシュラヴァカの道だ。シュラヴァカとは『聴く者』の意味だ。そして彼によれば、間違いなく聴く者の道の方が遥かに高い。

もしそれほどに全身全霊で、それほどに強烈に聴けたら、それ自体一つの瞑想になる。他に何もする必要がない。修行僧は多くのことをしなければならない。だが何という運命の不思議か、ジャイナ教でさえも、モンクの方がシュラヴァカよりも高いとされている。

シュラヴァカは何もする必要がないので、誰もシュラヴァカの方が当然より高く、より優れているという現象を調べようとはしない。その人はハートで聴くことに専心し、そして変容される。だが世間では、苦行をし、断食をし、自分を苦しめる者の方が……ジャイナ教においてさえ、そうする者がより高いとされるようになった。

そこには第二の理由もある。それは、マハヴィーラと共に、『聴く者』（声聞《しょうもん》）が消えたということだ。その後、人が聴くだけでその人を到達に導けるような者はいなくなった。今では、マハヴィーラの信者はすべてシュラヴァカと呼ばれる。そして僧侶は今でも、その厳しい修行の故に威信がある。おそらくジャイナ教の僧は、あらゆる宗教の中の誰よりも最も苦行的な、最も自らを苛む存在だろう。当然、彼はより高い者となった。

そしてシュラヴァカという言葉は、完全にその意味を失った――第一の理由は、マハヴィーラのような質を持った聴くべき対象が誰もいなかったことだ。そして第二には、たとえそういう僧侶たちの言葉を聴いても何も起こらない。したがって当然そういう僧侶はより高い者となり、声聞《しょうもん》はより低い者となった。私がジャイナ教の会議で、シュラヴァカは僧よりも高い存在だと言って初めて問題を提起したとき、それはみんなに衝撃を与えた。二十五世紀もの間、誰一人そんなことは言わなかったからだ。

シュラヴァカ（声聞）はその意味を失った。それはただの追従者、信者となった。その意味は『聴く者』だ。シュラヴァンとは聴くこと、そしてシュラヴァカは聴く者、正しく聴く者の意味だ。だがマスターが必要だ。あるいは、松の木々を通り抜ける風の音を聴けるほどに知性のある人なら――その効果は同じだ。

あるいは水の音、海の波が、絶えず寄せては岸に飛沫《しぶき》を上げているのを聴ける人なら……。

もし人が静かに座って永遠に打ち寄せる波の音を、あるいはただ外で座って鳥の声を、あるいは周りで起こっているどんな音でも……たとえ人混みの中にあってもそれを聴いているなら、もし彼がただ、どんな判断もなく、あたかもマスターの言葉を聴いているかのように、人混みの音を聴くなら……。何の音を聴いているかは問題ではない。ただ自分の全身全霊でもって、聴いているかどうかの問題だ。そうなれば、それは瞑想状態を呼び起こす。

トランスのような状態は、意識より高かったり低かったりすることがあり得るのでしょうか?

トランスのような状態は、常に意識より低い。それは常に無意識だ。それは非常に意味ある質問だ。なぜならそれは、何世紀もの間、避けられ議論されることがなかったからだ。

ラーマクリシュナのように、ごく容易にトランス状態に入る人たちがいた。最後にはラーマクリシュナは光明を得た。だが光明を得たのは、彼に〝見ている〟ということを教えたマスターに出会ったからだ。それ以前は、彼は悟った人間ではなかった。だが彼は極めて素朴な、非常に自然な、非常に愛すべき人間だった。そして彼は何かを見るだけでトランス状態に入ったものだった。たとえば、彼がある湖のそばを通りかかったことがある。夕方で太陽は沈みかけており、黒い雲があった——今にも雨が降って来そうだった。彼が通りかかると、その湖のそばで休んでいたに違いない二十羽を超える鶴がその物音に驚いた。ラーマクリシュナの来る音を聞きつけて、鶴は突然飛び立った——黒雲を背景にして、二十羽を超える白い鶴が一列になって飛び、その下には美しい日没があった。その場で、彼は突然トランス状態に陥った。彼は家まで運び込まれなければならなかった。彼が意識を取り戻すまでに三時間かかった。その美しさだけで充分だった。だがそれは、超意識の状態ではなかった。それは途方もないくつろぎだったが、それは意識以下の状態だった。

インドには回教徒がいる……。インドは回教国ではないのに、インドの回教徒人口が全世界で一番多いことを知ったら、みんなは驚くだろう。他のどの国にも、ここ以上の回教徒人口は存在しない。彼らは毎年ある祭を催し、そこでは聖者たちがトランス状態の人たちの所に戻ってくると信じられている。だから聖者の墓があるところでは、どこでもたくさんの人々がトランスに入ることになる。そしてときどき、何人かの者がトランス状態の中で話し始める。何かの質問をすると彼らはそれに答える。それらの解答は、その聖者の魂から与えられているのだと考えられている。

私は単純な理由から、そんなことを信じたことは一度もなかった。第一に、その聖者について私が聞かされたことは全て、彼が聖者であったということを私に納得させなかった。ただ人間であるために必要な単純な質すらなかった。たとえば、回教徒はみんな肉を食べる。そしてたくさんのヒンドゥ教徒を改宗させれば、彼らは聖者になる――たとえ剣によってであろうと、改宗させるためにその人たちを殺そうともだ。彼らにはたくさん妻がおり、しかも大部分はその家に強制的に連れてこられたヒンドゥ教徒の女だった――ところが、ヒンドゥ教徒はまたヒンドゥ教徒で、全く別な世界に住んでいる。もしある女性が一夜を回教徒の家で過ごせば、その女性は戻っても受け入れてはもらえない。彼女は堕落したのだ。だからその女性にとっては、回教徒になるか自殺するしか道はない。自分の家の扉は閉じられるのだ。

だから私が生まれた場所で聖者について何を聞かされても、私にはその中に何一つ聖者風のところがあるとは感じられなかった。そしてさらに、回教徒はキリスト教徒やユダヤ教徒と同じく一度の生涯だけを信じているが、私はそれを受け入れられなかった。なぜなら、生涯とはつぎつぎと絶え間なくやって来るというのが私自身の経験だったからだ。人は一つの生涯を持つのではない。たくさんの、何百何千という生涯がある。だから人が死ねば、本人が一つの生涯を信じていようといまいと関係なく、その人は別の生涯に生まれなければならない。そうなると、三百年の後に生まれて来るのは、一体誰ということになるのか？

私は非常に幼かった。このトランスという現象、トランスに入り解答するこの人々に興味を持ったのは、私が十歳の時だったに違いない。人々は彼らを礼拝し、果物や菓子やお金や衣類を持って来ていた。私は彼らのすぐそばに座って長い針を持ち、その針で彼らを激しく突っつき続けたものだった。そして、彼らは私がそれをするのを妨げようとし続ける――そして彼らはトランスに入っている！　彼らが解答していると、その解答の途中で……私が針でつつくものだから！

彼らのやり方では……。彼らはその聖者の墓場から棺桶を引き上げ、一番深いトランスに入った者が、それを自分の腰の所に持って行く――ある準備がしてあって――彼がそれを掴むのだ。そこにはロープが、四本のロープがついていて、他の四人の人間がそのロープを握り、彼が踊る。そして私は私の仕事を続ける。何しろそれは見せ物なのだ。だから当然、彼が人一倍踊ることになる。他の誰よりも高く飛び上がる。当人は私に腹を立てたが、彼の所にはより多くの菓子やお金や衣類が集まり、より多くの人々が彼を礼拝することになった。実際彼が、最も深いトランスに入った一番偉い人になるのだった。

だから後で私と会うことがあると、「痛かったぞ。だがまあいい。お前は来てもいいよ……」と言ったものだった。

私は言った。「実際の所、僕に分け前をくれなきゃ。あれが全部あんたの所に行ったのは、あんたのトランスのためじゃなくて、僕の針のおかげなんだからね。だから、もし分け前をくれないんなら、僕は相手を変えてもいいんだ。他の所に行くことだってできる。踊っているのは十五人もいるんだから」

「駄目、駄目」と彼は言った。「行っちゃ駄目だ。分け前を取ってもいいよ。お前がいなかったら、ああはいかないんだから」

このことが……やっと他の者にも、事情が飲み込めてきた。どこでもその男の子のいるところに、そこだけに霊がやって来るのだ。それで他の者たちも私に、「どこでもお前がいる所に霊が現れるってのは、どういうわけなんだ？」と訊いた。

「僕は霊的な人間なんだよ。もしその味を知りたいんなら、あんたの所に行ってやってもいいよ。人が集まるよ。でも僕に腹を立てちゃ駄目だぜ」

彼らは誰一人、トランス状態になど入っていなかった。私は全員を試してみた。トランス状態に入っていた者は一人もいなかった。みんな芝居をしていたのだ。だが何千人という人たちが信じる。人がトランス状態に入ることはあり得る。だが、本当は一種の深い催眠状態なのだ。別に害はないが、霊的なものなど何もない。決して超意識の状態ではない。

彼らの間で私があまりにも知られるようになったから、祭の前のある日、彼らは私の所にやって来るようになった。「頼むから俺を手伝ってくれよ。他の誰の所にも行かないでくれ。分け前は半々の約束にするよ。とにかく俺の所に来るって約束してくれ」

私は言った。「心配しなくていいよ。様子を見てみる。何しろ他にも客が多いからね。誰が僕に一番たくさんくれるか、誰がこの針を我慢できるほど強いか……一時間や二時間は注射をし続けなきゃなんないからね。普通の人間なら泣きくずれちゃって、『もうこんなこと嫌だ。止めてくれ！　この針はあんまりだ』って叫び出すかもしれないよ」

私の所にやって来て、「もう少し小さい針を持ってきてもらう訳にはいかないかな」と訊く者も二、三いた。

「駄目だよ。これは特別の針なんだ。この針でないと僕は仕事ができない」と私は言った。

私の父は「あの回教徒たちはどうしてお前の所に来るんだい？――それも祭の直前に？」と言った。当日、彼は見ていた。「お前の所に来る者をほとんど十人も見かけたぞ。私には何が何だかわからない。どうしてなんだ?」と言った。

「お父さんにはわからないよ」と言って、私は父に針を見せた。

「意味がわからないな」と父。

「これが彼らのトランスなんだよ」と私は言った。

「何てことだ。それじゃお前はそういう仕事をしているわけか!」と父は言った。

私は言った。「彼らが仕事をしているんだよ。僕はただのパートナーさ。それに僕の仕事はとても簡単なんだ。僕はただこの針でもっともっとエネルギーを与えて、人を他のものより飛び上がらせ続ければいいだけなんだ。すると勿論、もっとたくさんの人が彼の所に来るってわけさ。他の連中は自分の所に誰も来ないのを見て、だんだん調子を落とすんだ。彼がこの祭全体の中心になるんだよ。それにもし連中が僕に分け前を半分くれるんだったら……」

父は言った。「お前は変な奴だな。私は寺に来るようにお前にいつも言ってきた。どうしても来ないと思ったら、お前はモスクに行ってこんな仕事を始めていたんだな。しかもその仕事と来たら……もし誰かがこのことに気づいたら、町中大騒ぎになるよ——お前がトランス状態に入っている人の邪魔をしているなんて」

私は言った。「心配要らないよ。そんなこと言えるのは誰もいないから。だって僕は連中をみんな知っているんだもの。それにみんな僕を頼りにしているからね。連中のトランスは僕の針のおかげなんだ。僕がこの仕事を始める前は、連中はただ、死体があんまり重いもんだから、ゆっくり飛び跳ねていただけなんだ。連中には何かエネルギーが必要なんだ」

「お前の言うことはわからない。お前はこの針のことをエネルギーだって言うんだね」と父は言った。

「やって来て、見たらいいよ」と私が言ったので、父はやって来た。父は私を見、私が側に付いている人間が一番たくさんプレゼントをもらい、高く、より高く飛び上がっているのが本当だということを知った。彼はその人間の顔に……私がその針を使う度に、彼の顔が引きつるのを見ることができた――何しろそれは大きい針だった。それは競争の問題でもあったわけだ。この十五人の連中……他の誰かに何かを言う者など、誰もいなかった。そんなことをしたら、自分のことを暴露することになるのだから――自分たちがみんな偽物で、一人も本物などいないということを。

世界中のあらゆる回教徒の国々で、毎年こういうことが起こっている。そして何百万という人々が騙される――そこには入神状態《トランス》などない。

トランスというものはあり得るが、そのためには自己催眠についての、ある程度の訓練が必要だ。あるいは、人には意識を失う生まれながらの傾向があるかもしれない。あなたは極めて薄い意識の層を持っているかもしれない。そしてあなたは――ラーマクリシュナのように、非常に深くあなたに影響を及ぼすものなら、何によってでも無意識になるかもしれない。そうでない場合には、訓練が必要だ。だがその訓練は、人を無意識に導く。それは精神的な成長ではない。

人は意識的に、より意識的にならなければならない。私のプロセスが、まず意識の最高の高みに到達し、それから後ろに戻って来るのはそのためだ。そうなれば自分が持っている光と共に、その洞察と共に自分の存在のより深い暗い部分に降りて行くことになる。今度はその人は光と共に行く。そして何処に行こうとも、そこには光があることになる。

あなたたちの無意識には宝物がある。あなたたちの集合無意識には宝物がある。あなたたちの宇宙無意識には宝物がある。だがあなたには光が必要だ、油断なく目覚めていることが必要だ。自分自身が無意識だったら、その深い無意識のマインドの三つの層の中で、どうやって宝など見つけられるだろう。

第十四章

ただ祝うことによって……

Just by Celebrating…

あなたは私たちに、一度も導師《マスター》になることのなかった光明を得た存在がたくさんいた、とおっしゃったことがあります。私にはそのことの方が、誰かがなぜ、またどんなふうにマスターになるのかということより理解し易いように思います。あなたが受けている処遇を見ていると、不思議でなりません。各国の政府はあなたと闘い、あなたの入国を許さず、あなたを刑務所に入れます。大多数の人々は、あなたが何者なのか、どんなことを言っているのかを知ろうとさえしません。そしてあなたを愛し、あなたの言葉を聴いている僅かな人たちも、眠りながらあなたのところにとどまっています。

マスターとなって私たちの目を覚まそうとするのは、あなたが選んだことなのでしょうか、それともそれは存在の決定だったのですか？　光明を得た存在がマスターになるかならないかは、誰が決めるのですか？

光明を得た人は、決定を下すことを超えている。だからまず理解すべきことは、彼が決定を下すことはないということだ。決定とはエゴの一部だ。それは本質において、これをすべきかあれをすべきかという闘いだ。そしてエゴは、自分の方が存在より賢いと思っている。ひとたびエゴが消えれば、意志決定もなくなる。

光明を得た人はどんな決定もせず、どんな目標も持たず、どんな憧れもなしにただ生きる。彼は、どんな決定も存在に反することになるような地点に来ている。こういう実存的な人にとっては、決断することのない手放し《レット・ゴー》しか道はない。だからそれは決定の問題ではない。何千人という人が光明を得たが、ごく僅かな人しか導師にはならなかった。そこでマインドは当然、その僅かな人たちが導師になるように、そして残りの人たちがただ宇宙に消えてしまうように、誰が決めるのだろうかと考える。誰が決めるのでもない。

事の起こり方は、意志決定とはまったく別だ。これまで導師たちが存在し、光明を得た人たちが存在したが、また光明には他の領域も存在した。詩人が存在し、画家が存在し、彫刻家が存在し、歌う者も、踊りを踊る者も存在した。そういう違いは、それぞれのユニークな個性によって起こる。

人が光明に達すれば、そこにはどんなエゴもどんな人格も存在しないが、個性というものがないわけではない。実際、いったん人格とエゴが存在しなくなれば、唯一純粋でユニークな個性だけが残される。その人の独自性が残る。だから光明を得た人たちは誰でも、光明にその人のユニークな個性をもたらす。

その人のユニークな個性が画家になる能力を開発したなら、その人が自分の画家としての可能性を発見したなら、その人は自分の光明にその貢献をもたらす。光明を得た後、その人は絵を描くだろう。もちろん、その絵は別なものになるだろうが。光明を得る前と光明を得た後では、その絵はまったく別なものになるだろう。

私は何度もあなた方に、象を見に来た五人の盲人の話をしたことがある。これは最も古い話の一つで、一人一人それぞれが異なる側からその象を見、その象に触る……脚に触る者もあれば、耳に触る者もあるといった具合だ。そうして、みんなで議論する。象の脚に触った者が、象とは寺院にある柱のようなものだと断言するとき、彼は嘘を言っているわけではない。本人は、自分の経験を話している。だがそれは、象の全体を見たことがある者にとっては、まったくの偽りに見える。

ある本質的なことを理解すべきだ。部分を全体にしようとすれば、人は常にこれと同じ盲目状態に陥るということだ。その盲人は象の一部に触っているだけなのに、その部分を全体の象にしている。当然彼は、葛藤に陥ることになる。

象の耳に触っている者は、「お前が言っていることは、まったくナンセンスだ」と言う。インドでは電気が入る前は、金持ち連中のところには大きな団扇があったものだ。そして、二人の召使いが側に立って、絶えず彼らを扇ぎ続けたものだった。その団扇は象の耳に似ている。そこで最初の男は、「そんなことはあり得ない。象とは団扇に似たものだ！　お前の言うことはあまりにかけ離れていて、考えるにも値しない、こじつけだ」と言う。

だが、三人目はまた別の部分に触っていて、五人全員で大変な哲学的論議に陥る。これは五千年の昔からの古い話だ——これは実は、哲学者に関するものだ。これは盲人の話でもなければ象の話でもなく、哲学者についての話だ。哲学者も盲人なのだが、何でも自分の失明中に突き当たったものを、全体系に仕立て上げてしまう。だからそれは、本当の全体に対しては何の関連性も持たない。彼ら自身のマインドではそれは完全なものと思われ、人々がなぜその完全な体系に議論を吹きかけるのか信じられない。過去何世紀もの間、哲学者たちは議論し続けて来たが、なお結論に達することはない。それぞれの前提が違うのだから、どんな結論にも達しようがない。しかもその前提に、彼らの全体系が依存している。この五人の盲人は、未だにどんな結論にも達していない。彼らは今でも議論している。そして彼らが何らかの結論に達することは決してない。時代から時代へと、この五人の盲人は象を見に行き、闘い、議論するだろうが、どんな結論もあるはずはない。

光明を得た人は全体を見る。光明を得る前は彼は断片しか知らず、その断片を絵に描いていた。今や彼は、全体を指し示し得るような何かを絵に描く。誰が決めたのでもない——存在も、その人も。それはただ、その人が光明を得る前に培ってきた個性が、存在が絵を描くための媒体になっただけのことだ。

ある者は音楽を作る技を培って来た。その人の昔の音楽は、今作曲している音楽とは比べものにもならない。何しろそれは盲人の展望だったのだから。今や彼は全実在を見ている。だから全実在が、何らかの意味で、その音楽に反映し得ることを彼は知っている。彼の音楽を聴くことで、絶えず考えているマインドから、ノーマインドへの状態へと人は運ばれることになる。

また詩人は、自ら詩人であり続けようと決めるのではない。そして存在が彼を詩人になるように選んでいるわけでもない。彼が明瞭に表現する技を持っているのだ。マスターについても同様だ。

みんなにもわかるはずだ。大学に行って見てみればわかる。実にたくさんの教師がいるが、他に収入の道が見つけられなかったために、そこにいるに過ぎない教師たちがいる――大学の教師など大した収入があるわけではないが。彼らは教師として生まれついてはいない。そういう人たちが教師になったのは、状況に強いられたからだ。さもなければ彼らは収集家に、警察官に、陸軍士官に、海軍士官に、政治家になりたかった。だが彼らは自分が望むことをうまく実現できなかった。そしてできたのが、教師になることだった。


私は大学にいたが、ほとんど教師の九十九パーセントは、望んでそうなっているのではなかった。だから彼らにとって、教えることはまさに重荷だ。私は、自分のノートを三十年間持ち続けていた教師達を知っている。大学で三十年間教師をしていて、そのノートは彼らが学生だったときに学んだ自分のノートだった！　その同じノートを毎年毎年、学生を前に繰り返している……教えることに喜びなどなく、その三十年間の中で起こったことを探求してもいなければ興味を持ってもいない。教えることは、こういう人たちの仕事ではない。彼らは偶然の立場に置かれたに過ぎない。

おそらく教師として生まれついたと言い得るのは一パーセントに過ぎないだろう。そういう人たちはその仕事を楽しんでおり、教えることをうれしく思っている。そういう人たちは、主題についてできる限りたくさんのことを発見しようと試みる。彼らはあらゆる質問に開いており、もしそれを自分が知らなければ、「私にはわからないが調べてみよう。君もそれを調べてみなさい」と言う勇気を持っている。彼らの取り組み方を見れば、彼らにとって教えることが、まさに呼吸そのもののように自然なことがわかる。彼らはノートを持ち運ばない。教えることは彼らの愛なのだ。
もしこの一パーセントの人たちが何かの拍子で光明を得られれば、そういう人が導師になる。誰が決めるのでもない――存在が決めるのでも、導師その人が決めるのでもない。彼にはある個性があって、それを彼は存在に捧げる。もし彼の個性に導師であるべき潜在能力、理路整然さがあるなら、存在がその人を導師として使うことになる。

普通の人の目につくような特別な才能を持たなかったために、人生を送り、死んで行った何千人という光明を得た人がいることをあなたたちは知らない。その人たちにはある独自性があったかもしれない。例えばその人たちは、沈黙しているという途方もない質があったかもしれない。だが、それはあまり人の目につくことではない。

私がボンベイにいたとき、ボンベイに住むある光明を得た人を知っていた。その人の唯一の才能は、砂で素晴らしい彫像を創ることだった。あのような美しい像を、私はこれまで見たことがない。一日中彼は浜辺でそういう像を創っていた。そして何千人という人々が、それを見て驚嘆したものだ。彼らはゴータマ・ブッダの像やクリシュナの像やマハヴィーラの像も見たことがあったのだが、比較にもならなかった。しかも彼が創っていたのは大理石ではなく、ただの浜辺の砂だった。ルピー紙幣を喜捨する者もあったが、彼はまったく気にしなかった。私は、他の者がその紙幣を持ち去るのを見たこともあったが、彼はそれすら気にかけていなかった。それほど彼は、その像を創ることに没頭していた。だがその像は長くは保たれなかった。海の一波が来れば、そのブッダはいなくなった。

光明を得る前に、彼はそんなふうな稼ぎをしていた。一つの町から別の町に移りながら、砂で像を創っていた。それが余りにも素晴らしかったものだから、みんなは彼に何かを喜捨せずにはいられなかった。彼にはたくさん稼ぎがあった。一人で生きて行くには充分だった。

今や彼は光明を得ていたが、しかし彼にはたった一つ、砂で像を創るという才能しかなかった。もちろん彼が、光明を指し示さないような像を創ることはないが、彼が捧げられるのはそれだけだった。存在はそれを使うことになる。彼の像はより瞑想的だ。その砂の像の側に座っているだけで、彼がその像に与えた均整、姿、ある相貌が感じられ、それが見る者の心に何かを生み出した。

私は彼に尋ねた。「どうしてゴータマ・ブッダやマハヴィーラを創り続けるんです？　あなたならもっと稼げるはずだ――だって、この国は仏教徒の国ではないし、ジャイナ教徒はごく僅かしかいないんだから。あなたならラーマやクリシュナだって創れるのに」

だが彼は言った。「それでは目的を果たさないんだよ。彼らは月を指し示していない。それも美しい像だろうが――私は以前、そういうものを全部創っていた――だが今は、たとえそれが大抵の人の、ほとんど誰の目にも見えなくても、ある教えを指し示すものしか私には創れない」

私がボンベイに行ったときにはいつでも……。私がそこに定住するようになったときは彼は死んでいたが、それ以前はそこに行ったときにはいつでも、私は決まって彼を訪ねることにしていた。彼は当時ジュフー海岸で仕事をしていた。あそこは一日中静かな所だ。人々がやってくるのは夕方になってからで、その頃までには彼の像は仕上がっていた。一日中、何一つ邪魔になるものもなかった。

私は彼に、「あなたなら彫像を彫れるのに。どうして大理石で創らないんですか？　そうすれば永久に残るのに」と言った。

彼はこう言った。「何一つ永遠のものはない――これはブッダの言葉だ――だからこういう像の方が、どんな大理石の像よりもゴータマ・ブッダをよく表している。大理石の像にはある永続性があって、こういう像は束の間のものだ。ちょっと強い風が吹けば消えてしまうし、海の波が来ても消えてしまう。子供が走ってぶつかってもこの像は消えてしまう」

「一日中仕事をしてその像が仕上がるばかりになって、何かが起こって一日の仕事が無駄になってしまったら、嫌な感じはしませんか？」と私は言った。

「いいや。存在はすべて束の間のものだ。がっかりするなんてことはないよ。私はそれを創るのを楽しんだし、海がそれを壊すのを楽しんだのなら、二人で楽しんだわけだ。私は創るのを楽しんで、海は壊すのを楽しんだ。となると、存在の中で喜びが倍になったわけだ――どうして私ががっかりしなければならない？　波は砂に対して、私が持っているのと同じだけの力を持っている。おそらく私以上だろうよ」と彼は答えた。

私が彼にこうして話しかけていると、彼はこう言った。「君は少し変わっているね、誰も私に話しかけたりはしない。みんなはお金を投げるだけだ。みんなは像を楽しむが、私を楽しむ者なんか誰もいない。だけど君が来ると、私は本当に嬉しいよ。私を楽しむ者がいるんだから。この像だけでなく、その内なる意味を、私が何故それを創っているのかに関心を持つ者がいるということでね。私には他に何もできない。私は生涯、こんな像を創って来た。私はそれしか知らない。そして今や私は、存在に明け渡した。今度は存在が私を使うことができる」

こういう人たちは、人に知られることがないままだ。ある踊り手は覚者《ブッダ》かもしれないし、ある歌い手がブッダかもしれない。だがそういう人たちは、人に認められることはない。それは、その人たちの物事のやり方が教えにはなり得ない、という単純な理由による。彼らのやり方では、人々が眠りから目を覚ますのを実際に助けることができない。だが、その人たちは最善を尽くしている。どんな事にせよ、自分にできることをしている。

導師になるごく僅かな人たちは、その何回もの生涯において、ある明確性を、言葉、言語、単語の響きへのある洞察を身につけた人たち、言語の均整美と詩を身につけた人たちだ。それはまったく別なことだ。

それは言語学や文法の問題ではない。それはむしろ当たり前の言葉の中に、当たり前でない音楽を見つけるという、普通の散文の中に大いなる詩の質を生み出すという問題だ。そういう人たちは、あなたたちが言葉を超えた所に行けるように、言葉で遊ぶ術を知っている。

彼らが自分で導師であることを選んだわけでも、また存在が彼らを導師として選んだわけでもない。それは偶然の一致なのだ。光明を得る前、そういう人たちは偉大な教師だったが、光明を得たために導師になった。今やその人たちは教えることを、導師であることに変えることができる——そして確かにそれが最も難しい部分だ。

沈黙したままで、誰に知られることもなく平和に消えていく人たちは、易しい道をとっている。だが私のような人間は易しい道を採ることはあり得ない。私が教師であったとき、それは簡単な事ではなかった——導師になった今、どうしてそれが容易なことであり得よう？　それは難しいことになる。

そして洞察が大きければ大きいほど、危険もまた大きくなる。なぜなら、敵はもっと恐がるようになるからだ……敵という言葉で、私はあらゆる既得権益者のことを言っている。彼らは私を妨げ、私を不自由にし、私を滅ぼすためにあらゆることをするだろう。だがそんなことは問題ではない。私に関する限り、死は存在しないのだから。

彼らは私を傷つけることはできない。私を傷つけていると考えているかもしれないが、それは彼らの幻想だ。あらゆる厄介を起こすことで、彼らは私が言う一言一言を強調している。彼らの偏執病がその証拠だ。彼らには大多数がついているが、真理はない。私には大多数はついていないが、真理がある。そして真理は、どんな大多数よりも遥かに重い。

彼らは私を殺すことはできるが、真理を殺すことはできない。

実際は私を殺すことで、私の真理をより意味深いものにすることになる。

人々はますます、同情を感じることになる。もっともっとたくさんの人たちが、目を向けることになる……。そこには何かがあったに違いないと。さもなければ、なぜ互いに意見を異にする世界中のそれほど多くの大国が――共産主義のロシア、資本主義のアメリカ、一部の社会主義政府、すべてに関して意見が違う異なる宗教が――すべて私が危険人物であるということに同意するのだろう。

どうやら、私が言うどんな事も、すべて彼らの根源そのものを切っているようだ。だから私は心配していない。もし彼らが私を無視できたら、私は心配しただろう。が、彼らは私を無視できなかった。そして私を無視できないということで、内面深くでは、彼らは私が言う事の真理を受け入れたのだ。だから彼らは、徐々にそれに従うことになるだろう。彼らが私の名前を出そうと出すまいと、そんなことは問題ではない。

あなたたちは、もうそれが起こっているのを見ることができる。私たちがアメリカのコミューンでAIDSに対して採った予防措置はすべて……。私たちがパイオニアだったために、それを評価できるほどの高度な知識、文化を持った者たちはいなかった。世界の何処でも、そういう予防措置は採られなかった。今や彼らはあのコミューンを滅ぼしてしまった。そして今やアメリカ中の別々の州で、彼らは私たちがあの小さなコミューンで試みようとしたのと、まさに同じ方策を可決している。

何処でも私の名前が言及されることはないだろうが、そういうことはまったく肝心なことではない。他の国々でも人々は心配し始めており、彼らも同じ措置を採らねばならないだろう。フランスでは議会で同じ法案が可決されている。だが私たちがそれをしていたとき、世界中の何処にも、「我々も同意見だ」という声は一つも上がらなかった。みんなに言っておくが、全世界が同じ手段を採らなければならなくなる。彼らはそうしなければならないだろう。そして他のことについても同じことが起こるだろう。

私が言ったことはすべて――断種も受胎調節も――あらゆる国がそれをせざるを得なくなる。彼らはそれを認めようとはしない。彼らは私を非難するだろう。彼らの指導者も宗教的指導者も、私を非難するだろう。だが、彼らはそれしか道がないと知っている。人口は削減されねばならない。彼らがそれを言うかどうかは重要ではない。

私たちは、あるプログラムを考え出した。みんながそのプログラムに従うようになれば、それで充分だ。そして他のことについては、少し時間がかかるだろう。私が精神分析について言うことはすべて……。世界中の精神分析者たちは、何かが足りないのは感じているが、何が足りないのかは知らない。正確に何が足りないのかを言っている者は私しかいない。遅かれ早かれ、彼らは私を認めざるを得ないだろう。それを避ける方法はない。

真理には真実の勝ち方がある。

外側から見れば、導師の仕事は非常に難しいものに見える。それは彼が大海のような暗闇を相手に闘っているからだ。その仕事は殆ど不可能に思われる。だがマスター自身の存在の内面からすれば、何一つ不可能ではない。闇には実体がない。私たちはただ、もっともっと多くの人々に光をもたらす必要がある。そうすれば闇は独りでに消える。それは抵抗すらできない。

真理について偉大なことの一つは、それには何も議論は要らないということだ。

虚偽はそれを証明するために、実にたくさんの議論を必要とする。そしてその場合でさえ、抜け道がある。そして論理を知っている者なら、誰でもその抜け道を見つけることができる。それが見つかればその体系は完全に崩壊する。

だから体系——システム、宗教、神学、何にせよ虚偽に根拠をおくものを作り上げた者は誰でも、絶えざる妄想に陥らざるを得ない。自分たちが何世紀もかけて作り上げたすべてを、何かの真理が滅ぼすかもしれないという——。だから、彼らが何とかして自分たちを防御しようと試みるのは当然だ。だが彼らは、存在の内なる論理を理解してはいない。防御すればするほど、そこに何か防御しなければならないものが存在するということになる。そうしないと自分が暴露されてしまう。

私が人々に語りかけるのを邪魔すればするほど、それだけその人たちは自ら知らずに、私に力を与えている。自ら知らずに、その人たちは自分の弱さを証明している。知らず知らずに、その人たちは、自分が私と対決する力を持っていないことを表明している。そうでなければ、それは簡単なことだっただろう。私がローマ法王に反論して話しているのなら、ローマ法王は私を招待すればいいはずだ。私はイタリアに行きたかったが、彼は私がイタリアに入国するのを阻止している。そして彼はその阻止によって、イタリア国内に敵を創り出している。

現在、世間の様々な分野における六十五人の著名な人たち、国際的な有名人が、この政府に私の入国を許すべきだと、私の入国を妨げる理由はないと抗議している。彼らはみんな、私を阻止しようとしているのがローマ法王であると知っている。なぜならイタリアでは他に、誰も私を阻止したい者などいないからだ。だから、私の邪魔をすることで彼は友人を作ってはいない。彼は最も重要な友人たちを失っている。そんなことをいつまでできるというのか?

もし彼が自分の真実について確信しているなら、自分の仲間がいるバチカンへ私を招くのは、容易だったはずだ。そうすれば、彼はあらゆる支援を受けられ、私は孤立無援だ。ごく単純な人間的な議論をして、法王がバチカンに住むか、あるいは彼がそこを離れて私がそこに住むかをみんなに決めさせればいい! 大した問題ではない。みんながただ、手を挙げればいいだけだ。私たちは、彼にポーランドへ帰るための荷物をまとめる時間を与え、丁重に彼を送り出すだろう。

だが恐怖は大きく、それが伝染病のように広がりつつある。私が名前を聞いたことすらないような国々の中でまで、私の入国を許さないという決定を議会がしているそうだ。だが誰がそんなことを求めているのか？　たとえ私を招待する決議を可決しても、私はそこに行くつもりはない。だが彼らは恐れている。アメリカ、ドイツ、ギリシャ、スペイン、オランダ、イタリア、イギリスといった大きな国々がすっかり恐がっているのを見て——それはきっと危険人物に違いないと——小さな国々は私の入国を妨害する準備をしている。

だがこれは、コロンブスより素晴らしく、遥かにわくわくする世界旅行だった。コロンブスにあったのは自然の困難だけで——大したものではなかったからだ。今ではいたるところに人間の力がある。コロンブスは海を相手に闘ったに過ぎない。私はあらゆる人間大衆を相手に闘わなければならない。だが何も問題はない。たったの一瞬も、私はそれを難しいと感じたことはない。それこそ事のあるべき姿だ。自然が、存在が私を使っている。存在がまた、もう一方にああいう白痴たちを用意している。それはその同じ存在だ。

しかも彼らは、人々が常に陥ってきた誤りを犯している。無意識の人々にとっては、歴史はただ繰り返すだけだ。彼らは、自分たちが私を妨げられないのを良く知っている。たとえ私を殺したところで、彼らは私を妨害できない。それは彼らがその宗教、イデオロギーの根拠となる真理を持っていないからだ。私はただ、彼らに何の根拠もないことを、人々に示さなければならないだけだ。それだけで何の苦もなく、彼らはバラバラになり始めるだろう。

私は世界中から送られてくる報告を見てきた。あるジャーナリストは社説を書き、世界は第三次世界大戦に直面しているのに、あらゆる議会が私のことを議論しているのは実に不思議だと言っている——まるで私の方が、第三次世界大戦よりも危険であるようだと。そして彼は正しい。だが私のことを議論しているその議会もまた正しい。彼らは、第三次世界大戦は延期できるかもしれないが、私を延期できないことを知っているからだ！　第三次世界大戦は起こるかもしれないし、起こらないかもしれないが、私は起こってしまっている。

私はたくさんの報告を受け取っている。私に反対する文章を書いてきた人々が、彼らの記事の中で自分たちが間違っていたという謝罪を書いているという。彼らの政府の行動は、余りにも言論の自由に反しており、私に反対する文章を書いてきた人々も、自分たちの政府に抗議している。「我々は同意するかもしれないし、同意しないかもしれない。だが一つ確かなことは、その人物は入国を許されるべきだ、彼を妨げることはできない。それにその恐怖は何なのか？　なぜそんなに恐れるのか？」と。恐怖は常に自らの不誠実さ、空虚さ、偽善を示している。

だから導師が存在することはまれだが、彼は常にそういう外的状況に直面している。おそらく私は誰にも増して、そういうものに直面している。なぜなら世界は小さくなっており、しかも私は全世界を自分の領域にしてきたからだ。だが私は、そのことを途方もなく楽しんでいる。そして、たった一人の人間を相手に、全世界がどんなふうにその面子を失ったかが見られるだろう——それには若干時間がかかるだろうが。私たちはあらゆる強敵を相手に、それを達成できるだろう。なぜなら基本的には、それは存在自身の仕事なのだから。

だから私の眠りは、一瞬たりとも乱されてはいない。あなたたちは私を一つの国から別の国へと引き回していたが、私はただ眠っていただけだ！　そしてあなたたちが一つの国で働いている間、私はいつも、自分たちがすぐ移動することを望んで——ワールド・ツアーは完成されなければならない！　ワールド・ツアーが完結して初めて、私たちはどこかに落ち着くことができる。あるいは、もし途中で私たちが落ち着ける場所を見つけられたら、落ち着くことができるが——だがそれでも、私たちはワールド・ツアーを完結しなければならないだろう。もうそんなに残ってはいないよ！

それに、実に楽しい旅だった！　人類がまだ誇るに足るほどになっていないのを見れば、人は恥ずかしくなる。それがどんなに高いものにつこうとも、人類は洗練されなければならない……そしてもしそのために私たちの犠牲が必要なら、私たちの準備はできている――それが、将来どんなマスターもこういう愚かな振る舞いに直面する必要がなくなるように、人類を教化し得ると言うのなら。それならそれが、私たちの喜びになるだろう――自分たちがこの未開の、非人間的な、原始的な振る舞いを永久に終わらせたのだと。

先日あなたは、「私たちは最後の息を引き取るまで闘うだろう」という言葉で終えられました。それを聴いて私は息を飲みました。私にはその勇気があるでしょうか？　それともこれは勇気の問題ですらなく、必要なものは何であれ、私たちの集合的エネルギーからやって来るのでしょうか？

それは勇気の問題ではない。勇気は私と一緒にいるために必要だ。そしてその勇気は、あなたたちはもう示している。今や大いなる娯楽を楽しむという問題だけだ――人間の顔をしたその背後に、信じられないほどに愚かしく振る舞う、あらゆる類の動物を見るという娯楽を！

オランダでは、知識人たちから、なぜ私の入国が禁止されているのか、という大いなる抗議の声が上がっている。しかも彼らが与えた解答というのが、あまりにも馬鹿げている。私がここに座っているだけで全政府を転覆できると言うのだ。それは私がオランダに反対して話しているからだ、と彼らは言う。私がオランダに反対して何を言ったのかと訊かれて、彼らは私がローマ法王に反対して話したと言う。私にはローマ法王に反対して話すことが、なぜオランダに反対することになるのかわからない。ローマ法王はオランダの財産ではない。彼らは私がマザー・テレサに反対して、またカトリックに反対して話していると言う。そして彼らが言うには、最も重大なことは、私が同性愛に反対して話したことだという。

さてそういうことになると、オランダ全土が同性愛の国ということになる。もしオランダにいくらかでも知性があるなら、こういう政府は直ちに追い出すべきだ。この政府はオランダ全体を侮辱した……あたかも同性愛がオランダの宗教でもあるかのように！　同性愛に反する話がオランダに反することになるなら、オランダは同性愛を支持しているか、あるいはここは同性愛者の国ということになる。となると、同性愛でない人たちは、オランダが同性愛の国であるのかないのかを知るために、即時の緊急国民投票が必要であると、声を上げなければならない。そしてもし大多数が、この国が同性愛者の国ではないと投票すれば、この政府は直ちに総辞職すべきだ——政権の座につく権利を持っていない。

どうやら内閣全体が同性愛らしい。こういう同性愛者たちは、国の統治を許されるべきではない。さてこのようにして、彼らは彼ら自身の抜け道を明かすことになる——誰一人、同性愛についてなど訊いていなかったのに。だが、そこにはある種の論理がある。

同性愛とは、カトリック修道院の中で生まれたものだ。だから、カトリック教義の一部だ。もちろん、秘密の部分だが、内的な関連がある。ローマ法王はカトリックの代表だ。だからもし同性愛がカトリック修道院で生まれ、修道僧の大部分が同性愛者であり、また法王の大部分が同性愛者であったとすれば、おそらくそこには内なる秘密の位階があるだろう——一つは法王に率いられた男性同性愛者の位階、一つはマザー・テレサに率いられたレスビアンの位階だ！　どうやら両者は関連があるようだ。

それにこの解答には、同性愛が最後の、しかし最も重要な理由として上げられている。だから一つ確かなことは、この内閣では、大統領であるか首相であるか——誰であれ、同性愛者がそこにいるということだ。そういう人たちには治療が必要だ。そういう人たちに政府を任せ続けておくことは、オランダ全体の誇りに反する。彼らを精神分析の施設に連れて行くべきだ。彼らを治療すべきだ。異性愛者でなければ、その投票権を取り上げるべきだ。同性愛とは倒錯であり、倒錯者は投票権を持つべきではないからだ。

彼らは私の入国を許すべきだ。私はオランダへ行くことができる。彼らには全政府の全権力があるが、私にこの国の人に話すことを許すなら、私はこの政府を転覆してみせる。それには何の問題もない。この全内閣は――大統領も首相も――全員、同性愛者であるかないか、医学的に検査されなければならない。彼らは自分で鍵を差し出した。

だがあなたたちは、この無意識な人たちから他のどんな言葉も期待することはできない。だから何であれ、今起こっていることは完璧に申し分ない。マスターとして、私はこの醜い世界と闘う最後の人間であるかもしれない。また私は、マスターの言葉が傾聴される全く新しい世界を持つ最初の人間になるかもしれない。

もしあなたがマスターに同感し、何かが自分のハートの中で起こるならそれはいいことだ。が、そうでなければ、マスターは何一つあなたに押しつけるつもりはない。なぜ彼らが磔にされねばならないのか、なぜ彼らが毒を盛られ殺されねばならないのか？　それは、ただただ見当違いのようだ。

もしあなたが私に同意するならそれはいい。もし同意しないなら、それもまた全く正しい。私はあなたに何一つ押しつけるつもりはない。

だが、ああいう人たちが恐れているのは、自分たちが私と競争できるようなものを何一つ持っていないのを、自分で知っているからだ。彼らの法王は役立たずであり、司教や枢機卿、それに大司教は自ら奇妙な考えを持ち始めている。ある枢機卿は、キリスト教徒であるためには、必ずしも処女懐胎を信じる必要はないと言う。それはこれまでは必要だった。また別の一人は、キリスト教徒であるためには神を信じる必要はないと言う。三人目は、キリスト教徒であるためには、天地創造という観念を信じる必要はない――それは単なる物語に過ぎない――と言っている。

それなら、キリスト教徒であるのに何が必要なのか？　ただ「キリスト教」というラベルが要るだけなのか？　そしてその入れ物には中に何もないのか？　彼らは地震に出会っているようなもので、どうしていいのかわからないのだ。キリスト教徒のままでいるのを除いては、どんなものでも捨てる用意がある。

私はあなたたちに、自分の寺院《シナゴーク》が一番現代的だ、超現代的だと自慢し合っている四人のラビの話をしたことがある。一人目が、「私のシナゴークでは、タバコを吸ってもいいんだ。マリファナだって許されているんだ」と言った。

二番目はこう言った。「何だそんなこと！　あんたの所は時代遅れだよ。私のシナゴークなんか、私が説教をしている間にセックスしてもいいんだぜ……個人の自由だからね。どんな禁止もないよ」

三人目が言った。「そんなの何でもないさ。そんなこと何処のシナゴークだってやってるよ。私のシナゴークが一番現代的だ。何しろユダヤ人の休日には何時も閉まってるからな」

四人目のラビはこう言った。「一つだけ訊きたいんだが、そのシナゴークってのは何だい？　そのシナゴークの中でやってる事ってのは何もかもわかるんだが、そのシナゴークってのは何かね？　これまで一度も聞いたことがないが！」

そういう訳で、彼らは処女懐胎を証明できないために恐れている。それは科学に反していて愚かしく見えるし、捨てたほうがいい。彼らはキリストの復活を証明できない。それは科学的真理に反しているようだ、捨てよう。彼らは神を科学的に証明できないので、それを捨てる。彼らは天国と地獄を証明できないのでそれを捨てる。必要はない。だが、ただキリスト教徒でいる。何のために？

古いものは独りでに枯れていく。私たちの仕事は非常に単純だ。それが難しく見えるのは、古いものが、死を前にして最後の一戦を挑むからだ。だが心配は要らない。あなたたちにはどんな勇気も要らない。あなたたちが持っていたあらゆる勇気は、私に加わる際に使った。今ではどんな勇気も必要ない！　私たちは少しも闘わず、笑って踊って歌うことによって、こういうナンセンスなイデオロギーを何とか破壊するつもりだ。

だから私が、「最後の息を引き取るまで」と言っても、それを昔風に考えてはいけない……最後の血の一滴まで闘わなければいけない、などというふうに――それが要点ではない。闘いなどないだろう。どんな闘いも必要ない。ただ祝うことによって、私たちはこの暗闇をすべて一掃できる。自分自身にとっての光であるだけで、私たちはこの暗闇をすべて滅ぼすことができる。暗闇は広大かもしれないが、ほんの小さなろうそくの明かりがそれほどの闇を滅ぼすことができる……なぜなら暗闇にはどんな実質もないからだ。それは、キリスト教のように空虚だ。

キリスト教がそのために持続し、そのために闘い、そのために何百万という人々を殺して来たことが何もかも、その人たち自身によって捨てられようとしている……そして彼らはそれを「解放神学」と呼んでいる！　不思議な白痴たちだ。もし解放されているなら、どうして神学などを持ち運ぶのか？　それならただ解放されるがいい！　解放神学とは、解放された監禁のようなものだ……たくさんの色の旗をつけて、白を塗りたくったに過ぎない（※白は降参の意）。だがそれは同じ牢獄だ。ただ今度は解放された監禁と呼ばれているだけだ。

解放されているなら神学に何の意味がある？　解放は神学《セオロジー》が支えてきたものを何もかも破壊するだろう。セオとは、「神」を表すギリシャ語であり、またロジーは「論理」を意味する。さて、神を支持するどんな解放された論理が、存在し得るだろう。神が存在し得て人が解放されないか――あなたたちは神の奴隷に過ぎなくなる――あるいは神が存在せずにあなたたちが解放されているかだ。だがそこには、どんな神学も必要ない――単なる言葉の遊びだ……。

そしてだからこそ、彼らはあんなにも私を恐れているのだ。言葉の装飾では、私は騙せない。彼らの論理では、私は騙せない。それは偽物だ。それが魅力を持つのは、既にそれを信じている人たちに対してだけだ。他の誰の心にも訴えはしない。みんなにもそれがわかる。

あなたたちはそのことを考えたことがないかもしれない。ヒンドゥ教徒たちは、自分たちの宗教が最高だと思っている。だがヒンドゥ教徒以外には、誰もそれに感銘を受けたりはしない。不思議なことだ。キリスト教徒たちは、自分たちの宗教が最高だと思っているが、キリスト教徒以外にそんなことに興味を持つ者はいない。同じことがユダヤ教徒についても言える。そしてそれはジャイナ教徒でも、仏教徒でも同じことだ――誰もが自分の論理が最高だと思っているが、それが魅力を持つのは、既にそれを信じている人たちに対してだけだ。

最高の論理とは、それを信じていない人を変える論理だ。それこそが最高の論理の単純な定義だ。それはそのことを信じていない人を変える。その論理が、その人が駆使できる論理を超えて遥かに優れているために、信じざるを得ない。だがもし、その人の論理が既に確信している人しか説得しないなら、それは時間の無用な浪費だ。

あらゆる宗教は、自分たちは世界で一番良いものを持っていると思っている。だがその信者しか、そのことを受け入れない。真実は、どの宗教も何一つ持っていないということだ。

そして間もなく、キリスト教の神学者がしていることを、他の神学者たちもし始めるだろう。彼らはそうせざるを得ないだろう。さもなければ物事を証明しなければならなくなる。キリストの復活という観念を証明するよりは捨てる方がいい。それを証明するのは非常に難しく、殆ど不可能だからだ。

それを証明する他の方法は、法王を磔にして復活させることだ――単純で科学的な実験だ。あのポーランド人が復活できないのは確かだろう。だが彼は、十字架まで行く用意すらないだろう。なぜならかつて誰一人復活した者などいないことを、彼は知っているのだから。彼は声を上げ、涙を流して、どんなことでもするだろう――「そんなことを私にしないでくれ、その実験には他の誰かを見つけるわけにはいかないのか？」と。

この復活という考えは捨てた方がいい、と彼らは考える。さもないと早晩、証拠を挙げなければならなくなる。そういうことは決して起こらなかったと言って、イエスの奇跡をすべて捨てている神学者たちがいる。「それでも私たちはイエスを信じている」と彼らは言う。だが、それならなぜイエスを信じるのか──他の誰を信じてもいいはずだ。今に至るまで、それこそが信仰の唯一の要点だった──彼が奇跡を起こしたということが。だがその証明は難しい。では、自分でその奇跡を起こして見せろということになる。二千年の間、イエスの奇跡の一つでも起こしたキリスト教徒は一人もいなかった。少なくとも法王くらいは奇跡を起こしてもいいはずだ。彼は代理人なのだから。代理するとは、自分が代理している人の特性のいくらかがそこになければならないという意味だ。

これは捨てた方がいい、と。何もかも捨てなければならないというのは、恐怖から生じている。しかも彼らは全員、自分はそれでもキリスト教徒だと言い続けている！　さてこれが、それを捨てさせるために私たちが彼らにしてやらなければならない、最後のことになるだろう。私たちは彼らに教えてやるべきだ。「この箱は空っぽだ。そんなものを運ばなくてもいい。箱の上にキリスト教と書いてあるというだけでは、箱の中に何かあるということにはならない。箱を開けて見てみなさい。キリストの復活もなく、処女懐胎もなく、奇跡もなく、神もなく、天国もなく、地獄もないという解放神学。それなら、そんな箱は捨てて家に帰りなさい！」と。

他の宗教についても状況は同じだ。みんなに勇気など必要ない。向こうの方があなたたちと対決するのに勇気が要る。あなたたちはただ沈黙し、安らぎに満ちて、瞑想的でなければならないだけだ──そうすれば、そのことからあなたたちは本物であり、真実であることができる。あなたたちが真理の一部になることだ。

彼らの方が、あなたたちに対決するのに勇気が要る。彼らは震えている。彼らはノイローゼにかかっている。あなたたちは心配することは何もない。そうでないなら、私が何処の国に入国しようと、それを妨げる必要などなかったのだから。

それは自由主義諸国だ。今まで、彼らは共産主義諸国は自由な世界ではないと言ってきている。だが今や彼らは何と言うべきか？　彼らの世界は自由な世界なのか？　私が空港でたった一晩の滞在も許されないような所が？

誰一人自由ではない――様々な名目の様々な奴隷制度があるだけだ。そのことは、私たちの闘いを極めて容易なものにする。何しろ私たちは、彼らの偽善を暴露するだけでいいのだから。彼らはそういうものを全部捨てることで、何とか自分たちを防御しようとしている。

だが、そういうものを全部捨てても役には立たない。彼らの偽善が、より早く暴露されることになる。そういうものがあれば、すべてについて議論するために、若干の時間がかかったところだ。今や、何も議論することはない――ただ箱を開けて見ればいい。そこには何もない。

私は世界的宗教の聖典をすべて調べてみた。何もない。そしてそれが私たちの強みだ――聖典には何もない、空虚なのだ。あなたたちは、ただ光に満ちていればいい。

第十五章

本当の豊かさ

The Real Riches

くつろいで内側へ向かうとき、私がはっきりと意識していて、同時にあたかも自分が存在しないかのように完全にくつろいでいるか、または眠りに落ちて行くような瞬間があります。何が二番目には行かずに、一番目の状態に行く引き金になるのか私にはわかりません。どうか説明していただけませんか?

くつろいで非常に鋭く目覚めている状態は、その人を超意識の近くへと連れていく。そしてくつろいでいるが、安らかな眠りに落ちていく時の状態は、人を無意識のマインドの方へ導く。第一の状態が第二の状態よりも遥かに勝っていることは確かだが、あなた達には二番目の状態も必要だ。そうでないならそれは起こらなかったに違いない。

一つの原則を覚えておきなさい。起こることは何であれ、私たちがそれを理解していようといまいと、何らかの意味で必要だということだ。その二つは全く違って見える――違っているだけではなく、正反対だ――だがその二つは互いに助け合っているのかもしれない。疲れているときは、くつろぎがその人を穏やかで静かな眠りに連れて行き、それがその人を若返らせ、甦らせ、エネルギーをもたらす。それは健康なことであり、何も悪いことはない。それはあなた達に、第一の状態の基礎となるかもしれない健康な状態をもたらす。あなたは完全に甦って若返り、エネルギーに満ちて、しかもくつろいでいる――だが余りにもエネルギーがあるために、眠りに入れない。

眠りに落ちるためには疲れて、へとへとになっていることが必要だ。だがもしエネルギーが余りにも溢れていれば、眠ることは不可能だ――そしてその時こそ第一の状態、鋭い気づきが起こる時だ。

だからその二つは反対に見えるが、それは知的な意味で反対に見えるだけで――実際はその二つは互いに支え合っている。鋭く目覚めているとき、人は膨大な量のエネルギーを消費している。普通あなた達がいわゆる目覚めている状態で、通常消費する以上のエネルギーを消費する。当然、通常の眠りよりも深く、安らかで静かな眠りが必要になる。鋭く目覚めていることに使われたエネルギーを、再び獲得できるような混沌たる眠りが。

だからその二つは、まさに二本の手のようなものだ。その両方が自分のものだ。だから何であれ、起こることを楽しみなさい。その瞬間、それがあなたに必要なのだ。それを変えようとしてはいけない。それが面倒なことになる理由だ。鋭く目覚めていることがより高い状態だと考え始め、ではなぜ、いつでも鋭く目覚めていないのかと思い始める。そういうことはできない。人には深い休息の時が必要になる。だからそれを邪魔してはいけない。ただ、くつろいでいなさい。今あなたがしているその訓練をやりなさい。そして何が起ころうとも、それを楽しみなさい。それは必要なものに違いないのだから。

私は初めて自分の両親に腹を立てています。彼らは素朴な人々で、私は自分に、彼らがあなたを理解していないのは、彼らのせいではないと言い聞かせています。けれども私の怒りは余りにも私の愛と矛盾するので、私を傷つけます。私はこれを書いていてあまりにも腹を立ててしまい、質問を明確に述べることもできません。どうか助けていただけませんか?

かわいそうな両親が知らずに、無意識で自分にしてきていることを理解したら、どんな子供でも腹を立てるだろう。彼らの努力はすべて、子供に良かれと思ってのことだ。彼らの意図は良いのだが、その意識は無に等しい。そして無意識の人々の中にある善意は危険だ。彼らは自分が意図した結果をもたらすことはできない。彼らはまさにその反対を生み出すかもしれない。

あらゆる親は、この世に素晴らしい子供をもたらそうと試みている。だが世間を見渡す限り、この世は孤児院のようだ。親はまったく存在してこなかった。実際は、孤児院だったら、その方が遥かにましだったろう。なぜなら少なくとも人は自分自身であり――自分に介入する両親はいなかったはずだから。

だから、その怒りは自然なものだ。だが役には立たない。腹を立てることが両親を助けることはないが、それは自分を傷つける。

ゴータマ・ブッダは、実に不思議な言葉を言ったと伝えられている。人は腹を立てることで、誰か他の人の失敗が故に自分を罰しているのだと。この、腹を立てるということは他の誰かの過ちのために自分を罰することだという言葉は、初めて聞けば実に不思議な言葉に思える。

あなたの両親がそれをしたのは二十年前、三十年前に遡るのに、あなたが腹を立てているのは今だ。あなたの怒りは誰を助けることにもならない。それはただ、あなたの中にもっと傷を作るだけだ。そして私の側、私の近くにいて……。これからあなたに、子供たちがどんなふうに育てられていくのか、その仕組みのすべてを説明してみようと思う。何であれ起こったことはすべて、起こるべくして起こったのだということを、あなたはもっと理解すべきだ。あなたの両親は、そのまた両親によって条件づけられた。誰が本当に最初に始めた責任があるのかを、見つけることはできない。それは、世代から世代へと受け継がれてきたものだ。

あなたの両親は、自分がされたこととまさに同じことをしている。彼らは犠牲者だ。あなたは彼らに同情を感じ、また自分が同じことを自分の人生で繰り返さないことを、喜ばしく感じるだろう。あなたが子供を持とうと決心したら、喜びを感じることだろう――あなたがその悪循環を断とうとしていること、あなたがこのことの一番最初から自分まで続いてきたラインを、飛び出そうとしていること、自分がその行き止まりになれることに。あなたは自分の子供にも、他の誰の子供にもそれをすることはない。

あなたは好運だと感じることだ。親子の間に何が起こってきたのかを、説明してくれるマスターが自分にいることを――複雑なしつけ、良い意図と悪い結果について説明してくれるマスターがいることを。誰もが最善を尽くしていながら、ますます悪くなり続けて行く世界の中で――。

あなたの両親は、マスターを持てるほどに好運ではなかった――ところがあなたは、その両親に腹を立てている。あなたは彼らの優しい気持ちや慈悲、愛に満ちた気持ちを感じるべきだ。何であれ彼らがしたことは無意識だった。彼らには他に方法はなかった。自分の知っている限りを、あなたのに試みた。彼らは惨めだった。そしてこの世に、別の惨めな人間を生み出した。

何故自分が惨めなのかについて、彼らには明晰さがなかった。あなたには、何故人は惨めになるのかを理解するだけの明晰さがある。そしてひとたび不幸というものが、どのように生み出されるのかを理解すれば、あなたは他の誰かに同じことを引き起こさないようにできる。

しかし、あなたの両親には同情しなさい。彼らは懸命にやった。彼らは自分にできることは、すべてやった。ただ、心理の働き方を何も知らなかった。どうすれば母親になれるのか、あるいはどうすれば父親になれるのかを教えられる代わりに、彼らはキリスト教徒になる方法、マルクス主義者になる方法、洋服屋になる方法、配管工になる方法、哲学者になる方法を教わった――そういうものはすべて良いものであり必要なものだが、基本的なことが欠けている。子供を生むつもりなら、その人たちにとって最も重要な教えは、母親になる方法、父親になる方法であるべきだ。

子供を生めば、母親としての在りかた、父親としての在りかたを知っているのが当然だとされてきた。確かに、子供を生むことについて言うなら……それは生理的な行為であり、そのために心理的な訓練を受ける必要はない。動物も申し分なくうまくやっている。鳥も完璧にうまくやっている。樹木も完璧にうまくやっている。だが生理的に子供を生むということと、母親か父親であることとはまったく別だ。それにはかなりの教育が必要だ。何しろ、その人が創造するのは人間なのだから。

動物は何かを創造しているわけではない。彼らはただ複製を生産しているだけだ。そして今や科学は、複製が本当に生産可能なことを発見する地点にまで到達した！　これは非常に危険な考えだ。我々がそのための銀行を作れば――早晩複製を作ることになるだろう。いったんある考えがあるとなれば、それは現実になるのだから。そして科学的には、それが百パーセント可能であると証明されている……それには何も問題はない。

病院の中に、男性の精子と女性の卵子両方のための銀行を作ればいいのだ。それでまったく同じ二つの精子とまったく同じ二つの卵子を創り、まったく同じ子供を生むことができるだろう。子供の一人は、この世に生み出される。もう一方は冷蔵庫の中で意識を持たずに成長するのだが、身体の各部分はもう一方と正確に同じになる。だから、もし初めの人間が事故に遭って脚を失ったり、腎臓をなくしたりして、手術をする必要が出てきても何も問題ない。彼の複製が病院で待っている。その複製の身体から腎臓を取り出せばいい。彼は全く同じように成長しているが、ただ無意識なだけだ――その腎臓は失われたものと完全に同じだ。それで置き換えることができる。

どの部分を取り替えるためにも、常に複製が控えている――大脳でさえも。昏睡に陥ったり、あるいは心臓発作で倒れたりしても……。人間の大脳は心臓発作の後でも、少なくとも四分間は生きている――それ以上は駄目だが。もしその四分の間にそれとまったく同一の大脳が挿入され、まったく同一の心臓が入れられれば、人は何かが変わったとか、自分に何かが起こったなどとは決して感じない。眠りから目が覚めたと思うに過ぎない。自分の大脳が変わったことや、自分の心臓が取り替えられたことには、決して気づかないだろう。

この複製を用意するというアイデアは、ある意味では医学における偉大な進歩のようにも思えるが、危険でもある——人間が他の機械とまさに同じように、部品を取り替えられる機械になるという意味で危険だ。どこかがおかしくなれば、その部分を取り替える。そしてもし、あらゆる部分が置換可能だとなれば、人間は精神的な成長からは、遠く遠く離れてしまうことになる。なぜなら、自分を機械のように考え始めるからだ。それこそが世界の半分、共産世界が考えていることだ。人間は機械だと。


あなたは幸運だ。自分の両親が置かれていた状況を理解できるということで。彼らはあなたに特別に何かをした訳ではない。彼らは自分たちに生まれてきた子供なら、誰でも同じことをしたに違いない。彼らはそうプログラムされていた。彼らは無力だった。そして無力な人々に腹を立てることは、単に正しくない。それは不当であり、不公平であり、それ以上にあなたにとって害になる。

あなたの両親が私を理解できないなら、それを心配すべきではない。全世界が私を理解するわけにはいかない。あなたの両親は正常な人たちだ。彼らはただ群衆に従っているに過ぎず、その方が安全なのだ。あなたはその群衆の外に飛び出してしまった。あなたは冒険家で、危険な道を選んでしまった。もし彼らが危険な生活様式を望まないなら、それは彼らの選択だ。あなたの怒りの原因になることはない。

実際のところ、あなたは本当に彼らの助けになれる。私が話しているような、もっと意識的で、もっと油断なく覚め、もっと愛に満ちた個人になることによってだ。そういうあなたを見ることだけが、彼らを変えられる。あなたのそれほどの劇的な変化を見ることだけが、もしかしたら自分たちが間違っているかもしれないと、再考させることができるのだ。他に道はない。知的に説得することはできない。知的には彼らは議論できるし、議論は決して誰も変えはしないからだ。人々を変えるものは、あなたの個性のカリスマ、磁力、魅力しかない。そうなれば、あなたが触れるものはすべて黄金になる。

だからあなたは、腹を立て、もはや存在しない過去との闘いに時間とエネルギーを浪費するよりは、自己本来の個《インディヴィデュアリティ》が魅力的になることに全エネルギーを注ぎなさい。そうすれば、あなたの両親があなたを見たとき、彼らはあなたが育てた新しい質、自ずと人に印象を与えずにはおかないような質に触れずにはいられなくなる。あなたの新しさ、あなたの理解力、その無条件の愛、むしろ怒りがふさわしいような状況の中にさえ現れるあなたの優しさに、触れずにはいられない。

こういうものしか、真の議論とはなり得ない。一言も言う必要はない。あなたの目や表情、行為、あなたの振る舞いや応答が、その人たちの中に変化をもたらす。その人たちは、あなたに何が起こったのか、どのようにそれがあなたに起こったのかを、探求し始めるだろう——なぜなら、誰もがそういう質を望んでいるからだ。それこそが真の豊かさだ。誰も、私があなたに今話しているようなものを持つほどに豊かではない。

だから自分のエネルギーを、自分自身を変容することに注ぎなさい。それがあなたを助け、あなたの両親を助けることになる。もしかしたらそれは、連鎖反応を起こすかもしれない。あなたの両親には他の子供がいるかもしれないし、その人たちにも友達がいるかもしれず、そのように波及して行くかもしれない。それはちょうど、あなたが静かな湖の土手に座っていて、その湖の中に小石を投げ込むようなものだ。ほんの小さな小石だから、最初は小さな輪ができるだけだ。だが次々と輪が広がり……それは、湖が及ぶ限りの遥かな果てまで広がり続ける。が、それはほんの小さな石に過ぎなかった。

私たちは今、ある種の新しい領域、新しい心理的な湖に住んでいる。そこでは、あなたがすることすべてが、あなたの周りにある振動を引き起こす。それは人々に触れ、未知の源に達する。

本当の個性の小さな漣《さざなみ》を創り出しなさい。そうすれば、それはたくさんの人々に到達する——そしてもちろん、あなたに最も関係の深い人たちのところにも。その人たちが、まずそれを見るだろう。そして大いなる畏怖の念を持って、理解するだろう。その人たちは自分の目を信じないだろう。何しろ彼らが宗教について知っているもののすべてとは、何一つ起こることのない日曜日の教会しかないのだから。一生の間、毎日曜日に教会に出かけては、まさに同じままで家に帰って来る。

彼らが宗教の名の下に知っているのは、バイブルやコーランやギータでしかない。そして彼らはそれを読み続け、何一つ起こらない。それは彼らが一つのこと──自分は生きた存在なのに、本は死んだものだということ──を知らないからだ。そして教会で説教をしている人間は、単なる専門家に過ぎない。彼はその説教を本によって準備し、その同じ説教を繰り返し続ける。誰も聴いていないのだから、誰も彼の言葉を受けとめはしない。彼は二ヶ月前と同じ説教を繰り返している。その時聴いた者もなく、今度も誰も聴いてはいない。しかもみんなはその説教が自分を変えられないことを知っている。何しろその説教は、説教者自身を変えていないのだから。彼はみんなと同じように──もしかしたらそれ以上に──月並だ。

私は以前、ごく素朴な、ほとんど白痴といった感じの一人のジャイナ僧を知っていた。その彼が私に「あなたは、いくつ講話を持っているんですか？」と訊いた。

「それは非常に難しい質問だ。私の命が終わるまでは、私にはわからないね」と私は言った。

彼は言った。「私は三つしか持っていない。一つは十分用、一つは二十分用、一つは三十分用で、状況に応じて使う。ときどき会議では十分しかないことがある。私にはでき合いの十分の講話がある。二十分与えられたなら、私には二十分の講話がある。三十分与えられたら、三十分のがあるというわけさ。それ以上ということはあり得ない。何しろ、誰もあまりたっぷりは聞かされたくないからね。みんな短いのが好きだよ」

「それは凄い。あなたは本当に大した考えを発見したものだ」と私。

すると彼は、「これはうまく行くよ」と言った。

それで私は、「みんなはそれに気が付きませんか？」と訊いた。

彼は言った。「それについて私に何か言ったものは誰もいない。私はこの三つの講話を今までずっと使ってきているのだが。何処に行くときでも——寺へ行くときも、単科大学や、総合大学に話に行くときも、私は『何分ですか？　十分、二十分、三十分？』と訊くんだ。何を望まれようと、こちらの講話は準備できている。これまであまり何度も同じ講話を繰り返してきたものだから、今では私は別に心配もしないね。全然考えないで、その講話を話せるよ！」

さて、こういう人間の言葉を聴いて、自分が、あるいは誰にせよ変容すると思うかね？　だが、すべてのキリスト教の伝導師はそれをしている。

最も著名な、世界的にも名の知れたキリスト教の伝導師の一人は、スタンレー・ジョーンズだった。彼は私とごく親しかったが、ひどく腹を立てて、それ以来友情は壊れた。彼は老人で、マハトマ・ガンジーの友人だった。マハトマ・ガンジーは彼を非常に尊敬していた。彼はよく私が住んでいた町にやって来て、私の友人の家に滞在した。彼は印刷したカード——自分の講話全体のために十枚か二十枚かのカード——を持っていた。そして彼はカードをテーブルの上に置く。彼は講話を始め、そのカードをめくり続けている。

私がそのカードをごちゃ混ぜにしたものだから、彼は私に非常に腹を立てた！　彼があることを言っていたのに、カードにはそれが書かれていなかった。彼は殆どノイローゼになるところだった。全部のカードを見てみても、そこにはなかった。そのカードは私が抜き取っておいたのだ。そこで彼は、「今日私は具合がよくありません。どうも病気のようなので、話を止めさせて頂きます」と言った。

そして彼はその主催者に、「誰がこんなことをしたのか？」と訊いた。

その主催者は、「あなたのお友達です」と言った。

スタンレー・ジョーンズは激怒した。彼は「あなたは私の友達なのか、それとも敵なのか？　あなたのために、私の講話はめちゃくちゃにされた！」と言った。

私は言った。「たまにはそういうカードからではなく、自分のハートから話すべきですよ。私はあなたのスーツケースを見たが、あなたはああいうスピーチを繰り返せるように、カードを殆ど五十組も持っている。そういうもので誰かの助けになると思いますか――あなたがこれまでずっと復唱してきた死んだカードで。そして今日はたった一枚のカードがなくなって、番号がごちゃごちゃになっていただけで、あなたはカッとなり、品性を失ってしまった。ほとんど狂気といった状態だった。あなたの話を聴きに来た人たちは、どう思ったでしょうね？」

彼はたくさんの本を書いていた。私はそれを一通り読んだ。彼はうまく、素晴らしく書いてはいるが、すべてよそから盗んだものだ。何一つ彼自身のものはない。何一つ彼自身の経験ではない。その人自身の経験でない限り、それは誰にも感銘を与えないだろう。

だから至福を感じなさい。ここには、あなたを全面的に変容するためのチャンスがある。そして、かわいそうな両親を助けてあげなさい。彼らにはそうしたチャンスはなかった。彼らを気の毒に感じてあげなさい。

あなたと一緒に座っていたり、朝最初に目が覚めたときなどによく、私は非常に静かな空間にいることがあります。まるで、内側に秘密の微笑みがきらめいているようです。そしてそれと一緒に、問題など存在しないこと、この空間は何時でも手に入るということにも気づいています。私は想念が浮かび上がって来るマインドを見ており、そういう素晴らしい瞬間には、想念に捕らわれないでいることはごく容易です。けれどもそれから講話が終わり、あるいは何かの活動を始めると、私は完全に無意識になって、自分のマインドと自分の行為の勢いを止められなくなるようです。あるのはただ沈黙の執拗な記憶と、再び中心を失い、そのことを悲しんでいる感じがあるだけです。どうかコメントして下さい。

心配する必要はない――欲張らないことだ！　今起こっていることはすべて、素晴らしいことだ。私の言葉を聴いていればあなたに沈黙が降り、思考が消え、ある中心を、新しいスペースを感じるというのなら、しかもそのスペースが常に手に入るものだと感じてもいるのなら……、その通りだ。いったん自分の中心を感じたら、この中心はいつでも手に入るのだというその感じは、そのことの一部分だ。それはその経験の一部分、本質的な部分だ。だからこそ、それには権威がある。

あるいは、朝目が覚めるとあなたのマインドは静かだと……あなたは沈黙に気づくようになったので、あなたはそれを認識できる。誰もが、朝は静かなマインドを持って目覚める。だが、ほんの二、三秒しか続かない。その二、三秒の間も、自分が何の思いも持っていないということに、本人は気づかない。それはその人がその味を知らないから、それまでに沈黙の経験を持っていないからだ。だからその二、三秒はただ過ぎ去るだけ――ところが、それこそが一日二十四時間の中で最も重要なのだ。

だが、あなたはそれを朝の講話と夜の講話で、二回経験しているために――何時間かそのスペースがそこにあり、その沈黙がそこにある――今やあなたにはある経験ができた。あなたは目覚めの時に、それを感じている。やがて、眠りに入ろうとする時に、沈黙を感じるようになるだろう――だが、それは少し難しい。目覚めの後に最初にあなたがそれを感じるのは、そのためだ。目覚めとは、眠りが夢の中のたくさんのがらくたを一掃し、休息を取ったということだからだ。そして今、あなたがその休息から出て来ている時、沈黙を認識するのは易しい。これからそういう瞬間がますます多くなって行くだろう。そしてまた講話があり、あなたは再び……、それが一つの連続になる。

やがてそれが、夜の始まりにもなるだろう。それが、あなたが眠りに入るときにも起こるようになる。眠りに入る前には、眠りに落ちるために、二、三秒間マインドは止まる。マインドが続いていては、眠りに落ちることができない。だが、あなたたちがマインドの世界から来ているために——一日中マインドが騒音を立てているのだから——それに気がつかないかもしれない。だが間もなく、あなたはそれに気づくようになるだろう。

あなたの問題は、講話の後で仕事を始めると、突然自分が無意識になるということだ。それは自然なことだ。初めからそんなに意識的に、そんなに静かになるわけにはいかない。実際は、あなたは午前中二時間、晩に二時間静かにしているのだから、その四時間分のマインドのお喋り《ジベリッシュ》が待ち受けていて、それが仕返しにあなたの首根っこを捕まえるはずだ。仕返しの方法を見つけなければならないからだ。

だから心配することはない。それは自然であり、バランスを取っている。それを受け入れなさい。ゆっくりゆっくり、集まるがらくたがますます少なくなるにつれて、仕事をしている時にも沈黙のギャップが見つかるようになる。そして、沈黙が二十四時間の経験になるような時がやって来る。何かのためにマインドを使いたい時には、それを使う。使いたくない時には、静かなままだ。普通の場合のように、自動的には働き出さなくなる。

だが、たとえ四時間であろうと沈黙を感じるということと、自分の中の美しいスペースを感じるということは、人が望み得る以上のことだ——しかもそれは、別の瞬間にもやって来ようとする。目覚めの時、あなたはそれに気づくようになる。間もなく眠りに入る時にも、気づくようになるだろう。そしてやがて別の瞬間にも、働いている時にも、それは何の前触れもなくやって来るだろう。突然あなたは目覚める。そこにあるのは沈黙で、マインドは動いていない。心配することはない。そうなっても、人は恐がり始めるものだ。マインドが完全に止まってしまったらどうなるのか、と。

私の同僚だった教授の一人が、瞑想を学びたいと望んだ。私はそこで小さな瞑想のスクールを持っていた。彼は参加した。すると彼が沈黙を経験したその初日、彼はただもう、みんなが座っていたその小さな寺院を飛び出て、逃げ出した！　私には何が起こったのか理解できなかった。私は彼の後を追わなければならなかった。彼は後ろを振り返っては、自分を追いかけている私を見てもっと速く走った。

「こいつは面白い。いったいこの男に何が起こったんだろう？」と、私は思った。

「おい、待てよ、ニティヤナンダ！」と私は大声を上げた――彼の名前はニティヤナンダ・チャッテルジと言った――「ちょっと待てよ！」。彼はただ、「もう結構」というふうに手を振ってこう言った。「瞑想なんかしたくない。あなたは恐ろしい人だ！」

ついに、自分の家に入る直前で私は彼を捕まえた。彼にはもう、どこにも逃げ場はなかった。

「何が起こったのか、私に言ってくれたほうがいいよ」と私は言った。

彼は言った。「あなたが何をしたのかは知らないけど、私は本当に静かになってしまった――あなたも知っての通りの、このお喋り《チャターボックス》の私がだ」――彼は名前までチャッテルジだった。彼はベンガル人だった。

「朝話し始めたら、私はぐっすり眠入るまで話している……ほとんどお喋りの途中で眠るんだよ――私は絶えず話している。そうすれば何かをしていられるし、心配せずに、問題なしでいられる。色々問題があることは知っているけど、誰かと話していれば……、誰もいなかったら、私は自分一人で話すんだ。

ところが、あそこであなたと一緒に座っていたら、突然お喋りが止まってしまった。私は心がうつろになった。それで、『何てことだ、これは気が狂うぞ！　四六時中俺にこんなことが起こったら――お終いだ』って思ったんだ。『ニティヤナンダ・チャッテルジ、お前の人生は終わりだ。もしマインドが戻って来なくなったら……、この沈黙がもっと深くなる前に、ここから逃げ出そう。それにしても、どうしてこの三、四十人の人間は眼をつぶってこんな所に座ってるんだろう？――だが、そんなことは連中の問題だ。誰だって、自分の面倒は自分で見なければならないんだから』って。それで逃げ出したんだ」

私は言った。「大丈夫だよ。沈黙はマインドを破壊するようなものではなくて、ただマインドを休ませるだけのものなんだ。それに、それがそんなに簡単に起こったのは、あなたがお喋りだったからだ。マインドがくたびれているんだ。普通はそんなに簡単には起こらない。他のみんなは、ああやって座っている。初めて瞑想するために座って、マインドが静かになるなんて、そんなに簡単なものじゃない。

あなたはこれまでずっと、ひどくマインドを煩わせて来た。みんなが、あなたには恐れをなしている。奥さんも近づかないし、子供たちも近づかない。大学では教授たちが恐れをなしている。談話室にあなたが座っていると、その部屋は空っぽになってしまう。みんなそこから逃げ出してしまう。それはあなたが、あまりにもマインドを使い過ぎるからだ。それは機械なんだ。少しは休ませることが必要なんだよ。

科学者に言わせると、金属でさえ疲労するそうだ。それにも休息が要るという。マインドは非常に洗練された現象、全宇宙で最も洗練されたものなのに、あなたがそれをあまり使い過ぎたものだから、静かになるチャンスが来たとたんに、たちまち静かになったんだよ。あなたは喜ぶべきだ」

「でも、ちゃんとまた戻って来るのかな？」と彼は言った。

「戻って来るとも、望めばいつでも」と私は言った。

彼は言った。「もう戻って来ないんじゃないかと心配になったんだ……そうなったらニティヤナンダ・チャッテルジ、お前の生涯はおしまいだぞ、って。気違い病院に入ることになるぞ。それに第一、どうしてこの男に瞑想の質問などしたんだ、ってね」

それで私は、「あなたがどうして瞑想したいのかなと、私も不思議に思っていたんだ」と言った。

彼は言った。「ただ言ってみただけなんだ。何についても何時もそうしているように——そしたらあなたに捕まってしまった。あなたは、『それは申し分ない。私と一緒に車に乗っていらっしゃい』と言った。そんなつもりは全然なかったんだ……。私は何についても話す——それについて知っていようといまいと関係ない。何時間でも話せる。あなたが談話室に座っていて他に誰もいないのを見て、『どんな話題がいいかな？』と考えたんだ。あなたを見て『彼が興味を持ちそうな話題は瞑想しかないな』と思って、それで話したんだ。ところがあなたは私を捕まえた。私を車に乗せてしまった。

そこで私は、『どんな害があるっていうんだ。私の家は彼の家からたった二、三分しか離れていない、まあ車で行くのもいいさ。それなら途中ずっと話して行こう』って思った。だから私は途中ずっと瞑想について話した。そうやって私はあなたの罠にはまってしまった。だって、戻って来られなくなったからね。あなたは私を、四十人ほどの人が座っている寺に連れて行った。そこで座らなければならなくなった。私は最初から逃げ出したいと思っていたんだ。瞑想なんか全然したくなかった。だって、自分がどういうことになるのかわからないようなものに、入って行きたくなんかないからね。

ところが座っているとすぐに、何もかもが静かになった。眼を開けて周りを見回した。するとみんな眼を閉じて静かにしている。私は、『今こそ逃げ出すべきときだ』と思った。ところがあなたときたら、私が逃げ出すのも許さないような人間なんだから。私が逃げてあなたが追いかけて来るのを、通りの者がみんな見ている。でも『俺は止まらないぞ』と言っていたんだ。すっかり怖じ気づいてしまった。私は沈黙が恐い。話すのならまったく平気なんだが」

私は言った。「あなたは運がいい。これまであまりに喋って来たものだから、マインドがくつろぎたがっているんだよ。この機会を逃してはいけない。それに恐がることはない。私を見たらわかるだろう？　私は話すことができる。あなたも話したい時には何時でも話せるんだ。あなたは今は、話すことをコントロールできない。それはただ、勝手に続いている。あなたは蓄音機のレコードに過ぎない。沈黙は、あなたを主人にするんだよ」

「わかった。あなたが約束してくれるって言うんなら、あなたを信頼して毎日来るよ。でも忘れないで欲しい、私は自分のマインドを失いたくない。私には子供がいるし、妻も年とった両親もいるんだ」と彼は言った。

「大丈夫。マインドを失うことはないよ」と私は答えた。

そして驚くべきことに、その男は他の誰よりも瞑想で進歩した。そのことで私はある特殊な瞑想のアイディアを得て、新しいテクニック、ジベリッシュを始めた。それはまったく新しいというものではなかったが、たくさんの人々が瞑想するための仕掛として用いた者は、これまでいなかった。

インドで私たちがやったキャンプには、午後一時間、誰でも何でも言いたいことを言うジベリッシュの時間があった——千人の人間が一緒にだ。これは会話ではない。誰に向かって話しているわけでもなく、ただ喋っているだけだ。

これは滅多にない経験だった——何しろ、聞き手は私一人だけで、しかもみんなの言っていることと来たら！　ある日など、私のすぐ前の男は、電話をかけていた。実際に受話器に話しかけているのだ。私には、「もしもし、もしもし」というのが聞こえた。みんなが、「君は何をやっているんだ？」とばかりに振り向いたものだ。彼は受話器も何もないのに、遠距離電話をかけていた。彼はビジネスマンで、それが習慣だった……。だがそれは、人々にとってこの上もないくつろぎの経験だった。一時間無意味なことを話し続けた後では……。

私のごく身近なサニヤシンの一人だが……彼に起こったことは、ただただ喋って、叫びまくることだった。彼は、私が乗って来た車を押そうとし始めた。車は坂の途中で止まっていた。彼はごくまともな人間だったのだが、その車を押そうとし、またその間中ずっと、ジャヤンティバイに文句を言っていた。溝に落とそうとしているその車の持ち主だ。しかも二人は友人だったのだが、何かが彼の心に引っかかっていたに違いない。そこに居合わせた数人の人間が、何とか彼を押し止めた。止められたものだから、彼は木に登った……。が、彼は気違いではない！　彼がその木の枝をあまり強く揺するものだから、その枝が折れて、下に座っている人たちの上に、彼が落ちて来るのではないかと思われたほどだ。その間中、彼はジャヤンティバイを罵り続けていた。

やっとのことで彼は木から降ろされた。この男がこんなことをするとは、誰一人思ってもいなかった。

その後ジベリッシュが終わって、彼は非常に静かになった——他の誰よりも静かに。

私は彼に、「気分はどうかね?」と訊いた。

「これまでの人生で感じたことがないほどの、くつろぎを感じています。僕のしたことはバカげたことかもしれません……でもあなたは僕たちに、やりたいことは何でもしていいと許して下さったし、今は本当に解放された感じです。大変な重荷を投げ捨てて、今はジャヤンティバイに対して非常な愛を感じています。怒りはまるっきりなくなってしまいました」と彼は答えた。


キャンプは五日から七日位やっていたのだが、電話の男は七日間ずっと、「もしもし」と言って電話をかけ続けた。それも非常に真面目にだ。瞑想が始まると、彼は電話をかけ始める。そして確かに相手の言葉を聴き、それに答え、仕事についてあれこれ決定していた。「その金はこっちへ回して、こうして、あれを買え。今こそ買いの時だ。まだまだ上がるぞ」と。それがあまりに真面目なものだから、とうとう最後の日に、私は彼に「気分はどうかね?」と尋ねた。

彼は言った。「私も不思議なんです……この瞑想は変ですね。私は気違いじゃないし、電話もないことは知っているんですが、でもこれが私の頭に浮かんだ唯一のアイディアなんです。そしてあなたは、『あなたはそれを許さなければならない』とおっしゃいました。その後では何時間も完全に静かで、嬉しいと感じています。大きな重荷を……」。それは彼の毎日の仕事だったに違いない。そして彼は、それがなくて淋しかったのだ。

それはグループで用いられたことは一度もなかったが、この「ジベリッシュ」という言葉そのものは、スーフィーの神秘家ジャバールの名前から来たものだ。彼は意味のないことを話した。月について訊かれると、太陽について話したものだった。彼は決して訊かれた質問に答えなかった。彼は自分だけの言葉を作った。

このジベリッシュという言葉が生まれたのは、ジャバールという彼の名前に由来する。ジャバールの言語ということだ。彼は光明を得たスーフィーのマスターの一人だった。彼は他の人のためにジベリッシュを用いた。さもなければ沈黙していた。誰も来なければ、何日間も沈黙していた。誰かがやって来て彼に何かを言えば、その人が引き金になった。すると彼は何かを言う――意味のない言葉、意味のない単語をだ。彼の言った意味を理解することはできなかった。

ジャバールは、何度も何度も弟子に尋ねられた。

「どうしてあんなことをなさるんです？――他の時にはあんなに静かになさっているのに。みんながあなたを笑うだけじゃなくて、あなたの弟子である私たちも、みんな恥ずかしい思いをします。それに連中は私たちを白痴だと思いますよ。こんな人から何を教わることができるんだって」

弟子に対してだけは、彼は口をきいていた。

「ああいう人たちは、必要もないのに質問しに来るんだよ。彼らは理解したいとも、変化したいとも思ってはいない。私がジベリッシュを使えば、彼らが来るのを止めるから、私はみんなに沈黙で働きかけることができる。それに、私のマインドにとっても具合がいい。ほとんど何時も私は静かだから、マインドの訓練としてもそれは具合がいい。必要とされれば、私はそれを使える。だから、それがまだ機能しているかどうか調べるために、私はこういうジベリッシュを使うのだ」

だから私はニティヤナンダ・チャッテルジに、「心配いらない。あなたはこれまで、あまりにもたくさんジベリッシュをやって来ているから、間違いなく深い沈黙を達成することになるよ」と言った。

そして、彼は非常に静かになった。大学中がショックを受けた。彼らには私が彼にしたことが信じられなかった。今では人々の方から近づいて行って、彼に話をさせたがったが、彼は、「いや、もうたくさんだ。

私が話していた時には、あなたたちはみんな逃げていた。私はもう終わった。私のことは放っておいてくれ」と言っていた。

彼は昇進させられようとしたが、それを断り、年金生活を続けた。彼の奥さんと子供たちは、落ち着いて暮らせるようになり、彼は沈黙を続けることができた。私は十年後、彼に会った。彼はまったく新しい人間になっていた。新鮮で若々しく、あたかもつぼみが開きかけ、薔薇の花になろうとしているかのようだった——それほどの若々しさだった。そして彼は口は開かなかった。彼はやって来ては何時間も座っていたが、話をすることはなかった。

だから今起こっていることを、何もかも起こらせてあげなさい。マインドは一定量の内面のお喋りに慣れている。何しろこの四時間の講話が終るのだから、チャンスがあればマインドは直ちに飛びかかって来るはずだ。しかもそういう時には、普通の歩調ではなく、す速く駆け回ることだろう。そうさせてやりなさい。それに害はない。やがてマインドの方も慣れるだろう。

マインドはメカニズムに過ぎない——それは話すこともできるし、静かにしていることもできる。唯一の問題は、それが主人になるべきではなく、召使いであるべきだということだ。召使いとしてなら、それは素晴らしい。主人となると、それは危険だ。あなたがマインドの主人になることだ。

第十六章

財宝あるいは龍

Treasures
or
Dragons

「無意識はマインドの地下室であり、そこには私たちが何生にも渡って体験してきた、不快で抑圧された部分がすべて投入されている。それはそうした体験を、条件付けによって意識圏の一部にすることを許してもらえなかったためだ」とあなたがおっしゃるのを何度も聞いています。どこかの生涯で私たちが持った美しい霊的な経験は、どうなるのでしょうか？　自己催眠を通して、私はそういう経験をたくさん思い出しました。私たちが取り戻せる肯定的な経験という途方もなく役に立つ財宝は、あるのでしょうか？

霊的な経験は、どんなものも無意識ではあり得ない。それはまさに、その本性において超意識の一部でなければならない。ちょうど無意識がすべての醜いもの、悪夢的なもの、自分自身も知ることを望まず、また他の人たちにも知って欲しくないようなものすべてを集めるのと同じく、超意識も美しいもの、素晴らしいもの、霊的なものをすべて集める。

一つの人生から別の人生へと通過するとき、人は無意識も覚えておらず、また超意識も覚えていない。ただマインドの意識的な部分だけをもってやって来て、再び旅が始まる――もっとも、以前経験したことは残っており、役に立つ。人の無意識があまりにも重荷を負わせられると、その人の意識に影響して、その人が避けたいと思う同じような醜い経験を繰り返させる。だがもし、その人の超意識が美しい経験の財宝を持っていたら、それは意識を魅惑して、意識がごく容易に超意識の方に動けるようにするのだ。

だから、催眠の中でそれが起こることがある。あなたの無意識があなたの超意識ほど強力でない場合、催眠の中であなたは超意識の方に向かうことになる。そういう宝物の中に入って行くことになる。だがそういうものは、無意識に属しているのではない。初めてそういうものに出会えば、自分はそういうものに無意識だったのだと思うだろう。それは本当だ。確かにあなたはそれについては無意識だった。だがそういうものは、無意識のマインドの一部ではない。それは超意識の一部だったのだが、あなたは気がついていなかった。

こういうマインドの異なる六つの――毎日使っている意識的なマインドは別として――部分はすべて、それ独自の記憶システムを持っている。それぞれの生涯において、その人が達成したもの、あるいは失ったものはすべて、そのどれかの記憶機構の一部になる。暗い側にあれば、それは無意識の方に行く。もしそれがあまりにも暗くて無意識でさえも重すぎると感じたら、それはもっと深く集団無意識の方に滑り落ちる。だが、もし集団無意識までが、それは起こり得るまったく最悪のことだと感じるようだったら、そのときそれは宇宙無意識の中へと滑り落ちる。そこはまさに岩盤のようなもので、どんなものでも取り込む用意がある。何であろうと気にしない。

同じことが明るい側にも起こるのだが、大抵の人は超意識までは到達しない。ほんの時たま、ただ年を取るのではなく、成長へ向かって自分の存在を発達させるように働きかけている者があれば、いくつかのことが超意識によって貯蔵される。だが、もしその人が進み続けていれば、超意識以上のもっと高いレベルでしか貯蔵できないようなものが生まれて来る時が来る。すると、それが集団超意識の記憶体系になる。だが、わずかではあるが宇宙超意識でしか進められないような経験がある。しかも、あらゆる生涯において、上昇する道はますます狭くなる。おそらく何千人もの中で、超意識で何かを集めるのは一人しかいないだろう。おそらく何百万人もの中で、集団超意識の中に何かを貯蔵する者は一人しかいないだろう。おそらく何十億人もの中で、宇宙超意識で何かを集める者は、一人しかいないかもしれない。

人は、自分が無意識の中に持ち運んでいる財宝、あるいは龍《ドラゴン》については、何も知らない意識的なマインドの中に生まれて来る。だが少し働きかければ、それに気がつくようになる。もし何かがより高いレベルにあれば、たちまちその人の意識は、たとえほんの一瞬であれ、催眠の中で超意識の一部になる。

私はたくさんの人々に働きかけてきた。超意識の中に記憶を持つ人はごくわずかしかいない。そしてその人たちは、そのどれかを思い出してびっくりする。そういう人たちは、西洋心理学に従って、抑圧され存続しないものはすべて醜いものであり、無意識の中にあると思っていたからだ。彼らは非常に不思議に思う。そういうものが抑圧されるはずがないからだ。その歓喜はあまりにも大きいので、その人はそれが本当であること、そういうことが起こるのだと全世界に知って欲しいと思う。抑圧の問題は起こらない。

だが、一つの生涯からもう一つの生涯へ変化する時、過去世を覚えていないようにするために、何一つ覚えていないいような仕組みになっている——無意識も、超意識も、あるいはそれを超えたものもだ。人はきれいな意識的マインドを持ってやってきて、新しいしつけ、新しい教え、新しい条件付けが始まる。

もし、こういう七つの層がすべて記憶されていたら、その子供は非常に困ってしまう——まるで、その子に七カ国語を同時に教えているようなことになる。子供は混乱してしまう。まるっきり混乱してしまうだろう。だから、新しい生涯に入って行く時は小さな部分しか持って行かないというのが、混乱したり気が狂ったりしないために、自然が与えた防御なのだ。そうすれば、新しい生涯はそれ独自のイデオロギー、宗教をその人にもたらすことができる。


私は、ジャバルプールからほんの百マイル離れていたカトゥニに住んでいた、ある少女のことを覚えている。その子の両親は戸惑っていた。というのは、その子が過去世で自分はジャバルプールのある家庭の小さな娘だったこと、そしてそこで自分が死んだことを思い出したからだ。死んだとき、九歳か十歳だったに違いない。しかも現在その子は、五歳以上になっていなかった。私は、その子が話しているジャバルプールのその家族を知っていた。偶然私が彼らのことを知っていたのは、彼らが私の家のすぐ近くに自動車の修理工場を持っていて、何か私の車の具合が悪くなると、私はいつもそこに行っていたからだった。

そして、求道者たちの小さなグループに話すために、私はその百マイル離れたカトゥニにちょくちょく行っていたのだった。そこでその人たちが、その少女を私の所に連れて来た。彼らは私に言った。「この子はこういうことを覚えています。私たちはどうしたらいいのでしょう？——何しろ、この子がひどく混乱しているものですから。この子は絶えず私たちに自分の両親のところ、自分の兄弟の所に連れて行ってくれと言います——しかも、その人たちがジャバルプールに住んでいると言うんです。名前まで思い出しています」。彼らが私にその名前を告げたとき、私はこう言った。「それなら大丈夫。私がその人たちを呼んで来よう。もしこの子がみんなの前で彼らを認められたら、その子に記憶があるという証拠になる」

夕方、私はその近辺の二万人ほどの人が集まる大きな集会で話すことになっていた。そこで私はその家族に電話をし、彼らに一部始終を伝え、できるだけ変装してやって来るようにと言った。「あなたたちの妹が死んだ時に着ていたのと同じ服は、着ないで来て欲しい」。そして彼らは、自分たちの妹は十歳の頃に死んだと言った。

家族全員がやって来た。そこで私は彼らに「あなたたちはこの集会の、それぞれ別な場所に立ったり座ったりしていてください。そしてその女の子に、あなたたちを見つけさせよう」。その少女は全員を発見した。彼女の後に生まれてきた小さな子どもたちを除いて、全員を見つけた。

過去生で自分が別れた人たちを、その子は即座に認知した。「あの人は私の兄です」。彼女はその名前を告げ、その性格を告げた。そして彼女は母親、父親、姉、そして召使いまでも認知した。その召使いは、今ではその家族を離れてどこか別なところに奉公していた。ただ、その女の子がその召使いを認知するかどうかを調べるために、みんなは彼を連れて来たのだった。彼女はすぐに彼を認めて、「この人は私を本当に可愛いがってくれた」と言った。

この少女の事件は非常に有名になった。心理学者たちがたくさんやって来て、彼女を研究した。だが彼女の両親は不安になり、その子は心をかき乱された。そして今度は新しい家族——つまり過去世のだが——も混乱した。彼らはその少女を取り戻したがった。その少女は誰に属すべきか？　どこに彼女は行くべきか？　彼女は二つの家族が一緒に住むことを望んだ。それは不可能だった。今回は彼女はバラモンの家庭に生まれており、前回彼女が生まれたのは、より低い階層だったからだ。彼らは——まさにヒンドゥのカースト制度のために——一緒に住めなかった。

それにいずれにせよ、実行できることではなかった。彼らには彼らでジャバルプールでの仕事があり、もう一方の家族にも仕事があり、それはカトゥニにあったからだ。彼らにとって一緒に住むことは実行不可能だった。だがその少女は、誰とも別れられなかった。そこで私はこう言った。

「一つこうしなさい。ときどき彼女はジャバルプールの家族の所に行って住んだらいい。そしてときどきこちらに戻ってきて、あなたたちと住んだらいい。そうすれば両方の家族が……。それに大して遠いわけじゃなし——車で二時間に過ぎない。だから難しい問題ではない」

だがそれは難しかった。なぜなら、一方の家族と別れるときにはその子は声を上げ涙を流して、その家族と別れたくないと泣いた——しかもその子は、もう一方の家族の所にも行きたかった。その女の子の不幸な様子を見て、私は提案した。「私が彼女に催眠術をかけてあげよう。これはちょっと異常な事態だ。何か自然の摂理が間違ってしまったのだ。そうでなければ、誰もがこういう状態になってしまう」

しかもこれは、たった二つの生涯に過ぎない。もし四回、五回、六回、七回の生涯を思い出したら、人はおかしくなってしまう。何をすべきで何をすべきでないかが、わからなくなる。時間の違いが問題にならなくなる。過去世である女性を愛していたら、再びその女性を愛していることに気づくだろう。だが、今愛している女性はどうしたらいい？　彼女のことも愛しているんだよ！

その子の苦悩を見て、両親は同意した。その子は自分の過去世を忘れるために、深い催眠のセッションを七回必要とした。そうやって、その子はやっと健康になった。

だから過去世を忘れるというのは、自然の摂理だ。が、何一つ失われてはいない。それはどこかに貯蔵されている。だからこそ、思い出せるのだ。ただ忘れているだけだ。その人の存在から捨て去られているのではない。それは無意識の中に蓄えられているか……、たいていは無意識の中だ。なぜなら大部分の人は、超意識に貯蔵されねばならないようなことは経験しないからだ。そして、宇宙超意識に蓄えたものを持っているような人がいたら、その人は既に光明を得るための準備ができている。そのような高みにまで行くということ、一定の記憶を集めるということは、その人が最後の祝祭に向けて、爆発する準備ができているということだ。

だから、その両方があり得る。あなたはその記憶の質を調べなければならないだけだ。もしそれが歓喜に満ちた瞑想的なものであれば、そのことを喜びなさい。それは、死ゆえにあなたがそこで中断した過去世の瞑想とあなたを、結び付けようとしているのだ。あなたはそこから成長できる。突然あなたは、その財宝が自分を支援してくれているのに気づく。だが、もしそれが無意識からのものでしかないなら、ただ意識的になることでそれは消失する。

私は人々が、自分は真理を——真理だけを——そして自由を望むと、自由に生きたいと言い続けているのを知っています。けれども、いざそれが現実になってみると、誰一人真理を聞きたいとも、自由に生きたいとも思いません。彼らは虚偽の中で生き続けること、自分のものだと思っている物を独占することを望むのです。

私は自分の中にもそれを見るのですが、あなたとともに道を歩んで行くに連れて、それは少しずつ少なくなっています。どうして私たちは、自分の真実と本質を諦めるほどに、生の醜い虚偽にしがみつきたいと思うのでしょうか?

理解すべきことが二、三ある。一つは、嘘とは非常に気持ちのいいものだということだ——特にその人が真実を知らないうちは。誰かがあなたに「あなたを愛している」と言う。彼は嘘をついているのかもしれない。自分が嘘をついているとも知らずに、嘘をついているのかもしれない。何しろ、同じことを何人にも言って来ているのだから。彼には大したつもりはない。だが聞くあなたにとっては、それはハートに触れる。

さて、真実を知るのは心乱れることかもしれない。相手は嘘をついているのかもしれない。彼は無意識に、衝動的に嘘をついているのかもしれない。本当は一度も愛したことなどないのかもしれない。どうもそれが、この世の状況のようだ。人々はけっして愛さない。ただ、自分は愛していると信じているだけだ。そうでなければ、これほどの惨めさはあり得ない。愛があったら、こういう惨めさをすべて取り除いたはずだ。

二つ目は、嘘はお手軽だということだ。求め、探し、長い巡礼を続ける必要はなくなる。嘘なら発明することができる。真理は発明できない。真理は発見できるだけだ。そして人々は普通、近道を選ぶ。どうして大変な道を行くことがある? そして嘘は近道に見える——それ以上の近道など見つからない。何時いかなる瞬間にも、どんな嘘でも発明できる。

だが、真理を発見するには、自分の命を賭けなければならない。周りの虚偽の全構築物に反対しなければならない。あなたは孤独な旅人にならなければならない。真理というようなものが存在するのかどうかさえ確かではないのに。それには途方もない勇気が必要だ。嘘なら何も勇気など要らない。どんな臆病者にもそれはできる。あらゆる臆病者は現にそうしている。美しい嘘を考え出し、でっちあげ、それを飾り、互いに贈り合っている。いっときの間、それは幸せを与えているように見える。だが嘘は所詮、嘘に過ぎない。直ぐにそれは死んだ玩具なのだとわかる。あなたは騙されていた。それゆえの惨めさだ。

だがそれでも、人々は根本原因を見ない。彼らは、「この男が騙したんだ、この女が騙したんだ」と考える。それはこの男とか、この女とかいった問題ではない。社会全体が、虚偽が生活様式になるようなやり方で生を営んでいるということだ。上手な嘘をつけばつくほど、自分の嘘を論理的に見せることができればできるほど、その人はそれだけ尊敬されることになる。

虚偽が尊敬を、褒美を、ノーベル賞をもたらす。

真理は死を、磔をもたらす。

だとしたら、どうして真理のことなど気にかけることがある？

イエスなら、ラビとして申し分なく、たくさんの信者を従えた立派な人として受け入れられたに違いない。彼を磔にする必要などなかっただろう。だが、何世紀にもわたって続いてきた虚偽に対立することを言い始めて、彼は自ら磔を呼んだのだ。

だから嘘には何かがある。だからこそ、人々はわかっていながら嘘をつき続ける。

私はこの話を何度もしたことがある。

ある男が皇帝にこう言った。

「あなたは全世界を征服されました。これは特別なことです。あなたが初めてです。それで神が非常に喜んでおられるので、あなたに神の衣を下さるよう、私は神を説得できます。その衣はかつて存在したどんな物とも、またこれから現れるどんな物とも比較にならないものでしょう」

神の衣だと？　皇帝にはそれが信じられなかった。だが彼は、「そうしたところで何もまずいこともあるまい」と考えた。彼は「よいか、もしそなたが余を欺いたら、そなたは死ぬことになるぞ」と言った。

その男は「わかっております。その心配は御無用です。けれども天国に行って、天国全体の官僚機構を買収するには、たくさんのお金が必要です。神に近づくのは容易なことではありませんから」と言った。

王は「金はどんなにかかっても構わないが、お前はこの宮殿の隣の兵隊たちに囲まれた、もう一つの宮殿に住まわなければならない。お前は外に出ることはできない。その中で望むままにやるがよい。何もかも支給され、またお前が望むものは、どんなものでも直ちに与えられるだろう。お前はその衣を持って来るがよい」と言った。

約束通り、七日経つとその男は、美しい箱を携えてやって来た。都中の者が集まり、遠くの地からも人々がやって来ていた。この都にこれほどの人が集まったことはなかった。神の衣だって？　それを見たくない者などいるだろうか？

宮廷は人で一杯だった。初めて全員が揃っていた。女王が臨席し、王女たちもそこにいた。その男は廷臣たちと王を前にしてこう言った。「私はあの衣を持ってまいりました。この衣に比べれば、あなたが下さった二、三百万ルピーなど何ほどのものでもありません。この衣をご覧になれば、みなさんはその千倍も価値のあるものだとおわかりになります。実際はその価格を地上で査定することなど不可能です。それは天上に属するものなのです。この地上で見つかるものではありません」

王は気が急いていた。「その箱を開けよ！」と彼は言った。

その男は言った。「どのようにすべきものかを、私は聞いております。王様がまずご自分の帽子を、私にお渡し下さい。まず、その帽子を箱の中に入れます。それから神の帽子を取り出しますから、その帽子をおかぶり下さい。ただ、皆さんに覚えておいていただきたいことが一つだけあります。この帽子は、ご自分の父親の実の子である方の目にしか見えません。ご自分の父親から生まれたのではない方は、それをご覧になれません」

王は言った。「そんなことは何でもないことだ。この宮廷にいる者は、すべて自分の父親の実の子だ。そんな心配は要らないから、すぐにその箱を開けるがよい」。彼は自分の帽子を取って渡した。その男はそれを箱の中に投げ込んでから、手を取り出したが、それは空っぽだった。誰にも何も見えなかった。王も何一つ見ることができなかった。だが今や、彼ら全員が窮地に追い込まれていた。もし本当のことを言えば、面目を失することになる。王は帽子を受け取って「何と美しい帽子か！」と言ったほうが賢いと考えた。そこで彼はありもしない帽子を受け取り、「これはまた何と見事な帽子じゃ！」と言った。

宮廷にいる者たちは皆、こんなものは見たことがないと言って、その帽子を褒めそやした。そしてみんなが「これは素晴らしい」と言っているものだから、誰もが「ひょっとしたら私だけが……、だとしたら本当のことを——自分には全然見えないなどと——言うのは意味がない。そんなことをすれば恥をかくことになるし、自分の父親も母親をもはずかしめることになる。生きていられなくなるほどの、不名誉をもたらすことになる。それならいっそ黙っていた方がいい。あんなにたくさんの人に見えているのだから、本物であるに違いない」と、思っていた。

そして一枚一枚と服は消え行き、ついに王様は下着だけになった。その男に「下着をお渡し下さい」と言われて、王は「これはもうあんまりだ！　帽子からここまでならまあいい。だが今度は、下着まで渡せ、とは……。それに、わしにはこ奴がペテン師だということが完全にわかった。だがこ奴は本当にずる賢い。『余にはその下着は見えぬ』とさえ、わしには言えない」と思った。が、今となっては遅すぎた。それまで——外套やシャツを彼は褒め称やしてきた。彼は自分自身の嘘に捕まった。誰もが王が裸にされていくのを見た。彼は裸にならなければならなかった——望まぬながらも、他に方法はなかった——さもないと、自分が父親の子ではないということで王家全体の不名誉になる……、何しろ宮廷中の者にその衣が見えているのだから。そこで彼は、ありもしない下着を受け取らねばならなくなった。

ところが、この男もちょっとした者だった！　彼はこう言った。「何百万もの人々がこの都に集まっております。私は神御自身から、『私の衣が向こうに行き、王がそれを身に着けるときには、誰もがその衣を見られるように、王は四輪馬車に乗って都中を練り歩かなければならない』と言われております。そこで宮廷の人々はみんな熱狂した。自分たちの王様が手に入れられた物——神からの贈り物だ！——を人民に見せるというのだから大変なことだった。

しかも、誰の目にも王様が裸であることは明らかだった。この男はまったくのペテン師だった。彼は宮廷中をだまし、王をだまし、今度は都中を、何百万という人々をだまそうとしていた。

王の四輪馬車の前を一人の男が、「この衣は自分自身の父親の本当の子供にしか見えない。これは人間のものではなく、神の衣である」と大声で触れ歩いた。金の四輪馬車の上の裸の王を見て、無数の人たちが手を打ち鳴らし、喜びの声を上げた。「何という見事な衣よ！」と。そして誰もが「どうしたんだ、王様はまるっきり裸じゃないか——でも、こんなにたくさんの人たちに衣が見えているのだとしたら、このみんなに逆らって王様は裸だなんて言うのはまったくバカげている。とがめられるだけだ。もしかしたら殺されてしまうかもしれない。『何という面汚しだ！』と言われて、石を投げられて死んでしまうかもしれない」と、思っていた。

ただお父さんと一緒にやって来て、肩車に乗っていた小さな子供が父親の耳に囁いた。

「父さん、王様はまるっきり裸だよ！」

父親は「黙ってろ！　大きくなったら、お前にも王様が裸じゃないのがわかる。お前には見えないんだ——他に誰も王様が裸だなんて言ってる人はいないだろ」と言った。

「でも僕が大きくなることと、王様が裸だってことと何の関係があるのさ？　王様はほんとに裸だよ！」とその子は言った。

父親は「静かにしていないと家に連れて帰って、もう何処にも連れて来てやらないぞ」と、言った。

男の子は、「僕は静かにしていられるけど、でも衣なんて見えないよ」と言った。

父親は逃げ出さなければならなかった。何しろ、他の人たちにその子に衣が見えないことを聞かれるかもしれなかったからだ。それはその子が自分の子供、自分の息子ではないということ、妻が自分を欺いて何処かの誰かと関係したことがある、ということだったからだ。

「どうして僕を連れて帰るのさ?」と、その男の子は何度も何度も言った。

父親は、「こういうことがわかるには、まず大きくならなきゃならないんだ。お前は小さ過ぎてわからないんだよ」と言った。

「だって」と男の子は訊いた。「どうしてわかるなんてことが問題なのさ? 僕は自分の目で何でも見えるよ。それに父さんだって、僕の見えてるものが間違ってるなんて言ったことなかったじゃないか。あの王様は本当に裸だよ!」

が、父親は「王様は裸じゃない。あれは神の衣だ。あれを見るには、大人にならなきゃならないんだ」と言っていた。

真理にはそれ自身の世界がある。それは大衆に反対できる、ごく僅かな勇敢な人たちで成り立っている。それは難しい。それは自分の安楽を賭けること、自分の命を賭けること、自分の品位を、何もかもを賭けることだ。みんなにはわかるはずだ……私がどれほどすべてを賭けているか、私がどれほどすべてをなくしてしまったかを。私に自分の家はない。私に自分の土地はない。全世界が私に反対している。それはただ、私が王様は裸だと主張し続けているからだ——何百万という人間がいても、みんな嘘つきだ。

そして、彼らは私を許すことができない。それは、私が彼らを暴露しているからだ。彼らも王様が裸だということは知っている。が、彼らは自分たちが私の影響を受けて、私に同意せざるを得ないかもしれないことを恐れている。そうなれば、危険な人生になる——たちまち、全世界があなたに対立することになる。

スペインでは、国内に私を呼びたいという国会決議がなされた。閣議決定がなされた。だが問題は、私の永住のために誰が署名するかということだった。そして閣議では誰にもその準備がなかった。彼らは「我々は彼の入国が許されるべきだということにはまったく賛成だ――我々に関する限り、彼に反対する理由は何もない――だが自らの身を危険にさらしたいとは思わない。明日になって何かが支障をきたした場合、その署名をした人間が捕まることになるのだから」と言った。

ギリシャでは、首相の息子が私にビザを出した。彼は大臣だった。ハシャは彼に直接会って彼と話し、彼は私に非常に興味を持った。ところがつい先日、彼は国会でこういう声明をした。「私は彼の秘書とは一度も会っていない。確かに仲介者が私の所に会いに来たが、私は騙されたのです。彼らは決して彼がやって来るとは私に言わなかった。彼らが言ったのはただ、『我々の友人が何人か来るから、私たちはその人たちのためにビザが欲しい』と言っただけだった。だから、そんなふうに騙されて私はビザを出した。私は彼にビザを出したわけではないし、彼の秘書などには全然会っていない」と。

私はハシャに反駁するようにと言った。

「報道陣に、彼がお前と一時間話して、彼が非常に私に興味を持ったこと、彼が私について話し、もっともっと私について知りたがったこと、彼が何も問題はないと言って、どこかの見知らぬ友人にではなく、この私にビザを出したのだと言いなさい」

これが世間だ。真実を支持しようとする者は誰もいない。嘘は快適だ。あなたたちは嘘を食べて大きくなり、その嘘があなたたちの血の中を流れている。あなたたちは嘘のために準備してきている。真理のために準備してきてはいない。

あれは……、私が七歳の時だったに違いないが、父が、非常に退屈なある男を避けたいと思ったことがあった。いったん彼が座り込んだら、追い出すのは難しかった。彼がやって来るのに気づいて、父は私に「私は中に入るから、お前はここに座っていて、あの人に、『お父さんは家にいない。今出かけている』と言いなさい」と言った。

私はその男に、父が私に言ったそのままを言った。「お父さんは僕に、いないって言えって言ったよ。今出かけているよ」

「お父さんがそう言ったのか？　いつ出かけたんだい？」と彼は言った。

私は、「お父さんは出かけてなんかいないよ。中にいるんだ。おじさんが来るのを見たんだけど、おじさんはあんまり退屈で、誰だって関わりを持ちたいと思わないからね」と言った。父は中からそれを聞いていた。その男はすっかり腹を立てた。彼は立ち去ったが、父は非常に腹を立てた。

「変だな。二人とも腹を立てている。僕はただ、本当のことを言っただけなのに。お父さんはそう言ったじゃないか」と私は言った。

父は言った。「確かに私はお前にそう言ったが、お前には簡単なことがわかっていない。お前はあの人に私が言った通りのことを言った。あれでは私が出ていく意味はまったくないじゃないか。しかもその後でお前は、私が中にいること、彼がやって来るのを見ていたことまで言っている」

「間違いなく、お父さんは彼が来るのを見たし、中にもいたじゃないか」と私は言った。

「全部本当のことだが、この世は真実に従って生きようとする人間のための世界じゃないんだ。だから、私は何かお前が厄介な目に遭いはしないかと、何時も心配している。どうしてお前は他のみんなみたいにしていられないんだ」と父は言った。


ただ他のみんなと同じようにしているということは、社会がエチケットとか作法とか呼ぶあらゆる類の虚偽の一部になるということだ。どうして人々が真実について語り、しかもなお虚偽の世界に留まっているかの理由は明らかだ。彼らのハートには真理への憧れがある。彼らは自分が真実ではないことを自ら恥ずかしく思っている。だから彼らは真実について語るのだが、それは単なる話に過ぎない。それに従って生きるのはあまりに危険過ぎて、彼らはその危険を冒すことはできない。

そして自由についても同様だ。言葉だけなら、誰もが自由を望む。だが、誰一人本当に自由でもなければ、自由であることを本当に望んでもいない。何故なら、自由とは責任を伴うものだからだ。それは単独にはやって来ない。そして依存することは簡単だ。責任は自分にはない。責任はあなたが依存しているその人にある。そこで人々は分裂的な生き方を作り上げた。彼らは真実について語り、自由について語る。そして彼らはうそに生き、奴隷制度、さまざまな種類の奴隷制度に生きる。何故なら隷属がそれぞれ何らかの責任から自分を解放してくれるからだ。本当に自由であろうとする人は、この上もない責任を受け入れなければならない。その人は自分の責任を他の誰にも押しかぶせるわけにはいかない。自分が何をしようとも、自分がどんなふうにあろうとも、彼はそれに責任を負っている。

しかも最初から、あなたたちは責任を取るべく準備されてはいない。それこそが社会の策略だ。彼らは自由について話すだけだ。彼らはあなたたちが自由を持つことを望む。だがあなたたちは責任に対して準備ができていない。これが本物の詐術《トリック》だ。なぜなら自由とは責任を伴って初めてやって来るものだからだ。しかも彼らはあなたたちを他の誰かに責任がかかるように生きた方がいい、そうすれば自分が捕まらないで済む、自分が厄介な目に決して合わないで済む、と訓練してきている。ただ他の人たちの言うことを聴けばいいのだ、と。

あなたたちは決して従順に反対しない。それは隷属の美名であるに過ぎないのに。あなたたちは目上の者の命令に従う。それは隷属のもう一つの名前だ。だがそうすればあらゆる責任がその人たちにかかることになる。そして彼らは自由について語り続ける。

この社会はすべて、あらゆることについて偽善的だ。もし本物の、真摯な人間であろうとするなら、アウトサイダーになることだ。その人はインサイダーにはならない。その人はいたるところで外国人でなければならない。その人は他所者でなければならない。誰もあなたを信頼しない。誰もあなたとは親しくはならない。あなたはこの大きな世界に、一人取り残されることになる。

将来の見込みのことを考えたら、見通しは暗いように見える。だが真実はまったく違う。もしそれを生きたら、それこそがまさに光りの道、それこそが生きるべき唯一の道だ。自由がもたらすものは、どんなものでもすべていい。真実がもたらすものは、どんなものでもすべていい。だがその途方もない美や善の経験は、単に観念的なものではない。人はそれを生き、味わうことだ。

私の父の友人の一人が——この人はアーユルヴェーダの非常な名医だった——あるとても珍しい木の根から作った古い薬を、私に飲ませようとした。それはヒマラヤにしか、しかも非常に珍しい場所にしか見つからない。それはブラーマボーディと呼ばれている。その名前の意味は、もし人がその薬を飲む一連の儀式を通過すれば……。それはちょっと飲み込めばいいような単なる丸薬ではない。それは大がかりな儀式なのだ。その根を絞った汁で、彼らは舌の上にオームと書く。それはあまりにも苦く、ほとんど吐き出したくなるほどのものだ。しかも当人は裸で、川か湖に首まで水に浸かって立たなければならない。そうやってオームという言葉が書かれる。その間、その周りでは三人のサンスクリット学者が、マントラを詠唱している。

彼は私を愛してくれ、また誠実な人だった。子供が十二歳以前にブラーマボーディを用いたら、その子は必ず生涯で神を実現すると言われている。ブラーマとは究極、神を意味する。そういうわけで、彼は私にその儀式をさせたかったのだ。

「あなたには三人も息子がいるのに、あの人たちにそれをやらなかったなんて驚くな。みんなに神を実現させたいとは思わないの？　それに周りでマントラを唱えるあの三人の学者にも、みんな子供がいるのを僕は知っている。誰もこれをその子たちにさせようとはしなかったのに、どうして僕にさせようとするの？」と私は言った。

「お前が大好きだからさ。それに私の感じでは、お前なら神を実現するかもしれない」と彼は言った。

私は言った。「もしそう感じるんなら、僕はあんたのブラーマボーディなんかなくっても、実現することになるよ。ブラーマボーディが神を実現するのに役立つというんなら、自分の子どもにさせたらいいのに。僕がこの儀式をやってみようとするのは、単なる好奇心からだよ。でも僕は、こんなことに何かの価値があるかもしれないなんてまるで信じない。もし神が、他人にやってもらえるこんな単純な方法で実現できるんだったら……。僕は何もしなくてもいいんだし、ただみんながマントラを唱えている間、少しは震えるかもしれないけど、ただ水の中で立っているだけでいいんだもの……そしてほんのちょっと苦い味がして、もしかしたらちょっと吐き気がして、でもそんなことは神を達成するというような大層なことじゃないよね。だから、はっきりわかっていてほしいな。僕はこれについては疑っているけれど、ただ好奇心からやるだけなんだ。ちょっと知りたいだけなんだけど、神を達成するにはいったい何回必要なの？」

「そのことは、聖典には何も言ってないな」と彼は言った。

「少なくともこの生涯でだよね？」と私は言った。

「そう、この生涯でだ」と彼は言った。


そこで儀式が行なわれることになり、私はその苦しみを一通りやり通した。ほとんど一時間、私は水の中で震えて立っていた。そして私はニームの葉、インドの樹のニームの葉が最も苦い葉だと思っていたが、このブラーマボーディはあらゆるものの上を行っていた。あれほど気分を悪くさせるものが他にあるとは思えない。彼らはそれで私の舌の上にオームと書いた。胃がむせかえるようで、戻さないでいるのはほとんど不可能だった。吐きたい気分だったが、私は儀式の邪魔をしたくはなかった。そしてそのことも儀式の一部だった。吐くべきではなかった。そうでないと儀式はすべて失敗に終わり、何も起こらないのだ。

一時間後、私はその儀式から解放された。私はその年とった薬の処方者に、「本当にこんなナンセンスが何かの役に立つと思っているの？　神を経験することに何か関係があると思う？　そうだったらどうしてみんな、一生あんな苦行を続けたりするんだろう？　自分を苦しめたり、いろんなことをしてさ——一時間こうするだけでいいじゃないか」

彼は言った。「私もそれは不思議に思っているんだ。私は生涯神を礼拝してきた。そしてお前の舌にオームと書きながら、こう思ったんだ。『何てこった！　多分この子は神を実現するだろう。ところが私は生涯神を拝んでいる——朝も晩も。もう飽き飽きしてはいるけれども、私は続けている。悟らないのに止めるわけにも行かないし』とな」

「こんなのまったくバカげてるよ。こんなことをしたって、理由もなく小さな子供を苦しめる以外に何の意味もないと僕は思う」と私は彼に言った。しかも、そこにいたのは私だけではなかった。というのは彼らはこの儀式の準備をすると、二、三の金持ちたちがそれに気づいて、自分の息子たちを連れて来たからだった。

そこには少なくとも九人の男の子が、河の中に列になって並んでいた。一人の子にすることを九人の子にしなければならず、それには同じだけの時間がかかったからだ。そこで私は言った。

「あいつらみんな知ってるけど、ほとんどみんな馬鹿だよ。もしあいつらが神を実現できるんだったら、僕はそんなもの実現したくないな。だって天国であいつらと一緒になったら、僕はクラスを変えるよ。別の課目にするんだ。みんなあんまり馬鹿なんで、学校でだってあいつらと一緒になんかいたくないもの。みんなあんまり馬鹿なんで、一度もあいつらと一緒にいたことなんかないよ。今度初めて——神を実現するための大いなる努力で——あいつらと一緒に立ったんだ」

後年、その内の何人かは試験に合格できず、中学校を途中でやめた。そこで私は薬の処方者に言った。「これはどういうこと？　神を実現するはずだった人が、ちょっとした試験も合格できなかったなんて！

あいつらが、あなたの儀式が徒労だったってことを完全に証明したね」

彼は腹を立てていたが、思慮深くもあった。「お前の言う通りかもしれない。だが私にどうしようがある？」と言った。その男の子の一人は刑務所に入っている。彼は人を殺したのだ。試験に失敗した三人は小企業を持っている。他の者たちは大きな世間の中に消えて行った。

私は何度も何度も、彼に訊き続けた。「あの神を実現するはずだった九人はどうしたかな？　まだ彼らが神を実現すると、あなたは思っているの？」

ついに彼はこう言った。「お前があんまりしつこいから、私も認めなければならないよ。私はあの儀式を信じていない。ただ教典にそう書いてあるだけだ。そしてあのみんなが失敗したところを見ると……でも、誰にも言ってはいけないよ」

「どうして？」と私は訊いた。

「賢くなるんだ」と彼。

「あなたはそれを賢いというの？」と私は言った。

「誰にも言っちゃだめだぞ。みんな教典を信じているんだから。どうして敵なんか作る必要がある？　黙っていればいいんだ」

「それは嘘つきのやり方だ」と私は言った。

「その通り、嘘つきのやり方だ」と彼は言った。

そこで私は言った。「ああいう教典はみんな、絶えず『真実であれ』と言っている。じゃあ僕は教典に従うべきなの？　それともみんなに従うべきなのかな？」

彼は言った。「お前は私をジレンマに追い込むな。私は年をとってくたびれているんだ。だから面倒なことはもう御免なんだよ。さて私にとってこれは本当のジレンマだ。お前に嘘をつけというわけにもいかないし、真実であれというわけにも行かないからな。教典に反する以上、お前に嘘をつけというわけにも行かず、真実であれと言って、お前の人生を危険に晒すわけにも行かない。私はお前に、『賢くなれ』としか言えないよ」

「僕は、賢さというのは真実から成っていると思っていたけど、でもここではそれは政治的ってことみたいだね。賢いってことは真実のことなんか気にしないで、ただ自分の安楽と体面を考えて嘘を言うってことみたいだ」と私は言った。

ただ知的に考えている分には、大衆と共に留まり、正しい政策の下に留まるのが本当に賢いということになるだろう。大衆に守られ、大衆に尊敬されることになる。大衆が聴きたがっていることを何でも言えばいい――だがそうなると自分は死ぬ。人は、リスクがどうであっても、危険が何であっても責任をもって独りである時のみ生きていられるのだ。

そしてそれが人間の特権だ――そして人間だけの特権だ――独りでいること、自分が真実と共にあると思えば、全世界に反対しても立つということが。もし自分が、それこそが自由への道だと感じたら、どんな責任でも引き受けなさい。そうなれば、そういう責任はすべてあなたの重荷とはならない。それはすべてあなたをもっと成熟した、もっと中心が座った、もっと大地に根付いた、もっと美しい個人にしてくれる。


私は指を組み合わせるトリックをやってみました。あなたは、上手くいったら言うようにとおっしゃいました。上手くいったんです!


それは凄い!

ここで、みんなの前でやってみなさい。

グッド、マニーシャ……とてもいいよ！

第十七章

存在は急がない

Existence has No Hurry

ここで、あなたの許にいて、あなたの言葉をこんなに近くで聴いているものですから、私は自分の身体が――そしてそれに対して自分が持っている感じも――非常に変わって来ているのに気が付きます。自分の歩き方、シャワーを浴びているときの自分を見る様子、自分の肉体の中での感じ方――何もかもあまりにも変わってしまったような気がして、それに気が付いたときには我ながら驚かずにはいられません。肉体とは、マインドに従うものなのでしょうか、そしてまた私のマインドは、わたしのハートの影響を受けているのでしょうか？

人間は機械ではなく有機体だ。そしてその二つの違いを理解することは非常に意味がある。機械にあるのは部品だが、有機体にあるのは構成要素《メンバー》だ。部品は分解することができるし、何も死ぬものはない。その部品をもう一度組み立てればその機械は働き始める。だが有機体の中では、その構成要素をばらばらにすれば、何かが死ぬ。それをもう一度一緒にすることはできるが、その有機体は二度と生き返らない。有機体とは生きている統一体だ。すべてが他のすべてとつながっている。

人に起こることはどんなことも、肉体に起こることも、マインドに起こることも、ハートに起こることも、あるいは気づきに起こることも、その全有機体を何もかも変化させることになる。人は統一体として影響を受けることになる。有機的統一体の構成要素とは単に一緒になっている部分ではない。そこにはそれ以上のものがある。

機械は単に部品の合計に過ぎない。が、有機体とは部品の合計以上のものだ――そしてその「以上」こそ、その人の中のすべてに浸透しているその人の魂である。だからあらゆる変化は、どこで起こったものであろうと、その人の存在のあらゆる所に鈴を鳴らすことになる。

種々の方法があるのはそのためだ。たとえば、自己実現に向けて働きかける人にとって、ヨガは最も卓越した方法の一つだ。だがその働きかけは、ほとんどすべて肉体に関するもの、肉体の姿勢に関するものだ。それは大変な探求であり、その人々はほとんど不可能な事を成し遂げる。彼らは、どんな姿勢をとれば人間のマインドがある特定の態度をとることになるのか、ハートが特定のリズムをとり、その人間の気づきがより鋭くなったり鈍くなったりするのか、ということに気が付いた。彼らは、肉体に働きかけるだけで、他のどこにも触れることなく、その人間の全存在を変えることになるような様々な姿勢を開発した。

それはうんざりするほど退屈な難しい仕事だ。というのは、肉体は人の存在の中でまったく無意識な部分だからだ。それを訓練すること、それも自然ではない奇妙な姿勢でやるのは難しい仕事にならざるを得ない。肉体のあらゆる姿勢に働きかけて内なる存在をすべて変化させるにはこの人生が短か過ぎることをヨガの体系が発見したために、この生涯でその仕事を全部成し遂げられるようにと、彼らがこの世で初めて命を延ばすことを考えたのだと知れば、あなたたちは驚くだろう。

肉体についての難点は、生涯を賭けて——六十年、七十年と——働きかけ、ある一定の状態に達したとしても、肉体は死ぬということだ。そして新しい肉体を手に入れたとき、人はゼロから始めなければならない。過去生で自分が終わったところから始めることはできない。このことがヨガの体系にとってはあまりにも大きな困難であったために、彼らは寿命を延ばす方法を考え始めた。彼らは現在科学が他の調査で確認したまさに同じ方法を発見した。

科学はまだヨガが発見したことの探求には関わっていないが、心理学者は、他のことに働きかけることで、少なく食べればそれだけ長生きするということを知るに至った。痩せて美しくは見えないだろうが、その人の寿命は伸びる。たくさん食べれば、丈夫には見えるだろうが、その寿命は縮まる。

現在でも、非常に僅かしか食べない人たちがいて、彼らがどうやって生き延びるのか人には想像もできないのだが、彼らは他の誰よりも長生きする——私は百四十才で死んだ人を知っている。その方法のすべてはただ、できるだけ僅かしか食べないというだけのことだ。彼らが長生きを望んでいるというのはなく、彼らが肉体に関するある方法を開発したということがその理由だ。そして肉体は私たちの最も無意識の部分だ。それは容易には変化しない。それには長い時間がかかるが、確かに変わる。

私は何の関係もないと思われる肉体の姿勢によってほとんど奇跡を成し遂げた人たちを知っている。何しろ、意識は遥か彼方のものだ。だが、ある姿勢で座っているだけで、人は驚く。自分がどれほど変化するかを見ることができる。仏陀が座っていた結跏趺坐のことは誰もが知っている。それこそは最も有名な姿勢だ。現在では、結跏趺坐の姿勢で、背骨を真っ直ぐに伸ばして全身を楽にして座れば、引力の影響が最も少なくなるということが知られている。そして人を殺すのは引力だ。引力の影響を受ければ受けるほど、それだけ人は墓場に引き寄せられる。

このことは、アインシュタインが、我々が光と同じ速度、同じ速さで動く乗り物を見つけたらその乗り物の中に乗っている人は年をとらない——全然年をとらない——と断言したときに完全に明らかになった。その人たちが地球を離れて五十年後に戻って来たら、彼らと同年代の者はみんな死んでしまっている。おそらく一人か二人はまだ——死の床に横たわって——生きているかも知れないが、彼らの方は出発したときとまさに同じ年齢で戻って来るというのだ。

彼の考えは、光の速さにおいては人は年をとらいということだった。だがそれは単なる仮説に過ぎず、それを証明する実験は存在しない。光の速さで移動する乗り物を見つけるのは難しい。その速さでは何もかも燃えてしまうからだ。そんな乗り物を作れるような金属、そのような物質は存在しない。だからそれはどうも不可能らしい。

だがアインシュタインはヨガの説明するところを知らなかった。ヨガの説明とは、同じ年齢で地球に戻って来られるのはその人間が引力圏の外にいたからだというのだ――年をとれないのはそのためだ。そしてどうやらその方が遥かに実際的、遥かに科学的なようだ――単なる仮説ではない。何千人というヨガ行者が他の誰よりも長生きしている。ただあの姿勢で座っているだけで、引力は彼らに最小の効果しか持たなかった。

そしてまたなぜ小食することが、あるいは断食することが寿命を伸ばすのか？　ヨガの体系は、人が食べると、その食物は二つのことをしていることを発見した。一つは、我々が知っていることだが、それが人に栄養を与えているということだ。だから私たちは食べるわけだ。二番目は――これには我々は気が付いていないが――食べるということは、消化器系を疲労させるということだ。それは年をとる。たくさん消化しなければならないほど、それは若さを失っていく。人の命は、その人間の消化器系に依存している。

だから小食すれば栄養はより少なくなり、その人は痩せることになる――モハメッド・アリにはならないだろうし、ボクシングができるようにもならない――だがその人は長生きできる。なぜならその人の消化器系が若く、新鮮で、ほとんど綺麗なままでいられるからだ。たくさんの仕事が削除されるので、消化器系はずっと長く仕事ができる。消化器系がより長く働き、引力が最小の影響を与えれば、その人の寿命は容易に百五十歳にも、百六十歳にもなる。その長寿を求める理由は生存欲からではなく、彼らが変容のための非常に遅い手段――肉体を選んだからだ。

だがその肉体を通して、人々は光明に到達した。彼らは何をしたわけでもなく、ただ肉体の姿勢を変えただけだ。ある特定の姿勢では、マインドはあるやり方で機能する。ある姿勢ではマインドは機能を止め、別の姿勢では非常に油断なく覚める。人はそのことを知っているが、それ以上に進みたいとは決して思わなかった。

眠りに入るとき、人はなぜ横になるのだろうか？　それはまさに姿勢を変えることに過ぎない。座ったまま眠ることは難しい。立ったまま眠ることはもっと難しい。逆立ちして眠ることはほとんど不可能だ。

もし逆立ちして眠ろうとしてみたら……。いろいろ手はずを整えることはできるだろう。自分の足を何かに縛り付け、眠り込んでもそのまま地面には倒れないように、いろいろ防御の手段を整える——そうやってみても眠ることはできないだろう。あまりにもたくさんの血が、頭の方に押し寄せるからだ。眠るためには、血液は頭の方に非常な勢いで、大量に流れ込むべきではない。血液は少なくなるべきだ——みんなが枕を使うのはそのためだ。それはヨガの一つの姿勢だ。

ヨガはあらゆる詳細にわたって——人はどうして枕を欲しがるのか？——というようなことまで考えて来ている。枕がなくては、血の流れが足と頭で同じになるために眠ることは難しい。だが枕をすれば、自動的に頭に流れ込む血は少なくなり、頭の活動は遅くなる。知的な人々には、血の大量の流れを完全に断ち切るために枕が二つ必要だ。そうしなければ彼らは眠れない。

日常生活の中でも、これが起こっているのを見ることができる。あらゆる気分や感情や思考の下で、あなたたちはある特定の姿勢をとる。ただ注意深く見ていれば、そこにはある関係があるのがわかるだろう。そしてその関係は、人には変えらえないようなものだ。例えば私のような人間は、両手を縛られたら話すことができない。ただただ話せなくなる。私はまったく、どうしていいかわからなくなるだろう。それほど私の手は、深く私の表現と結びついているからだ。

また、それぞれの手がマインドの一方の半球につながっていることを、知らなくてはならない。左手は右脳に、右手は左脳につながっている。両手はマインドの延長だ。だから私が話しているときにはいつでも、私は二つの媒体を通じて話している。言葉を通じて、そして両手を通じてだ。手の仕草の一つ一つが、私がある考えを表現するのを手伝っている。もし両手をくくり付けられたら、私にとっては何を話すことも不可能だ。私はそれを試みたことがあるが、突然話すのがまったく難しくなってしまった。あることを言いたいと思うのに、それとは別のことを言ってしまう。すべては、私の両手に関わるリズムが妨げられているということだ。

ある寒い冬の朝、二人のユダヤ人が浜辺を歩いていたそうだ。一人は大きな仕事について話していると
ころで、半値でそれを提供しようと申し出ていた。だが相手の方は、「あんたが何をしても私には話せない」と答えた。

その男は尋ねた。「どうして話せないんだ？　私は自分がこの仕事を辞めたいから、それを君に提供しようと申し出ているんだ。なんならもっと値引きしてもいいんだ」

相手は答えた。「たとえ君がただでくれても、今はあんまり寒くて両手をポケットから出すことができない。そして手をポケットから外に出さないことには、私には話せないんだよ」

最も低いもの――それは肉体だが、それから、あらゆるものがつながっている。ヨガは肉体に働きかけてきた。それは長い骨の折れる過程だから、おそらく科学がその援助の手を差し伸べないことには未来はないだろう。そうなったら、多分それは爆発するかも知れない。ヨガは人間によって開発された最も古い科学の一つだ。それは少なくとも、五千年前からのものだ。科学がそれに手を差し伸べなければ、ヨガの要求は大き過ぎる。現代人にはそれほどの余裕はないだろう。もう少し短い道が発見されなければならない。

あなたがマインドに働きかければ……それは肉体よりは短い道であり、その仕事はより易しい。なぜならマインドには大したことをする必要はないからだ。ただ気づき、注意深く見ているだけでいい……精神分析は要らない。それは再び、無用にその過程を引き延ばすことになる。

ヨガは少なくとも終わりに至る。精神分析は、決して終わりに至ることはない。それはマインドが毎日くだらない考えを、り続けているからだ。マインドは極めて生産的だ。人は夢を分類し続け、そのことで新しい夢を生み出し続ける。そのやり方はあまりにも賢い。眠りの中で、夢を見ている夢を作ることができる。そしてその夢の中で再び眠りに落ち込み、その中でまた夢を見る。それは極めて複雑なものであり

得る。だから、こういうガラクタすべての分析が役立つのはほんの僅かであり、僅かな気晴らししか与えない。だが、それは終わりのないプロセスだ。

本当にマインドに働きかけた人々は、見ていることに、目撃することに働きかけてきた。するとマインドを見ているにつれて、マインドはゆっくりと静まり始め、そのわけのわからないおしゃべりを止め、静かに、穏やかになる。マインドが静かに、穏やかになると、その人の肉体はいくつかの変化を、驚くべき変化を通り抜けることになる。そしてそれこそが今起こっていることだ。あなたには肉体が新しいやり方で振る舞っているのがわかるようになる。これまで一度も、そんなふうに振る舞ったことはなかった。肉体は別な歩き方をしており、その仕草も変わってしまう。

歩いている姿を見るだけで、その人が同性愛者か異性愛者かが完全にわかり、見分けられるものだ。歩き方が同性愛と何の関係があるか、と思う。だが同性愛者のマインドは、その人間の歩き方を変える。子宮を持ってはいないのだから、女性のようには歩けないにしても――子宮がなくては女性のように歩くことはできない――彼は男性のようにも歩けない。なぜなら彼は、心理的に異性愛の世界から抜け出てしまっているからだ。彼は男性でもなければ、女性でもないようなある種の歩き方をする――そして誰が見てもそれはわかる。それは普遍的なものだ。どこであっても、同性愛者は同じ歩き方になる。だからその歩き方で同性愛者は判別できる。

今や同性愛を違法、犯罪だとする政府がたくさん存在する。だから同性愛者たちは、隠しておこうと考える。が、彼らにはそれはできない。彼らの歩き方がその正体を暴露し、たちまち捕まってしまうだろう。泥棒なら隠しておける。誰が見てもそれとわかるような、明らかなものは何もないからだ。だが同性愛者は、歩き方を変えることができない。もし彼らが自分の歩き方を変えれば、同性愛そのものが変わってしまうことになる。それは相互に連関しているからだ。

だからマインドが静かに、穏やかになれば、その肉体もまた静かに、穏やかになり始める——これまで一度も感じたことがないようなある静けさが、ある生き生きとした姿が肉体に現れる。あなたはその中にいたのだが、これまで一度もそれほど深く、それに触れてはいなかった。マインドが絶えずあなたを忙しくさせていたからだ。マインドが障害になっていて、あなたの気づきがあなたの肉体に決して橋渡しされることがなかったからだ。

今やそのマインドは静まり、肉体への気づきが初めて油断のないものになる。だから覚者には独特の身のこなしがある。その歩き方は普通とは違い、その眼差しは普通とは違っている。何もかも違っている。今やマインドがそこにないからだ。肉体はもうマインドに従ってはいない。マインドが邪魔になってはいない。今や肉体は気づきに、あなたの存在の最奥の質に従っている。

だから自分の身体に起こるどんな変化も見守っていて、それを喜びなさい。もっと覚めていなさい。そうすれば、もっと多くの変化が起こる。より意識的でありなさい。そうすれば、肉体でさえそれ自身の意識を持ち始めるのがわかるはずだ。

導師《マスター》の臨在の許では、人は自分の周りに、ある違った波動を感じ始めるものだ。彼の肉体を通して放射しているのは、彼の気づきだ。彼は話しているかもしれないし、話していないかもしれないが、その臨在が……油断なく覚めている者は、たちまちマスターの肉体とつながりができる。肉体の波動が変化する。

今では私たちは、波動を録音できることを知っている。何一つ書かれるわけではなく、線があるだけなのだが、その線の中に特定の波動が捕えられている。それを目で読むことはできないが、耳で聞くことはできる。テープではこの同じ技術がもっと改善されている。波動を消して、別の波動をその上にかぶせることもできる。

古いタントラ文献には、ある非常に不思議な考えがある。これは神智学運動が、再び現代世界に紹介することになったものだ。それはアーカーシャの記録という考えだ。アーカーシャとは空を意味する。タントラの考えというのは、光明を得た者は誰でもある波動を生み出し、それは空自体によって記録される、なぜならその波動こそが存在の宝物だからだ、というものだ。そしてタントラ文献は、その記録を聞くことのできる方法があると示している。だが大きな惨禍があった。人々はその教典を滅ぼしたのだ……。

まさに人々が私に反対しているように、人々は何でも『変わっているもの』に反対してきた——そしてタントラとは最も『変わっているもの』の一つだった。しかも、基本的には性エネルギーの昇華に関するものだったために、正統的なマインドがすべてそれに反対した。それに非常に意味深い多くの別の考え方があるとは、まったく考えもしなかった。狂信者達はそんなことは気にしない。彼らはタントラの寺院を破壊し、その教典を抹殺し、タントラの導師たちを殺害した。

彼らは、タントラが別の方向により深く探求していくことを妨げた。だからこの方向は、未完了のままにされている。だが私は、そこにはある真実があると感じている。もし存在が、あらゆる意識存在が光明を得ることを望んでいるのなら、彼が光明を得たときには、その記録、その人の波動、その人の言葉、その人の沈黙はある宝物倉の一部になるべきだ。

タントラの考えでは、その宝物倉は特定の方法で開けることができる。私たちはクリシュナが存在したのかどうか、マハヴィーラが実在したのかどうか、仏陀が実在していたのかどうか、イエスは本当に光明を得ていたのかどうかを確かに知ることができる、というものだった。

それらの記録はすべてを明らかにするだろう。だがその教典が破壊され焼かれてしまったために、彼らがどんな方法を推奨していたのか、あるいは彼らがどんな方法を試みていたのか、私たちにはわからない。

だが私自身の経験では、どこであれ誰かが光明を得たときには、そこには未だに特定の波動が存在するということだ。何千年というときが過ぎたかもしれないが、その波動はまだ存在している——樹の中に、土の中に、山の中に、今でもある不思議な臨在を感じることができる。その人はもうおらず、歌い手は死んでしまったかもしれないが、その記録はまだそこにあり、その声を再び聴くことができるのだ。

だから、自分の肉体に起こることは何であれ、気をつけて見ていなさい。あなたがより油断なく覚め、もっと気づくようになれば、自分の肉体へのより大きな慈愛、自分の肉体へのより大きな慈悲を、感じることだろう。より近しく、一層の親密さを感じて、ある種の新しい友情が沸き起こって来るのを感じるだろう。これまで、あなたはただ肉体を使ってきただけだった。自分の肉体に対して一度もありがとうを言ったことすらなかった。ところが身体の方は、ありとあらゆるやり方であなたに尽くしてくれていたのだ。だからそれはいい経験だ。それがもっと強烈なものになるように、手伝ってあげなさい。それを手伝うための唯一の方法は、もっと油断なく覚めることだ。

あなたのお話から、私はある種の進化過程が起こっているのだと理解しています。けれども私は、あなたが人間は少しも進化していないとおっしゃるのも聴いたことがあります。

光明を得て死んだ求道者たちは、みんなどこにいるのでしょうか?

集団としての人間は進化していない。

集団としての大衆に対して、どんなにわずかな慈愛でも起こったなら、それはすべてこの光明を得た僅かな求道者たちのおかげだ。だがその比率を理解することだ。それは大海を甘くしようとして投げ込まれた、一匙の砂糖のようなものだ。それは、海にとっては取るに足りないことだ。海はあまりにも広大だ。一匙の砂糖は一杯のお茶のためならまったく申し分ないが、海が相手ではそれでは足りない。

光明を得た人とは、一杯のお茶だ。彼のグループ――彼に同調した人々――でさえまだあまりにも小さく、集団としての大衆の中、その広大な闇、無意識の中に、さしたる変化を創り出すことはできない。

それでも何千年もの間には、かなりの数の人々が光明を得たために、人間性における僅かの変化を見い出すことはできる。だがその功績は人類のものではない——私が人間は進化していないと言うのは、そのためだ。その功績は、それらの光明を得た僅かな人々のものだ。彼らはこの海の中に自分の意識をまき散らした——だが海を甘くすることはできない。わずかの効果はあっても、それは無視できるほどに小さなものだ。その功績は人類を助けようとして生き、そして死んだ僅かな人たちのものだ。ところが、人類のために生きた彼らを、その同じ人類が殺し、十字架に架ける。他の方法はない。その闇はそれほどのものだ。

ある微かな変化の跡を辿ることはできるが、それはあまりに微かで、言及するにも値しないほどのものだ。例えば、彼らは何の疚しさも感じることなく、イエスを磔にできた。実際、彼らは邪魔者がいなくなってほっとしたものだ。イエスは彼らの伝統、その正統的なマインドにとっては、ますます苦痛になりつつあった。彼らは光を感じたのだ。

彼らは私をそれほど簡単には磔《はりつけ》にできない——これこそが僅かな変化だ。彼らは私がある国に入っていくことを邪魔するかもしれない。ある国に留まることを妨げるかもしれない。私を逮捕して国外に追放するかもしれない。私のコミューンを滅ぼすかもしれない。彼らはありとあらゆるやり方で、私の人々をうるさがらせるかもしれない。それでも、やはり私を磔にするわけにはいかない。かすかな変化が起こっている。彼らは恥ずかしさを感じる。

彼らはそうしたいところだろう。いまだに心の底ではそうしたいだろう。その方が簡単だ。世界中の議会が私に反対する議決をし、あらゆる政府が他の政府に情報を流すくらいなら……どうして事をそんなふうに複雑にする？　だが彼らは、もし私が磔になったら、自分たちが軽やかにもならなければ、重荷を下ろしも、安心もしないだろうと感じているのだ。実際、彼らは疚しさを感じるだろう。

こうしたことが、長い間に人類を助けることになる変化だ。だがそれは、人類に奉仕するためにすべてを犠牲にし、自分の生涯を捧げた僅かな人たちのおかげだ。しかもこの人類は、その人たちに対して十字架と毒殺と、石を投げつけて殺すことで応えてきた。それでもその人たちは、微笑みを浮かべて死んだ。

マンスールの磔《はりつけ》は異常だ。それはイエスの磔よりも遥かに野蛮だった。何しろ彼らは、ゆっくりと彼の四肢を切り落としたのだから。彼らはその両脚を切り落とし、両手を切り落とし、両目をくり抜いた。彼らはそれまでどんな人間も経験したことがないほどの、激しい苦痛を彼に与えた。しかし、それでも彼は微笑んでいた。

群衆の中の一人の男が、「マンスール、お前はどうして笑っているんだ？」と尋ねた。

すると彼はこう答えた。

「私が笑っているのは、この人たちが自分にもっと生命を、もっと光を与えようとしたその人間を殺しているからだ。不思議な人たちだ——自分自身の友を殺している。そして私が笑っているのはまた、私の肉体を滅ぼしても私を滅ぼすことができないということを、彼らが知らないからだ。彼らが殺しているのは別の誰かだ！　だからマンスールは笑っている」

そしてこういうことが起こっている間——ただマンスールを侮辱するために人々が石を投げ、腐った卵を投げつけているとき——マンスールの師ジュナイドが群衆の中にいた。そして、ただ群衆の中の一人ではないと見なされないように、ジュナイドもまた何かを投げた。一輪の花だった。

彼はマンスールを知っていた。マンスールは彼の弟子であり、ジュナイドはマンスールが正しいことを知っていた。ジュナイドは彼にこう言っていた。

「お前の言うとおりだ、だがそれは言ってはいけない。人前では言わないことだ。『私こそ究極の真理だ。他の神などない。誰もが自分の中に自分の神を持っている』ということを。それを言ってはならない！私はそれを知ってるが、ずっと黙っていた。それは私の師が、『口を閉じていなさい。さもないとみんながお前を殺すことになる。そんなことをして何になる？』と言ったからだ」

マンスールは、「私も言わないように努力しました。しかし、どうしようがありますか？　みんなに訊かれれば忘れてしまうし、そうなれば本当のことが出てきます」

だからジュナイドは悲しんでいた。彼は美しい薔薇の花を投げることで、二つの目的を果たそうとしていた。一つは、群衆が彼もまた、石か腐った卵を投げているのだろうと思うようにだ。この人混みの中で、誰が何を投げているかなど知っている者がいるだろうか。二つ目は、マンスールが、自分の顔を一輪の薔薇の花が打ったとき、それが自分の師以外には誰にも投げられるはずがないと理解できるようにだ。彼だけは理解できるはずだった。

だがその瞬間、マンスールの目から涙が溢れ出し、微笑みが消えた。また誰かが訊いた。

「今の今まで笑っていたのに、今度は涙を流している。何かあったのか？」

彼は言った。「確かにあった。みんなは石や腐った卵や、トマトやバナナ、何やかにやを投げてよこす――それならよかった。彼らにはわかっていない。でも誰かが、薔薇の花を投げてよこした。私にはそれが誰かわかっている。その人の薔薇の花が他の何よりも私を傷つける。なぜならその人は何が真理かを知っているのに、それを宣言する勇気を持っていないからだ。この涙は、その人の臆病と恥ずかしい振る舞いのためだ」

だからこういう人々が、人間の意識を少しばかり高めた――その功績はすべてその人たちのものだ。人間は今では、現在ではもうそんなふうには振る舞えない。千年前にアルヒラジ・マンスールにしたのと同じことを、私に対してはできない。私に反対している人々でさえ、個人的には私に反対ではない。彼らが反対しているのは、大衆が私に反対しているからだ。

さて、またもや同じ問題が持ち上がっている。彼らは私にここに留まって欲しい。だが、問題は誰がその書類に署名するかということだ。大統領は私にここに留まっていて欲しい。だが彼は書類に署名する責任を取りたくはない。外務大臣は恐がっているし、内務大臣も恐がっている。彼はそれを望んではいる。それはまったく正しいし、それには何も問題はない。私はここに留まるべきだ。だがどうやれば私はここにいられるのか？　誰一人その責任を取ろうとする者がいない。彼らには彼らの恐怖がある。もし明日何かが起こって、その人間が捕まったら、自分の政治的生命は終わることになる。

外務大臣は国連の事務総長に選出されるように、アメリカ政府に支援されている。さてそうなると、彼は私にここにいて欲しいのだが、自分が署名することはできない。署名したら彼のキャリアは終わりだからだ。そうなったら国連の事務総長にはなれない。

これらの人々は変わった。少なくとも彼ら自身に関する限り、私をここに受け入れる用意があるのだが、ただ自分でその全責任を取りたくないのだ。彼らにはそれ程の勇気はない。だが、これは発展でもある。もしかしたら誰かが勇気を奮い、自分の野心か政治生命を賭けるかも知れない。それは確かに危険だ。なぜならいったん誰かが書類に署名をしたら、アメリカ政府とスペイン政府とドイツ政府が全力をもってその人間を追い出すことになるからだ。その人間はそのポストに留まることはないだろう。彼がこれらの政府の言うことを聴かず、彼らに逆らったからだ。

そして追放に賛成の人たちは皆、そういう状況になれば「前に君に警告しておいたのに、君が言うことを聴かないからだ」と言うだろう。

だから若干の発展はあったのだが、さしたるものではない。それも大衆全体のおかげではない。彼らはどんな進歩も、どんな進化も遂げていない。これは、まさに炎のように生き、人間の意識にその印を残していった少数のユニークな個人たちの副産物だ。だが人類の意識はあまりにも広大な、大海のような領域だから、その全体がこのように進化するためには何千年もかかるだろう。

私の努力が、あまりたくさんの人々に働きかけるのではなく、ごく限られた数の人たちに、その人たち全員がこの生涯で光明を得られるほどに、強烈に働きかけることに集中しているのはそのためだ。おそらく二百人ほどの人間が同時に光明を得れば、人類の進化に大いなる後押しをするかもしれない。私たちはやってみることができるだけだ。そしてそれを試してみることは、この上もない喜び、実にわくわくすることだ。

私はアルヒラジ・マンスールが怒っていたとは思わない。彼ならその人たちがやっていることは、まさに期待通りだと理解できただろう。私は腹を立ててはいない。私へのどんなことも、完全に予期していたことだ。だが、進化はこのように実にゆっくりと起こる。存在はいかなる意味でも急いではいない。永遠が手に入るのだ。

私たちは時間の面からものを考える。が、存在には時間の限界はない。私たちが、なぜ進化が起こらないのか、少し心配になるのはそのためだ——私たちの時間スケールが非常に小さいためだ。存在の永遠性に目を向ければ……私たちの時間など数秒にも当たらない。

だから心配することは何もない。変化は起こっている。おそらくこれからの日々は、非常に危険なものになるだろう。人間は自らの意図に反して変化しなければならない。核戦争は大いなる希望だ——それが起こるだろうという意味ではなく、それが人間が変化せざるを得ないような状況を生み出すという意味でだ。人間が変わらなければ、戦争は必ず起こる。多分、この成長した人類はただ変化するだけのためにも、それほどの危険な状況が要るのだろう。そうでなければ変化できないのだ。そのような状況が近づいて来ている。そして私たちは幸運にも、まさにぴったりのときに、ここに到着している。

この頃、あなたが部屋に入っていらして私たちに合掌をし、あんなにも愛と尊敬を込めて一人一人の顔を見回されるとき、私はしばしば、「何てことだ！　マニーシャはまだそこにいるのか。何時になったらわかるんだ？」とあなたが考えていらっしゃるに違いないと思うのです。そして自分がどんなに鈍く頭が悪いかということ、あなたの絶対的な愛を浴びていながら、いまだに消えることができないとは、何と見苦しいと感じてしまいます。そしてその都度、あなたにお詫びしたいという気持ちになるのです。

詫びる必要はない。私は、あなたにここにいてもらいたい。あまり早く消えたりしないことだ。なすべき仕事はたくさんある！　ある話を思い出したよ。ラーマクリシュナのアシュラムに、実に素朴な人物がいた。名前はカルといった。彼の部屋にはたくさんの神々がいて、その神々を全部礼拝するのに、ほとんど半日も費やしていた。

ヴィヴェーカナンダが――彼は偉大な知識人だが、霊的な人間ではなかった――何時もかわそうなカルを追い回していた。「お前は馬鹿だな。何をしているんだ？　何だってまる半日も無駄にしているんだ？　部屋の中に、自分のためのスペースもない。神様だらけじゃないか」

ヒンドゥ教徒はどんなものでも神にする。どんな丸石でも、赤く塗ったら神になる。そしてすぐに拝み始める！　実に簡単だ。ヒンドゥの神は一番簡素な神だ。美しい像や高価なものを探す必要などない。川の側のちょっとした綺麗な石で充分だ。それを拾って来て赤く塗れば、それで神のできあがりだ。神には顔もなく手もないので、彫像など要らない。本人の信仰の問題に過ぎない。だから石を信じれば、その石が神になる。

ラーマクリシュナのアシュラムは、ガンジスの川岸のすぐ近くにあった。実にたくさんの石があって……それに、拾って来るのはカルだけではなかった。他の者たちも彼に石を拾って来ては彼を悩ませていた。しまいには寝る場所もないほどの難しい状況になった。部屋中神で一杯になって、彼は部屋の外で眠っていた――しかも神は、一人一人別々に世話をする必要があった。そうしないと神が腹を立てるのだ。

ヴィヴェーカナンダはカルをからかって、お前は馬鹿だと言っていた。カルには答えられなかった。そしてヴィヴェーカナンダが、世界宗教会議に出席するためにアメリカに出かける前のある日、ラーマクリシュナはヴィヴェーカナンダに、ある瞑想の技法を授けた。ラーマクリシュナは彼に、単なる知識人であって欲しくなかったのだ――それでは自分やインドを、本当に代表することにはならない。知識人はたくさんのことを知っているが、それはすべて本からの知識だ。

そこで彼は、ヴィヴェーカナンダにこう告げた。「お前も瞑想を始めなさい。ほんの少しでいい。それで充分だろう、会議には瞑想している者は他にいないだろうから」

そこでヴィヴェーカナンダは、その日瞑想を始めた。沈黙して二、三時間過ごすうちに、突然ある考えが浮かんだ。「この時間はカルが例の礼拝を終える頃に違いない」。それに彼は瞑想の後で、ある種の力を感じてもいた。「ここにはパワーがある。私が何かを言えば――たとえここからでも――カルはそれに従わなければならないだろう」。そこで彼は――沈黙して自分の部屋で座ったままで――「カルよ、お前はその神々を全部ガンジスに持って行って投げて来なさい。神々にさよならを言うのだ。もう彼らの仕事は終わった」と命令した。

哀れなカルは、自分に何かを告げる者がある以上、それは神の言葉に違いないと思った――さもなくて、誰がそんなことを言う？　部屋には誰もいなかった。彼はまさに、いつもの礼拝を終わろうとしていたところだった。そこで彼は神々を全部集め始めた。それをみんな大きな布の袋に入れて、自分の部屋から引きずり出し始めた。

ラーマクリシュナは外の樹の下に座っていた。

「カル、お前は何をしているんだね？」と彼が訊いた。

「この神々をガンジスに持って行って全部捨てて来るように、という神のお告げがあったのです」と答えた。

「待ちなさい！　それは神のお告げでも何でもない。ちょっと行って、ヴィヴィーカナンダを私の所に連れて来なさい」とラーマクリシュナは言った。

ヴィヴェーカナンダが呼ばれて来ると、ラーマクリシュナはこう言った。

「これは正しくない。私はあんなことをさせるために、お前に瞑想を命じたのではない。だからもうお前は瞑想はしなくていい。私はお前の鍵を預かっておこう。お前は他のことをしなくてはならない。そして時が熟せば何時でも——この生涯でか、あるいはその後の生涯でか——その鍵をお前に返してあげよう」

ヴィヴェーカナンダは、決して瞑想者にはならなかった。彼はわずか三十三歳で死んだので、その鍵が彼に戻されることはなかった。

だからマニーシャ、消えようとなどしなくていい。さもないと鍵が取り上げられてしまうよ！　そうなったら、もう一度それを取り戻すのは難しい。ここにそのまま居なさい。しなければならないことはたくさんある。

そして、姿を消すべき日が来たら、あなたたち全員が準備できているだろう。私が真っ先に、「オーケー、マニーシャ、さあ消え去りなさい！」と言うだろう。だがそれまでは、二度とそのことを考えてはいけない。オーケイ？

第十八章

知性だけが我々の唯一の宝

Intelligence is our Only Treasure

外見は無批判に見えるのに、内面的にはあらゆること、あらゆる人についてきわめて批判的であった完全主義者の父に育てられ、私には今、自分の条件付けが非常に逆方向に作用しているように思われます。私は人を裁いているとか、独断的だと言われては叱られましたが、一方では「見分ける」ように迫られもしました。今私は、自分の知性の中で何かがせき止められ、そこなわれ、ためらい、おどおどしているのを感じます。サニヤスを受けてからも私は、自分では適切で正当だと感じる自分の言葉で人を裁いていると、繰り返し注意を受けています。

裁くということと、区別が分かるということと、真の明晰性とは、どう違うのでしょうか？　そして子供が、あるいは四十三歳の人間が、その違いを見分けるにはどうしたらいいのでしょうか？

どうかコメントして頂けますか？

マインドは、裁かずにはいられない。マインドに裁かずにいることを強制すると、その人の知性にブロックが生じる。そうすると、そのマインドは完璧には機能できなくなる。

裁かないとは、思考の領域内で起こることではない。思考を超えた人間にしか、決めつけずにいる《ノンジャッジメンタル》ことはできない。それまでは、自分には事実に即した正当な言明と見えるものも、ただそう見えるだけに過ぎない。

マインドが決めたり述べたりすることはすべて、その条件付け、その偏見によって汚染されている——それがマインドを裁きに満ちた《ジャッジメンタル》ものにする当のものだ。

たとえば、泥棒を見かけたとする。彼が盗みをしてきているのは事実だ——それについては何も疑いはない――だからその泥棒についてある言明をするとする。そして確かに盗みは良くないことだから、ある人を泥棒だと呼ぶとき、あなた方のマインドは、「その通りだ。この言葉は真実だ」と言う。

だが泥棒はなぜ悪いのか？――そして悪とは何か？　彼はなぜ、盗むようになったのだろう？　それに、盗むということは一つの行為に過ぎない。たった一つの行為を根拠に、あなた方はその人全体を決めつける。彼を泥棒と呼ぶ。彼は盗みだけではなく、他にもたくさんのことをする。彼はいい画家かもしれないし、いい大工かもしれず、いい歌手かもしれず、いい踊り手かもしれない――その人の中にはたくさんの質があり得る。その人間全体は非常に大きなもので、盗みという事実は一つの行為に過ぎない。

たった一つの行為を根拠に、その人間全体について述べることはできない。あなた方は、その人のことは何も知らない。それにどういう状況でその行為が起こったのかさえ知らない。もしかしたらそういう状況でなら、あなただって盗んだかもしれない。もしかしたら、そういう状況では盗みは悪いことではなかったかもしれない……なぜなら、あらゆる行為は条件と関連があるからだ。

私はあなた方に、老子が中国の最高裁判事にされた話を何度もしたことがある。最初の事件は、その首都で一番の金持ちの財宝のほとんど半分を盗んだ泥棒に関するものだった。しかも現行犯で捕まったので、彼が盗んだことに疑問はなかった。彼は自分が盗んだことを自白してもいた。

にもかかわらず老子は、その泥棒に家に侵入され盗まれた金持ちを呼びつけて、こう言った。

「私に言わせれば、あなた方には両方に罪がある。第一、なぜあなたはそれほどの富を蓄えたのか？　町中が飢えて貧乏している。あなたはその富を食べきれもしないのに、この人たちを搾取し、その血を吸い続けている。

この男は盗まざるを得なかった。彼の母親が死にかかっている。彼は金を要求せずに来てくれそうな医者を見つけられなかった。金がなくては薬を手に入れられなかった。仕事を求めていろいろ捜しまわっても、雇ってくれる者はない。この男に何をさせたいと言うのか？　彼には働く用意があるのに、仕事は手に入らない。医者に頼んでみても、誰も彼の言うことなど聴いてくれない。彼らは、『毎日貧乏人がたくさんやって来る。私たちに何ができるというんだ？』と言う。それでは、その高い薬をどこから手に入れたらいいのか？　あれは最後の手段だった。この男は泥棒ではない。盗みは、死にかかっている母親を救うための最後の手段だった。

それに、あなたの家から盗むのが犯罪でないのは確かだ。最初に先ず、あなたが富を貯め込むという根本的犯罪を犯している。それにこの泥棒、このいわゆる泥棒は、非常に公平な心の持ち主だ。彼は金蔵の半分しか盗まなかった。全部だって盗めたのだ。彼はあなたの金庫の中の財宝を半分残して行った。彼は半々に分けたに過ぎない。

彼は泥棒ではない。状況が彼に泥棒を強いた。だが、あなたは生まれながらの泥棒だ。あなたの父親はこの人たちを搾取していた。あなたの父親の父親も、この人たちを搾取していた。あなたも同じことをしている。あなた方のために町中が貧しく死にかかり、飢えている。

さて、私に何を裁いて欲しいというのか？　私はあなた方を、両方とも六ヶ月間刑務所に送る。私はこの泥棒に対しては公平ではない。というのは彼がしたのはごく小さなことに過ぎないのに、あなたの方は生まれつきの犯罪者で、一日中色々なやり方で貧乏人たちから盗んでいるからだ。彼の盗みはたった一度の行為に過ぎない」

その金持ちは確かにいらいらしていた。彼はそんな言葉を聴くのに慣れていなかった――彼は、そういう最高裁の判事たちを買収することだってできた。彼は、「ちょっと待って頂きたい。まず皇帝にお会いしたい」と言った。皇帝さえ、彼にはお金のことで恩義を受けていた。その必要があったとき――他国の侵略かあるいは防衛のために――彼は寄付したことがあった。

彼は皇帝の所に行ってこう言った。

「いったい何という人間を、最高裁の主任判事にしたのですか？　あの人は私を六ヶ月牢屋に入れるつもりですよ——あの泥棒と一緒にね！　しかも彼に言わせると、あの泥棒の方に公平じゃないそうです。あの泥棒は一回盗んだだけだが、我々の方は何代にもわたって、別の名目で同じことをしてるって言うんですよ。我々の生涯は搾取で成り立っているそうです。いいですか、もし私が刑務所に行くようなことになれば、明日はあなたの順番が来ますよ。だって、このお金全部をどこから集めて、この帝国をつくったのです？　あの男の言い方だと、あなたの方が私より大物の泥棒だ。自分を救いたければ、あんな男は放り出すんですね」

老子は直ちに解任された。彼はこう言った。

「私はそれには向かないだろうと、前もってあなたに言っておいた。私はマインドで動いていないからだ。マインドから機能することは裁くことだ。私は沈黙から働きかけている。私はただ、在るがままの事実を見る——どんな偏見も、どんな意見も、前もって到達したどんな結論も持たずに」

アメリカの裁判所の一つは私を告訴し、判事が陪審員を選んでいた。十一人の陪審員が必要で、彼はその地域の著名人六十人と面談しなければならなかった。彼が訊いたのはただ、「あなたはこの人間に対して偏見を持たずにいられますか？」ということだった。すると彼らは、それはできないと言った。彼らは私に対してある意見を持っていた。彼らは拒否された。私に対して偏見を持つことはないと宣誓できる十一人の陪審員は見つけられなかった。ついにその判事は、その裁判を自分の手で処理せざるを得なかった。だが、その判事が偏った判断をしないという何の保証があるだろう？

インドではベンガルで私に対する訴訟がある。それはあまりにも馬鹿げたもので、法律のことなど何も知らない者でも、一見して却下するような訴えだ。インドに入ったその日、最初の記者会見で私は二、三のことを言った。遥か遠くのベンガル、インドの内陸の町から、私がその人間の宗教的感情を傷つける声明をしたとのことで、私への訴えが起こされたという召喚状が私に届いた。

そしてその訴えの中で相手は、私の記者会見の中の彼を傷つけた声明は、ベンガル語の新聞に掲載されていると言っていた。その日付も、コラムも、ページも――何もかも彼は示していた。治安判事は直ちに出頭命令を出した。私たちはそのベンガル語の新聞を調べに、デリーに行った。というのは、私はその人の感情を傷つけるような発言は一切していなかったからだ。私が到着したとき記者会見があったが、遥か彼方の一人のベンガル人の宗教感情を傷つけるような発言を、私がするような可能性はなかった。

そういう発言は何もなかった。私たちはそのベンガル語の新聞を手に入れた――そのベンガル語の新聞には声明など何もなかった！　私に関する記事はあったが、彼が言及している声明は、そこにはなかった。

さて、こんな事件を却下するために、何か法律の知識など要るかね？　彼は、彼の言うことが載っていない新聞の記事を基に申し立てをしている！

そんな訴訟は容易に却下されなければならない。「気でも違っているのか！　どこにそんな発言がある？」と。だが、どうやら判事自身もそのゲームの仲間であるらしく、彼も他の人間と同じマインドを持っている。マインドに関する限り……人は自分の判断で、ノーマインドの状態を生み出すことはできない。彼らはヒンドゥ教徒であり、あるいは回教徒であり、あるいは社会主義者であり、あるいは共産主義者だ――そういう人間がどうやって偏った判断をせずにいられるだろう？

私たちは、カルカッタの高等裁判所に上訴した。そして私は本当に驚いた。この事件はあまりにも馬鹿げている。彼が言うその発言はその新聞に載っていないのだから……単なる嘘に過ぎない。実際その人間は、でたらめを訴えようとしていることで、直ちに逮捕されるべきだ。

私たちのサニヤシンの一人、タターガタが出かけた――彼は弁護士、高等裁判所の弁護士だ――彼はその事件を最高裁に上訴した。その新聞を見せて、こう言った。「そんな発言は全然ありません。これが他の新聞の記事です。その他の新聞は何も報告していません。そしてこれが、あの紳士が引用しているベンガル語の新聞です。彼が言うような言葉は、ここには全然ありません。だからこんなものはただ却下すればいいんです」

だが、最高裁でさえこう言った。「誰かの宗教感情が傷つけられた以上、そう簡単に却下するわけにはゆかない。裁判を行なうことになるでしょう」

彼らは裁判に負けるのはわかっていた。だが高等裁判所の判事でさえ、少なくとも二、三度事情聴取をすることで、私に嫌がらせをしたかったのだ。しかも彼らは、私の弁護士が出席できることを認めなかった……それでは私が行く必要などなくなるからだ。いったい私が、何を言わねばならないというのか？——何しろ、私は何一つ言っていない。だからただ、私に嫌がらせをするために……こういう人たちは、みんな自分の意見を持っていた。そして自分の意見を投影していた。マインドにはそれ以外のことはできない。

だから両親が、子供たちに裁くなと教えるとき——ところが子供たちは、自分の両親が絶えず裁いていることを非常にはっきりと知っているのだが——一方では彼らは子供からの尊敬を失い、また他方ではその子供たちは偽善者になる。両親は自ら裁いていながら、「これは裁いているのではない。単に事実を述べているだけだ」と言い始める。

彼らはそれを他人たちに言うだけではなく、自分にもそれを言い聞かせる。自分自身に、それが単に事実だと納得させる。だが問題は、事実ですら自分の意見に過ぎないかもしれないということだ。他の誰かの意見ではそれは事実でないかもしれず、それは虚構かもしれない。例えば、無数の人々のマインドにとって神というのは事実だ。が、私はそれをフィクションだと言う——最大のフィクション、最大の虚偽だと言う。

人はあることを良いことだと考えるかもしれないが、それは他人から貰った考え——借りものだ。だから何かを良い、何かを悪い、何かを美しい、何かを醜いと言うことで、その人はその社会のマインドを反映しているに過ぎない。しかもその人は、それが事実であるのだと完全に確信している。

だが私はあなた方に、それらの事実をもう少し深く、もうちょっと意識して見つめるとき、これらの事実がどのように消えるかを話そうと思う。例えば、ある女性を美しいと思ったとしよう――あなただけがそう思うのではなく、その女性がミス・アメリカだとか、ミス・ドイツだということは、審査員全体が決めることだが――あらゆる国にはその国なりの美についての考えがある。誰もが同じ穴のムジナだから、その女性を美しいとは思えない人々がいるかもしれないとは、疑いもしない。

西洋で最も美しいとされた女性たちの誰一人として、東洋では認められないに違いない。西洋はそれに関しては極めて機械的に行なう。インチで表現されるような体型とか体重とか、別の人たちには美とは考えられもしないようなものだ。それぞれのセクションが点数を持っている――容貌の美しさ、プロポーション、体重……。だが女性を恋する前に、体重を量ったり、体型を測って、その結果その女性が本当に美しいと決めたりするような者がいるだろうか？

そういう女性たちの写真を見たことがあるが、私には信じられなかった。というのは、東洋ではあんなに痩せた身体が美しいとは考えられないからだ。東洋には、女性については別の考えがある。カジュラホの彫像を見ればわかる。それを見れば、東洋が何を美しいと考えているかその観念がわかる。美しい女性は、ある程度太っていなければならない。なぜなら女性の基本的な役目は、母親になることだからだ。西洋では、女性はコンテストに出るためにダイエットをする。だから肉体から肉が消え失せ、まるで骸骨のようになる。

東洋では、むしろ若干太った女性の方が受け入れられる。なぜならその肥満がその人の蓄えであり、食料だからだ。そして女性の基本的な働きは、母親になることだ。さて、まるで骸骨のような女性は、どんなにプロポーションが素晴らしかったとしても、母親にはなれない。彼女にはそれだけの脂肪がない。なぜなら九ヶ月の間、彼女にとっては食べることは難しくなるからだ。彼女は自分自身の脂肪で生きなければならない。もし脂肪を持っていなければ、母親になることは不可能だ。そして子供におっぱいをあげるための乳房が必要だ。それは東洋の考えでは女性の美しさの一部だ。

だから東洋と西洋は、同じ女性の美しさについても合意することはない。そしてもし他の国々、また中国のような他の大陸のことまで考えれば、別のことが入って来るだろう。あるいは日本だ。そうすればまた別のことが——女性のしとやかさとか……。さて、何千人という人々の前で、ほとんど裸になって行列するような女性はしとやかではない。彼女はほとんど、自分の肉体を売りに出しているようなものだ。こういうコンテストはみんな、ポルノグラフィックなものだ。人々は、女性のさまざまな裸体を見にやって来ている。彼らはコンテストなどには興味はない。

インドや日本では、そんなコンテストはあり得ない。そのためには、まったく別の観点が必要になるだろう。女性のしとやかさが基本になるだろう。それは西洋の美の概念の中にはまったくないものだ。

初めて西洋人が中国に行き着いたとき、彼らは故国に次のような手紙を書いた。

「ここの人々は人間ではない。彼らは人間のようには見えない。非常に変わったタイプだ。多分、人間に少し似ている他の動物に違いない」と。というのは、六本しか毛の生えていない髭があり得るなどとは、考えたことがなかったからだ！　それに、あんなに出っ張った頬骨も許せない。

だが中国人たちもまた、その西洋の訪問者たちについて書いていた。その記録は今も残っている。

「彼らは猿に似ている。おそらくチャールズ・ダーウィンは正しかったのだろう。しかし彼は、これらの西洋人が猿から進化したということについてだけ正しかった。彼らの振る舞いは実に落ち着きがない。彼らの個性には優雅さが全くない」と。

さて両方が判断している。両者とも断定的だし、両方とも開いてはいない。どちらも幼年期に、ある特定の社会に特定の人々と共に暮らすことで蓄積された意見を持たずに、相手を見てはいない。

インドにはマルワリと呼ばれるヒンドゥ社会のコミュニティがある。彼らはラジャスタンに住んでいる。だが、ラジャスタンには家を持っているだけで、彼らの事業は全インドにまたがっている。ときどき、彼らは故郷に帰る。それ以外は、あらゆるところで仕事をしている。彼らは非常に頭の切れる商売人だ。

私はあるマルワリの家族と、非常に親しくしていたことがある。そこの娘が結婚しようとしていて、その娘を嫁に貰おうとしている方の家族が、相手がどんな家の者なのかと、町で彼らの事を調査していた。それで誰か、私が彼らと非常に親しくしているから私に訊くといい、と言う者がいたらしい。そこで彼らは私に訊いてきた。私は不思議に思った。というのは、彼らが私にした一つの質問は、「あの家は何回破産しましたか?」というものだったからだ。

「それはまた変な質問だ!」と私は言った。

彼らはこう言った。「いや、変じゃありません。私たちの社会では、これが人の豊かさを量るやり方ですよ。私たちは事業に失敗したり、損失があったりして破産するんじゃありません。そうではなくて、事業の絶頂で倒産します。一回倒産するのは、少なくとも百万ルピーを意味します。だからそれが、その家族がどのくらい金を持っているかを勘定する簡単なやり方なんです。もし三回も倒産していれば、それは申し分ない。一度も倒産していなければ、その結婚はものになりません。というのは、一度も倒産していなければ、娘に持参金を持たせるだけのお金はないからです。直接は訊けないので――それは不躾だと考えられていますー間接的に調べなければならないんですよ」

さて、こういう考え方は彼ら独特のものだ。世界中の誰も、七回も倒産した人間に、いくらかでも財産があるとは思わないだろう、と私は思う。そして一つの場所で倒産すると、その場所は彼らにとってもう旨い汁を吸えないところになる。彼らは人々から搾取するだけ搾取して、それから倒産する！　自分には、まったくお金がないという振りをするわけだ。

そこで彼らは引っ越しをする。彼らの本当の家はラジャスタンにあるので、その家は稼いで倒産するための一時の場所だ。そうして彼らは一つの町から、彼らが倒産したことなど誰一人知らないような、遠く離れた町に引っ越す。再び彼らは商売を始める。またたくさんのお金を貯めて、そしてまた倒産だ。

そうやって貯め続けたお金は、全部彼らの故郷のラジャスタンに行く。他の場所は、ただ搾取するための場所に過ぎない。彼らは移動し続ける。マルワリはみんな、五年から七年くらいのうちに引っ越しをする。その七年の内に人々の信頼を得、お金を貯め、お金を借り、できることは何もかもして、それから倒産する。

倒産が良いことだと言う者など他には誰もいないだろうが、マルワリならできるだけ何度も倒産しろということになる！　そうすればその人間の名声も、社会的地位も、より高く上がる。他のどこでも、破産すれば評判は地に落ちる。

インドには娘を誰かの嫁にやろうとするとき――これは未開の部族なのだが――相手の男が、何度罪を犯したかを調べる部族がある。それが成熟だと考えられているからだ。刑務所に行ったことがあれば、その男は生きる術を学んでいる――どんな場合にも、自分の娘が飢える心配はないというわけだ。彼らは自分の娘を詐欺師に嫁がせる！

私はこの人たちのことを知ったとき……殺人にさえ価値があるのだと知った。なぜなら彼らは自分の娘を、殺人を含めてどんなことでもできる人間に嫁がせようとしているのだから。その男に守って貰えば、その娘は安全だ。どんな問題も起こらない。何しろその人間は泥棒で、刑務所にもいたことがあり――つまり何でも知っているというわけだ……人の騙し方も、搾取の仕方も詐欺の仕方も知っているのだから。それがその男の資格証明になるらしい――だが、その部族内だけでのことだが。その部族の外に出れば、何もかも非難されることばかりだ。人殺しとか、何度も刑務所に入ったことがあるとか、あらゆる犯罪を犯したことがある者になど、誰が自分の娘を嫁がせようとするだろう？　それでは資格喪失だ。

まわりの世界を見渡して、それぞれの人間の条件付けを理解し、その善悪の観念、正否の観念を見れば、あなたは初めて、自分のマインドも人類のある層の一部であると理解できるようになる。それはいささかも真理を示すものではない。それはただ、人類のある層を示しているだけだ。そしてこのマインドを通して見れば、何を見てもそれは裁きになる。

公平であることが必要なあなた方の判事でさえ、公平ではない――それはあり得ない。裁判官になるには、深い瞑想を通り抜けなければならないことを明確な条件にすべきだ。その人は自分の宗教も放棄すべきだし、自分の政治的イデオロギーも放棄すべきだ。自分の過去を放棄すべきだ。彼が公正で、明晰であることを証明しない限り、裁判官として任命されることはない。その時初めて、その人間の調査結果は事実だろうと期待できる――その人には前もってどんな特定の意見もないからだ。そうでないならその人は事情を聴取する前に裁いている。とっくの昔に自分のマインドを決めてしまっている。

誰についても同様だ。どんな決めつけも、まったくしないことを期待され、事件当事者の双方に、事件のあらゆる側面に等しい機会を与えることを期待され、自らのどんな意見も持ち込まないことを期待されている判事にしてこうなら……だが、意見はすでに持ち込まれている！

だから、私にはあなたの問題が理解できる。だがそのブロックは、取り除けるものだ。両親に人を裁くなと教えられて、あなたは決め付けないように努力してきた。だが、あなたにはできない。なぜならマインドを通したら、人は裁くことしかできないからだ。だから、ただ名目だけを変えることになる。人は、「私は事実を述べている。これは事実の言明だ」と言う。だがそれは、事実を述べたものではあり得ない。

マインドによる限り、あなた自身の実際の理解は何一つない。深い瞑想を通じてのみ、自分のマインドとつながりを断ち、マインドを脇に置くことができる。そのとき初めて、人は事実を述べることができる。真実を述べることができる。

だから、あなたの両親が試みていたことは……彼らは正しいことを間違った手段でやろうとしていた。それが、彼らの両親が彼らにしたことでもある。「人を裁いてはいけない」と。だがそうなったら、マインドに何ができる？　マインドには、それしかやりようがない。誰一人無心になる方法を教えてはくれなかった。ところが無心の状態からしか、偏見によって干渉されない単なる事実はやって来ようがない。

高校生の頃、ほとんど毎日、少なくとも一回は、何かのことで罰を受けるために、私は校長室に行かされたものだ。その時私は――そして今でもそうだが――自分がしたことを間違っているとは思わなかった。だが、校長や教師には彼らの意見がある。

たとえば、私が学校に馬に乗って行ったところで、その何がいけないのか？　たしかに、その地方では誰も学校に馬に乗っては来なかったが、それがいけないことだとは私は思わない。馬に乗って行くことで大騒ぎを起こした。生徒たちはみんな集まって、「今度は新しいやり方を見つけたな！」と言った。それに、私が乗った馬の持ち主も、私の後を追いかけて来た！　私は自分の馬を持ってはいなかった。その町にはタンガと呼ばれる、ある乗り物を引く馬しかいなかった。だからそこにはタンガを引く馬車馬がいたが、駅に汽車が来ていないときは、そういう馬はみんな自分の家の前で草を食べていたものだった。どの馬でもよかった。私はその内の一頭に乗って高校へ行っただけだ。

さて、「そのどこがいけない？」というのが私の立場だった。ところが彼らの問題は、私が無闇に騒動を起こすというのだ。今やすべての教室の勉強は止まって、私が今日したことを見るために、生徒たちが駆け出してきた。教師たちは教室の中で、「出てはいけない！」と叫んでいる。だが言うことを聞く者など誰もいない。それに馬の持ち主も、「その馬はわしのだぞ！　それなのに変なことをして、もうじき汽車が来る時間だから、わしは駅にお客さんを迎えに行かにゃならんのに……この子が急にわしの馬に乗ってこんな所まで来てしまって！」と叫んでいた。そういうわけで、校長はこういう事にすっかり慣れていた。

私はその馬の持ち主に言った。

「お客さんからはいくら貰うんだい？　そのくらいのお金ならお前にやるよ——汽車のことなんか忘れろよ。何だってそんなに無闇に騒ぎ立てるんだ？　大した稼ぎになるわけじゃないのに。汽車の客を町まで四人乗せて来たところで、せいぜい一ルピーくらいにしかならないじゃないか。それなら一ルピー受け取って遊んでいたらいいよ。それなら、駅に行く時間を無駄にしなくてもいいだろ。だからお前の馬に乗ったときから、一ルピーやるって言ってるのに。心配いらないって。まず行きたいところまで行かせろよ」

私はその男に一ルピーを渡すと、彼はまったく満足した。

「そういうことなら、何時でもわしの馬を使っていいよ」と彼は言った。

私は校長に言った。「見ての通りです。彼も満足しているし、馬も喜んでいます。誰も困っていません。生徒が飛び出したとしたら、それはあなたとあなたの生徒たちとの問題です。だけど校則には、馬に乗って来てはいけないとは何も書いてありません。僕は校則を何度も読んで、その中の自分が使えそうな抜道には印をつけてあるから」

するとみんなは「まさか校則を破るつもりであれを読む者がいようとは、思ってもみなかった。確かに、そうしていけないという規則はない」と言った。

「それじゃ、どうして僕にそんなに腹を立てるんです？」

毎日、何かしらがあった。校長は「手を開きなさい」と言っては、鞭で私の手を打ったものだ。彼は私に何をしたのか尋ねることすら、止めてしまった。

私も彼に言った。「僕には訊かない方がいいです。どうせ訊いたって僕を罰するんだから、そんなことしたって意味がない。僕がここに連れて来られたら、あなたはただ僕を罰したらいい。それで僕は帰ります」

ある日、こういうことがあった――滅多にはないことだったが――級長が教室の中で煙草を吸っているところを、教師に見つかったのだ。そしてそれは非常に悪いこととされていた。教師は私に、「級長は毎日君を校長先生の所に連れて行っている。今日は君が連れて行きなさい」と私に言った。

私は言った。「もちろん構いません――でも、先生の意見には同意しないけど。校則を思い出すんですね、生徒が教室で煙草を吸っちゃいけないなんて規則はありません。だから、彼を校長先生の所に連れては行くけど、僕は向こうで何もかもはっきり言います。だから先生も、自分が教室で煙草を吸っていても僕たちがそれを報告しなかったのは、ただそんなことは校則に書いていなかったからだ、ということを覚えておくんですね」

そこで私は級長を連れて行った。教師は私の後から駆けて来て、途中で私に言った。「私のことを言わないでくれ。私は赴任したばかりだし、臨時雇いなんだ。止めさせられてしまうよ」

「わかりました。あなたのことは言いません。でも教室で煙草を吸うのは止めるんですね」と私は言った。

「約束するよ」と彼は言った。

私は級長を連れて行ったが、校長は私を打つのにあまりにも慣れていたために、誰が誰を連れて来たのか、訊くこともしなかった。彼はただ、「両手を開きなさい」と言った。そこで私が両手を開くと彼は打ち始めた。

「打って下さい。でも後で後悔しますよ」と私は言った。

「どうして私が後悔するんだ？」と彼が言った。

私は言った。

「今日は事情が違うんです。僕が彼を連れて来たんです。今日は悪いのは僕じゃない。それなのに先生は僕の手を打ってしまった。今度は僕にその鞭を貸して両手を開いて下さい。そうしないと先生は、もの凄く厄介なことになりますよ。まず両手を開いて。先生が僕の手を打ったのと正確に同じく三回打ちます」

「しかし……！」と彼。

『しかし！』はなしです。先生は僕に訊きもしなかった。もう何日も先生は僕に訊いていない。僕は黙っていたけど、これはやり過ぎだ」と私は言った。彼は手を開かざるを得なかった。そこで私は三回打って、「覚えておくんですね」と彼に言った。

「一生覚えているだろうよ。校長の身で……生徒に叩かれたんだから。どうして忘れられるものか！　しかし、まわりの者には言いふらさないでくれ」と彼は言った。

「誰にも何も言いません。でも、彼については僕は何も言えない。彼はきっと何か言いますよ。何か言わなければならないはずです」と私は言った。

「『何か言わなければならないはずだ』とはどういう意味かね？」と校長は訊いた。

「彼には何かを言わせる。自分では何も言わない、ということです」と私は言った。

「どうやって彼に何かを言わせるんだね？」

「まず、僕は彼を守るつもりです。彼は教室で煙草を吸っているのを見つかって、それでここに送られて来たんです。でも、それは理由のないことです……校則を開いてみて下さい。生徒が教室の中で煙草を吸ってはいけないなんて、どこかに書いてありますか？　学校の中でも外でも、喫煙は禁止されていません。生徒が教室で煙草を吸うなんて誰も思いつかなかったものだから、そんなことは触れられていません」

「たしかにその通りだ。訂正しなければならないな」と彼は言った。

「まず訂正して下さい。それから様子を見ることにします。でも、今は彼を罰することはできません。そしてこうして彼を救っているので、彼はそのニュースを広げる必要があるというわけです」と私は言った。

校長は言った。「君はおかしな生徒らしい。君は勉強をしにこの学校に来ているのか、それともただもめ事を起こすためなのかね？」

「もめ事なんか起こしていません。これは単純な取引です。僕は彼を救ったし、あなたは打たれた。今度は学校中にそれを広めるのが、彼の義務だということです。僕は完全に口を噤んでいるつもりです」。そして私が言わなくても彼はそれをした。というのは、彼は、私が罰を受けさせに彼を連れて行ったのに、私が彼を守ったことがとても嬉しかったからだ。

私はその日、校長にこう尋ねた。「あなたも煙草を吸うし、一人か二人を除いてほとんどの先生が学校で煙草を吸っています。それなのに、どうして煙草を吸うことを嫌うんですか？　それに、もし煙草を吸うのがいけないのなら、先生方も禁止すべきです。生徒は先生の真似をするものだから」

親は煙草を吸うが、彼らの子供たちが煙草を吸うのを許さない。彼らはまさに偽善者を育てているだけだ。子供たちはあちこちに隠れて煙草を吸う。実に不器用な社会だ。自分が何をしようとしているのかを、あるいはどうすればそれが実現できるのかを知っている者は、誰もいない。人はみな「人を裁くな」と言う――だが、一方で誰にでも「これはいい、これは悪い、これは正しい、あれは間違っている」と言っていながら、どうやって人を裁かずにいることができよう？

あなた方の道徳の教えは、すべて人を裁くものだ。またその教えそのものの中に、この「人を裁くな」という部分も入っている。あなた方が混乱を生み出しているものだから、子供たちがその混乱を生き延びるには偽善者になるしかない。子供は人を裁き、そしてそれは裁きではない、と言うことになる。そして彼は、自分の判断は確かな事実だと信じることになる。だが確実な事実など存在しない、というのが真実だ。科学にさえ相対的な事実しか存在しない。確実な事実ではない。仮説の上では事実だ、と言えるだけだ。明日には変わるかもしれない。研究が進めば変更を加えるかもしれない。

ほんの百年ほど前までは、科学は非常に頑固だった。科学が語ることはすべて事実についての確固たる言明であるということに関して。今や状況は、現代科学に関する大きな本など書けない所まで来ている。なぜならその本が完成する頃には、その本に書いたことは全部時代遅れになってしまうからだ。だから現在では、即座に印刷され配布されて学会で読まれる、小さな定期刊行物や、論文しか存在しない。明日のことについては誰も確信できないからだ。明日になれば誰かが別の事実を発見して、自分の仕事のすべてが崩れさるかもしれない。

あらゆることが相対的だ。

マインドには究極のことなど見つけられない。

マインドが確固たる事実を発見することなどありえない。

それこそが、真理の何たるかだからだ。マインドに見つけられるのは、何とかしばらくの間現実を理解し、それに働きかける手助けになるような近似的な虚構でしかない。

だから、そんなことを問題にするのは止めなさい。そしてそれをマインドのレベルで解決しようとなどしないことだ。マインドは断定的であることを運命づけられている。それなら、できないことをしようとなどしないことだ。できることは、マインドから滑り抜けることだ。ゆっくりゆっくり、マインドを超え、沈黙している目撃者として見ることを始めなさい。おそらくそのとき、あなたの目に見えるものが真実だ。

ジュナイドについてのスーフィーの物語がある。彼の弟子の一人が彼に、「私はあなたを絶対に信頼します」と言った。

ジュナイドは言った。「君はまだマインドの中にいるのだから、そういうことは言わないことだ。絶対の信頼とは、マインドの質ではない。君は絶対の信頼に身を委ねられる状態に到達するために、この私の許に来た。だが、今の所はそういうことは言わないことだ」

だが、その弟子は頑固だった。彼は、「私はあなたを信頼します。これは揺るぐこともなければ、奪われることもありえません。私は命を賭けても、この信頼を捨てるつもりはありません」と言った。

ジュナイドは言った。「それは信じられる。君は命を賭けることはできるだろう。だが信頼に関する限り、後でわかるだろう」
二、三日後、その弟子は、ジュナイドがある女性と一緒に、湖の向こう側に座っているのを見かけた。それは大変な衝撃だった。というのは、スーフィーの神秘家は女性と一緒にいることを許されていないからだ。しかもそれだけではない。その女性はジュナイドのために、碗に葡萄酒を注いでいるところだった。ジュナイドはその碗を手に取り、葡萄酒を飲んだ。ところがスーフィーは、どんなアルコール飲料にも反対している！
これはあんまりだった。弟子は湖の向こう側に渡って「あなたは私の信頼を壊してしまいました」とジュナイドに言った。

ジュナイドは言った。「私はこの前、マインドの信頼はあまり価値がないと言った」

その弟子は言った。「まだ私の師であるような真似はしないでいただきたい。あなたは人々を騙して来た。あなたは酒を飲み、女性と一緒に座っている」。もちろんその婦人は、回教徒の女性がするように、黒いベールを掛けていた。

「葡萄酒の味を見てみなさい。これはただの水だ。葡萄酒に見えるように色をつけてあるだけだ」とジュナイドは言った。

弟子は味を見てみた。彼は当惑した。「しかし、どうしてこんなことをしたのです？」と彼は尋ねた。

するとジュナイドは、「その婦人のベールを上げてごらん。その人は私の母だ」と言った。

彼がベールを上げると、その人はジュナイドの母親だった。彼はジュナイドの足下に伏し、「お許し下さい」と言った。

ジュナイドは言った。「そんな必要はない。私はただ、マインドでは管理できないそのマインドを通して、絶対的な真実とか、絶対的な信頼ということを、言わないように、はっきりさせたかったのだ。ただ一人の女性が私の側に座っているだけのことで——もし君に信頼があったら、君はそんなことなど気にもしなかっただろう。そんなことは君の問題ではないからだ。君は私の師ではない。君は私が女性の隣には座らないという条件の下に、私の弟子になったわけではない。私が葡萄酒を飲むようなら、私の弟子にはならないと条件をつけていたわけでもないのだから、どうしてそんなことに動揺しなければならないのか？」

この哀れな弟子は、ただ社会の条件付けを復唱していただけだった。だが、一つだけははっきりした。マインドにできないことを言うのは、間違っているということだ。

だから、お父さんに言われたことを気にする必要はない。それはすべて過去のこと、鏡の上の埃に過ぎない。その鏡をきれいにして、沈黙が行き渡るところに来なさい。そうなれば、あなたの目に見えるもの、口にすることはすべて事実の言明になるだろう。もうどんな意見も持ってはいないのだから。だがそういう意見を持ちながら裁かずにいようとするのは、無用に自分自身と闘っていることになる。その闘いはあなたの知性を妨げてしまう。

闘いは、どんなものでも人を二つに分裂させる。あなたの中のどんな闘いも、あなたの知性にとっては危険だ。自分の中のどんなものとも闘っていないとき、すべてが穏やかで静かなとき、あなたの知性はその完全な香り、鋭さ、美しさを持つ。そして知性だけが、私たちの唯一の宝だ。知性を通して、私たちは生の神秘に関するあらゆることを発見する。

しかし、葛藤を起こすのは止めなさい。そしてお父さんに腹を立てたりしないことだ。お父さんがしたことは、お父さんにされたことであるに違いない。だから、親は世代から世代へと病気を手渡し続けているだけだ。それは無意識の過程だ。

あなたはある単純なこと、あなたが何を教えられたにせよ、教えた人たち自身がそれに気付いてはいないのだということに注意を払うだけで、その悪循環の全体から飛び出すことができる。良かれと思ってしたことだが、その人たちは、あなたの中にある混乱を生みだしたのだ。

自分の質問が何なのかを理解しようとすると、私は「愛があればあらゆるものが美しい。そして愛がなければ、すべては醜い」という格言を思い出します。私の疑問と明らかな問題はすべて、私が自分のハートに触れていないということの結果として起こって来るのでしょうか？

あなたの質問の二番目の部分は正しい。あらゆる疑問、あなたのものに限らずあらゆる人の疑問は、自分のハートに触れていないということで起こる。マインドとは疑問製造メカニズムだ。それはどんな解答も見つけられないが、無数の疑問を生み出すことができる。

ハートこそがその解答だ。

疑問は無数にあるかもしれないが解答は一つだ。だから自分のハートに触れていれば、あなた方の質問は消える。これが、あなたの質問の二番目の部分だ。

だが、最初の部分はまったく別のことだ。あなたは「愛があればあらゆるものが美しい。そして愛がなければ、すべては醜い」と言う。それは幻影だ。

愛は一種の幻影を生み出す。自分が幸せで喜びに満ちており、喜びのもやでおおわれていれば、人はみんなの上にその同じ喜びを、自分が感じている同じ美しさを投影する。だがそれは投影だ。現実ではない。だからその愛が自分のハートから消えてだめになるか、あるいは憎しみに満ちたものになったら、その同じ人たちが醜く見え始める。それもまた投影だ。最初のものも二番目のものも、あなたの周りの人々やものの現実とは、何の関係もない。

もし、人々の真実を本当に知りたいのなら、あなたはすべての二元性を超えて行かねばならない。愛と憎しみ、昼と夜、生と死――あらゆる類の二元性を捨てなければならない。そしてそれは唯一、立会人になることによって可能だ。そうなったらあなたは鏡だ。そうなったらあなたはただ映すだけで、自分からは何も述べない。

自分の前に立っている人が美しかろうとそうでなかろうと、鏡は何も言わない。それはただ、その人を映すだけだ。その人が醜くても、鏡は何も言わない。それはただ、その醜い人を映すだけだ。立ち会っている意識はただ映すだけだ。それは何も述べないが、理解してはいる。誰かに、「あなたは醜い」と言うことに、何の意味があるだろう？　誰かに、「あなたは美しい」と言うことに何の意味がある？――というのは、あなたが人に何を言おうと、その意見は、その人たちの生をかき乱すことになるからだ。

目撃している意識とは、非常に静かな観察者だ。それは知ってはいるが、口には出さない。その必要はない。AはAであり、BはBだ。それを口に出してみたところで何の意味がある？　どうして他の人のマインドをかき乱すのか？

愛とは醒めている状態ではない。それはドラッグの一種であり、ホルモンの問題だ。

アメリカの最高裁のある裁判長の話を聞いたことがある。

最高裁を引退したとき、彼にはただ一つの望みしかなかった。六十年前、彼と妻は結婚してハネムーンにパリに行っていた。彼の名前はパリーといった。そして彼が持っていた唯一の願いは、死ぬ前にもう一度二人でパリへ行く、ということだった。

だから退職後、彼が最初にしたことは、老いた妻をパリに連れて行くことだった。二人は同じホテルの同じ部屋に滞在した。彼らは同じ場所を訪れた――だが、何かが欠けていた。最後にパリーは妻に言った。「パリはあまりにも変わってしまったな――昔あったあの潤いはもうない。あの美しさも、あの色鮮やかさももうない。何もかもが色あせて平板に見えるよ。私はこの六十年の内に、パリは一段と麗しいところになっているだろうと思っていた。こんな幻滅を味わうためにここに来たんではなかった」

妻は言った。「気を悪くなさらないでね。パリはやっぱり、あの同じパリだと私は言いたいわ。変わったのはパリー、あなたの方よ。私たちももう年を取って、昔のあの潤いを失くしたのよ。あれは私たちのハネムーンでしたもの。今度はハネムーンではないわ。私たちはお墓に片足を入れている。六十年前、私たちが見たのは真実ではなかった。あれはハネムーンの二人の愛がつくった投影だったの。これもまた本当ではないわ。これは未来に死と暗闇しか待ち受けていない老いた夫婦の幻想よ。これも投影なんだわ」と。この妻は確かに正しかった。

だから、愛はあたかも、物事に美しさを与えているように見えるかもしれない。そして憎しみは、醜さを与えているように見えるかもしれない――だが、そういうものは単なる投影だ。投影に寄りかかってはいけない。もし真実を知りたければ、ただ目撃者になっていなさい。その目撃者は決して若くもなければ、老いてもいない。それは時間を持たない。だからそこには、若いとか老いたとか、ハネムーンとか墓場だとかいう問題はない。そういうものが入って来ることはない。

何であれ、その目撃者に見えるものこそが真実だ。

目撃者は鏡に過ぎない。

第十九章

独りあることの至福

The Bliss of Aloneness

人間が直面する最大のハードルの一つは独りでいること、世間の意見に対して独り立つこと、世間の虚偽に対して独りで立つこと、物理的に独りでいられること、そして最後には、最後の頼みの綱の連れである、私たちのマインドさえも捨てて独りあることのようです。

私たちは自分が独りだということを、よく知っています。自分が独りあることの中に死ぬのだと知っています。外界での自分のつながりは、すべて一時的なものだと知っています——あなただけは星々の沈黙を、無限の沈黙を、永遠の沈黙を反映しているのです。今なお私たちのハートのすぐ下には痛みが、難題が、恐れがあるのです……友だちもいない小さな男の子のような恐怖、失敗と拒絶されることの恐怖、そして自分は気にしていないというふりをする痛みがあるのです。

私が流してきた涙は、すべてこの痛みから来ています。失うことと、独りぼっちでみんなと離れていることの恐れから来ています。どのようにして独りあること《アローンネス》の恐怖を取りまくこの暗黒を打ち破り、あなたが呼吸するごとに放射している独りあることの至福をもたらしたらいいのでしょうか?

孤独の闇と直接に闘うことはできない。変えられない根本的なことがいくつかあるのを理解することは、誰にとってもぜひとも必要だ。これはその根本的なことの一つだ。人は暗闇を直接相手にして、孤独を直接相手にして、孤立の恐怖を直接相手にして闘うことはできない。その理由は、こういうものはすべて存在しないからだ。それはただ、まさに闇が光の不在であるように、何かの不在であるに過ぎない。

例えば部屋を暗くしておきたくないと思ったら、どうするかね? 闇を相手に直接は何もしない——それともするかね? 闇を追い出すわけにはいかない。闇が消え去るように仕向ける方法などあり得ない。明かりを何とかしなければならない。そうすれば状況はまったく変わる。それが私の言う本質的なこと、根本的なことの一つだ。闇になど触りもしない。そんなことは考えもしない。そんなことをしても意味がない。そんなものは存在しない。単に何かの不在に過ぎない。

だから明かりを持ち込みさえすれば、闇など全然見当たらなくなる。なぜならそれは明かりの不在、ただ光がなかっただけだからだ――それ自身で存在するものではない。実在するものではない。だが、光が存在しないだけなのに、闇が実在するという誤った感じを持つ。

人はこの闇を相手に一生闘い続けることもあるが、成功することはない。だが小さな蝋燭一本あれば、その闇を払いのけるに足る。光に対して働きかけることだ。それなら実際的で実体があり、それ自身で存在しているからだ。そしていったん光がやって来れば、光の不在であったものはすべて独りでに消え去る。

孤独《ロンリネス》は闇に似ている。

あなたは、自分の独りあること《アローンネス》を知らない。自分の独りあること、その美しさ、その途方もない力、その力強さを経験したことがない。「孤独」と「独りあること」は辞書の中では同意語だが、存在はあなた方の辞書には従わない。そして、いまだかつて存在と矛盾しない実存的な辞書を作ろうと試みた者はいない。

孤独とは不在だ。

あなたが自分の独りあることを知らないために、恐怖がある。孤独を感じて、何かに、誰かに、何かの関係にすがりつこうとする。ただ自分が孤独ではないという幻想を保持するためだ。だが本当は自分が孤独であることを、あなたは知っている――だからこそ痛みがある。一方で、あなた方は本物ではないもの、ほんの一時の手筈に過ぎないもの――関係とか友情とか――にすがろうとする。

そして人との関わり合いの中にある間は、孤独を忘れるためのささやかな幻想が描ける。だが、これこそが問題だ。いっとき孤独を忘れられても、次の瞬間には突然、その関係や友情が決して永続しないことに気づく。昨日自分はこの男性、あるいはこの女性を知らなかった、自分たちは他人だった。今や自分たちは友だちだ――誰も明日のことなどわからない。明日になったら、また他人になるかもしれない――ここに痛みがある。

幻想はいくらかの慰めを与えてくれる。だがそれは、恐怖がすべて消えてしまうような現実は創り出せない。それはその恐れを抑圧して、表面ではいい気分になる――少なくともいい気分になろうとする。自分でもいい気分になった振りをする。何というすばらしい関係だろう、何というすばらしい彼、あるいは彼女なんだろうと……だがその幻想――しかもその幻想たるや、あまりに薄くて後ろが透けて見えるほどだが――その幻想の背後にはハートの痛みがある。ハートには、明日になれば事態は同じではないかもしれないと、よくわかっているからだ……そして確かに同じではない。

あなた方の生涯の経験が、ものごとは変わり続けるということを支持している。何一つ安定したままではいない。移り行く世の中のどんなものにもすがりつけない。人は自分の友情を永遠のものにしたいと思う。だがその望みは変化の法則に反しており、その法則は例外を作らない。それはただ自分の好きなことをし続けるだけだ。それは変えてしまう――何もかも。

おそらく結局は、その法則が自分の言うことを聴かなかったこと、存在が自分のことなど気にせず……自分の願望に従ったりせず、したいようにし続けたのはいいことだったのだと、あなたが理解する日が来るだろう。

あなたが理解するには、若干時間がかかるかもしれない。あなたはこの友人が永遠に自分の友だちであって欲しいと思う。だが、明日になれば彼は敵になっている。あるいはただ――「出て行け！」と言い、彼はあなたの許から姿を消す。はるかにすばらしい他の誰かが、その隙間を埋める。その後で突然、彼がいなくなったのはいいことだったのだと、あなたは理解する。さもなければ、あなたにとって彼はやっかい者になっていただろうと。だがそれでもその教訓は、あなたが永続を求めることを止めるほどには、決して深まらない。

あなたはこの男性、あるいはこの女性と、長続きすることを求め始める。今度こそ、この人こそ変わるべきではないと。あなたは、変化こそまさに、生の性質そのものだという教訓を本当には学んでいない。それを理解し、共に進むことだ。幻想を創ってはいけない。それは役には立たない。ところが、誰もがそれぞれの幻想を創り出している。

昔ある男を知っていたが、彼は「私はお金しか信用しない。他の誰も信用しない」と言っていた。

「君は、非常に意味あることを言っている」と私は言った。

彼は言った。「誰もが変わるんだ。誰一人頼りにはならない。だから年を取ったら、自分のものはお金しかない。誰も気にかけてくれる者なんかいない——自分の息子だって、女房だってだ。こっちがお金を持っていればみんなかまってくれるし、尊敬もしてくれる。こちらがお金を持っているからだ。お金を持ってなかったら、乞食になるしかないよ」

この世で信頼すべきものはお金しかないという彼の言葉は、何度も何度も自分が信用した人間に騙された長い人生の経験から来ている——彼はその人たちが自分を愛していると思っていたのだが、彼らに取り巻かれていたのはお金のせいだった。

「しかし」と私は彼に言った。「死ぬとき、お金を一緒には持って行けない。少なくともお金だけは自分のものだという幻想は持てるけど、息が止まったら、もうお金を持っては行けない。何がしかを稼いでも、こちら側に置いて行くことになる。死を超えて持っては行けない。お金という見せかけの背後に、君が押し隠している深い孤独の中に落ちて行くことになる」

権力を追い求める人たちがいるが、その理由は同じだ。権力の座にある間は、たくさんの人たちが周りに集まる、何百万の人たちが支配下に入る。彼らは孤独ではない。彼らは大政治家とか、宗教的指導者たちだ。だが権力は移行する。ある日それは自分の手にあっても、次の日には失っている。すると突然、幻想はすべて消え去る。他の誰よりも孤独になる。他の人たちは、孤独に慣れているからだ。自分は慣れていない……その孤独はもっと自分を傷つける。

社会は孤独を忘れさせるために、いろいろ手はずを整えようとしてきた。親同士が決める結婚は、妻が自分と一緒にいることを、確実にするための努力に過ぎない。あらゆる宗教が離婚に反対するのは、離婚が許されたら、結婚制度が破壊されてしまうからだ。その根本的な目的は伴侶を、一生の伴侶を与えることだった。

だが、生涯妻と一緒にいたとしても、あるいは夫と一緒にいたとしても、愛が同じままだというわけではない。実際に与えられるのは、伴侶ではなく重荷なのだ。自分が孤独ですでに問題を抱えているのに、今や孤独な人間をもう一人抱えねばならない。こういう生涯には希望はない。いったん愛が消えてしまえば二人ともに孤独であり、互いに相手を我慢せざるを得ないからだ。もはや互いに魅惑されるという可能性はなく、せいぜい辛抱強く相手を我慢するだけだ。あなたの孤独は、結婚という社会的な策略によっては変わらなかった。

宗教は、あなた方がいつも群衆の中にいるように、あなた方を宗教団体の一員にしようとしてきた。あなたは六億のカトリック教徒がいることを知っている。自分はひとりではないことを、六億の人間が自分と一緒なのを知っている。イエスは自分たちの救い主だ、自分には神がついている。ひとりなら、自分が間違っているかもしれない――その疑いも起こるだろう――が、六億の人間が間違っていることはあり得ない。ささやかな安堵……。だが、カトリック教徒でない何百万もの人々がいるのだから、それさえもなくなる。イエスを磔にした人たちもいる。神を信じていない人たちもいる――しかもその数は、カトリック教徒より少なくはない、むしろカトリック教徒よりも多い。また、他の考え方をする宗教もある。

知的な人は疑わずにはいられない。ある信仰体系に従う何百万という仲間がいても、その人たちが自分と一緒だと、自分は孤独ではないと確信できない。

神とは一つの方策だった。だが、方策はすべて失敗した。何がなくても、少なくとも神だけは、自分と共にいると思うための方策だった。神は常に至るところで自分と共にいる。魂の闇夜にも神は自分と共にいる——心配することはない。

子供じみた人なら、こんな考え方に騙されるのも当然だ。だが、あなた方はこんなもので騙されるわけがない。常に至るところにいるというこの神は、姿も見えず、話しかけるわけにもいかず、触ることもできない。神が存在するというどんな証拠もない——神は存在すべきだというあなたの願望以外には。だがあなたの願望は、何の証明にもならない。

神とは幼稚なマインドの願望に過ぎない。

人間は充分な発達段階に達し、神は意味を持たなくなった。仮説は注意を引く力を失った。

私が言いたいのは、孤独の回避に向けられて来たあらゆる努力は、失敗したということ、それは失敗するものだということだ。それは、生の基本に反するからだ。必要なものは、自分の孤独を忘れられるような何かではない。必要なのは、あなたが自分の独りあること《アローンネス》に気付くことだ、独りあることが現実なのだ。それは経験すべきであり、感じてみるべき実にすばらしいものだ。何故ならそれこそが群衆から、他人から、あなたが解放されることだからだ。それが孤独の恐れからの、解放だ。

「孤独《ロンリー》」という言葉を聴くだけで、人はたちまちそれを傷のようなものだと思う。何かでそれを埋めなければならない、と。そこに隙間があり、それが痛む、何かでそれを埋める必要があると。「独りあること《アローンネス》」という言葉そのものには、傷と同じような意味、埋められるべき隙間というような意味はない。独りあることとは、ただ完全性を意味するだけだ。あなたは完全であり、あなたを完全なものにするために、他の誰も必要ではない。

だから、自分の最奥の中心を見つけようとしてごらん。そこではあなたは何時も独り、常に独りだった。

生きていても、死んでいても――何処にいようとも、あなたは独りであるだろう。だがそれは、非常に充実している――それは空虚ではない、それは豊かで完全で、活気と、存在のあらゆる美と、祝福に溢れているために、ひとたびその独りあることを味わったら、ハートの中の痛みは消え失せる。その代わりに途方もない甘美の、平安の、喜びの、至福の新しいリズムが現れることになる。

自分の独りあること《アローンネス》の中に中心を据えた人間は、自分自身で完全だが、友だちを作れないというのではない――実際は、そういう者にしか友だちを作ることはできない。なぜなら今やそれは、必要なものではなく、分かち合いだからだ。彼はあまりにも多くを持っている。彼は分かち合える。

友情には二つのタイプがあり得る。一つは互いが乞食であるような友情だ――自分の孤独を救おうと相手に何かを求めている――その相手もまた乞食だ。相手も同じことをあなたに求めている。そして当然のことだが、二人の乞食が互いに助け合うことなどできない。やがて二人にも、相手の乞食から求めれば要求は二倍にも数倍にもなることがわかる。一人の乞食の代わりに、今や二人の乞食がいる。また、もし不幸なことに、その人たちに子供があれば、乞食の集団が生まれて物乞いをすることになる――それなのに、誰ひとり与えるものを持っていない。だから誰もが失望し、腹を立て、誰もが自分が騙されたと、欺かれたと感じている。が実際は、誰ひとり騙しているのでも、欺いているのでもない。第一、何を持っていたというのだろう?

もう一つの友情、もう一つの愛にはまったく別の性質がある。それは必要からではなく、分かち合いたいほどに、多く持っていることからのものだ。新しい類の喜びが、その人の存在の中に入って来る――それまで一度も知らなかった、分かち与えるという喜びだ。あなた方は何時も物ごいをしてきた。

分かち合うとき、執着はない。その人は存在と共に流れる。その人は、生の変化と共に流れる。なぜなら誰に分かち与えようと、問題ではないからだ。明日も同じ相手かもしれない――一生同じ相手かもしれないし、あるいは別な相手かもしれない。それは契約ではなく、結婚でもない。それは、ただ与えたいという自らの豊かさからやって来る。誰であれ、たまたま自分の側にいる人に、それを与える。そして与えることは大変な喜びだ。

ねだることは非常に惨めだ。たとえ、ねだることで何かを手に入れたとしても、あなたは惨めなままだろう。それによって傷つく。それはプライドを傷つけ、あなたの高潔さを傷つける。だが分かち合うことは、人をより中心に根づかせる。より統合させ、より誇り高くする。より利己的にするのではない――存在が自分に対して慈悲深いことを、より誇らしく思う。それはエゴではない。それはまったく別な現象……何百万人もの人々が求めているが、彼らが誤った扉から求めているものを、存在が自分に許してくれたと認めることだ。自分はたまたま、正しい扉にいる。

あなたは自分の至福を、そして存在が自分にくれたものを、すべて誇らしく思う。恐怖は消え、闇は消え、痛みは消え、他人への欲求は消える。

あなたは人を愛することができる。そしてもし、その人が別の誰かを愛していても、そこにはどんな嫉妬もない。なぜならあなたは、非常な喜びのゆえに愛していたのだから。それは執着ではなかった。あなたは相手を閉じ込めていたのではなかった。あなたは相手が自分の手をすり抜けていくと、他の誰かと恋愛し始めるかもしれないと、心配していたのではなかった……。

自分の喜びを分かち合うとき、人は誰をも閉じ込めようとはしない。ただ与えるだけだ。感謝や謝辞さえ期待しない。なぜなら、何かを手に入れるために――たとえそれが感謝であれ――与えているのではないからだ。自分があまりにも豊かなので、与えなければならないからだ。

だから感謝している者があるとしても、愛を受け入れてくれた人に、贈り物を受け入れてくれた人に感謝するのはこちらの方だ。その人は、こちらの荷を下ろしてくれた。その人は、こちらが相手に贈り物をするのを許してくれた。だから分かち合えば合うほど、与えれば与えるほど、あなたはより多くを持つことになる。だからそれは、あなたをけちん坊にはしない。「自分は失うかもしれない」という新たな恐れを生むことはない。実際は、失えば失うほど、以前は気づかなかった泉から、新鮮な水が流れて来る。

だから私は、自分の孤独をどうにかしなさいと、あなたに言おうとは思わない。独りあること《アローンネス》を捜し求めなさい。

孤独のことは忘れなさい。闇のことは忘れ、痛みのことは忘れなさい。これらは単に、ひとりの不在に過ぎない。独りあること《アローンネス》を経験すれば、そういうものはたちまち消えてしまう。そしてその方法は同じだ。ただ自分のマインドを見つめていること、気付いていることだ。もっともっと意識的になりなさい。ついには自分自身だけを意識するほどに。それこそが、あなたが独りあることに気付く地点だ。

それぞれの宗教が、『究極の認識の状態』にそれぞれ別の名前を付けていると知ったら、あなた方は驚くだろう。インド以外で生まれた三つの宗教には、それへの名前がない。自分自身を探求するほど遠くまで進んだことがないからだ。それらの宗教は、幼稚で未熟なままだ。神にすがり、祈りにすがり、救い主にすがっている。私が言う意味はわかるはずだ。それらは常に依存している——他の誰かに救ってもらいたがっている。それらは成熟していない。ユダヤ教、キリスト教、回教——この三つは全然完成されていない。おそらくそれこそが、こういう宗教が世界中の大多数に影響を及ぼしてきた理由だ。地上の大部分の人たちは、まさに未成熟だからだ。この三つにはある類似性がある。

だがインドの三つの宗教には、この究極の状態を表す三つの言葉がある。そして私がこれを思い出したのは、この「独りあること《アローンネス》」という言葉のためだ。ジャイナ教は、存在の究極の状態として「カイヴァリア：独りあること」という言葉を選んだ。仏教が「ニルヴァーナ：無我」という言葉を選び、ヒンドゥ教が「モクシャ：自由」という言葉を選んだように、ジャイナ教は絶対的に独りであることを選んだ。

三つの言葉はすべて美しい。それらは同じ実在の三つの異なる側面だ。それを解放、自由と呼ぶこともできる。それを独りあること、と呼ぶこともできる。それを無我、無と呼ぶこともできる——どんな名前を付けても、充分ではない。究極の経験を指し示すための、異なった表現に過ぎない。

だが、常に自分が直面している問題が否定的なものか、あるいは肯定的なものかを調べなさい。もしそれが否定的なものなら、闘ってはいけない、そんなものはまったく苦にしないことだ。それの肯定的なものを探すだけでいい、そうすれば正しい入り口にいることになる。

世間の大抵の人たちが失敗するのは、その人たちが否定的な扉を相手に、直接闘い始めるからだ。そこに扉はない。闇があるだけだ。そこには不在しかない。だから闘えば闘うほど、その人たちは失敗し、落胆し、悲観的になる……そしてついには人生には意味がないと、苦悩に過ぎないと思い始める。だが、その人たちの間違いは、誤った入り口から入ったことだ。

だから問題に直面する前に、その問題が単に何かの不在ではないか、と見てごらん。あなた方の問題は、間違いなくすべて何かの不在なのだ。そしていったん何が存在しないのかがわかったら、実在するものを追求しなさい。そしてあなたが実在するもの、光を見つけた瞬間——闇は終わる。

もし私たちが何時も瓶《びん》の外にいたのなら、いったいどうしてマインドは支配権を握り私たちをだまして、自分が中にいると思わせたのでしょうか?

マインドには、ほとんど不可能と思われるようなことがたくさんできる。たとえば、あなたは間違いなく外にいる——瓶の中にいたことなど一度もない——だが、あなたが自分の考えを瓶の中に投影することはあり得る。瓶の中に、愛着を覚える何かを見つけることはあり得る。それが欲しくて、そのために奮闘することも辞さない。自分は外にいるのに、マインドは瓶の中に入ってしまったのだ。

マインドとは思考の波に過ぎない。瓶にはそれを妨げられない。マインドが瓶の中の何かに執着してしまうことはあり得る。その執着があまりにも強くなると、奇妙なことが起こる。人がマインドに自己同化し、そのマインドが瓶の中の何かに自己同化してしまう——例えば美しいダイヤモンドに……。瓶の中には夢中にさせるものがたくさんある。あなたは瓶の外にいるのだが、思考に過ぎないマインドには壁を通り抜ける能力がある。

あなた方は毎日ラジオを聴いているが、ああいう思考の波が、どうやって何千マイルもの彼方から自分の家に入って来るのか尋ねたりはしない。その波は山を越え海を渡り、雲を横切り——壁や、閉めた扉を通り抜けて——あなたの部屋の中に到達する。ただ、電波を受信し、聞けるようにする装置が必要なだけだ。ラジオとは、その音を耳に聞こえるほどに大きくするための器具に他ならない。ラジオを聞いていない今も、電波は飛び交っている。あらゆる電波がここを飛び交っている。世界中のラジオ局から、ありとあらゆる言語で。

ロシア人もアメリカ人も、好きなように電波を流している。それがみんな、あなたのすぐ身のまわりを、あなたの部屋の中を飛び交っている。ただ、それが微細な波であるために、ラジオという装置を通して大きな音にしなければ耳に聞こえないだけだ。


第二次世界大戦中に、一度こんなことが起こった。

ある男が鉄砲の弾で頭部にひどい怪我をした。弾は取り出されたのだが、その男の頭の中で、ある不思議な変化が起こった。その男に——ラジオもないのに——一日二十四時間、最寄りのラジオ局の放送が聞こえ始めたのだ！　それはもう彼には止めようがなかった——あらゆるコマーシャル、あらゆるニュースが、日がな一日耳に入って来る。男は起こっていることを医者に訴えたが、医者たちは「頭がおかしいんじゃないか。そんなことはあり得ない。我々みんなには聞こえない。誰にもそんなものは聞こえないよ。ラジオもないのに、放送が聞こえるなんて」と言った。

だが男があまり言い張るので、ついには男の言葉に耳を傾けねばならなかった。

「よし、わかった。じゃあ何が聞こえているのか言ってみなさい」

そこで彼はそれを復唱した。ニュースの時間で、彼はそのニュースを全部復唱した！　みんなショックを受けた。何しろニュースの番組予告があったのだが、それと正確に同じだったからだ。

そこで彼らはもう一度、今度は誰かが別の部屋でラジオをつけて聴き、そこで語られることを全部録音した。そして男には「耳に入って来ることを全部、大声で話し続けなさい」と言った。彼らは彼の言ったことも録音した。男は確かに地方局の放送を聴いていたのだ！

銃弾が彼の聴覚系に何らかの変化を起こしており、手術の必要があった。独特の能力とは言え、そのままでは眠ることもできなかった――誰が四六時中ラジオを聴きたがるだろう？　だがこの事件は科学者たちに、何時か耳に取り付けられるような小さな器具だけで、ラジオなど必要なくなる日が来るかもしれないと考えさせた。その小さな機械があれば、あらゆるラジオ局が聴ける。好きなラジオ局に合わせて受信できる。大きなラジオなど要らない、小さなラジオがあればいい。

あるいは、小さなラジオ局を脳の中に埋め込み、ポケットに入るようなリモコンを持つという方法さえあり得る。ボタンを押せば、どんな局でも選べる。その人が何を聴いているのかは誰もわからないし、誰にも邪魔されずにひとりで放送を楽しめる。切りたければ何時でも切れる。そういうあらゆる電波が飛んで来ている……。

同じように、あなた方のマインドは、瓶の中に入っている物事に捕まっている。あなたはマインドに自己同化し、マインドには瓶の中に入る能力がある。このような間接的方法でガチョウは瓶の中に入るが、それはずっと、ただの自己同化なのだ。それに、ただ自己同化しているだけで、そうなってしまったわけではない。だから現実には瓶の外にいるのだが、自分が瓶の中にいると感じるほどに、自己同化しているのだ。この話は極めて心理的で、かつ意味深長だ。何故なら、これこそが人間の物語だからだ。

自分のお金に自己同化している者がいるとする。すると、金庫の中にあるのはお金だが、彼のマインドも金庫の中にあり、彼はそのマインドに自己同化しているから、心理的にはある意味で、その人間も金庫の中にいるということだ。

インドでは普通誰もが知っている常識だが、宝物は常にどこか地下深くで見つかる。インドには宝物を安全にしまう方法はそれしかなかった。まだ銀行はなかったから、人々は大事な物は全部、地中深くしまっておいたものだった。大抵それはベッドの下だった。上に自分が眠って、その下の深い所にお金が埋められた。

そういう宝物が見つかると何時も……そして宝は毎日見つかっている、何しろインド人は何千年もの間そうして来ているからだ。新しい家を建てたり古い家を壊したりする度に、必ずそういう宝物が見つからずにはいない。不思議なことに、そういう宝物には何時も、まわりにとぐろを巻いた大きな蛇がついている。宝物は土製の壺に入っていたりするが、蛇はそのまわりにとぐろを巻いて、頭を壺の上にもたげている。誰もが知っている知恵というのは、へびがその宝物を埋めた本人だというものだ。死んでから、彼はそれを守るために蛇になった。それが彼が死ぬときの最期の思いだったからだ——自分が死んだら宝物はどうなるか、というのが。

そこには何らかの真理があるかもしれない。何しろ、例外なく何時も蛇がいるからだ。さもなければ、蛇は宝物などに何の関係もないはずだ。蛇はお金を食べもしないし、お金に何の関心もないはずだ。どうして蛇が宝物を守らなければならないのか？　一般の知恵にはある種の真理が込められている可能性がある——その人の執着があまりに強くてそこを離れられなかったのだ、と。そうなると、方法はそれしかない——地下で、宝物を入れてある壷のそばで生きられるのは、蛇しかいないからだ。しかも蛇なら恐ろしい生き物だから、宝を守ることができる。宝物を盗もうとする者を、誰でも殺すことができる。

さて、蛇にまでなって自分のお金を護っているかもしれないその人間も、やっぱり瓶の外にいる。だが彼のマインドはあまりにも瓶の中深くに入り込み、自分のマインドにあまりにも自己同化しているから、その男も瓶の中にいる、という言い方もできる。

導師が「ガチョウは瓶の中にいる。そのガチョウを殺さずに、また瓶も割らずにガチョウを瓶から取り出さなければならない」と言うのはそういうことだ。しかもガチョウは瓶一杯になるほどに大きい。導師がガチョウを瓶から出せるような可能性を少しも残さないのは、ガチョウがすでに外に出ていることを、あなたに思い出させたいからだ。中に入っているガチョウへの自己同化に過ぎないのだと。そして何かに自己同化すれば、何らかの意味で自分もその一部になってしまう。

特にインドでのことだが……私は、夫と妻がほとんど一体になるほど、相手に自分を自己同化していたような夫婦を知っている。こういうことは稀になりつつある。昔はもっとそういうことがあった。が今でも、ときたま夫と妻がいっしょに亡くなることがある。夫が死ぬ。と、突然——夫が死んだのを見て——妻の心臓が止まる。彼女にとっては、夫なしに生きることなど考えられない。あるいは、妻なしで生きることが考えられないので、夫が死ぬこともある。二人は六十年、七十年の生涯を共にして来た……インドでは子供同士の結婚が普通だったからだ。

つい二、三十年前それは違法になったが、今でもそれは行なわれている。そして誰もが、心の中ではそのことを受け入れている——警察や、判事でさえだ——法律には確かにそう書かれていても、誰も捕まらない。あらゆる村々で毎年、子供同士の結婚が行なわれている。

そして子供が——五歳の女の子や、七歳の男の子だ——そのような年齢で結婚すれば、二人とも非常につらつとしていて繊細だ。結婚のことなど何も理解していないが、二人は親友になり、とても親密になる。二人は一緒に暮らし、一緒に遊び、一緒に物を集める。性的に目覚める十四歳かそこらの年齢になるまでに、二人はすでに七、八年も一緒に暮らしている。かくて二度と再び起こらないような深い親密さが子供時代に生まれる。そのような純粋な、繊細なマインドを持つことは、もう決してないからだ。

そしてそれから六十年、七十年と二人は一緒に暮らす。しかも離婚というような問題は、法律は許しているにも関わらず、インド人のマインドにはまったく入って来ない。それは全然インド人の伝統の中にはない。だから時として、夫婦があまりにも互いに自己同化して、ほとんど相手の人生の中に入り込んでしまうことが起こる。二人は互いの外側にいても、ある一つのリズムの中に入り込んでしまって、一人が死ぬと、もう一方も死ぬのだ。

現在科学者が研究を進めていて、非常に驚いていることがある。その発見は、非常に重要なものだ。双子には二種類ある。一卵生双生児と二卵生双生児だ。女性はたまに二つの卵子を排卵することがある。毎月一つの卵子しか排卵しないのだが、時として二つの卵子を排卵することがある。そうなると二つの精子がその卵子の中に入ることになる。卵子が同じでないと二人はそっくりにはならず、少し違った双子になる。見ればその違いは分かる。実際、二人は双子というよりは、ただ同時に生まれただけで別個の人間だ。

だが一卵生双生児は驚異的な現象だ。彼らは母親の子宮の中で九ヶ月一緒に成長する。九ヶ月間、彼らの心臓は一緒に鼓動する。何もかも一緒だ。その九ヶ月間はいかなる分離もない。こういう双子はまさに同じだ。父親や母親にさえ、どっちが誰かを見分けるのは非常に難しい。

そして私が言いたい不思議なことというのは、九ヶ月の間そのように密接に過ごした後では、今では別々になっているのに、二人が互いのマインドにあまりにも深く自己同化してしまって、一方が病気になると、もう一方も病気になるということだ。そしてこんなこともあったのだが……一人がインドでもう一方が中国にいても事態は同じで、距離による違いなどなかった。一人がインドで風邪をひいていると、もう一方も中国で風邪をひいている——まさに同じ時期にだ。二人は同時に病気になり、そしてまた、まったく同時にその風邪が治る。

そしてこういう一つの卵子から生まれた双子同士は、相手から三年と経たないうちに死ぬ。どうしてそれが三年以内なのかは誰にも分からないが、それ以上の期間、一人だけでは生きられない。そして二人は別々の国に住んでいて、相手について知らないかもしれない。それは知っているということではなく、もっと深い何かなのだ。そういう人たちは、目には見えなくても、互いに相手の存在の中に深く入り込んでいる。一人が死ぬと、もう一方も、長くても三年以内に死なずにはいない……大抵はすぐに死ぬ。

ロシアではこのような現象について、特に動物を使って、たくさんの実験が行なわれた。彼らは子ウサギを遥か外海の何千フィートの深海に連れて行き、そこでその子ウサギを苦しめる。母ウサギは何千フィートと離れた地上にいて、子ウサギにどんなことが起こっているか知るはずはないのに、母ウサギはたちまち悲しげになり、心配し、神経質になり始める。そして子ウサギが殺されると母ウサギの方も死ぬ。それらのウサギは離れているのだが、何かが互いの中に入り込んでいるらしい。そしてそれが自己同化だ。

だからあなたがした質問は、たくさんの人が問うているものだ。その人たちにこの話が理解できないのは、この話が公案で、物語ではないからだ。彼らが不思議に思うのは、ガチョウが瓶の中に入ることなどあり得ないし、瓶の中で育つことなどできないからだ。それに、仮にガチョウが瓶の中で成長できるとしても、今度は解答そのものがまったく意味をなさない、と思われるからだ。導師は、ガチョウは外に出ている、一度も中に入ったことなどないという解答を受け入れている——ところが、話の一部始終はガチョウが瓶の中に押し込められ、瓶の中で成長し、大きくなって瓶一杯になるというものだ。

実際、他のどんな言語にも公案のようなものは存在しない。これはパズルではない。人間が解けるようなものではない。パズルならどんな言語にも存在する。これはまったく別のものだ。もしこれがパズルだったら、瓶を壊さずにガチョウを取り出す方法が何かあるだろう。だがこれはパズルではない。その瓶は壊せない、またガチョウも殺してはいけないというのは、弟子にとっては絶対的条件だ。殺してばらばらにして取り出すことはできない――それでもガチョウを外に出さなければならない。これは来る日も来る日も、弟子が修行するための一つの瞑想だ。それには何ヵ月もかかる。

解答を知っていたからといって、導師の所に行って「ガチョウは出ています」と言うわけには行かない。解答が知的なものだったら、師匠は弟子の頭に一撃を食らわすことになる。何しろ、それは本に書いてあるのだから。解答は本に書いてある。解答は誰もが知っている。そうではなく、弟子は自分でその解答を理解しなければならない。つまり弟子は、自分の意識《アウェアネス》がマインドの外にあるということ、マインドの中になど決して入ったことがないということ、それは自己同化に過ぎなかったことを悟らなければならない。だが、彼がマインドに自己同化していたときにも、実際は意識《アウェアネス》は外にあった。

だから私たちはこの世の中にいて、しかもなお、そうではない。真実は、私たちは外にいる。これを何か他のことで試すことだ。自分が惨めだとする。その中をちょっと覗いて見なさい。あなたは惨めだと言うが、本当に惨めさの中にいるのか、それともその外にいるのか？　すると、確かに惨めさはあるが、自分はその外にいるのだと知って驚くだろう。腹を立てているとする。自分が本当にその怒りの中にいるのか、あるいは外にいるのかを見てみなさい。すると何時でも、自分は外にいるのだとわかるはずだ。

そしてもしあなたが、自分はそういうものの外にいるのだとわかり始めたら、そういうものは人生の中から消え始めるだろう。それらは、あなたに対して持っていた力を失う。あなたは、あらゆる感情、感傷、思考からの大いなる自由を達成するだろう。

第二十章

感謝の涙

Tears of Gratitude

あなたが、超意識や私たちの前方にある素晴らしい経験についてお話になるのを聴くと、時々私は、まるで自分の肉体が重みをなくして、文字通り上の方に引き上げられるのを感じます。背中の痛みだけが、自分がまだここにいるのだと思い出させてくれます。あなたの臨在の許でのこの経験は、非常に貴重なものです。けれどもこの感じは、肉体的なものではないある痛みに変わることがあります。涙が溢れ、はっきりした方向性を持たない絶望的なまでの憧れが、私の中に起こるのです。この経験には、初めの経験のような光や浮揚感はないのですが、途方もない解放感があります。

この経験は何なのでしょうか？

すべての日には夜がある。上に引き上げられたように感じ、非常な喜ばしさを感じたら、突然、肉体は実際に持ち上げられたわけではないことを思い出させる。それは私の臨在の許での感覚に過ぎず、現実の実存的な経験ではなかった。それは痛みに変わる。それを自前のものとして何時も持っていたいという、大いなる憧れになる。目には涙が溢れ、自分が引き上げられるような、その同じ浮揚感はないまでも、大いなる解放感がある。

その経験はきわめて明瞭だ。第一は、あなたが自分の現実を忘れるということだ。何かがあなたの中で引き金となり、自分の現実を忘れさせ、彼方なるものへの窓を開かせている。それは至福に満ちており、あなたはそれが永遠に開いたままでいてほしいと思う。だがそれは、あなた自身の瞑想から来たものではない。それはあなたが、自分を私に自己同化したことで、私の臨在と一つになったことであなたに訪れたのだ。

それは長くは続かない。やがて、肉体があなたに思い出させるだろう。あなたの背中の痛みが、あなたが地上にいること、その窓が閉まっていることを思い出させる。今度は背中が痛むだけではなく、あなたの存在の全体が痛む。大いなる無力感ゆえの——その窓を永久に開いたままにしておくために、あなたに何ができるというのだろう——痛みがそこにある。だが、その痛みもまた甘美なものだ。

それは傷の痛みではない。たった今ここにあり、失われたあるヴィジョンゆえの痛みだ。それは普通の痛みとは違う。それは肉体的なものではない。それは憧れから来る痛みだ。肉体を超えたいという、超意識の中に引き上げられたいという、あなたが深く感じた憧れからの痛みだ。あなたはほんのわずかそれを味わっただけだが、それだけでその憧れを生み出すのには充分だ。

そういうもの全部が混じり合って、涙があなたの所に訪れる。その涙もまた、いろいろ混じり合った感情の涙だろう。自分が突然出くわした至福の涙、自分がそれほど近くにいながら失った宝を思う涙、もう一度それを取り戻したいという願いの涙、未だにたゆたっている甘美な記憶の涙、それをもう一度引き戻すために、何一つ自分にできることはないという無力感の涙だ。なぜならそもそも、それをもたらすために自分が何一つしたわけではないのだから。それは起こったものだ。

それはまた起こるだろうが、起こること《ハプニング》には常に、影のようにある種の無力感が伴う。あなたにはそれを起こすことはできない。それは起こるときに起こる。それはあなたの能力の中にはない、手の内にはない。そういう感情がすべて、あなたの涙の中に混じり合っている。

涙にはある基本的な働きがあって、それは人を安堵させるということだ。それはあなたの混乱をすべて洗い流す。涙は混乱を取り除いてくれる。涙はあなたの目を、視界を綺麗にしてくれる。だからその涙は痛みの涙でも喜びの涙でもなく、失われた途方もない経験の涙だ。その涙はその痛みから解放してくれる。その涙は再び新たな気分にしてくれる。それはあなたを引き戻してくれる。その超意識の感覚を感じる以前の所に、あなたの存在の中に差し込んできた一条の光を感じる以前にあなたがいた所に。

そしてそれは、何度も何度も起こるだろう。だがいいかね、それはただ起こる。だから無力感を感じることはない。それはあなたとは何の関係もない。起こるしかないというのが、その経験の本質であるだけだ。それが起こるようには操作できない。人はただ、待たねばならない。待って、それがもう一度来たときに見逃すことがないよう、目覚めていることだ。

ラビンドラナート・タゴールのある詩に……。おそらく彼は光明に近づいた、その真近まで来た今世紀唯一の詩人かもしれない。彼の詩、彼の言葉の中には、創作することはできないような一瞥がある――そして彼は決して、それを創作したのではなかった。ある感じが来たときには何時でも――子宮の中に子供の存在を感じる妊婦とまさに同じく、本当で本物の詩人は、自らを超えた何かをはらんでいるように感じる。彼が詩を身ごもっていると感じたときは何時でも、自分の部屋の扉を閉めたものだった。どんなことがあっても、自分の邪魔をしてはいけないと家のみんなに告げて。たとえ家が焼け落ちても、自分の邪魔をしてはいけないと言いつけて。誰も、彼の部屋の扉を叩くことは許されなかった。

そして時にはそれが、二日にも三日にもなることがあった。彼は何も食べようとせず、部屋から出て来ようとしなかった。彼は自分の中で起こっていることを、狂ったように書いていた――それが何であるかを自分で理解するのは後からのことで、まずはそれを言葉の世界に移すのが先だった。いったんそれが終わると、驚いたことに彼は声もなく泣いているのだった。目には涙が溢れていた。未知の世界からいくつかの断片をもたらした安堵と喜びの涙だった。だが、それが余りに早く終わってしまったために声を上げて泣き、目に涙を浮かべているのだった。その状態にいることは非常な素晴らしさ、非常な祝福だった。彼は決して、そこから出て来たいとは思わなかった。彼の詩はこうして初めて書かれたものだ。

彼の詩の一つに、大きな寺院の詩がある……。百人もの聖職者たちが仕えているそれは大きな寺院で、何百体もの聖像が祭ってあった。そして確かに、インドには何百体もの聖像を納める寺院がある。中国には一万体の仏像を祭った寺院がある！　一つ一つの像に礼拝する必要がある。それは一日中かけての礼拝だ。何千人もの僧侶が一万体の聖像を礼拝する。しかもその礼拝は、一定の規則と規律に従って行なわれなければならない。

この寺院には百人の聖職者がいた。その地域では最も重要な寺院だった。ある夜、そこの司祭長が神のお告げを夢見た。「明日、私はお前の寺院に行く。お前たちは何世代にも渡って何百年もの間、礼拝して来た。もうそこを尋ねても良いときだ。だから明日は準備をしておきなさい。私はそこに行くつもりだ」と。

司祭長は目を覚ますが、そのことをみんなに伝えるのを恐れる。他の僧たちは笑うに違いなかった。神が寺院に来たことなど一度もなかった。神が来るなどという話は聞いたこともない。そんなものは夢に過ぎなかった。

だが彼は考えた。「万一、神がやって来て、私たちが何の準備もしていなかったら、なんともばつの悪いことになる――特に私にとっては。何と言っても、私は知らせを受けていたのだから」。そこで彼は神にばつの悪い思いをするくらいなら、むしろ僧侶たちに恥をかいた方がましだと考えた。そこで彼は司祭たちを呼び、彼らにこういう夢を見たと伝え、「必ず何か起こるという、ある深い感じがあるのだが」と言った。

司祭たちはみんな笑って、「あなたは年を取って、もうろくしたのです。もう司祭長は降りられた方がいい。神が寺院を訪れに来るなんて夢を見始めるようになったのでは！　これまでそんな話を聞いたことがありますか……？」と言った。

司祭長は言った。「一度も聞いたことはないが、その夢があまりにも真に迫っていたので、皆さんに伝えずにはいられなかった。さて今度はあなた方次第だ。司祭長としてのわしの感じでは、そうして悪いことは何もあるまいと思う。寺の大掃除をしても構うことはあるまい。もう何年も掃除してはいないのだから。たとえ神が来なくても、寺は綺麗になる。御像を全部掃除しても構うことはないだろう。そこら中、埃がいっぱいだ。そして立派な美味しいご馳走を準備するといい。もし神が来なさったら、それを神にお供えできる。これまでは神の像にお供えしてきているのだから、今日はもっと特別の、わしらにできる精一杯のお供え物をこしらえたらいい。花を供え、神様が昼ではなく夜になってからこの寺に来られる場合に備えて、寺院のまわりにローソクを立てるがいい」

そこで朝も早くから大仕事が始まった——掃除をしたり、食べ物を用意したり、寺中を花で飾ったり。すると寺院は本当に美しくなった。人々はみんな神が来るのを待ち望み、それを確かめに扉の所に駆けつけた。その寺からは何マイルも先の道が見えた——寺は丘の上にあったのだ。道には誰も見当たらなかった。やって来る者は誰もいなかった。

ついに、夕方も終わりになって、みんなはすっかりくたびれ果てた。礼拝もできずに、彼らはみんな虚しさを感じていた。それどころか、あらゆる飾りを施し特別の食事も用意したのに、神が予定を変更されたのかどうかの知らせさえなかった。

彼らは早く寝入ってしまった。彼らはローソクをつけていた。寺院全体が光の祭典のようだった。それは丘の上の素晴らしい光景だった。それでも、時々は誰かが起きあがって、神がやって来るかどうかを確かめに見に行った。だが夜も更けてみんなは、「あのもうろく爺さんの言うことを聞いたばっかりに、丸一日無駄にして、すっかりくたびれ果ててしまった。もう人が訪ねて来るような時間じゃない。もう真夜中だ。我々も寝た方がいい」と言い出した。そこで彼らは扉を閉めた。それまで扉は全部開けておいたのだった。彼らは扉を閉めて錠をかけ、窓の錠を下ろして床に入り、神のことなどすっかり忘れてしまった。

そしてそのとき神がやって来た。詩にはこう書いてある。

「神は常に忘れた頃にやって来る。神は何時も、神が来るなどとは思いもしないときに来る。神は何時も、無欲のマインド、静かなマインドにやって来る」と。

神は四輪馬車でやって来た。金色の四輪馬車が来て門の所に止まる。扉は閉められている。神は馬車から降りる。夜の静寂《しじま》の中に、司祭たちの眠りの中に車輪のきしむ音が響く……。

誰かが、「もしかして四輪馬車が来る音じゃないか」と言う。

すると他の誰かが言う。「黙って早く寝ろよ！　もう人の家を訪れるような時間じゃない。あれは馬車の音じゃなくて、空の雲が音を立てているんだ」

神は四輪馬車を止めた。神は寺院に向かう長い階段を上って行った。神は扉を叩いた。

「誰かが扉を叩いているらしい」と言う者がいた。

だが他の者が腹を立ててこう言った。

「馬鹿を言え！　俺たちを眠らせないつもりなのか？　誰も扉なんか叩いていない。あれはただ、風が戸を叩いているんだ、さっさと寝て、神が来るなんて忘れてしまえ」と。

扉は開けられなかった。神はきびすを返した。朝になって扉を開けて寺院に向かう階《きざはし》の上に、昼の間に溜まった塵の上に残された足跡を見て、彼らは驚いた。しかもそれは普通の足跡ではなかった。

ヒンドゥ神話では、神の足の裏には回転する車輪の印がある。その回転する車輪は全世界を表している。そしてその印は、塵の中にさえ明らかに見て取れた。神は確かに扉を叩いたのだ。何しろ彼らの目には、神が来たその足跡と、帰って行ったその足跡、そして下の方には戻って行く四輪馬車の轍の跡が見て取れたからだ。

今こそ彼らは衝撃を受けていた。誰にも一言も言えなかった——言ったところで、今更何になろう？　司祭長は言った。「神が約束なされた以上、それがたとえ夢の中であっても、神はその約束を守られるだろうと、わしにはわかっていた。だが、わしがもうろくしておるとあなた方が思っていたから、黙っていた。また夜になって起こす者があると、わしはきっとその者が正しかろうと思っていたが、みんなは眠りを邪魔されたことにひどく腹を立てていた。わしにはあなた方のことも理解できる。みんな疲れていたし、真夜中は人を訪れるような時刻でもない。だが、神のやり方をわしたちは知らなかったのじゃ」

今になって、みんなは泣いていた。彼らはめったに起こらぬことを見逃してしまったのだ。前例のないことだった。

だが司祭長は、「泣いていても仕方があるまい」と言った。

みんなは「私たちは馬鹿でした。夜中に起きていることが、そんなに大変だったわけではない。ただ元々私たちは怠け者なのです。たった一夜、神をお待ちすることもできなかった。起きていることだってできたのに。それに神が来ているという徴《しるし》があったときでさえ、それをよそごとだと解釈した。風が扉を叩いているのだとか、雲が音を立てているのだとか。自分を許すことができません」と言った。

これは美しい寓話だ。美しい比喩の物語だ。向こうからこちらにやって来て、こちらから向こうに行くわけには行かないようなものが存在する。起こるしかないことが存在するのだ。こちらに必要なことのすべては、目を覚まし、油断がなく、注意深く、深い信頼の中にいることだ。そうしないと、あなたたちは眠ってしまう。信頼が失われたら、人は眠りに落ちる。

眠りをもたらすのは疑いだ。疑いは、「そんなことをして何になる？　これまで神が来たことなどあるか？　そんなことを聞いたことがあるか？　そんな前例があったか？　行って眠れ、お前は疲れすぎているよ」と言い続ける。

だが、疲れすぎている者など誰もいない。一日中どれほどのことをしたにせよ、もしそこに信頼があったら、彼らは油断なく目を開けて、待っていられただろう。だが、最初から誰も信頼してはいなかった。彼らは司祭長はもうろくしたと思っていた。彼らが寺院の掃除に同意したのは、それが合理的だと思われたからだ。もう何年間も掃除などしたことがなかった。彼らは花を供え、ローソクに火を灯すことに同意した。「そうしても何もまずいことはない。素晴らしいお祭りになるだけのことだ」と彼らは言った。

だがその間中ずっと、誰も来はしないことを彼らは知っていた。その眠りはただの普通の眠りではなかった。それは彼らの論理によって、その疑いで支えられた眠りだった。彼らは誰も来はしないことを知っていた――それに間違いはなかった。

ここにはごく僅かな人しかいないから、そういう経験はこれからますます起こるようになるだろう。私は、みんなが私と直接つながれるように、ごく僅かな人だけをミステリー・スクールに入れたいと思っている。ただ一つだけ覚えておきなさい。そういうことが起こったときは何時も感謝して、そして待ちなさい。もし存在がそれを望めば、それはまた起こるだろう。もしそれがあなたの役に立たないようなら、二度と起こらないだろう。だが何が起こったにせよ、あなたにとって良いことだろう。

これが信頼だ。そして信頼していれば、物事がもっともっと起こるのがわかるだろう。そして自分が、実存の超意識的領域へと、もっともっと高く成長して行くのがわかるだろう。あなたの涙は、ただあなたを解放するだけではなくなる。あなたの涙は有難さの、深い感謝の涙になるだろう。なぜなら、自分が何一つしていないのに、それが起こったからだ。自分はそれには値しないのに、しかもそれは起こった。涙なしにはいられない……涙はやって来るけれども、それは喜びの涙だ。感謝の涙になる。

存在に関する限り、感謝は言葉では表現できない。存在は言葉を理解しないが、涙は理解する。

先日あなたは、個人は死ぬと、ほとんどすぐにもう一つの子宮を見つけると話されました。でも、例えば、戦争とか地震の時のように、人々が大量に死ぬ時はどうなるのでしょうか？　そういう時は、どうやって一時にたくさんの子宮が手に入るのでしょうか？　また、第三次世界大戦が起こったり、あるいはエイズが人口の三分の二を消し去ったりしたら、手に入る子宮がない魂はどうなるのでしょう？

これは知的な質問だ――あまり意味はない。だが、この地球には現在五十億の人々がいる。二十五億のカップルだ。地震がどれほどのものであり得るかね？　戦争がどれほど大きなものであり得るだろう？　この何十億という人々が自分たちの子宮に新しい子供を、新しい客を受け入れる用意をしているのだ。だから今まで何も問題はなかった。だが、もし魂が子宮を見つけられないほどの大事件が起こったとしても、科学的な計算によれば、宇宙全体には生命が存在している惑星が少なくとも五百万は存在するという。科学者にはそれがどういう類の、どういうレベルの生命か分からないようだが、五百万の惑星となれば……、しかもこれはごく控え目な計算だ。

それほどたくさんの惑星に生命が存在しているとすれば、子宮が足りなくなることはないだろう。第三次世界大戦が起こってこの惑星から生命が消えても、生命が人間の成長という段階まで到達している他の惑星に、それは直ちに出現し始めるだろう。だが何一つ死ぬものはない。また何一つ法則は変わらない。宇宙は充分に大きい――あまりにも大きいために、科学者たちは未だに全ての太陽系を勘定できないほどだ。そしてそれぞれの太陽系には、何十もの惑星がある。

彼らは、全ての星を数え上げることができないでいる。その計測器がより精密なものに、より遠くまで届くものになるに従って、科学者たちは絶えずその数値を増やしている。そして今や一つ確かなことは、その数値がどんなものであれ、正しくはないということだ。なぜならその向こうにもなお、空間があるからだ。宇宙には限界がない。その広大さはまさにこの上もない。この広大な宇宙の中で、五十億程度の人々が子宮を見つけられないと思うかね？　わずか五十億の人間だ。

そして、存在にはそれなりの働き方がある。あなた方に新しい故郷を準備しないうちに、それがこの惑星を滅ぼすことはない。この惑星が滅ぼされることがあるとしたら、それはこれがもう救うに値しなくなり、あなた方が新しい故郷を手に入れられるようになるときだ。ちょうど、より小さな規模で……あなた方の肉体が年老い、役に立たなくなり、この病気あの病気と、絶えず故障を起こすようになれば、存在にはやり方がある。あなた方にただ新しい肉体を与えるのだ。だから第三次世界大戦は……万が一それが起こるとしたら、それは基本的には、この惑星が既に年老いてしまい、ここでの進化は不可能になったということかもしれない。

私たちは存在については何も言えない。すべては推測に留まるが、一つ確かなことは、一つの家が取り去られる前に、もう一つの家が既にあなた方を待っているということだ。だから、もしこの惑星が死ぬとしたら――そしていいかね、毎日たくさんの惑星が死んで行き、毎日新しい惑星が生まれてきている。惑星だけではない。毎日たくさんの太陽が死んで行き、新しい太陽が生まれている。それは絶えず更新しつつあるシステムだ。それは古いもの、腐敗したもの、病んだもの、死んだものを許さない。

生命には実に広大な存在が手に入るのだから、何も心配することはない。多分それは良いものなのだろうが、人には決してわからない。私は、それがいいものだろうということを信頼している。何一つ悪いものではあり得ない。地球全体が破壊されることは、悪く見えるかもしれない。こちら側から見れば悪く見えるだろう。だがもう一方から見れば、もしより良い惑星が手に入るのなら……。もしかしたら、あなた方はより高度な進化のために、より良い惑星を必要としているのかもしれない。

もしかしたらこの惑星は、あなた方により高い成長のための充分なエネルギーを与えないのかもしれない。もしかしたらそれは、クライマックスに達してしまったのかもしれない。できることは全部やり終えたのかもしれない。あなた方は、よりよい学校を必要としている。そうなって初めて、この世界は滅びるだろう。さもなければ、滅びることはない。もし進化がまだここで可能なら、この世界はこのままのはずだが、どうやら私たちは行き詰まったようだ。何千年もの間、進化は行き詰まってしまった。ときたま花開く者があっても、それは例外であって通常のことではない。

だが、何十億もの人々が、一インチの進化もせずに同じ円の形でただ回り続けている。もしかしたらこ

ない。私たちは、エネルギーがもうないのかもしれない。誰一人、この方向に働きかけて来てはいない。すべては、エネルギーが使い果たされた地点に来ている。私は、こういう分野で仕事をしている科学者たちに驚く。彼らは地球が消耗し尽くしたのかどうか、そしてこれまで成長してきた以上の成長の可能性が人類にあるのか、終止点に来てしまったのではないのか、そういう現象を調査すべきだ。そうだったら人々は、進化が可能になるような、そこでならより高い実存のレベルに達することができるような、他の場所に移された方がいい。

私たちにはわからないが……、この五百万の惑星の中には、人間が超意識にまで到達した、超意識が一般的な現象になったような星が少しは存在するのかもしれない。あるいは集団超意識が普通のことになったような惑星が、一つは存在するのかもしれない。そして究極に達した、誰もが光明を得ているいくつかの惑星、あるいは一つの惑星が存在するという可能性だって、否定はできない。

だからもしこの地球が消えれば、人々はそれぞれの成長に応じて、それ以上の成長のために、その人にとって何が必要なのかに応じて、人々は別々の惑星に移動するだろう。そしてこういうことは全て自律的に起こる。

インドには種のまわりに小さな綿を付けて、綿毛に包んで種を生育する樹がある。これは非常に珍しい樹だ。他の樹はそういうことをしない。だがその樹は、非常に特別なことをする――小さな綿毛、それも最も柔らかい綿毛だ。インドで一番の金持ちたちは、この綿毛だけで作った枕を使う。それは手に入れ難い、何と言ってもそれを集めるのは……種のまわりにほんのわずか付いているだけなのだ。一つの枕分を集めるためには、たくさんの樹を回わらなければならない。これこそ私が見た中で最も柔らかい物だ。それは私には合わない。頭が暖かくなって、私は好きではないからだ。だが、その柔らかさは比類がない。

この樹が種のまわりに綿毛を付ける理由とは、種が樹から落ちるときにその真下に落ちないようにということだ。それは長い枝を伸ばし、大きな蔭を落とす非常に大きな樹だ。その下には日の光は決して届かない。もしそういう種が樹の下に落ちれば、種は死ぬことになる。決して日の光を受けられず、成長することはないだろう。その綿毛は種を遠くへ送る助けをする。種は落ちることができない。それは風の中を飛び始め、遥か遠くへ旅を始める。何マイルも先へ行ってどこかに落ちる。その樹は種が下に落ちないようにしているのだ。そうしなければ間違いなく死ぬからだ。種は、できるだけ遠くへ行かねばならない。樹の下でなければどこでもいい。

さて、誰がこんなことをしているのか？　存在には自律的な働きがある。細かく調べてみれば、それぞれにとって都合がいいように、存在が機能させているのがわかるはずだ。さて、その種は樹に執着しているかもしれないし、樹は種に執着したいかもしれない。だが存在はそれを許さない。種は樹から何マイルも離れる。種はどこかに落ち、そこで独り立ちした樹になる。

自然の中のどんなものを調べてみても、同じことが言える。この上もなく大きな何かが、宇宙的な意識があらゆるものを取りまいており、すべてはその宇宙的意識の中で起こっている。

私はある蛇に似た生き物を知っている。それは蛇ではないのだが、見た目はまさに蛇そっくりだ。それはシータキラットと呼ばれている。それは約二、三フィートほどの長さの美しい黒い生き物だ。シータキラットとは、シータの黒髪の一本のお下げという意味だ。シータは、インドで最も美しい女性の一人と思われている――彼女はラーマの妻だ。それはただ彼女の髪のお下げという意味だ。美しい名前を付けたものだ。

シータキラットが蛇かそうでないかを確かめるのは非常に難しいのだが、それは蛇ではない、だから全く危険はない。それは、川辺に野生するほとんど黒いとも言えるある草の中にいる。その色が天敵から身を隠すのに役立つ。非常に無邪気な生き物だ。誰にどんな危害を加えることもあり得ない。それは菜食主義者で、その草しか食べない。身を守るために、天敵に居所を見つけられないように、草と同じ色をしている。

私はそれをよく教室に持って行った。するとそれを教室に放すだけで大変な騒ぎが起こった！　教師までが机の上に立って、「助けてくれ！」と叫んでいた。笑っているのは私しかいなかった。すると教師は、「お前、笑ってるな！——その蛇を連れて来たのはお前だな。お前なんか停学処分にしなきゃ駄目なんだ！」

そこで私は、「僕がこれを持って来たのは、この間先生が、自分は恐いもの知らずの人間だって言ってたからさ。先生は今、机の上に立って震えてるじゃない！　ただ気をつけて！　そのテーブルが壊れて、下に落ちるかもしれないよ。それに、蛇は先生の方に近づいて行ってるよ」と言った。

すると彼はもっと飛び上がったものだった——「助けてくれ！」

そこで私は言った。「誰も助けてなんかくれないよ。みんな自分の机に上ろうとしてるよ。僕以外、誰も先生なんか助けられないよ。だけど、あの恐いものなしはどうしたのさ？」

「今は哲学の議論をしてる場合じゃない！　私には小さな子供もいるし、年取った父や母もいて面倒を見なくちゃならないんだ。すぐにそれを連れて出て行くんだ！」と、彼は言った。

私は言った。「先生には簡単なことがわからないんだね。もし僕が連れ出せるんなら、こいつが危険じゃないって証拠じゃないか。それに僕はポケットに入れて持って来たんだよ。こいつが危険な生き物だったら、僕が危なかったことになる……もっとも僕には子供もいないし、奥さんもいないし、何も問題ないけどね。もし僕が死んだら、僕は死んで、僕にとっては全世界が死ぬのさ。だけど、こんな簡単な合理的なことがわからないのかな？——もし僕が自分の手で掴めるんなら……」。そう言って私は、それを掴んでもっと近づいた。

すると彼は言ったものだ。

「遠ざけろ、それを遠ざけるんだ！　あんまり近くに来るな、すぐに外に連れ出すんだ！」

そこで私は、「でも、あの恐れ知らずはどうしたの？」と言った。

彼は、「あんなことを言った私を許してくれ。もう二度とあんなことは言わない。私は恐れ知らずの人間じゃない。私は恐がりだ。だからもう私にこんなことはしないでくれ。いったいどこでこの蛇を手に入れたんだ？」と言った。

「蛇使いから買ったのさ」と私は言った。

「何だって！　じゃどうしてお前に噛みついたり、ひどいことをしないんだ？」と彼は言った。

「蛇使いが、蛇が口の中に持っている小さな毒の袋を取ってしまったんだよ。それを取り除いてあるからこいつは全然害がないんだ。先生試してみてもいいよ」と私は言った。

「駄目だ！　すぐに連れ出すんだ！」

「僕が手に持ってるんだから、これが無害だってことは先生だってわかるでしょ。ちょっと触ってみたらいいよ」と私は言った。

彼は言った。「全世界をくれたって、そんな物には触らないぞ。触るもんか。毒の腺が取られてるかどうかだって、信じられるもんか。お前の言うことなんか信用できない。すぐにそれを連れ出すんだ。二度とここに連れて来ちゃ駄目だ！」

そしてそれは、近所に大騒ぎを起こしに持って行くのにも絶好だった。それを誰かの店の中に入れて、それからその様子を、何が起こるかを黙って見ているのだ。客は店を飛び出すついでに、まだお金を払ってもいない自分の買い物を掴んで走り出す。ところが店の主人の方は、まだお金を貰っていないと言い出すどころの騒ぎではなかった。自分が高い所に上って何とか助かろうとしている！　お金どころの話ではなかった……。

そして最後には、「お前、こんなことは本当に良くないぞ。どうしてここへ持って来たりしたんだ？」と言ったものだ。

私は「僕が持って来たんじゃないよ。こいつが来たがったんだ。僕はポケットにこいつを入れて、『どこでも行きたいところがあったら、お前、舌でちょっと触って僕に教えな。そしたらそこに置いてやるから』って言ったんだ。僕は全然悪気なんかないよ。ただこいつがここで、ちょうどこの店の前で僕に触ったからここに置いたのさ」と言った。

彼は言った。「置くのはいいけど、客の方はどうなるんだ？　あいつらはお金を払ってもいない物を盗んで行ったじゃないか。あれはただ見せるために、テーブルの上に載せていただけだった。なのに恐がった振りして、あいつらが持って逃げちまった。それに私だってあんまり恐くて、自分の命のことしか考えられなかったじゃないか！」

「こいつは危なくないんだよ。とっても気のいい蛇なんだ」と、私は言った。

「そうかもしれないけど、絶対こんな所に連れて来ちゃ駄目だ。たとえそいつが『この店に置いてくれ』って言ったって、私の店に置いたりしちゃ駄目だ」と、彼は言った。

その店の向かい側はお菓子屋だった。この状況を見てそこの主人は私を呼んで、一包みの菓子をくれた。「お前、先にこれをとっときな。俺の店であれをやっちゃ駄目だぞ。何時でもお菓子が欲しかったらここに来ていいから、ただそいつを連れて来ちゃ駄目だ」と、彼は言った。

それから彼らは私の親の所に行って、「あんたの息子は蛇使いかなんかかね？　蛇を使ってみんなを大騒ぎさせているよ」と言ったものだ。

私の親は「私たちにどうしようがあります？　一日中後について、息子が行く所、息子がやることを追いかけて回るわけにはいきませんよ」と言っていたものだ。だが父は、「それはあまり危険だから、訊いてみましょう」と言った。

そして父は私に「いったいどうしたんだ？　どうして町に蛇なんか持ってるんだ？」と言った。

私は言った。「あれは蛇じゃないよ。あいつら無邪気な奴なんだ、蛇に似ているけど……、ただ形や何かが蛇っていうだけだよ。あの馬鹿な奴らがそんなに……、それにあいつら僕がポケットに入れていたのも目に入らないなんて。だから急に出してやったら、みんな気が違ったみたいになってさ」

父は言った。「それは気違いにもなるさ。だってそれが蛇じゃないなんて、わかるわけないじゃないか。それにシータキラットなんて、見たこともないかもしれない。あれはいつも山の中の川辺にいるんだから。町には来たことがないよ。町に連れて来る者なんかいないからな。どうしてお前はそんなことを思いついたんだ？」

「ただあんまり似てるからさ。もしお父さんが僕にシータキラットを持って行かせたくないんなら、僕は蛇を持って行くことにしてもいいよ」と私は言った。

町に一人蛇使いがいたが、私は絶えず付きまとって、うるさがらせていた。

「どうやって蛇を捕まえるのか、ちょっとそのやり方を教えてよ」

「教えるわけにはいかない。お前はいいところの子供だ。これはお前なんかのやる仕事じゃない。これは俺たち貧乏人のやる仕事だし、これは家の秘密なんだ。俺は息子に教えるんだ」と彼は言った。

「おじさんはおじさんの息子に教えたらいい。僕は競争相手にはならないよ。実際は、僕はおじさんの蛇の宣伝になると思うよ。どうやって蛇を捕まえるのか、そのやり方を教えてくれるだけでいいんだ」と私は言った。

彼は私の申し出を拒絶した。とうとう、しまいには彼の奥さんが「あの子に教えてやったら？　あの子は金輪際あんたを放しゃしないわよ。毎日やって来て、あんたが教えないとわかったら、今度は私を責めるのよ。『あれはあんたの亭主でしょ。ちょっと力のあるところを見せてやってよ。僕の言うことを聞かないんだ』って言うの。教えてやりなさいよ。でないと、私があんたに見せしめをすることになるよ。今日は食べさせないから。そしてすぐに家から出て行ってちょうだい！　あの子は他のことは何も望んじゃいないのよ。ただ捕まえ方を知りたいだけなんだから。もしあんたが言わないんなら、私が教えるよ」
そこでとうとう彼は、私に教えなければならなかった。
「うちのやつがお前を応援してるんなら仕方ない。そうなったら、俺にとっちゃもっと厄介なんだから。毎日お前はあいつをうるさがらせるだろうし、あいつは俺をうるさがらせることになる。捕まえ方は簡単だよ」と彼は言った。「ただ蛇の尻尾を捕まえて、こうやって長く……ちょうど蛇を投げるみたいにするんだ。ただ、投げちゃ駄目だ。ちゃんと捕まえてるんだ。二、三回こうするんだ、向こうに放り投げるような感じで。

こうすれば蛇の中枢器官を破壊するから、こっちに向かって噛みつけなくなる。問題は蛇が即座にターンすることなんだ。蛇を持つとすぐに、それはこっちに向かってきて腕に巻きつく。そうなったら引き離すのはまず難しい。まず、腕に巻きつき締め付けてくる……しまいにこっちが手を開かなきゃならなくなるほど、きつく締め上げるんだ。そしてその瞬間に――奴がこっちの手から離れる瞬間が、こっちに噛みつくときなんだ。

噛むこと自体は危険じゃない。危険なのは蛇に噛みつかれたとき……。歯そのものは危険じゃないんだ。危ないのは口の上側にある小さな袋だ。奴は噛みついたら逆さまにひっくり返る。その袋は蛇が逆さまにひっくり返らないと中身が出ないようになっている。そうしないと、その毒が蛇の身体に入って行くことになるんだ。だから蛇は逆さまにひっくり返る。まず噛みついて、こっちの血がその毒に混ざるようにするんだ。そうしておいて毒を血に注ぎかける。それでその毒が血の中に入るんだ。

だからまず、蛇が跳ね返れないように真っ直ぐにすることが肝心だ。そうすれば何も問題ない。そうなればことは簡単さ。下に置いて、背中の方から捕まえればいいんだ。蛇の口を開いても大丈夫だ――ただ蛇がひっくり返らないように気をつけな。蛇の口を開いて鋏で、皮膚でできてる小さな袋を切るんだ。いったんその袋を取ったら、その蛇はもうまったく無害だ。だけど頼むからそれはしないでくれよ。それは俺たちの商売だからな」

「それはわかってるよ。これまでおじさんの商売を見てきてるんだから」

彼らの商売というのは、町中を歩き回って、蛇を捕まえて欲しい人はいないか訊いて回ることだった。「もし家の中に蛇がいるようだったら、私たちが捕まえてあげます」と言うのだ。するとみんな蛇が恐いものだから、みんなは彼らにお金を払う。「やってみてくれ。捕まえられるかどうか、家の中を調べてみてくれ」

そしてその蛇は、彼らが家の外から放した自分の蛇というわけだった！　彼らが横笛を、蛇使いの特別の笛を吹き始めると、彼らの蛇は家の中に入って行くのだ。すると人々は、その蛇が自分の家から出て来たものと間違いなく思い込むのだった。彼らはその蛇を簡単に掴み、小さな箱に入れる。そうやっておいて、「さあ、もう心配いりません。蛇が家の中に入ったら、いつでも私たちを呼んで下さい」と言うのだった。

「俺たちは貧乏人だ。こうやって俺たちは稼いでいるんだ。ところが世の中には、自分の家の中に蛇がいるかもしれないと思っただけで恐がるような奴がたくさんいる。だけど、お前はそういうことを始めちゃ駄目だぞ」

「始めないよ。僕は商売なんか興味がない。プロじゃないんだから。僕はそのトリックを先生や近所のみんなにやってみるつもりなんだ。実際のところ、僕はおじさんの商売を増やせると思うよ。蛇を近所の家に置いてきてもいいからね。そうすれば蛇が中に入ったとたん、みんなが飛び出して来るだろうから、僕がおじさんを呼ぶしか方法がないって、教えてやれるさ。おじさんにしか捕まえられない、って」

「そんなことは思いつかなかったな。そいつはいい考えだ」。そして私はその貧しい人々を手伝った。助けの手は医者のような人たちからさえやってきた——何しろ、死ぬこととなるとみんなひどく恐がる。

一人の医者が非常に政治に入れ込んでいた。彼は市長になろうとしていた——ひどく傲慢なタイプの人間だった。私は彼に「その横柄なところを捨てないと、勝てないよ」と言ってやった。「お前に何ができるっていうんだ？――選挙権もないくせに」と彼は言った。「それでも、できることはあるさ」と私は言った。

ある日、私は彼の家に蛇を放した。彼と細君が二人とも飛び出して来た。近所中が集まって来た。そこで私は「この医者を見てみな」と言った。彼の所、彼の診療室には大きな瓶があって、中には死んだ蛇が入っていた。昔の医者の診療室でよく見かけるあれだ――まるで彼らが、偉い研究者か何かでございますとでもいうような。ところがそれは市場で買って来たものだった。彼らの棚には、本当に大きな蛇の死体が大きな瓶の中に収められていた。「自分の家に入った小さな蛇も恐がっている癖に、この人はこの町の市長になるつもりなんだよ」

「そんなつもりはない……。しかし蛇だけは何とか出してくれ！」と彼は言った。

「それは僕にはできないよ。それには蛇使いを呼ばなくちゃ」と私は言った。あの蛇使いがやって来た。彼が蛇を連れ出した。

蛇がとぐろを巻いているときには、その頭を揺らしながら、こんなふうに頭を持ち上げる。それで、これがその医者をからかうときのシンボルになった。今や五千人の生徒たちが……。彼が向こうの方に座っていると、生徒がみんなこのシンボルを彼に見せつけようとするのだ。最初のうちは彼も平静で落ち着いていた。しかしそれがどれだけ続く……？　間もなく彼は石を投げたり、腹を立てたりし始めた。近所の者たちが「静かにした方がいいですよ。でないと山火事みたいに広がってしまいますよ」と彼に言った。そしてそれは野火のように広がった。生徒以外の者たちまでが、彼にその蛇の身ぶりを見せ始めたのだ。

学校が終わると、彼も自分の診療所を閉めたが、私たちは彼の扉を叩かずにはいなかった。「先生、開けて下さい！　重病人です」。そこで彼が扉を開けると、この蛇の身ぶりが見えるというわけだ。

それがあまりひどくなって、今度は本当に誰かが病気でも、彼は扉を開けようとしないほどになった。「その病人については全部知ってるぞ。毎日誰かが重病人だって言って……、重病人なんか誰もいやしないんだ」と彼は言った。

ある日、私がそこを通りかかると、彼の細君が外に立っているのを見かけた。

私は「先生はどこにいるの？」と訊いた。

「どうしてあの人を追いかけるの？　あの人の仕事はもう全部おしまいよ。患者さんたちまであの身ぶりをして見せるんだから」と彼女は言った。そして彼女が私にこうやって見せていると、彼が外に出て来て、「これはあんまりだ！　お前は俺の女房だろ。それがお前まで、こいつらと一緒にそんな真似をしてるのか？　お前までこいつらの仲間になったのか？」と言った。

彼は市長になることなどはすっかり忘れた。そしてついには、その町から別の町に移って行かねばならなかった。患者がいなくなってきたのだ。彼は少しおかしいと、誰もが思うようになっていた。なぜ彼はあんなに気にしなければならなかったのか？　そうしたい者がいるなら、させておけばいいのだ。そうすれば誰だって、「やつにはさせておけばいいさ」と言うくらいの賢さはあった。

だが彼には、私にそうさせておくことなどとてもできなかった。自分が恐がりの臆病者になり、おじけづいて、これが一つのシンボルになってしまったことが彼を傷つけた。私は彼に、「これを選挙のシンボル・マークにしたらいいよ！　きっと勝つよ。だって先生のシンボルはみんな知ってるからね」と私は提案した。

すると彼は、「お前の言う通りだった。選挙権がなくても、私の選挙は邪魔できるんだな。お前は確かに私の選挙を妨害したよ」と言った。

存在は神秘的だ。

私たちには予言はできない。この地球が終わっているのか、あるいはまだ何がしかの可能性が残されているのか、私たちは正確には知らないからだ。第三次世界大戦が起こるかどうかは、ロシアやロナルド・レーガン次第なのではない。そういうものは、私が存在と呼んでいる未知なる力の手中にある、ただの操り人形だ。だがもし、地球は消耗し尽くした、今や人間は行き詰まったままで、もう進化は起こらないと存在が決めたのなら、それならこの地球は壊された方がいい——そうすれば、人間はそれぞれの進化の段階に応じて、別々の惑星に移動できる。

何れにせよ、今は非常に貴重な時期だ。本当に進化したいと望む者は、これ以上に貴重な時を見つけることはできない。もっともっと意識に向かって進化しなさい。もし目覚めることができたら、あなたにはもうこの地球に生まれて来る必要はなくなる。目覚めることができないとしても、やはりあなたはより高い段階へ向かう途上にあるということだ。そしてもし生まれて来るとしても、意識のより高い段階が既に存在し、それが一般的になっているような惑星に生まれて来ることになる。

そして、確かにこの地球はどうしようもない状況にあるようだ。だがこの世のものには、すべて始まりと終わりがある。何一つ永遠に留まるものはない。もしかしたらこの地球、この惑星は終わりに達したのかもしれない。それなら、口実は何でもいい。

科学は、存在の中にブラックホールを発見した。人の目には見えない。目に見えるものは何もない。見えるのはただ、ある惑星がブラックホールに近づけば、それはただ中に吸い込まれて、この存在から姿を消すということだけだ。それこそが惑星の死だ。このブラックホールの存在から、ある科学者たちは推定している。新しい惑星を誕生させるホワイトホールが存在するに違いないと。どうやらそれが論理的なようだ。というのも、存在の中には常に両極性が存在するからだ。ブラックホールがあることはまず確実だ。ホワイトホールはまだ仮説だ。第三次世界大戦が地上に起こって、人間が行き詰まり、これ以上進歩できないとしても、ブラックホールがこの惑星を吸収するだけだろう。

ブラックホールは、物理学の中の最も神秘的なものの一つだ。私たちはまだ何も知らない。そして多分、何も知り得ないのかもしれない。私たちはその中に入って行くことはできないのだから。いったん入れば永久に入ってしまうことになる。戻って来ることはできない。

こういうブラックホールは、破壊のために存在する——そしてその仕事をしている。毎日どこかの惑星、どこかの太陽が死んでいるが、その死に方は、ブラックホールに飲み込まれるということだ。それはまさに死そっくりだ。死とは、あなた方が吸い込まれて行くブラックホールだ。だが人は、もう一つの子宮に生まれて来る。おそらく、ホワイトホールが存在するのだろう。多分ブラックホールの反対側に、ホワイトホールがある。だから、こちら側では古いものが分解され、破壊され、そしてもう一方では新しい惑星が、新しい可能性、新しい希望、新しい願望と共に生み出される。

第二十一章

愛があるときにのみ

Only if Love Allows

性の倫理についてのあなたの観点は、どのようなものでしょうか？

性倫理に関する私の観点は、これまで存在してきたあらゆる観点に対立するものだ。それらはすべて性を抑圧するようなものだった。それらは非難に満ちたものであり、人間のマインドに分裂を生み出した。人間の精神分裂症と倒錯のすべては、その誤った性倫理に根ざしている。

私は性を自然現象と考える。その中には何も冒涜的なものもなければ、神聖なものもない。途方もない重要性を持った、純粋に自然な生命エネルギーだ。もしそれを昇華できなければ、人を破壊することもあり得る。それは人間性を破壊してきた。

それは、人間がそこから生まれてきたエネルギーだ。あらゆるものはそこから生まれる。当然、性エネルギーよりも高いエネルギーは存在しないのだが、生物学的再生だけが唯一の機能ではない。その同じエネルギーは、別の創造的な局面を持つ。その同じエネルギーは、瞑想の実践と結びついて、最も高い意識の頂上に昇華できる——それを私は光明と呼ぶ。

私の性倫理は法律ではない。それは愛だ。

二人の人間は、愛があるときにしか性的な関係を持つことはできない。愛がなく、法律だけが拘束力として残るなら、それは全くの売春だ。私は売春に反対する。

すべての宗教がこの世の売春の原因なのに、愛を法律で置き換えたからこそ売春が存在するのだ、と誰一人立ち上がって言う者がいないのは不思議なことだ。

法律は愛ではない。結婚は、愛があるときにしか正当ではない。愛が消えた瞬間、その結婚は無効だ。

ということは、結婚という絶対的な絆を強制し、それを永続的なものにしようとした宗教のために、無数の人々が愛のない、非倫理的な、不自然な生を営んでいることになる。

生は絶えず変化している。何一つ永続的なものはない。愛もまた永続的ではない。プラスチック製の造花だけが永続的であり、本物の花は永続的ではない。あまり永続性に取り憑かれると、結局はプラスチックの花になってしまう。人々が結局、偽物で偽善的なプラスチックの結婚、プラスチックの関係に終わるのはそのためだ。そしてそれは誰にも、どんな喜びも与えない。

全世界に広く売春が広がっている。普通売春婦の所に行けば、彼女を買うのは一晩だけだ。少なくともそれは正直だ。だが、何時までも、死を超えても変わらぬ愛を誓って女性と結婚し——しかもハネムーンも終わらぬ内に愛が消えてしまえば——人は偽りの内に生きることになる。そうなれば人間を物として、性的な対象として利用していることになる。私はそれを非難する。

私に言わせるなら、愛だけが唯一の法であるべきだ。唯一の決定要因であるべきだ。

そして性エネルギーは、子供を産むことにだけ限定されるべきではない。動物は年中性的なわけではなく、発情期があるという事実を見れば、それは単純だ。そのわずか二、三カ月、あるいは二、三週間の間、動物は性的になる。それ以外は性は消えている。なぜ人間は、年中性的であり得るような能力を持っているのか？　その背後には目的があるに違いない。存在は決して、何事も無意味にはしない。

私の理解は、子供を産むのは、まさに動物がすべてそうしているように、二、三週間もあればできるはずだということだ。だが人間にはたいへんな性エネルギーが与えられている……それは、このエネルギーを意識のより高いレベルへと変容することを、存在があなたに望んでいるという明らかな証拠だ——しかも、その変容は可能だ。それが子供に誕生を与えられるのとまさに同じように、それはあなた自身に誕生を与えることができる。それはあなたを、新しいビジョン、新しい至福、新しい光、そして全面的に新しい実存を持った人間に、再誕生させることができる。必要なのはただ、性エネルギーが瞑想と結びつかねばならないというだけだ。そしてそれこそが、私の仕事のすべてだ。

それが私の性倫理だ。性エネルギー、プラス瞑想だ。

しかも、それらを結びつけることはごくごく簡単だ。なぜなら、愛を交わしてオーガズムの爆発に近づく瞬間、あなた方の思考は消え、時間は止まるからだ。突然あなたは相手にとけ込む。もはやあなたはエゴではない。それこそが、瞑想というものの質だ——無我、無時間、無思考こそが。純粋な気付きと全体に溶け入ることだけがある。

性のオーガズムが終わるところで瞑想が始まる。その二つは容易に結び付く。この二つを結び付けることはごくごく容易だ。二つはそれほどにも近い。

私自身の洞察は、この二つの資質があったために、人々は性的なオーガズムを通じて瞑想を発見したというものだ。人々は、思考が止まり、時間が止まり、エゴが消えるとき、自分が途方もなく美しい空間にいることに気が付いた。たとえ数秒しか続かなかったとしても、それはこの世のものならぬ何か、彼方なるものの何かの味わいを与えた。

私たちは誰が瞑想を発見したのかを知らない。おそらく何千年も昔のことだろう。東洋には、瞑想の手法を説明した少なくとも一万年前の本がある。だが、どんな方法によっても同じ質がもたらされる。

これは私の感じだが、性的なオーガズムがなければ、誰もこの三つの質を発見できなかっただろうと思う。いったんこの三つの質が発見されると、知性ある人々は性的なオーガズムに入ることなく、それを経験しようと試みたに違いない。そのような意識の達成は可能なのか？　誰かが成功したに違いない。そしてそれ以来、無数の人々が成功している。

全人類が惨めさの内に生きているのは、ただただ誤った性倫理を、性を抑圧するように教える類の倫理を持っているからだ。自分の性を抑圧すればするほど、それだけ瞑想から遠ざかる。性を抑圧すればするほど、人は瞑想ならぬ狂気に近づく。

そして今や、このことは精神分析によって――精神分析の開祖シグムント・フロイト自身によって――確立された事実だ。すなわち、抑圧されたセックスこそが人間の不幸の、あらゆる倒錯、あらゆる心の病の根本原因だということだ。だが、宗教はまだ同じことを説き続けている。シグムント・フロイトは人間の歴史における一つの里程標として記憶されるべきだ。だが、彼の仕事は半分でしかない。彼はひたすら抑圧と闘った。その仕事は消極的なものだ。それ自身は人を何処へも導かない。それは闇との闘いだ。

私の性倫理はひとつの完成だ。抑圧は捨てられなければならない。そして自分自身のエネルギーの深い受容、それへの深い友愛、そのエネルギーがすべての秘密を自分に明かすことができるように、自分自身のエネルギーへの愛に満ちた親密さ……。それを瞑想と結び付けるなら、オーガズムは聖なる寺院への扉になる。

私にとっては、もしセックスがこの世の創造力だとするなら、それは世界の創造的中心――それにどんな名前を付与しようと――に最も近いに違いない。創造的エネルギーこそ創造に、あらゆるものの創造的源泉に最も近いに違いない。

人々は、性エネルギーを霊的な悟りに変容する技を教えられるべきだ。

あなたは、御自分がかくも執拗に迫害されていることに――イエスや仏陀やソクラテスのような真実の人たちが、すべて迫害に苦しめられたという歴史上の事実以上の――政治的理由があると思われますか?

そうだ、そこには政治的理由もある。インドで私は迫害された。私がマハトマ・ガンジーの哲学を批判していたために、また彼の信奉者たちが大英帝国がインドを去った後、権力を握ったために、私の命を狙う者もあった。

一つ例を挙げよう。私がマハトマ・ガンジーに反対だったのは、いかなる個人的理由によるものでも彼の意図のゆえでもなく、まさに彼のばかげた哲学のためだった。彼は紡ぎ車以後に発明されたものは、すべて悪魔の仕業だと教えていた。紡ぎ車こそが技術上の最後の発達であるべきで、それ以後のものは全部捨てなければならないと。さて、これはあまりにもナンセンスだ。

世界は飢えて、死にかけている。インド自体が充分な食料、衣類、住む家を人々に提供できずにおり、今やインドの人口は九億になっている。今世紀の終わりまでには、飢えだけでインドの半分が死ぬだろう。そしてマハトマ・ガンジーは、その責めを受けるべき人間の一人ということになる。

紡ぎ車で一日八時間懸命に働けば、自分のための一年間の衣類を賄うことはできる。だが一日八時間は紡ぎ車で働かなければならない。誰がその人にパンをくれるのか? 誰がその人に住む家をくれるのか? そして子供の分はどうなるのか? 奥さんの分はどうか? 年老いたお父さんやお母さんはどうなるのか? 自分が病気になったり、他の誰かが病気になって薬が必要になったらどうするのか?

紡ぎ車で止まるのは、これまで人間が考えたどんなことよりも危険だ。それは世界にますます貧困をもたらし、世界にますます多くの病をもたらし、ますます多くの無教育の人々を生み出すことになる。文明の可能性は消えてしまう。私たちは野蛮な、原始部族の状態に陥ることになる。

マハトマ・ガンジーは鉄道に反対だった。彼は電報に反対していた。彼は、人類に途方もない恩恵と祝福を与えてきたものすべてに反対だった。核技術に反対するのは一つの行為だが、技術そのものに反対するのは、ただただ狂気の沙汰だ。

モラジ・デサイがインドの首相になったとき——彼は自分のことをマハトマ・ガンジーの後継者だと考えている——できる限り私に害を加えようとした。グジャラート州の首相だったとき彼は議会で、私をグジャラート州に入れなくする決議案を通過させようとした。議会はただただ、信じられなかった。「いったい何を言っているんです? 誰かに同意しないことはあるし、その人間を批判するのも構わないが、その人間がこの州に入って来るのを妨害するとなると、それはあなたが臆病だということですね。何も言い訳できないでしょう」と。そして実際、彼にはどんな言い訳もなかった。

そしてついに、彼はインドの首相になった。すると彼は私を迫害し、私の人々を迫害するために全力を尽くした。それは私がただ真実を、この国が死にかけていると言っていたからだ——そして彼は、自分の小便を飲み始めれば、あらゆる問題は解決すると教えていた。

間違いなく彼は、マハトマ・ガンジーの真の後継者であるらしい。マハトマ・ガンジーが生きていたとき、彼のアシュラムで主要な弟子の一人のバンサリ教授——大学を退官した充分な教育を受けた人だが——六ヶ月間牛の糞を食べ、牛の小便を飲んで暮らした。するとガンジーは、彼を霊的な聖者だと宣言したものだ! 確かにモラジ・デサイは、ガンジーの霊的後継者だ。

モラジ・デサイは、何の根拠もなしに、実にたくさんの法律上の面倒を引き起こした。彼は三年で去ったが、その面倒は続いている。彼は何の理由も挙げずに、私の仕事をしていた信託財団の免税特権を停止した。今や彼はいなくなったが、官僚組織は官僚組織だ。この問題は継続している。そしてこの免税特権が停止されたために、ここ何年かで百五十万ドルの所得税が滞納になった。それで現在国税局が、百五十万ドルを要求している。

彼は、私がいかなる土地、建物、財産の購入も許可されないように妨害した。私は少しのお金も持っていないが、彼は、私の言葉を広げようとしていた私の友人たちも妨害した。プネーにあるコミューンは十二年間存在しているが、私たちが購入した財産のすべてが、私たちの名前で登記されているわけではない。それらはいまだに元の持ち主の名前のままだ。私たちは金を払ったが、所有権は移管されていない。

ありとあらゆるやり方で……だが理由は政治的なものだった。彼らはみんな、選挙でマハトマ・ガンジーの名前を利用していた。そして全国でただ一人私だけが「もうマハトマ・ガンジーの名前を忘れていい時だ。この国の自由を獲得するために努力してくれた彼に、最後の感謝をささげるがいい。だが、もう彼から解放されるべき時だ。この国には技術的発展が必要だ。さもないと人々は死ぬことになる」と言っていた。

マハトマ・ガンジーは、受胎調節に反対していた。私は受胎調節を絶対的に支持してきた。もし彼らが私の言うことを聴いていたら……。私は過去三十年間、受胎調節を支持して話してきている。もし彼らが私の言うことを聴いていたら……当時なら、人口は四億だった。だが彼らは聴かなかった。今では人口は九億だ。

経済学者や統計学者は、みんな驚いている。彼らは人口がこれほど膨張するとは思っていなかった。彼らは今世紀の終わりまでには、インドは十億の人口を持つだろうと思っていた。今では変更しなければならなくなった。しかも大変更だ。今や彼らは、今世紀の終わりまでにインドは十八億の人口を抱えるだろうと言っている。彼らの大地は死にかけている、それほどにも利用されつくしている。彼らにはどんな科学的発展も見られない。しかも受胎調節を説くことはできない。それは宗教に反し、またマハトマ・ガンジーの教えに反するのだ。

あらゆる真理が耐え抜かなければならない迫害と並んで、政治的迫害が存在することは確かだ。

ロシアにも私の人々がいるが、彼らは地下組織として留まらなければならない。彼らは瞑想するために地下で出会わなければならない。この人たちは、誰かを傷つけようとしているわけではない。私はテロリストではない、私は非暴力の人間だ。私の全哲学は非暴力だ。彼らはただ黙って座っているだけだが、ロシアの共産主義政府はそれを我慢できない。「お前たちは何をしているのか？」というわけだ。

ロシアの秘密警察はサニヤシンの後を追いかけている。彼らは少なくとも二百人の人々を発見した。一人を拷問にかけることで、もう一人の名前を訊きだした……そして果てしない尋問と強迫。彼らは私がマルクス主義の共産主義者に反対しているという理由で、その人たちから私の本を取り上げ、マラを取り上げ、赤い衣服を取り上げた。

マルクス主義者の共産主義は、ただ貧困を平等に分配するだけだ。そして貧困を平等に分配することは、人間の進化の目標ではないし、あるはずもない。誰もが豊かであるべきだ——そして誰もが豊かであり得る、それは可能だ。革命など何も必要ない。必要なのはただ、誰もが豊かにならない限り自分も貧しいのだ、という深い理解だ。

自分が豊かであっても——貧しい人々に取り囲まれて豊かであることに何の意味があるだろう？　自分が健康であっても——病んだ人々、死体や死人に取り囲まれて、そんな生に何の意味があるだろう。そんなものを祝えるだろうか？　歌を歌えるだろうか？　何よりも先ず、恥ずかしくなるだろう。

必要なことは、今や富を生み出すことができ、人口爆発を止められる手段が手に入る、という理解だけだ。豊かな社会が存在し得る。私は豊かな社会に全面的に賛成する。だが私は、平等の名の下に、ただ貧困を分配するような社会を支持しない。

ロシア革命以来七十年が過ぎたが、ロシアは未だに貧乏国だ。あそこで何が変化したか？　変わったのは一つだけだ。金持ちの代わりに、権力を握った共産主義者集団がいるだけだ。階級は消えなかった。かつて存在したどんな富裕階級よりも、強力な新階級が出現した。そしてこの国は強制収容所になった。美名の下に醜い現実が起こった。この国は強制収容所だ。そして人々は貧しい。正義はおろか、表現や思考の自由もない。

私はこれを非難してきた。当然、共産党は私に反対する本を書いた。ロシアでは私に反対する記事が出版された。

アメリカで私は、階級闘争などという問題のない、五千人の人々が喜びをもって生きている素晴らしいコミューンを作った。そこには一人の乞食もいなかった。五年間、そこでは一人の子供も生まれなかった。彼らは猛烈に働き、瞑想し、そして夜になれば笛を吹き、ギターを弾いて踊っていた。それは現実になった夢だった。

そして私たちが購入した砂漠を、すべて変容した。それは狭い場所ではなかった。百二十六平方マイルにわたる広大な砂漠だ。私たちはダムを作り、土地を耕し、五千人の人々のための家を作った。自分たちの飛行機や自分たちのバス、自分たちの自動車があった——全部自前のものを持っていた。自分たちの病院、学校、大学があった。

そしてアメリカに何が起こったか？　なぜ彼らは、ただ砂漠のオアシスでしかなかった私たちのことを、あれほど心配するようになったのか？　一番近い町でも二十マイル離れていた。そして私たちは、他の誰のことも気にしていなかった。私たちは楽しんでいた。

彼らが心配し始めたのは、訪問者たちが見学に来始めたからだ。そして噂が広まり始めた。もしこの人たちが砂漠を——五十年間死んでいた土地、誰一人買おうとする者もいなかった砂漠を——変容できるのなら、もし彼らがそれをオアシスにし、物を生みだし、五千人の人々に野菜、果物、牛乳、卵、必要な物すべてを賄うことができる場所にできるのなら……。

しかも、プロレタリアート独裁の必要は全くなかった。それは真の共産主義だった。そして私に言わせるなら、真の共産主義とは、常に無政府主義と結びついたもののはずだ。そうでない限り本物ではない。共産主義と無政府主義が一緒なら、それは本物だ。共産主義は人がより豊かになるのを助け、無政府主義は人がより自由になるのを、より大きな自由を持つのを助ける。最終的にはどんな政府も必要ない。そして私たちには政府はなかった。誰もが自分で責任を持っていた。

アメリカの政治家たちが心配になったのは、危険なものになりかねない一つの例を私たちが創造しつつあったからだ。人々のマインドが、火をつけられかねなかった。この世界で最も富める国にさえ、三千万人の浮浪者たちがいる──家もなく着る服もなく、食べる物も仕事も持たない人たちが。しかもアメリカは、馬鹿げたプロジェクトに何十億ドルもの金を無駄にし続けている。

ちょうど今も、いくつかのロケットが爆発したところだ。このロケット一つが何十億ドルにもつく。そして彼らは、全エネルギーを核兵器に注いでいる。私には、彼らが誰を殺したいのか想像もできない。というのも、アメリカとロシアと合わせてすでに、全人類を七回殺せるだけの核兵器を持っているからだ。みんながイエス・キリストで七回も復活するものだから、これほどの手筈を整えなければならないのだ、というわけでもないだろう。真実は、イエス・キリストでさえ、決して復活などしなかった。自然はその法則を変えたりはしない。

彼らがあのコミューンを恐れるようになったのは、あれが、世界の偉大な無政府主義者たち、クロポトキン公爵や他の者たちみんなが考えていたこと──どんな政府も必要なくなる日が来る、ということだったからだ。階級がなかったのだから共産主義だったが、それは誰もが平等だったことを意味しない。そこがまた、私が共産主義に同意しない点だ。人々は成長するための等しい機会を与えられるべきだが、人々は等しくはない。それぞれに別の才能を持っている。天才もいれば音楽家もおり、科学者もいる。誰もが独自《ユニーク》な個性がある。

人々は平等ではない──これは今や心理学的に確立された真理だ。だから、人々の平等を唱えるスローガンには根拠がない──だが、人々は等しい機会を与えられるべきだ。何のための等しい機会か？──不平等であるための平等の機会、ユニークであるための、自分自身であるための、何であれ自分がなれる者になるための平等の機会だ。

私は「あなた方はどんな決断も下す前に、ここに来て見てみるべきだ」と、アメリカの政治家たちを招待していた。だが彼らにはやって来て、どれほど素晴らしいオアシスが出現したかを見るだけの勇気《ガッツ》もなかった。そしてもし、私たちが世界中のたくさんの場所に、このようなオアシスを作れたら、それは来るべき社会、来るべき人類のためのモデルになるだろう。

コミューンでは、一切お金は使われなかった。何百万ドルのお金を持っていても構わなかったが……それは何の役にも立たなかった。必要は満たされたが、コミューンの中では、交換手段としてのお金はもう使われていなかった。コミューンは外の世界でお金を使うことができたので、お金をコミューンに寄付することはできた。だが私は、いったんお金が使われなくなると、何百万ドルものお金を持っている人間と何も持っていない人間が突然等しくなることがわかってきた——財政的にも、経済的にも。何を持っているかは問題ではない。何であるかが問題なのだ。

コミューンを破壊する際のアメリカの振る舞いは、まったく違法だった。だが、彼らはあれを破壊しなければならなかった、私をアメリカから追い出さねばならなかった。なぜなら私は、他の場所にも同じコミューンを作りかねなかったからだ。そして私をアメリカから追い出しただけでは満足せず、彼らの影響下にあるあらゆる国家に、私を国内のどこにも定住させないように圧力をかけた。そして、私は誰にも危害を加えてはいない。だが政治家は凡庸な人々だ。彼らは、彼らの凡庸なマインドを超えるものをどうすることもできない。彼らにとって危険なものになる。

彼らには私に反対すべき材料が何もないのだが、私の考えは、彼らにとっては彼ら自身の核兵器よりも危険であるらしい。アメリカの一匹の狂犬がリビアみたいな小国を爆破するような、ロシアの核プロジェクトが、まるで人間のように狂暴化するような世界の中で……こういうあらゆる問題の中で、世界の議会が私のことを議論している。私を国内に入れるか入れざるべきかを議論しているとは……大笑いだね。

光明を得るとはどんなことですか？　それは神の啓示なのでしょうか？

それは神の啓示ではない、それは神性の認識だ。その違いは大きい。神の啓示とは、神のような、客観的な何かが示されるという意味だ。神は見えるが自分は神とは別であり、また神も自分とは別に切り離されている、という意味だ。

私は、私たちから切り離され、存在から切り離された神を信じない。私は創造者である神を信じない。私は創造性そのものである神を信じる。別の言葉で言うなら、私は人間としての神を信じない、質としての神性を信じるということだ。

だから私はそれを神の啓示ではなく、神性の認識だと言う。あなたは自分が神だと認識する。そして自分を神と認識することで、あらゆるものが神だ――神だけが存在しており、神以外の何者も存在しない――と認識する。石にも、木にも、鳥にも、人々にも――彼らがそれを知っていようといまいと――同じ原理、同じ質が、それぞれの存在の中心に隠れている。

光明を得るとは、自分自身の中心が見えて、自分の神性を認識できるほどに光に満たされることだ。

このことは、たくさんの違いを生む――離れた存在としての神の下では、人間は操り人形に過ぎない。人間は決して自由ではあり得ない。何時までも奴隷のままでいることになる。どうして創造主から自由になれる？　彼があなたを創造したのだ。また、なぜ神は、ある瞬間にあなたを創造したのか？――なぜ、それ以前ではなかったのか？

過去には際限のない長い時間がある――ところがキリスト教は、イエス・キリストの四千四年前に神が世界を創造したと言う。それは――もちろん――一月一日だったに違いない。だが、それまで神は何をしていたのか？　永遠の時間、ただ座って何もしないでいたのか？　それから突然、神はこの世界を創造する。それも大した思いつきでもない――めちゃくちゃだ。

私は旅に出ようとしていた。行き付けの仕立屋の所に行って彼にこう言った。

「七日間でローブを作って貰わなければならない。それも今度はごまかし無し、七日は本当の七日だ」

「かしこまりました。けれども、一つだけ覚えておいて下さい。神は六日間で世界を創造されました。そして世界はご覧の通りのありさまです。私はあなたのローブを七日間で作れますが、でもその時私に『何という物を作ったのか？』とはおっしゃらないで下さい。ひどいものになるでしょうから」と彼は言った。

彼の言う通りだった。

六日間で……そして六日後に神はくたびれて休息した。それ以来、神は休息している。不思議な疲れだ！　しかも、突然世界を創造する決心をしたのはどうも気まぐれらしい。だがそんな気まぐれな神を頼りにするわけにはいかない。明日になれば、神はもうたくさんだと思って世界を滅ぼしてしまうかもしれない。どうしようがある？　創造者である神の下では、人は自分を作ったり壊したりできる他の誰かの手の中にあるに過ぎない。そうなったら、自由とか個性は意味を持たない。

「神は死んだ、そして今や人間は自由だ」と言うとき、ニーチェは正しい。彼は二つのことを一つにしている。それが彼の洞察だ。神が死んだということ、そして今や人間は自由だということだ。神が生きていては、人間は自由ではあり得ない。

私は神が死んだとは言わない――なぜなら、神が生きていたことなど一度もないからだ。神とは、存在の外側の対象物ではない。神は創造者ではない。神こそが存在の最奥の実在だ。神は永遠だ。神は常に今ここだった。そして常に、今ここであるだろう。創造は六日間で終わったのではない。それはまだ継続している。それは進行中の過程だ。それは進化だ。

だが神は、存在の外ではなく、存在の中におかれなければならない。神が外側にいれば、世界は死んだものになり、神は独裁者になる。神が内側に、存在の中にいれば、生の全体が生き生きする。あらゆるものが躍動する——そして神はもはや危険ではなくなる。

だから私は、光明を得ることは神の啓示だとは言わない、そうではない。神の啓示を受けたと言ってきた者たちは、みんな単に夢を見ただけ、幻覚を起こしていたに過ぎない。それは幻以外の何ものでもなかった。

光明を得るとは認識だ。「私は単なる死すべき者ではない。私はただの物質ではない。私は神性なる者だ。私のハートの中のハートには神が生きている。そして私の中で起こっていることは、他のみんなの中に起こっていることだ」とわかることだ。私たちが光明を得ていると呼ぶ人たちと、他の人たちとの唯一の違いは、光明を得ている者は知っているということだ。その人は自分の内なる実存を認識しているが、他の者たちはぐっすり眠りこけているということだ。だが質的な違いはない。眠っている者も、明日には目覚めるかもしれない。

そしてこの永遠の中で、今日目覚めようが、明日目覚めようが、そんなことが問題になるだろうか？そんなことは問題にならない。朝早くにも目覚められるし、朝遅くにも目覚められる——永遠が手に入るのだ。何時目覚めるかを選ぶ自由があなたにはある。もう少し眠っていたければ、それを選ぶ自由がある。そのときは寝返りを打ち、毛布を引っ張り上げて、もう少し眠りを楽しめばいい……それを楽しんでいるのは神なのだから。心配することはない。神がもう少し眠りたがっているならば、なぜ神の邪魔をすることがある？　それに遅かれ早かれ、あなたは目が醒める。どれほど眠り続けられると言うのか？

光明を得るとは、深い眠りから目覚めること、無意識の状態から意識に到ることだ。何も、自分の外の神など要らない。

自分の外側の神は極めて危険だ。その意味するところは醜い。外側にある神とは、神を礼拝すること、褒め称えること、神に祈ること、モスクに行くこと、教会に行くこと、シナゴークに行くことを意味するからだ。外側の神は決して、自分の内側に入ることを許さない。あなたの目の焦点は外側に合わせられる――ところが外側には神はいない。あなたは空っぽの空を覗き込んでいる。

生の本当のジュースは自分の中にある。

まさにこの瞬間にも、あなたは自分の内面を振り向くこと、自分自身を覗き込むことができる。礼拝など要らない。祈りは必要ない。必要なのはただ、自分自身の実存への静かな旅だ。私はそれを瞑想と呼ぶ――自分自身の実存への静かな巡礼の旅だ。そして自分の中心を見つけた瞬間、あなたは全存在の中心を見つけたのだ。

最大の科学者の一人、アルキメデスはよく「もし私が世界の中心を見つけられたら、私は全世界を変革してみせる」と言っていたものだ。だがこの可哀そうな男は、それを見つけられなかった。彼は間違った方向を探していた。もし偶然、どこかの人生で彼に会うことがあったら、私は彼に「アルキメデス、まだ自分の外側に中心を探しているのかい？　中心は君の中にある。そして確かに、もし君が自分の中の中心を見つけられたら、君は全世界の中心を見つけたのだ。君はそれを変革できる」と言うだろう。

だからこそ、世界中の政府がこぞってたった一人の武器も持たず、権力も持たない人間に反対しているのだ。不思議なことだ！　時々、こういう人たちはみんな、気でも違ったのではないかと思うことがある。

ヨーロッパの議会は、私の飛行機にヨーロッパ中の空港への着陸を許可すべきかどうか、決定を下さなければならないという。私の飛行機が着陸することにさえだ……入国はおろか、ただ給油のために着陸するだけのことを、彼らは恐れている。

ロンドンで私の機の機長が、自分の飛行時間が終わったことを私に告げた。彼はそれ以上飛べないと言う。法律によって十二時間の休息を義務づけられていた。そこで彼は「空港に一晩泊まってもらわなければなりません」と言った。

「それは構わない、何も問題はない」と私は言った。だが私は、まさか自分が核ミサイルであるとは思ってもいなかった！　彼らは私が一等ラウンジに泊まることを、どうしても許そうとしなかった。私の友人たちは、おそらく彼らが問題を起こすだろうと考えていた。「あれはあなたのジェット機だ。あなたを一等ラウンジに入れねばならない理由はない」と言って。そこで友人たちは、機内にいる私の友人全員のために一等旅券を購入した。

そして実際、それは起こった。まず彼らは、「あなた方を中に入れるわけにはいきません。あなた方は旅客機に乗っているわけではありませんから。あなた方の一等旅券はどこにありますか？」と言った。私たちは一等旅券を提示し「明日の朝には、我々は旅客機で飛ぶつもりです」と言った。その男は姿を消した。何分かして戻って来ると彼は、「あなた方は一等ラウンジには入れません」と言った。

姿を消している間、彼はテーブルの上にファイルを置いて行った。私の友人の一人がそのファイルの中を見てみた。政府からの指示が全部そこに書かれてあった。私がその空港に到着しない内から、私を一等ラウンジに入れるべきではない、私が危険人物である、という決定が政府で下されていたのだ。だが真夜中、市内にすら入れない一等ラウンジの中で、危険人物に何ができるというのか？

そこで私は彼に、「では、他にどうしたらいいのかね？」と訊いた。

彼は、「一つだけ方法があります。一晩刑務所で泊まってもらうことはできます」と言った。そこで私は、一晩刑務所にいなければならなかった！　おそらくこれは前例のないことだった――そうに違いない。何も犯罪を犯していない人間が、ジェット機を待たせ手に切符を持ちながら、一晩刑務所で待たなければならなかった。

そしてその時議会で、なぜ私がラウンジに入ることが許されなかったのかと質問があった。解答はただ「あれは危険人物だ」というだけだった。そして誰も「その人間は、どんな危険なことができたのか？　彼はテロリストなのか？　爆弾でも携行しているのか？　どんな危険が考えられるのか？」と、訊こうとさえしなかった。

私はギリシャで逮捕された。私はその家から外に出ていなかった。十五日間、私はその家の中にしかいなかった。ところが大司教は、もし私を国から追い出さなければ、彼は私の家に火をつけるつもりだと言って、政府で大運動を展開し始めた。彼はダイナマイトを仕掛けるつもりだと言う。「あの男は危険人物だ——彼は我々の道徳を破壊し、我々の宗教を破壊し、我々の伝統を破壊し、我々の教会を破壊しかねない。彼がここにいるのを許すわけにはいかない」からだ、というのだ。

そしてこの二十世紀において、政府は単なる旅行者に過ぎず、あとわずか二週間だけ滞在するつもりの人間を……。私は二週間、その家から離れたことはなかったし、それからの二週間もその家を離れるつもりはなかった。私はその友人の家で休んでいただけだ。彼らは私を危険人物だと決めつけた。

そして、誰も道徳が十五日間で破壊できるとは考えもしないが、もしそうなら——あなた方が三千年かけて築いてきた道徳だが——それはまた何という道徳だろう？　そんなものは持つに値しない。それはまた何という教会か？　二千年かけて築いてきているものを、一旅行者が二週間で壊すことができるとは。異常だ！　それも、ただ家の中に座っているだけなのに！

だが、どうやら政府間に共謀があるらしい。彼らは各政府に、私がどこにいようとも、私の滞在は許されるべきではない、というメッセージを送っている。だが私は政治的な人間ではなく、全く政治に無関係だ。私は政治には興味がない。そういうものは凡人たちに任せておく。私の関心は人間意識の進化にある。だがおそらくそれが、彼らにとっては危険なのだろう。多分、それこそが彼らが話している危険なのだ。

もし人々がより注意深くなり、より意識するようになれば、彼らは政治家たちを支持しなくなるだろうという危険だ。
ロナルド・レーガンがアメリカ大統領でいられるためには、人々は知恵遅れで、愚かで白痴のままでいなければならない。さもなくて、誰が三流のカウボーイ役者をアメリカ大統領などに選ぼうとするかね？ 知性のある人間は一人も見つからないのかね？

あなたが頻繁に「オーガズム」という言葉を使われることが「セックス・グル」のイメージを広め続けはしないでしょうか？

私を理解できる人たちは、私こそ存在の中で最もアンチセックスの人間だということが、明瞭にわかるはずだ。というのも私の仕事はすべて、性エネルギーを霊的な意識に変容することだからだ。ローマ法王こそセックス・グルであり得る。インドのシャンカラチャリヤならセックス・グルであり得る。なぜなら彼らは性を抑圧し、性を抑圧すべきものと、教えている人間だからだ。
何であれ、抑圧されたものはその人の中に残り、倒錯的な姿をとる。同性愛になるかもしれず、獣姦になるかもしれない。どんな倒錯した姿をとるかもしれない。抑圧すればするほど、何とか出口を見つける必要がでてくる。同性愛は僧院で生まれた――これは宗教的現象だ――宗教が修道僧と尼僧を隔離し、しかも男性と女性は互いに触れてもならず、互いに話してもならず、互いの姿を見ることさえいけないと、頑固に主張したからだ。その人たちの性エネルギーはどこへ行くだろう？ 誰も、性エネルギーのことなど気にかけなかった。彼らはただ「禁欲の誓いを立てなさい」と言われただけだ。だが、誓いは役に立たない。生理には誓いの言葉など聞こえないからだ。

修道院では、修道僧は男性同性愛者になり、尼僧たちは女性同性愛者になった。そして実に不思議な現象だ……この人たちこそが、世界中のあらゆる性の倒錯を生み出した。というのは、離婚を許さない永久的な結婚を主張することが、売春婦を生み出したからだ。そしてセックスがあまりにも抑圧されたために、彼らのマインドは、セックスでいっぱいになってしまった。

セックスは生殖器の中にあるのではなく、あなた方の頭の中にあるのだと覚えておきなさい。あなた方の頭の中には、生殖を司る中枢がある。だから、もし性が抑圧されたら、それは生殖器の問題ではない。

禁欲を完全なものにするために、自分の生殖器を切断までしたキリスト教の宗派があった。だが、そうしたからといって、その人たちが性から自由になれるわけではない。なぜなら真の中枢は頭の中にあり、性はそこからの延長に過ぎないからだ。

だからこそ、セックスについてただ空想するだけで、性器が直ちに影響を受けることがあり得る。性器はあなた方のマインドの延長だ。そしてひとたびマインドがセックスでいっぱいになると、あなた方の宗教が創出し、かつその責めを負うべきある新しい現象が出現した――ポルノグラフィーだ。


人には、この関係がそうはっきりとはわからない。『プレイボーイ』や『ペントハウス』、その他のポルノ雑誌や醜悪と猥褻《わいせつ》を食いものにする扇情的で低俗な新聞との関係は、きわめて間接的なものだからだ。だが真の理由はあのローマ法王、あのシャンカラチャリヤ、アヤトーラ・ホメイニにある……この人たちこそが、このようなポルノ雑誌に旨い汁を吸わせている人たちだ。もし私の言葉が聴かれ、人々がセックスを自然なこととして受け入れ、瞑想と結び付けるなら、あらゆるポルノ雑誌は自動的に消えるだろう。

不思議なことに、こういう宗教的指導者たちはポルノを非難しているが、彼らこそ、その創始者だ。それがマインドの無意識というものだ。おそらく、彼らはそれを認識してもいないだろう。彼らは同性愛を非難するが、人々に禁欲を押し付けることで、自分たちがそれを生み出したのだという単純な事実を理解していない。さて、禁欲とは不自然なものだ。禁欲するには方法は一つしかなく、それは脳を手術することだ。脳の中の性中枢が取り除かれない限り、人は禁欲できない。

有名な心理学者の一人デルガドは、二十日ネズミの性中枢の研究をしていた。彼はネズミの頭を開き、性中枢に電極を取り付けた。彼はそのネズミの前に遠隔制御装置をおき、ネズミにその装置に触れることを教えた。ネズミがそれに触れると、ネズミは全身を喜びに打ち震わしながら、途方もないオーガズムに入ったが、それは生殖器には何の関係もなかった。性中枢は頭の中にあるからだ。食べ物も、飲物も――ネズミのあらゆる好物が――そこにあったが、ネズミは食べることや飲むことなど眼中になかった。彼はその遠隔装置を死ぬまで押し続けた。彼は六百回オーガズムに入り、それから死んだ。度を越したのだ。

誰にでも禁欲させられる唯一の方法は、頭から性中枢を取り除くことだ――これらの宗教はそれができないでいる。だが、いったん頭から性中枢を取り除くと、その人間には不思議なことが起こる。

例えば、これまで不能の人間が光明を得た例を、私たちは一人も知らない。一人として不能の人間が、これまで預言者や救世主であったことはない。いかなる分野においても、かつて不能の人間が天才であったためしはない――科学でも、音楽でも、美術でも、ダンスでも。人間の全歴史を通じて、ただの一人も、不能者が何かを貢献できた例はなかった。どうやら、創造性とはすべてあなた方の性エネルギーから成り立っているものらしい。だから、もし人が性エネルギーを持たなければ、多分その人間は完璧に愚鈍な、輝きを欠いた存在になるのだろう。彼の目は輝きを失うのだろう。その人間は何事にも興味を失う。彼は長くは生きないだろう。そしてその必要もない……なぜなら、セックスこそが人のより高い成長のための梯子として、使うべきものだからだ。

私はセックス・グルではない。

もし何かであるなら、私はアンチセックス・グルだ。
セックス・グルならバチカンの中で見つけられる。彼の倒錯は、女性には触れずに大地に触れるというものだ。それは倒錯だ。女性にキスせずに、大地に口づけするとは。これは倒錯だ。いつかちょっと通りに出て大地に口づけしてごらん。そうすれば「こいつは変態だ。いったい何をやってるんだ？　地面にキスするなんて」と誰にでもわかるはずだ。それも特に、法王がインドに来たときは……。そこでは、大地にキスするのは牛の糞にキスすることだ——地面はどこも牛の糞だらけだ。これは性的倒錯以外の何ものでもない。

前ローマ法王は、折り紙付きの同性愛者だった。法王になる前、彼はミラノの枢機卿だった。だからミラノ中が笑っていた。それは町中の話題だった。というのは、彼はいつもボーイフレンドとぶらついていたからだ。すると彼は法王に選ばれた——これこそ究極のジョークだ。そして彼は、自分のボーイフレンドを秘書に任命した。

「オーガズム」という言葉は美しい言葉だ。それは二人の人間のエネルギーが溶け合う、歓喜に満ちた全体の中で出合うという意味だ。男性と女性は半分だ。全体の半分だ。だから全体が一緒になるときには、途方もない喜びがある。だが宗教のために、無数の人たちが一度もオーガズムを経験していない。

インドでは、女性の少なくとも九十八パーセントが、一度もオーガズムを知らないことを私は知っている。インドの言葉にはオーガズムを表す単語がない。その理由は単純で、インドの女性は男性がセックスをしているとき、ただ静かに横になっているように教えられてきたからだ。動いて喜ぶのは売春婦だけだ。淑女はそんなことはしない。だから淑女は死体のようにただ横になり、紳士は淑女の援助も受けずに、一人でことを済ませる。両方のエネルギーの出会いが、最高の高みに達することは決してない。だから彼らは、オーガズムとは何かを知らないのだ。

射精はオーガズムではない。あなたの全身が、原子の一つ一つが、あなたの中で踊り上がるほどのダンスの中に入っていくべきだ――女性もそのようであるべきだ。

だが宗教は、喜ぶのは女性の身だしなみに反すると言ってそれを禁じた。そこで女性は、目を閉じていることになった。目を開けることすら、エチケットに反するというのだ。が、男性はそれを一人で楽しむことはできないから……それでは自分のしていることが、ただのマスターベーションになってしまう。オーガズミックな状態を生み出せるようなものではなくなる。そして彼は女性を破壊している。女性は一生、肉体の中に途方もない喜びの源泉を持っていることに、気付かないことになる。

男性は喜びを見つけるために、どこかの売春婦を探すことになる。妻を淑女にしておくためには、売春婦が必要だ。男性は二人の女性を滅ぼしている。女性を売春婦にすることは、男性が為し得るもっとも醜い行為だ――女性に彼女の体を売ることを強いるのは。だが淑女を優雅に保っておかなければならない以上、売春婦が必要だ。売春婦となら、もう少し活気のある性的な動きを、体操をやれるかもしれない。だがそこでも、人はオーガズムを持てない。なぜなら愛がないからだ。お金で愛を買うことはできない。

受け入れられ、喜びに溢れて楽しんだ全面的な愛とセックスにしか、オーガズムをもたらすことはできない。この言葉が非常に素晴らしいのは、それがオーガズミックな瞑想の状態に最も近づくからだ。瞑想状態は、性的な意味でオーガズミックなわけではないが、オーガズムのあらゆる質を備えている。菩提樹の下に座っている仏陀は、全存在とのオーガズミックな状態にある。彼の全存在は風と一緒に、雨と一緒に踊っている。

性のオーガズムは、もっともっと広い空に向けて開かれた、小さな窓に過ぎない。人はその窓の背後に留まっているべきではない。人はその窓を開いてくれた自分の性エネルギーに感謝すべきだが――その外に出て行くべきだ。もっとずっと大きな経験があなたを待っているのだから。

だから私を「セックス・グル」と呼ぶ者は、ただただ愚かしい。その人たちには単純なことがわかっていない。

もう一度繰り返そう。全世界で私こそが、最もアンチセックスの人間だ。もし私の言葉に耳が傾けられていたらポルノグラフィーはなくなるだろうし、男性同性愛者はいなくなり、女性同性愛者はいなくなるだろう――どんな類の倒錯もなくなるだろう。ところがあなた方は私を「セックス・グル」と呼ぶのだ！

あなたの哲学と、キリスト教の哲学の違いは何なのでしょうか？

これは不思議な質問だ――不思議なと言うのは、キリスト教には哲学などないからだ。あるのは神学だ。そして哲学と神学には大変な違いがある。

神学は信条に、信仰に始まる。そして哲学は疑いに、論理に、理性に始まる。哲学とは思考することだ。神学とは、思考することなく信じることだ。思考したら、人はキリスト教徒ではありえない。どんな宗教の信者にも決してなれない。宗教は考えることを許さない。だから、いかなる宗教にも哲学はない。あらゆる宗教にあるのは神学だ。

まず第一に、キリスト教には哲学などないということだ。それは「信ぜよ」と言う――救世主を信ぜよ、イエス・キリストを信ぜよ、彼が神の独り子であることを信ぜよ、神を信ぜよ、三位一体を信ぜよ、と。常にそれは「信ぜよ」だ。信じることは、人を偽善者にする。心の奥深くでは、信条が真理になることなどありえないことを人は知っているからだ。内面深くでは、それが信念に過ぎないことを知っている。自分でそれを体験したわけではない。それには根拠がない、それは無根拠だ。たった一つの疑いでも起これば、大伽藍はすべて、地面の上に砕け散ることになる。

さて、キリスト教徒はイエスが処女の母親から生まれたと信じている。そんなことを、考えられるかね？　考えるなら、疑いが必要だ。それは信じることしかできない。そして信じる中で……、それが不自然であり、起こり得ないことだと完全に知っている。

キリスト教は、イエスは死んで後に復活したと言う。何の証明も、何の証拠もないのだから、人はそれを信じなければならない。イエス・キリストが生きていた同時代の文献には、イエスの名前さえ言及されていない。磔にされ、復活した人間というような大事件が、知られずにいたと思うかね？　死者を蘇らせた人間が、どこにも報告されていないということがあるだろうか……？　水の上を歩いた人間が……？

この人が、磔にされたであろうとあなた方は思うかね？　そんな人間がいたら、ユダヤ人自身が歓呼して救世主として迎え入れたはずだ。というのも、それ以上の何を求められるだろう？——他の預言者の誰ひとり、そんなことをしてはいない。だが、イエス・キリストのような人物がいたという言及さえない。そして彼には大した取り巻きはいなかった。彼の信者と言えるのは無教育の、教養のない貧しい人々——両手の指で数えられるほどの人々——でしかなかった。たったひとりの学者《ラビ》もいなかった。ユダヤは大変な学識のラビたちで溢れていたというのに。

思考したら、こういうことを信じることはできない。神について考えたら、信じることはできない。だから、キリスト教に哲学はない。いかなる宗教も哲学的であることなどできない。ただ神学的であることができるだけだ。

私が、不思議な質問だと言ったのは、私にも哲学などないからだ。しかし別の理由によってだが。また、私にはいかなる神学もない。

私は、信じるということを信じていない。

私は疑うということを信じていない。

私が信じているのは探求すること、捜し求めることだ。

私には生き方はあるが哲学はない。だから私には「これが私の教理問答書をなす事柄だ」とは言えない。そして、私の生き方はすべて単純だ。それにはたいそうな哲学など要らない。単純なことだ。静かになることを学び、自分の思考を見ていることを学ぶことだ——なぜなら、自分の思考を見ているようになればなるほど、思考は消え始めるからだ。すると、無心の状態がやってくる——全面的に覚めて、全面的に気付いて、完全に意識しているのだが、意識している対象は何もない、気付くことのその対象は、何もないというような時が。ただ気付いていて、ただ意識しているだけだ。

これこそ、生における最も価値ある瞬間だ。なぜなら生においては、そして存在においては、あらゆるエネルギーは輪を描いて動くからだ。意識が、意識すべき対象を見いだせなければ——そしてこの「対象《オブジェクト》」という言葉の意味を覚えておきなさい。それは妨害物、反対するもの、妨げるものを意味する。だから、意識がどこにも、何の妨害物も持たずにただどこまでも進むなら、そのときそれは自分自身に戻ってくる。存在の中で、ものごとは輪になって動くからだ。円は、あらゆるエネルギーが動くやり方だ。そして意識がそれ自身を意識するようになるとき、それが私の呼ぶ光明だ。それは単純なことだ。

哲学とはたいそうな言葉だ。私は大げさな言葉は好まない。そういうものは常に偽物だ。私の生へのアプローチは、ごく単純で直接的だ。私はどんな哲学も持たない。私はどんな神学も持たない。私にあるのは方法論だけだ。そして私の方法論の名前は瞑想だ。

だから、誰も改宗する必要はない。私には宗教はないからだ。私には宗教はないからだ。イスラム教徒も私のところに来ることができる。ヒンドゥ教徒も私のところに来ることができる。ユダヤ教徒も私のところに来ていいし、キリスト教徒も私のところに来てかまわない——彼らは実際、私のところにやって来ている——それは私が、いかなる改宗も求めないからだ。

私は彼らが、彼ら自身の生の源泉を知ることができるように、単純な方法を教える――それを知ることが、神性を知ることだ。

あなたが迫害されているのは、あなたの考え《アイディア》のせいでしょうか、それともあなたの行動のせいでしょうか？

私の考え《アイディア》が私の行動だ。それ以外、私は怠け者だ。私は私の人々に、自分は怠け者のための光明への案内人だと言ってきている。行動！　まさにその言葉だけで私を不機嫌にさせる。だが、考えで充分だ。考えはどんな行動よりも強力だ。私にはアイディアしかない。そして私は、そのアイディアゆえに迫害されている。

私は、いいことも悪いことも、非難されたり賞賛されたりする可能性のあることは、何もしたことがない。私が生涯でやってきたことはすべて、その時々の関心あることについての真実を見つけ出すこと、そしてそれを、自分の体験という権威の下に力強く、断固として語ることだ。

そして私はどんな行動も必要だとは思わない。それらの思考はひとつのマインドから別のマインドへとひとりでに動き、政治家たちが恐れるような危険なものを生み出す。その危険は非常に差し迫ったものだ。なぜなら彼らには、私に反論するためのどんな考え《アイディア》もないからだ――政治家にも宗教的指導者にも、それはない。それが彼らの弱みだ。彼らの国に私が行くのを妨げたところで、役には立たない。私の考えはそれでもそこに到達するだろう。それらの考えがソ連邦に到達し得るのなら、何の苦もなく他のどこにでも到達できるはずだ。彼らは私を妨害できるが、私の考えを妨げることはできない。

アメリカで、相手側が私から証言を取ろうとしたことがあり、判事は電話による証言を許可した。そして今では私は、連邦裁判所によって五年間アメリカへの入国を拒否されている。私はあの地の私の弁護士に、「私がアメリカへの入国を拒否されているのは、全面的になのか部分的になのかを判事に問い合わせなさい——というのも、私の声が入って行くことになるからだ。そして実際は、私の発言こそが問題だ。私には他に何もない。だから私を妨害することに何の意味がある？　電話で私がアメリカの弁護士に話すことができるのなら、私を妨害することに何の意味がある？　私は話すこと以外に何一つしていないのだから」と言った。

弁護士は、「それは非常に重要なポイントです」と言った。

何故と言って、他に私が何をするというのだ？　五年間アメリカにいて、私が他に何をしたというのか？　私は話をして、自分の部屋に戻るだけだ。

いや、私はどんな行動もしない。それに私は行動を信じていない。何故なら、あらゆる行動は何らかの形で暴力になるからだ。それに彼らが私の考えすらそれほど恐れているのなら……その上何らかの行動があったら、私がこれ以上生きているのを許さないはずだ。

彼らは今、私を殺すことはできない。何の理由もないからだ。彼らは試みることはできる——そしてそれが彼らのしていることだ——私の考えが人々に到達するのを邪魔することだ。だがそれは不可能だ。私には世界中に私の人々がいる。そして考え《アイディア》はさまざまな方法で送られ得る。例えば、これはアイディアを送るひとつの方法だ——あなた方の新聞は私の考えを、私のことなど聞いたこともないかもしれない何千という人々に送り届けるだろう。そしておそらく、その内の何人かは惹きつけられるだろう。

私が死ぬとき、私という個性は残るのでしょうか？

そうだ、あなたという個性は残るが、あなたの人格は消える――そしてその二つの違いを理解することだ。人格とは社会が、宗教が、教育が、その人の職業が付与するものだ。あなたには特定の人格がある。それは、社会の産物であるがゆえに、消えることになる。だがあなたは、あなたという個性を持って生まれてきた。死に際して、あなたはその個性を持って往く。あなたが途中で得た他のものはすべて戻される。それはあなたに属するものではない。学位も、賞も、褒美も、ノーベル賞も、地位も、評判も――何もかも捨て去られる。それを私は、あなたの人格と呼ぶ。

だが、あなたという個性がある――あなたが生まれてきたときそのままの純真な……全く汚れていない白紙の状態が。何もあなたの上に書かれていない、名前のない、無名のものが。あなたはその無名の、無垢な個性をもって死を超えていく。それが、決して死ぬことのないあなたの魂だ。それは永遠だ。それは常にここにあったし、また常にここにあるだろう。それは別の形態を取ることだろう。つまり別の人格だ――いつか、死が人格を捨てる前に、あなたが人格に飽き飽きして、自分から人格を捨てる日がくるまで。

それが私の言う放下、サニヤスと呼ぶものだ。死が為すことをあなたが自ら為すことだ。死の前に、あなたは自分のあらゆる人格を、あらゆる学位を、あらゆる社会的地位を、名前を、名声を、何もかも捨て、そして無垢な子どもに生まれ変わる。ここで個性の味わいを知ることができるというのに、なぜ死を待つことがある？

そしてこれは、死を打ち負かす方法のひとつだ。なぜなら、そうなれば死はあなたから何ひとつ奪わないからだ。あなたは意識的に死ぬ。死があなたを無意識にしなければならない理由は、あなたからものを取るためだ。そうしないと、あなたがそれらのものに執着して離れようとしないからだ。

サニヤスとは自殺だ——人格の自殺——そして再誕生、個性の再誕生だ。その個性の無垢と新鮮さと美しさは、まさに言葉を超えている。

それはまさに、日に日に大きくなり続ける歓喜だ。それは限界を知らない。

第二十二章

見張りは、面白がってはいない

The Watcher is not Amused

禅の人はどのようにお茶を飲むのですか？

禅の人にとっては、あらゆることが神聖だ――一杯のお茶を飲むことさえも。彼が何をしようと、まるで聖なるスペースにいるかのように行なう。

モーゼについての話がある。シナイ山に登り、神に会って十戒を授かったとき、彼は奇跡が起こっているのを見た。緑の草むら、青々と茂った緑、そしてその中の美しい炎、火を見たのだ。モーゼが近づくと、草むらから大声で言う者がある。「靴を脱ぐがいい。ここは聖なる地だ」。ユダヤ人の解釈では、その炎は神そのものだった。草むらが燃えていないのはそのためで、神の火は涼しいからだ。つまりモーゼが知らずに足を踏み入れたのは寺院、またはシナゴークのような、神がいる所だったのだ。彼は靴を脱ぎ、中に入った。

私はここに歴史的な事実があるとは思わないが、ひとつ意味の深いことがある。神がどこにいようとも、その場所は神聖になるということだ。

禅は、それとちょうど反対側から物事に近づく。すなわち、どこであれ神聖さがあるところには神がいる。どこであれ聖なるものがあるところには神がいる。その逆ではない――神の存在が、その場所を聖なるものにするのではなく、どんな場所でも神聖にすれば、神の臨在が、神性がそこでがただちに感じられる。だから、彼らはあらゆるものに神聖さをもたらそうとしてきた。他のどの宗教もこれほど遠くまでは、これほどの高み、これほどの深みにまでは達しなかった。他のどの宗教も、こんなことは考えもしなかった。

禅には神はいない。禅には、あなたとあなたの意識しか存在しない。あなたの意識こそが、今に到るまで存在の中での最高の開花だ。それはまだ高く行くことができる。そしてそれをより高める方法は、自分の全生活が神聖なるものになるように、あなたの人生を創造することだ。

一杯の茶とは最もありふれたものだが、彼らはどの禅寺にも、美しい樹々や池のそばに、お茶を飲むための特別の茶室を……小さな寺院を作る。その寺院に入るとき、人は靴を脱ぐ。そして禅が信じるのは、「靴を脱ぐところに、自分も置いてきなさい」だ。だからその寺院には、人は完全に純粋に、無垢になって入る。

茶室の中、茶院の中では誰も口をきかない。沈黙が深まるだけだ。誰もが禅の瞑想の姿勢で座る。茶のために茶釜に湯が準備され、その釜の音には、導師の言葉を聞くのと同じように、注意深く耳を傾けなければならない。問題は何に耳を傾けているかではなく、どのように耳を傾けているかだ。

禅は何もかもことごとく変えて、はるかに意味のある態度をとる。すなわち、肝心なのは耳を傾けている対象ではなく、どう耳を傾けているかなのだ。だから導師が話をしているのか、あるいは釜が鳴っているのかは問題ではない。茶が用意されている間、みんなは静かにそこに座っている。

釜の音を聴いていると……ゆっくりと香りが、茶の葉の香りがその寺院を満たす。それが神の慈悲でもあるかのように、それに対して自分を開かなければならない。それはあらゆる小さなことを――最もささいな取るに足りないことを――非常に意味の深いものにする……それに宗教的な色彩を与える。すると茶を点てている女性がこちらに来る。彼女が茶碗に茶を注ぐ優雅さ、沈黙、そして釜の音、新しい茶の香り、それらが自ずから魔法を生み出す。

誰ひとり口をきく者はいない。みんなは茶をすすり始める。できる限り全身でその味を味わい、あたかも全世界が消えてしまったかのように、可能な限りその瞬間の中にいる。そこにあるのは茶だけだ。あなたがそこにいて――沈黙がある。

さあ、ごくごくありふれたことだ……世界中で人々は茶を、コーヒーを、いろいろなものを飲んでいるが、この日常事を聖なるものになし得た者はいなかった。

茶が終わると、彼らはその女性に敬意を込めてお辞儀をする。音もたてずに、彼らはゆっくりとその寺院を出る。実際には、人々がそうした静けさを持って寺院に入ることは、どこの世界にもない。寺院の中では、あらゆるおしゃべりと噂話が飛び交い続けている。女たちは互いの宝石や着物を品定めする。実際のところ、彼女たちは自分の宝石と衣装を見せるためにそこに行く。彼女たちには、他に自分の持ち物を見せに行く場所がない。寺院や教会はすべて、あらゆる世俗的な噂話のためのゴシップクラブなのだ。彼らはその意味のすべてをぶち壊しにする。


そして禅は、ごく当たり前のことを、途方もない体験に変える。禅の人とお茶を飲めば、それを忘れることは決してない。導師がそこにいれば、あなたは幸運だ。仕草のひとつひとつが深い意味を持っている。それは、茶を飲むことではなく、茶会《ティーセレモニー》と呼ばれる。そこは喫茶店や茶屋ではなく、寺院だ。つまり、ここで起こるのは儀式だ。これは象徴に過ぎない。四六時中、生活の全場面で、自分がどこにいようとも、自分が聖なる地にいるということ、そして何をしていようとも、それが聖なるものであることを、覚えていなければならない。

だが、ただ覚えているだけではあまり役に立たない。それは瞑想によって支えられるものだ。そうでなければ、それはいつまでもマインドの問題に留まり、深くは進まない。それに深みを与えるために、瞑想が常にそこにある。だから禅寺では一日中が、朝起きてから夜寝るまでが、長い祈りだ。彼らは礼拝はしない――祈るべき神はそこにはいない。だが彼らは祈りに満ち、感謝に満ちている。そして背景にある瞑想のゆえに、あらゆるささいなことが、想像もできないような新しい意味を持ち始める。

一杯の茶が霊的な意味を持ち得るなどと、考えた者があるだろうか？　だが、禅ではそれがある。ほんの表面を見るだけなら、それは単なる形式のように見えるかもしれない。外側から見ているだけなら形式的な行為のように見えるかもしれない。単なる儀礼ではないと理解するには、内側に入らなければならない。彼らは本当にそれを生きている、それを楽しんでいる。なぜなら、その背後に瞑想の世界が、沈黙があるからだ。

寺院の中に静けさがあるだけではない。彼らの中によりすばらしい沈黙がある。外側の神聖さだけではなく、彼ら自身の中により大きな神聖さがある。一日中彼らは全面的だ――何をしていても、僧院の境内を掃除していても、庭で仕事をしていても、薪を割っていても、井戸から水を運んでいても、料理をしていても。何をしていても、彼らがあまりに全身全霊でそれをしているために、内側に入ってみない者には、その表面の行為しか見えない。その行為がどこから起こっているのかはわからない――彼らの内側の海の深みは。

こんなことがあった。

日本のある天皇が、有名な禅の導師であり、最も変わった導師のひとりである南院に会いに行った。天皇は彼についてはいろいろ聞いていた。これまで何度も南院を天皇の客として皇居に招いたが、いつも、「井戸に行くのは常に渇いた者で、井戸が渇いた者の所に行くことはない」という伝言を受け取っていた。

とうとう、天皇は自分で出かけることに決めた。彼が禅寺の門を入ると……それは深い木立に囲まれた山の中で、ひとりの男が薪を割っていた。それが最初に出会った男だった。

天皇は彼に尋ねた。「師はどこにおられる？　師にお目にかかれるかな？」

その男は手を止め、こう言った。「はい、お会いになれます。そこを真っ直ぐ進めば、師のお住まいに着きます」。そして彼はまた薪を割り始めた。

そして天皇が歩き始めると、彼は大声で言った。「お住まいを邪魔してはいけません。腰を下ろしてお待ちなさい。師は出て来たくなったらいつでも出てきます。それが師のやり方です」

天皇は考えた。「変わった奴だ。ただの樵にすぎない者が、宮中でなら首をはねられるような言葉遣いで天皇に話しかける。だが、ここは黙って行く方がよかろう」

そこで彼は進み、師が来ると思われる小屋の前に腰を下ろした。二、三分ほどして導師が姿を現した。天皇は不思議に思った。何しろ導師の衣を身に纏ってはいるが、その顔はさっきの樵そっくりだったからだ。

天皇の訝る顔を見て、師は言った。「心配することはない、私たちはさっき会った。私は薪を割っていた。あなたにこの場所までの道を教えたのは私だ」

天皇は言った。「しかしなぜ、あの場ですぐに名乗らなかったのですか?」

彼は答えた。「あの時の私はそうではなかった。私は樵、薪割り人にすぎなかった——全身で薪を割っていて、導師の入る余地などまったくなかった。だから私は待つように言ったのだ。自分が薪を割り終わって、水を浴び、衣を着て、今度は全身全霊で導師であることを思い出せるようにと、思ってのことだ。さあ、私は準備ができた。何のためにここに来られたのか?」

天皇は言った。「自分が何のために来たのか、すっかり忘れていました! 師が自ら薪を割るなど、思いもよらなかったものですから——弟子はいないのですか? 確かあなたには五百人の弟子がいると聞いていたが」

導師は言った。「確かにおります。彼らは森の中深くの禅寺にいます。しかし木を切る方があまり楽しくて、導師をやるより木を切っていた方がいい。何とも言えず神聖な、至福に満ちた感じです。涼しい風、熱い太陽、全身が汗をかき、斧のひと打ちひと打ちが、森の静けさをより深くする。今度来られるときには、私と一緒になさるがいい! 私たちは必要なことはどんなことでもします。だがひとつだけ、あらゆる行為を貫く金色の糸のように、共通していることがある。それは瞑想です。そして瞑想は、あらゆることを神性にする。そうなったら行為は重要ではありません。重要なのは、その行為の瞬間にある意識です」

これは、普通のマインドのイデオロギーをすべて変えている。普通のマインドは行為を評価して、その行為が生まれている意識を決して問題にしない。

瞑想から生まれる行為は聖なるものになり、同じ行為でも、瞑想がなければ世俗的なものになる。

私たちは自分の生を、世俗的なもの、世俗的な行為でいっぱいにしてしまった。それは私たちが、自分の行為の全ての質を変容し得る単純な秘密を知らないからだ。そして、いいかね、変容の秘密を知らなければ、その世俗的なことがらの中で、自分もまた世俗的になる。あなたを神聖に、聖なるものにする意識がなければ……あなたの行為全てを、あなたがいる聖なる世界に変容する意識がなければ……。

何であれ、あなたの触れるものが神聖になる。

何であれ、あなたの行為が聖なるものになる。

禅は、あらゆる宗教の精髄そのものだ。そこには馬鹿げた儀式も、無意味な神学もない。禅は捨てられるものは、すべて捨ててしまった。宗教性の精髄だけを残した。

だから、禅の導師の許で一杯の茶を飲んでさえ、人は自分が宗教的なことに加わっているのに気がつく。

私はこれまでずっと、自分が虜にされた、閉じ込められたと感じるような、たくさんの状況を経験しました。できる限りすぐに、私は逃げ出しました――子供のときは遠くまでは逃げられませんでしたが、一四歳を過ぎてからは、できるだけ遠くまで逃げました。あなたの臨在の許で暮らしていても、ときどきこの習慣が出てきました。けれどもあなたの目の中をのぞき込むや否や、それは完全に消えてしまいます――そのときのあの途方もない安堵感。何が起こっているのでしょうか?

人々は場所から、人から、ものごとから逃げている。それは彼らが、ここは自分が属す場所ではない――その場所は別の所だ――という、直接的、直感的な感じを持っているからだ。これは、自分が属す人々ではない。どこかに自分が属している人たちがいるに違いない、と。子供の中には、この感じを非常にはっきりと意識できる者がいる。

そして、あなたが私の目の中を覗きこむとその感じが消えるのは、あなたが必要としているのがそういう目だからだ。それと知らずに、あなたはそういう目を探し求めている。あなたの逃走は探求だった。「逃げる」という言葉には、非難の響きがある。あなたは探し求めてきた。ある所で発見できずに、別の所に駆け込んできた。ある人の中に発見できずに、別の人の所に駆け込んできた。これが世界中で起こっている。人々は場所を替え、恋人を替え、友だちを替え、仕事を替えている。しかしどういうわけか、何ひとつぴったりするようには思えない。彼らの内なる渇きは同じままだ。同じであるどころか、成長するにつれ、それは大きくなり続ける。

私の目の中を覗きこむことで、逃げたいというあなたの欲望が消えるのだとしたら、鍵を見つけたということだ。あなたは自分のまわりに、そういう臨在を必要としている。そういう人々を必要としている。そういう目を必要としている。あなた自身がそのような目を、それと同じ深みを持ち、同じ明晰性を持ち、同じ洞察を持った、そうした目を必要としている――そうすれば、あなたは故郷《ホーム》に戻っている自分に気づくことになる。

そして、故郷から逃げる者はいない。誰もが、故郷を目指して逃げている。なぜなら、誰もがどこか他の所に置かれているからだ。誰ひとり、あなたの内なる必要の面倒を見てはくれなかった。あなたの両親、あなたの社会は、あなたの外側の必要の面倒を見てくれた……彼らを責めることはできない。何しろ、誰も彼らの内なる必要の面倒を見てくれなかったのだから。内側では彼らは空っぽなのだ。

おそらく彼らは、そう簡単には逃げ出せない。あまりにも、たくさんのしがらみがあるからだ。妻がいて子供たちがいて仕事がある。

あらゆる若年層が新しい考え、新しい経験、新しい空間を受け入れるのはそのためだ。その人たちが、まだしがらみの中にいないからだ。彼らは故郷を求めてものごとから逃げ出せる。そして、過去三十年の間にこの現象が非常に顕著になってきたのは、過去においては若い世代が存在しなかったからだ、というだけのことだ。

若い世代というものがきわめて現代的な現象だと知ったら、あなた方は驚くだろう。八十パーセントの人々が村で暮らしていて、現代世界とは何の接触も持たないインドのような古い国々では、事態は今でも同じだ。そこにはジェネレーション・ギャップは存在しない。そのギャップを作り出すような若い世代が、存在しないからだ。

六歳にもなれば、子供は父親といっしょに仕事を始めるように世の中は動いている――小さなことなら子供にもできる。父親が農夫なら、子供は畑へ、父親の食べものを持って畑へ行く――ささいなことだ――子供は畑から牛を連れて家に戻る。何でもできることをする。その子はまだ青年にもなっていない。彼は子供だ。そしてその子は量子的跳躍をする。彼は責任を持つようになる。六歳から二十五歳までの青春時代を、彼は見逃す。

十歳から十二歳になる頃には、その子はほとんど商売を、仕事を覚えている。父親が金細工師なら、息子もその秘訣を学んでいる。

父親が庭師なら、息子もそのこつを習っている。逃れて、自由にやって良いと感じる時期が来るときには、彼はすでにしがらみの中にいる。

二十歳にもなれば彼は結婚し、自分の子供を持ち、自分自身の仕事、自分自身の責任を持っている――ヒッピーになるわけにはいかない。カブールに、クル・マナリに、カトマンズに、プネーに、ゴアに行くわけにはいかない。彼はどこにも逃れられない。あらゆる若者が旅して歩くべき道のすべてを、旅するわけにはいかない——彼にはあまりにも多くの責任がある。彼は父親に逐一従わなければならない。父親は単なる父親ではなく、彼の教師でもあるからだ。父親は息子に職業を教えているのだ。

このため古い文化、古い文明の下では——しかもそれはまだ存在しているのだが——年上の者が尊敬されている。若い者が年寄り以上に多くを知る方法はないからだ。知るための方法は経験しかない。そして、経験は年齢と共に訪れる。人はより多くの経験を持っている者を尊敬する。いちばんの年寄りが、賢い人間になる。彼は長い生涯を生きてきており、何世紀にも渡って生活は変わっていない。ただただ同じことが続くだけだ。だから賢い人間は、若い者が知り得ないことを示唆できる。彼らはいやでも尊敬される。

途方もない革命が起こったのは、現代の世界においてだ。現代の世界は新しい現象——若い世代——を生みだした。小、中学校や、高校、大学があるために、彼らには責任がない。子供の結婚という考えは非難されており、彼らは結婚していない。彼らには子供はいない。彼らには仕事などない。彼らの親が子供の教育に全責任を負っている。だから二十五歳という年まで、彼らには責任というものがまったくない。

そしてそれこそが、マインドが最もロマンチックな時期だ。その時期——十四歳から二十五歳の——その時期こそ、彼らが最も性的になるときだからだ。その性エネルギーが、彼らをロマンチックにする。そして、その性エネルギーが彼らを大変な理想家にする。ある者は無政府主義者《アナーキスト》になり、ある者は共産主義者になり、ある者はユートピアを——世界がどうあるべきかを——夢見始める。そして、二十五歳という年齢で大学から家に戻って来る。彼らには年寄りたちが自分よりものごとを知っていると、受け入れることはできない。

ここで、知るということの新しい次元が開かれた——教育という次元だ。古い人々は経験から多くを知っているかもしれないが、若者たちは教育を通じて百倍も多くのことを知っている。このため、世界中で年寄りに対する、年長者に対する尊敬の念が薄らいだ。その敬意にはある種の根拠があったのだが、その根拠が消えてしまったのだ。

今や最新の知識を知っているのは若い人間だ。年寄りは時代遅れの考えしか持っていない。考え方があまりに速く変化し、科学があまりに速く進歩するために、教授たちでさえ、自分はもう尊敬されていないと感じ始めているほどだ。彼らが知っていることはみんな、ほとんど時代遅れになっているからだ。大学を卒業したときには、彼らの知識は正しかったが、今では二十年も昔のことになってしまった。二十年の間には、あまりにもたくさんのことが変化して、少し知性のある学生なら誰でも——どんな主題ででも——彼らを負かすことができるほどだ。ちょっと大学の図書館に行って、その主題に関して最近二十年間に出版されたものを調べればいいだけだ。

大学にいたとき、私は副学長に、少なくとも一年に一回くらいは、教師と学生たちの間で討論の競技会を催すべきだと提案した。

「あなたは何を言うんです?」と、彼は言った。

私は言った。「教師と学生の間でテニスの競技ができて、学生と教師の間でバレーボールの試合ができるというのなら、私の提案のどこがいけないんです? 実際、それらは身体的なものです。この知性の競争の方がはるかに大学の仕事に近い。それに、教授がどんなに遅れているか大学全体に知らせるのに役立ちますよ。

それに、この教授連中は絶えず自分たちを尊敬しろと要求しているんですから。昔は年上の人間が——教授たちでさえ——尊敬されていたけれども、その理由が消えてしまったことを、あの人たちは知らないんです。学生たちより先に進んでいられない限り、教授が尊敬されることはあり得ないということを、あの人たちにはっきりさせてやるのはいいことです。

彼は言った。「確かにあなたの言うことは論理的なようだが、危険です。もし学生の誰かが優勝トロフィーを勝ち取って教授たちが負けたりしたら、残っている尊敬の念まで消えてしまう」

私は言った。「それは消えるべきなんです。あの人たちも学ばなければならない。新しい方法を、教師のためのリフレッシュ・コースを作る必要が出てくるでしょう。夏の二ヶ月、学生たちが休暇のあいだ、学生に遅れをとらないように、教授たちはリフレッシュ・コースに出るべきです。教師はリードする立場にいるべきなんです。それで初めて尊敬を得られる。なければ尊敬など得られない」と。

なぜこういう若者たちはあんなにも反逆的なのか？　彼らは本当に自分の真の自己確認《アイデンティティ》を求めている。彼らが誰であるのかを、誰一人彼らに教えてくれない。だから彼らはあらゆる類の奇妙なことをする……、だがそれは、自分自身を発見しようとする途上なのだ。彼らが暴力的なのは、年上の世代に対して、自分たちの親に対して、自分たちの教師に対して怒りを感じているからだ。だからその怒りが暴力になる。あなた方は新しい世代、若い世代を生みだしたが、その人たちに栄養になるようなものを与えられずにいる。若い世代は非常な空虚を感じている。しかも彼らに責任はない。だから彼らは逃げようとしている――次から次へと、あらゆることを試みながら。ドラッグ、ヨガ、手当たり次第に何もかも。「もしかしたら、これこそ自分に合っているかもしれない」と望みながら。だが、そこには何のガイダンスもなく、しかもギャップは大きくなり続けている。両親と子どもたちは、もうほとんど話し合うような関係にない。子どもたちは年寄りは何も知らないと思っているし、また年上の者たちは、子どもたちがただうるさいばかりだと、考えているからだ。

しかもそのギャップは、日ごとにますます大きくなっていく。科学は人間の寿命を延ばす方法を、発見しつつあるからだ。人間の寿命が伸びたら、人々が百年も、百二十年も生きるようになったら、誰もが哲学博士になれ、誰もが文学博士、理学博士になれるように、若い世代に今よりも多くの年数をやるしか方法はないだろう。そして私たちは彼らの生涯を満たすために、もっとたくさんの教育を生み出すことができる。おそらく彼らが大学から解放されるのは、三十五歳になるだろう。他に何をすることがあるかね？

年上の人々は仕事で経験を重ねてきており、今もその仕事をやっている。だが、三十五歳という年齢まで、いっさい責任を持たずにやってきた人間は、まったく別種の構造を作り上げることになる。彼は誰の言うことも聴こうとはしないだろう。しかも彼は、自分自身のどんな自己確認《アイデンティティ》も持たないだろう。

状況は、実に素晴らしい世界に変わることができる。例えば私は大学で教えていたが、学生はひとりとして、どんな意味でも、私と自分の間にジェネレーション・ギャップなど感じた者はいなかった。それは単に知識だけの問題ではなかった……。

私が教室に入った初めての日、女の子たちは片側に座り、また男の子たちはもう片側に座って、その間のベンチの六列を空席にしていた。私は言った。

「こういうことには我慢ならない。何という無意味なことをする？　私はこのベンチに話すことになるのかね？　みんな立って、いっしょに混ざり合って私の前に座りなさい」

「でも」と彼らは言った。「先生たちはみんな、男子と女子は別々になって座るように言っています」

私は言った。「それはその人たちの問題だ。私の問題ではない。私は女の子たちがそんなに男の子たちと離れて座って、男の子たちが小さな――『君が好きだ』――なんて紙切れを投げて、また女の子たちが答えを返す、というようなのは好きではない。私はそういうのは嫌いだ。もっと近づいて、言いたいことは何でも相手の耳に聞こえるように言いなさい。そうして何も悪いことはない。今こそ恋をする時期だというのに、君たちは書き付けを投げて時間を無駄にしている。いつ恋をするつもりなのかね？」

私はみんなをごちゃ混ぜにした。彼らはお互いを見た。彼らはまだ、他の誰にも身体が触れないように座っていた。私は言った。「これじゃ駄目だ。くつろいで座りなさい。女の子に触れたり、男の子に触れたりするのは罪ではない。今日は寒い日だから暖かくなるだろう。もっと暖かくしなさい」

「ええっ！　副学長に知られたら、この先生は追い出されるぞ」と彼らは言った。

私が大学にいる間、彼らは私を愛した。他の教授たちは尋ねたものだ。

「秘訣は何なんです？　あなたには十人しか学生がいないのに、あなたの学生じゃない人たちが、少なくとも二百人があなたのクラスに出ている。彼らは自分の授業を放棄して、あなたの講義を聴きに行っている。その秘訣は何なんですか？」

私は言った。「秘訣などありませんよ。私はただ、自分と彼らのあいだにどんなギャップも許さないだけです。私は常に彼らより前にいる。学生は私の前には出られない」


私は学生に言ったことがある。「教室から出たい者がいたら、出て行きなさい。私に訊く必要はない。君たちが外に出たいと思っているなら、それを妨げたり、許可を与えたりする私とは何者かね？　そのまま出て行って構わない――ただ他の者の邪魔にならないようにしなさい。講義の途中で入って来たければ、ただ中に入って黙ってどこかに座りなさい。許可を求める必要はない。それも邪魔になるからだ。君たちが入って来ても出て行っても、私には邪魔にならない」

だが入って来たり出て行ったり者は、ひとりもいなかった。教室は私が来る前からいっぱいだった。そして私は彼らに、私が教室に入るとき、誰も起立したりしないように言ってあった。起立することは決まりだった。学生は敬意を表すために、起立することになっていた。私は言った。

「そんなことはまったく必要ない。立ったり座ったりの体操をしても、君たちが私に敬意を持つことにはならない。だから、ただ座っていなさい」

必要とされた単純なことは、そこにいかなる意味でも、ギャップがあってはならないということだった。私は彼らにこう言ってあった。

「いいかね、もし私が来なかったら、五分間私を待って、それから黙って教室を立ち去りなさい。それは、私が来ないということだ。しかもそれはしょっちゅうあるだろう。その時、私はこの町にはいない。なぜなら私は休暇なしでいるからだ。大学は私にそれほどの休暇はくれない。私は君たちの講座は必ず終了する。だからそれについては心配しなくていい。ただ五分待って私が来なければ、黙って教室を立ち去りなさい。また君たちが来たくない場合にも、私は君たちを五分待つ。それから私は立ち去ることにする。どうして今日君たちが来ないのか私が訊くことはないし、君たちも、私がなぜ来なかったのかを尋ねる必要はない。これは取り決めだ」

そして九年間、私は国中を旅していたが、私は大学で教えていることになっていた。私が町の外にいると報告した学生はひとりもいないし、私も大学から休暇を取ったことは一度もない。私が彼らを守ったので、彼らはみんな私を守ってくれた。私は一度も、彼らの出席を取ったことがない。私はただ毎日出席の印をつけた——それも毎日するわけではなく、登録係が事務所に行く月の終わりまでに、私は、全員出席と記載しただけだ。

そして実際、特に緊急の用があったりしない限り、ほとんど全員が出席していた。病気の者や、事故に遭ったりした者は来なかったが、それは別のことだ。私たちの所には、教授連中がみんな妬むほどの和気あいあいとした感じがあった。何しろ彼らは、絶えず学生たちと闘っているような状態だったからだ。学生たちはボイコットをし、闘争し、断食をし、あらゆるそういう類のことが続いていたが、私の教室ではそうではなかった。何しろ、「僕たちはストライキをします」と言う者があったとしても、私は「何日間かね?——それなら旅行ができるわけだから。君たちがストライキをすれば、私は自由になるからね」と言っただろう。

新しい世代は、本当に困難な状況にいる。彼らは古い者たちに合わせられない。彼らの方が、古い世代よりもずっと多くを知っている。若い世代は、古い人々がただ耄碌《もうろく》しているに過ぎないことを知っているが、自分たちがここからどこへ行けばいいのかは知らない。自分自身を見つけるために、何をしたらいいのか？　過去には、そうした困難を持つ者などいなかった。金細工師の息子は金細工師になった。それは決められたことだった。大工の息子は大工になった。ほんの幼い頃から、大工道具を父親の所に運ぶ手伝いをし、やがて自分の父親の徒弟になったものだった。最後には、彼は自分の父親に代わったのだ。ギャップとなるような時間などなかった。

それも、何というギャップだろう！　自分が誰かを知らず、自分がどこへ向かっているのか、自分が何をしているのか、なぜそうしているのかもわからない、少なく見積もって二十年のギャップ――あらゆる疑問が湧き起こる。だから、人々は逃げ出そうとしているのだ。彼らが行き着くすべての場所で、そこが自分のための場所ではないとわかる。

これは自然だ。あなたは自分の自己確認を探し求めている。あなたは、自分のように感じ、心臓があなたのように鼓動を打っている一団の人々を探している。あなた方は、古い世代の人たちが決して見失うことのなかった案内人を見失っている。彼らにとっては、その父親たち、祖父たちが案内者だった。彼らは家庭で既成の案内者を見いだした。どこにも行く必要などなかった。

新しい世代は、その人たちを受け入れることはできない。何しろ自分たちの方が、その人たちよりずっと多くを知っているからだ。若い世代は自分より多くを知っている誰かを――たくさん知っているだけでなく、より多く存在している者――より多くの実存を持っている者を求めている。

だからあなたは、私の目の中をのぞき込むと、いたるところから逃げ出そうとしている自分の熱が消えるのを感じるのだ。

私たちは何千何百という若者たちに、この感覚を与えられるもっともっと多くの人を必要としている。信頼できる友人、希望となれる案内者を見つけたという感覚を、与えられる人々を。

そしてそれこそ、私たちが別の国々に開花させようとしている私の考えだ。まず私は、ひとつの場所にミステリー・スクールのモデルを作らなければならない。そして私たちはそれを世界中に開いて、若者たちが道案内人もなく、搾取者たち、馬鹿者たち、あらゆる類の偽者の手に落ちるのを止《と》めることができる。これらのミステリー・スクールがそのギャップ――ジェネレーション・ギャップ――を埋めることができる。ミステリー・スクールは、あなたの親への尊敬の念をわき起こらせることができ、またその時が来たら、自分自身の子供たちを育てるための技術《アート》を創出できる。そして彼らは、あなた自身の実存の経験を、あなたに与えることができる。

これは是非とも必要なことだ。もしこれが起こらなければ、若い世代はテロリストや、彼らがやろうとするあらゆる類のものになっていくだろう――ただただ愚かしい、ハレ・クリシュナ運動に、エホバの証人に……、とにかく彼らはどこかで捕まることになる。正しい場所を見つけられなければ、どこかに捕まらざるを得ない。

彼らはヒッピーになった。が、今ではそれは流行遅れだ。今ではパンクが、スキンヘッドが、あらゆる類の愚劣がある！――だが、本当に彼らは真空の中にいて、何かの自己確認を求めているのだ。だから何でもいいし、何の理由もなく、ただ破壊的なあらゆる行動に走る。ただ何かをしているという――何か非常に重要なことをしているという、それだけの理由で。

ミステリー・スクールは、これらすべての人々をゆっくりゆっくり変えていける。

何千人というヒッピーが、プネーのアシュラムにやって来た。そして変化した。彼らは変化を求めて来たのではなかった。彼らはただ、ゴアに向かう途中だっただけだ。そして誰かが、彼らにその中間にプネーがあると教えた――何も失うものなどない、わずか一日か二日訪れるだけだ。だが、彼らは決してプネーを離れなかった。しかも、彼らに変わるようにと言った者など誰もいない。ただ全体の雰囲気が……、そして、彼らは自分たちの汚い習慣を捨てた。彼らはより人間らしく、また賢く見えるようになった。そしてじきに誰がヒッピーから来た人間で、誰がまともな人々の所からやって来た人間なのかを見分ける方法もなくなった。そんな方法はなかった。彼らはみんな似ていた。

こういう人々を、すべてミステリー・スクールが吸収できる。私たちはただ、あらゆるミステリー・スクールのための磁石を考案するだけだ。それは難しい仕事ではない。

見張りは面白がっているのですか？

見張りは、見張ること以外何もできない。もし見張りが面白がったら、見守ることを失ってしまう。面白がるということはあるだろうが、それはマインドの一部だ。見張りは、それをも見ている。見張りは見張りであること以外、何もできない。見張りが何か他のことをした瞬間、それは滑《すべ》り落ちる。それがマインドだ。

見張りは面白がってはいない。

また見張りにとって、この世に面白がるようなことは何もない。世界はあまりに悲惨で、もし見張りがすすり泣きの涙を流すことができたら、その方が見張りにとってはふさわしいだろう。だが見張りには目もなく、涙腺もない。

だから覚えておきなさい。あなたが至福を感じているときでさえ、至福に満たされているその者は見張りではない。見張りはそのときも、その至福を見守っている。どんなことが起ころうとも、見張りはただ、それを映し出すだけだ。だからこそ、最後にあらゆるものが消え去ったとき、その見張りだけが残る。その経験は、あなた方のマインドのどんな経験とも比べることはできない。至福、歓喜、恩寵――そういうものは、すべて見張りの下にある。見張りは常に背後にいる。それは、ただ見守っているだけだ。

インドにひとつの寺院がある。その寺院には像はない。ただ大理石の岩の上に、二つの目があるだけだ。その目は見張りを表している。その目にはどんな表情もない。

究極の経験を表現できないのは、そのためだ。なぜなら、それは何も映していない鏡に過ぎないからだ。

だから、見張りは面白がってはいない。面白がることができるのはマインドだ。見張りはそのときも、見守っている。

第二十三章

信頼に落ち着く

Fall into Trust

六十年代と七十年代に神経科医たちは、「網様体」と呼ばれる脳幹の領域に非常に関心を持つようになりました。これこそが、私たちが眠っている間に脳に入力されるものをろ過する領域だと言われています。このためいろいろな雑音に目覚めないで眠っている母親が、子供の泣き声にだけは即座に起きあがります——この機能はこの網様体によって達成されると言われました。どうやら私たちには、眠っている間も目覚めたままでいるひとつの要素があるようです。立ち会うということは、この現象と何か関係があるでしょうか？　立ち会うということは脳の一部に属するものですか？

立会人は脳の一部ではない。だが立会人は脳をメカニズムとして使用する。脳の一部が目覚めたままでいる。あたかも立会人が窓を通して見ているようなものだ。窓そのものは目覚めていないが、その窓の背後の立会人が、それを開けたままにしている。夜中でさえ、マインドの一部はその立会人が使えるように開いている。もしマインドが完全に閉じてしまったら、立会人が外側を見ることはできない。立会人は内なる現実を意識していることはできるが、外界の現実に気づいていることはできない。脳とは、立会人が外界の現実に気づいていられるようにするためのメカニズムだ。

だが脳そのものには立ち会う能力はない。そしてその立会人が持っているのはまったく別の現実だ。それは脳の一部ではない。それこそが主人であり、脳は召使いに過ぎない。

充分に長い間瞑想してきた者は、徐々に睡眠中にも気づくようになり始める。肉体は眠っているのだが、その眠っている肉体の底流に、ある意識《アウェアネス》がある。それは眠りのさまたげにもなり得る——その意識が多すぎると、眠るのは難しく、ほとんど不可能になる。眠りが可能になるためにはその意識が非常に小さく、眠っている間、外の世界に配慮する小さな窓のようにならねばならない。それはちょっとした護衛に過ぎない。万一何かが、緊急事態が起こった場合、それはあなたを目覚めさせる。

しかし、瞑想と気づきにおいて究極のものを達成した後では、眠りは非常に薄い層になり、眠りというよりは単なる休息になる。それで充分なのだ。

これを話していて私は、本来備わったプロセスではないがゆえに、光明を得ることが肉体と脳の通常のメカニズムをかき乱す他の場合を二、三思い出した。光明を得るということは、ただ青年になったり、歳を取ったりするように起こるものではない――これらは本来備わったプロセスだが、光明は獲得しなければならない。その機会はある、潜在能力はあるのだが――それを見逃すこともあり得るし、また獲得することもあり得る。それが本来備わったプロセスではないために、肉体と脳には、そういう現象に自分を適合させるための方法がない。

何世紀にもわたって絶えず懸念されてきたことがある……。ラーマクリシュナは喉頭癌で死んだ。ラマナ・マハリシは癌で死んだ。クリシュナムルティはほとんど四十年間、可能な限りの最も激しい偏頭痛で苦しんだ。仏陀があまりにもしばしば病気になるものだから、彼の弟子のひとり――プラセンジータ王――は、自分の侍医を仏陀に差し上げた。プラセンジータ王の侍医は生涯、あらゆる――特に仏陀のために必要となると思われる――医薬品と医学書をいっぱいに積んだ大きな荷車と共に、ゴータマ・ブッダに付き従った。マハヴィーラは絶えず胃の不調に苦しみ、最後には胃の病気で死んだ。

その質問は何度も何度も持ち上がった。こういう人たちは光明を得ている、彼らの肉体はより健康であるはずではないのか、と。それはきわめて論理的に思われるが、存在は論理の言うことなど聴かない。実存的には、光明を得るとは肉体と脳の適応力を超えるということだ。肉体と脳に、それらがそのためには作られていないようなもの、そのためには準備ができていないようなものを持ち込んでいる。そこでこの新しい現象は……この新しい現象はあまりに強力なために、さまざまな障害を引き起こす。特に眠りがかき乱される場合がある。大抵の場合は、眠りは必ず妨げられる。それは光明を得ることで、日中には使いきれないような、何をしようと消耗し尽くせないほどの覚醒がもたらされるためだ。

ちょうど、普通の人にとって目覚めるのが難しいのと同じようなものだ――眠りがあまりにも深くて、その眠りの重力が、目覚めようとするあらゆる努力を圧倒する。しばらくの間は頑張ってみるがやがて忘れて、眠りが後を引き受ける。光明が起こるときは、ちょうどそれと逆のことが起こる。あまりにもたくさんの意識《アウェアネス》があるために、眠りが肉体に入って来られない。せいぜい肉体はくつろぐことができるだけだ――肉体はかつてないほどにリラックスでき、かつてないほどに休息できる――だが眠りは消えてしまう。

仏陀は、睡眠中に一度も姿勢を変えなかったと伝えられている。彼は一晩中同じ姿勢で眠った。弟子のアーナンダは不思議に思った。何度も起きては確認し、仏陀がどうしてそんなことができるのか信じられなかった。眠っていては、人は同じ姿勢を保てない。人々は起きているときにさえ、同じ姿勢を保てない。あまりにも多くの落ち着きのなさがあって、あちこちと身を動かさなければならない。だが眠りの中では人は無意識だ……。

ある日、とうとうアーナンダは「どうやって一晩中同じ姿勢でいられるのでしょうか?」と尋ねた。

仏陀は答えた。

「いつかお前が光明を得たら理解するだろう。私はお前に答えるが、お前には理解し難いだろう。私はただ休むだけだ。私は眠らない。私が目覚めた日以来、眠りというものは消えてしまった」

それぞれの人の肉体の中で、それぞれ別な理由で別のものが妨げられることだろうが、光明がより以上の健康をもたらすはずだという考えは、まったく間違っている。光明がもたらすものは、あなた方の意識の完全性であり、途方もない充足だ。だが卵の中の鳥が、何時か卵の殻を後にするのとまさに同じく……、しかもその殻は鳥の防御であり、生命だったのだが。卵なくしては、鳥は生き延びることもできなかった……。それでも、鳥は後ろを振り向きはしない。鳥は羽根を広げ、大空のすべてが自分のものであることを理解する。

肉体もまた、その中で光明という究極の潜在性が発現し得るある種の卵だ——それが起こらない限り、あなた方は新しい肉体をまとい続ける——だがそれが起こった瞬間、肉体は無用のものになる。

光明を得た人々の大部分は、即座に死ぬ。彼らはただただ、それ以上息ができなくなる。息をする理由が存在しない。その経験はあまりにも大きく、心臓が止まる。それに似たどんなものにも、出会ったことがない。それほどにも未知のものだ。それは、文字通り彼らの息を奪い去る。

光明を生き延びるのは、きわめてわずかしかいない。生き残る理由というのは変わっている。冒険好きだった人々、危険を冒すのを楽しんで、綱渡りのような人生を生き、その人生が剃刀の刃の上にあったような人々が、生き延びる可能性がある。衝撃は起こるのだが、その人たちは小さな衝撃に慣れている。それほど大きな衝撃を受けたことは一度もないのだが、より小さな衝撃が、彼らをこれほどにも非常な現象を受け入れるための準備になった。そうした人たちは、なお呼吸を続ける。彼らの心臓はまだ鼓動し続ける。だが、それでも肉体はさまざまな点で苦しむ。肉体には理解できないことが何か起こったからだ。

肉体には固有の知恵がある。肉体は、ある種の理解力のようなものを持っている。それはその限界内では、うまく機能する。だが、光明を得ることはその限界内にはない。それは遥か彼方だ。それは肉体の能力を広げ過ぎている。そのため、肉体の中で弱いところは壊れることになる——しかも、それは最後の肉体であるために、二度と必要とされない。それは機能を果たした。奇跡を成し遂げた。その比率を考えるなら……、光明を得た十人のうち、少なくとも九人は即死する。生き残った十人のうち九人は、沈黙したままだ。その人たちは脳への支配力を失う。

このことはこれまで言われたことがない。かつて言われたことがないことが、たくさんある。なぜなら誰ひとり尋ねる者もなく、気にかける者もおらず、探求する者もなかったからだ。だから記録に値することは無数にあるのだが、誰もそういうものについては、かつて語らなかった。

例えば、なぜ十人のうち九人が即死するのか？　この世のどんな聖典も、それを問題にしていない。そうした疑問そのものが持ち上がりすらしない——どの聖典もそれに触れてもいない。ところがそれは、何世紀にもわたって起こっている。おそらく彼らは恐れたのだろう、もし自分たちがそれを言えば……と。人々は、それでなくても光明を得ることになど興味がない。その上、もしこれがその褒美だと——光明を得たらヒューズが飛ぶのだと——言ったら、やってみたかもしれないわずかの人たちをさえ、遮ることになるだろう。その人たちは言うだろう。「何という馬鹿げた話だ。光明を得ようと懸命にやってみて、何という褒美だろう？——命が終わりになるだけだとは！　光明を得た自分を見ることすらできないとは。だとしたら何の意味がある？　不思議なゲームではないか」と。

こういうことが一度も言及されないのは、おそらくそのためだろう。光明を得ることが肉体と脳をかき乱すとは、どんな聖典にも書かれていない。だが私は、すべてをまさにあるがままに言いたい。というのは、私の理解では、興味がない人たちが興味を持つようにはならないし、また興味を持っている人たちは、どんな真理によっても邪魔されるはずはないからだ。そして実際、その人たちは、そのことを前もって知っておいた方がいいだろう。

光明を得ることは、確かに精神身体的健康を大いにかき乱す。なぜなら、それは肉体がそのために準備され、用意のできているものではないからだ。光明を吸収できるようなものを、自然は何ひとつ肉体の中に組み込んではいない。突然、山が自分の上に落ちて来る——人は押し潰されずにはいない。

なぜ、十人のうちの九人が沈黙にとどまるのか？　これまで言われてきたことはせいぜい、「真理は語れないからだ」ということだった。それは真実だが、言及されていないもっとずっと重要なことがある。十人のうち九人の頭脳が働かなくなる。その人たちは、もはや話すために大脳のメカニズムを使うことができない。そこでむしろ、黙っていた方がいいと感じる。

彼らは、自分の大脳のメカニズムが、もはや機能する状態にないことを完全に理解する。

そして当然……、大脳は非常に微妙な現象だ。人間の小さな頭蓋骨の中で、ほとんど七百万もの小さな神経が集まって大脳を作っている。それらの神経はあまりにも小さく、あまりにも繊細で、どんな小さなショックでもそれをかき乱しかねない、破壊しかねない――ところが光明を得るとは、途方もない光の衝撃だ。それは大脳を通り抜けてたくさんの細胞、たくさんの神経をかき乱す。

十人のうちわずかひとりにしか、脳を救えない。それは、あまりにも脳を酷使したために、脳がいやが上にも強力になった人だ。もし光明を得ていなければ、その人は大哲学者、大論理家、大数学者、または大物理学者になったことだろう。その人はバートランド・ラッセル、アルバート・アインシュタイン、あるいはゴータマ・ブッダのような人でありえた、強力な機械を持っていた。

だが普通は、人々はそれほどには脳を使わない。通常の仕事にそんな必要はない。自分の能力のわずか五パーセント――平均的な人間は、脳の五パーセントしか使わない。そしてあなた方が非常な大天才と呼ぶ人たちでさえ、わずか十五パーセントしか使わない。だがもし、人が自分の脳を少なくともその能力の三分の一まで――つまり三十三パーセントまで――使ったら、その脳は光明を生き延びるだけの強さを持つ。それは光明を生き延びられるだけでなく、他の人が光明を得るためにも役に立つ。

大脳が生き延びた十人のうち、九人は決して導師《マスター》になれない。わずかひとりだけが導師になる。他の九人は、せいぜい教師になれるだけだ。その人たちは自分の経験を語ることはできる。聖典を引用することはできる。非常に有名な教師になれる。人々は彼らを導師と間違えることもある。彼らには、たくさんの信者ができるだろう――だが彼らは導師ではない。なぜなら導師の質がないからだ。

導師とは、ただ教師であるだけでなく、ひとつの磁石だ。教えるということはひとつのことだ。だが、それを聴くだけで人が変容されるほどの、磁力を持って教えるとなると……そのとき、そこにいるのが導師だ。教師は言葉を与えることはできるが、生を与えることはできない。教師は説明を与えられるが、経験は与えられない。教師はあなた方のマインドに接近はできる。しかし、あなた方のハートには到達できない。

なぜ、それは十人の中のひとりにしか起こらないのか？　光明を得る以前に、すでに教師であったことがあれば……、彼が自分で経験しなくても、彼の知性が、他人に起こったことを理解できるだけの理解力を持っていたら、学ぶために過ちを犯す必要はない。彼は他人が過ちを犯しているのを見ることができるので、彼にとってはそれだけで学ぶに充分だ。

そしてもしその人が、生まれながらに言葉に巧みで、言葉の響き——その音楽、その詩情——を楽しんでいたら、彼が表現力に富んでいたら、表現に関する限り、決してどんな困難にも出会うことがなかったら、そして彼の表現に説得力があり……、彼の議論があなた方の議論よりもすぐれているというのではなくて、彼の表現の方法、彼の表現の詩情、彼の表現の論法、彼の表現の音楽が、人を説得するようなものだったら、しかもなお、その人自身は自分を経験していなかったというような人であったら……。

もし、こういう類の人がたまたま光明を得たら、その人は非常にはっきりものが言えるという技を持って現れてくることになる。彼が光明を得ることは、彼の理路整然さに何かを付け加える。その明確さは光明に権威を与え、磁力を与える。明確さがその光明を、感じられるような臨在に、圧倒されるようなひとつの臨在にする。あなた方が容易に恋に陥ってしまうような、信頼せざるを得ないような臨在にする。

光明を得た後に教えることを始める教師たちは、アマチュアにとどまる。だが、すでに教師であったこの人は、導師であるということに関する限り、光明を得ることによってこの上もなく豊かになる。

伝えられている話だが、シャーリプッタ――ゴータマ・ブッダの主要な弟子のひとりであり、またゴータマ・ブッダの生存中に光明を得たわずかのうちのひとり――が、ゴータマ・ブッダの所に行ったとき、彼は議論するためにそこに来たのだった。彼は有名な教師で、多くの者たちは彼が導師だと思っていた。彼は五千人の弟子たちと一緒に、根本的原理について、仏陀と議論するために来た。

仏陀は大いなる愛を持って彼を迎え、自分の弟子とシャーリプッタの弟子の両方にこう言った。「ここに来られたのは偉大な教師だ。そして私はいつの日か彼が導師《マスター》になることと思う」と。誰もがその言葉で仏陀が何を意図したのかを訝った――シャーリプッタでさえそうだった。

シャーリプッタは、「それはどういう意味でしょうか?」と尋ねた。

ゴータマ・ブッダは語った。

「あなたは議論が上手だ。あなたは理路整然と話す。あなたは影響力のある知識人だ。あなたには真の教師としてのあらゆる資質がある。あなたには弟子として、五千人ものきわめて知的な人々がいる。しかし、あなたはまだ導師ではない。もしあなたが導師であったら、私があなたの所に行っていたでしょう。あなたが私の所に来ることはなかったはずだ。あなたは大哲学者だ。しかし何も知ってはいない。

そして私はあなたが嘘をつくことはないと、あなたの知性を信頼しています。この人たち全員の前で、あなたは思想家ではあるが、まだ何ひとつ経験したことはないと、話しなさい。もしあなたが経験したことがあると言うなら、私にはあなたと議論する準備がある。しかし覚えておきなさい、嘘をついても役には立たない。あなたはたちまち捕まってしまうでしょう。なぜなら経験には、教典からは手に入らない実にたくさんのことがあるからです。だから、そのことについてははっきりしておいた方がいい。

もしあなたが真理を経験したことがあると言うのなら、私にはあなたと議論する用意があります。もしあなたが、自分は真理を経験したことがないと言うなら、私はあなたを私の弟子として受け入れる用意がある。そして私はあなたを導師にしてあげよう。それは約束する――なぜならあなたが有望だからです。あなたは嘘を言って私と議論することも選べるし、または真実を言って弟子になり、私の許で学び、私と経験することを選ぶこともできる。そしていつの日かあなたが導師になり、私と議論したいと望むなら、私はこの上もなく嬉しく思うでしょう」と。

一瞬、非常な沈黙があたりを占めた。だが、シャーリプッタは真の意味で真理の人だった。彼は言った。「仏陀のおっしゃる通りだ。私は一度もそのことを考えたことがなかった。仏陀が経験について問うかもしれないとは。私は国中で論争し、たくさんのいわゆる大学者たちを負かし、その人たちを私の弟子にしてきた」――それがインドでの通例だった。議論をすれば、誰でも負けた者が弟子になる。

そこで彼は言った。

「この弟子たちの多くは、彼ら自身教師だった。しかしこれまで誰も、私に経験について問うた者はいなかった。私には何の経験もない。だから今、議論することは絶対にできない。今ここで、私はゴータマ・ブッダの足に触れる。そして私は、自分で経験をして、自分自身が導師になるときを待つことにします」

仏陀の許で三年を過ごした後、彼は光明を得た。彼は確かに、非常に可能性の高い人だった……、まさに瀬戸際にいた。光明を得たその日、仏陀は彼を呼んでこう尋ねた。「今あなたは、議論したいかね？」

シャーリプッタは、もう一度ゴータマ・ブッダの足に触れて言った。

「あのとき、私があなたの足に触れたのは、私に何の経験もなかったからでした。今あなたの足に触れるのは、私にその経験があるからです。議論というような問題は起こりません。あのときは議論できませんでした。今度もまた、議論は不可能です。議論することなど何もありません。私も知っており、あなたも知っている――そして知ることは同じです。しかも私はあなたの弟子です。私は他の者の導師になることはあるかもしれませんが、あなたに対してはいつまでも弟子のままです。あなたは私の全生涯を変容して下さいました。さもなければ私は無用に議論するだけで、自分の時間と他の人たちの時間を浪費しながら死んだことでしょう」

沈黙にとどまった人たちは、まさに障害を受けていた。その人たちにとっては、沈黙するより他に方法はなかった。メカニズムが壊れたのだ。彼らは経験はしたが、伝達手段は持っていなかった。

だから、それは実に稀な現象だ。まず光明を得ること、それからその光明を生き延びること、そして導師になれるように自分の大脳を保存することだ。それは光明を得る前に、少なくともその潜在能力の三分の一まで、自分の脳を訓練したかどうかによるのだ。それより少なくては役に立たない。

それゆえ私の強調点は、「信じるな」ということにある。疑いなさい、考えなさい、探求するのだ。

自分の知性を、少なくともその潜在能力の三分の一までは研ぎすましなさい。そしてそのあいだ瞑想しなさい。自分が光明を得たその日に、何かを世界に向かって言えるように。あなたにはその義務がある。存在は、誰かが光明を得るまでに何百万年と待つ。だから、誰かが光明を得るときには、存在はその人が分かち合うこと、それがどれほど高いものにつこうとも、ぐっすりと眠りこけている者たちにその言葉を広げることを求めている。彼ら全員が目を醒ますことはないだろうが、誰かはその呼びかけを聞くかもしれない。たとえその呼びかけを聞く者がわずかであっても、それで充分な褒美だ。

あなたができるだけ早く私たちのうちの百人が光明を得ることを望んでいらっしゃると聞いて、私はなぜ百人なのだろうと不思議に思いました。

何ヵ月か前、スペインのテレビである番組を観たのですが、それはある島での、人類学者と科学者による発見を放映していました。彼らは何年にもわたって猿の群れを観察していたのですが、そのうちの一匹がさつま芋を――彼らの主食なのですが――水に落としました。そこで、いつもは芋と一緒にむさぼっている土を洗い落としたのです。すると、それがずっと美味しかったので、その猿は他の猿にも同じようにするようにと教えました。

若い猿の中には、彼の思いつきに従う者もおり、退ける者もいました。しかし驚くべきことに、百匹目の猿がそれを受け入れてそのやり方に従い始めると、他の島の全ての猿たちが同時に、同じことをし始めたのです。コメントしていただけますか？


私たちは、私たちを互いに結びつける目に見えない力のネットワークの中に生きている。だから、一人の人間に何かが起これば、それは必ずたくさんの人々の中で振動する。彼らは遠く離れているかもしれないが、それがたくさんの人に起こると、その波動は非常に強くなる。それは一つの島から別の島へ、一つの大陸から別の大陸に、目に見えるどんな伝達手段もなしに伝わることができる。

いちどアルバート・アインシュタインが、もし彼が相対性理論を発見していなかったら、それはいったい発見されたと思うか、と尋ねられたことがある。アインシュタインの答は、その質問者を仰天させた。彼は、「もし私が発見しなければ、数カ月の内には他の誰かが発見したでしょう。私はただ、早かっただけです」と言ったのだ。

そして後になって、一人のドイツ人物理学者が、自分のノートの中ですでにその結論に到達していたことが発見された。彼はただ、それを発表するのが遅れただけだった。アインシュタインがその研究を先に発表した。でなければ、他の誰かがすでにそれを発見していたのだ。発表するのが遅れただけだった……、怠け者だったにすぎない。それから日本で、一人の男が彼の研究の終了に近づいていたが、その男には世界のことなど……、彼は英語やドイツ語を理解しなかったので、世界の他の地域でどんなことが起こっているか全くわからなかった。彼は日本語しか知らなかった。しかし彼はほとんど同じ結論に達していた。

あとほんの数日、研究を進める必要があるだけだった……。

どうやら何かが起こるときは、常に一人の人間の中で起こるだけではないらしい。それはひとつの波なのだ。能力があり知的で、その波を捕える訓練を受けたものなら誰でも、同じ思いつきを掴むことになる。どんな発見も、個人によってなされるものではない。個人の名前と結びつくのは、その人が最初だからだ。それがきわめて専門的な主題であるために、誰もが発見できるというわけではないだろうが、同じ分野で、同じ専門を持って働きかけているたくさんの人たちがいる。だから、ある特定の波が地球を取り巻くと、それはたくさんのマインドにキャッチされることになる。

それが何故なのかを理解する助けになる二、三の実験がある。ここでも、三十三パーセントであることを覚えておきなさい。何も明瞭な理由はないが、この世で起こることは全て、科学でも、芸術でも、宗教でも、どんな方向ででも、どんな局面ででも起こることは、人類のある部分を通して起こってきた。それが三三パーセントだ。そしてそれこそが最も知性ある人々だ。それが容易に催眠術にかかりうる人々だ。その人たちが完璧な媒体だ。

私たちが持っているのは原始的な教育制度だ。さもなければ、一人一人の子供の潜在能力を調べるために、その子が学校に入る前にまず催眠にかけるべきだ。その子はその三十三パーセントに属しているのか、それとも残りの三分の二に属しているのか？　もし残りの三分の二に属していたら、その子は普通の人々のための学校に送られるべきだ。またその子が三分の一に属していたら、もっと専門的な学校に送られるべきだ。そこでは、何千人という天才たちが誕生できるだろう。

今は全てがごちゃ混ぜになっており、この混合の中で天才たちは苦しむ。というのも、教室の中に天才がいれば……、教師は、一番凡庸な生徒たちが自分の言葉を理解できるように教えねばならない。その意味がわかるかね？　その意味は、最大公約数がより多くの可能性を持ち、より高くより知性のある者を圧倒するということだ。

そうなっては、天才にとっては教師が教えることは役に立たない。彼には何かもっと良いもの、もっと深いもの、もっと高いものが必要だ。凡庸な生徒たちと一緒にいることで、彼の時間は浪費される。それは無用な混合だ。そんな必要はない。その人たちは選び出せるのだ。

そして、私がこれから話すこの実験は、その三三パーセントの人たちがやれば、より上手くいくだろう。あなたは、自分が愛に満ちた関係を持っている相手、深い友情、信頼、ハートの関係を持っているもう一人の人と、別々の部屋に座る。そして十分間、二人は沈黙して座る。それから一人が一組のトランプから一枚のカードを取り出して何かの合図をする――扉を叩くとか。するとその相手が全てのカードの中から、一枚目のカードを取る番だ」と。すると、その相手が全てのカードの中から、一枚を見つけなければならない。彼はただ静かに同調して、相手の部屋で起こっていることにだけ、開いていなければならない。そして一枚のカードを取る。

こうやって一枚ずつ十枚のカードを取る。するとその両方の人が、充分に知性のある人なら、七枚くらいは同じになることを知って驚くはずだ。それが最小限だ。十枚が全部同じということさえありうる。だがもし三枚でも同じだったら、必要なことは、もう少し実験を重ねることだけだ。そうすればパーセンテージは大きくなるだろう。そしていったんそれをカードでできたら、その人はものごとでもできる。あなたが絵を描き、相手も絵を描く――目に見えて伝達し合うものが何もなくても、目に見えない何かが、一人からもう一人へと到達する。また、パートナーを変えることもできる。そうしたら、誰との方が上手くいくかを調べられる。それは、二人のマインドが同じ波長で機能しているということだ。

私の考えでは、二人の人間が一緒に住むことを決める前に、二人のマインドが同調しているかどうかを専門家に調べて貰うべきだ。その人たちは実習を受けるべきだ。つまり、「あなた方は先ず互いのマインドを同調させなさい。二人のマインドは、少なくとも七十パーセントは同調しているべきです。そうして初めて一緒に暮らす価値があります。そうでないなら、互いのために地獄をつくるのは止めなさい。あなた方は互いに愛し、互いを許してあげなさい」というわけだ。

しかし、一緒に住むことを決める前に、二人の同調を改善するように試みることはできる。実際、裁判所に行く必要などない。裁判官に何ができるというのかね。これは大学の主要な部分になるべきものだ――彼らの同調のパーセンテージを見つけるのを助け、彼らの同調を大きくするのを助けるような学部があるべきだ。そして、二人が一緒にいるのが無理なほどかけ離れているようなら、「あなた方は面倒なことになるでしょう。だから、もし愛し合っているなら……。厄介なことはおやめなさい。後になって、何もかもごちゃごちゃになって、相手を引っかき回してからよりは、むしろ今、お別れを言った方がいい」と二人に提案してあげるべきだ。

この小さな実験を、全世界に行き渡るように広げることができる。例えば、こんなふうにしてみてもいい。最初は一つの家で十人位の人数でやってみる。そしてこの十人の人たちに、ある共通の波長があると思われたら、その十人は世界中に広がって行っても構わない。ある決められた時間に、同一の実験を始めてみるべきだ――すると結果は同じになるだろう。そのパーセンテージは同じだろう。距離などでは何も変わらないからだ。これは物質的な現象ではない。

そしてこの現象は、特に動物において可能だ。それは彼らが実に無垢だからだ。グルジェフは自分の少年時代について回想している……。彼はコーカサスの、一種独特な世界に住んでいた。それは小さな、そして多くは、まだ定住するに至っていない古い部族からなる部族世界だ。彼らは未だに移動していた。彼らはテントで暮らしている――彼らは放浪者、ジプシーだ。グルジェフの両親は早くに――彼がわずか九歳のときに亡くなっていたので、彼は誰かと仲良くなると、どこのジプシーの一族とでもいっしょに移動していた。みんなはその子が大好きだった。彼は実に賢く、それらの部族の言葉をすべて学んでいた。彼らはみんな別々の言葉を話していた。そして彼はたくさんのことを学び、彼の将来の仕事の中で非常に役立った。

一つ彼が回想しているのは、それらのすべての種族で、人々が動物を催眠にかけていたことだった。彼らの動物は決して繋がれることはなかった、その必要はなかった。彼らがただ二、三秒のあいだ動物の目を見るだけで、その動物の頭は垂れ下がり、望むがままにいくらでも、その姿勢に凍りついたままでいるのだった。その動物は、同じ人にもう一度目を覗き込まれ起こしてもらわない限り、決して動かなかった。

それは一番簡単な方法だった……。彼らの馬や牛は決していなくなることもなく、繋がれることもなかった、とグルジェフは言っている。動物たちはいつも放されていた。小さな子供たちは、決してキャンプから外に出ていかないように、簡単に催眠がかけられた。ただ周りに円を描くだけで、子どもたちは決してその円から外に出ようとはしなかった。何をされようと、彼らがその円から出ることは決してなかった。そして、これが彼らの無意識の中であまりにも深くなっているために、大人になってからも、若者や老人になってからでさえ、特定の呪文を唱えながら回りに円が描かれると、その人は凍りついたようになるのだった。その人はそれから外には出られなかった。

グルジェフには信じられなかった――何ということが起こっているのか！　その人は完全に自由なのだ。周りに描かれた線が彼を止めることなどできないのに、その人間は本当に出られないのだ。グルジェフは二、三の人々に、そこから出てこさせようと話しかけた。その人たちは懸命にやってみたが、まるで目に見えない壁に妨げられてでもいるかのように、外に出ることはできなかった。

これらの種族はすべて、いろいろな教育に催眠術を使っていた。例えば、特定の少年を偉大なレスラーにしたいと思えば――その子はレスリングを学ぶことになるが、それは二義的なことだった。いちばん肝心な部分は催眠だった。その子は催眠にかけられ、「お前は偉大なレスラーだ」と告げられたものだ。そしてそれが絶えず繰り返されるのだった。そしてグルジェフはこう言っている。「私は自分の目で、その人間が変わっていくのを見た。彼の筋肉は変わっていった。彼の肉体は変化していった。彼の闘いぶりは非常に洗練されていった」と。

毎年これらの部族全体のお祭りがあって、そこではさまざまな技芸におけるチャンピオンが発表された。レスリングもその一つだった。それらのレスラーたちは、すべて催眠によって訓練されていた。それがいちばん簡単な方法だった。どんな教育に対しても同じことができるはずだが、催眠は非難されている。

例えば、私は二人の人間でカードを試してみてもいい、という話をした。いちばんいいのは、最初にその二人を催眠にかけること、催眠で同調させることだ。そうすれば、その結果はずっと高いパーセンテージ——十枚のカードのうち九枚か十枚という正答率になるだろう。

私たちは色々なことに催眠を使おうとしている——瞑想のためにもだ。瞑想が難しいと思っている者がいたら、まず催眠を体験し、瞑想とは簡単なことであり、自分にも完全にその能力があるのだということを、深く自分の無意識の中に入れるといい。催眠は、その確信をあなたの中に創り出せる。それから座れば、何の苦もなく簡単に瞑想に入れるだろう。なぜなら無意識のすべてが、それを支えることになるからだ。そこには何の反対も、何の異存も起こらないだろう。

オーストラリアには、手紙を送るのに実に不思議な方法を用いている部族がいる——現在もだ。ある部族の酋長が特定の樹のところに行く——そしてそれぞれの部族の部落には特定の樹があって、それには催眠がかけられている。樹木は催眠にかけることができる。それは非常に繊細な存在だ。彼はその樹のところに行って、五十マイルほども離れた別の部族の樹と連絡するように命じる。「向こうのある男に知らせなければならないことがある。向こうの酋長を呼んで、その男を見つけてもらってくれ」

相手の部族の酋長がその伝言を受け取り、それをその男に伝えることになる。彼は催眠のトランス状態に入る。向こう側で、あることが起こる——相手の部族の酋長が自分の樹の傍らで催眠状態に入り、また伝言を伝えられる人間がその側に座っていて、酋長がその伝言を復唱し始める。このようにして彼らは伝言を、手紙を伝えるのだが、それは完全に正確だ。「あなたの母親が病気になっている。家に帰りなさい」——簡単な電報だが、方法は変わっている。連絡のために樹木が使われている。

メスメルのせいで、西洋では催眠術がメスメリズムとして知られるようになった——それは催眠術と同じものだが、彼が西洋で初めてそれを使ったために彼の名前がついた。彼は自分の庭に美しい樹を持っており、それに催眠術をかけておいた——これは最近のことだ。あまり古いことではない。彼はその樹に、それがどんな種類の病も直すことができるという考えを植えつけた。それが彼の毎朝の仕事、最初にやることだった。その樹に催眠をかけ、「これから人々がやってくるけれども、お前は彼らを直すことができる」とその樹に告げるのだ。

そしてそれから人々がやって来始める。ただその樹の枝を握っているだけで、多くの者はトランス状態に入り、ほとんど催眠状態になるのだった。たくさんの人たちが治った。トランスに入ろうとしなかった人たちだけが、治らなかった。それは断固として譲らない人たち、頑固な人たち、利己的な人たち——自分が催眠にかかるなどあり得ないと思っている人たちだった。現実は彼らが愚か者であり、愚かな人々には催眠術をかけられないということだ。白痴はまったく催眠にかからない。どうしようもない。というのは、催眠術者が与える指示の意味を理解する知性が白痴にはないからだ。樹木は白痴よりは遥かに賢い——彼らは白痴ではない。鳥の方がずっと賢い。動物の方がはるかに賢い。

だが、トランス状態に入った人たちは身を震わせたり、踊ったり、歌ったりするのだった。そしてその人たちの手は、ほとんどまるで糊付けされてでもいるかのように、その樹の枝にくっついたままだった。そしてその人たちの病は消えた。

医療を職業にしている者たちは、メスメルに非常に反対した——当然だ、何しろ彼は、彼らの商売の多くを奪って、無料で人々を治していたからだ。そこでメスメルは法廷に呼び出された。それは証明できるようなことではない。彼に何が証明できる？――メスメリズムが何なのか、そして樹が何をするかを説明できるだろうか？　彼は何一つ証明できず、裁判に負けた。彼は人々を医学的根拠のもとに治療したことを、証明せざるを得なかったからだ。そうでない限り、彼は偽医者だった。

だが不思議なのは、彼が誰にも、何一つ害を与えてはいなかったことだ。彼は偽医者ではあったかもしれない、そうだとしよう。しかし、彼によって何百人という人たちが治ったのなら、何の悪いことがある？　彼は科学的ではなかったかもしれないが、治った人々は科学などに関心はなかった。彼らの関心事は治ることだった。そして実際、これらの患者たちは医者にかかり、伝統的な医療を受け、しかも治らなかった人たちだった。最後の拠りどころとして、彼らはメスメルのところに来たのだ。何しろ、それは体裁の悪いことだった――世間では、メスメルのところに行くなど恥ずかしいことと考えられていたのだから。だから、彼がこれらの不治の人たちを治療していたとしても、彼は何も悪いことはしていなかった。しかも彼は何も受け取ってはいなかった。彼はただ、西洋においては完全にそのルーツを失ってしまったある科学を再興しようとした学生に過ぎなかった。

それが何処になろうと、私たちのスクールを打ち立てるときには、私は、人々を治療するために樹木に催眠をかけたいと思う。樹木は他の目的――人を助けるため、元気づけるため――にも催眠にかけることができる。人々が音楽を学んでいるなら、樹木は彼らが速く学べるように、その科目の内容をよりよくマスターできるように助けることができる。数学を勉強して行き詰まっているなら……、あるいはどんな科目も、自分には学べないと感じているなら。催眠は苦もなくどんな障害物でも取り除くことができる。

ここは実に不思議な世界だ。ここではある種のことがらの役に立つ効果を、誰も理解しようとしない。誰もが自分の職業、自分の特権の心配をしている。

つい先日も、アナンドが私に、ヨーロッパのカトリック教会が、ハレクリシュナの人々やエホバの証人を相手に、ほとんど戦争を仕掛けようとしていると報告してきた。しかも彼らが戦おうとしている理由というのが、自分たちの信者の一八パーセントが、この人々に奪われようとしているというので、戦争を始めようとしている。彼らはこれらの競争相手に我慢がならない——壊滅しなければならないというわけだ。

私は、相手の方が正しいと言っているのではない。彼らもカトリック教会と同じように愚かしい。彼らはみんな同じ商売をしている。それなら、他の人たちが同じことをするのを邪魔するどんな権利を、カトリック教会は持っているのだろう？

これで、この人たちにとっては宗教が商売以外の何ものでもないことが、完全にはっきりする。彼らはどんな競争もしたくない。彼らは独占を望んでいる。彼らこそが、中世において女性を——何千人という女性を——魔女であるという非難を浴びせて、生きたまま殺し、火炙りにした人々だ。そしてその女性たちが用いていたのは、実は催眠術とその他の古代の技法だった。彼女たちの方が、その教会より人々を助ける能力があったことは確かだ。

その女性たちは、教会の存在にとって一つの危険だった。だから教会は、彼女たちは悪魔と陰謀を企んでいる、彼女たちは悪魔と性的交渉を持っているという虚構をでっち上げた。そして彼らは、その女性たちを拷問し、自分は悪魔と性的に通じていると自白させた。何しろ、自白するまで拷問は続けられたからだ。どうしようもなかった——彼女たちはそれを認める以外になかった。

そしていったん彼女たちが認め、自白すると、教会は彼女たちを罰することができた。その刑罰が火あぶりの刑だった——それも一人ではない、何千人という女性をだ——宗教の名においてだ！　だがそれは、本当は商売の問題だった。

そしてそういう人たちは、なぜ女性だったのか？——それは、女性の方が催眠にかかりやすく、またより容易に、他の人々を催眠にかけられるからだ。女性は催眠的なエネルギーがより多くあるために、自然にそのような方向に発達していた。しかも彼女たちは人々を助けていた。誰も殺していたわけではない。彼女たちはどんな宗教も、どんな組織も作ってはいなかった。そして彼女たちとともに、何世紀もかけて発達してきたもののすべてが滅ぼされた。それらの気の毒な女性たちが、人間のマインドとその働きについて、他のどんな内なる秘密を知っていたのか、私たちは知らない。

世界のあらゆる宗教は、これと同じ理由で私に反対している——それはまったく宗教的な問題ではない。彼らは宗教的ではない。彼らはある宗教的な名前を持つ商売人であるにすぎない。ある宗教的名前の背後で、彼らは繁盛している。当然私は彼らにとって——彼ら全員にとって——危険だ。なぜなら私は彼らの若者たち、最良の人たち、知性ある人々を取り上げているからだ。もしこの火が広がったら、彼らの未来は闇になる。

だが、宗教の名において、科学の名において、たくさんの素晴らしいものが滅ぼされてきたのは悲しい話だ。それらは甦らなければならない。それらは誰も害したわけではなく、しかもこの上もない助けと祝福になったはずだ。

第二十四章

瞑想は宗教の中の革命だ

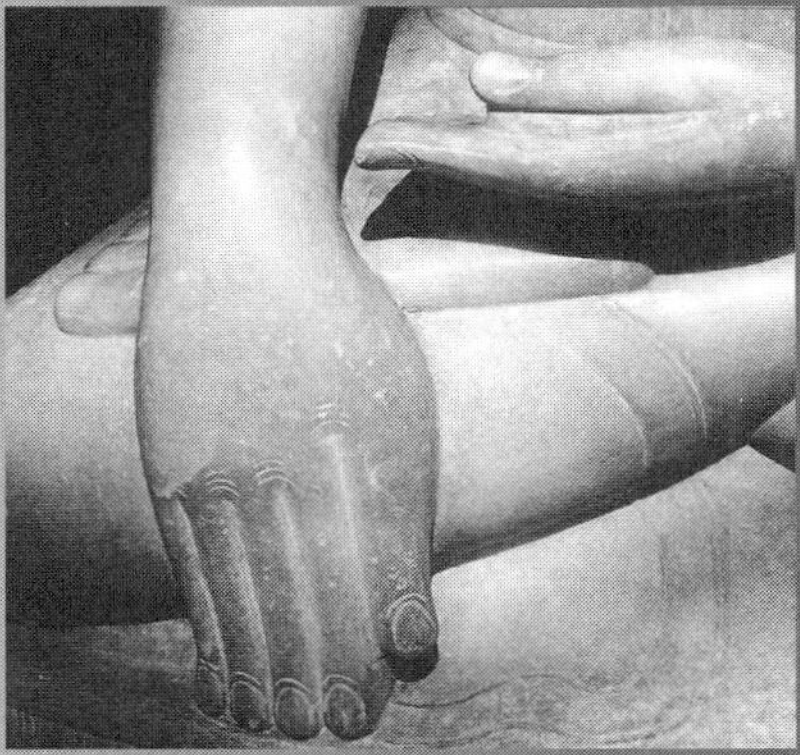

Meditation is a Revolution in Religion

あなたが「黙って座って、何もせずにいると、春が来て草はひとりでに生える」とおっしゃるのを初めて聞いたとき、私の西洋マインドはそれを比喩だと思って、その意味を見つけようとしました。それから、あなたが本当に黙って座っていることを意味しているのだとわかりました――そして、そんなことは不可能だと感じました。今私は、あなたの臨在の許で黙って座って何もしないでいるのを、純粋な快楽だと思っています――そして草はひとりでに生えています。愛するマスター、私は驚嘆しています。そして言葉では言い表せないほど、感謝しています。

東洋と西洋は、互いにあまりにも遠く離れてしまったために、そこにはいつも誤解がある。東洋も西洋を理解してはおらず、西洋も東洋を理解していない。だが最終決算では、西洋が敗者だ。

一万年間、東洋はマインドではない道を選んできた――それは知的ではない道、合理的ではなく、否論理的で、否科学的な道だ。そして西洋は、まさにその正反対を選んだ。

西洋は理性的な飛翔の最後の高みに到達するには、まだ遥かにおよばない。そしておそらく、西洋は決してその最終目標には到達できないだろう。なぜならその探求は、自分の外側の対象物に関わっているからだ。無限の宇宙が存在しており、深く進めば進むほど、科学はますます自分が何も知らないことを発見する。科学の知識とは、知るべき膨大な物事があり、知ることに終わりはないようだ、ということを知るのを助けるだけだ。

他方、東洋は目的地にたどり着いた。それは究極の意識を達成した。ある意味では、内なる完成に到達した。このことが、誤解という新たな困難を生み出す。なぜなら東洋は究極的な認識という高みから語っているのに、西洋は日毎に変化している相対的な真実しか理解できないからだ。

両者はまた、話し方も別な道を選んだ。東洋は詩的な比喩で話す。西洋は数学の言葉で話す。東洋は直感的に語り、西洋は知的にしか語らない。

これは解決すべき最大の問題のひとつだ――どうすれば、東洋と西洋がいっしょになれるのか。両者が出会うことは絶対に必要だ。さもなければ、東洋あるいは西洋で達成されたものが何であれ、それはすべて核の煙の中に消えてしまうだろう。

私はカヴィーシャの質問が理解できる。彼女が初めて有名な俳句――「黙って座って、何もしない。春が来て草はひとりでに生える」を聞いたら、彼女がそれを詩だと、比喩的表現だと理解するのは当然だ。西洋風に訓練されたマインドには、その他に考えようがない。これが現実《リアリティ》の描写だと考えることは不可能だ。

そこにはどんな比喩も含まれていない。それは詩ではない。俳句は詩ではない。その形式は詩的だが、中に含まれるものは現実だ。容れ物だけは詩的だが、内容は完全な現実だ。

だがそれは難しい。その理由は単純だ……。まず、黙って座ることは西洋マインドに反する。西洋には「虚ろな心は悪魔の仕事場」という諺がある。黙って座っていれば、人は空っぽになる。ところが子供の頃からあなた方は、空っぽの心は悪魔の仕事場だと聞かされてきた。東洋が知っているのは、それとはまったく別のことだ。それは仕事場ではある――だが悪魔のではなく、神の仕事場だ。

最初の言葉が大きなハードルになる。西洋に住む者はみな、考えるように教えられている。そして考えることは、人生において見返りがある――黙って座っていては何にもならない。それは特技ではない。むしろ無特技とは言えるかもしれないが。仕事を求めて雇い主に、自分の特技は黙って座って何もしないことだ、そうすれば春が来て草はひとりでに生えると言えば、彼はただ肝をつぶすだろう！　あなたはその会社から放り出されるだけだろう――「他のところで座ってくれ、ここに草なんか生えられたら困るからな！」と。彼らの目には、あなたは気違いと映るに違いない。

西洋は、いかなる瞑想も発達させてこなかった——その意味では西洋は貧しい。実に貧弱だ。西洋が知っているのは祈りだけだ。それは瞑想の遠いこだまですらない。いわゆる預言者、救い主、救世主たちでさえ、祈りを超えたことなど一度もなかった——祈りが最後のものだ。なぜなら、神が究極のゴールだからだ。

瞑想は、宗教における革命だ。

それは、ただ神を捨てる。それに反論することすらしない。そうするだけの価値もない。なぜなら神とは仮説——証明されたことも、体験されたこともない仮説だからだ。それは考慮するにも値しない。

私に、ジャバルプールの神学大学で教えていたウィルソン教授という友人がいた。彼は神のいない宗教、祈りのない宗教があり得ることが、理解できなかった。過去四、五世紀のあいだ、西洋は神のいない、祈りのない宗教があり得るとは一度も考えたことがなかった。実際は、それがなくて初めて宗教が可能だ。それらこそが宗教的革命の途上にある邪魔者、障害物だ。それこそが敵だ。

悪魔は、この世で何ひとつ悪いことをしていない——彼は存在していない。神もまた存在していないが、彼はこの上もない害をなした。神は人間のマインドを、外側のものに焦点を合わさせて来た。そして外側に焦点を合わせるとき、人はマインドの中にとどまる。瞑想は外側に焦点を合わせることができない。外側に焦点を合わせる能力は、マインドしか持っていない。マインドは内側に焦点を合わせられない。それは瞑想にしかできない。だから瞑想とマインドは、百八十度反対に向かう。

瞑想の人々が、自分たちの道を無心《ノーマインド》の道と呼んできたのには理由がある。だがマインドを捨てると、神々、あらゆる類の神学、悪魔、天国と地獄とその詳細、罪と美徳の考え——そういうものはすべて捨てられる。すべてマインドの一部だからだ。そして西洋は、マインドに取り憑かれたままだった——あたかも自分がマインド以上の何ものでもなく、自分の実存が心身から成り、それがすべてであるかのように。

西洋風に教育されているカヴィーシャは、それが何かの比喩に違いないと、あるいはもしかしたら何らかの意味があるのではないかと考えた。「意味」とはマインドの言葉だ。もしそこに何かの意味があれば、その意味について考えればいい、その意味を見つければいいのだ。

そこに、何かの意味を見つけることはできない。それは、意味自体が意味を持たないような、あなたの実存の内なる源泉からやって来る。そこでは、物事はただ在る——大いなる輝きを持って、途方もない美とともにあるが、意味はない。意味とは論理的な概念であり、論理はマインドが作り出したものだ。存在はそれについては何も知らない。

だから最初彼女は、それが比喩だろうと考えた。無論、西洋マインドにはそれが起こるだろう。だが、比喩もまた何かの意味を持たねばならない。何かを指し示す必要がある。それは何かを表す比喩、象徴、指示器でなければならない。だが、何の意味があろう？　意味を求めるという態度で見るなら、俳句は無意味だ。それはひとつの体験だ。それは実際、意識に起こったことを何でも描写する——ほんのわずかな言葉の中に。

それこそが、俳句の美しさだ。それは最小限の言葉を使う。そこから一語たりとも取り去ることはできない。もうすでに取り去られてしまっている。残っているのは、最も肝心な言葉だけだ。

黙って座って——ここにあるのは二つの単語だ。それは座ることで始まる、肉体から始まる。肉体がゆったりと、くつろいで座れたら、それはマインドが静かになるのに、この上もなく役に立つ。肉体が落ち着かず、緊張していたら、マインドは静かにはならない。だからこの俳句は、まさにその基礎から始まっている。「座って」が意味するのは、ただ身体をゆるめて、安らぎに満ち、ゆったりとくつろいで、緊張がないことを意味している。

アジア全域に、無数の仏陀の像が見られる——ところが、仏陀自身が死ぬ前に「私の像を作ってはいけない」と言った。ほとんど三百年間、弟子たちは代々、その誘惑に抗した。だが、仏陀の肉体的臨在が遥かに遠のくにつれ――四百年、五百年と経つにつれて――少なくとも、仏陀と同じ姿勢で座る大理石の像を持ちたいという誘惑が……。そこに写真のような忠実さがあるかどうかは、どうでもいい、それは重要ではない。問題は、それが人に啓示を、座り方の理解を与えるのに役立つはずだということだ。

そのためには、本物の仏陀よりも大理石の像がいいとさえ言える。なぜなら完全にくつろいでいるからだ――何の緊張もなく、微動だにしない。彼らはそれに、素晴らしい均整、美しさ、美的な感受性を与えたので、仏像の隣に座れば、同じように座りたくなる。そこで感じる奇跡というのは、同じように座り始める内に、マインドが落ち着き始めるということだ……、あたかも、夕方がやってきて小鳥たちがねぐらに、自分の樹に戻って行くかのように。間もなく夜になり、小鳥たちはすべて自分のねぐらに落ち着き、眠りにつく。

そしてもし幸運にも、あなた方が生きている目覚めた実存の臨在の許にいたら、彼の安らぎに満ちた肉体は、あなたの肉体と共時性を生み出すことになる。それは同じ物質を持っているからだ。肉体はすべて同じ物質でできており、同じ波長で機能する。

もし座り方が正しければ、まさに夕方が来てすべてが暗くなるように、沈黙があなたの上に降りてくる。黙って座って……。二番目はマインドだ。肉体は緊張せずにいるべきであり、マインドはどんな思考も持つべきではない。

黙って座って何もせずにいると……これは理解すべき、実に意味深いことだ。自分が瞑想をしているという考えすら邪魔物だ。あらゆる「している」は、マインドを活性化するからだ。マインドは、人が無為の状態、何もしていない状態でいて初めて、受け身なままでいられる。

この小さな俳句には、東洋的アプローチの全哲学が含まれている。それは瞑想ですらない。あなたは何もしていない。あなたはただ、休息して楽しんでいるだけだ。あなたは独りでに訪れる平安を楽しんでいる。それは行為ではない。あなたはただ待っているだけ、何もしていない……、物事が起こるのを待っているだけだ。急いでもいなければ、心配してもいない。

春が来て……いいかね、存在にはあなたの欲望を満たす義務はない。そのゆえに、この言葉がある、春が来て……あなたがいるのは別の季節かもしれず、草は生えて来ないかもしれない。「私は黙って座っていたのに、草は生えてこなかった」と不平を言ってはいけない。あなたは存在と調和していなかったのだ。

存在に従うことだ。春が来る――春が来るのを待つことだ。あなたがそれをもたらすことはできない。それは作り出せない。あなたの手の内にはない。春が来る――それは来る――すると、草は独りでに生える。突然、すべてが緑になる。突然、辺り一面に草が生えている。誰ひとり、何をしているのでもない。ただ春が来て、春が来たことで、草が生えるのに充分だ。

あなたは黙って座り、何もせず、ただ春が来るのを待っている。外側の春が来るのとまさに同じく、内側の春もやって来る。生の内なる季節がある。だから心配することはない。春は必ずやって来る。

そしてこの俳句が書かれたとき、春は毎年、正確に同じ日にやって来た。何世紀にもわたってそれが決まりだった。インドでの私の子供時代、それぞれの季節は、まさに同じ日にやって来た。どの日に雨が降り始めるのか、どの日に雨が降り止むのかについて疑問はなかった。だが核爆発のために……、全生態系はかき乱されてしまった。今や何ひとつ確かなことはない。時には雨が降ることもあるし、時にはまったく降らないこともある。時にはあまりにもたくさん、またあまりにも早く雨がやって来る。昔からのリズム、昔からのバランスはもはやない。

だが幸いにも、核爆発はあなた方の内なる世界をかき乱すことはできない。そこまでは届かない。そこでは、あなた方の準備ができたまさにそのときに、春が訪れる。エジプトの諺に「弟子に準備ができれば師が現れる」というのがある。弟子に準備ができたとき、師は現れなければならない。弟子は師について心配する必要はない。弟子はただ準備するだけだ。弟子の準備が導師《マスター》を呼び出すに充分だ。

そしてこれは絶対的な真理だ。弟子に準備ができたとき、師は姿を現す。黙って座り、何もせずにいれば、あなたは準備ができていく。欲はなく、春が来るか来ないかを心配してはいない。それは常に来る。そうでなかったことは一度もない。あなたの準備ができた瞬間、それはそこにある。

そしてあなたの内なる世界に春がやって来ると、あたかも何千という花々が開いたように、すべての空気が変わる。それは新鮮で芳香に満ち、小鳥たちは歌い始める。あなたの内なる世界は、それ自体が音楽になる。それ自体が芳香になる——そして、草はひとりでに生える。

「草」という言葉であなた方の生が、あなた方の生命力が指し示されている。緑は生きるものの象徴だ。春が来るのと共に、あらゆるものは緑になる。そして一度この現象を体験したら、あなたは存在する最大の秘密を知ったのだ——為すことができないこと、起こるのを許すしかないようなことが、存在するということを。

だからそれはあり得ることだ、カヴィーシャ。何をするでもなく、ただここで座っていれば、今にも春が来るかもしれない。そしてあなたは初めて、この俳句の深い意味を理解する。あなたの中で何かが、活力に満ちたものが成長し始めるからだ——それは純粋な命だ。それはあなただ。あなたの実存だ。だが、それを知的に理解する方法はない。

東洋では何千年もの間、弟子はまさに何をするでもなく、師の傍らに座ってきた。それは西洋マインドには不思議に見える。黙って座っていることに何の意味があるのか？　スーフィーが集まっているところに行けば、導師が真ん中に座り、その周りを囲んで弟子たちが黙って座っている——何ひとつ起こっていない、師は口を開いてさえいない。何時間もがそうして過ぎる……。

だが、何かが発散される——彼らはみんな充足を感じる。そこから出て来るとき、その人たちは輝いている。導師は何かをしたわけではない。彼らも何もしていない。彼らはただ同調するだけだ。何しろ、両者ともに何もせず沈黙していたのだから。

今なら、あなたはこの俳句を理解するかもしれない。毎日ここで座って、ただ私の言葉を聴いていれば、沈黙が降りてきて突然、春になり草が生え始める。

東洋は、それに即した方法で理解することだ。知的に解釈しようと試みる者がいたら、その人は最初の最初から要点を逃してしまっている。


私には、あなたの講話が内側での深い洗濯のように感じられます。講話にやって来ると、痛みや怒り、何か否定的な感情といった、どんな重荷があっても、ここを出るときにはそれは消えてしまっています。身も軽く、元気になっている自分を感じます。ときにはすぐにまた別の重荷を作るのですが、それもその次の講話の終わりより長くは続かないことを、知っています。あなたから離れているときは、毎日瞑想していたにも関わらず、物事が消えるのにはもっとずっと長い時間がかかりました。コメントしていただけますか?


それも同じことだ……。私から離れているとき、あなたは瞑想しようとしていた。その行為者があなたの障害だった。私の許にいれば……、私はあなた方に瞑想するようにとすら言っていない。私はただ、あなた方に話をし、あなた方に瞑想が起こるような、ある雰囲気を作り出しているだけだ。

だからここにいる間に、することと起こることとの違いを理解するといい。独りのときにも、それを起こすことだ。あなたが私の声に慣れたら、多分テープレコーダーでも大丈夫だろう。瞑想のことなど忘れるといい。ただそれを聴くだけで瞑想が訪れるだろう。そしてゆっくりゆっくり、瞑想は私の言葉を聴かなくてもやって来るだろう。

浜辺に座って、岸に打ち寄せる波の音を聴いてもいい——実に喜びに溢れて、踊るように波はやって来る。何千年にもわたって来ているのだが、彼らは未だに飽きない。ただ波に耳を傾けるといい。あるいは樹の下に座って、ただ小鳥たちの声や、その樹を吹き抜ける風に耳を傾けるといい。

ゆっくりゆっくり、耳を傾けることからも抜け出すといい。ただ黙って座りなさい——耳を傾けるのは方便に過ぎないのだから。それは、行為を避けるための方便でしかない。だがその方便は、ほんの最初だけだ。じきにその方便を捨てなければならないし、またそれはどこにいても起こるようになる。そして、ここでと同じようにあなたを浄化してくれるようになる。

そして一つのことを覚えておくといい。それは、瞑想があなたを浄化してくれるからといって、瞑想の中で拭い去られることがわかっているからといって、あなたがまた不注意に、そのがらくたを集めることはないということだ。あなたは瞑想を非常に小さな仕事に使っている。瞑想はそんなことのためではない。

こんなことを聞いたことがある——第二次世界大戦後のビルマで起こったことだ——小型飛行機が森の中に残されていた。日本軍は降伏しつつあったが、小数の頑固なサムライたちがまだ戦いを望んでおり、彼らが飛行機で逃げたのだ。彼らはその飛行機を森の中に残し、自分たちは森のどこかに隠れていた。

だが、ある部族がそこに住んでいた。非常に古い部族だ。彼らは空を飛ぶ飛行機は見たことがあったのだが、これと、自分たちが「大きな鳥」と呼んでいたものとを、結び付けられなかった。彼らはそれを解明しようとした。

「何だろう？　車輪がついているから、乗り物であることだけは確かだ」

彼らはそれを、二頭の馬につけて馬車として使った。それが上手くいったので、彼らは非常に喜んだ。

「これは凄い！」。すると、町に行ったことがある者がこう言った。

「みんなわかってないな――これは馬車じゃない、これは車なんだ。ただ……どうしてこの翼がついているのかわからないけど、ちょっと俺にやらせてみな……」。そして彼が試してみると、それは動きだした。

そこで彼らは、それを車として使い始めた。するとその男が「燃料が必要になる。だから誰か町に行った者が燃料を持って来なくちゃならない。馬も牛もいらない。ただ燃料を入れてやって、車として使うんだ」。それで彼らは、この上もなく喜んでいた。

そのとき、軍隊にいたことがある者が通りかかって言った。

「お前たち何やってるんだ！　飛行機を車にして使ってるのか？　これは飛べるんだよ」

彼らには信じられなかった。「これは大きな鳥なのか？」と、彼らは訊いた。

「そうさ」と彼は言った。彼はパイロットだったので、その飛ばし方をみんなに教えてやった。

瞑想は馬車として使うことができる――そしてそれが、あなたの使っている方法だ。ただ自分が集めたゴミを掃除するだけだ。だが、あなたは毎日ゴミを集めることになり、それを毎日掃除しなければならないことになる。瞑想は大きな鳥だ。ところがあなたは、本来の目的とは違う使い方をしている。確かに瞑想にはその仕事もできるのだが。

だから瞑想が重荷を取り除いてくれたら、また集めないように気をつけることだ。重荷を集める何の必要がある？――単なる無意識にすぎない。そしてあなたが集めるものは、全部がらくただ。あなたはそれを知っている――だからこそ、瞑想でそれが拭い去られたら、新鮮に感じるのだ。とすれば、どうしてその新鮮さを壊す？　ゴミを集めてはいけない。そしてその方法は、もっと気づいていること、他のことをしているときでさえ、もっと瞑想的でいることだ。これは大変な防御だ。それはどんなゴミが集まるのも許さない。すると徐々に、あなたが集めるゴミは少なくなっていき、ある日、二つの瞑想の間で自分が何もゴミを集めていないのに気がつく。

今や、馬車は自動車になれる――この二つの間には大きな距離がある。もうあなたには、それを運ぶ牛や馬はいらない、それはもっと速く進むことができる。今ではあなたにはスピードもついた。そうしないと、毎日同じことをして、同じままで死ぬことになりかねない。

そして他に何も掃除するものがなくなったら、そのとき瞑想は、あなたのエネルギーは、地上での仕事がなくなったために上昇し始める。あなたは離陸できる。あなたは内なる空で鳥になれる。そうなったら、それは単に元気になることではなくなる。それは成長になる。あなたは成長し、成熟し、より中心に座り、もっと個人になる。そして高く進めば進むほど、それだけ、新しいことが自分に起こるのがわかるようになる――あなたに春が訪れ、まわり中に草が伸び始める。生のすべてに緑が溢れ、ジュースが溢れる。

あなたはその道を見つけた――今度は進み続けなさい。発見すべきことが実にたくさんある。あなたが忘れていた自分自身の領域、忘れてしまっていたあなた自身の帝国だ。それを思い出しなさい。思い出すこともまた、ひとりでにやって来る。

だから、今起こっていることは良いことだが、充分に良くはない。もっとずっとたくさんのことが可能だ。小さなことで満足してはいけない。

自分が完全に満足を感じる地点に行き着かない限り、止まってはいけない。

それこそが、ひとりひとりの個人が神になる進化の絶頂だ。

私には、あなたのいない人生が想像できません。同時に、自分がここであなたの許にいることが信じられません――私みたいなまったく役立たずの人間が。十年間つまずき続けてきても、あなたはまだ私にあなたの愛を注いでくださっています。そのようなものすごい宝を前にしながら、私は愚かなことをやり続けています。

愛するマスター、私は絶えず、あなたの指に噛みついています。それに気づくたびに、私は自分があなたを傷つけているのを感じます。私はどうしようもない弟子です。何かが、私が過去に何度も何度も繰り返してきた何かのパターンがあるのでしょうか？

いや、それは過去には何も関係ない。あなたは初めて探求者になった。だから、自分が気づきにおいて成長していることを喜んだらいい。あなたは自分がつまずいているのを見ることができる。自分の愚かさを見ることができる。

ただ見ることだけが、それを取り除くための方法だ。はっきり見るといい。だが、それを取り除こうとしてはいけない。何かを取り除こうとする人たち……、それはただ、その人たちに見る強さが足りないために、それを何かすることで補おうとしているというだけのことだ。

見ることが充分に強烈だったら、全面的だったら、それは火だ。

だから第一に、過去世についてはは心配しないことだ。これは新たな冒険だ。あなたはどんなパターンも繰り返してはいない。そうだったら、それを取り除くのはきわめて難しかっただろう。ほとんど第二の天性になってしまうほどに、そのパターンを何度も繰り返してきたのだから。あなたが初心の、新しい求道者なら、繰り返すべきどんなパターンも持っていないのだから、ことはきわめて容易だ。

ただ油断なく醒めていて、物事をあるがままに見続けなさい。それが過ちだったら、それを過ちだと理解するだけで充分だ。あなたはその過ちを再び犯しはしない。「この過ちを二度と犯さないようにしよう」と決断する必要もない。ただそれを理解するだけで……いったん二足す二は四で、五ではないとわかったら、「二足す二が五だというような同じ過ちを二度と犯すまい」などと決心したりしないものだ。そんな必要はない——その間違いがわかったら、消えてしまう。

どこで自分がつまずくのかを見なさい。おそらく途中に石があるのだろう――それを踏み石として使うといい。どんなことで、も自分の成長のために使わなくてはならない――過ちも、つまずきも石も、間違いも、あらゆることが学習だ。ただ、油断なく気づいていなければならないだけだ。

そしてあなたは無価値ではない。誰もがそうではない。存在は無価値な人々など許さない。たとえ私たちが、誰かが無価値だと思うことがあるとしても、存在がまだその人を養い、その人を助け、その人が変化すると希望しているのだから、その人には何か価値があるに違いない。誰ひとり無価値ではない。

そしてあなたは私に恩を感じたり、私に感謝したりする必要はない。私はあなたの導師だ。もしあなたが達成するなら、私が達成するのだ。もしあなたが失敗するなら、私が失敗するのだ。これが取り決めだ。だからあなたの栄光の中に、私の栄光がある。あなたが目覚めることの中で、私はもう一度目覚める。ひとりひとりの弟子が目覚めるのとともに、私は何度も何度も目覚めなければならないだろう。

だから他のことは何も心配することはない。あなたの全エネルギーを、意識への働きかけに注ぎなさい……、そしてあなたにはその能力がある。この質問はギータからのものだ。私は彼女の名前を思い出すのに、心の中で「ハレ・クリシュナ、ハレ・クリシュナ」と復唱しなければならなかったよ!

あなたにはその能力がある。そしてあなたにはこの上もない価値がある。だから無価値などという考えは捨てなさい。そういうものは、社会がみんなに教えてきた考えだからだ。「お前には価値がない、お前は人生で何もできない。自分の力量を示せ」と。

私にとって、状況はまったく別だ。誰もが価値ある者として生まれている。私たちがその人を誤った方向に押しやり、その人を無価値にしているだけだ。無価値とは、私たちに押し付けられたものだ――価値あることが、私たちの生まれながらの権利だ。

そして私は、誰にも何も強いていない。私はただあなたを家に、あなた自身へ連れ戻しているだけだ。

第二十五章

真理を盗むこと

Stealing the Truth

見張りは面白がっているのかという質問に、あなたが応えていたとき、あなたの目を覗き込んでいるうちに、私は自分が目撃者の空間に滑り込んでいることに気付き、ある出会いが起こったことを感じました。それは本当に明晰で冷静な出会いでした。それに比べれば、これまで自分があなたと出会うことができたと考えていたどんな感情も、いかに粘着性があり厄介で拘束的なものだったのかとわかりました。

一度プネーの頃、私たちのハートを壊さなければならない、とあなたがおっしゃったことがあります。私はそのとき思いました。私たちのハートが全面的に引き返し難くあなたのものにならない限り、あなたに出会えないのだと。私たちが、あらん限りの深い愛に陥らない限り、あなたには出会えないのだと。けれども、この最近の経験で愛は——そして信頼でさえ——まったくかけ橋ではないと思われます。しかもなお、それらは師弟関係において不可欠な役割を果たします。これについて話していただけますか？

愛と信頼は、確かに弟子と導師の関係において、重要な役割を果たしている。だが、それは踏み石に過ぎない。それを超えて行かねばならない。

愛は美しい、だが充分ではない。

信頼はそれより良い。より安定した、より堅固なものだ。

愛は感情的だ。信頼は直感的だ。

感情は、あらゆる瞬間に変化し続ける——それは流転する。それを当てにはできない。だが、信頼は大いなる基盤になり得る。愛は、信頼が可能になるところに人が達するのを手伝う。愛なくしては、信頼は不可能だ。愛は、ほとんどいついかなる瞬間にも壊れてしまう橋のようなものだが、それでもそれは橋だ。

それを使えば、それは人を信頼にまで連れて行くことができる。それがなくては、人は直接に信頼に到ることはできない。だから愛は不可欠だ。だが、愛そのものでは充分ではない。その使い道は手段としてのものだ。目的は信頼だ。

愛が信頼への手段として機能するのとまさに同じく、信頼もまた、彼方なる何かへの手段として機能する——いかなる言語にも、それを表す言葉は存在しない。それはある体験だ。そして私の目を覗いているとき一瞬、これが起こったに違いない。それは愛の問題ではなく、信頼の問題ではなく、マインドにはまったく未知の何かだ。愛と信頼は、あなたがそれに到達するのを手伝う。だがいいかね、それらは、それを表す名前が存在しない、ある目的に向けての手段だ。ある瞬間、信頼が全面的なものであるとき、人はその一瞥を得る場合がある。それは圧倒的なものだ。その中で、人はただ消える。

愛には二人の人が必要だ。信頼もまた、二人の人を必要とする。愛が二人の愛する者の間により大きな距離を持っているのは、それが生物学的なものだからだ。それは人間だけの特典ではない。信頼は特典だ。その距離はより小さくなる。師と弟子の間には非常に小さな距離しかないが、多くても少なくても、距離は距離だ。それは分割する。つまり二元性は残る。

全面的な信頼が導くその無名の現象は、関係ではない。それは *at-onement*（一つになること）だ。二は消える。誰が弟子で誰が師かは決め難い。それは一つの円に、一つの極にならなければならない。それは常に何の前触れもなく、まさに突然、そよ風のようにやって来る。だが、ひとたびそれを味わったら、愛も信頼もすべてごく貧弱なものに思われる。あなたは「豊かさ」を知った。ほんの数瞬に過ぎなかったかもしれないが、それは問題ではない。

ある古い話がある。ある王が、自分の護衛を非常に愛していた。その護衛は非常に美しい男で、王への深い愛と信頼があり、必要とあれば、いついかなる瞬間にも王のために自分の命を捧げることができた。

彼は、どんなふうにでも王に仕えたいと思っていた。彼らは常に一緒にいた――狩りをするときも、戦争に出かけるときも、庭園を散歩するときでさえ。その護衛が常に王と一緒だったので、一種の友情が生じた。ある日、王が言った。「どうだ？――そちは王になる夢を見ることはあるか？」

貧しい護衛は「私はひどく貧乏ですから、そのような贅沢な夢を見ることはできません。私が見るのは小さな夢で、とても王様になっているような夢を見ることはかないません」と言った。

王は言った。「それでは余が二十四時間だけ、お前を余の地位に就けてやろう。二十四時間、お前が王で私が護衛だ」

その護衛は王を説得しようとした。「そんなことをなさってはいけません。私にそんなことをなさらないでください。そんなことは考えることもできません。思いもよらないことです――王様が私の護衛になるなんて」。だが王が頑固に言い張り、そうなった。護衛は二十四時間だけ王になり、王が護衛になった。そしてこの物語が途方もなく意味深いのは、護衛の王がした最初のことは、王の磔を命ずることだったからだ。

王には信じられなかった。誰にも信じられなかった。彼は実に、信頼のおける男だった。その彼が一体どうしたというのか？　だが、王の命令は命令だ。そこで本当の王は磔にされた。そうなると二十四時間という問題はなくなった。彼は永久に王になった。

これはスーフィーの物語だ。スーフィーは、愛と信頼は裏切ることがあり得ると言う――それはただ、その機会が必要なだけだ。信頼さえも裏切ることがあり得る。ただ機会が必要なだけだ。裏切ることがあり得ないものは一つしかない。それこそが無名の彼方なるもの――そこでは二はもはや二ではなく、二つの肉体の中で一つの霊のようなものが、二つの肉体の中で一つの魂が経験される。最初、それは一瞬だ。というのも、その経験があまりにも奇妙で、あまりにも異様なために、それをもう一度得るには少し時間が必要だからだ。ゆっくりとそれは成長する。それがまさに、自分の生き方になる瞬間が訪れる。

私は愛が裏切るのを見たことがある。それはごく簡単だ。裏切らない愛を見つける方が難しい。信頼が裏切るのを見つけるのは難しいが、ありえないことではない。その機会さえあれば……。例えば、私は実にたくさんの人々を愛した。私は無条件に、私のハートのすべてをその人たちに与えた。だが今や、全世界が私に背を向けた――それは、いつの日か起こらずにはいないことだった――信頼に達したと自分で思っていた者たちでさえ、裏切っている。そして信頼が裏切るとき、それは非常に醜い。

愛なら許され得るのは、それが生物学的なものだからだ。それは変化せずにはいない。信頼は生物学的なものではない。それはより高い現象だ。だが、私を信頼したと信じた人々でさえ――そしてその人たちは自分を騙していたわけではない。彼らは本当に私を信頼したと信じた――彼らには、ただ裏切るべき機会が見つからなかっただけだ。今や彼らはその機会を見つけた、今やその機会がある。

私の側にいること、私を信頼することは割に合うことだった。今や私を信頼するのは危険なことであり得る。もはや割に合わない。

アナンダ・ティアサが「私たちは瞑想アカデミーを開きました」と私に手紙を書いてきた。デヴァギートがそこにいた――彼が場所を見つけ、資金を調達するために懸命に働いた。デヴァギートはそのアカデミーを開くためにたいへんな手伝いをして、そこに私の名前をつけるようにと主張した。だがどのセラピストも、私の名前があげられるのを望んでいなかった。

そしてティアサは説明してこう書いてきている。

「私たちはこのアカデミーに、あなたの名前をつけませんでした。私たちがどこでもあなたの名前を口にしなかった理由は単純で、あなたの名前が危険なものになったからです。それがあなたのセラピーだとなると、人々はそのセラピーグループに参加することを恐れるのです。政府は許そうとしないでしょう……」

と。

だから今やその見返りは……、彼らはすべて「スワミ」とか「マ」で始まる名前を捨てた。彼らはただ「ティアサ」、「ラジェン」だけを残している。それもまたずる賢い。なぜ自分の元の名前に戻さないのか？——それは、その古い名前には権威がないので、彼らが二頭の馬に乗りたいためだ。彼らはその名前でサニヤシンを搾取したい、そして自分たちのセラピーグループから私の名前を外し、私とのいかなる関わりも完全に断ち切ることで、ノンサニヤシンを搾取したいのだ。

彼らは失敗者として私の所にやってきた。欧米では、セラピーは死にかけていた。人々がセラピーを試みて、それが単なるゲームだとわかったからだ。私が彼らを世界に名の通ったセラピストにし、彼らのセラピーの構造を変え、瞑想を結びつけた。彼らは世界でトップのセラピストになった。彼らは私のところに失敗者として、破産者としてやって来た。だが、彼らはみんなそれを忘れてしまった。今や彼らは私を危険だと考える。私と一緒にいるのはもう割に合わない。自分で独り立ちした方がましだと。

だが彼らは、サニヤシンを離れることもできない。というのは、完全に独り立ちすれば、サニヤシンは誰も彼らのことなど気にしなくなるからだ。そこで広告の中では、彼らは赤い服を用いる。写真の中では彼らはマラをつける。だが実際は、彼らは赤い服を着てもいなければ、マラを使ってもいない。何というずる賢さだろう……？　どうやら政治家だけではなく……おそらく人間は誰でも、自分の中に政治家を隠し持っているのだろう。

デヴァギートが私に話したことだが、彼らがみんなパンフレットの中に自分たちの写真を入れているので、少なくとも私の写真だけでもそこに入れることを求めて、ほとんど身体を使った喧嘩をしなければならないところだったという。やっとしぶしぶ同意して、それが私の写真だとは誰にも気づかれないように、彼らは非常に古い写真を入れた。しかも彼らは、その写真の下に私の名前は載せなかった。彼らの写真の下には彼らの名前があったが、私の写真の下には名前はない。それもどこかの素人が撮った写真なのだろう、それが誰の写真なのかは誰にもわからないような写真だ。

つい昨日、ウルグアイのすべての三つの政党が、私にここに留まってほしいということ、そして私と私の人々を歓迎するということを、満場一致で決定した。大統領、外務大臣、内務大臣――この人たちが私のここでの永住権のためにサインしなければならない三人だが――彼らは私に反対する理由は何もないということで、全面的に同意した。そして彼らのところに別々な国々――イギリス、スペイン、アメリカ、インド、ギリシャ、イタリア、ドイツ――から送られてきたものに、私に反対する言葉はたったの一言もない。それは、私がここに滞在する場合に、ここに来るかもしれない人たちに反対している。

さて、これは不思議な声明だ！　それは誰かドラッグを発見された者がいるという理由で、信奉者に反対している……。だが、これは実に単純な論理だ。ドラッグ所持が見つかったその人間は、キリスト教徒やユダヤ教徒でもあったし、それも一生涯、何世紀も何世代にもわたってずっと、キリスト教徒やユダヤ教徒やヒンドゥ教徒だった。そして彼がサニヤシンだったのはたったの一年間なのに、私が非難される。キリスト教は非難されず、イエスは非難されない。ローマ法王は非難されない……言及すらされない。

実際は、世界のあらゆる犯罪者が何かの宗教に属している。殺人者はすべて、強姦者はすべて、何かの宗教に属している。もしこれが決め方なら、あらゆる宗教が非難されるべきだ。それらの宗教はどんな尊敬も受けることはなく、寺院、教会、シナゴーグを作ることは許されなくなり、その宗教は危険だといって、彼らの宗教を広めることは許されないことになる。それは殺人者、強姦者、泥棒、強盗を生み出している。

これは不思議な声明だ。誰かが何かをすれば、それはその人個人の責任だ。しかも私は宗教を持ってすらいない。私は誰の責任も、自分に引き受けることはない。彼らは確信した――私の滞在を許すべきではないと彼らに告げているあらゆる政府からのすべての情報を検討し、私に反対する理由が何もないことを。他の誰かが何かをしたのなら、その人間が罰されるべきだ。私が罰され、追放されるべきではないと。

彼らは満場一致で同意した——しかも、ここには非常に難しい状況がある。この国は連立政権で、単独政権ではない。三つの政党がいっしょになって政府を構成した。満場一致の結論に到達するのはきわめて難しいはずだが、彼らは満場一致の決定に達した。そして内務大臣は「OSHOはこの国に滞在して、ここで彼のワークをすることが歓迎されている」とプレスに告げさえした。

だが彼らは状況や、我々がどんな世界に住んでいるかに気づいていなかった。アメリカ大使が直ちにロナルド・レーガンに知らせ、ロナルド・レーガンが大統領に電話を入れたに違いない。

「OSHOのウルグアイでの滞在を許可するようなら、我々があなた方に提供するつもりだった借款、それは何億ドルになるでしょうが、すべて停止されることになります。第二に、過去に我々があなた方に提供したすべての借款の利率を上げるか、または今すぐに返済してもらわなければなりません。あなたが決めてください」と。

さあ、貧しい国、小さな国のことだ……、ところがあなた方は、アメリカを民主的な、自由の国と呼ぶ。ところがその国の大統領、その国の政府がしていることは、まさに恐喝そのものだ。これは強請《ゆすり》だ！　彼らは私に反する理由を何も持っていない。「どうして彼がここにいることをあなたは望まないのですか？」と尋ねられたときの返答は、「そんなことはどうでもいい。我々はただ、彼にウルグアイにいてもらいたくないだけだ。あなたにも我々に何ができるかはわかっているでしょう」というものだった。さて、気の毒な人たちには、これが明らかに恐喝だということはわかったが、どうしようもない。

しかし、政治家しか恐喝をしていなかったというなら別だが——だが、チャンスがあれば誰でもそうするだろう。シヴァは私に反対する虚偽でいっぱいの本を書いた。私はイギリスのサニヤシンに彼を告訴するように言った。彼が言っていることは、まったくのナンセンスだからだ。だから、あなた方にもそのずる賢さがわかるはずだ。プネーでは毎晩、私はサニヤスを受けようとする人たちと会見していた。それは公開の会見であり——ほとんど六、七十人、ときには百人もの人々がそこにいたものだ。十数人、あるいはそれ以上の人たちがサニヤスを受けた。そして十人のサニヤシンが、活気に満ちたエネルギーを作るためのミディアムとして踊っていた。ところがシヴァは彼の本の中で、毎晩私が十人の女性を必要とすると書き、それらの十人の女性がミディアムであり、彼女たちは百人もの人々が見守る中、十数人もの人がサニヤスを受けるその公開の場で踊るという事実についてはまったく触れていない。彼はそのことには言及しない。ただ、毎晩私は十人の女性を必要とすると述べるだけだ。

わかるだろう——人間がこれ以上醜くなれるものだろうか？　ところが彼は、いつでも私のために、自分の命を差し出すことができると言うほどに、私を信頼していた——そしてこれが、彼が差し出しているものだ！　その本には、彼のマインドによる完全な間違い、作りごと、虚構が何千とある。

愛は、そこにあるときは美しいが、すぐに苦いものとなる。

信頼は、そこにあるときは美しい。だが、信頼し続けることが自分を危険に晒し、もはや何の見返りもなくなると、試練を迎える。そのとき、信頼はまさに正反対のものになり得る。それは復讐になる。自分を納得させるための理由になる。「私は裏切ってはいない。実際は、あの人を信頼した私が間違っていたのだ。あの人が正しくなかったのだ」と。今や彼は自分に対しても、他の者に対しても、その人間が間違っていたのだと証明しなければならない。「私が裏切ったのではない。私はただ、あの男が間違っていたことに気づいただけだ」と。

それはただ、疚しさを感じないためにすぎない。それはうわべをごまかすための、血に汚れた自分の手を洗うための努力だ。だが、どんなに嘘をついても、どんなに弁解してみても、自分が裏切ったという事実をどう変えようもない——そしてあなた方は、裏切ることで私を傷つけることはできない。誰にも私を傷つけることはできない。ただ、自分自身を傷つけているだけだ。今やあなたは、自分自身の信頼する能力を破壊してしまった。そしてもし、その信頼の橋が壊されたら、それを超えて行くことは決してできなくなる。

そしてこれは不思議なのだが、シヴァのような、私のところにおよそ六、七年もいたような人々が――私といっしょにいない現在「発見している」と称するそれらすべての事実を、当時発見できなかったと言うならそれは一つのこと、彼らが智恵遅れだという事実しか証明してはいない。そんなことを発見するのに七年もかかるのか？――今話しているそのことは、五年前に「発見して」いたに違いない。その当時、それらの事実を暴露できなかったと言うのかね？……そのときこそ正しい時期だっただろうに。

これは理解すべき心理学的な事柄だ。もっとたくさんの本が書かれることになるだろうし、サニヤシンによって、もっと多くの記事が書かれるだろう――彼らは信頼していたがためにこそ、今度は裏切っているのだ。自分たちが私を離れて行くのに、何か理由が必要だ。理由がなかったら、彼らは疚しさを感じることになる。だからもし理由がなかったら、それを創案せざるを得ない。虚偽を捏造《ねつぞう》せざるを得ない。

愛はあまり信頼できないが、役には立つ。
それを使いなさい、そして信頼へ移りなさい。
だが信頼もまた百パーセント確かではない。
超えて行きなさい。
そうしたら、もう落ちることはできない。そうなったら、戻って来る道はない。そのとき、それは永遠なるものを分かち持つ何かだ。

昨夜私は、ベッドでつまらない本を読んでいたのですが、突然閃光のように、「だが導師はあなたに真理を与えることはできない、あなたがそれを盗まなければならない。すると導師はそれを失わないだけではなく、あなたがそれを盗んだことを、あなた以上に喜ぶ」という考えがやってきました。そして直ちに、それがイーシャ・ウパニシャッドの主要な経文――全体から全体を取り出しても、やはり全体のままだ――の意味だと思いました。そして私はしばらくのあいだ、深い沈黙を感じました。

あの経文について、もう少し何か言ってください。

イーシャ・ウパニシャッドは、今まで述べられた中で最も意味深い言明の一つだ。すなわち、全体が全体から出てしまっても、残るのは全体だ。全体が自らを全体の中に失っても、やはり全体は同じままだと。

これこそが、まさに全体性という質だ。それはより多くもなれないし、より少なくもなれない。そこから何かを取り出すこともできるし、何かを付け加えることもできるが、それは同じままだ。それこそが不変の、永遠の真理だ。他のものはすべて変化している。他のものはすべて――そこから何かを取り出せば――何かを失い、そこに何かを付け加えれば、それは何かを獲得する。

この経文を導師と弟子に結びつければ、それはもっと明瞭になる。何千人という弟子が導師から真理を得られるが、彼の全体性は同じままだ。彼の宝をみんなが取ってしまったからといって、彼が乞食になるわけではない。

通常の世界では、経済学の通常の法則は違っている。乞食が金持ちに施しを求めていた。

「何かお恵みを。もう三日も腹を空かせているのです」

その金持ちは百ルピー札を取りだし、その気の毒な男に与えた。哀れな男は信じられなかった。第一、彼は嘘をついていた。彼は何時も誰にでも、自分は三日間腹を空かせていると言ってきたが、これまで誰も百ルピー札などくれた者はいなかった。そこで彼は少しためらった。金持ちは言った。

「それでは不足かな？　もっと欲しいのかね？」

男は言った、「いえ、そういうことではありません」

金持ちの男は言った。「ではどうしたわけだ？　嬉しそうには見えないが」

男は言った。「いえ、ただ、これではあなたは、じきに私のようになってしまいます。一時は私も金持ちでした。そして一時は私も乞食に百ルピー札を与えていたものです。そして結局私は、嘘をつき、一日中物乞いをして自分の食べ物、着る物を何とか手に入れる境涯に落ちました。あなたがずっとそんなことを――私のような乞食に百ルピー札を与え続けたら、長くは続かないだろうと、私は本当にお気の毒に思うのです。すぐにあなたは私の仲間になってしまうでしょう！」


彼は真実を言っていた。これが通常の経済学だ。どれほどたくさんの金を持っていても、与え続ければ貧乏人になってしまう。じきに乞食になる。だが、あなたの内なる生命の豊かさは、まったく別な現象だ。通常の経済学の法則は当てはまらない。与えれば与えるほど、それだけ手に入ることになる。この点で、イーシャ・ウパニシャッドには深い意味がある。

たとえ導師がそのハートのすべてをあなた方に与えても、残るのは全体だ。たとえ弟子が、感謝をもって、導師に自分のハートのすべてを与えても、導師も何一つ得ることがなければ、弟子も何一つ失うことはない。全体性とは、損得を超えたものだからだ。あなたは導師から真理を盗むことについて尋ねている。

それはグルジェフがよく弟子に言っていたことだ。

「それを盗む用意がない限り、決してそれを手に入れることはない」と。

そして、あなたが真理を盗むのを導師はあなたよりも喜ぶ、というのは本当だ。実際、導師はあなた方がそれを盗めるように、あらゆる努力をしている。それを与えることはできない。それを別な観点から見てごらん。真理は与えることはできないが、取ることはできる。私はそれをあなたに言えないが、あなたがそれを聞くことはできる。私はそれをあなたに見せられないが、あなたがそれを見ることはできる。それが「盗む」ということの意味だ。それは、あなた方が理解している意味での盗みではない。グルジェフが言うのは、導師の方は待っているということだ。あなたが勇気を出して、それを取らなければならない。彼はすべての扉を開けたままにしている。あなたは中に入って宝物を取ることができるくらい勇敢でなければならない。そして導師は、それを見て喜んでいる。あなたがその家に入らなければ、それは導師にとって悲しむべき状況だろう――というのも、それ以上何ができるというのか？　扉は開いている。あなた方は、何千回となく招かれている。その宝物には錠がかかっていないのに、あなたには導師の家に入って、それを取るだけの勇気がない。ここには盗むという問題はない。

真理は誰の持ち物でもない。

それは他の誰のものでもあるのと同じく、あなたのものでもある。

導師はそれを所有しているのではない。それは認識であって所有ではない。だが、導師はあなたにそれを強制的に取らせることはできない。それでは意味がすべて失われるからだ。

それを手に入れるために、何らかの主導権を取らねばならないようなものが存在する。その主導権そのものの中に、それを手に入れるあなたの能力がある。導師はその主導権があなたの中に生まれるように、あなたを激励することはできるが、それを与えることはできない。なぜなら、たとえ導師がそれをあなたに与えても、あなたはそれを失くしてしまうからだ。それをどこかで忘れることになる。

ある古い話がある。ある貧乏な男が、市場から自分の驢馬を連れて家に戻ってくるところだった。彼は陶器職人で、インドでは陶器職人だけが、驢馬を使って陶器をある場所から別の場所に運ぶ。彼は陶器をすべて売ってしまったが、途中でまだ磨いていない大きなダイヤモンドの原石を見つけた。彼はダイヤモンドについては何も知らない。ただ、子供が遊ぶのにいいと思ったただけだ。

「これは美しい、輝いている。驢馬の首のまわりにかけてもいいかもしれない」

そこで彼は、何とかそれを驢馬の首のまわりにかけた。宝石商が素晴らしい馬に乗って傍らを通りかかった。彼は突然立ち止まった。彼には信じられなかった……、これほどの大きなダイヤモンドを一度も見たことがなかった。しかも驢馬の首にかけてあるとは！　彼はその貧乏な男に「何となら、その石を取り替えるかね？」と尋ねた。無論彼には、男がそれをダイヤモンドとは知らないことがわかっていた。「その石の代金に何が欲しいかね？」

その貧乏な男は一生懸命考えた。最後に彼は「一ルピーでいいですよ。ただ、子供が気に入るかもしれないし、驢馬が喜ぶかもしれないと思ったものだから」と言った。

その宝石商人は言った。「石のために一ルピーだって？　お前おかしいんじゃないか！」。彼は貪欲になった。「この男は何も知らない。一ルピーで百万ルピーの価値があるダイヤモンドを売ろうとしている！こいつなら値切れる」。そこで彼はこう言った。「駄目だ、四アンナしかやれないね」。そう言って彼は馬に乗ったまま、ゆっくりと進んだ。

だが偶然、もうひとりの宝石商が彼の後ろに来ていた。それもずっと金持ちの宝石商で、四輪馬車に乗っていた。彼も立ち止まって「そのダイヤモンドの値段はいくらかね？」と尋ねた。

その男は言った。「一ルピーだったんですけど、今度は二ルピーです。どうやらこれにはたくさん買い手がいるらしいから。値段が上がりました！」。その宝石商は彼に二ルピーを与え、そのダイヤモンドを手にすると行ってしまった。

すると馬に乗った男が戻ってきた。「一ルピーを値切るなんてバカげている。黙って一ルピーやって、あのダイヤモンドを取るんだ」と考えたからだ。

彼は「心配しなくていい。お前に一ルピーやるよ」と言った。

「でも、あのダイヤモンドは売れました」と、陶器職人は言った。

「ダイヤモンドだって？」と、宝石商は言った。

「貧乏人の私にだってわかりますよ――誰が石なんかに興味を持つもんですか。それに私は二倍の値段を受け取りました。現金で二ルピーです」と、男は言った。

「お前は気違いだ。俺なら十ルピーやったのに！」と、その宝石商は言った。

男は言った。「でも遅いですね。あんまり欲張らないことです。私は一ルピーであなたに渡そうとしていたのです。すると別の人が四輪馬車で止まったので、私にはあれが何千ルピーもの価値がある物に違いないとわかった。しかし何千ルピーも貰ったって、私には何をしていいかわからない。二ルピーで充分です。私は貧しい陶器職人です。二ルピーは私の仕事には大変な励ましです。それ以上は要りません」

その宝石商は非常に腹を立てた。彼は「お前は馬鹿だ。お前は白痴だ！　お前は一万ルピーの価値のあるダイヤモンドを、二ルピーで売ったんだぞ！」と言った。

その貧しい陶工は言った。「腹を立てちゃいけません。実際は、白痴はあなたじゃないですか。だってあなたは、あれがダイヤモンドなのを知っていたのに、一ルピーで買おうとしなかったんですから。私は貧乏人だ。私はあれが何か知らなかった。私はダイヤモンドなんて見たこともありません。私は自分が計算できる最高の値段をあなたに頼みました。一ルピー以上を私は見たこともない。だったら、白痴は誰でしょうか？　さあ、家に帰ってお好きなだけ取り返しのつかないことを嘆くといい。私のことなら、二ルピーで充分です――ダイヤモンドだろうが、ダイヤモンドでなかろうが。私にとっては二ルピーは多すぎる」

人々は貪欲に生きている。その貪欲が世俗的なものに対してであるために、グルジェフが弟子に「真理は盗まなければならない」と言ったとき、弟子たちは泥棒にならねばならないと言われているのだと考えた。グルジェフは非常に誤解された。グルジェフが本当に言っていたのは、導師が与えることができないのは、それがダイヤモンドであることを、あなたが理解しないからだということだ。あなたはそれを石だと思う――それを盗もうという努力をしない限りは。それを盗もうとするまさにその努力の中で、自分が何か価値のあるものを発見したのだという認識に、到達することになる。

あなたは有名な諺「盗んだキスは甘い」を知っているだろう。なぜ盗んだキスは甘いのか?——それは、盗むことで努力をするからだ。その努力そのものが、それを価値あるものにする。その努力が大変なものであればあるほど、手に入れるものの価値は高くなる。

グルジェフは正しい。あなたは真理を盗めるようになるべきだ。そしてあなたの導師ほど、それを喜ぶ者はいないだろう。何故なら、彼は何一つ失っていないのに、あなたは全世界を手に入れようとしているのだから。

第二十六章

私はあなたの質問には答えず、あなたのハートに答える――

I Don't Answer Your Questions, I Answer Your Hearts

プネーでの講話で、あなたはしばしば明け渡し《サレンダー》について話されました。あなたが沈黙に入ったとき、シーラは明け渡しの意味を、人々を従順にさせるために誤用していました。それからというもの「ただ明け渡しなさい」という言葉を聴くだけで、自分が閉じるのを感じました。今、こうしてあなたの許にいて、この「明け渡し」という言葉が、私のマインドだけでなく私の実存にも届き、その真の意味に心地よさを感じます。明け渡しについて話していただけますか？

それは「明け渡し」という言葉だけではない……。たくさんの言葉がある。人から聞いたときにはひとつの意味を持っているのに、経験してみると、それらはまったく別の意味を持っている。だから問題は、言葉を通して、経験された意味をいかに人に理解させるかだ。その言葉は明け渡しのこともあり、愛のこともあり、信頼の場合もある。

あなたは私が明け渡しについて話すのを聴いた。そのときは明らかにあなたは、「明け渡し」が服従を意味すると、「明け渡し」が一種の精神的な隷属のことだと、「明け渡し」とは人が自分の人生について、何一つ言う権利がないという意味だと思ったようだ。他の誰かがそれを命令するのだと。それなら「明け渡し」とはただ従うこと、信じること、決して疑わず、決して尋ねないという意味になる。それは人を傷つける。それらの意味はすべて人を傷つける。それはあなたの個性を傷つけ、あなたの自尊心を傷つけ、あなたの自由を傷つける。コミューンで私が沈黙していた間に、「明け渡し」という言葉の悪用が可能だったのはそのためだ。

だが、私のそばにいたら――しかも私はまったく明け渡しについて話してもいないのに――ただ近くにいるというだけで、私の存在とあなたの存在は、ある共時性の中に入っていって……。

ここに二つの電球がある、別個の、個別の電球だ――だがその光は部屋の中いたるところで出会っている。その光は一つの光として部屋を満たしている。

臨在とはそのようなものだ。それは物質ではない。それが物質だったら葛藤があるはずだ。この二つの電球の光は、その中間に境界線を引いていない。「ここまでは俺の領域だ、俺の領域にでしゃばるな」などというような。電球の光には領域がない。何百という光源があっても、葛藤もなければ喧嘩もない。光とはある質だからだ。そこに葛藤はない。

物質的なものは、すべて特定の空間を占有する。そのとき他のものは、同じ空間を占有できない。この椅子がここにあれば、他の椅子は同じ空間を占有できない。だが光については別だ――その空間は同じだ。同じ空間を占有する百の蝋燭があり得る――蝋燭ではなく光だが。あなたの肉体ではなく、あなたの臨在だ。私が明け渡しについて話していないのに、あなたはそれを経験している。それはもはや、あなたの自尊心を破壊しないし、あなたの個性を破壊しない。それは従順とは何の関係もない。それは服従とは何も関係ない。

「明け渡し《サレンダー》」というこの言葉は、戦争に関係した語彙から来ている。二つの国が戦っていると、最後に負ける国が降参《サレンダー》しなければならない。それは美しい言葉ではない。連想されるものは醜い。一方が勝ち、もう一方は敗北して抹殺される。

アレキサンダー大王はインドの辺境を征服した。彼と戦っていた男は、たいへんな洞察とたいへんな力のある人物だった――物理的な力ではないが。アレキサンダーはより大きな軍隊、より進歩した破壊技術を持っていた。

ポラス――それがインドの国境を統治していた男の名前だった――は、本当に勇敢な男だった。彼の「ポラス」という名前そのものが真の男、真摯なる人間を意味する。アレキサンダーは初めて相手を恐れた。自分の方が大きな軍隊を持っていたが、彼にはポラスが持っているような霊的な質、そのような瞑想性、そのような存在感はなかった。

アレキサンダーは、ポラスについての話をたくさん聞いたことがあった。より大きな軍隊が攻撃したことはあったが、彼の国を征服できた者はいなかった。この男には何かがあり、彼の臨在そのものがその軍隊を十倍にもしていた。ポラスが自分たちを率いており、ポラスが敗北を知らないために、彼の兵士たちは自分たちの勝利を確信していた。

アレキサンダーは初めて、心の内で震えた。そして初めて、政治家のように醜い振る舞いをした。その地まではひたすら偉大な戦士であった彼は、ポラスのことを聞いて、「相手ははるかに偉大な、物理的のみならず精神的にも偉大な武人だ。軍隊だけでは駄目だろう」と考えた。そこでアレキサンダーは狡猾な戦術を弄した。

インドでは、雨期のシュラバンの月には、兄弟と姉妹の日という一日がある。女性が男兄弟の手首に紐を巻き付ける。それはラクシャバンダンと呼ばれ、「あなたは私を守ってくれる」という約束だ。兄弟はその姉妹に、たとえ自分の命を失おうとも彼女を守るという約束する。

そこでアレキサンダーは、その日ポラスの宮殿に自分の妻を送った。もちろん彼女は大いなる敬意を持って迎えられた。誰もが彼女が来たことに驚嘆した。何しろインダス川の向こう側にはアレキサンダーが攻撃の好機を待っていたからだ。しかも彼の妻は一人で来た。彼女は「私はポラスに会いたい」と言った。

ポラスには姉妹がいなかった。彼女はポラスの所に行って、こう言った。「あなたには妹がいない。私には兄がいない。私はあなたの妹になりたい」と。そして彼女は伝統的な紐を持って行った。

彼女はその紐をポラスの手首に巻き、ポラスは婦人の足に触れて「あなたは何ひとつ恐れる必要はありませんん。命ある限り私はあなたをお守りします。もし何か私があなたに上げられるものでお望みのものがあれば、光栄に思います」と言った。すると彼女は「これから起こる戦争で、どうか私の夫を殺さないでください。彼はあなたの義理の兄弟です。あなたは私の愛する人を殺すことになります。この紐を忘れないでください。あなたは私を守ると約束してくださいました」と言った。

ポラスにはそのやり口がわかったが、彼は約束を守る男だった。彼は「ご心配いりません」と言った。

そして彼女は向こう側の野営地まで無事着けるように、護衛をつけて送り返された。

そして、これこそがポラスが敗北した理由だった。西洋人によって書かれた歴史書は、まったくこの事実に触れていない。それはアレキサンダーの勝利ではなかった。勝利はポラスのものだった。

ポラスがアレキサンダーを攻撃したときがあり、アレキサンダーは馬から落ちた。ポラスは象に乗っていた――インドの軍隊は象に乗って戦った――そしてポラスが自分の手首の紐を見たのは、ちょうどアレキサンダーを殺そうとしていたときだった。今にも相手を殺そうとしていた槍は、一瞬の内に引き戻され、ポラスはアレキサンダーにこう言った。「あなたを殺すことはできない。私はあなたの妻に、彼女を傷つけることは何一つ行なわないことを、彼女を守ることを約束した」

これが、ポラスが戦争に負けた理由だった。だが、アレキサンダーにはまだ理解できなかった。彼には東洋のやり方、東洋人がまったく別な観点で考えてきたことが理解できなかった。それは本当には精神的な勝利、ポラスの大いなる勝利だった。

ポラスは鎖に繋がれ、手錠をかけられてアレキサンダーの宮廷に連れて行かれたが、彼はライオンのように――もちろん閉じ込められて――連れて行かれた。

そして私があなた方に理解して貰いたいのは、次の判決だ。アレキサンダーは彼に言った……。ポラスというこの男こそ、まさに希有な人物だったことを忘れてはいけない。彼の槍はアレキサンダーの心臓の間近に達していた。あと一瞬でアレキサンダーは殺されていたのに、ポラスは未知の女性に与えた約束のためにそれを引っ込めた。

アレキサンダーはポラスに「そなたはどのような扱いを望むか？」と尋ねた。

ポラスは笑って「私は、帝王がもう一人の帝王によって待遇されるように扱われるべきだ」と言った。

ホールに沈黙がおりた。アレキサンダーの宮廷では、人々は未だかつてそうしたことを聞いたことがなかった——虜《とりこ》にされた王が笑って「問題はない。あなたは作法を学んだはずだ。帝王は帝王としてみなされるべきだ」というようなことは。

一瞬アレキサンダーは迷ったが、それから彼の良識が打ち勝った。彼は思いだした、ポラスの手首にも同じ紐がついているのが見えたからだ……。それは、まだそこにあった。それはひとりでに落ちるまで、外されてはいなかった。

アレキサンダーは家来に告げた。「その男を自由にしてやれ。彼に王国を戻してやれ。そして我々はこれ以上インドに入って行くことはできない。危険だ。辺境でこんなことが起こるとなれば、もっと内陸の地域では何が起こるかわかりはしない。我々は戻ろう。征服したというだけで充分だ」

「明け渡し《サレンダー》」とは、戦いで誰かを打倒することからきている。それにはまだ、暴力的な要素がある。それは嫌な言葉だ。しかし、あなたが今感じている体験を表現する言葉は他にない——特に英語には言葉がない。その体験は途方もなく重要だ。誰も、あなたを征服しているわけではない、誰もあなたを打ち負かしているわけではない。あなたが誰かに服従しているわけではない。何ひとつ失ってはいない。あなたの自尊心は手つかずだ。実際は、あらゆることが高められ、より強化される。そのおかげで、あなたは以前よりももっと良くなる。それは非物質的な存在の微妙な出会いと融合だ。

だから本当は、あなたがここで感じているものが、「明け渡し」として私が語っていた意味だ。私はその単語で、この体験を説明しようとしていた。そして今あなたは、その単語がふさわしくないこと——ふさわしくないだけでなく、どこか醜いことを知っている。

そして同じことが、たくさんのレベルで起こる。あなたはこれまで聞いたことのある愛とは違う、これまで体験したことのある愛とは違う愛を、知ることになる。それは言葉では表現できないが、あなたは感じるだろう。それはほとんど触れることができるほどの――言葉ではない、無言のリアリティだ。信頼についても同じことだ。

そして、愛と信頼の両方の彼方に、名前を持たないものがある。それは沈黙の中で、どんな努力もなくどんな条件もない一体感の中でしか体験できない。自分でそれをしているというのではない――もしそれを自分でしたら、見逃すことになる。それは起こっている。あなたはただの見張りだ。起こる何かと、あなたが単なる立会人であることが、霊的成長の不可分な要素だ。

だが、私たちがこれらの経験を言葉にすると、私たちは遥かな星から泥だらけの地球に降りて来なくてはならず、その途中でたくさんのものが失われる。そして言語の世界に到達するまでには、自分でその経験を知っていれば、その言葉がその中にあった現実の、遥かな遠いこだまですらないことに驚く。

だが、これこそが世界中の言語の問題だ。なぜなら言語とは、通常の目的、俗世の目的のために、人間によって開発されたものだからだ。それは、目覚めた人々によって開発されたものではない。また、目覚めた人々が言葉を開発しないのは、互いに話す必要がないという単純な理由のためだ。彼らの沈黙が充分に歌であり、彼らの臨在が充分なメッセージだ。ただ互いの目を覗き込むだけで充分だ。あるいは、互いの手を取り合うだけで充分だ。

だから、覚醒した人々の言語というものは決して生まれない。彼らにはその必要がない。がまた、言語を必要とする人々にはその体験がない。だからその人たちの言葉を使えば、その言葉は当然間違った意味連想を担わざるを得ない。だから、私たちがそのことを話していなかったにも関わらず、あなたが明け渡しのエッセンスを感じたのはいいことだ。私はその言葉に触れもしなかった。

そしてそれこそ、私が言及していない多くのことを、あなたが経験できる方法だ。私はあなたに本当にそれを生き、感じ、それになってほしい。私はあなた方が――「もしかしたら、これが以前あなたがおっしゃっていて、私たちがどうしても理解しなかったことではないのですか」と、私に思い出させてくれるようであってほしい。

ときどき私は、自分が非常に強力で輝いていると感じることがあります。まわりでどんなことが起ころうと、本当に私には影響しません。私は出来事からの素晴らしい距離を感じています。でも別のときには、私は自分の皮膚が剥がれて、あらゆることが私の中に深く到達し得るのを感じます。無愛想な言葉や仕草が、私を何時間も傷つけることがあります。私は非常に弱々しく感じて、どこかの隅に隠れたくなります。

私はまた、自分がこの気分にいるとき、まわりの愛に満ちた雰囲気が、私の中に深い喜びを生み出せることも経験しましたが、自分の隅っこから出て行きたくないことも、しばしばあります。自分がそういう状態に退行したことはよくわかっているのですが、それはしばしば単なる知的洞察に過ぎなくて、この不快を捨てる実際の役には立ちません。私はこういう子供っぽさが好きではないのですが、これに対処するには明らかにそれに直面せざるを得ないようです。助けていただけますか？

この質問は重要だ。さまざまな含みがある。まず、あなたがいい気分で輝かしく感じているときは、何一つあなたに触れず、何一つあなたに影響しないと言う。つまりそれは、本当は決して何一つ、あなたに影響しないということだ。それはただ、あなたが自分の輝かしさを見失っているということ、あなたが自分の意識を、自分の超然たるところを見失っているということだ。だから、あまり否定的《ネガティブ》なこと、子供に退行するとか、隅っこに隠れて出たくないことをくよくよ心配するよりも――その後でそれにどう直面するか、どうそれを捨てるかと考えるよりも――それに集中するのを止めることだ。

あなたが何ものにも触れられない瞬間を知っているなら、その肯定的《ポジティブ》なものに集中して、その輝き、その超然たるところ、その気づきを広げなさい。より多く、あなたがそれに覆われるように。もう一方はひとりでに消えることになる。それについて考える必要すらないだろう。

これは霊的成長における基本的なことだ。何かをくよくよ心配していると、ごく小さなことが非常に大きく見え始める。小さな傷があると、その傷を弄び始めてそれを回復させない――しかも本人はその傷を治したい。だが、その傷に何度も触って傷に集中し続けることは、傷を癒すことにはならない。それについてはすべて忘れなさい。肉体には肉体の智恵がある。それが傷を癒してくれる。肉体のやり方に干渉してはいけない。

マインドには固有のやり方がある。この子供に退行するというのはマインドの問題で、あなたが感じる輝かしさは、あなたの実存の経験だ。その高い方を憶えていなさい。低い方がひとりでに消えるように、もっともっと、より高いものに満たされなさい。低い方をくよくよ心配するのではなく……そちらの隅っこには高い方は現れない、そして、低い方がますます強くなってしまう。

それを捨てたいという考えそのものが危険だ。なぜなら、何かを捨てたいと思うときは常に、あなたが非常に執着しているということだからだ。もし誰かが、毎朝家を掃除して集めたゴミを持って戸口に出て、近所の人たちに「私はこれを投げたい。本当にこれを放り出したい」と大声で言ったとしたらどうだろう……。しかも「私はこれを投げたい。本当にこれを捨てたい」と叫んでいる間、その人はしっかりとそのゴミを掴んでいる。誰一人妨げてはいない。誰も気にしてはいない。それはゴミだ。それについて、そんなに大げさに騒ぎ立てることはない。ただ捨てたらいい。

だが、ただそれを捨てるのは、自分がより高い段階にいて初めてできることだ。そのとき初めて、それがゴミだとわかる。自分がその段階そのものの中にいたら、捨てることはできない。考えることならできるが。

そしていいかね、「私はこれを捨てたい」と考えることは、本当はそれを守るための方法なのだ。あるいは「私はこれを望まない」と考えることもそうだ。それを捨てたいと狂信的に叫べば叫ぶほど、その人がどれほど深くその中に入り込んでいるかを示している。

何かを捨てるというような問題はない。

私の理解は、何かを捨てようとするより、むしろそこから離れてみてはどうかということだ。

この二つは別のことだ。

あなたは梯子段の上にいる。それを捨てたがっているが、自分がその上に立っているのだ。それを捨てれば、ばったり倒れるだろう。それを捨てる唯一の方法は、より高いはしごに前進することだ。そうすればば低いはしごはもう役に立たない。その低い段から離れれば離れるほど、それは暗闇の中に消えてしまう。

常に憶えておきなさい。決して否定的なものに集中してはいけない。

だが、あらゆる宗教は人々に否定的なことを説いてきている。宗教は人間の不幸と進化の停止に責任がある。

マハトマ・ガンジーは五つの基本原理を持っていたが、それらはインドのすべての宗教に、五つの基本原理として受け入れられている。だがその基本原理を調べてみて気づくべき最も重要なことは、それらがすべて否定的だということだ。

アヒムサ、非暴力――この「非」は、否定的態度を示している。実際、彼らは暴力を問題にしているに違いない。何しろ、それこそが真の問題なのだから。彼らがアヒムサ、非暴力と言うとき、彼らは「私たちは暴力を望まない。無暴力を、非暴力を」と言っているのだ。

アステア、非—非真理。彼らは単純に真理と言えない。彼らはそれを否定的なものにするために、まわりくどいやり方、「非—非真理」を探しに行かねばならない。だがその強調は、非真理に置かれることになる。真理を発見しなければならないのではなく、非真理を捨てることだ。非真理は消える。

アスワドゥ——味わわずに食べること——サンスクリットの「ア」は、「非」、「でない」を意味し、これは否定語だ。アヒムサ、アステア、アスワドゥ、すべてが否定的でなければならない。インドのすべての宗教は、これらの五つを受け入れた。その全歴史を通じて、「肯定的な言い方が可能なときに、なぜ彼らはそれらすべてを否定的にしなければならなかったのか?」という単純な事実に気づく者はいなかった。これは単なる偶然ではない。

これが私たちのマインドの働き方だ。ほんの些細なことがあると、マインドはそれを大きくし、集中し、それを捨てようとし、それと闘い始める。闘うことでそれはより大きくなる。それと闘えば闘うほど、あなたはさらにそれにエネルギーを与える。それがより多くのエネルギーを受けるほど、あなたが打ち負かされる回数は多くなる。

だから、不思議な悪循環が生まれる。自分で闘って自分が破れる。そして自分が破れるたびに、その次に闘う勇気は少なくなる。それが簡単な仕事でないことを知っている、前に闘ったことがあるのだ。だから、失敗がマインドにさらに刻印されていく——何をしてみても、自分は失敗するだろうと。もう一度やってみることはできるが、あなたは失敗するはめになる。否定的な状態を相手にして、闘いに勝てる者はいない。

だから、子ども時代に退行するのをやめる、というふうに考えるのを止めなさい。すでに自分が退行していない瞬間があることがわかっているのだから、その状態に集中して、それを自分の全体に広げたらいい。肯定的なものに集中しなさい、そうすればその退行は消える。それは記憶に過ぎない。あなたはもう子供ではない。それは大したことではない、ただ、水に書かれた文字に過ぎない。

その子を、あなたは遥か後ろに置いてきた。それは単なる記憶に過ぎない。それと闘うことで、それを非常に堅固なものにしないことだ。それについてできる最善のことは、無視することだ。どんなジュースも与えてはいけない。たとえたまにそれが起こっても、無視しなさい。それが単なる記憶以上のものではないということを、自分にはっきりさせるだけでいい。あなたは退行できない。それは単なる子ども時代の記憶に過ぎない。あなたは子どもになれない。ただ記憶があるだけだ。

そして子ども時代には、あらゆる子どもが無力な瞬間を持っている。彼は小さく、依存している。誰もが大きくて力強い。だから彼は、家の中で小さな隅っこを見つけてそこに隠れ、そこで泣く。その記憶がまだあるが、それはただの記憶だ。それは消し去ることができる。それを消す単純な方法は……。あなたの輝かしい瞬間は現実だ、記憶ではない。それは今、起こっている。それは強力だ。そういう瞬間をもっと広げなさい。

そういう瞬間を調べてみるといい。何がその引き金になるのか、何がそれをもたらすのかを。海辺の散歩が役に立つ。プールに行くことが役に立つ。静かに樹の下で座ることが役に立つ。ギターを弾くことが役に立つ。役に立つことを何でも、そういう要素をすべて見つけ出して、もっともっと強化しなさい。そして、記憶に力はない。あなたがそれに力を与えるのだ。それは消えるものだ。

私はあなたに、それを捨てて欲しいとは思わない。それがひとりでに消えるようであって欲しい。そうすれば背後にかすり傷も残さないだろう。もし自分でそれを捨てたら……第一、未だかつて何かを捨てることができた者などいない。

私は絶対的な言明をしている。人間の全歴史の中で何かを捨てることができた者は、一人もいない。それを試みた者は失敗した。そして、何とかあるものを捨てることができた者は、それを何か似たもので代替せざるを得なかった。ある者は喫煙を止めてガムを噛み始める。何一つ捨てられてはいない。人々は捨てた――少なくとも自分が何もかも捨てた、あらゆるものを放棄したと信じた――だがある状況になれば、自分が捨てたと思っていたものが突然現われる。

ラーマティルタ、ある非常に有名な年老いたヒンドゥ教のサニヤシンが、世界中を旅して、いたるところで非常な尊敬を受けた。彼は雄弁家で美しい人だった。だが世界中で尊敬を受けたために……、というのも、彼はキリスト教徒に対してはキリストを称え、ユダヤ教徒に対してはモーゼを称え、そしてイスラム教徒にはモハメッドを称えてコーランについて語ったからだ。彼が尊敬されたのも当然だった。が、彼は自分が尊敬されたのだと思った。それが彼の間違いだった。もし彼がモハメッドを批判したら、彼を敬っていたその同じイスラム教徒が彼を殺しただろう。そうすれば、何が尊敬されていたのかがわかっただろうが。それらのイスラム教徒たちは、ヒンドゥ教徒のサニヤシンがコーランを、彼らの聖典、彼らの預言者、彼らの神の栄光を称えているのを喜んでいた。当然、彼らはその人間を尊敬したに違いない。それはお互いさまだった。

ラーマティルタは、全世界を周遊した旅からインドに戻ってきた。そして内心では、自分が他の国々であれほどの尊敬を受けてきたのだから、インドでは自分は途方もない尊敬を受けるだろうと期待していた。彼は自分の活動をベナレスから、ヒンドゥ教の中心から始めたいと思った。

そして、彼が話そうとして立ち上がると、一人の学者《バラモン》が立ち上がって言った。「あなたが話を始める前に、二つほどお尋ねしたい。まず、あなたはサンスクリット語を知っているのですか？」

ラーマティルタは、今ではパキスタンになっているインドの辺境の村で育っており、そこでの言語はペルシャ語とウルドゥー語だった。

彼は「いいえ、サンスクリット語は知りませんが、私は英語またはペルシャ語またはウルドゥー語に翻訳されたサンスクリット教典はすべて読みました」と言った。

その学者は笑って言った。「ではまず、サンスクリット語を勉強なさい。何故といって、それを翻訳する方法などないからです。それは神聖なる言語で、世俗の言語に翻訳することはできない。まずサンスクリット語を学んでから、ここに来られるがよい。

第二に、誰があなたにサニヤスを授けましたか？」

ラーマティルタは、誰からもサニヤスを受けていなかった。彼は、ヴィヴェーカナンダがアメリカから帰国してインド中を遊説したとき、ラホール大学の教授だった。ヴィヴェーカナンダがラホール大学で話したとき、ラーマティルタはそこで数学の教授をしていた。そしてあまりにも感銘を受けた彼は、即座に仕事を辞めて衣を変えた。ラーマティルタにはサニヤスを受ける必要があるというような考えはなかった。彼はただ、オレンジの衣を着たサニヤシンになって、ヴィヴェーカナンダが外遊した西洋に向かった。ヴィヴェーカナンダに関心を抱く人たちがわずかながら存在していて、その人たちが直ちにラーマティルタのまわりに集まった。

そこでラーマティルタは言った。「私は誰からもサニヤスを受けていない」

すると集まっていた人々はみんな笑った。

彼らは「この馬鹿を見るがいい。彼はサンスクリット語も知らなければ、得度を受けたこともない。自分を恥じるがいい。それでヒンドゥ教を世界に伝える使者になるとは！」と言った。

ラーマティルタは、インドの国外では何度もそのような状況に置かれたことがあったが、それは一度も彼に影響を与えなかった。何一つ彼の中で傷にならなかった。人々は彼を侮辱した。人々は彼に反対した。狂信的なキリスト教徒が、彼に反対するスローガンを叫んでいたが、何一つ彼には響かなかった。だがその日、何かが起こった。彼はあまりにも苦しんだために、家に帰ってオレンジの衣を投げ捨て、普通の服に着替え、あるバラモンにサンスクリット語を教えてくれるようにと頼んだ。

さて、もし彼が本当に悟った人だったら、彼らにこう言っていたはずだ。

「言語に関する限り、神聖なものなど何もない。あらゆる言語が神聖だと宣言しているが、どんな言語も神聖ではない。そして言語は経験とは何の関係もない。サンスクリット語を知っただけで、あなたは自覚が得られると思うのか？　それならあらゆる学者が自己を知っていることになる。それなら、仏陀やマハヴィーラは目覚めていなかったことになる。なぜなら彼らにはサンスクリット語の知識などなかったのだから。

それにあなたは、誰が仏陀を得度させたと思うのか？　受けることも受けないことも、サニヤスとは自分自身の選択だ。それを誰か他の人から受けることもできるが、自分で授けることもできる」

だが、彼には単純なことが言えなかった。彼は、悟りとかサニヤスなど何も知らない普通のサンスクリット語の学者の前で恥をかいた。彼はそこからヒマラヤに移った。そしてそのショックがあまりにも深かったために、彼はついに自殺した——彼は山からガンジスに身を投げた。

彼は、自分がその時代の最も偉大なヒンドゥ教徒として迎えられるという敬意を大いに期待して帰ってきた——ところが、起こったことはまさにその反対だった。

ラーマティルタの信奉者たちは、彼がガンジスでサマーディに入ったと言っている。それはサマーディではなかった。サマーディは、光明を得、この肉体がもはや必要なくなり、為すべき仕事を終えて休息に入るというときにしか起こりえない。それは充足による決定であって、挫折からの、絶望からの、失敗からの決定ではない。だが、そのときラーマティルタは至福に満ちてはいなかった。彼の至福のすべては消えてしまっていた。彼は非常な苦渋と非常な怒りに満たされて、恥辱ゆえに自殺した。

そして、ラーマティルタの書物に従い続けている小さなグループがまだ依然としてある。私はそういう本を見たことがある。そこには何もなかった。彼は単なる雄弁家でしかなかった。そこには彼が光明を得ていたことを指し示すような、たった一つの言明もなかった。

そして、最後に起こったことが明らかにしている。彼の全生涯が単なる……彼はいい教授だった。理路整然とした――彼は話すことができた。ヴィヴェーカナンダが偉大な人物として受け入れられているのを見て、彼には野心が起こった。それは野心だった。

人々は、彼が家族を放棄したと言う。私ならそうは言わない。というのも、彼の妻がヒマラヤにいる彼に会いに行ったとき、彼は従者のプーラン・シンに「扉を閉めなさい。私はあの女性に会いたくない」と言ったからだ。プーラン・シンでさえ、それが信じられなかった。彼は日記にこう書いた。

「私は彼に、もし妻を放棄されたのなら、どうして彼女が自分の妻だと認めるのです？ もしあなたが放棄されたというのなら、そんなふうに認めることに何の問題もない。あらゆる女性は同じです。あなたはあらゆる女性と会ってきている。ところが、遠いところから来られたこの気の毒な女性には、会えないというのですか？

彼女はすべての装飾品を売り払って――あなたは他にお金を一切、彼女に残してこなかった――ただあなたに会うために、ただあなたの足に触れるために旅してきたのです。ところがあなたは、酷《むご》い仕打ちをなさっている。だからあなたが扉を閉じろと私におっしゃるのなら、私はあなたの許を去ります。もうたくさんです！ あなたがベナレスでなさったこと、そして今なさっていることで、私にはあなたがただ、そういうポーズをとっていたのだということ、芝居をしていたのだということが充分にわかりました。もしそうでないのなら、あの婦人を入れてあげてください」

そして、ラーマティルタがガンジスに身を投げたのは、この直後だった。

もしある女性を自分の妻として放棄したのなら、その女性は他の誰とも変わらない普通の女性になっているはずだ。そこにどんな区別も存在すべきではない。もし何らかの区別が存在するなら、それはその放棄が偽物だったということだ。

そして私の理解では、それがひとりでに落ちる以外は、あらゆる放棄は偽物だ――それがお金であろうと、何かの子供時代の記憶であろうと、何かの精神的な問題であろうと。そういうものを捨てようとしてはいけない。捨てようとすることで、あなたはそれに重要性を与えている。そういうものは無視することが必要だ。

自分の全エネルギーを、自分の中の成長した部分に注ぎなさい。それはより成長する。子ども時代の記憶を追体験するだけのエネルギーが残っていなければ、それは消える。直接の行為など必要ない。もう一度、繰り返させて欲しい。どんな否定的なことにも、直接の行為はいらない。さもないとあなたは、常にその否定的なものの網に捕まってしまう。積極的なもの、肯定的なものに焦点を合わせなさい。あなたに自由をもたらすのは、それらの問題からの自由をもたらすのは、その肯定的なもの、積極的なものだ。

ハートが質問できないなら、私があることをあなたに質問するとき、ハートのように痛むのは私のマインドなのでしょうか?

ハートにはどんな質問もできないが、自分に代わってマインドが質問するよう誘発することはできる。ハートそのものは言語を持っていないが、自分の質問をマインドが尋ねるように誘発する固有の方法を持っている。もちろん、ハートからマインドへ移る際に、質問は形態を変える。それはもう正確に同じものではない。ときには反対のものになることさえある。

そのために、ハートは涙を流し声を上げて泣くことがある。それは無力を感じる。ハートに質問はできない。それはマインドを使わなければならず、そしてマインドはハートのやり方ではなく、マインドのやり方でだけ、問うことができる。

それは数学者に詩を与えて、詩を数学に翻訳してくれというようなものだ。その数学者が知性のある人間なら「それはナンセンスだ。そんなことはできない。どうやって詩を数学に翻訳できるというんだ？」といって拒否するだろう。だが、一種エキセントリックな数学者なら、その仕事をするかもしれない。それは屠殺者の仕事になるだろう。

サンスクリット語には、薬や文法について詩で書かれた本があると知ったら、みんなは驚くだろう。さて、文法と詩に何の関係がある？　薬と詩に何の関係があるというのか？


子どもの頃から私は不思議に思っていた。その小さな町には二、三人アーユルヴェーダの医師がいて、彼らはみんな看板の自分の名前の前に「カヴィラジ」という単語をつけていた。カヴィラジとは詩人を、詩人の王を意味する。私にはわからなかった。医者がどうして……なぜ詩人なのだろう？——しかも、みんながそうしている。一人の医者なら詩人ということもあるかもしれない。だがそうではなく、それは資格だった。いくつかの資格を取った後の、これは最後の資格だった。ちょうど現代の医者が名前の前に「医学博士」と書くように、彼らは前に「カヴィラジ」と書く。そしてカヴィラジとは詩人の王の意味だ。

子どもながらに、私は気になった。私は父にこう言った。「何でもいいけど、僕が病気になってもあのカヴィラジだけはやめてね——だって薬とカヴィラジだってことは、何も関係ないじゃないか」

父の友人の一人は、非常に有名な医者だった。そして私はよく彼の所に行っていた。そこで私は彼に「どんな詩を書いたのか教えてよ。見てみたいんだ」と頼んだ。

「どんな詩かって？　あれはただ、そういう習わしなんだよ」と彼は言った。

昔は薬や医術についての本は詩で書かれていたために、それが結びついてしまったのだ。詩人だけが医術についての本を書いていた。そしてもちろん、普通の詩人に医術についての詩など書くことはできないから、彼らこそが詩人の王というわけだった。あらゆる種類の薬草や、植物の根とその混合物を説明している医薬に、どんなロマンスがあるというのか？　そこにどんなロマンスがあり得る？　だが、言語的には可能だ。散文で書く代わりに、詩に書くこともできる。

だから彼は私にこう言った。「あれは単なる習わしだ。私たちが詩人というわけじゃない。私たちは詩については何も知らないが、昔から太古の書物は、散文ではなく詩の形で書かれているんだ。そしてそういう書物を書いた人たちが、本当に詩の王になったんだ。そして今ではそれは、資格を表す称号になった。これらの古い書物について論文を書く者に、カヴィラジの学位が授けられる。しかし、これは馬鹿げたことさ」

質問をするという漠然とした感覚しか持っていないために、ハートは声を上げ、涙を流して泣くことになる。ハートは、その質問が何であるかさえ、はっきりさせることができない。おそらくそれは質問ではない。おそらくそれは自分自身を、自分の感謝を、自分の愛を、自分の信頼を、私の臨在の許で自分が感じていることを、表現したいだけなのだ。これをマインドに移すと、マインドは質問を作り出す。マインドとは質問作成工場だ。どんなものでもそこに入れれば、質問が出てくる。


大きな町にやって来た、貧しい男の話を聞いたことがある。

彼は年老いていた。彼は大都会を見たことがなく、エレベーターを見たことがなかった。彼はある老婦人、非常に老いた婦人がエレベーターに乗り込み、エレベーターが閉まるのを見た。何が起こるのかと見守って立っていると、その老婦人は消えてしまった。エレベーターは上の方に消えてしまった。彼は言った。「何てことだ、あの老婦人はどうなったんだろう？　あの人には助けてくれる人がいないし、何処に行って何が起こるんだろう？」

数分後、そのエレベーターが戻ってきて、美しい若い女の子が出てきた。彼は言った。

「これでわかった。しかし私は馬鹿だ。私は女房を家に置いてきた！　するとこの機械は……年取った女を中に入れたら五分間で、若い女になって出てくるんだ。私の古女房なら気に入っただろうに。「今度来るときは、あいつを連れてこよう」と彼は言った。彼は自分のことを考えなかった。というのは、彼が立っていた前のエレベーターには『女性専用』と書かれていたからだった。彼はおそらくこの機械は女性にしか効果がなく、男性には働かないのだろうと考えた。「しかし問題はない。少なくとも私の女房は若くなれるし、どこか他の所に男も若くする機械があるだろう」

マインドは絶えず質問を作り出す。ハートからある波動を受け取ると、すぐさまそれを質問に翻訳する。そしてハートが涙を流すのは、第一にはそれが望んでいたことではないからだ。

だが、心配する必要はない。私はあなたの質問には答えない。私はあなたのハートに答える。だから私は、あなたのマインドがその質問でどんないたずらをしたのかを見つけ出そうとし、またハートが表現したかったかもしれない肝要な部分を、取り出そうとするのだ。

だから、声を上げ涙を流して泣くことはない。この質問はチェタナからのものだ――彼女はまったくの泣き上戸だ。ただ、私の解答を待つだけでいい。その質問で泣き始めないことだ。マインドには他のことは何もできない。

第二十七章

後戻りすることを知らない何か

Something That Knows No Going Back

あなたが光明を得た直後の何年間か、あなたは何をしたのでしょうか？

それは難しい質問だ。最初に、ほとんど破ることのできない大いなる沈黙が、その体験の後に続いたということだ。あたかもマインドが機能を停止したかのようだった。それについてできることは何もなかった――見守っていることしかできなかった。それは私の家族や、私の友人たちにとっては理解しにくいことだった。明らかに、彼らは私が狂ってしまったと考えた。

私の家族はいつも私を心配し、私が踏みならされた道に従っておらず、危険な実験に入って行くのを不安に思っていた。気が狂うという危険は、容易に想像できた。

だから私が話すことを止めたとき――話すことがひとりでに止まってしまったと言った方がいい、私がその片棒を担いでいたわけではなかった――人々はよく質問をし、そして私は簡単なことにも答えられなかったものだ。

ほとんど二年間、内面には途方もない喜びがあった。外側では面倒なことになった。私を助けるつもりの人たちは、本当にうるさかった。私は独りに放っておかれるべきだった。だが彼らは、私がこの狂気の中に、もっと深く入って行くかもしれないと心配していた。

彼らはまた、私が不幸でないこと、私がこの上もなく幸福であることも感じられた。だが、狂人は普通幸せなものだ、不幸であることはめったにない。だからそのことは、狂気についての彼らの考えに反するものではなく、逆に、私を何とかすべきだという考えを支持するものだった。

彼らは、賢いと考えられている人々を連れてきた。私はそういう人たちが、常識のある人間の部類にさえ入らないことに本当に驚いた。彼らは教典というがらくたでいっぱいだった。

ただ一人だけ、賢い人として知られていた人ではないが、当時私と会った人がいる。そしてその人こそ、私の沈黙の二年間でのたった一人の正気の人間だった。彼は不思議な乞食だった——不思議というのは、たくさんの人たちに尊敬されていたからだ。だが彼は乞食だった。彼の唯一の持ち物は、ただの小さなマグカップだった。そのマグカップのために、彼はマッガ・ババと呼ばれていた。人々はそのマグカップの中に、金や食べ物や何かを入れたものだった。そして彼は、そのマグカップの中に誰かが入れて行った金や物を持って行こうとする者がいても、それを妨げなかった。むしろ、そこから金を取り去ろうとする者がいるのを喜んでいるようだった……。

私の叔父の一人が、もしかしたらこの人が何かの役に立つかもしれないと考えた。彼は沈黙しているか、ときにジベリッシュを話すことがあった。彼が何を言っているのかは誰にも理解できなかった。それが何語なのかさえ判別できなかった。それは言葉ではなかった。彼はちょうど口をきき始めた幼児のようだった——幼児は何でも言い続け、繰り返し続ける。

だがその人には、ある磁力のような質があった。雨が降るときには夜になると、彼は自分の場所のすぐ前の日除けの下で寝るのだった。私は二、三度彼を見かけたことがあったが、私が彼を見ると、彼はいつも微笑んだものだ——彼は私の家からあまり遠くないところにいた。彼の微笑みは大いなる理解を表していた。

そして、私の叔父は「この子をどうするか見てみよう」と思って、マッガ・ババを連れて来た。彼を連れて来ることも特別なことだった。彼は誰とも言葉を交わさなかったので、彼を招待するというわけにはいかなかった。彼は「イエス」とか「ノー」とは言わなかった。ただ力車を持って行って、彼を捕まえなければならないのだ。彼が拒否することはなかった。少なくとも彼は三度連れ去られたことがある。他の村の彼の信奉者たちが、黙って彼を連れ去ったためだ。彼らは彼を力車に乗せたのだが——彼は快く応じ、逆らったりすることはなかった。彼は喜んで力車に乗って連れて行かれた。だがそのときは、こちらにいた何百人という信者たちが、彼がいないのを寂しがった。

そこで、私の叔父は数人の友人といっしょに出かけ、マッガ・ババを力車に乗せて家に連れて来た。彼は私のすぐ近くに寄ってきて、私の耳にささやいた。「これがそれだ。この人たちのことは心配しなくていい。あれはみんな気違いだ」。おそらくこれが、彼がジベリッシュを使わずに誰かに口をきいた初めてのときだったかもしれない。

周りにみんなが集まっていた。何があったのか理解するのは、彼らには難しかった。というのは、マッガ・ババは自分が何を囁いたのか言おうとしなかったし、また私も、彼が何を囁いたのか言うつもりはなかったからだ。だが彼らは一つのこと、マッガ・ババが私のことを非常に喜んでいるということを感じた。彼は私を抱きしめ、そして去った。

それが私の家族と友人たちの役に立った。「何か我々が理解していないことがあるのかもしれない」と——だが他の者たちは、私たちが両方狂っていると思っていた。「あっちは、誰知らぬ者もない年寄りの気違いで、今度、もう一人の気違いを手に入れたってわけさ」と。

だがそれでも、私を理解できる人間が一人はいたということは、大いなる慰めだった。そして彼が私に示した理解のために、私は少しずつ話し始めた——というのも、もしかしたらそれで助かる人間が、もう少しいるかもしれないからだ。瀬戸際にいる人間がいるかもしれない。だが、私が話し始めると……。それは沈黙がやってきたときと同じようにやって来た。それが来たときは、まるで沈黙の大海が押し寄せたようだったが……、私が話し始めたときも、状況は同じだった。突然マインドは機能を開始し、私は絶え間なく話すようになっていた。

人々はアドバイスを求めて、私の所にやって来始めた。人々は私の講話を聴くために、集会に、会議に、他の都市へと来始めた。私はときには一日に五回も講話をし、ほとんど一日中何かの会議や、集会や、単科大学や、総合大学で話していた。それでも、私の沈黙は触れられることはなかった。

何年間も、私は一人でインド中を旅して回り、あらゆる人々に語りかけた。そしてゆっくりゆっくり、問題が持ち上がり始めた。政治家たちが恐れ始めた。彼らは、何百万もの人々に力を持っているような人間を我慢できない。政治家にとっては、自分の話を聞く人間を数人集めることも難しいのに、私は十万、二十万という人々を前にして話していた。彼らにとってこれは大問題だった。こんな男が政治家になったら、大きな危険になりかねないからだ。

彼らは私の集会を妨害し始めた。彼らは集会で騒動を起こし始め、私がその場所に時間までに到着できないように道を塞ぎ、私が駅に降りることまで妨害しようとした。彼らは人数を集めて、私が列車からプラットホームに降りられないようにしたものだ。それは終着駅だった。列車はそれ以上進めなかった。だが彼らは私が戻るべきであり、彼らの町に滞在させるわけにはいかないと言い張った。

それがほとんど不可能になったとき、私は旅することを止めた。すでに充分な数の人々が集まっていたので、私は新しい段階を開始した。私といっしょに過ごしたいと思う人たちのために、高原の避暑地や遠くカシミールの地で、二十一日間とか七日間の瞑想キャンプ――小さなキャンプや大きなキャンプ――を始めたのだ。

しばらくは、私が都会に行かなかったために上手くいったが、政治家たちはじっとしてはいられなかった。あまりにも権力から放り出されるという恐怖の中に生きているために、彼らは瞑想キャンプに対して揉め事を起こし始めた。ホテルを予約すると、私たちが到着した頃には、政府がその予約をキャンセルしていた。

ホテルの支配人はこんなふうに言ったものだった。

「どうにも仕方ありません。上の方からの指示ですから。政府が七日間特別な会議を開きたいというので、ここをあなたにお貸しできません」

そして、会議など何もなかった。ただ私たちがキャンプをできないようにしただけで、ホテルは空っぽのままだった。キャンプさえもできなくなったとき、それがプネーに移動したときだった――ただそこにいるために。「今度は、誰でも私の所に来たい人はここに来たらいい」――というのは、彼らが私をほとんど動けなくしてしまっていたからだ。

プネーでは、何千人という人々がやって来た。しかも、インドからばかりではなかった――今度は、私は一つの場所に留まっていたが、人々は世界中から来ていたからだ。これは彼らにとっては、もっと厄介なことになった。私は自分の家から出てもいなかった。プネーでのあの七年間、私が家から出たのはたったの二回しかない。一度は死のうとしている父に会いに行くため、もう一度はヴィマルキルティが死にかけているときだった。それ以外は、ただ家の中にこもっていた。というのも、今や彼らは必死で、私を殺したいと思うほどになっていたからだ。もはや、私を妨害するというだけの問題ではなかった。今では人々が私の所に来ていた。私はどこにも出かけていなかったから、彼らは私を妨害できなかった。

そして一万人のサニヤシンの目前で、彼らはナイフを投げて私を殺そうとした。これは前例のないことだった。というのも、人殺しというのはそんな公然と――一万人の目撃者の前で――行なわれるようなことではないからだ。ナイフはそこにあった。そして二十人もの警察官が配置されていた。彼らは朝方「今朝、講話の最中にOSHOを殺そうとしている者がいる」という匿名の電話を受けていたからだ。

彼らはアシュラムに駆けつけ、私たちにそのことを伝え、そこに座っていた。その二十人の警察官と一万人の人々の目前で、その男はナイフを投げた。彼は失敗した。だが裁判は……。それは警察が原告だった。私たちは訴訟を起こさなかった。その必要はなかった。警察がその場に居合わせていた――それも一人ではなく、二十人の警察官だ。一万人の目撃者が、法廷で証言する用意があった。そこにナイフがあり、本人は現行犯で捕まっていた。だが法廷は「暗殺の試みは存在しなかった」と言って彼を釈放した。

治安判事は疚《やま》しかったに違いない。彼は私の講話を聞きにきていたある医者に言った……。彼らは友だちだった。その医者を通じて、彼は私にメッセージを言付けてきた。

「OSHOに、私を許してくれるように伝えてほしい。中央政府からの圧力があまりにも大きかった。私は貧しい人間で、あんな圧力には耐えられない。私は今、昇進を目前にしている。ところが彼らは、私の昇進が取りやめになってどこか僻遠の地に転勤され、もう一生出世できないだろうと脅しをかけてきた。私にはわかっていた……何しろ何もかも明瞭なのだから。それには何の疑問もなかった。しかもこれは警察が訴訟した事件だ。二十人の警察官が理由もなく嘘をつくはずがない。だが私は彼を釈放しなければならなかった。そうしなければ、わかるでしょう――彼らには私を殺すことだってできる」

そこでその男は釈放された。そして私が移動するようになると、日に日に危険は大きくなっていった。最初は一政府であり、一国だったが、後には他の政府になり、そして今では全世界だ。

それは奇妙な体験だった。人類がいかに文明化されていないか、人類が文明化される可能性がいかに遠いかについての経験だった――何しろ、人類の意識をより高いレベルに上げようとする者が、人類の敵になってしまうのだから。味方はすべて人類の敵になり、人類を奴隷化しておこうとするすべての敵は、人類の保護者と思われている。彼らは人類の聖者であり、人類の指導者だ。

おそらく、私ほどたくさんのものに直面し通り抜けて来たものはいないだろう。なぜなら、私以前には誰もが地理的に制限されていたからだ。

イエスは、世界の小さな、遠い片隅ユダヤで、ローマ帝国のほんの小さな植民地で十字架にかけられた。

ソクラテスはアテネで、都市国家で、国ですらないところで殺された。彼はアテネの外には一度も出なかった。

だからこれらの人々は、私が人類と接触したような形では、一度も全人類と接触しなかった。だから彼らは、その醜い面を一度も見なかった――ああいう権力を持った人間はみんな、自分の真実を隠すことにおいては途方もなく言葉巧みで、熟練しているからだ。彼らは完璧な偽善者だ。

私の生涯の体験は、人々を目覚めさせようと望む誰にとっても役立つだろう。私はどんな犯罪も犯していないので、彼らは私を磔にはできない。また私は、一つの宗教を敵にまわして闘っても来なければ、一国を敵にまわしてもいない。私の闘いは包括的なものだ。それは特にどんな宗教にも、特にどんな政治イデオロギーにも反対するものではない。それは、あらゆる人間の中にある野蛮なものとの闘いだ。

だから彼らは、私を破壊する方法を考え出すのに、若干の困難を感じている。彼らにはできないだろう。実際、彼らの努力はすべて、ますます彼らを暴露することになる。

また彼らの努力は、他の意味でも役に立った。それは、私自身の仲間の誰が本当に私と共にいて、誰がそうでないか、誰が私と共にいる振りをしているだけか、誰が全身全霊で私と共にいるのか……、もし私が十字架にかけられたら、何千人という人々が同時に十字架にかかるだろう、ということを私が理解する助けになった。だからある意味では、それはいいことだった。私へのあらゆる攻撃が、偽者たちを私から取り除いてくれた。


私と共鳴している人々、その愛と信頼が無条件に私の許にある何千人という人々を発見した私は幸せだ。その人たちの生は変容しつつある。たとえ私が、私の人々から連れ去られたとしても、その人たちの変容は止まることがないだろう。それは決して後戻りすることのない何かだ。いったん始まったら、それはあなた方の中で成長し続ける。それはまさに、種のようなものだ。そしてあなた方のハートは土壌になる。

ありとあらゆる反対、偽り、充分な証拠のない申し立てにも関わらず、何千人という人々が私と連帯するだけの勇気を持っていたことは、私の幸せだ。全世界が自分に対立していると、本当に選ばれた少数だけを得ることができる。そういうときは、凡庸な者たちは近づけない。彼らにはそんな勇気は出せない。

だからそれは、あらゆる観点から見て、大いなる体験だった。あなた方が沈黙の中で私を理解できるかどうか、沈黙の状態であなた方が私と共にいられるかどうかを見るだけのために、私は再び沈黙に入った。そしてあなた方の大部分は幸せそうに、喜びに満ちて、全面的に私と共にいた。私が沈黙しているか話しているかは問題ではなかった。それはマインドの問題ではなかった。それはハートのものになっていた。

わずかな者たちが自分自身の目的のために、自分自身の権力欲のために私の人々を酷使し、利用し始めたために、私は沈黙から出ざるを得なかった。

コミューンは大いなる実験だったが、わずかな裏切り者がいたために、政府はそれを破壊した。さもなければ、世界で最も強力な政府でも、破壊できなかったに違いない。政治権力に破壊を許すのは、常にあなた方の内なる裏切り者だ。だが私に関する限り、それもまた良いことだった。私に起こったことは、どんなことも良いことだった。おそらく私のものの見方のせいだろうが、私にはそうとしか思えない。

今や私たちは、私の仕事の最終段階として、世界中に小さな学校を創ることができる。私はただ、自分が落ち着くことを許され、わずかな人たちが私の許にやって来られるような——私が再び沈黙に入る前に、言葉で言うべく残されていることを、すべてあなた方に言ってしまえるような——そういう場所を探しているだけだ。まだ言うべきことが、あまりにもたくさんある。

おそらく既得権益者たちは恐れているのだろう。彼らの存在にとって核兵器よりも危険になり得るようなことを私が言い出すのを。

オランダ語で私の講話を十数冊出版してきたあるオランダの出版社が、二、三カ月前、こういう手紙を私に書いてよこした。「今やあなたの講話は危険です。我々は自分の出版社を危険に晒すわけにはいかない。

我々は実業家です。あなたが以前おっしゃっていたことなら、私たちにも何とかできました。しかし今ではもう、私たちの力を超えています。ですから、もうあなたの本は出版しないことにします。そして私はあなたとは完全に関係を断ちたい。また私は、これらの本の再版もしないつもりです。サニヤシンがそうしたければ、これらの本は全部原価で買い取ることができます。さもなければ、私はそれらを倉庫には置いておきますが、売るつもりはありません。私はただ、あなたの名前とは結び付けられたくないのです」

彼が言っていることは意味がある。これらの政府はすべて同じことを感じている。宗教はすべて同じことを感じている。彼らは私を止めさせたい。それは、彼らが人類から隠してきたことを、私が言い出しそうになっているからだ。

そのためには、私には何千人もの人間は要らない。私に必要なのは、相呼応することができ、これまで常に言いたいと思ってきたことをどんなことでも言える、あなた方のような小さなグループだけだ。私は多くのことを抑えてきた。もう私は、どんなことでも抑制したくはない。またその理由もない――何しろ、私に不利になることはすべて、彼らはしてしまったからだ。だから私は、ただ小さなグループとささやかな場所に住み、人々が静かにやって来てはまた行くことを望むだけだ。どんな騒音を立てる必要もない。

だから私が何を言おうと、必要なことは、それをできる限りあらゆる言語で出版することだけだ。それがあなた方の主たる仕事になる。なぜなら今や、それを出版する出版社が見つからなくなるからだ。今すぐに私たちは、それを私たち自身の資産で出版せざるを得なくなる。自分たちで翻訳し、自分たちで出版し、販売手段を考えねばならない。その大いなる責任は、あなた方の肩にかかっている。

その言葉が届かなければならない。人々は今日か明日か、明後日には――そんなことは問題ではない――とにかく、何時かそれを理解するだろう。

一つ私に言えるのは、何であれ私が言っていることは、全人類の未来の哲学、未来のレリギオ宗教になるということだ。そしてあなた方は、その共同創造者であるという祝福を受けている。

マインドが耳を傾けていると、ときどきあなたの言葉が堅いノコギリのように私に届くことがあります。けれども少し待っていると――このノコギリが私の身体を通り抜けていくのを許して、その後で起ることを見ていると――そこには深い沈黙と信頼があることがわかります。

愛するマスター、瓶は割れて、ガチョウはいませんでした。私はどこに立っているのでしょうか？

重要なことは、瓶でもなければガチョウでもない。瓶は割れるに任せておきなさい。ガチョウにはどこへでも行きたいところへ行かせればいい。私たちの唯一の関心事は、あなたが立っているところだ。あなたには瓶が割れているのが見えるし、ガチョウがそこにいないのが見える。それなら、それを見ている者が誰か、誰がそのすべてを見ているのかを、突き止めようとしてみなさい。それこそがあなただ。そうしたら、瓶も忘れガチョウも忘れて、あなたの意識を、あなたの気づきを思い起こすのだ。それこそが、全存在の中で唯一意味のあるものだ――ただ一つの宝、ただ一つの豊かさ、ただ一つの贅沢だ。

あなたはよく、ご自分のことを仏陀やマハヴィーラやソクラテスの仲間のひとりだとおっしゃいます。私にも、あなたに先立つ偉大な光明を得た導師たちとあなたとの間に、種と花の間にある関係と似たものがあるのはわかります。けれども類似性は不充分です。なぜならあなたという存在は、彼らが種として持っていたものより、はるかに大きなものに思われるからです。

あなたは、意識における遺産の成就であるだけではありません。あなたにはあなた固有の種があり、またおそらく、意識の次元におけるまったく新しい血統の始まりです。私は、あなたがこれまで存在したことのある最も明晰で、多才で、博識で、ユーモアのある、愛に満ちた賢人であると感じますが、私の理解を超えた所にいる、はるかに大きな存在であるとも感じています。

まわりには、あなたが誰であるのかを私たちに教えてくれる光明を得たマスターがいません。そしてそれをほのめかしてくれるような同時代人がいないことも、確かなようです。あなた自身について話す資格がある人は、あなたしかいません。

あなたの許にいる私たちのために、そしてこれからやって来る人たちのために、私たちが知っている実存として現れているのが誰なのか、あるいは何なのかを説明していただけるでしょうか？

私が、過去のあらゆる覚醒を得た人たちの全遺産を包含しているというのは本当だ。だが、それだけではない。私の中には、未来への何かそれ以上のものが含まれてもいる。

そのことを、私が古い遺産の終わりであり、同時に新しい種類の覚醒を得た人間の始まりだというふうに言ってもいい。言葉を換えていうなら、私は苦もなくゴータマ・ブッダを包含できるが、ゴータマ・ブッダには私を包含できないということだ——それはゴータマ・ブッダがゾルバを包含できないという単純な理由による。そして私の生涯の努力のすべては、ゾルバとブッダの間に統合をもたらすことだった。私の中ではその統合が起こった。そしてあなた方の中では、その統合が起こりつつある。そしてそれが、未来の新しい人間になるだろう。

私がまずゴータマ・ブッダやクリシュナ、キリスト、その他何百人という光明を得た導師たちを褒め称えたのはこのためだ。だが、彼らがみんなゾルバに反対していたために、それでは足りなかった。そのため私は光明を得た人間の意識の中に、ゾルバのための場所を創らねばならなかった。この故に、私は自分が褒め称えたそういう人たちを、すべて批判もした。人々はそれを矛盾と考える。が、そうではない。私が褒め称えていたのは、あるがままの彼らなのだし、また私が彼らを批判したのは、彼らが半分に過ぎなかったからだ。そして彼らの中に欠けているその半分が途方もなく重要なのは、それなくしては、彼らは血の通わない骸骨になってしまうからだ。

ゾルバこそが樹液を与え、ゴータマ・ブッダの根になれる。彼は地面の下に隠れたままでいるだろう。多分普通の人たちには、ゾルバは決して見えないだろう。それが彼の偉大さだ——人に認められようなどとは思いもせず、崇拝され褒め称えられることになど、何の関心もないことが。彼にとっては、賞美されている花が自分の樹液を含んでいること、自分なしでは彼らは生きられないということ、彼らの命が自分の生の拡張であるというだけで充分だ。彼らは天に向かって広げた自分の両手だ。彼らは風の中に花開き、雨の中で踊っている自分の精髄だ。

人々は、多分、根について知ることは決してないだろう。だが、その樹自身がその根を非難し始め、また人々が自分たちの根を切ることでそれに従い始めたら、その人たちは人間の中の最も価値ある何かを殺していることになる。

過去の覚者たちはみんな、半分しか生きていない。それでも彼らは美しい。私としては、彼らに全面的に生きて欲しい。そうなったら、その美しさはこの上もないものになるだろう。

だからあなたの感覚は正しい。私は世界中のすべての覚者と、ハートとハートで深く出会うことができるが、彼らには難しいだろう。彼らは私とは対話し難いと思うだろう。それは、彼らが切り捨てたものを成長させようと、私が説いて来ているからだ。

彼らは、自分が何かを欠いていることを、理解できるようになるだろう。だから、私がしているようなことは、かつていかなる覚者もしたことがないと言って、彼らが私を非難する可能性はある。あるいはまた、自分たちがあえてなし得なかったことを私がやったと、彼らが私の努力を評価する可能性もある。

それはインドでは毎日の体験だった。アムリトサルの寺院では、私はシーク教徒たちによって、ほとんど彼らの導師の一人でもあるかのように崇拝された。彼らには十人の導師がいる。実際、彼らの議会で私を紹介した人物は、私を自分たちの十一人目の導師として受け入れてもいいと言った。だが今では、彼らは私をその寺院に入れることはない。

当時は、私はたくさんのことを出さずに抑えていた。私は『ジャプジ』という小さな本について話したことがあったのだが、シーク教徒以外に誰もそんなものを気にかけた者はいなかったので、シーク教徒たちはこの上もなく喜んだ。しかも私がその小さな本に与えた意味は、彼らがかつて考えたこともないようなものだった。だが私が、その二年後、彼らの黄金寺院の集会で「私はナナクだけが光明を得ていると考える。残りの九人の導師たちは、ただの普通の教師に過ぎない」と言ったときには、彼らは私を殺しかねないありさまだった。「あなた方は私を殺すことはできる。だがそうなると、あなた方は自分の十一番目の導師を殺すことになる！」と私は言った。

私にわかっているのは、本当に覚醒している者は、自分たちが立ち向かえなかったことを、私が敢えてしているということを理解する勇気を持つだろうということだ。誰かがそれをすべきだ。すべてを包含した片寄らない全面的な意識を作り出すことを——全体としての人間が、自分のいかなる部分も損なわずに、有機的統一体として成長できるように。だが、それは間違いなく危険なことだ。それは彼らの教えのすべてに対立するだろう。彼らはみんな、あれやこれやを切り捨てようとしていたからだ。彼らは、人間に特定の理想を与えようとしていた。

ところが私の努力は、人間を何かの理想に合わせようとすることは、人間を偽者にすることだ、と示すことにある。人間はどんな理想も、どんな修行もなしに成長しなければならない。人間の唯一の宗教は、気づきであるべきだ。そしてその気づきが、人間をどこに導くことになろうと、どんなことになろうとも、人間は恐れることなく進むべきだ。それこそが私が生きてきたやり方であり、私は後悔していない。

もしかしたら、この人たちは理解できないかもしれないが、彼らが理解できないことも私は理解できる。それでも、彼らがこの世にもたらした美のゆえに、私は彼らを褒め称えるつもりだ——だが私は未来の人類に、彼らがあなた方を片輪にするために為したことについて嘘をつくことはできない。

私はすべての人間に霊《スピリチュアル》的な存在へと成長してもらいたい。

第二十八章

行くべき所などない

Nowhere to Go

私はヨーロッパにいるあなたのサニヤシンの一人から、手紙を受け取りました。彼女は、あなたの許にいる以外に行くべき所などないと言っています。次のことが始まるまでは、彼女は独りでいて小さなことをするのを楽しみ、少なくとも、私たちがみんな同じ空の下にいることに感謝しています。

黙って待っているあなたのサニヤシン全員に、どうか何か言っていただけますか?


今は大いなる時だ。なぜなら今こそ試練のとき――あなた方の信頼の、あなた方の愛の試練の時だからだ。黙って待つことが、私がこれまでずっと教えてきたことだ。望むのではなく、待ちなさい。

これらは非常に意味深い二つの次元だ。何かを望むとき、人は攻撃的だ――何かを掴もうとしている。通常の世界では、望むことが慣わしになっている。何しろ、非常にたくさんの人たちが同じものを目指して競争し、奮闘しているのだから。それだけでなく、外側の世界は量の世界だ。無尽蔵ではない。すべて外側のものには限りがある。待っているわけにはいかない。待っている間に、他の者が何もかも掴み取ってしまうかもしれないからだ。

内側の世界はまったく違う。そこでは欲望は邪魔者、障害物だ。というのも、内側の世界では人は独りで――競争という問題はないからだ。あなたを出し抜こうとしている他の者などいない。後ろからあなたの足を引っ張る者などいない。

しかも、内なる世界は非常に繊細だから、攻撃的だとそれを壊しかねない。それは薔薇の花を攻撃するようなものだ。手に入れることはできるだろうが、それは風の中、雨の中、日の光の中で踊っているのを見た、あの同じ薔薇の花ではなくなってしまう。それは何か死んだもの……単なる形骸、記憶以上のものではなくなる。

内なる真実はそれよりもっと繊細だ。欲望があるというだけで、それを手に入れられなくなる。だから まったく別なアプローチが、つまり黙って待つことが必要だ。

客はやって来る。

ただ主人は、忍耐強くなければならないだけだ。

そして意識という主体の世界では、掴むべきものなど何もない。それは量ではなく、質なのだ。あなたが黙って待っていると――欲望もなく期待もなく――あなたの沈黙があまりにも全面的で、あなたの待つことがあまりにも汚されていないために、扉が開く瞬間がくる。あなたは、あなた自身の内奥の神殿に導かれる。それが私の教えてきたことだ。

だから今こそ、静かに待つことにチャンスを与えるべきいい機会だ。私といっしょにいたときは、あなた方はあまりにも、私の臨在、私の言葉で満たされていたために、待つことなど考えることもなかった。そこには私がいた。今や外側からではなく、内側からしか私に到達できない。それは大いなる出会い、完全なる充足の、絶対的な喜びの出会いだ。だから、そのことで絶望することはない。苦悩に陥ることはない。私から遠く離れていると、感じてはならない。

あなたが遠く離れているのは、沈黙していないときだけだ。あなたが離れているのは、そこに待つことがないときだけだ。それがあれば、あなたは私のすぐ側にいる。どこにいようと、その沈黙があなたと私を繋ぐだろう。その待つことが、出会いのためのあらゆる基盤を整える。その出会いとは非物理的な、非空間的な、非時間的な出会いだ。

この機会を使うといい。そして常に何が起ころうとも、それを一つの機会として使うべきだと覚えておきなさい。この世には、一つの機会として利用できないような状況はない。

あなたは、自分が遠く離れていると悲しんでいる。それは自然な反応だが、その機会を非常に意識して使っているとはいえない。悲しみでその機会を逸してはいけない。そうでないと、絶望はほとんど魂の癌になってしまう。

私は、あなた方と充分に長くいっしょにいた。あなた方にとって今は、私がいないときにもなお、私と共にいられるかどうかを見るためのときだ。私が不在のときにも、私といっしょに同じ祝祭をもてるのなら――最初はそれがどれほど難しいものに思われようとも――あなたは途方もない充足を見出すだろう。するとその不在は、もはや不在ではなくなる。どこにいようとも、あなたは私の臨在で満たされるようになる。それはリズムの問題だ。それがなかったら、二人が互いに相手の身体に触れていっしょに座っていても、なお遠い星のように遥かに離れているかもしれない。人は群衆となって群れていても、なお孤独であり得る。

問題は肉体的な近さではなく、マスターの臨在の許で起こっていることへの理解だ。あなたのハートは、マスターのハートと同調して鼓動し始める。あなたの存在は、マスターの存在が常に持っている同じ沈黙の歌を持ち始める。それこそが、あなたを彼に近づける要素だ。この二つをものにできれば……、たとえ別の惑星にいたとしても、何の違いもないだろう。それは距離には何の関係もない。

あなたは、充分に長く私の許にいた。あなたは私の臨在の許で、自分に何が起こるのかを完全によく知っている。それにちょっとチャンスをあげてごらん。目を閉じて黙って座って、同じことが起こるのを待っていなさい。すると、私が物理的にそこにいる必要がないのを知って、驚くだろう。あなたのハートは同じリズムで鼓動できる――あなたはそれを熟知している。あなたの存在は同じ深さで沈黙できる――それを充分に経験している。そうなったら、距離はない。あなたは孤独ではない。あなたは独りだ――だが、その独りには美しさが、自由が、深い完全性とセンタリングがある。

だからどこにいても、世界の政治家たちは、あなた方が私の所に来ることをますます困難にするだろう。

そんなに簡単なことではなくなるだろう。私はあなた方と共にいられるように、あらゆる努力はするつもりだが、あの政治家たちは、たとえ私の肉体的臨在を妨害できても、私の仲間が私の臨在を体験することを妨げられないということに、気づいていない。それは、彼らの力の及ばないことだ。

中国の偉大なマスターであった老子が死んでから二千五百年にもなるが、信奉者の小さな流れが残っている。彼らは老子を過去形では呼ばず、現在形で呼んでいる。その人たちにとっては、老子は過去ではない。その人たちにはいまだにそのリズム、その沈黙、その美、その平安を感じられるからだ。それ以上に、何が要るというのだろう?

ラーマクリシュナが死んだ。インドでは、夫が死ねば常に妻は自分の腕輪を割り、宝石をすべて取り外し、頭を剃って白いサリーだけを身にまとう——生涯にわたる喪、一生の絶望、一生の孤独が始まるのだ。だがラーマクリシュナが死んだとき——しかもそれはつい一世紀前のことだ——彼の妻のサーラダーはこの一万年も続いた伝統に従うことを拒んだ。

彼女は言った。「ラーマクリシュナが死ぬことはあり得ません——少なくとも私にとっては。あなた方にとっては、あの方は死んだのかも知れません。私にとってはあり得ません。私にとっては、遠の昔にあの方の肉体は問題ではなくなっていたからです。あの方の臨在とその経験、その香りが実在になったのです——そしてそれは今も私のところにあります。ですからそれが私を離れない限り、私は自分の腕輪を壊したり、髪を切ったりするつもりはありません。私にとっては、あの方はまだ生きていますから」

人々は彼女が狂ったと思った。「ショックが大きすぎたんだ——涙一つこぼさない」。ラーマクリシュナの肉体が焼き場に持って行かれたときにも、彼女は家から出なかった。彼女はラーマクリシュナのために食事の準備をしていた。その人は死んでしまった——その肉体は火葬場に運ばれてしまっていた——ところが彼女は、昼食の時間だからといって食事の準備をしていたのだ。

誰かが彼女に「サーラダー、しっかりしてください！　お身体はみんなが運んで行きましたよ」と言った。

彼女は笑ってこう言った。「あの人たちは、あの方の身体は持って行ったでしょうが、あの方の臨在を持っては行きませんでした。それは私の一部になっています。だから私は狂ってはいません。実際、あの方は亡くなることで、その教えが私のハートに入ったかどうかを知る機会を与えてくれました」

彼女はその後何年も生きていたが、毎日同じことをし続けた。彼女は一日二回食事の支度をし、夫が食事をしている間、かたわらに座って団扇であおぐ昔ながらのヒンドゥの妻のように、誰もいないその席に風を送り続けたのだった。ラーマクリシュナはそこにいなかった——少なくとも肉体しか見えない者にとっては。ところが彼女は話しかけ、近所の噂話をして聞かせるのだった。彼女は以前いつもしていたのと同じように、あらゆるニュースを話して聞かせた。夕方にはまた食事の支度をした。夜になれば夫の寝床を整え、入念に蚊帳を張って一匹の蚊も中に入らないようにし、彼の足に触れ——もっともその足は彼女以外の誰の目にも見えなかったが——明かりを消し、そして眠りに就いた。

そして朝になると、彼女は以前と同じように夫を起こした。夫の所に来ると「パラマハンサデヴァ、起きて下さい。時間です。弟子の方たちが外に集まっています。その準備をしなくてはなりません——お風呂に入って、お茶を飲んで下さい」と告げるのだった。少しずつマインドではなくハートに溢れた人たちは、サーラダーに狂気の徴候はないことを感じ始めた。それどころか……、だがラーマクリシュナがいたために、彼女のことなど考えたこともなかった。彼女は常に彼の後ろにいた。

だが、今やラーマクリシュナはいなかった。そして彼女こそ、最も古い仲間だった。彼らは彼女に相談し始めた。すると彼女の忠告はあらゆることについて完璧であり、彼女が狂っていることなどあり得なかった。

けれども、彼女は最後の息を引き取るまで、ラーマクリシュナの臨在を感じ続けた。いよいよ自分が死のうとするとき……そのとき初めて、彼女は声を上げて泣き出した。誰かが「あなたはラーマクリシュナがお亡くなりになったときにも泣かなかった。なぜ、今になって泣くのですか?」と尋ねた。

彼女は言った。

「私が泣いているのは、もう誰も、あの方の世話をする者がいなくなるからです。誰が食事を準備するでしょう? あの方が何が好きで何が好きでないかを知っている者はいない。誰があの方のベッドを整えるでしょう? それにあの場所は蚊が多くて、蚊帳をちゃんと張らなければ、ほんのちょっとの隙間でも蚊が入って来るのです。あの年老いた人が、一晩中苦しむでしょう——それなのに私は死にかけている。私はいなくなります。でも、あなた方はみんなあの方が死んだと思っているから、あなた方を頼りにはできない」

さあ、これが沈黙の、待つハートのアプローチだ。死さえも、どんな違いも、どんな距離も作り得ない。だから、世界中に遠く離れているサニヤシンたちは、私がいないことを悲しむ必要はない。それはその人次第だ——ただ、その人の態度を変えねばならないだけだ。

そして、自分の態度を変えるのに、今がいい機会だ。私がまだここにいる間に、世界中でその人たちが私の臨在を感じ始められたら、私の臨在が入っていくことを妨げられる国はない。どんな国も、どんな権力も、私があなた方のハートに入っていくことを妨害できない。

彼らの権力はきわめて限られている。それは非常に大きな権力ではあるかもしれないが、非常に限られたものでもある。それは物質的なものだ。そしてあなた方の能力は遥かに大きい。途方もなく大きなものだ。それは霊的な力だ。必要なのはただ、それに気づき、それを使うことだけだ。いったんその美を味わったら、私と私の人々の間に壁を作ろうとして躍起になってきたあらゆる政治家に、あなたは感謝するだろう。

私は彼らにとっては悪夢になっている——しかも私は、誰にもどんな害も及ぼしていない。だがおそらく、彼らの疑いは正しい。彼らは、私に世界のすべての若者たちを惹き付ける潜在力——若者たちの生へのアプローチ、生への態度を変更し、彼らの既得権益を完全に断ち切る能力——があるのではないかと疑っている。彼らにもその位はわかる——だからこそ、このあらゆる嫌がらせがある。

だがあなた方は、彼らの嫌がらせを心配する必要はない。彼らは、人を結び付けるたった一つの方法しか知らない。あなた方は、それ以上のものを知っている——より深い方法、目に見えない方法だ。きっと、ときたまみんなが私に会いに来て、私の許に滞在できるようになるだろう。だが、たとえそれすら難しくなって来たとしても——それを難しくしようと、彼らも懸命にやるだろう——それでも何も問題はない。

あなたがどこにいようと、私はあなたのところに行ける。

あなたがどこにいようと、私はあなたと共にいる。

ただ無防備に、開いて、受容的でいるといい。

私は、私のクローゼットの中に骸骨を持っているでしょうか？

これはクリフだ。あなたはクローゼットなどまるで持っていない。骸骨のことなど忘れなさい！　あなたは貧乏人だ。クローゼットなど持つ余裕はない。ああいうものは金持ちの贅沢品だ。クローゼットを持ったり、その中に骸骨を持ったりするのは。

あなたは素朴で純真な人間だ。あなたにはそんなものは要らない。また、たとえ必要だとしても、あなたにはそんな余裕はない。あなたは幸運だ。

しばらく私たちといっしょに此処にいた警備員の一人が、私に「あなた方はすばらしい人たちだ」と言いました。そして彼は、私たちが互いに決して争うことがないのを、非常に驚いていました。

ここにある調和は本当に奇跡です。しかもなお、非常に自然に感じられるのです。

この魔法について何かおっしゃってください。そして、意識への冒険の途上で、あなたの弟子たちが互いに助け合える方法が、何かあるでしょうか？

人々は、理由があって争う。一つ一つの争いは、内側深くでは野心の衝突、他の者が達成しようとしているその同じものを達成しようとする苦闘だ。野心こそがあらゆる闘い、あらゆる戦争のもとだ。

私の人々には野心はない。野心の梯子のどこかの段に登ろうと、苦闘してはいない。彼らはどんなもののためにも、互いに競争してはいない。だから、これはまったく別種の集団であり、そこでは人々は、自分たちの間で争うためや、よその集団と闘うために一緒にいるのではない。

インドでこんなことがあった……。インドが自由になったとき、私は非常に若かったが、あらゆる類のことを絶えず父と話し合ったものだった。私の家族は全員、自由闘争に関わっていた。彼らはみんな刑務所に入ったことがあり、全員が苦しんだ。私の叔父たちは学生時代に逮捕されて刑務所に入れられたため、教育を終えられなかった。彼らは三年後には出所したが、もう学業を再開するには遅すぎた。

「イスラム教徒が自分たちの土地を手に入れ、ヒンドゥ教徒が別な土地を手に入れて国を分割したら、闘いはなくなるだろう。そうでないから彼らが絶えず争い合い、殺し合っているんだ、という原理が提案されているが、僕は誤った考えだと思うな」と、私は父に言った。

するとと父は「その提案はまともだと思うね。それぞれが自分の国を手に入れたら、どうして争う必要があるんだね？」と言った。

「争う必要性は、もっとずっと深いんだよ。ヒンドゥ教徒とイスラム教徒が分離されたら、イスラム教徒は自分たち同士で争うことになるよ」と私は言った。


三つの問題があった。イスラム教徒には、シーア派とスンニ派の二つの宗派がある。この二つの宗派は、彼らが他のあらゆる宗教に反対しているのと同じに、互いに完全に対立している。彼らは互いに殺し合う。一四世紀もの間、彼らは些細な違いで――モハメッドが自分の後継者に指名したのが彼の息子か、彼の娘婿かという――小さな相違で殺し合ってきた。一方は婿養子が指名されたと信じている。今や記録は存在しない。もう一方は息子が後継者として指名されたと考えているが、彼らもまた何の記録も持っていない。私の感じでは、モハメッドは後継者を決めずに死んだのだ。ところがこの二人、娘婿と息子は同じ権力を握ろうという野心を持ったために、イスラム教は二つに分かれた。そして彼らは未だに、誰が真の後継者かで争っている。

だがいったい何が問題なのか？　気でも違っているのか？　彼らは同じ哲学を信じている。正しいか間違っているかはともかく、同じ道徳を信じている。ところが、もはやそういうことは問題ではない。息子はとっくに死んだ。娘婿の方も死んでいる。

だが、この二つの宗派は、双方の間の距離をますます拡大し続けている。なにしろ、娘婿も後継者を指名したし、息子も後継者を指名したからだ。だから今となっては、二つの継承が並行して続いている。

イスラム教徒たちは、インドで分割が起こる前には闘っていなかった。彼らはヒンドゥ教徒と闘うために団結しなければならなかった。私は父親にこう言った。

「いったん自分たちだけになったら、最初に起こるのはシーア派とスンニ派の闘争だよ。そして二番目は……、彼らは非常に奇妙で、しかも愚かなことを要求している。つまり、パキスタンの半分はこの国の片側、東の地域になり、もう半分はこの国の反対側西の地域になる――というのは、この二つはイスラム教の人口密度が高い地域だからだ。

だからパキスタンは、千マイル離れた二つの小さな部分に分けられることになるよ。東の地域はベンガル語を話している。彼らはイスラム教徒だけれど、話すのはベンガル語だ。西の地域はウルドゥ語、パンジャブ語、シンド語を話している。だから、じきにこの人たちの間に言語の問題で紛争が持ち上がる。そしてベンガル人は少数派だから、分かれることになるよ。彼らは決してパキスタンの真の支配者にはなれない。支配するのはいつでもパンジャブ人だ――そしてそれは、ベンガル人には我慢ならないことだ。

これがパキスタンの状況になるよ。そしてインドの状況はもっと複雑になる。ヒンドゥ教徒同士が争ってこなかったのは、イスラム教徒と闘わなければならなかったからだ。いったんイスラム教徒がいなくなれば、グジャラート人はマハラーシュトラ人と争うようになる」――そして実際、彼らは争った。彼らは互いに、ささいなことで殺し合った。

ボンベイは、実際にはグジャラート人とグジャラート語を話すパルシー教徒で構成されている。彼らは最も豊かな人々だ……。あらゆる産業やその他のものをすべて持っている。だが労働者は、マハラーシュトラの人々だ。だから人口の大部分はマハラーシュトラ人だ。彼らはマハラート語を話し、グジャラート語は話さない。だからボンベイでは、マハラート語を話す人たちとグジャラート語を話す人たちの間に絶えず暴動があった。彼らはボンベイがマハラーシュトラ州に留まるべきか、あるいはグジャラート州に入るべきかで争ってきた。なぜならそれらの州が分割されようとしていたからだ。

そしていたる所で多くの争いがあった。というのも、いったん主要な闘争がおさまったら、闘争本能はどこに向かうだろう。団結を望むなら、誰か闘う相手が必要だ——団結するためには共通の敵が必要だ。共通の敵がなくなれば、自分たち同士の間で小さなこと、意味もないような事柄で争い始めることになる。

今や彼らはインド国内で争っている。パンジャブは分離した独立国になりたい。ベンガルはパキスタンから独立した。何千人という人々が殺されたが、ついに彼らは独立国になった。

南インドは北インドから分離したい。北インドはヒンディ語を話しており、南インドはヒンディ語とは何の関係もないからだ。彼らには彼ら自身の言葉がある。ヒンディ語は英語や、スウェーデン語、スイス語、イタリア語、ドイツ語——あらゆるヨーロッパの言語——により近いと知ったらみんなは驚くだろう。なぜなら、それらはすべて姉妹言語なのだ。これらの言葉はみんな一つの元の言語、サンスクリット語から生まれている。ドイツ語では少なくとも単語の三〇パーセントはサンスクリット語から来ている。一つの小さなヨーロッパの言語、リトアニア語では、七〇パーセントがサンスクリットの単語だ——これはヒンディ語でさえ負かす。この方がサンスクリット語にもっと近い。だが南インドは、言語はサンスクリット語と無関係だ。その起源はまったく異なる。

というわけで今では彼らは、ヒンディ語が国家の言語になるのを許すまいとして争っている。それが自分たちの言語ではないからだ。彼らは望んでいる。二パーセントの人々しか理解しない英語が国の言語としてとどまることを。

さて、何というばかげた状況だろう！　二パーセントの人々しか理解しない言語が国の言語になり、インドの半分以上が理解している言語が、残りの半分が反対しているために受け入れられないのだ。

南インドでは、ヒンディ語を話す人々とヒンディ語を話さない人々との間に暴動があった。列車が放火された。南では、店の看板をヒンディ語で書くことはできない。その看板のために店が放火される。たとえ相手の人間がヒンディ語を知っていても、それを話すことはできない。相手は自分がヒンディ語を理解しているというそぶりを見せない。彼は自分自身の言葉しか話そうとしない。

闘争は動物の本能だ。人々はただ闘う口実を見つけるだけだ。だが常に、目的として何かがある。

さてすべての言語が——しかも、インドには三十もの言語がある——それが全部、国の言語になりたがっている。それは不可能だ。四十年も経ったが、彼らはいかなる結論にも達していない。決してどんな結論にも達しないだろう。何しろどんな言語を選んだところで、二十九の言語がそれに反対するのだから。大多数が常に選ばれた言語に反対する。選ばれた言語が大多数を持っていたとしても、二十九の言語がたちまちいっしょになる——一つの言語が選ばれるや否や、すぐに彼らは戦うことができる。

英語ならみんなは納得する。それが誰の言語でもないからだ。それは、一つの言語に対するもう一つの言語のような外国語だ。だが、インドにおけるイギリス統治の三百年間で、外国語は二パーセント以上の人々には浸透できなかった……。それが国の言語になるということはありえない。九十八パーセントの人々は、それをまったく理解してない。しかも、これらの三十の言語グループはすべて、学校の授業から英語を捨てた。だから次の世代では二パーセントもないだろう。そのパーセンテージはますます下がるはずだ。この二パーセントを構成しているのは、昔の英語の教育を受けた人々だ。

だがもし、奇跡か何かで、どれかの言語を国の言語にできたとしても、今度は他の問題がある。一つの問題を解決するや否や、人々は他の問題を起こす。

これまで誰も、シーク教徒とヒンドゥ教徒が争うだろうと思ったことはなかった。それは非常に奇妙な状況だ。一つの家族の中で父親がシーク教徒で、その息子がヒンドゥ教徒だという場合がある。シーク教徒であるということは別の宗教ではなく、単に別のアプローチとしか考えられていなかった。夫がシーク教徒で、妻はヒンドゥ教徒かもしれない。妻がシーク教徒で、夫がヒンドゥ教徒かもしれない。このように混和しているものが争うことがあり得るとは誰も考えなかったのに、今や彼らは闘っていて何千人という人々を殺している。

シーク教徒は、ヒンドゥ教徒とはまったく何の関係も持ちたくない――ところが彼らはすべてヒンドゥ教徒だ。ヒンドゥ教徒なら誰でも五分間の儀式でシーク教徒になれるし、またシーク教徒なら、誰でもあご髭を剃るだけでヒンドゥ教徒になれる――他に彼がヒンドゥ教徒になることを妨げているものなど、何もない。

彼らは同じグル、ナナクを崇拝し、ナナクの同じ本を読み、同じグルドゥワラ――彼らの寺院に通っている。ヒンドゥ教徒も行けば、シーク教徒も行く。唯一の違いは、両方とも開祖ナナクを信仰しているのだが、ただシーク教徒は他にも九人の祖師を信仰している。ヒンドゥ教徒はその他の九人を信仰していない。それが唯一の違いで、他には何も違わない。しかも、ナナクがすべての基礎を作ったのだから、その九人を信じようが信じまいが違いはない。その信仰体系は同じだ。

だが人間の中にはある動物がいて、それはどんな口実でも見つけて闘いたい。

だからそれは確かにあり得る……、私の人々を知らない人なら、この人たちが争わないことに、驚くことだろう。私たちは外側の誰とも闘わない。私たちは自分達の中でも闘っていない。その理由がない。私たちの全世界は内なる意識の世界であり、そこでは競争という問題は起こらないからだ。人は独りだ。自分の好きなだけ成長できる。他の者も、当人の好きなだけ成長できる。利害の対立はない。

また、一人一人のサニヤシンが私とつながっているから……、これは特定の信仰体系に結びつくような宗教ではない。そうなったら問題が起こり得る――ちょっと解釈が違っただけで、ほんのささいな問題で宗派が分かれ、敵対する。

私たちにはどんな信仰体系もない。だから、精霊を信じていても誰も気にしない。それはその人の好みだ。いいかね、人のことはその仲間を見ればわかるものだ！　だが、だからといって、それをうるさく言う者は誰もいない。

誰もが個人として成長しようとしている。ここには組織がないので、組織の既得権益も存在しない。あなた方は個人的に私とつながっている。あなた方の互いの関係は、ただあなた方が私と同調しているからだ。そしてあなた方が私と同調しているために、私と同調している他の者もまた、あなたと同調していることに突然気づく——その人もまた、私と同調しようとしているからだ。私たちは、それを作ろうとする直接の努力なしに、ある調和的な全体を作り上げようとしている。それは副産物に過ぎない。

だから、外からやってきた人は驚くにちがいない——二、三日も見ていれば——誰も争う者がいないのだから。私たちには争うためのエネルギーはない。私たちの所にはたくさんの価値ある宝があり、私たちはその探求に全エネルギーを投入する。だから小さなことなど、誰が気にする？

マハトマ・ガンジーのアシュラムでは、お茶が禁じられていた。お茶を飲むことができなかった。煙草を吸えない、トランプで遊べない、これもできなければ、あれもできなかった——ささいな事柄だ。ところが、彼はそういうことをみんなに強いた。

朝、一杯のお茶を飲みたい者がいれば、彼は隠れなくてはならなかった——扉を閉じて一杯のお茶を準備した。すると他の者たちは、なぜ彼が朝、扉を閉じるのか、なぜ彼が部屋の中にストーブを持っているのかを探ろうとした。だから彼が外出しているとき、誰かが探してお茶の葉を見つける。するとそれを暴露された者は、ガンジーの前に犯罪者として連れて来られた——お茶の葉を隠していたというのだ。彼は毎朝、扉を閉じているが、そのお茶で何をしているかわからないというわけだ。お茶で何ができるというのかね？　せいぜい飲めるくらいのものだ！　他に何ができるというのか？

かくて徐々に党派ができた。他の誰かもそれをしていたというわけだ——そしてお茶の好きな者たちが一つの党派となった。「一人ではどうしようもない。我々は闘わなくてはならない」と。煙草を吸う者たちが一つの党派になった。

するとガンジーはどうしたか？　彼はマゾヒスティックな人間だった。彼はそういう人間を罰することはしなかった。彼は断食して死のうとしたものだった。何故か？——彼らがお茶を飲んでいるからと言うのだ！

だが、なぜ死ぬまで断食を続けたりするのか？　彼の論理は、「私がマスターであることに、まだ何か不完全な所があるに違いない。さもなくて、弟子たちが私に従わないということが起こるはずがない。だから自分を清めるために、浄化されるまで私は死への断食を続ける。私は断食を止めるつもりはない」というものだった。

当然ながら、気の毒にもお茶を飲んだり煙草を吸ったりしていた者たちは、「こうなっては、彼の死は我々の責任になる」と考えることになる。そこで彼の所に行って、「どうかお願いです、私たちはお茶を決して見ないとお約束します。煙草になど触ることもしません——ましてや吸ったりしません——お約束しますから、どうか断食をお止めになってください」と言ったものだった。

そうやって彼は、アシュラム中を三、四日騒がせた。するとインド中から電話や電報がきて——「弟子たる者がそんなことをするなんて愚かだ。彼らは謝罪すべきだ」と言い立てた。そこで彼らは一日中謝罪をした。朝から晩まで彼らはそこに座って、「私たちを許してください！　これが最後です——もう決してお茶になど目もくれません！　どうか断食をお止めください」と言うのだった。そして最後に、三、四日経ってから彼は断食を止めた。だが彼は彼らを苦しめた。国中を前にして、彼は彼らを非難したのだ。

愛は禁止された。彼自身の秘書、非常に有能な男だったが……。たくさんの人々がガンジーについて書いたが、ピアレラルが書いた二冊の本が最高だ。それは大冊だ。多分それぞれ二千ページはあるだろう。そのピアレラルが恋をした。

さて、恋愛は防げるようなものではない。人は恋に落ちてからそれに気づく。前もって信号が出て、「気をつけろ！　近づくぞ！　ガンジー主義者なら逃げるんだ！」というようなわけにはいかない。それがあまりにもゆっくり来るため、自分が恋していることに決して気づかない。ある日、突然「何てことだ、私は恋をしてしまった」と気がつく。さて、これが最大の罪悪だった。

ピアレラルは彼の秘書だった……、だが彼は、非常に不名誉なやり方でアシュラムを追い出された。そして全インド中で非難された――若い女性に恋したからだけのために。二人は若かった、そのことに何も悪いことはなかった。

それから彼自身の息子、デバダスが恋をした。それはガンジーにとっては、さらに大きな問題だった。彼が不純であることは間違いない。自分の息子が恋をしているというのだから！　デバダスが恋したのは、もう一人の偉大なインドの指導者ラジャゴパラチャリの娘だった。しかも娘は妊娠していた。だから二人を追放するのは正しいことではなかった。二人は結婚しなければならなかったが、彼らは同じカーストではなかった。ところがガンジーは、カーストは消滅すべきだ、いかなるカーストもあるべきではないと、生涯にわたって言っていたのだが――今や自分の息子が、別のカーストの者と結婚しようとしていることに心を乱していた。

ラジャゴパラチャリはマハトマ・ガンジーと同年齢だった。そして彼はマウントバッテンが立ち去った後のインドの最初の総督になった。だが、ガンジーは最も狡賢い政治家だった。

ラジャゴパラチャリはガンジーの信奉者ではなかった――彼はガンジーの党に属していたが――しかし彼は同年齢の男性であり、独自の地位を確立していた。南インドでは彼は第一人者だった。それでガンジーは、彼には規則を定められなかった。ラジャゴパラチャリは娘を訪れて、アシュラム内でお茶を飲み、煙草を吸ったものだった――そしてそのとき、ガンジーは断食しなかった。

「どうして今日は断食なさらないのですか？」と尋ねる者があった。「彼は私の弟子ではない。私は彼のことは気にしていない。だから彼がここを離れたら、部屋を綺麗にするつもりだ」と彼は言った。そして部屋を綺麗にするとは、壁に水しっくいを塗り、床に牛の糞を置くことだった。牛の糞こそが最も清純なものだ。それはあらゆる罪を浄化する！　それも何という罪か？——ただお茶を飲み、煙草を吸っただけのことだ。

だがガンジーは、ラジャゴパラチャリを妨げられなかった。今や彼は同等の立場の親戚であり、政治的には彼もまた非常に強力だったからだ。だが、ガンジーは彼を最初の総督にすることで復讐した。

国の自由にもっと献身したもっと重要な知性的な人々がいたのに、自分の親戚、息子の舅を、最初の総督にしたことでは、誰もがガンジーを不公平だと思った。だが政治とは、最後になってみなければ決して話の全体はわからない。

ガンジーが、ラジャゴパラチャリを最初の総督にしたのは、そうすれば彼が最初の首相にはなれないということを知っていたからだ。何故なら、それこそが真の権力だったからだ。それはまさに十五日間の移行期に過ぎなかった。十五日で何ができる？　それは単なる過渡期に過ぎなかった。英国は立ち去ろうとしており、マウントバッテンは自分の職務を誰かに引き継がなければならなかった。そしてコングレス党はまだ誰が首相になるか、誰が副首相になるかを決めてはいなかった。

総督の地位は終わろうとしていた！——何と言っても、総督とは英国政府の代表だった。マウントバッテンは急いでいたし、ガンジーはうまくラジャゴパラチャリを……。ラジャゴパラチャリは自分が最初の——そして最後の——大英帝国の総督になったことを喜んだが、彼は騙されたのだ。なぜなら彼は、もはや首相になれなかったからだ。ガンジーは彼を避けたかった。

今や彼は総督であり、首相や他の閣内の人々の就任宣誓を、執り行なわなければならなかった。彼には勝算がなかった。彼は終わった！　いったん宣誓式が終わると、十五日後に彼は南インドに戻った。

だが政治家というものは、品位においてそれほどにも堕ちることができる。自分が騙されたこと、ひどく騙されたことを知って――さもなければ彼は大統領か首相になっていたはずだった……。十五日間のための最初で最後の総督になったところで、何の意味もない。彼は南部の一つの州、マドラスの首相になる用意があった。彼はマドラスの首相になった。しかも彼は、全インドの総督になった後にそれに同意したのだ。権力への渇望とはそういうものだ。今となっては大統領や首相になるチャンスはない――しかも彼は非常に老いていた――彼は小さな州の首相になる用意があった。

ガンジーのアシュラムでは、人々の間で絶えず闘争が続いていた。私がこれをよく知っているのは、ガンジーの息子の一人ラムダスと非常に親しくしていたからだ。ときどき彼のアシュラムの側を通りかかった私が彼に会いに行ったり、あるいは私が近くにいるとき、彼が私に会いに来たりしたものだった。ガンジーは当時すでに死んでいた。

ラムダスは、ガンジーがあまりにも細かいことに厳格だったので、アシュラムに暮らすことは楽しくなかったと言っていた。ガンジーはあらゆる方法、で人々をコントロールしたがった。自由について語りながら、自分のアシュラムで彼は隷属を生み出していた。

だが、これこそがあらゆる宗教、あらゆる宗教的聖者のやり口だった。彼らは自分たちのために隷属を創り、それから自分の弟子たちに隷属を創り出す権利を手に入れる――それも、彼らを疑いたくなるほどの些細な事柄で。彼らが気にしているのは人間の成長なのか、意識なのか、それとも衣服を何着持っているかなのか？　三着以上持っていればそれは罪だ。そして朝は何時に起きるべきか？　朝は四時に起きなければ、それは罪だ。何時に寝るべきか？　九時前に寝なければ、罪を犯しているのだ。何を食べるか？　ありとあらゆる方法で……。

そうなれば当然、排他的集団ができる。人々は何とかする方法を見つける。ある者はトランプをしたい。それ自体、何の害もない。賭事をしていたわけではない。金を賭けてはいない――ただ、カードで遊んでいるだけだ。だが、彼らは隠れてトランプをしなければならない。そして見つかったら、国中から非難されることになる。

ガンジーは、事態がアシュラム内だけでは治まらないように上手く仕向け、国中が彼らを非難した。

私はまったく別の人間だ。私はあなた方に、完全に自由であってほしいと思う。私はあなた方に、あらゆることを自分の良心、自分自身の意識に従って行なってほしい。

隠すべきことなど何もない。そのことで非難されるなどと、いっさい感じずに自分を表現して構わない――非難とは、人々が閉じたままでいること、開かれることはないということを意味するからだ。

だからこれは、人間の全歴史においてまったく新しい実験だ。ここでは自由とは本当に自由を意味している――自分自身であるための自由だ――というのも、あなた方が自分自身でない限り、私を信頼できる方法があるとは、私には思えないからだ。もし、私があなた方が自分自身であることを妨げているなら、私は自分とあなた方の間に、壁を創り出していることになる。私はあなた方に自分自身であってほしい。自分の意識で正しいと感じることを、何でもやってほしい。あなたの意識以外の誰も、それを決めるべきではない。


私には罰するという考えは一度も浮かんだことがない。そういう考えそのものが、私の語彙の中には存在しない。私が何時も考えてきたのは、そんなに静かで、そんなに意識的なあなた方に、どうやったら褒美をあげられるかということだった。そして私には、祝福しかあなた方に上げられるものがない。だから私の祝福とともに――この大空の下、あなたが何処にいようとも――私のすぐ近くにいると感じなさい。あなたが私の近くにいるときに入る、その同じスペースに入って行きなさい。

それはコツの問題だ。それは強制するようなことではない。私の側にいるとき起こることを、注意深く見ているだけでいい。それからそれを別の状況で試してごらん。そうしたらそれは、私と離れているところでも起こり始める。

そしてこのようにして――そして今の所はそれしか可能な方法がない。あらゆる醜い政治的力が、私を私の人々から孤立させようとする以上……、しかも、それらの大きな権力が、臆病者で犯罪者なのだから。だから残された唯一の方法は、それが可能であり、あなたができるときは何時でも私と共にいることだ。それが不可能なら、私の方があなた方の所にいる。ただ私が、あなたの所にいるのを許すだけでいい。ただ、あなたのハートの中に、私のための小さな空間を持てばいい。

そして祝福が仮面をかぶってやってくるとは、誰にもわからない。役立たずのサニヤシンたちがたくさんいた。わずかだが、害になる人たちもいた。が、私は誰にもノーと言う人間ではない。それは私には胸が痛む。たとえその人がどれほど間違っていようとも。私は誰も拒否したことがない。これからも誰も拒否しないだろう。彼が何をしようと――たとえ私に対立したとしても――私はそれに言及するつもりはない。

だがこれは、仮面の下の本当の顔を見るためのいい機会だった。だから、害になる者たちは暴露された。用のない者たちはいなくなるだろう。そして選ばれたわずかな者だけが――私はその人たちのために生きており、またその人たちのために死ぬ――私の許に留まるだろう。

第二十九章

飛ぶための新しい空

New Skies to Fly In

いわゆるキリスト教国家における、私たちの最近の経験の中で、大きな皮肉のひとつと見られるのは、「宿屋には空きがなく」イエスを生もうとしているヨゼフとマリアの物語に含まれる考え方に、関係しているようです。

この話は、キリスト教の基本的な教義である「慈善」と「汝の隣人を愛せよ」の土台となっています。新人類を孕んだ人の顔の前で、どのキリスト教国家も、ドアをぴしゃりと閉めます。おそらく私たちはこの旅の中で、キリスト教の主張は、安っぽい支配のための政治的イデオロギーに過ぎないという終焉の前兆を見るのでしょうか？

キリスト教とすべての他の宗教は死の床にある。彼らは必死に生き残ろうとしているが、生き残るのはほとんど不可能だ。そしてその不可能さは彼らが宗教的ではなく、宗教的であるふりをすることからくる。

真の宗教はたったひとつのはずだ。

これはとても簡単に理解できる。あなたはキリスト教科学、ヒンドゥ教科学、イスラム教科学など想像できるかね？　これは全く馬鹿げている。科学は科学だ。それは客観的な世界を、どんな偏見もなしに探求することだ。どうしてそれがキリスト教であり得るだろう。どうしてそれがヒンドゥ教であり得るだろう？

宗教は主観的な世界をどんな偏見もなしに探求することだ。どうしてそれがキリスト教徒や、ユダヤ教徒、仏教徒であり得るだろう？

真実はひとつだ、そして宗教は多くではありえない。

死のうとしているのはそれらの「多種性」であり、この死から、何の形容詞もついていない単純な宗教性が生まれるだろう。あなたはただ、宗教的である人を想像できないかね？　ちょうどあなたが、科学的な人を考えるのと同じように。もし私たちが真実で、誠実で、純粋で、非暴力的で、同情的な人を思い描くことができたら──彼は宗教的な人だ。

宗教とは信仰すべき何かではなく、生きるべき何か、経験すべき何かだ……。あなたのマインドの中の信念ではなく、あなたの全存在の香りだ。あなたが何をするとしても、それは宗教的な質を持つだろう、ちょうど科学的なマインドは、何をするにも科学的な方法でするようなものだ。ときにそれは馬鹿馬鹿しいほどであっても。

私はギリシャの数学者、ヘロドトスの話を聞いたことがある。彼は初めて平均の法則を発見した人物だ、歴史上初めてそれを発見したため、彼はそれでいっぱいになり、何でも平均の法則を通して見ていた。

ある日彼は妻と、三、四人の彼の子供と一緒にピクニックに行った。そして小さな川を渡らなければならなかった。妻は言った。「子供たちを見て下さいね」

彼は言った。「心配するな、お前はヘロドトスの妻だということを忘れたのか？　まず最初に私は小川の平均の深さをとり、そして子供たちの身長の平均をとる。もし平均の身長が平均の深さより高ければ問題はない」。彼の妻は平均については全く理解していなかったが、彼女は何か事故が起こるのではないかと、本当に心配した。「この人はなんて馬鹿なことをするんでしょう？」

彼はいくつかの場所へ道具を持っていき、水の深さをチェックした。そして四人の子供たちみんなの身長を測った。水はある場所では浅く、またある場所ではとても深かった。しかしそれを平均すると……平均は真実ではない。なぜなら平均を取れば、浅瀬は深いところの水をそんなに深くないようにする。

ひとりの子供は背が高く、ひとりは小さな赤ん坊だった、しかし平均すると……ヘロドトスは言った。

「全く問題ないよ、私たちは川を渡ることができる。子供たちも大丈夫だ。彼らの身長は川の深さより高いからね」

かわいそうな妻は賛成しなかったが、ヘロドトスと議論などできなかった。しかし子供が溺れるのではないかと、とても用心深かったので、子供たちの後からついていった。ヘロドトスは前を歩いた。そしてひとりの子供が溺れ始めた。妻は子供を助け、ヘロドトスに言った。「この子は溺れています！」

彼は言った。「私の計算に間違いがあったに違いない」。そしてその子や他の子供たちを助けるのではなく、砂の上で深さの平均と子供たちの平均身長を計算した土手へ戻った。

彼は言った。「間違いはないぞ。どうしてこんなことになったんだ？」

彼の妻は言った。「馬鹿はやめて下さい！　せめて私たちのピクニックを台無しにするのはやめて下さい。何ヶ月かに一度、あなたは家族と出かけるだけなのに、あなたの科学が邪魔をするのよ」

彼らは何とか川を渡ったが、彼はずっと悩んでいた──子供たちのことではない。彼は、計算が正しかったのに、この男の子がなぜ溺れ始めたのか？と悩んでいた。彼はこの男の子に怒っているようだった。「数学に反して、お前はなぜ溺れた？」

妻は言った。「この子に数学はわかりません──とても小さいのですから」


これは馬鹿馬鹿しいほどだが、科学的なマインドは、科学が必要ないときでさえ科学的なままだ。しかしそれは決してキリスト教徒や、ヒンドゥ教徒や、イスラム教徒にはならない。

宗教的な人は彼の行動、関係性、考え、感覚すべてにおいて宗教的だ。彼には、教会も、シナゴーグも寺院も必要ではない。彼に必要なのは明晰な洞察、ハートの静けさ、自己の存在の経験だ。なぜなら彼の自己の存在の経験は、全世界が神聖であることを、存在するものすべては生命と意識の可能性の異なる段階にあることを、彼に気づかせるからだ。ブッダの石像の中にさえ、真のブッダに花咲く可能性がある、なぜなら全存在は神の意識に満ちているからだ。

宗教的な人も馬鹿げた域に入ることがある、ちょうどヘロドトスのように。しかしこれらの人々は例外だ。常軌を逸した人々がいる。彼らは一般的ではないが、実際、彼らは証明している。

インドに、偉大なイスラム教の聖者、サーマドがいた。そして彼は胸にある種の傷があった。彼は何も薬を飲もうとしなかった。そして傷はひどくなった。ひどくなるだけではなく、その中に虫がいた。それらは大きくなり、彼の心臓を食べていた。そしてイスラム教徒は……彼はイスラム教徒だった。一日五回神にひれ伏す。するとときどき、それらの虫が彼の傷から地面に落ちてきた。そして彼はそれらの虫を傷に戻すのだ。さあ、これは極端だ。宗教性とは、薬が虫を殺し、暴力となるので、薬を飲むことはできないという意味ではない。

科学的、宗教的マインドは、馬鹿げた域に入らないよう注意すべきだ。しかし科学的、宗教的な人は組織に属する必要はないし、他の組織に対立し、「私たちだけが真実を持っている。他の誰も本物を見つけてはいない。私たちの独占だ」と信じる必要はない。

この種の態度、そしてアプローチは死につつある。これは良い知らせだ。なぜならその死は単純に、宗教的な意識の新しい誕生をもたらすだろうから。

私はなぜ、これほど多くの宗教があるべきなのか理解できない。地球上には三百もの宗教がある。ところが三百の真実はない。そして彼らはみな、何世紀も戦い続け、真実の名のもとに殺し合っている。互いに破壊し合い、殺害し、生きている人々を焼いている。愛の名の下に、慈悲の名の下に、非暴力の名の下に。美しい名前と醜い現実、これがあなたの宗教のすべての歴史だ。

あなたの言う物語は美しい。すべての物語は見てみる価値がある。なぜなら、それはとても多くの含蓄があるからだ。

まず最初に、イエスは貧しい両親のもとに生まれた。父は大工だ。これは、宗教は学問とは何の関係もないことを示している。イエスの父、ヨゼフは全く無教育だった。彼の母は無教育だった。彼らは教養のない、単純な村人だった。彼らは学者《ラビ》ではなかった。教養があり、古い伝統的なあり方で賢いラビではなく、全く単純な人々だった。もしイエスが彼らのもとに生まれなかったら、あなたは彼らの名前を聞くことは決してなかっただろう。

私から見れば、これは真実が単純性から生まれることを意味している。知識からではなく、偉大な学位、社会的地位、名声、権力からではない。真実はとても謙虚だ。あまりにも謙虚で、ヨゼフと彼の妻マリアが首都エルサレムの年一度の祭りに来たとき……彼らはとても貧しかったので、泊まれるところがなかった。すべてのドアは閉ざされた。

彼らは人々を説得しようとした。ヨゼフは言った、彼の妻は妊娠していて、いつ何時子供が生まれるかもしれないと。そして彼は全く無力だった。「思いやりを、慈悲をお願いします。どこでも小さな片隅でもいいのです」。しかしこれは奇妙な世の中だ。人々は美しいことについて話すが、情けも慈悲も愛もない。妊婦が夜、道端にひとり……。

首都全体のどこにも場所がなかったわけではない。そうだ、首都の人々の心の中に、全く場所がなかったというのが真実だ。それは家の中の場所の問題ではない、それは心の中の小さな場所の問題だ。

古い言い伝えがある。「皇帝は世界で最も大きな宮殿を持っているかもしれないが、そこには空場所がない。そして貧しい人は小さな小屋を持っているかもしれないが、場所は充分にある」。そしてことわざはいつも物語から生まれる。

貧しい男が、妻と小さな一間の家に住んでいる。夜が更け、雨は強く降っていたが、そこへ誰かが戸を叩いた。男は妻に言う。「お前は戸の近くにいるから、開けてあげなさい、お客さんだよ」。妻は気が進まずに言う。「場所がもうありません。二人でも、やっとここで寝ているのです。どこに三人目の見ず知らずの人が寝るのですか？」

夫は言った。「見ず知らずの人と言うのはやめなさい。うちの戸を叩いたときには、その人は私たちの客だよ。戸を開けなさい、私がどうしたらいいか見せるから。もし二人が充分寝られるなら、三人なら座ればいい。こんな夜に、お客を帰すわけにはいかないよ」

戸は開けられた。その男は入って来た。彼らはみな座って話している。寝る場所がないからだ。そして再びまた戸を叩く音。そして家の主人はその時、戸の近くにいた男に言う。

「戸を開けなさい、また別の客が来たね。今夜は本当にひどい夜だ」

中に入ったばかりのこの男でさえ、主人に怒った。彼は言う。

「あなたは何を言っているんですか？　場所はほとんどないですよ、どこにその人を通すのですか？」

主人は言う。「もし私がこの口論を聞いていたら、あなたは中にいなかったのですよ。そしてあなたはただの客なのですから、私と口論しないでください、ただ戸を開けなさい。またひとり客が来ました。私たちは楽に座っています。四人目の人が来たら、私たちはもう少し近づいて、詰めて座りましょう。それはとても良いことです、寒くなってきますから、くっついて近づけば、もっと暖かいでしょう。そして新しい客が、どんなすばらしい話を持ってきてくれるかわかりませんよ？　私たちは一晩中起きていなければいけないのですから」

ついに戸は開けられ、次の客が入ってきた。もう彼らはくっついて座っている。そしてそのとき突然ロバが戸に近づき、戸を足で蹴った。彼らはみな困惑した。誰が外にいるのか？

主人は言う。「別の客に違いない。戸を開けなさい」

最後の男は今、戸の近くに座っている。彼は言う。「これはただ馬鹿げている！　私たちはこんなに窮屈に座っている。もうひとり、ここに入れるなんて無理だ」

その男は言う。「私が主人だ。この小さな家からどの客も帰すわけにはいかない。私たちは座っている。もし誰かが来たら、私たちはみな立とう。そうすれば場所ができる」

彼らはみな、この男は気違いだと思った。彼らが戸を開けるとロバが入ってきた。客たちはロバを追い出そうとしたが、主人は言う。「だめだ、人でもロバでも関係ない、問題はこのひどい雨だ、暗い夜にかわいそうに。こいつはどこへ行ったらいいんだね？　こいつは私たちの真ん中に立って、私たちは噂話をしていればいい。何も悪さはしないだろう？　そしてあなた方はみんな、古い言い伝えを忘れている。『皇帝の宮殿はとても大きいが場所はない。なぜなら彼の心はとても小さいから。貧しい人の小屋はとても小さいが、とても大きな場所がある、なぜなら彼の心はとても大きいからだ』」

その夜ヨゼフは、マリアをロバに乗せて家々を回り、断られた……これは私たちの野蛮さを示している。これは私たちの非人間性を示している。そして、これらすべての人々はとても宗教的な人々だっただろう。シナゴーグに行き、とてもきちんとして、律法を読み、知恵に溢れていたかもしれない。しかし彼らの行動に関する限り、何ひとつ知恵はない、何ひとつとして理解はない。

最後に彼は貧しい男を見つけた。その男は言う。「私はたいして持っていない、馬小屋があるだけだ。もし馬小屋でよかったら、泊まっていいですよ」。それでも、何もないよりはましだ。それはほとんど何もないと同じだったが、道端にいるよりは……馬小屋で、ロバや馬と一緒に子供を産むことは情けないことだった。しかし仕方がなかった。イエスは馬小屋で生まれた。

人が宗教的になるのには、宮殿など必要ない。どこにいようが関係ない。問題は、あなたの在り方だ。

そして、同じことが私に起こっているとあなたは言う。私は戸を叩いている。ひとつの街だけでなく、世界中だ。私は誰にも危害を加えていないのに、すべての戸は閉ざされている。私の考え方は彼らには危険なようだ。そして私の考え方は、凡庸で全く知性がない人々にとってのみ危険になる。もし彼らに少しでも知性があれば、私の考え方は彼らに考えるべき新しい局面を、飛び込むための新しい空を与えるだろう。彼らの存在には新しい花が咲くだろう。しかし凡庸なマインドには私の考え方は危険だ。ただ、彼が理解できないがために危険なのだ。

さらに、誰でも他の人に自分より知性を持ってほしくない。誰でも、他の人に自分より現実に対する洞察を持ってほしくない。政治家は私に反対する。宗教的指導者は私に反対する。この世の中が知性に関するかぎり、いかに貧しいかを見るのは、とてつもない経験だ。

もし私が間違っているなら、間違いを証明しなさい。私は歓迎だ。

もし私が正しいなら、それを受け入れる勇気を持ちなさい。それは人間の進化を助ける。しかし、彼らはまだ聞く用意もない。

このことは、私の祖父を思い出させる。家族の中で、彼は私に最も親切だった。しかし彼は知識人ではなく、農夫だった。私は彼と一緒に畑へ行ったものだ。そして彼は耳栓をしていた。私は後になってわかったただけだが、ちょうどある日、片方の耳栓が落ちた。私は言った。「どうしたんですか？」

彼は言った。「おまえは私の知らない変わったことばかり言うし、私は何も知らないように見えたくないからね。そして、お前に何かを言うのは危険なんだ。なぜなら、お前はすぐに議論をするから。そして私はこの策を見つけた。お前は話し続ける。誰も聞いていない。私はまるで聞いているかのように、お前の言うことは何でも受け入れる」

「でも」私は言った。「聞きたくないって私に言ってくれればよかったでしょう。どうして私の言葉を無駄にするんですか？　余計な嘘をつかなくてもよかったのに」

彼は言った。「お前、そうは言うけど、でももし私が『何も言うな』と言ったら、お前は議論しただろうよ。そして私にはお前を打ち負かすような議論はできない。私は年寄りだ、お前の議論は楽しいが、あまり理解できない」。そして彼は本当にそれを楽しんでいた。彼は私を連れ出したものだ……もし誰か聖者が町に来ると特に私を連れて行き、言う。「さあ、この人を叩き直してやりなさい！」

私は言った、「あなたは私の言うことは聞きたくないのでしょう」

彼が言った。「私が聞きたくないのは、お前と議論して負けたくないからだよ——私はお前の祖父なんだから！　でも私はとても楽しいんだ。私の小さな孫が聖者に物を言い……彼を議論で打ち負かし、みんなの前で恥をかかせる。私の自慢だよ！」

閉ざされた国家のドアの数々……その背後には大きな権力がある、世界の列強が。アメリカとロシア、両方が私に反対だ。そしてこれはとても奇妙だ。なぜなら、彼らは敵同士だ。少なくとも一方は、私に賛成していいはずだ。しかし彼らは両方とも私に反対する。その理由はただ、私がありのままに言うのが好きだというだけのことだ。そして彼らはみな、嘘の上に立っている。それは何世紀もの間、言われてきた嘘なので、ほとんど真実のようになってしまった。

イエスは、生まれることさえ許されなかった……その人たちは、誰を拒否しているのか知らなかった。だから彼らは許されてもいい。彼らはただの貧しい大工とロバ、そしてロバに乗った若い妻を拒否していた。妻は妊娠していたが。誰が無用な面倒ごとを望むだろう？　彼らは、イエスのような人が生まれようとしているとは知らなかった。だから、彼らがしたことはすべて無知ゆえだ。

しかし、私の前で閉ざされたドアは無知ゆえではない。彼らは、もし私が受け入れられれば、私は若い世代を変えてしまう、と完全に知って閉じている。私は若い人々に新しい夢、新しい希望を与えるだろう。そのことは古い既得権——政治家、僧侶、その他の人々——にとっては危険だとわかるだろう。それは完全にわかってなされている。そして今、それは世界的な陰謀となっている。これは先例のないことだ。

これまで一度も、全世界が一致して、ただひとりの個人に反対したことはなかった。見解、眼、認識の力以外には、何も持たない人間に対して。しかし、これは何も悲しむことではない。これは本当に祝うべきことだ。なぜなら、彼らは自分の負けを認めたのだから。

彼らは、自分たちが劣っていると認めた。彼らが認めた証拠に、どの国も他の国に知らせている。「この男は危険だ」と。そして私は、蟻一匹殺していないのだ！ 彼らが話しているのは、どんな危険についてなのか？ そして彼らは嘘をついていない。彼らは完全に正しい。その危険とは、私が彼らの腐った根っこを断ち切れるということだ。彼らは亡骸を運んでいる。彼らは世界全体を悪臭で満たした。彼らはただ地球規模の自殺を図るために、核兵器を準備している。

私はただ、彼らの眼を覚まさせたい。「あなた方が眠りの中でしていることが危険なのだ」と。私たちは特別な時にある。人間が死ぬか、もしくは新しい人類が生まれるかだ。

私にドアを閉ざす人々は、古い人間の味方だ。そして古い人間は死のうとしている。それは充分に生きた。それは死後の生を生きている。それはすでに死に、ただ古いはずみの力で歩いているだけだ。

私は、異なった種類の特徴、異なった質を持った新人類を支持する。彼らは若い人々――若く冒険したい人々、発見したい人々、新しい存在のスペースへ旅立ちたい人々――を怖れる。私に感銘を受けるだろう人々だ。彼らは私によって「堕落させられる」と言う。この言い方は、ギリシャでソクラテスに言われたのと同じだ。そして彼の命は危険にさらされた。彼は若い人とそのマインドを、堕落させているということで。

私はその同じ土地で逮捕された。私はまさか、二千年も経ってから彼らが同じ罪で私を非難するとは思わなかった。私の存在は若い世代を堕落させているので、一瞬たりともギリシャにはこれ以上いられないというのだ。ソクラテスも若い世代を堕落させてはいない。堕落させるような影響を与えたという証拠になる言葉は、ひとつもない。そう、それは古い世代には危険だった。なぜなら彼は、古い世代が理解できない脅威を与えることを話していたからだ。

私が人々に言うことは、何であれとても単純だ……ただ彼らの眼を覚まそうとする努力だ。そうすれば彼らは自分の目で見るだろう。古いものは死につつあるか、死んでいる、そして今、人間の新しい概念がもたらされる時だ、と。古い概念は抑圧的だった。古い概念は恐怖に基づいていた。古い概念は貪欲、野望、欲望でいっぱいだった。

だから私たちは、何世紀もひとつの戦争から別の戦争へという中で生きてきた。三千年の間に、五千の戦争が地球上であった。誰か他の惑星から見ていたら、この惑星、地球は気が狂ったと思うだろう！ 三千年の間に、五千の戦争？ そしてその合間には、時間さえあればあなたは、新しい戦争の準備をしなくてはならない……まるで、人生のすべての目的は戦争の準備をし、そして戦い、死んだり殺したりすることのようだ。そして再び準備をする。そして今、彼らはその頂点にまでやってきた。究極の準備だ。


ある人がアルバート・アインシュタインに尋ねた。

「第三次世界大戦について、何か言っていただけませんか？」

彼は言った。「いや、でも私は第四次についてなら何か言えます」

質問者は困惑した。彼は言った。「あなたは第三次については何も言えないのに、第四次については何か言える、ですって？ それはどういう意味ですか？ 冗談じゃないんですか？」

アルバート・アインシュタインは言った。「いいえ、第四次については確信を持って言えることがあります。それは起こりえないのです。しかし第三次について、私は何も言えません。第四次が起こらないのは、第三次が地球上のすべての生きている有機体を終わらせるのに、充分だからです。だから第四次の準備をする人は誰もいないでしょう」

私の中には新人類のヴィジョンがある。自分自身以外、他の誰になることも強制されない人、従うべき理想ではなく、自分自身の可能性を実現するための自由が与えられる人だ。彼は野望を与えられないだろう。彼は野望を作り出す教育も与えられないだろう。それは全く有害だ。彼には何か他のものが与えられるだろう。喜び、歌い、踊り、彼の生を祝祭にする能力だ……誰とも競争するのではなく、彼自身が成長しながら。

彼は天国を達成するためにこの生を犠牲にするような、そんな天国への希望は与えられないだろう。天国とは誰も見たことがないもので、単に人々を騙し、彼らの生を国家の名のもとに、宗教の名のもとに犠牲にさせるための作り事だ……そして彼は、地獄を恐れるようにはさせられないだろう。なぜならどこにも地獄などないのだから。

天国と地獄から解放され、恐怖と強欲から解放され、あなたの得たこの小さな生はパラダイスとなる。この地上そのものが、はすの花のパラダイスだ。そしてあなたは、人生の一瞬一瞬を楽しむことができる。その喜びを通して神に気づくようになるほどに。

この違いがわかるかね？　古い人間は苦悩を通して、神に達すると教えられた。「あなた自身、あなたの肉体を苦しめなさい」と。私にはどんな関係があるのかわからない。なぜ苦悩が神に導くのか？　苦悩はさらなる苦悩をもたらす。それは悪魔に導くことはできる。しかしそれは、神に導くことはできない。喜び、祝祭、沈黙、平和、そして調和だけが、あなたを神の経験へと導ける。そして犠牲は全く必要ない。

すべての古い社会は、個人を犠牲にすることに依存した。個人は社会のためにあるのだと言って。

新人類は立場を逆転する。社会は個人のためにあり、その逆ではない。個人はこの世において最も高い質であり、社会はただ、個人が自分自身を実現するために役立つべきものだ。あなたは個人に犠牲を求めることはできない。宗教のために必要だとか、国家のために必要だ、共産主義のために必要だ、ファシズムのために必要だという理由で。それらすべてを犠牲にして、個人を救いなさい。それらはただの言葉だ、そして個人こそが現実、生きた現実であり、神の存在の唯一の証だ。

ドアは閉じられている、しかし私は道を探し続けよう。たぶん窓は開いているかもしれない。たぶん、誰か私を中に入れるだけの、勇気ある人がいるかもしれない。この広い世の中で、誰かいるに違いない。もしイエスが馬小屋で生まれたなら……もしも馬小屋のドアが私のために開いていたら、それで充分だ。私は自分の言葉に、ダイナマイトを仕掛けることができる……馬小屋から全世界へ向かって。

そして私がやってもやらなくても、それは起ころうとしている。進化を止めることはできない。おそらく多少遅れ、延期されるかもしれない。しかしそれを止めることはできない。前兆を読めないのは盲目の人だけだ。進化を止めることはできない。

だから誰が媒体になるかは問題ではない、しかし真実は勝ち、新人類が現れるはずだ。これは唯一の希望だ。この地球のためだけではなく、全宇宙のために。

もし「光明」という考えが、マインドがもてあそぶ最後のジョークだとしたら、誰が最後に笑うのですか?

誰にも最後の笑いはない。マインドを超えると、笑いも涙もない。それは永遠の沈黙だ。あなたが経験し、表現するものはすべてマインドの一部であり、光明は最後のものだ。その後、あなたは全宇宙の一部となる。そして、海が笑っていたり、雲が笑っていたり、花が笑っているのを聞いたことはないだろう。宇宙全体の中では、笑いはない。

あなたは「奇妙だ」と思うだろう。「もし、とても多くの至福があるなら、どうして笑いはないのか?」

と。あなたは、笑いの全心理学を理解する必要がある。まず、あなたは人間以外、どんな動物も笑わないことを理解することだ。もし、笑っている牛や笑っているバッファローに出会ったら、あなたは気が狂うだろう。そして、もしたとえウルグアイ政府が「ここにいなさい」と言っても、あなたはしりごみしないが、そこで牛やバッファローが笑ったら、それでおしまいだ！　あなたはこの世界が狂っているか、あなたが狂っているかどちらかだと思うだろう！　人間だけが笑うのだ。

マインドより劣っているものもまた、笑うことはできない……なぜならマインドより劣るものには、物事のおかしさがわからないからだ。笑うためには、物事のおかしさがわからなければならない。バッファローには、おかしさ、馬鹿馬鹿しさがわかるだけの知能がない。

マインドを超えているものもまた、笑うことはできない、なぜならマインドを超えると、すべてが受け入れられるからだ。何もおかしいことはない。おかしさがわかって笑えるのは、マインドの小さなスペースの中だけだ……そしてあなたは泣くことができ、嘆くことができ、涙を流せるからこそ、笑うことができる。笑いはただ、涙の対極だ。

人生はとても惨めだから、あなたはごく些細な笑う機会さえ見逃さない。人生は空っぽで何もないからだ。だからささやかな機会でも、それもそれほど多くはないが……誰かがバナナの皮で滑る。どうしてあなたは笑い出すのか？　なぜならバナナの皮は何もしていないし、滑った人も何もしていない。これは全く自然なことだ。誰でも、バナナの皮で滑ることはある。

しかし小さなチャンスだ……あなたは見逃せない、笑わなくてはならない。人生はとても惨めだが、こうしたささやかな笑いのおかげで、耐えられるものになる。それが助けになる。惨めなだけではなく、笑いもあるのだと——たとえそれがほんの些細な、あまり意味のないことでも。

マインドを超えてしまうと惨めさはない。だから笑いの必要はない。いったんマインドを超えると、誰にも最後の笑いはない。あなたはマインドを超えており、マインドは生きていないので、笑うことができない。そして惨めさがないから、あなたは笑うことができない。あなたは完全に静かな全存在の一部だ。何千人もの人がバナナの皮で滑るかもしれないが、この存在はいっさい気に留めない。たった一本の木も笑わないだろう。あなたもまた、この宇宙の一部となった瞬間、笑う人はいないし、嘆く人もいない。分かれた存在としては誰もいない。だから光明を得る前に、思い切りあなたは笑うことができる。

その前に笑いなさい！　後で笑えるなどと考えて待ってはいけない。できるかぎり笑いなさい。ただしその前に。永遠があると考えて延期してはいけない。「まず私たちは光明を得て、座って笑おう。他に何をすることがある？」と言って。

しかし、そのとき笑う意味はない。笑いの全状況はなくなっている。

マインドが惨めさを作り出していた。そしてバランスをとるために、マインドは笑えることを拾いあげる。あなたを幸せにし、惨めさと笑いの間であるバランスを保つために。なぜなら、もし百パーセント惨めだったら、あなたは耐えられない。あなたはそこから飛び出すだろう。しかし百パーセントの惨めさではない。あなたがとても気分がいい瞬間もある。あなたが微笑む瞬間、幸せがある瞬間、あなたが心から笑う瞬間もある。これらがあなたをマインドの中にとどめ、惨めさに耐えられるようにする。これはマインドのトリックだ。

惨めであればあるほど、あなたはもっと笑うことを探すだろう。ユダヤ人が世界で最高のジョークの持ち主なのは偶然ではない、なぜなら彼らは、最も苦しんできたからだ。モーゼが彼らをエジプトから連れてきた不幸な瞬間から今日まで、彼らは苦しみに苦しんできた。異なる国家で、異なる人種の中で、異なる在り方で。彼らはあまりに苦しんだので、一瞬でも苦しみを忘れるために、何かを作り出さざるを得なかった。彼らは最高のジョークを作り上げた。

インドにはジョークが全くないという事実に、私は驚嘆する。インドの人々が使うジョークはみな借り物だ。どれもインド人が作ったものではない。それらはみな、他の国々から来たものだ。正真正銘のインドのジョークを、私はひとつも見つけられなかった。インドの過去は、とても平和で静かだったからだ。

たったこの数百年間には侵略者はあったが、たいしたことはなかった。一万年来の満足があったからだ。自然と共に平和に暮らし、調和をもち、革命もなく反逆もなく、何であれ完全に受け入れていた。インドは大きな国だったが、侵略者は少ない人数でやってきた。侵略者さえ受け入れられた。さもなければ彼らは征服できなかっただろう。しかし誰も気にしなかった。すべての人が、自分自身にとても満足していた。

今日でも国の半分が飢えているが、もしあなたが飢えている人々のところへ行ったら、あなたは何の不平も見出さないだろう。彼らはそれを受け入れている。「たぶんこれは私たちの運命だ」と。この一万年はこれほどの満足を残し、それはいまだに続いている。

奇妙なことに、過去に作られたすべてのインドの物語、演劇は喜劇だけであり、悲劇はない。一万年の間に一つも悲劇は書かれていない。そして偉大な巨匠、小説家、劇作家、詩人が取り組み、偉大な文学が創作されたが、それはすべて喜劇だ。すべての物語は、美しいもの、良いものの中で終わる。どの物語も悲劇的には終わらない。当然、これらの人々には苦しみという考えがまったくなかった。

しかし、ユダヤ人は途方もなく苦しんだ。これには終わりがないようだ。苦しみは続いている。現在、イスラエルの建国もまた、ユダヤ人にとって果てしない苦しみの源を作り出すための、キリスト教国家の政治的な策略だ。そしてユダヤ人は、なぜキリスト教国家が第二次大戦後、彼らにイスラエルを与えることに、これほど興味を持つのか理解できなかった。なぜならそれは、キリスト教徒にとっても聖地だ。彼らは、そこを自分たちの聖地だとすることもできたはずだ。なぜそれを、ユダヤ人に返さなければならないのか？　彼らには何世紀も権力がなかったのに。そこはイスラム教国家であったし、たくさんのイスラム教国家に囲まれていた。

それをユダヤ人に与えたのは、キリスト教国家の最悪の、最も卑劣な行為のひとつだった。これは、彼らがユダヤ人をずっと苦しめられる状態に陥れたという意味だ。イスラム教徒は彼らを許容できない。彼らは苦しめ、戦うだろう。彼らは大多数を占める。そしてユダヤ人は、キリスト教国家の前でずっと乞食のままだろう。したがって、キリスト教徒にとってもイスラム教徒にとっても、これは楽しめる。ユダヤ人を軍需品や必需品を乞う物乞いに貶める。そして彼らの必要はずっと続くだろう。なぜなら、イスラム教徒はイスラエルを平和にしてはおかないだろうからだ。彼らは戦う。

今、イスラエルは傷のようだ。そして世界中のユダヤ人が、彼らの金銭や財産を投じ、何とかイスラエルを生き延びさせようとしている。まず第一に、それは生き延びることはないだろう。第二に、世界中のユダヤ人は、これが生き延びるのを助けるために、彼らの持っているものすべてを費やす。したがって彼らは彼らの金銭や生産性を失う。彼らは若い人を送るだろう、そこで戦うため、殺され誘拐されるために。

今これは、キリスト教国家の壮大な戦略だ。私以前にこれを話した者はいない。そしてこれが陰謀であったと私は初めて言う。事態は完全にオーケーだった。国家の必要性がどこにある？　ユダヤ人は、アメリカや他の国々に住んでいて完全に幸せだった。どこに自分たちの国家を持つ必要があったのか？　そして国家は延々と問題になり、ユダヤ人のすべてのエネルギーを吸い上げ、そして常に彼らを、キリスト教国家の前に、乞食椀を持ってとどまらせることになるだろう。

一方でイスラム教徒は彼らを破壊し、侵略するだろう。他方でユダヤ人は、彼らの生産したものをすべて無駄につぎ込むだろう。そして常にキリスト教徒に物乞いするだろう。もしあなたがこれを見れば、あなたは政治家たちがいかに卑劣に、完全に卑劣になり得るかがわかるだろう。

インドにはあまりユダヤ人は多くない、ごく僅かだ。ひとりのユダヤ人がサニヤシンになった。インド系のユダヤ人だ。さもなければ私のサニヤシンの中では、四十パーセントがユダヤ人だ。ひとりのインドのユダヤ人がサニヤシンになった。私は彼に尋ねた。「あなたはまだ、自分たちが神の選民だと思うかね？四千年も苦しめられた末に？」

彼は言った。「私は我々が神の選民だと思いますが、もういやです。誰か他の人がそうなるべきです。もう充分だ！　私たちはこの重荷を四千年間背負ってきました。今、私たちは神の選民にはなりたくありません。誰か他の人がこの重荷を負うべきです」

彼は正しい。彼は老人だった。そして彼は正しい、この神の選民という考え、そして四千年の絶え間ない苦しみ、そして残忍な殺人、ガス室……アドルフ・ヒットラー一人で六百万人のユダヤ人を殺した。これが神の選民への大いなる贈り物だ！

私は私のサニヤシンに言う。「ただ平凡な人でありなさい。決して特別でないこと。ただまったく平凡で単純でありなさい」。ユダヤ人の歴史は、あなたにはっきりとした絵を見せてくれる。あなたが選民だと思った瞬間、困難が生まれるのだと。すべての人があなたに反対する。なぜなら彼らはみな自分が選民だと思っているからだ。

アドルフ・ヒットラーは六百万人のユダヤ人を殺していなかったかもしれない……彼は殺さなければならなかった。理由は単に、北欧系アーリア人、すなわちドイツ人が神の選民だと彼は考え、ユダヤ人は他の唯一の競争相手だと考えたからだ。そしてひとつだけが生き残ることができる――北欧系ドイツ人かユダヤ人か。そして生き残ったほうが誰であれ、神は選民を救ったという証明だ。

しかし惨めさは、それは途方もないものだったが、世界にすばらしいジョークを与えた。そしてユダヤ人はジョークを言い、物語を話すことで、あらゆる種類の苦しみに耐え、周りで何が起きているかはあまり気に留めない。

あなたがマインドの境界を超えた瞬間、笑いはない……永遠の沈黙がある。

第三十章　その名は愛、しかしそのゲームは政治——

The Name is Love But the Game is Politics

愛についてあなたがどう見るか、いま一度語っていただけますか？　カトマンズであなたが愛と憎しみの両極を越えていくことについて語ったとき、私はとても感動しました。あなたにたいへん感謝します。なぜなら、愛を与えることは私の瞑想になると語ってくれたからです。

どの人間も孤島ではない。これは生の基本的な真実のひとつとして、覚えておくべきことだ。私たちはそれを忘れがちだから、私はそれを強調する。私たちはみな、ひとつの生の力の一部であり、ひとつの大洋の存在の一部だ。基本的に私たちは深い根っこのところでひとつなので、愛の可能性が生まれる。もし私たちがひとつでなかったら、愛の可能性はないだろう。

あなたは家を好むことはできる。しかし、それを愛することはできない。あなたはどんなものでも好むことはできる。しかし愛とは、好みのために使われる適当な言葉ではない。愛は進化の同じ段階にあるもののためにのみ、取っておかれる。二つ目に覚えておくべきことは、進化は対極を通して働くということだ。ちょうどあなたが一本足では歩けず、歩くには二本の足が必要なように……存在は両極——男性と女性、生と死、愛と憎しみ——を必要とする。はずみをつけるためだ、さもないと沈黙するだけだ。

逆のものがあなたを一方で惹きつけ、他方であなたを依存していると感じさせる。そして誰も依存したくはない、だから、恋人同士のあいだには常に争いがある。彼らは互いに相手を支配しようとする。その名は愛、しかしそのゲームは政治だ。男性の努力とは、まさに女性を支配することだ。彼女を劣った地位に貶め、成長を許さない。そのため、彼女はいつも遅れたままにさせられている。何千年もの間、男性が女性にしてきたことは、ただ醜悪だ。教育もなく——彼女は聖典を読むこともできない。彼女は自分を男性と平等だと、考えることはできない。そして彼女はあまりにも深く条件づけられたので、たとえあなたが彼女は平等だと言っても、彼女は信じないだろう。それはほとんど、彼女のマインドになってしまった――すべてにおいて、体力も知性も劣っているという条件付けが、彼女のマインドとなってしまった……男性は、男性が保護者で、女性が庇護者である社会を作った。

ヒンドゥー教の経典では曰く、『子供時代は父親が少女を守るべきだ、若いときは夫が女性を守るべきだ、老年期には息子が母親を守るべきだ』。彼女はつねに保護されることになっており、男性は彼女を保護することになっている。彼は彼女を弱く、無教育で、無教養にした。彼は社会における彼女の活動を阻止した。そして彼がした最も悪いことは、彼が彼女の自立、彼女の経済的自由を奪い、彼女が自由となるための拠り所を根こそぎにしたことだ。彼女は扶養されなければならない、彼女は自分で稼ぐことはできない。

何世紀ものあいだ、そこにはある種の論理があった、女性は母親になる必要があるからというものだ。そして十人の子供のうち、九人は死んでいく。したがって女性は閉経するまでほとんど一生妊娠していた。彼女がどうやって働けるだろう？　どうやって稼げるだろう？　彼女は子供を抱え、他の小さな子供たちの世話をし、面倒を見て、家事に気を配る。要するに、男性は女性を奴隷にした。それも非常に安く、彼女を買うことなしに。あなたにはこの皮肉がわかるだろう。

インドでは……そして他の国々でもそうだと思うが、異なる方法で同じことが起こっている。インドでは、男の子が生まれると楽隊や踊り、歌で歓迎されるので、町中が男の子の誕生を知る。しかし女の子が生まれてもお祝いはない。町中がその沈黙で女の子の誕生を知る。

親にとって何が問題なのか？　彼らにとっては娘か息子かは同じことのはずだ。しかし問題なのは、息子は稼いでくれて、彼らが年をとったとき助けてくれるだろうし、家の跡取りを作るだろう。娘は逆に、経済的な損害だ。あなたは彼女を食べさせ、服を着せ――そして彼女が結婚するときは、持参金を持たせなくてはいけない。奇妙なことだ。彼女は奴隷になるのに、親は支払わなければならない。「どうか私の娘を奴隷として受け取ってください」。持参金が支払いだ。普通は、奴隷は買われるもので、誰でも買う人が支払わなければならない。女性の場合は、女性の親が代わりに払わなければならない。娘を与え、そして充分なお金を払う。

女性は隷属することを望まない。誰も望まない。誰も奴隷にはなりたくない。誰も劣りたくはない。なぜなら誰も劣っていないからだ。人はそれぞれ違いがある。優れている、劣っているという問題はばかげている。したがって、彼女は無意識に復讐し始める。彼女は、自分を財産として所有し、彼女を同等の人間として認めない男性を、愛することはできない。

ヒンドゥー教の聖者の一人――私は彼を聖者とは呼ばないが、ヒンドゥー教徒は彼を崇拝し、他のどの聖者の本よりも彼の本を読む――はトゥルシダスだ。彼はこのように醜い言葉で女性を非難する。彼は言う。「もし女性を支配しておきたいなら、あなたはときどき彼女をぶたなくてはならない。理由は何でもいい。彼女を怖れさせておきなさい。彼女にはどんな平等も友情も与えられるべきではない」。そしてこれが何世紀ものあいだ『愛』と呼ばれた。

女性は煮えたぎっている。もちろん無意識に。そして彼女は、ささやかなやり方で爆発する。できることなら何でも彼女はする。彼女は夫をぶつことはできない、なぜなら「あなたの夫はあなたの神だ。あなたは彼をぶつことはできない。あなたは彼を崇拝しなくてはならない」と言われているからだ。だから彼女は自分自身をぶつ。選択の余地がなく、怒りのなかで彼女は自分自身をぶつ。

私がマハトマ・ガンディーを批判し始めたとき、私は言った。彼のしていることは、長年女性が用いてきた戦略以外の何物でもないと。あなたは外国の支配者と戦うことはできない。あなたには武器もない、力もない、そしてあなたにはその願望さえない。すべての彼の非暴力、受動的な抵抗は、女性がいつもしているのと同じこと以外の何物でもない。しかし誰も、非暴力の哲学を作り出した彼女の功績を認めなかった！　彼女は怒ったとき誰もぶたず、自分自身を苦しめる。そして女性をそうした地位に貶めた男性もまた、彼女を愛することはできない。

愛は平等で、友情のある場合にのみ存在できる。

男性の奴隷から女性が自由になることは、男性が自由を経験することにもなる。したがって、女性解放運動は女性の解放のみではなく、男性解放運動でもあると私は言おう。両方が解放されるだろう。その奴隷制は両者を束縛し、彼らはずっと闘っている。女性は夫にいやがらせをし、がみがみと小言を言い、彼をやりこめるための自分の戦略を見つけ出した。男性にも戦略がある。そしてこのふたつの陣営のあいだで、私たちは愛が起こることを望んできた。何世紀も経ったが愛は起こらない。あるいはごくたまにはあったが——。これが一般的な愛の状況だ、それは名前だけで、真実ではない。

もしあなたが愛についての私のヴィジョンを尋ねるなら……それはもはや、弁証法や対立の問題ではない。男性と女性は異なり、補い合うものだ。男性だけでは半分だ、女性もそうだ。一緒になってひとつであるという深い感覚の中でのみはじめて、彼らは全体性、完全性を感じる。しかしこの完全性に達するためには、あなたは愛と憎しみの二元性を超えなくてはならない。

そしてあなたは、その二元性を超えることができる。今、彼らは人生で手に手を取っていく。あなたは憎んでいる同じその人を愛する。したがって朝には憎み、夕方には愛する——そしてこれは、大変混乱した行為だ。あなたはその人を、愛しているのか憎んでいるのかさえわからない。なぜなら、そのときどきで愛したり憎んだりするからだ。

しかしこれがマインドの働き方だ。それは矛盾を通して働く。進化はまた対立を通して働く。そしてこうした存在の中での対立は矛盾ではなく、補足的なものだ。しかし、マインドの中では矛盾は矛盾だ。マインドは、矛盾しないものは何も想像できない。矛盾しないとは、隠れている反対のものを持っていないということだ。

そして私たちは、愛のようなものでさえマインドのものだと言われ、教えられ、プログラムされてきた。これは基本的にハートのものだが、私たちの社会すべては、ハートを回避しようとしてきた。なぜならハートは論理的ではなく、理性的ではないからだ。そして私たちのマインドは、すべての非論理的なものは間違っている、すべての非理性的なものは間違っている、論理的なものだけが正しいと、教育されてきた。私たちの教育のプログラムの中では、ハートのための場所はない。マインドだけだ。ハートは私たちの存在からほとんど取り除かれ、沈黙させられた。それは成長し、その可能性を発現する機会を、まったく与えられなかった。そしてマインドがすべてを支配している。

マインドはお金に関するかぎりは有効だ。マインドは戦争に関するかぎり有効だ。マインドは野心に関するかぎり有効だ。しかしマインドは、愛に関するかぎりまったく役に立たない。お金、戦争、欲望、野心、あなたはこれらを、愛を同じ範疇におくことはできない。

愛はあなたの存在の中に別の源をもち、そこには矛盾はない。

本当の教育は、あなたにマインドだけを教えることはない。なぜならマインドは、あなたに良い暮らしを与えることはできるが、良い人生を与えることはできないからだ。ハートは、あなたに良い暮らしを与えることはできないが、良い人生を与えることができる。その二つから選ばなければならないという理由はない。マインドが役立つときにはマインドを使い、ハートが役立つときにはハートを使いなさい。

ハートは二元性の超越だ。

ハートは嫉妬を知らない。これはマインドの産物だ。ハートはあまりにも愛でいっぱいなので、使い切ってしまう怖れなどなしに、愛することができる。私たちは全世界を愛で満たせるが、私たちにはほとんど不可能だ。私たちの成長の中でハートはただ回避されてきた。それは何の役も果たしていない。

これはとても危険な教育システムだ……しかしこれは理解できる。宗教家、政治家、実業家、軍事関係者、すべてがマインドの訓練を望む。そしてハートは邪魔になる。それはまさに邪魔になるだろう。もし兵士がハートを持っていたら、敵を殺すことはできない。なぜなら、あなたが誰かを殺そうと銃を取り上げた瞬間、ハートは言う。「ちょうどあなたの妻、子供たち、老いた父母があなたを待っているように、このかわいそうな男の妻も待っているに違いない。彼の子供たちや老いた父母が、彼の帰りを待っている。彼はあなたに何もしていないのに、あなたは彼を殺そうとしている。何のために？　陸軍士官学校から賞をもらうためか？　昇進するために？」

ハートは邪魔になるだろう。兵士が、ロボットのように感情なしに殺し続けることができるように、彼らのハートを忘れさせるほうが良い。

お金を追いかける人々は、ハートを欲しいとは思わない。なぜならハートは邪魔になるからだ。それは人々を搾取できない。

私の父は小さな商売をやっていた。彼はとても素朴な人だった。そして一度客が彼と取引をすると、私の祖父や叔父が店にいても、誰でも一度父と取引をした人は彼を呼ぶ。祖父は言ったものだ。

「でも私たちがいますよ、何が欲しいんですか？　彼は昼飯を食べに出たばかりですよ」

彼らは言う。「私たちはまた来ます。あの人とだけ取引したいんです」。なぜなら、彼はすべての品物の仕入れ値を彼らに言い、「そしてこれが私の利益です。もしあなたが、この利益は多すぎると思ったら言ってください。値引きできたら、そうしましょう。私は最低限の利益を取っています。市場を回って見てください」

彼らは言った。「あなたは仕入れ値を言ってくれる唯一の人だ。あなたは利益も教えるが、それはとても少なくて、少しでも値引いてほしいなんて言えないよ。あなたにも生活があるのだから。しかし誰もこんなことはしない。あなたの兄弟やお父さんだって、誰も仕入れ値は言わない。彼らは『これが売値です』というだけだ。私たちには、どれだけ彼らが利益を取っているかわからない」

私の家族全員は父に反対だった。彼らは言った。「これは商売のやり方じゃない。うちは慈善事業の店じゃないんだ。お前はもっと稼げるはずなのに、はじめに仕入れ値を人に言ってしまうなんて！　それに客は仕入れ値など聞いていない、売値を聞いてるんだ」

父は言った。「私には人を騙したり搾取したりすることはできない。それにお金をどうするんだね？　私たちには必要なものはあるよ。お金が増えれば問題も起こる」

しかし、誰も彼に賛成しなかった、そして新しい客が来ると、祖父は父に言った。「お前は中へ入って。この客をつぶさないでくれ。私に交渉させてほしい」。そして祖父は倍の値段を要求していた。もしその値打ちが十ルピーなら、二十ルピーと言う。そして値引き交渉があり、十五ルピーあたりで彼らは合意する。両方が幸せだ。なぜなら祖父は五ルピー儲けたし、もうひとりは五ルピー引いてもらえたからだ。

私は暇なとき、店の外にただ座っていた。そして客がうまく値引いてもらえたととても喜んで帰るとき、私は言う。「あんたは馬鹿だね！　あんたの買ったものはたった十ルピーの仕入れだよ。もしお父さんから買ったら十二ルピーだったよ。お父さんはそれ以上要求しないからね。あんたは三ルピー損をした。それなのに嬉しそうだね」

「俺は騙された！」

私は言う。「あんたはしつこく値切っていたね。それを楽しんで、にこにこして出てきた」

そして客は言ったものだ。「お前は私の喜びを全部台無しにした。いったい誰なんだ？」

私は言った。「誰でもないよ。ここに座って、新しいお客にお父さんを呼んだほうがいいって言うだけさ。他の誰とも取引しちゃいけないよ。そうしないと損するからね」

私の祖父はとても怒ったものだ。そして言う。「お前は何者だ？　お前は父親の回し者か？」

私は言った。「僕は誰の回し者でもないよ、ただ何が起こっているか、何が起こるべきじゃないかを見ているだけさ。お父さんを奥へやっても、僕が外に座っていたのを忘れていたね」

ハートは、社会が欲するすべてのもの――搾取、ごまかし、支配、服従、依存、犠牲――を台無しにする。そのリストは何マイルにもなるだろう。もしハートがマインドと肩を並べて成長できたら、マインドは暴虐、殺人をすることはできない。しかし、宗教的指導者すらハートの準備ができていない。彼らは愛について話すが、それはすべて話だけ、ただの話だ。彼らは愛が生まれる源を破壊し、愛について話し、愛について説教をする。

私の町に小さな教会があったが、キリスト教徒はあまり多くなかった。私は教会に行ったものだが、牧師はとても驚いた。なぜならキリスト教徒でない者で教会に入ってきたのは私ひとりだったからだ。私たちは友達になった。

私は彼に言った。「あなたは愛についてたくさん話しますが、私はあなたが奥さんをぶっているのを見ますし、あなたが近所の人といつもけんかしているのを見ます。私はあなたが犬を殴っているのさえ見ました、あなたに何もしていない犬です。犬はただ自分の方向を進み、あなたの横を通っただけです。いったいあなたに何が起こって犬を殴ったのか、私にはわかりません。変わったキリスト教精神ですね！」

彼は言った。「あなたはその犬を知らないでしょう」

私は言った。「知っていますよ、だって私もここに住んでいるのですから。あの犬は誰も襲ったことはないですよ。そして、もしあの犬があなたを噛んだのなら、それは全くもっともです。でも、あなたは何の理由もなくぶったのですよ」

彼は言った。「あなたにはわかっていない。こういう野良犬は」――そして、インドではあなたは彼らをどこにでも見かける、彼らに飼い主はいない──「もしあなたがぶたなかったら、蹴らなかったら、彼らはいい気になる。あなたについてきてしっぽを振り、あなたをその気にさせる。気がつくともう家に入り込み、あなたはつい食べ物をやってしまう……。

彼らはほとんど飢えている。インドでは彼らを殺すわけにはいかないからだ。都市委員会、地方自治体は、彼らにただ毒をやり、殺してしまうことはできない。もし飼い主がいないなら放っておくべきではないが、インドではあなたは誰も殺すことはできない。それで彼は、自分が蹴ったことを正当化したのだ。

私は言った。「私はあなたの正当化を正しいとは思いません。あなたは本当に蹴りたかったのです。あなたは何かに怒っていたのでしょう。かわいそうな犬は不必要に標的になった。彼は何もしていなかった」

彼は言った。「どうしてわかるのですか？」

私は言った。「簡単です。その犬は歩いていただけです。私は見ていました。彼はあなたに何もしていなかった。あなたを見てさえいなかった。彼はヒンドゥーの犬で、あなたはキリスト教の僧侶──彼はあなたに吠えもしませんでした。会話は不可能です。あなたは彼をぶった。そして彼は飢えている。あなたの中に、ぶちたいという何かがあったに違いない、誰でも構わないから。あなたは暴力的になりたかったのです」

彼は言った。「たぶんそのとおりです。私は息子のことで怒っていましたが、彼をぶつわけにはいきません。もし私がぶったら、彼は家を出て何日も帰らないでしょう。すると私たちはみな困ったことになります。私たちは警察に連絡しなければならない。そうすると警察まで怒って言う。『この町全体で、あなたの息子だけが行方不明だ。ここは大きなところではない。誰も誘拐などしない。そしてなぜ、あなたの息子が誘拐されなければならないのだろう？　あなたは情けない牧師だ。あなたは子供に暴力を振るったに違いない』」

彼は言った。「全くです、私は彼をぶちたかった。彼は、私たちが持っているイエス・キリストの像を壊したからです」

私は言った。「あなたはあなたのイエス・キリストのことを考えたほうがいい。私はあなたから聞きました。彼曰く『汝の敵を愛せよ』。彼は言い忘れたのだと思います。『もし誰かが私の像を壊したら、その人を愛しなさい』。像がひとつ壊れてもたいしたことはない。あなたはそんなに高価な像をもっているわけがない」

人間は多くのことで怒っている。人生において、彼は戦いの中にいる。彼はいつも成功するわけではない、成功できない人はみんな怒っている。彼は帰ってきて、自分の怒りを妻や子供にぶつける。彼が愛していると信じている人々に。

宗教的指導者ですら、あなたのハートが真実に向かうことを望まない。なぜならそれは、あなたの行動、考えに大きな変容をもたらすからだ。彼らはそれを望まない。彼らは、あなたが伝統や古いものに縛られていることを望む。それが正しいか間違っているかは、重要ではない。それは古来のものなので、尊重されているのだ。

ハートは過去について、未来については何も知らない、それは現在だけを知っている。ハートには時間の概念がない。それはものごとをはっきりと見る。そして愛はハートの自然の特性だ。何も訓練はいらない。そしてこの愛は、相対する憎しみを持たない。

私は愛と憎しみを超える愛について話してきた。マインドから来る愛は、いつも愛―憎だ。それはふたつの言葉ではない。それはひとつの言葉――愛憎――だ。ふたつを分けるハイフンもいらない。そしてあなたのハートからくる愛は、すべての二元性を超えている。

すべての人が、その愛を探している。しかし彼はマインドで探している。だから彼は惨めなのだ。すべての恋人たちが失敗、欺瞞、裏切りを感じる。しかし誰にも落ち度はない、実はあなたは、間違った道具を使っている。ちょうど誰かがまるで音楽を聴くために眼を使い、音楽がないと騒いでいるようなものだ。しかし眼は聴くためのものではなく、耳は見るためのものでもない。

マインドはとても事務的な、計算高い仕組みだ。それは愛とは何の関係もない。マインドを使えば、愛は混沌たるものになり、愛の中にあるすべてを妨害するだろう。

ハートはビジネスとは何の関係もない。それはいつも休暇を取っている。それは愛することができ、愛を憎しみに決して変えることなく、愛することができる。それは憎しみの毒を持っていない。

すべての人がそれを探しているが、ただ間違った道具を使っている。だから世界中が失敗している。そして少しずつ少しずつ、その愛が惨めさだけをもたらすのがわかり、人々は閉ざしてしまう。「愛はすべて無意味だ」。彼らは愛に対して厚い障壁を作る。しかし彼らは生のすべての喜びを逃し、価値あるすべてのものを逃すだろう。

ただ道具を変えなさい。

ウルドゥ語の歌がある……どんな楽器でも演奏ができない歌がある。ある種の音楽には、それにふさわしい楽器が必要だ。愛は音楽だ。そしてあなたは楽器を持っている。しかしハートが飢えているため、あなたの生は惨めだ。そしてあなたは、それをもっと惨めにし続けている、なぜならあなたは、同じ間違いを繰り返しているからだ。間違った楽器で、そのために作られたのではない音楽を奏でようとしている。

「ブッダム・シャラナム・ガッチャミ」インドでは、ブッダのための場所はありませんでした。「サンガム・シャラナム・ガッチャミ」アメリカではサンガは破壊されました。「ダンマム・シャラナム・ガッチャミ」……愛するマスター、この空白を埋めていただけますか？

このスートラはとても重要だ。

ブッダム・シャラナム・ガッチャミはいつも、宣言されないがそこにあった。それは起こっていた。それを言う必要はなかった。

マスターと共にあることは、「ブッダム・シャラナム・ガッチャミ」以外に道はない。私は目覚めたる人の足元にひれ伏します。このような謙虚さのなかでのみ、あなたはマスターの経験と彼の人生の一部となる。「サンガム・シャラナム・ガッチャミ」は、アメリカのコミューンでは破壊されなかった。コミューンは破壊されるが、スートラを破壊することはできない。

あなたがマスターを愛したら、あなたのマスターを愛する人たちのすべてを愛さないわけにはいかない。そうせずにはいられない。あなたはマスターを選んだ、他の誰かもマスターを選んだ。突然あなたは、あなた方が二人とも同じ道にあり、同じマスター、同じエネルギーでつながっていることに気づく。コミューンは物理的な物としては破壊し得るが、精神的な内容としては破壊できない。

そしてアメリカでコミューンを破壊したと思っている人々は、ただ自分を騙している。コミューンは世界中に広がっている。今私たちは、世界中が私たちのコミューンだと宣言できる。私たちが、他の人々もそこに住まわせているのは、私たちの寛大さのためだ。遅かれ早かれ、彼らがコミューンの一部となると期待して！　彼らは私たちの源だ。なぜならどこから私たちは新しいサニヤシンを得るのだね？　私たちのサニヤシンはとても理解があるので、子供は作らない。彼らには時間がない。静かに座り、何もしない……子供は自分では生まれてこない！　何かが必要だ。そして私たちのサニヤシンは、何をすることにも興味がない。したがって子供はなく、ただ草が育つだけだ。

そこで私たちは、新しいサニヤシンが必要だ。そしてとても多くの人は、こうした秘密は知らない。静かに座り何もせず、春を待ち草が育つのを楽しむという秘密だ。彼らは決して静かに座らず、つねに何かをしている。彼らは私たちのサニヤシンのために子供を作る。だから私たちは彼らが地上に残ることを許している。さもなければ、私たちは惑星全部を覆い尽くす。

だから何も破壊されてはいない。そして概念が破壊されることは不可能だ。あなた方が数人ここにいるだけで、それはサンガになる。それは同じ道を行く仲間の集まりになる。同じマスターへのあなた方の愛は、不思議な種類の結束を作り出す。あなた方は直接お互いに関係していないが、互いに私を通して関係している。あなた方はときどき直接には衝突するが、私を通してはあなた方は衝突できない。私はあなた方の衝突を中和するだろう。

ダンマム・シャラナム・ガッチャミ――これはこのスートラの最後の部分だ。これは私たちの探求、私たちの捜すものだ。ダンマムとは真理、究極の真理という意味だ。最初の二つのステップは、ただあなたを三つ目へと助けるためのものだ。

あるスーフィーのグループは、自分たちをただ捜索者と呼ぶ。他のスーフィーのグループで、自分たちを建築者と呼ぶところもある。彼らはすばらしい名前を持っている。あなたは彼らが宗教と何か関係があるとは思いもよらない。しかし建築家は究極の星に達するために建築している。捜索者は探求する……そして彼らは、宗教当局者が憤慨しないようにこれらの名前を選んだ。

もしあなたが中東へ行き、ただ誰かに「どこかのスーフィースクールへ行きたい」と言ったら、彼らは肩をすくめるだろう。なぜなら誰も、あなたが何のことを言っているのかわからないからだ。スーフィースクールへ入るのは難しい。あなたをマスターのところに連れて行ってくれる関係者に、偶然出会わないかぎり。

しかしあなたは困惑するだろう。なぜならスーフィーのマスターたちは、ただ不必要な迫害や不必要ないやがらせを避けるため、とても平凡な暮らしをしている。ある人は機を織り、ある人は焼き物師であり、ある人は香水を売り、ある人はまた別のことをしている。あなたはこの人がスーフィーのマスターだとは思いもよらない。そして夜になると、ある友達の家で、あなたは同じ人が弟子と一緒に座っているのを見るだろう。そしてあなたには信じられない。なぜならこの人は同じ人なのに、あなたが香水売りや、焼き物師や、機織りとして見たときにはなかった何かを放っている。スーフィーは人々からマスターとして見られないための方法を持っている。だから彼らのワークは静かに秘密裡に続くことができる。

そのワークは誰が行なっても同じだ。それがダンマム・シャラナム・ガッチャミ、真実を知りたい、真実になりたいという渇望だ。

人間はもし彼の存在の中にこの渇望がなければ、正真正銘の人間ではない。

第二十一章

私の庭を未完成にはできない

I can't leave My Garden Unfinished

いろいろなことが私にとって難しくなると、私は〝ここと今〟に避難します。その瞬間、すべては静かであり、それは、私が鋭い刃の上に立つ唯一の方法です。ですが実際に起こっていることから、逃げているのではないかという疑いが起こります。私は単に目隠しをしているのかもしれません。どちらが真実であるか、私が理解するのをどうか助けてください。

決して、マインドの言うことを聞いてはならない。マインドは偉大な詐欺師だ。あなたが今の瞬間に、沈黙と静寂を感じているなら、その経験は非常に価値があるので、マインドにはそれを判断する権限がない。マインドは遥かにそれ以下だ。

マインドは常に、過去か未来に関係している。記憶も想像力も共に、今については何も知らない。そしてすべては今にある。

マインドは乞食だ。それは、明日には事態が良くなることを、黄金時代が来ることを望み続ける……あるいは、黄金時代は過ぎて、未来には暗黒以外に何もないと思う。これらは、マインドが取る二つの可能性だ。マインドは〝今〟の経験を持たないので、マインドが〝今〟に関して言うことはすべて偽りだ。マインドは〝今〟には決して入らない。マインドは本質的に、過去あるいは未来の中にある。

マインドには〝今〟の経験がない――そして〝今〟のどんな経験も持てなので、マインドが〝今〟の瞬間に関して、何らかの判断を携えてやってくるとき、それを聞いてはいけない。そして沈黙は〝今〟のものだ。喜びは〝今〟のものだ。エクスタシーは〝今〟のものだ。

マインドができるのは一つだけで、それは疑いをつくることだ。マインドは「お前が経験しているものは間違っている」と直接言うことができない。マインドを超えているからだ。しかしマインドは「お前は、過去の現実、または来ることになっている現実、未来から逃げている」と言うことができる。マインドはあなたを、現実逃避者だと非難できる。そして「お前は人生を恐れている」と言うことができる。マインドは今の瞬間はあまりに小さい。人生は広大だ。ただ瞬間的な沈黙と喜びと平和を楽しむだけのために、人生から逃げるな」と言う。表面上は論理的に見える。

しかし、人生は瞬間だけから成る。人生は過去にはない。人生は未来にはない。いかなる人生であっても、それはいつも〝今〟にある。

そしてこれは二分法だ。生命は〝今ここ〟であり、マインドは決して〝今ここ〟ではない。あなたの主体性に関する限り、あなたの存在に関する限り、マインドが全く無力であることは、東洋の最も重要な発見の一つだ。

マインドは物に関しては全く問題ないが、生命に近づく瞬間、生命の存在さえ疑い始める。それは、生命が副産物に過ぎないという哲学をつくり始める。

唯物論は古い哲学だが、最も無味乾燥で、死んでいるものの一つだ。過去五千年のインドのチャルヴァカスからカール・マルクスまで、それは同じことを異なる言葉で——生命は副産物だ。それ自体に存在はない。人は単に機械だ。純粋な物質だ。単なる特定の組み合わせが、生命と意識についての幻想をつくり出す。それらは随伴現象だと、繰り返して言った。

唯物論は私には、世界で最も非進歩的なイデオロギーのように見える。五千年間でただ一つの新しい議論も生み出さず、同じ古い型に、はまっているからだ。しかしマインドはそれに非常に満足だ。それなら瞑想——それはマインドの自殺を意味するので、マインドにとっては深い恐怖だ——のことを気にする必要が全くないからだ。それなら今にいる必要は全くない。しかしあなたはすべてを、存在があなたに与える用意があるすべての宝を逃すだろう。

あなたがマインドを超える何を経験しても、マインドは疑いをつくり、それに反対し、あなたがそれについて当惑しているようにさえ見せるだろう。これらはマインドの古いテクニックだ。マインドは〝今〟の瞬間が創り出すどんなものも創れない。実際、マインドは全く創造的ではない。生命のどんな面であれ、すべての創造――最もすばらしい絵、すばらしい音楽、すばらしい詩――は無心《ノーマインド》から来る。美しいものはすべて、人を動物と異なるようにするすべては、その小さな瞬間から来る。

あなたが気づきながらその瞬間に入るなら、あなたを光明に導くことができる。知らずに、偶然にそれが起こるなら、それでもなお、途方もない沈黙、くつろぎ、平和、知性へと導く。それが単に偶然であるなら……あなたは寺院に着いたが、ちょうどあと一歩のところで的をはずした。そこは私が、すべての創造的なアーティスト、ダンサー、音楽家、科学者がいると思うところだ……ちょうどあと一歩だ。

神秘家は〝今〟の瞬間のまさしくその核心に入り、黄金の鍵を見つける。彼の生涯は神の歓喜になる。何が起こっても、彼の歓喜は影響されないだろう。

しかしあなたが神殿に入るまで、まさしくその最後の瞬間にさえ、まだマインドは「お前はどこに行くのか？　これは全くの狂気だ！　お前は人生から逃げている」と言って、あなたを引き戻そうとするだろう。

マインドは、あなたに少しの生命も与えたことがない。マインドは、生命が何かを理解するための経験を、何ひとつ与えたことがない。マインドはどんな神秘も、これまで明らかにしたことはない。マインドは絶えずあなたを引き戻している。いったんあなたが神殿に入ると、マインドは外に、ちょうどあなたが靴を脱いだところに取り残されるからだ。マインドは神殿に入れない。マインドには神殿に入る能力、可能性がない。

だから注意深くしなさい。マインドが『あなたは人生から逃げている」と言ったら、マインドに言いなさい。「生命はどこにあるのか？　どんな人生について話しているのか？　私は人生からではなく、人生に逃げている」と。マインドはあなたの内なる敵なので、マインドには非常に注意深くしなさい。あなたが注意深くないなら、その敵は成長のあらゆる可能性を妨害する。ほんの少しの注意深さがあれば、マインドは少しの危害も加えることができない。

今日、私はまるで、この二日間洗濯機にかけられた後に、短いひと休みを取っているような気がします。あなたの近く、またはあなたの回りで起こっているどんな旋風の中にでも、私たちが放り込まれるということは、信じられないほど甘美で浄化される経験です……そして旋風に巻き込まれて見えなくなったものが、また反対側から現れると、ただ静かに驚嘆するだけなのです。

これは質問ではなくて、ただ「あー！」と言うための方法だと思います。

ああ！　これは質問ではない。質問であれば、答えなければならない。

すばらしい！　ありがとう！

あなたが、笑いは私たちの惨めさからの小さな解放であると言われるのを聞いたとき、私のマインドは考えようとしませんでした。私たちみんなが笑ったとき、まるでヒステリーが部屋をいっぱいにしたような感じがして、私はまだ自分に「何が起こったのか？」と尋ねています。

（※笑いが再び起こっている）

あなたは何が起こったかを理解できる。

それはヒステリーのように見えるかもしれない。たとえば、あなたが何かを理解し、笑いが惨めさを軽減するものとして起こるとき、大きなエネルギーが放出される。あらゆる理解は、あなたの中に蓄積されたエネルギーを放出する。

たとえば、あなたは一日中笑っているのではない──時々だけだ。あなたは一日中愛しているのではない──時々だけだ。その大きなギャップのエネルギーはどうなるのだろう？　それは蓄積され、あなたがある現象を理解すると、大きな放出がある。そして放出はとても強いので、ヒステリー状態のように感じられる。それはヒステリー状態ではない。それは、今にもヒステリー状態になったかもしれないエネルギーを軽減するものだ。

あなたは精神病院で、何時間も笑っている人々を見るだろう。彼らはとても笑うので、目には涙が浮かんでいる。彼らは狂っている。彼らは自分たちのエネルギーを、健康的なふさわしい方法でうまく放出できなかったからだ。

あなたに蓄積されたエネルギーは、危険になる可能性がある──そして、あなたの社会全体が抑制に賛成だ。すべてがマナーとエチケットに従わねばならない。決して、愉快に健康的に笑うことはできない。社会はそこまで許さない。

人間のエネルギーがすべて表現されることは危険だという、代々引き継がれている恐れが社会にある。なぜなら、怒りがあり暴力があり、嫉妬があり自殺的な本能があり、そしてとても多くのものがあるからだ。もしこれらがすべて表現されるなら、誰でも気が狂うだろう──コントロールはできない。だから私たちの社会全体は、コントロールと抑制に基づいている。しかし、すばらしい人間は生まれなかった。狂気を避けたかもしれないが、それは消極的なことだ――それは健全さを生み出さなかった。

私のアプローチは単純だ。エネルギーは抑圧すべきではなく、表現されるべきだ。エネルギーを表現する方法、まさしくその方法が創造的になるような道を見つけることだ。


インドで、私は囚人と話すためによく刑務所を訪問した。

私が理解した最も奇妙なことは、これらの囚人は外部の世間一般の人より純真なことだった。これらの人々は犯罪者だったので、初めは非常に不可解だった。誰かは殺人者で、誰かは強姦者だった。彼らは法に反し、社会に反し、秩序に反するあらゆる類のことをしたが、非常に純真に見えた。そして彼らにはある穏やかさがあった。あなたは彼らの顔に、暴力も殺人もレイプも――どんな痕跡も――見て取れないだろう。世間で路上に立つと、人々の顔に、彼らが抑制しているありとあらゆる犯罪が見てとれる。

事は明白だった。これらの人々は抑制しなかった。単に、自分の心に浮かんだものは何でもやった。彼らは単にそれをした。彼らは法と社会のことを気にしなかった。当然社会は、これらの人々を許容できない。彼らは犯罪者でなければならず、罰するべきだ。それは復讐だ。

私は訪問したすべての刑務所の監督者に尋ねた……というのは、私の州の知事は非常に純真な、ほとんど無邪気な人だった。彼は政治家ではなかった。彼は権力を受け継いだ……英国政府がインドを去ったとき、政治家だけが権力を得たのではなかった。政治家の最初の世代は、ほとんど非政治的だった。約二千年の間、インドは自由でなかったので、政治が全然なかった。そしてこれらの人々――特に知事は選挙で選ばれたのではなかった――は彼らの特性のために選ばれた。彼らは大統領によって任命された。

大統領自身、とても単純な人だった。彼は私の考え方に大きな魅力を感じ、よく私に「ただ一つのことをしてください。私が死んだら、ただ神に私が悪い人間でなかったと言ってください」と言っていた。

「しかし」と私は言った。「神はいないし、もしいるとしても、私には彼との直接的なコミュニケーションはないのですよ！」

彼は言った。「私はあなたの言うことを聞くつもりはないし、あなたは私を騙せませんよ。あなたは私が死んだら『この人は悪い人ではありませんでした』と神に言うと、約束すべきです」

私は言った。「これは奇妙な考え方だ！　私にはどんな神もいない。そして私は、あなたがどんな推薦も必要だとは思わない。あなたは良い人です。悪い人々だけが推薦を必要とするのですよ」

しかし彼は非常に純真だった。そして彼は私に「もしあなたが刑務所に行って、その人々を助けられるなら……」と言った。

私には時間があったので、刑務所に行き始めた。私はすべての監督者に「人を殺したり、レイプしたり、他の重罪を犯した犯罪者は、これまでに気が狂ったことがありますか？」と尋ねた。そして答えはいつもノーだった。

私は言った。「あなたはこれまで、このこと——世間では人々は気が狂うということを、考えたことがありますか？　ここの人達は、あなた方の神学、宗教、のいわゆる哲学が正しいなら、悪いと思われるあらゆることをしたので、発狂するはずの人々です。しかし彼らはとても純真で、単純です」

彼らは「私たちは一度も考えたことはありません」と言った。誰も、基本的な人類の進化に関心を持たないようだ。これらの犯罪者は、何も抑制しないのでとても純真だ。それが彼らの純真さだ。そして、彼らが何も抑制しないので、狂気はあり得ない。

私は、誰もが狂気を避けて純真になるために、犯罪を犯し始めるべきだと言うのではない。私が言いたいのは、エネルギーはため込むべきではないということだ。エネルギーは使うべきだ。私たちが正しい社会に生きていたら、エネルギーは創造的に使われるだろう。人を殺す暴力は、美しいゴータマ・ブッダの彫像を創れる。誰かの首を斬るか、石を切るか木を切るかにかかわらず、手はエネルギーを放出するからだ。手やエネルギーにとって、手段は重要ではない——エネルギーは放出される。

私はインドで、ふとしたことから多くのハンターたちを知っていた――私はインド中を旅行していて、しばしばマハラジャの宮殿の客だったからだ。これらのマハラジャたちのすべて――数百人がインドにいた――彼らの息子、兄弟は皆ハンターだった。狩猟のために自分たちの森を保有していた。しかし、私は彼らが非常に人間的であることがわかった。狩により、彼らの暴力はすべて取り去られていた。あなたは彼らの顔に、緊張が全くないのを見るだろう。

しかし、動物を狩ることもまた暴力だ。誰にも危害を加えないでエネルギーを使う方法を、見つけることだ。その方法なら、何か美しいものが創造できる。

私たちのセラピー・グループの一つで、一人の男性の手が骨折した。それは私に対する――私はどんな形であれ関わっていなかったが――世間に、私への大きな反目を生じさせた。私はセラピー・グループにはいなかった。しかし誰も、その男性自身には尋ねなかった。

私は彼を呼び「どんな気持ちかね？　気分はどうかね？」と尋ねた――その時には骨折は治っていて、石膏は取り除かれていた。

彼は言った。「私は驚いています。私は、誰かを殺害するかもしれないという感じをいつも持っていました。手の骨折以来、その感じは消えました。私は何が起こったのか、どうしてそうなったのかわかりませんが、そのとき以来、私はとても謙虚だと感じています。でなければ、私はとても傲慢でした」。おそらく彼の手は暴力をため込み、それを抑圧していたのだ。骨折がエネルギーを放出した。

私のセラピー・グループで暴力が用いられているということで、私は世界中の新聞から非難された。しかし私は驚いた。一人のジャーナリストも、その男性をインタビューし、彼の経験が何だったのかを尋ねるだけの分別がなかった。彼の経験は全く異なっていた。彼は、それが起こったことを幸運に感じていた。彼が幼い時から運んでいた荷が、実際消えてしまったからだ。

だから一つ重要なことは、私たちはあらゆるエネルギー――その仕組み、その働き――を理解して、それを表現しなければならないということだ。

私には、特に笑うための瞑想があった。多くの人々が私のところへ来て、私に話した。それは彼らがこれまで体験したことがなかったものであり、ほとんど幻覚状態を思わせるようなものだと。それは何も特別ではなかった。グループはただ座り、笑い始める。一人が笑い始めると、当然それは他の人達を捕える。他の人達は「この馬鹿は理由もなく笑っている」ので単に笑う。次に他の人々が彼らを笑い、すぐにそれは、集合的な無意識の現象になる。みんなはこれまで笑ったことがなかったが、いつも笑いたいと思っていたので笑っていた。

彼らはそれを止めたかったけれども、止められなかったので、ヒステリー状態のように見えた。彼らは閉められないドアを開いた――それは彼らをよりいっそう笑わせた。「これは奇妙だ！　何も起こっていないし、何も笑う物事がないのに、私は狂人のように笑っている」。そしてこれは、彼らをさらに笑わせた！それには伝染性があり、うつりやすい。一時間の笑いの後、彼らは皆くつろいでいた。なぜなら彼らは疲れていたが、すばらしい平和が……エネルギーを放出したからだ。社会では、適当な物事がない限り、許されないことだった。

あなたはただエネルギーを放出するためにだけ、映画を見に行かねばならない、本を読まなければならない。無意味な噂話をしなければならない。だが、ただそれを放出してみてはどうかね？　片隅に座ってそれを始めなさい。あなたは難しいと思うだろうが、難しくはない。とても簡単だ。いったん始めたら、それ自体で増大し続ける。

あなた方が簡単に重荷を降ろすのを助けるために、私は多くの瞑想を開発した。そして部外者として見に来た人は誰でも「これらの人々は狂っている！　なぜ笑っているのか？」と思うだろう――まるでエネルギーは何らかの「理由」を必要とするかのようだ。それは表現される必要がある。すべてのエネルギーは表現される必要がある。創造的な人々は創造的になる。創造的に生まれついていない人々は無害になる。そしてあなたは、エネルギーを放出すると重荷が降ろされて、より正気になるのに驚くだろう。あなたが狂気に陥る可能性はより少なくなる。

第二に、より新しいエネルギーが、あなたの中に生じるのがわかるだろう。食物から呼吸から運動から、太陽により月により星により、絶え間なく私たちの中にエネルギーが創り出されている……いたるところから、エネルギーが注がれている。あなたには新しいエネルギーのスペースがないので、たくさんの古いエネルギーを運んでいる。フレッシュで新しいエネルギーを持つのは、常に良いことだ。より若くより元気に、より活発により知的に、より純真にあなたを保つからだ。

瞑想は、ヒステリー状態のように見えた――それはそうではなかった。それはヒステリーを放出していた。瞑想がなければ、それを閉じ込めていた。そして、あなたの中にそうした何かを感じたら、部屋にただ座って笑うのが良いだろう。それはあなたの部屋だ。誰かが参加しない限り――誰でも参加できるが――誰にも干渉する権利はない。そしてあなたは、やがて他の人達が加わることに驚き、みんなが来たとわかるだろう。最初はおそらく、起こっていることを見るためにだけ来る。そしてそれを見て刺激され、その一部になるだろう。

日本に布袋という光明を得た人がいて、唯一の教えは笑いだった。彼が笑うと弟子たちが笑う。弟子たちは「これは全くとんでもない！　仏陀は一度も笑ったことがない。仏像はみな深刻だ。この布袋は覚者の範疇から全くはみ出ている」ので笑う。しかし、彼の笑いには伝染性があり、次に彼をとやかくいう他の人達が笑い始める。それは弟子の間に火のように広がり、彼らは何時間も楽しむ……みんなが床に倒れて、動けなくなるまで。彼らはとても笑ったので、横たわっている小さな赤ちゃんのようだった。

布袋は、他のいわゆる宗教的な人々からたいへん非難されたが、布袋のような人々は気にかけない。彼らは言う。「誰が気にする？　これが私の教えであり、私のやり方だ。光明に向かう道中ずっと笑えるのなら、なぜ別の道を選ぶのか！」

彼の弟子の多くは、ただ笑うだけで光明を得た。彼らはとても純真になり、とても解放された。ゆっくりゆっくり、布袋がしていることを理解して感謝した。教えによっては、おそらく彼はそれほど助けにならなかっただろうが、彼は何か実存的なものを見つけた。彼は弟子のグループと共にあちこち転々と移り、彼がいたところではどこでも、人々は笑っていた――町の人々でさえ、布袋の弟子の声を聞いて笑っていた。彼らはただ笑っていた――「宗教と笑いが関係があるなんて、一度も聞いたことがない！」。しかしこの覚者を見て、布袋自身と布袋の弟子たちを見て、認めざるを得なかった。「彼らの道が何であれ――少し狂暴で奇妙だが――布袋は人々の人生を変えた。彼らをより正気にした」ということを。

あなたが言われたことは、ゴングのように私を打ちました。光明を得ることはマインドの最期の経験である、とあなたは言われました――あるいは私には聞こえました。これについて、どうぞ詳しくご説明ください。

それは、私の他の発言と非常に矛盾しているように見える。私は、光明がマインドを超えていると何度も言った。それで当然、私が光明はマインドの最期の経験だと言うのを聞いたとき、矛盾は全く明らかだった。しかし、非常に微妙なことを理解すべきだ。経験はそれ自体、マインドを必要とする。経験とは、二元性、経験するものと経験されるものを意味するので、それがどんな経験であるかは重要ではない。

だから、私が前に言ったことは、ただあなたがマインドを落とすのを助けるためだった。私の言葉は声明ではなく方策だ。私がきのう言ったことは実際、事実だ。それはマインドの最期の経験だ――経験のためには、マインドが必要だからだ。

マインドがなければ経験はない。あなたは存在するが、至福の、エクスタシーの、神聖さの、ニルヴァーナの、どんな経験についても話すことはできない。あなたは話すことができない。

そして私にとっての問題は、あなたにこれらの動機を与えなければ、なぜわざわざ光明を得なければならないのか?とあなたが思うことだ。マインドがない状態では光明もなくなり、ただ永遠の沈黙が広がる――それがあなたの経験だと言うこともできない。あなたはもういない。主体と客体、私とあなた、という古い世界は存在しない。

あなたは、マスターがあなたの困難さを理解しようとするやり方で、マスターの困難さを理解しなければならない。マスターの困難はずっと大きい。

私はあなたに、動機、励ましを与えなければならない。至福であるという考え、光明を得るという考え、真理に到達するという考えは、どうにか多少の人々のマインドを捕え、彼らはその方向に動き始める。最終的に彼らは、これらのことすべてが起こるとわかるだろう――しかし、それらはまだマインドのものだ。そこで止まってはいけない。しかしそれはその道を旅した人々だけに言えることだ。経験以上の、マインドを超えた何かがある。

ゴータマ・ブッダは二つの言葉を使った。光明のために、彼はニルヴァーナという言葉を使う。しかし彼は、まだもう一歩あることを知っているので、彼はそれをマハパリニルヴァーナと呼ぶ。

ニルヴァーナという言葉自体、自己――それは妨害でもあるので――が全然存在しないほど、沈黙の状態に達することを意味する。何も存在しない。あなたは無我の状態にいるが、それでもそれは経験だ。だから、あなたは自己を見てはいないかもしれないが、自己は無我の状態としてそれを経験している。

この経験でさえ言葉にするのは難しいが、それ以上のものがある。それは全く難しい。彼はそれをマハパリニルヴァーナと呼ぶ。そして彼はそれを定義しない。それが何を意味するかを言わない。あなたはそれを経験——彼はそれをあなたに託す——しなければならない。ニルヴァーナまでは彼は説明しようとする。マインドは非常に微妙なやり方で、無我、沈黙、至福を経験するために、まだ存在している。しかしマインドが完全になくなるとき……それで彼は、ニルヴァーナを含んだ言葉を作った。マハは、ニルヴァーナよりさらに大きく、さらに高く、さらにすばらしいことを意味し、パリは超越していることを意味する。それを翻訳すると、ニルヴァーナで経験した無我よりもすばらしい無我を意味する。もはや経験者がいないからだ。

それを経験とは呼べない。それゆえに、彼はパリニルヴァーナと呼ぶ。それは、考えられるすべてを超えている。考えられるものは何でも、マインドが考えるからだ。一定の段階のためにはマインドを使わなければならないが、マインドと共に究極に達したということはできない。

だからニルヴァーナは、そこで道が終わりになる里程標だ。それから先は、単に行き、そして見なければならない。ただそれを示すために、彼はそれをマハパリニルヴァーナ、『優れて超越的な無我』と呼ぶ。

問題は、私が生涯、多くの種類の人々に話さねばならなかったことだ。そして私は、彼らが理解できるようなやり方で、話さなければならなかった。でなければ意味がない。ゆっくりゆっくり、私は私の人々を集め、わかるかどうかにかかわらず、話し始めた。彼らが私を愛しているのがわかるので、彼らはそれを理解しようとするだろうと思ったからだ。

しかし彼らの多くは、彼らの頭を超えるものを、そう願いながらも、理解する準備ができているレベルまで上がれなかった。しかしいまや、私が話しているときには、完全にその人たちを忘れることができる人々にだけ話そうとしている。彼らは何とかして、少なくともその幾分の感覚と味わいを得られるだろうと、私は信じている。

それで私は、今あなたに向かって話しているのではないので、あなたはますます多くの矛盾を見つけるだろう。問題が何であれ——あなたが理解できるかどうかに関係なく——単に話している。もし理解できないなら、あなたは質問し続けることができる。しかし私は、この世を去る前に、私が始めたことを完了しなければならない。私の庭を未完成にしておくことはできない。

第三十二章

私のヴィジョンは全体だ

My Vision is of the Whole

日本は一人当たりの収入において、アメリカ合衆国をしのごうとしています。日本はすでに経済大国であり、世界貿易の大きな部分を支配しています。そして最近では、金融市場を支配し始めました。実際、日本の一億二千万の人々は多くを持たず、唯一の物質的な所有物は土地です。その面積は、インドのラジャスタン州より少し広いだけです。そのうえ日本は、経済的進歩が西洋を追い越している他のいくつかのアジアの国々に囲まれています。

数世紀で初めて、世界の地政学の中心は、大西洋のキリスト教の国々からアジアの仏教の国々——禅の国々へと移動しています。この変化は、あなたのワークにとって重要性を持つでしょうか。

世界の歴史は振り子に似ている。生のあらゆる面において、全世界が一緒に進歩したことは、これまでに一度もない。ゴータマ・ブッダの時代、東洋は、栄光、豊かさ、知恵の、まさにピークにあった。そして西洋はまだ野蛮だった。進歩、発展が全くなかった。ブッダの後に、東洋は衰退し始め、西洋は進歩し始めた。ちょうど今世紀の初めに西洋はピークにあり、東洋はひどく貧しく、教育も教養もない、世界の遅れた地域だった。

東洋が再び上昇するかもしれないし、西洋が低下するかもしれない。しかし、それは私のヴィジョンではない。それは単に歴史上の振り子の力学だ。私のヴィジョンは全体だ——東洋のでもなく西洋のでもない——なぜなら部分的な成長は、非常に恐ろしい状況を作らざるを得ないからだ。たとえば、あなたの体の半分が成長し、片方の半分は発達が遅れたままだ——それは、快適で平穏で美しい状況では全然ない。そして、それは変化できる。後者が成長し始め、前者が衰退し始めることはあり得る。

経済力、豊かさの仕組みを理解することだ。国が非常に豊かになるときには、常に二、三の重要なことが起こる。ひとつには、国は豊かさへの関心を失う——明らかに。国は豊かさを持っている。マインドのすべての関心は、熱望に、明日にある。あなたが持っているものが何であっても、それをすべて忘れる傾向にある。あなたは持っていないものだけを見る。あなたは持っているものを見ない。それで、貧しい国は富のことを考え、豊かな国は富を忘れ始める。それは心理的にも妥当なようだ——あなたがそれを持っていたら、それの何を考える必要性があるだろう。

それで第一に、世界のどんな地域も経済的に優位に立つときにはいつでも、何世紀も求めて努力してきた、まさにその経済力への関心を失い始める。

そして第二に、人類のある地域が非常に豊かに、世界の他の地域より優位に立つ瞬間、かつての熱望がもうないので空しく感じ始める。人は熱望なしでは生きられない。希望なしでは生きられない。明日なしでは生きることができない。

私は覚者のことは数に入れず、一般の人々について話している。生きるためには欲求、熱望、将来が必要だ。目をじっと遠い星に向けなければならない。しかしあなたがその星の上に立つとき、辺り一帯は暗黒だ。あなたはそれを達成した。そして世界中で最大の失敗は、勝利することだ。その瞬間、あなたは影を追っていたとわかるからだ。勝つことによっては何も獲得しなかった。

それで世界の一地域——そして、これまでそうだったのだが——東半球または西半球、豊かになるのがどちらであっても、道の行き止まりである地点に達する瞬間、これまで一度も夢見なかったことを夢想し始める。

富、財産、権力は偽りだった……それらは遥か遠くからは、とてもすばらしかった。しかしあなたが近づいたとき、そうではないとわかった。オアシスは見せかけだった。それは存在しなかった。それはあなたの渇き、熱望、欲求が引き起こした幻覚だった。

マインドは、百八十度の転回をする。マインドは、今まで生きがいにしてきたものに敵対するようになる。世を放棄し、富を放棄し、欲求を放棄することを考え始め、単純な人生——沈黙の人生、瞑想の人生を送る。そしてこのナンセンスを、すべてを忘れる。

これは東洋で、ブッダの時代に起こった。東洋は黄金の鳥として知られていた——そして、事実そうだった。そうでなければ、異なった宗派の何千人もの托鉢僧が、ただ物乞いをすることで生活するのは不可能だったろう。もし国が貧しかったなら、誰がこれらの人々に食物、衣服、住まいを与えただろう。そして彼らは数千人でそこにいた。ブッダだけで、一万人の托鉢僧とともに移動した。マハヴィーラは一万人の托鉢僧とともに移動した。ビハールの小さな州だけでも、八人の教師がいた。そして彼らには皆、何千人もの信者がいた。彼らはすべて王室の出だった——うんざりし、幻滅し失望していた。

当然彼らは、富や快適さ、贅沢にあまりにも反対していたので、自分たちが客観的ではないことを完全に忘れていた。これらは主観的な反応だ。あなたは多くを望んだが、何も見つからなかった。それは、快適さが役に立たないことを意味しない。それは単に、あなたがあまりにたくさん——あなたに与えられる快適さでは力の及ばない何かを求めたことを意味する。あなたはあまりにたくさん——金銭が与えることができないものを求めた。あなたは、お金だけがあればリラックスし、楽しめるだろうと思っていた。しかし実際は、あなたがお金を得ている間、同時に緊張も得ていたのだ。

欲求のゴールに向かって進むにつれ、あなたはますます緊張し、ますます狂暴になった。どんなことをしてもゴールを達成しなければならない。たとえ手段が良くなくても、重要ではない。ゴールを達成しなければならない。あなたはゴールを達成するために、良いことも悪いこともすべてやった。その後、静かに安らかにくつろぐことができ、瞑想的な人生を送ることを望みながら。しかしあなたは誤算した。

あなたは人生の数学を理解していない。六十年間、人は欲求を追いかけ、緊張したままで富を夢み、富のことだけを思う。それから六十歳で突然、彼はそれを獲得した。しかしマインドは習慣を身につけた。六十年は長い期間だ。あなたは富を獲得したかもしれない。しかしマインドはかつてのゲーム、かつての習慣、かつての夢で遊び続ける。あなたはそれらを追い払うすべを知らない――それらの精神的な苦しみは、富への欲求、美しい女性への欲求、すばらしい家への欲求によってつくられた――それであなたは苦しくなる。それは反動的な態度だ。あなたは反応する。あなたは、緊張した生活に巻き込まれるのはそれらのためであり、そこから抜け出せないと思う。

あなたのマインドは「これをすべて放棄しなさい」と言う。それはあなたに長年「成し遂げなさい。より多くを達成しなさい」と命じてきた同じマインドだ。今、その達成が起こり、マインドは「これをすべて放棄しなさい。世間を捨て富を捨て、その快適さを捨てなさい。隠遁者になりなさい」という新しい指示を与える。それは時代遅れのサニヤスの古い意味だ。

そして、王たちと彼らの息子たちが王座から退いて乞食になったとき――もし豊かさがなくなれば、その反対側、貧しさに何かあるに違いないと思って――貧困は何か精神的なものになった。こうして東洋は衰退した。貧困が精神的なものになると、誰もわざわざより多くの富、より良い技術を生み出さないからだ。人々はますます貧しくなり始めた。最後のステップは乞食になることだった。そして乞食は普通の乞食ではなかった。彼は王座を放棄した。自ら乞食になった。それは強制ではなかった。状況のためではなかった。それは彼の反応だった。

私は、世界のすべての宗教が反動的だと言う。彼らは一つの極から別の極へとただ移る。それでゴータマ・ブッダの時代のインドでは……それは二十五世紀前のことだが、東洋は豊かで西洋は貧しかった。

東洋は文明化されていた。印刷機が三千年前に中国で発明されたのを知って、あなたは驚くだろう。紙幣は四千年の間、中国で使用されている。マルコ・ポーロが紙幣や他のものを持ち帰り、ローマ法王とヨーロッパの王たちに見せて「私たちは遥かに遅れています。中国人は、西洋の人々が野蛮だと思っています」と言ったとき、ローマ法王が何をしたか知っているかね？　彼は紙幣を取り、それを燃やして言った。「君はこれがお金だと言うのですか？」それから彼は銀貨を取り出し、音を立てて床に落として言った。「これがお金です。野蛮なのはどちらですか？」

マルコ・ポーロは言った。「あなたは彼らの理論的根拠を理解していません。あなたは、どれ程の金貨あるいは銀貨を持ち運べますか。国が貧しい場合にだけ、金貨と銀貨を持ち運べます。しかし人々が何百万ドルも運ぼうとしたら、金貨は運べません」

そして、四千年前に紙幣を思いついていた中国……豊かな、非常に豊かな国だったに違いない。貧しい国は、それを考えることさえできないからだ。貧しい人はお金全体の意味を理解しないので、お金は金貨でなければならないと思うだろう。お金の意味は交換価値だ。それは、金でも紙でもどちらでもいいのではないか？　物の交換に役立つなら、それがお金だ。

そして四千年前から存続した紙幣はまさに、あなたが持っている紙幣と同じだ。最良の紙と最高の印刷で皇帝の保証がある。それらは約束手形だ――あなたが望めば金融機関に行き、紙幣を金貨と交換できる。だからあなたは、騙されていると心配する必要はない――本物の金の代わりに紙幣が与えられている。金融機関はいつでも利用できた。そして金融機関は、彼らが発行した紙幣と正確に同じ量の、金と銀を持っていなければならなかった。だから誰でも、金でも銀でも望んだものをいつでも取ることができた。そして人々は「問題はない。これらは約束手形だ」と満足した。

ローマ法王は紙幣を燃やすことで、間抜けのような振る舞いをした。それは彼の主張だった。彼はこれが、お金でないという絶対の証拠だと考えた。本当のお金は、銀貨か金貨だと思った。

マルコ・ポーロは伝えようと試みた。「最初は私も驚きました――紙幣だって？　と。しかし彼らの考えを理解したとき、私は驚嘆しました。彼らは本当に遥かに進んでいます。誰もたくさんの金を運ぶ必要はありません――それは危険です――あなたがかさばらない紙幣をポケットに入れて持ち運べば、誰もそれを知りません」

ローマ法王の宮殿の皆が、マルコ・ポーロを笑った。

彼らは「彼は馬鹿だ。彼らが文化的に我々より優っていると考えている」と思った。

「私は絶対に、彼らが進んでいることを知っているのです」と彼は言った。そして彼は印刷された本、三千年前のものを取り出した。西洋では、印刷はほんの三百年前に起こった。そして中国語はアルファベットではないので、その印刷は非常に難しい。他の言語で印刷するのは簡単だ。しかし三千年前に、彼らは印刷機を持っていた。

インドの経典には記述がある。飛行機および原子爆弾と思われるものについての詳しい説明がある。おそらく原子爆弾は、五千年前にマハーバーラタ戦争、インドの大戦争で使われた。その後、インドの戦争は全くなかった。その経験がとても恐ろしかったので、インドは反戦、反暴力になった。インドだけが突然、非暴力の哲学を発展させることはあり得ない。物事は相互につながっている。あなたが単に哲学を発展させ始めることはあり得ない……何らかの根をどこかに持っていない限り。

インドはインドの大戦争で非常に苦しんだので、戦争を完全に、暴力でさえ完全に除外した哲学と生活の方法を、発展させる必要があった。

ゴータマ・ブッダとマハヴィーラは、両者とも非暴力の偉大な指導者だが、ともに戦士の家族に生まれ、戦士として訓練された。しかし、過去の偉大な戦士に何が起こったかを見て、彼らは正反対の方向へ変わった。

人のマインドは、中間では決して止まらない――遥か東へ、あるいは遥か西へと――振り子が中間で止まるときはいつでも時計も止まるので、中間は死だ。振り子は極端から極端に動き続ける――それが時計の動き方だ。それはメカニズムに弾みをつける。

全世界で、そのように極端に非暴力の哲学を発展させた者は、誰もいなかった。それは、これらの人々が極度の暴力を経験したに違いないという、私の証明だ。そうでなければ、彼らの哲学はあり得ない。

マハヴィーラは夜、体の片側だけを下にして眠る。寝返りをしない。そして彼は床に、むき出しの石の床に眠る。彼はどんな快適さも利用しない。そして彼は、夜に姿勢を変えることさえ、自分に許さない。彼は何匹かのアリ、何匹かの昆虫がそこを這ったかもしれず、彼が動けばそれらが死ぬと考えた。だから、彼が掃除した同じ場所にいたままのほうが良い。そうすれば、彼は何も殺していないことがわかる。

ジャイナ教の僧は、小さなほうき、奇妙なほうきを持ち運ぶ。それは、非常に柔らかい羊毛で作られている。それで、彼らがどこにでも座るときはいつでも……彼らは他のものは何も持っていない。ただほうきだけだ。それは彼らにとって最も大切なものだ。どこに座ろうとも最初に彼らは、どんな昆虫も殺せない柔らかい羊毛で、その場所をきれいにする――そして、そうしてからのみ、彼らは座る。夜には、その柔らかいほうきで場所をきれいにし、眠りにつく。

さて、これほどの極端さ……夜に彼らは食べない。電気はなかった。そして暗がりでは、何か昆虫が食べ物に落ちるかもしれない。そして知らずに昆虫を殺すかもしれないし、食べるかもしれない。夜に彼らは飲まない――最も暑い夏にさえ。これらは極端だ。マハヴィーラは風呂に入ろうとしないし、歯を磨こうとしない。理由は単純だ。水を浴びることは……水には非常に小さな生きている細胞が含まれており、それらは死ぬだろう。また、唾液と歯――それらの中には、殺されてしまう小さな生きている細胞がある。

ところで、人が広島や長崎のようなものを何か経験した場合にのみ、この極端な非暴力は可能だ。そして、インドの大戦争で起こったことの詳しい説明がある——何百万人の人が死んだか、どんな武器が使われたか——名称だけが異なる。しかしあなたは、私たちが今日持っているどの武器なのかを推測できる。

ゴータマ・ブッダの時代には、東洋はまさしくそのピークに達した。そして衰退が始まった——ピークの後、あなたはどこへ行くだろう。あなたは止まることができない。生命は死に際して以外、止まることを知らない。それでピークに来たら、当然下り始める。そしてあなたは、それを哲学的に説明する。あなたは言う。「これらのすべての富が何も与えなかったので——それらはすべて空しい。それらは人々の本当の探求から気をそらせる誘惑物だ——だからそれらと縁を切り、放棄しなさい」。彼らは乞食になった。

そして国の天才が乞食になると、普通の人々にできるのは、彼らを崇拝することだけだ。富、技術、その他のいろいろなものは、少数の天才によって作られる。社会全体は豊かになる——しかしそれは別のことだ——社会全体は、発明や創造に参加しない。そして天才が役に立たなくなると……東洋全体は、快適さ排斥、この世敵対の考えで占められるようになった——欲求はすべて落とされねばならないので、そうなるはずだ。そうしてのみ、あなたは平和を見出す。

貧困と飢餓が当然の結果だった。そして東洋のマインドは、なんとかその貧困、飢餓を言い逃れた。これらのすべては、あなたの放棄がどれほど深いかを確かめるテストだという釈明だ。

彼らは戦士のための訓練をすべてやめた。すべての種類の武器を製造しなくなった。これは二千年の間足かせだった……小規模の部族が来て、インドを侵略した。抵抗は全くなかった。彼らは来て、略奪し、そして去った——これが二千年間続いた。しかしインドは抵抗しなかった。当然インドはますます貧しく、より貧しくなった。一方、西洋は反対側にあった。それは貧しかった……。

あなたは事実を見ることができる——誰も単純な事実に注目しない——インドでは、宗教の創始者はすべて王だ。ラーマ、クリシュナ、マハヴィーラ、ブッダなど。彼らはみんな王であるか、父親の死後に王になる者だった。西洋では、すべての宗教——三つの宗教——が一人の王によっても創始されなかった。それらは貧しい人々に創始されている。そして、貧しい人が宗教を創始すると、裕福な人の宗教と同じではあり得ない。キリストは貧しく無教育な人間だ。どんな形であれ、彼をゴータマ・ブッダと比較はできない。モハメッドは無教育だ。どんな形であれ、彼をブッダと比較できない。モーゼは王ではない。

西洋全体が貧しかった。しかし東洋が非暴力主義になったとき、東洋へ侵入することは、何の苦もなく、易々とできた。彼らはあらゆる防衛手段を捨てたので、侵入をほとんど招いているようだった。東洋諸国はみな遅かれ早かれ、西洋の諸帝国の支配下に入った。そして西洋は、東洋全体の血の最後の一滴まで搾取した。そしてその搾取において、西洋はなんとか彼ら自身の富、製造工場を生み出した。

ダッカ、それは現在バングラデシュの首都だが、そこに数世紀続いた芸術があった。彼らは衣服のための最も薄い材料を作った。あなたがほとんど衣服なしでいるような暑い夏に、それはとても薄かった。そしてそれはすべて手で作られた。イギリスがランカシャーで布を生産し始めたとき、人は機械と競争できなかった。何千人もの人々の手がイギリスによって切断されたことは、歴史の醜い一章だ。彼らの工場がイギリスで生産したよりも、織り目の細かい生地を生産できた芸術家……市場に競争がなくなるように、彼らの手は切り落とされなければならなかった。

西洋は上昇し始めた。そして新しい要因は西洋の高まりをいっそう増した。一つは科学だった。

キリスト教、あるいはさらに追求すればユダヤ教は、多くのものの原因となる。世界に預言者についての考えを与えたのはユダヤ教だった。東洋には、預言者や救世主や救済者の考えが全くなかった。この考えのために……しかしこの種の考えは、貧しい社会にのみ存在できるのを覚えておきなさい。インドには現在、充分なキリスト教徒がいる。彼らの数は三番目の大多数だ。一位はヒンドゥー教、二位はイスラム教、三位はキリスト教だ——が、彼らはみな最貧困層から来ている。

裕福な人は、救済者や預言者を必要としない。

インドでは、その考えは一度も現れたことがない。インドには全く異なる考えがあった。それは神の化身だった。あなたは驚くだろう……インドの「神」という単語はイシュワルだ——単語イシュワルは、サンスクリットの語源、イシュワリヤから来ている。そしてイシュワリヤは贅沢——最も豪華なもの——を意味する。神は一番上の、最も豪華なものでなければならない。すべては彼のものだ。だから、彼の名前はイシュワル——最も豪華なもの——だ。彼は時々降りて来る。彼は救済者を送らない。彼は預言者や救済者を送らない——彼自身が降りて来る。豊かな世界だ。そして彼は、その世界で最も裕福な人だ。ある類似性があり、東洋では人と神は程度において異なるだけだ。それで彼自身が来る。神はより多く持っているかもしれない——人はそれほど持っていないかもしれない——しかし彼は救済者であるふりをすることができない。

西洋ではユダヤ教が、救済者、メッセンジャー、預言者についての考えを与えた。その根源を理解しなければならない。それは、社会がとても貧しいので、神の化身を思いつけないということだ。社会がとても貧しいので、メッセンジャーが送られるのがせいぜいだ。社会は、救済者、預言者を必要とする。しかしこれらすべては、貧しい人に慰めを与えるためにある。

イエスが東洋に生まれたなら、西洋のようには決して成れなかっただろう。アヴァタル化身はすべて王室出身だった。そうでなければならなかった。豊かな社会だった。誰が大工の話を聞いただろう。人々はただ笑っただろう。「神はおかしくなった！　偉大な王、偉大な学者、偉大な見者がいるのに——神はご自分の一人子に、大工の息子を選んだ！」と言って。そのような考えは受け入れられなかった。しかし、西洋では可能だった。

西洋は当時貧しかった。本当に貧しかった。慰めを必要とした。そして西洋では、貧しい人は自分たち

ったからだ。イエスは貧しい人だったので、キリスト教はより容易だった。イエスは貧しい人だったので、キリスト教は世界最大の宗教になった。もし彼が貧しい人間でなかったら、キリスト教は最大の宗教にはなっていなかっただろう……それはあり得ない。

キリスト教は、貧しい人々、柔和な人々、謙虚な人々、虐げられている人々は幸いであるという福音を広めた。彼らは社会の大多数だったので、人の心を動かす力があった。イエスの後、二番目に重要な人間はカール・マルクスだ。ちょうどイエスがユダヤ人であるように、彼もまたユダヤ人だ。彼はそれとは知らず、同じ考えを必然的な結末へとさらに推し進める。彼は、神がいるなら世界は貧しいはずがなく、人々は搾取されるはずがないという単純な理由で、神を受け入れることができない。「神は何をし続けているんだ？　神はそれを防ぐべきだ」。彼が神を拒絶するのは、世界が非常に貧しいので、神を受け入れる余裕がないからだ。

インドは昔、非常に豊かだったので、彼らは三千三百万人の神を持った——それはインドの人口と同じだった。けちな訳がない。あらゆる人のために一人の神だ！　しかし、マルクスは一人の神さえも受け入れることができなかった。神のまさしくその存在が、世界の欠乏と搾取に矛盾しているからだ。神が貧しい者のために何もできないのなら、存在しないほうがいい。神が存在するかどうかは重要ではない。

マルクスはさらに進んだ。そして、裕福な人々の小集団が金持ちのままではならない、彼らの富は貧困層に分配されるべきだと言った。そして彼は完全によくわかっていた——誰でもそれを理解できる——わずかな人々の富は貧困層に分配できるが、そのやり方では、社会全体を豊かにはできない。しかし彼は単に腹を立てていた。彼の父は学者《ラビ》だった。彼らは貧しさの中で生きていた。そしてマルクスは父親——神に仕える単純で謙虚な人だった——さえ、貧困で苦しまねばならないのを見て取った。それが単に貧困を等しく分配するだけであっても、豊かさは少数の人にのみ与えられるべきではない。

そしてあなたは驚くだろう――これは驚くべき事実だ――ちょうどキリスト教が最大の宗教になったように、共産主義は政治的に最大のイデオロギーになった。ちょうど、キリスト教が人類のおよそ半分であるように、残りの半分は共産主義だ。両方ともユダヤ教の支流だ。

この途方もない貧困のために、西洋は富を持っていた人々を征服する際に、ますます暴力的になった。そして、すべての西洋諸国――イギリス、スペイン、ポルトガル、フランス――は、世界中に彼らの帝国を広げ、できる限り多く搾取した。それで、お金はすべて西洋の首都に集まった。

そしてこのときに、新しい要因が現れた――それはいつも富と一緒だ――それは科学だった。あなたに富があると、あなたの身体的な必要性は満たされる。それからあなたのマインドは、物、客観的な世界を探究し始める。そして、三百年前に科学が生まれたとき、それは西洋の富を増加させた。

教会が科学に反対だった点に注目しなければならない。そして教会は、科学が進歩するのをあらゆる段階で妨げようとした。これにはある重要性がある。そしてその意味は、科学技術が進歩したら、貧困が消えると言うことだ――そして教会は貧しい者に依存する。実際「全世界が貧しければ、教会は幸いなり」だ――裕福な人、豊かな社会は、教会の力を超えているからだ。

貧しい人間だけが救い主の神を必要とする。現世では彼は貧しい。彼は少なくとも、来世では天国に入れる保証が欲しい。そしてそれは、貧しい者だけが天国に入れるという実際の慰めを与える。あなたがここで持てる富、この同じ富があなたを地獄の永遠の暗闇に落とす。

教会は基本的に科学に反対だった。しかし科学は真実の探究だ。教会が徹頭徹尾、妨害するので難しかったが、それでも科学は打ち勝った。そして今、西洋は瞑想について、魂の平和について、永遠の生命について考える状態にある。西洋はその目を、客体から主体へ向けることができる――それは、富と力の低下の始まりになるだろう。それはある意味で始まった。それであなたは、日本や他の小さいアジアの国々が、すさまじい力、富、技術的専門知識を持っているのを見て取れる。

日本の一人当たりの収入は、アメリカより高くなった。

それは、非常に象徴的な事実だ。それは広範囲にわたって影響を及ぼすかもしれない。そして日本で起こっていることは、他の極東の国々へ広がるだろう。今、東洋全体は貧困に疲れ、宗教に飽きている。彼らは科学が欲しい。技術が欲しい。東洋から優秀な学生が、医学、工学、電子工学、及びありとあらゆる専門的な学科を勉強するために、西洋へ、大学へやって来る。

有名な西洋の医師、エンジニア、電子工学に携わる人々、及び他の技術者たちが、インドの私のところへ瞑想のためにやって来たことは驚くべき経験だった。当然彼らには、インドに友人がいた。オックスフォードや、ケンブリッジや、ハーヴァードで一緒に研究した仲間たちだ。そしてインドの仲間たちは、瞑想のことをこれまで考えたことがなかったので単純に驚いた。彼らはこう言って、西洋人を落胆させた。「君は何にかまけているんだい？　仕事では成功しているじゃないか。自分の魂を探してぶらつくより、仕事にエネルギーを注ぐべきだよ。誰も見ていないし誰も知らない……魂があるのかどうかなんて。時間を無駄にするなよ」

そしてこれらの人々は私に「奇妙です……私たちは瞑想を理解するために遥か遠くから来ます。でもこの友人たちはいつでも強情を張って、私たちをがっかりさせます」と言った。

西洋は、ますます瞑想的になるにつれて——もし、私が提案している方法ではなく、旧式な方法に向かうなら——貧しくなるだろう。それが旧式な方向へ、東洋が従ったような方向に行ったら当然の結果だ。それが古い方法に従うなら……その時には、世界を放棄し、独身の誓いを立て、僧院へ移り、乞食になる。そしてこれらはすべて、霊的な成長とは無関係だ。それは単に機械的な転換だ。

インドでは、デヴァラジが来る前に私を診察していた医者のうちの一人は、決して二、三分以上私と一緒にいなかった。ヴィヴェークは驚いたものだった……何しろ彼はやって来ると、ひどく急いでいて、ほとんど神経質になり、エアコンのある部屋で汗をかいていた。あたかも私が医者で、彼が患者であるかのようだった！　そして彼は二、三の質問をすると「私は出かけます。ヴィヴェークに処方箋を渡しましょう」と言う。それから彼は逃げ出すように部屋を出る。

彼はどんな講話にも来なかった。彼はどんなセレブレーションにも来なかった。彼は、妻が来たがっているので、たぶん今度はセレブレーション・デイに来るつもりです、と何度も約束したが決して現れなかった。

そしてヴィヴェークは私に「彼はどうしたんでしょう。なぜあんなに神経質なんでしょう」と聞いたものだ。

私は言った。「あなたにはわからない。彼は非常に成功した、市で最高の医者だ。そして彼は、私に感銘して催眠術にかけられたり、何かされたりするのが恐い。彼は、私の医者として以外には、私とどんな関係も持ちたくない。またそれさえ、私のかかりつけの医者であることが、彼の資格に箔をつけたからだった」。しかし、彼はほとんど逃げるも同然に――歩くことさえできないで、ほとんど走って――部屋から飛び出るのだった。そしてヴィヴェークは彼の後について、別の部屋に入らねばならなかった。そして、彼は処方箋や、彼女に指示したかったことを書いた。

彼の恐れは、危険であるということだった……彼の友人の一人、アジット・サラスワティーは、私のサニヤシンだった。彼らは同輩で一緒に勉強した。二人とも西洋で勉強した。それからアジットは、婦人科医学を専門にした。そしてついに彼はサニヤシンになった。彼はその医者に話したものだ。「恐がる必要はないよ――誰も強制的にサニヤシンにさせられるのではないからね。少なくとも、そこで起こっていることを聞きに来るか、そこの瞑想で何が起こっているかを見に来てもいいんだよ」

しかし、アジット・サラスワティーに彼は言った。「私はただ恐いんだ。私は私の職業のトップにいる。

私はよく稼いでいる。子供たちは教育を受けているし、妨害したくないんだよ。全てはとてもうまくいっているから、私の気をそらせる何にも入りたくないんだよ。そして彼は危険だ。彼は私を混乱させる。私を瞑想へと、サニヤスへと引き込むことができる」

インドでは、彼は決して妻を、私に会わせるために連れて来なかった。彼女は私に会いたがっていた。彼は彼女を、アメリカにいた私に会わせるために連れて来た――ほんの一日の間――ここにはそれほどの恐怖がなかったので。市では誰も、彼の妻もが危険な人物のところへ行っていることは、知らなかっただろう。彼はアメリカに来たが、ここでもまた彼は同じだった。最も長くてたった一分半の間……そして彼は妻が私を見たのに満足した。しかし私は午後のドライブで私の車を止めたので、彼は間近に来なければならなかった。そして私は彼の恐れを見て取った。彼は妻を紹介した。そして私は「あなた方は遠くからやって来た。たった一日だけここに居るのは良くないね。二、三日間、滞在したらいいだろう」と言った。彼は言った。「次に来ます。今回、私はあまりに他のことに気をとられています。でも私は来ます。いつか私は来るつもりです」。しかし彼の言い方は、あたかもいつか来なければならないことが、危険なことであるかのようだった!

インドでは、人々は、富、技術、より多くの工場に興味がある。私には、彼らが瞑想あるいは霊的な成長に興味を持っているようには見えない。二十五世紀の貧困は、霊的な成長についての考えを全て消し去った。彼らは裕福になりたい。彼らは世界の中で優位な国でありたい。それで、起こっていることは単に振り子の動きだ。

ラドヤード・キプリング、最も有名なイギリスの詩人の一人は「東は東、西は西……」と言った。それは自明のことだ。彼はインドに住んでいた――彼は大英帝国の宮廷詩人だった――そして彼はそれを強調していた。「東は東、西は西、二つは決して交わらない」と。彼の言葉は非常に有名になった。しかし私は、たとえ過去にそうであったとしても、将来そうである筈だということはない、と言いたい。

あなたは、私のワークとこの変化する状況についてたずねている。いや、私はこれに満足ではない。西洋が貧しくなり、東洋が豊かになることには。西洋が豊かで東洋が貧しい、あるいは東洋が豊かで西洋が貧しい。これはどちらであっても違いはない。人類の半分は取り残される。

私は全世界が豊かになって欲しい。

私はこれを最後に、東洋と西洋についての考えを取り除きたい。

私のヴィジョンでは、世界は一つだ。

私たちはこの振り子を止めるべきだ。そしてこの振り子を止める唯一の方法は、瞑想を西洋に広めることだ——だが東洋を忘れないように。東洋にも瞑想を広めなさい。それが唯一の、東西を結びつける要因であり、霊的な成長だから。さもなければ、彼らは日に夜をついで、永遠に動き続けるだろう。

私の見るところでは、世界の半分は何らかの点で人類の半分を表わす。もし、古いやり方に従うなら、同じ分裂が続くだろう。そして同じ変化があるだろう。しかし私は、ゾルバ・ザ・ブッダについて話している。私は瞑想的だが、富に反対ではない、霊的な成長には賛成だが、貧困が霊性であるとは思わない世界、人間について話している。貧困は単に貧困だ。そして、二つの世界が一緒に存在できるなら、なぜ一緒に両方の世界を持たないのかね？　なぜ選ぶのかね？

私は快適に暮らしてきた——私は人生で何もしたことがない——しかし、それは私の瞑想を妨げていない。私は権威を持って語ろう。あなたは、快適さと瞑想に生きることができる。

瞑想は内側の快適さだ。そして、快適さは外側の瞑想だ。それらを一つにしなさい。外側で完全に自己実現し、内側で完全に満ち足りている人は、完全な人間だ。完全な人間以下では、人類の更なる進化のための助けにはならないだろう。

光明を得た存在として、あなたはあらゆる感情を目撃できます。それでも第三者の目には、あなたが笑うとき、私たちより、あなたはよりトータルであるように見えます。あなたが本当に笑いに襲われるように見えるので、あなたの言葉は文字通り笑いに浸されます。それはあなたが単に、究極の俳優であるということですか。

それは、究極の俳優であるという問題ではない。私はいつも全てにおいてトータルだ。私がしていることは何でもトータルだ。しかし、あなたはそうした経験を少しも持たないので、あなたにとって、多くのものはトータルであるようには見えないかもしれない。

しかし、笑いはある面でユニークだ。あなたが笑うとき、あなたもまたその中でトータルだ。トータルでない笑いは、にせもの、偽り、単なるパフォーマンスだ。あなたが笑うとき、あなたもトータルに笑う。それはあなたがトータルに為す唯一の行為だ——あなたは笑いがトータルであると知っている。あなたが、私が笑っているのを見るなら、それがトータルな行為であるというのは自然な結論だ。それが自分の経験と一致するからだ。

部分的に笑うことはできない。やってみなさい。失敗するだろう。トータルであるときだけ笑うことができる。それは笑いのユニークな質だ。そのため、私はその瞑想を創った——そのユニークな質のために。笑いの中であなたはトータルだ。誰からも「トータルになりなさい」と言われる必要はない。

トータルであることなく、泣くことはできる。涙は、トータルでない私たちの目に浮かぶことがある。しかし完全な笑いは……しばらくあなたは部分的であることを忘れる。笑いはあなたを完全に襲う、身体中を。あなたは単に笑っているだけではない。あなたは笑いになる。

あなた自身の小さな経験のために、私が笑えば、あなたはこの行為がトータルであると、自然に結論を下せる。あらゆる行為はトータルだ——しかし、それがあなたの経験ではないので、それがトータルであるかもしれないと思うだけだ。そのトータリティー全体性について、絶対的な確信があるわけではない。

笑いは確かに非常に特別だ。あなたの全身が笑う。あなたの身体の各々の原子、各々の細胞が笑い、それに参加する。

私はいつも深刻さに反対してきた。私は二つをこれまで比較したことがないが、あなたには、なぜ私が深刻さに反対するかがわかる。深刻さは決してトータルではあり得ない。それは常に部分的、笑いのまさに反対の極だ。それはますます狭く、より狭くなり続ける。あなたがより深刻であるほど、あなたはより狭くなる。あなたがより笑いに向かうほど、あなたはより広くよりオープンに、より傷つきやすく、よりトータルになる。

笑いには、何か宗教的なものがある。

深刻さは病気であって、宗教ではない。

だから、私の中に何かを感じるときはいつでも、見つけ出そうとしなさい……あなたの経験の中に、類似するものがあるに違いない。だからある結論に達しているのだ。

人々が何の理由もなく、毎日少なくとも一時間笑うことができるなら、他の瞑想を必要としないだろう。笑っている間は考えることができないので、それで充分だろう。あなたは笑っている間、過去に居ることができないし、未来に居ることができない。あなたは今ここに居なければならない。笑いは、究極へのドアを開くことができる。

第三十三章

核兵器より危険だ

More Dangerous Than Nuclear Weapons

あるアメリカ大使は、あなたのことを「彼は非常に頭が良く、アナーキストで、人の心を変えられるがゆえに非常に危険です。彼は社会全体を破壊するでしょう」と外国の首脳に言ったと伝えられています。人を目覚めさせようとするあなたの努力を阻止しようとするアメリカや、その協力者たちから、どうすればあなたを護れるのでしょうか。

アメリカ大使の言うことはもっともだ。だがアメリカ大使は、知性の危険は防ぎようがないことに気づいていない。それ以外の危険はみな、いたって些細だ。それは目に見えるので、大きな危険に見えるかもしれない。だが、大使の言う危険は二つのことに関している。一つは、私がとても頭が良いということで、もう一つは私がアナーキストだということだ。両方が合わさると、それはアメリカの全核兵器よりもずっと危険だ。

私の努力をくじこうとするアメリカを、どう防ぐべきかと心配する必要はない。

私の努力は、その努力をくじこうとするすべての努力を超えている。私の努力をくじこうとすればするほど、私のイデオロギーはさらに強化される。これは人類の全歴史における不変の事実だ。今まで真実が負けたことは一度もない。時間はかかるかもしれないが、勝利は確実だ。実際、アメリカ大使が外国政府の首脳に、私がとても頭が良くアナーキストで、簡単に人間の心を変えてしまうと言った時点で、彼らはもう負けを認めはじめている。

大使はこの発言で、アメリカ側の負けを認めている。今や、彼らが負けだと思うかどうかの問題だ。概念的に、彼らはそれを受け入れた。必死に私や私のワーク、私の人々を滅ぼそうとする彼らの努力は、実に象徴的だ。恐くてどうしようもないから、彼らはこれほどまでに努力するのだ。彼らの恐れは負けを示している。

一つはっきりしているのは、アメリカ政府は私のものの見方に対し、他の選択肢を提案できないことだ。大使の発言は、アメリカ政府が全くお手上げだということを、はっきりさせている。彼らは力からではなく、勘から判断している。心の奥底で負けを認めている。

政府側には様々な知識人がいるというのに、誰一人、私に議論を持ちかける勇気ある者がいないのは不思議なことだ。こうした必死の努力は、彼らが空っぽで、それが発覚寸前であることを示している。そして日ごとに、彼らはもっと絶望的になっている。

知性の敗北は起こり得る。知性はマインドの一部だからだ。だがこのアメリカ大使は、彼が知性と呼んでいるものが、それ以上のものだということを知らない。それは知性を含む気づきだ。しかしそれは、はるかに知性よりすぐれていて、はるかに高いものだ。知性に意義を唱えることはできても、知性に気づきがあったら反論はできない。これは単に知的なものではない、これは真実に映ったビジョンだ。私が負けるかどうかではなく、真実が負けるかどうかの問題だ――そもそも真実の敗北はあり得ないが。

そしてこの大使は、アナーキストという言葉を付け加え、外国政府の首脳を怖がらせようとしている。アナーキストとは、どんな政府も信頼しない人、どんな類の規律も信奉しない人、個人の行動、思想、表現、創造の自由のみを信頼する人のことだ。アナーキストにとっての社会は、個人に仕えることを意味するもので、逆ではない。

大使は単に、もっと恐れを煽《あお》ろうとして、アナーキストという言葉を用いている。そして、私には人の心を変える力があると言う。この短い発言で、彼はなぜアメリカがそんなに恐れているのかを、すべて明らかにした。それは私が人の心を変える力だ。その力には、私が人の心を無政府主義に変えるかもしれないということが含まれている。そしてこれは、私にはある種の知性、彼らには太刀打ちできない知性があるという承認だ。彼らがこの事実に直面することは、難しいように思う。

だが、私は人のマインドを変えることには興味がない。私は人のマインドを壊すことに興味がある。マインドを変えても助けにはならない。それでは革命ではなく単なる改良だ。所々に作用はしても、マインドの基本的性質はそこに残る。

私は、無心《ノーマインド》支持者だ。このことを、アメリカ大使とアメリカ大統領に理解してもらいたい。おそらく彼らは「無心」という言葉を聞いたことがないと思う。

私の努力は、人々にマインドを超越させるためのものだ。

第二に、私は彼らの思うような「超知的」ではない。私は知性とは無縁だ。私の話していること、行なっていることは、知的なアプローチではなく実存的アプローチだ。だから彼らは、ショックを受けているのだ。それがただの知性であれば、扱いやすいだろう。知性に対しては、意見や反対論もたくさん出るだろう。

だがこれは、彼らにとって全く不慣れなもの、瞑想性だ。それが何であるか、彼らには漠然とした考えすらない。この知られざるものが、彼らの中に恐れをつくり出している。彼らはせいぜい、それを高度な知性とぐらいしか考えられない。だが、瞑想性は知性とは懸け離れている。知性そのものは瞑想性には及ばない。

また、私をアナーキストと言うのも正しくない。アナーキスト・クロポトキン公爵やその同志達はすばらしいが、彼らの哲学は単純だ。彼らは政府、警察、法律のない社会を求める。彼らはあまりにも素朴であまりにも単純、あまりに純情、あまりに子供じみている。彼らは人間が、獣性、野蛮さ、残酷さ、暴力、殺人、レイプで一杯になっていることがわからない。

規律と秩序を除いたら、社会は混乱する。目下、社会は渾沌としているが、その混乱状態はある種の秩序の中にある。そこにはある種のシステム、ある種の規則正しさがある。だがクロポトキン公爵とその同志達によって、カオス無秩序はかつてない事態に発展する。

私は全く異なるアナーキストだ。私は政府があってはならないとは言わない。私は常に根に働きかける。私は葉を切りつめたりはしない。規律があるべきではないとは言わないし、法廷や法律があってはならないとは言わない。そんなことをしても、馬鹿馬鹿しいだけだ。

個人は人格を落とし、正真正銘の自分で、正直であるべきだというのが私の意見だ。個人は、野心や欲望を落とし、得られるものを何でも祝いはじめるべきだ。個人には常に、月への憧れがある。地球があるのに、月に憧れる人はここでは踊れず、月で踊る。

私の努力は、人を途方もなく至福に満ちて、幸せで穏やかで、瞑想的にすることだ。政府がいらなくなるくらい、政治家がいらなくなるくらい、いずれ裁判所を閉めなくてはならないくらい、刑務所がいらなくなるくらいに。裁判所がいらない理由は、誰も法廷に来る人がいないから、あるいは裁判所を瞑想センターに建て直さなければならないからだ。私は彼に、表現豊かな人間になることを教える。刑務所の中の人々は、自分を抑圧するように教えられたが、抑圧できなくて社会に反発した。そして今は社会の報復を受けている。


私は人に表現豊かになるよう、そして生まれ持った性質を、誇りを持って受け入れるように言う。それは自然から受け継いだものだ。抑圧せず自然に生きれば、レイプのようなものは消える。静かに瞑想的に生きれば暴力は起こらない。慈悲は自然現象となる。

政府、政治家、議会は無用なものとなるべきだ。もし私がどこかでクロポトキン公爵に会ったら、きっと私の言うことを、彼は理解するだろうと思う。アナーキズムは上から押し付けられるものではなく、下から個人一人一人を通じてしか成長しないことを。そして、個性が強くなり統合されるにつれて、こうしたものはすべて消えることになる。

これは、誰かが薬に反対だと言って、薬がすべて破棄されるのを望むようなものだ。これは悪い考えではない。真に健康的な社会には、薬はあるべきではない。だが、これは逆方向から始まっている。それにはまず、社会が健康的でなければならない。健康であれば薬は無用になるし、医者は無用になる。そして、健康は極めて自然なものとなるので、病気は昔の話になり過去のものになる。そうすれば薬は自動的に消え、医科大学は廃校になる。あなたが廃校にする必要はない。

私はクロポトキン公爵よりもずっと危険なアナーキストだ。私はアナーキズムを語るのではなく準備している。クロポトキン公爵は口だけだった。だがクロポトキン公爵にそうした社会は作り出せなかった。それは、個人が完全に変わらなくてはならないという考えがなかったためだ。個人が変わらなければ、秩序を必要としない社会は生まれない。全員にしっかりとした責任感があれば、路上に警官はいらないし、天国で罰を与える神はいらない。

すると不思議なことに、政治家と僧侶が一緒に消える。彼らにはある種の契約がある。裁判所と寺院が一緒に消える。それは、裁判所が犯罪を糧とし、寺院が罪を糧として生きているためだ。この二つの違いは理解されなければならない。

犯罪とは逮捕された罪だ。そして、罪はあなたがどうにでもできる犯罪だ——体制を馬鹿にしただけで、誰にも捕まらない犯罪だ。

それで、犯罪者には裁判所や警察や法律があり、罪を犯した者には神父や司教やローマ法王や神がいる。彼らには刑務所の代わりに地獄が必要であり、報酬としての天国が必要だ。だが天国と地獄は同時に存在している。だからこれらは同時に消滅する。

アメリカ大使は、私が想像以上に危険だと理解すべきだ。あなたの質問について言えば、彼らは何も妨げられない。これは私が言っていることではなく、時代が必要としているものだ。

私のための時代が来たのだ。

私は一人かもしれないが、時代がついている。

彼らにはありとあらゆる力があるかもしれないが、時代はついていない。彼らは墓穴を掘っている。彼らは時代遅れだ。彼らのイデオロギーや哲学や神学理論は、みな時代遅れだ。

どこからでもかかって来るがいい。

私には、社会が主張するどんなことに対しても反論する準備がある。彼らの主張するものは、偽善以外の何ものでもない。

私を殺すことはできる――それは可能だ。私を殺すのは難しくない。それはいたって容易だ。だが私を殺せば、最終的に彼らは、自分たちの敗北を確認するだろう。私はいつか殺され、その後で彼らは、私の死と共に自分達が自殺したのを理解するだろう。だから彼らは、別な方法で人々に私の声が伝わらないよう邪魔をしているのだ。なぜなら、過去になされた殺害の試みは成功しなかったからだ。

アルヒラジ・マンスールのメッセージは空に刻み込まれた。今までスーフィーはたくさんいたが、マンスールのように記憶されている者はいない。

イエス・キリストも総督達がもう少し辛抱強く、イエスのことを気にしていなければ知られることすらなかっただろう。だが彼らはあまりにもせっかちだったために、イエスを殺した――イエスはまだ三十三だった。イエスが説教していたのはわずか三年たらずだ。それに、何も危険なことを言っていたわけではない。旧約聖書の言葉を繰り返していただけだ。ないがしろにされがちな言葉を少し、我こそは神のひとり子だといった言葉を付け足しただけだ。何ら問題になるようなことではない。放っておきなさい。私は別に誰の害になるとも思わない。もし彼がそうしたいなら、誰の害にもならないから、放っておきなさい。イエスが自分を最後の救世主だと、みんなが待っていた救世主だと思っていたのなら、人はそれを楽しむことだってできたはずだ。彼を見回し、見つめて「すごい、まるで救世主だ」と言うことも、冗談を言うこともできたはずだ。それ以上は必要なかった。全く深刻になる必要はなかった。社会に対して、権益集団に対して、何も危険なことは言っていなかった。

子供っぽい二、三の事を無視すれば、簡単にイエスを古い社会のために利用できただろう。そうすれば誰も、イエスの名前を聞くことはなかっただろう。こうした災難やキリスト教はなかっただろう。だが、イエスの磔で事が一変した。ユダヤ教の全伝統がイエスを恐れていることを、磔が明らかにした。殺すことで彼らは、ユダヤの伝統の哲学の乏しさに封をした。ユダヤ教徒達には、学識を持った学者や文化人がいたが、無知な、無学な男と議論できなかった。

磔は全く無意味としか思えない。おそらくユダヤ教徒達は、さっさとイエスを追放してしまおうと思ったのだろうが、それがいまだに普及し続けるキリスト教を作り出した。今やカトリック教徒は七億人の水準に達している。

私はいつも、キリスト教のことを十字架教と呼んでいた。なぜなら十字架こそがその宗教のもとであり、イエスがもとではないからだ。それに、十字架がキリスト教のシンボルになったのは不思議なことではない。私の考えが人々に届くのを防ぎたいと、そう思っている人々が、ソクラテスやキリストやマンスールにしたのと同じことをしようとしても、それはできない。そうすれば、それが彼らの過去すべての決定的な敗北になると思って、彼らは非常に恐れている。イエスは二、三のことにしか触れていないが、私はこの空の下の人間に関わるあらゆることについて、話している。私はどうすれば人間が完全に変容して超人になれるのかを事細かに説明し、その青写真を与えた。

彼らは私を殺すのは危険だと考え、違う方法を試みている。私の滞在を一切許可すべきではない、そうすれば誰も接触できない。インドでは私の生得権のために私を拒否できないから、彼らは別な方法を取らなくてはならない。彼らは私と接触しようとしてくる外国人を阻止する。これが彼らの条件だった。

これが私がインドを去った理由だ。私がインドに行ったときは、そこで落ち着こうと思っていたが、彼らの条件は二つあった。一つは外国人サニヤシンの入国を禁じるという条件で、もう一つは外国の報道機関の入国を禁じる条件だった。これはアメリカからの指示だった。そうすれば私を孤立させられる。そうすれば、私が死んでも誰も責任を問われない。孤立はほとんど死と同然だ。

私は、勇敢にも私を受け入れる国があるかもしれないと思って、インドを立った。だが、そうした勇敢な国はどうやらないようだ。実際、世界にはそれほど多くの国はない……これは私が世界をまわって経験したことだ。あるのはアメリカとロシアの二つだけ、あとは何の主体性もない操り人形だ。

ロシアに私の場所はない。彼らは観光としての三週間の入国すら認めない。彼らはすでにロシアで、私と一切接触することなく、私のサニヤシンを迫害している。

ロシアにはたくさんのサニヤシンがいて、私のメッセージを口コミで広げてきた。彼らは手書きで、またはワープロを使って本を書き、それを配布し、地下で本を読んでいる。私の本はKGBに取り上げられてきた。KGBが現在までに発見したサニヤシンは二十人だけだが、さらに関係者を見つけようとして彼らを苦しめ続けている。ロシアの新聞には私の記事が載っている。彼らは私のことを何も知らないが、私のサニヤシンはロシア語への翻訳さえもしている。

真実はどこにあっても阻むことはできない。

だからロシアは候補外だ。いわゆる自由諸国と呼ばれる国には一通り行ってみたが、みなアメリカの一部だった。みな自由ではない。何らかの通達がアメリカからあると、どの国もそれに従わざるを得ない。

昔は長い間、政治的依存があった。国々は政治の上で依存した。帝国が存在したが、帝国は全部消えてしまった。だが、本当に消えた訳ではない。これを理解することは極めて重要だ。帝国は個性を変えただけだ。帝国の支配はもはや政治的ではなく、経済的になっている。

私たちがどの国にいるときも、アメリカの通達はすぐその国の政府に届くか、私たちが到着するよりも早く届いた。その内容はもし永住権を私に与えるなら、今後の対外融資を、毎年行なわれてきた多額の融資をすぐ停止するといったものだ。通達を受けた国は、過去に借りた返済不可能な何十億ドルもの借入金がある。そうした国には返済のあてがない。そこで彼らは、借入金を返さなければ金利をあげ、今後は融資を一切停止すると持ちかける。

これが経済帝国だ。何も変わっていないことを人々が理解するまでには、時間がかかるだろう。帝国は今も存在するが、彼らはいまや政治的にではなく、経済的な支配を行なう。体制が変わっただけだ。これは目に見えないだけに、前よりも危険だ。世間の人にはそれが見えない。人は英国を完全に自由な国だと、ドイツを完全に自由な国だと思っているが、そうではない。

英国では、空港に一晩泊まることも政府は認めなかった。私のした要求は正当なものだった。私にはジェット機があり、民間の飛行機に乗るためのチケットもあった。だから私たちがファーストクラスには乗れないとは、どう理屈をこねても言えなかった。私たちには全員、民間飛行機に乗るためのファーストクラスのチケットがあり、用意されたジェット機もあり、朝出発する予定だった。

すぐに英国を立つことも可能だったが、パイロットの飛行可能時間を超えていたために、それ以上は飛べなかった。法律で十二時間の休息が絶対必要とされていた。だが空港当局に、彼は危険人物だから、ファーストクラス用のラウンジでの滞在を許可してはならないとの連絡があった。ファーストクラス用のラウンジで眠るだけで、そのどこが危険なのか私には思いもつかない。到着時はすでに夜の十一時で、朝にはそこを立つ予定だった。それに、ラウンジからは市内や国内に入る術はなかった。

この同じ英国はロナルド・レーガンに、哀れなリビアを爆撃するために、国を基地として使用する許可を与えた。そしてリビアは全く悪くなかったのに、夜間、住宅街で爆撃は行われた。だがリビアは小さな国だ……これが経済帝国だ。

どちらもアメリカの指示で行なわれたことだ。私は空港に一泊するだけでも危険なのに、英国の土地を弱小国の爆撃のために基地として犯罪のように使用するのは、危険にはならないということだ。

ということで、アメリカのインドでの試みは、私を孤立させることだった。それ以外の国でも、私に永住権を取らせないための努力が為されていた。かといってこれは、私がしていること、言っていること、言おうとしていることを阻止できるという意味にはならない。いずれ策は見つかるだろう。

だがこれは、私の問題ではない。真実が独自の道を見つけだすかどうかの問題だ。もしそれにメリットがあれば、もしそれが人類に必要なものなら、大使も大統領も全く問題ではない。


真実は若い人々の心を動かすだろう。若人は確実に変わる。この変化は、彼らが思っているよりもはるかに大きなものとなる。これは単にマインドを変えるだけでなく、若人をマインドの彼方に連れていく。

確かに、世界はいつかアナーキストとなるだろう。これはクロポトキン公爵にではなく、私に基づいて言っていることだ。私は個人に対したワークをしている。その個人に用意ができれば、ありとあらゆる支配力は自然に崩壊する。

私はジャエッシュに、陸がダメでも心配はいらないと、私たちにはまだ海があると言ったばかりだ。二千人が充分生活できるだけの外洋船を調達すればいい。そうしたら数週間、数カ月と、あちこち滞在しながら世界一周ができる。船上で瞑想もでき、講話もできる。むしろ、その方がずっといいだろう。

以前からずっとこうした考えはあった。だが、海と船酔いにはちょっと慣れる必要はある。が、政略は極めて病的だから、この地球に蔓延する病気よりは船酔いの方がまだましだ。
方法は見つかる。絶対に見つかる。

最近、師と存在への信頼について、たくさんの話をあなたから聞きました。この信頼をあなたは、より簡単に裏切る愛よりも質の高いものだと言いました。この信頼という意味をじっくり考えようとすると、訳がわからなくなってしまいます。昔は、信頼するということは、多かれ少なかれある出来事にのみ関連するものでした。

ある講話で私は、自分では何もしていないのに、またはしていなかったせいか、自分が消えていくのを体験しました。それを愛と言ったらいいのか、信頼と言ったらいいのかはわかりませんが、それは溶けていくような出来事でした。あなたがいることで生まれて始めて、しゃにむに何かにしがみつこうとすることなく、自分を恐れずに手放すその瞬間を体験しました。どうかもっと、さらにこの道を進んでいけるよう手を貸して下さい。

愛は美しい、だがそれは変化する。美しくても頼りにはならない。今日はそこにあっても明日は消える。愛は信頼よりも魅力があるし、もっと自然だが、信頼の方が質が高い。

信頼は、辞書ではほとんど間違って伝えられている。辞書では、信用できる人を信頼する、という意味だが、それはもっと客観的なものだ。その人が信頼できるので信頼する――これはあなたの質ではなく、信頼を左右する他者の質だ。そしてまわりに信頼できる人は滅多にいない。だから、何百万人もの人が信頼が何であるかを忘れてしまっている。それを知るチャンスがない。信頼できる人が必要だ、だが信頼できる人がどこにもいない。

誰ひとり誰かを信頼してはいない。だから信頼は無味乾燥な、誰も体験したことのない言葉になってしまった――味も素っ気もない言葉に。

私が信頼という言葉を使うときは、その意味は全く違う。信用できる人を信頼するという意味ではない。それは信頼ではない。信頼できるのは相手であって、それはあなたの功績ではない。私が信頼と言う時、その人が信頼できてもできなくても信頼するという意味だ。むしろ信頼に値しない時、信頼する。するとその時はじめて、意識に何か新しいものが生じるのがわかる。すると信頼はこうこうと光り輝く、愛よりもはるかに優れたものとなる。なぜなら、信頼は何も他者から必要としないからだ。

私が大学生だった時、窃盗癖のある学生のルームメイトになったことがあった。

彼は泥棒ではなく窃盗マニアで、盗みを楽しんでいた。高価だからというのが物を盗む理由ではなく、靴を片方とか、役に立たないものでも何でも盗みの対象となり、手の施しようがなかった。だが盗みはたまらなく楽しく……私は窃盗癖のある彼と、同じ部屋で生活しなければならなかった!

何か見あたらないものがあると、彼のスーツケースやタンスの中を探さなくてはならなかった。探し物はしばしば見つかったが、不要となったものがたくさん出てきた。そこで不要なものはそこにある方が無難だと思い、そのままにしておいた。取られたものを取りかえして面倒を起こしてもしょうがないし、取りかえせば、またそれを盗んで彼は無用な嫌がらせをした。だから必要なものだけを取り、使ったらまたタンスに戻しておいた。

私の着るものさえも……シャワーを浴びているすきに、彼はしばしば私のコートを着て出ていった。戻ると部屋は冷え冷えとしているうえに、コートがない。そこで私は、彼の服の中から彼のコートを見つけて着ていた。そして大学で彼に会うと、私を見て「僕のコートを着ている」と言った。

私は言った。「ああ、自分のコートが見つからなくってね」。彼は私のコートを着ていたが、それは目に入らなかった。「私のコートが見当たらないんだ、誰かが盗むか何かしたんだ」と言うと、彼は「今は昔と違って誰も信頼できないのかもな」と言った。

彼は無垢な人だった。私にそのコートが見えているのが、彼にはわかっていた。だがそれでも私は何も言わずコートをタンスに戻したが、彼は私のコートを私のタンスにしまいはしなかった。彼は私のコートも自分のタンスにしまったが、コートが必要な時は、少なくとも二着のうちの一着はタンスの中にあったから問題はなかった。

だが時には問題もあって、シーツがなくなったり、枕がなくなることがあった。そうなると夜、枕がどこにいったか探さなくてはならない。だが私の枕がなくなった時は、彼の枕を使うことにしていた。他には誰も持っていきようがない。枕は彼がどこかに隠し持っていた。

ついにある日、彼がこう言った。「お前は変わってるよ」

私は言った。「確かに。僕はちょっと変わってる、少し変だ」

彼は言った。「ちょっとおかしいとはいつも思ってた。文句を言わないのは君だけだ。君のいろいろなものを取ってきたけど、それを取り戻して、またもとの箱に戻すなんて——しかもけっして文句を言わない」

私は言った。「君を信頼してるんだ。君は友達だし、きっと僕の物を片付けてくれているんだろう。床のあちこちに散らばったものを見て、箱に入れて整理してくれたんだと思ったんだ。必要な時は持ち出せるんだし、困るわけじゃない」

「でもみんな、僕のことを泥棒だと思っているんだぜ」

私は言った。「僕はそう思ってない。君は単に共産主義の信奉者なんだ」

「ああ、確かに。誰かが何かを所有すべきだとは思っていない。すべては最初に手に入れた奴のものだ。

だが自分が共産主義者だなんて、そんなことは思ったことがない。共産主義者だなんて！　親父がその事を知ったら、家から追い出されてしまうよ」

私は言った。「じゃあ真実は、君に窃盗癖があることだ。共産主義者じゃなくて、物を取るのを楽しんでいるということだ。楽しんでるなら問題ないが、いつかは困った事になりかねない。見れば君の棚には物が増えている一方じゃないか。これじゃ物を置くスペースがなくなるよ。しかもスペースを埋めてるのは僕の物じゃない。ということは、どこかから取ってきた物なんじゃないか？」

彼は言った。「僕の関心は、盗みに限って言うならどこに行っても、万年筆でもカップでも何をどうやって取ろうかなんだ。ちょっと恐いと思うのは、大きい物を取る時だけさ。一度担任の先生の椅子を持っていこうとしたら、捕まったことがある」

彼が先生の椅子を持ち運ぼうとして捕まった件は、知っていた。私は彼を助けなければならなかった。私は言った。「憶えているよ。思い出させないでくれ、あれは君を助けるためだった」

「僕を助けるって、何をしたんだ」

私は言った。「あの椅子はかなりガタが来てるから、大工に直してもらいに君が持っていったって先生に言ったんだ」

彼は言った。「そんなことを！　だから何も言わなかったのか。先生は僕が戻ってきた時、ありがとうって言ったんだ。何人かの生徒に捕まって、戻してこいって言われて戻しにいったら、どうもありがとうって、いい心遣いだって言うんだ。教室に椅子を持ってって何でありがとうなのか、全然わからなかったよ」

私は言った。「教室は狭いってことがわかってないよ。もうかなりのものを、大事な物をかなり君は持ってきている」

靴でも、サンダルでも、カップにやかん、何でもかんでも手に入れられるものなら……誰も見ていなければ、彼はさっと飛びついた。

私は彼を、大学の精神分析医のところに連れていった。彼は私に尋ねた。

「どうして精神分析医のところに連れて行くんだ」

私は言った。「知らないのか、先生はいいものをたくさん持ってるんだぜ」

彼は言った。「それならいい、望むところだ。診察はどれくらいかかるんだい、毎日行かないといけないのか」

「週に二度だ」

彼は言った。「二度では足りないよ。もっと行けないのか？　いいもの持ってるんだろ」

私は言った。「持ってるとも。その点は心配ない。先生が精神分析をしている間に、うまくやればいい。私はすでにはっきり言ってあるからね。君が窃盗癖を持ち、君にはどうすることもできない、あなたなら扱えると」

だが彼は、その分析医から様々な物を持って来るようになった。ある時彼は、患者用の長椅子まで持ってきた。私は言った。「やりすぎだよ、これは。どこに置くんだよ、こんな物」

彼は言った。「まあ、どこかに置けるさ。けどさ、こいつは最高にいい長椅子だぞ、これはリラックスできる。僕はこいつに横になって君は分析すればいい。君が横になって僕が分析してもいいぞ」

「だけど」私は言った。「先生はどこにいるんだ」

彼は言った。「突然、家に帰らなきゃって言って。電話があったんだ、奥さんが重病だって。それでこいつはチャンスだと。こまごまとした物はもう失敬してあって、残りはこの長椅子だけだったんだ。これで診察室は空っぽだ。先生が帰って来る前にもう一度行って、他に何かないか見て来るよ」

精神分析医が私の部屋にやってきた。彼は言った、「あいつはどこだ。何をしても大目に見てやったが、やり過ぎだぞこれは。長椅子まで持っていくなんて。これがなきゃ仕事もできないじゃないか」

私は言った。「大丈夫です、長椅子はここにあります」

「彼の精神分析はもう勘弁してくれ。私にはわからんよ。精神分析をしている最中、私のポケットに手は突っ込むし、しかも目の前でやるんだから信じられんよ！　彼が無垢なのは私にもわかるが、服にとれかけたボタンがあれば引っ張って取るし、彼には無用なものまで持っていく。ここには全部、彼が持ってきた物があるのか？」

私は言った。「大丈夫です。約束通り先生の物はまとめておきましたから」

私は、先生の私物も長椅子も全部渡した。

彼は帰って来ると私に尋ねた。「どうしたんだ、やけに部屋ががらんとしているようだけど」

私は言った。「君がここにいるからには部屋もすぐいっぱいになるさ。さあ続けてくれ。精神分析医が来たから先生の物は全部渡したよ」

彼は言った。「そりゃひどすぎる、何てことするんだ。あの長椅子は大変な思いをして、肩に担いでやっと持ってきたんだぞ」。それは全校生徒に見られていた。彼が長椅子を盗もうとしていたのを、皆が見て知っていた。しかし椅子から長椅子とは、これは紛れもない進化だ。私たちは彼が精神分析に行かないよう、止めなければならなかった。

私は言った。「やりたいことがあれば、この部屋の中だけでやるんだ。僕の物なら全部持っていっていい。この部屋には、まだ僕の物がある。そこからその箱は僕のだ」

私の箱は全部空っぽだった。一度、私の父が会いに来た。私の服は一枚もなく箱の中はすべて空だった。この事を知った父は私に尋ねた。「どうした、どこにあるんだ、お前の服は」

「心配ないよ」。私は別な場所に並んだ箱を指して言った。箱は服で溢れていっぱいだった。

父は言った。「何だ、これは。この馬鹿にお前の物を取られて、取られっぱなしとはどういうことだ」

私は言った。「彼は別に危害を加えてるわけじゃなくて、ただ楽しんでるだけなんだ、純粋に……でも信頼してるんだ」

父は言った。「信頼だって？　どういう意味だ。これが信頼だって言うのか」

私は言った。「うん、僕は信頼している。ちょっと五分、私の万年筆を貸してくれないかってシュリカントに頼めば、一本どころかすぐ六本も持ってきて好きなのを選べって、六本全部使ってもいいって言ってくれる」

「とても優しい奴なんだ。たまにお金が必要な時も、『シュリカント、売店に新しい本が入ったから、買うのに三十ルピーいるんだ』って言えば、いいよって三十ルピーくれる」

私は「この金、どうしたんだ」と、彼に尋ねた。

彼はこう言った。「心配するな。これはお前には関係ない。仮に僕が捕まってもそれは自分の責任だ。君には関係がない。これは単に僕が貸した金だ。君は本を買って金はある時に返してくれればいい。僕が盗んだ物は、完全にコレクションのためだ」。彼は物を収集していると思っていた。「捕まった時は『もう充分楽しんだからいいよ』と言って素直に返してる」

最初は、彼との生活には少々難があった。私の牛乳が届けば彼が飲んでしまうし、私の朝食もあれば私が来る前にたいらげてしまった。

「シュリカント、僕の朝食はどうしたんだ」と聞くと、「朝食には誰の名前も書いてない。朝食が来て、僕は腹ぺこだったんだ」と言った。

「でも」私は言った。「もう自分のは食べたじゃないか」

彼は言った。「ああ、朝食は食べたよ。でもまだ腹がへってたんだ。もし欲しいんだったら一つでも二つでも三つでも、好きなだけ持ってきてやるよ。宿舎の配膳人は、他の部屋にも朝食を配ってるんだから『おい、おれたちの部屋のはどうした』って言えば、もっと持ってきてくれるさ」

彼はとても親切でとても優しかった、しかしその点……彼には盗癖があったが、それで彼に不信感を持ったことは一度もなかった。彼は絶対に嘘はつかなかった。盗みをしたら「した」と言ったし、していなければ「していない」と言った。このように、彼はとても正直だった。盗癖は病気、精神病だった。

人を、その人が誰であるかに関わらず信頼すれば、全く別種なエネルギーをあなたは感じるだろう。それは辞書に書かれているものとは違う、通常世間で言われている信頼とは違う。彼らの言う信頼は客観的なものだ、それは他者に備わる信頼性だ。

私が信頼という言葉を使う時は、主観的なものだ。その人があなたに何をしたかは問題ではない。個人にある本質的な価値、個人が持つ完全性への信頼を、あなたが失うことはない。その人の行為は無関係だ。彼の行為に様々な理由はあっても、その行為を考えには入れない。行為を見るのではなく、個人を見る。するとそこには充分に成長した愛、信頼がある。この信頼には人を嫌う可能性はない、この信頼にあるのは慈悲だけだ。

だが愛と信頼を越えたところにもまた、スペースがある。それは客観的でも主観的でもない。ただそこにある。ここで座っている、とあなたは時々スーッとそのスペースに落ちてしまうことがある。それは名付けられないものだ。

存在するもので名付けられないものは、たくさんある。そうしたものこそが本物だ。名前の付けられるものは、このしんとした名前のないスペースよりも質が低く、それよりも下層にある。このスペースは愛と信頼と、それ以上のものを含んでいる。その「それ以上のもの」は極めて広大だ。あなたに訪れない限り、それとは出会えない。それは引き入れられるものではない。

だから、それがたまに来ている時は楽しみなさい。その再来のためにあなたができることは、それを味わい楽しむことだけだ。そうすることが、それを再び招待することとなる。ゆっくりゆっくりと、この静寂との友情は育まれていき、目をつむるだけで何もしなくても静寂が訪れる。こういったことが可能となる。それを望まなくても……望むのではなく招待するだけでいいと、常に憶えていたら、もっともっとそれは起こるようになる。望むことと招待することの間には非常に大きな違いがある。望むことは攻撃的だ。これは非常に繊細な現象だけに、攻撃的であってはならない。さもないと、あなたはそれを壊してしまうことになる。

招待することは全く別だ。招待する者は言う。「さあ、私はいます。扉は開いています。あなたがお好きな時にいらしたら、私はしっかりと目を覚まし、油断を怠らず準備をして待っています」と。こうした言葉を言葉で言うのではなく……招待しようという気持ちだけで充分だ。そうすればこのスペースは成長し続け、何度でもやって来る。最初のうちは来て、私とここで座り、徐々に他の所にもそのスペースは訪れるようになる。そしてすぐに場所は全く関係なくなる。

ただ静かに座って、招待の気持ちを思い出せば、それは光の雲から降り注ぐ花のように、あなたの元へ下りてくる。こうした種類の花をつける木は東洋にしかない。それはマドゥーカミニと呼ばれ、よく寺の近くにある。マドゥーカミニとは甘美な夜という意味だ。マドゥーカミニの花は夜にしか咲かない。白い花をつけ、とても小さい無数の花をつけ、木が花でいっぱいになる。花は葉が見えないほどとても多く、その匂い……その香りは遠くまで広がり、その近辺一体はその香りで満たされる。

そして朝、日が登る前に花はみな散りはじめる。それは一見の価値がある光景だ。無数の花が雨のように降り続き、木の下に厚い花のカーペットができる。木は一晩で花をみな落とし、十五日経つとまた花を咲かせる。

その無名のスペースを体験している時、人は自分に花が降り注いでいるかのように、感じる。そのスペースにはある特定の香りが、特定の光が、特定の喜びがある。だが決してそれを望んではならない。望めばそれは障害となる。望めばそのスペースを逃すことになるが、招待すればそれは何度でもやって来る。そうすれば、それがあなたの一部となることも可能だ。それはあなたの一部とならなくてはならない。

第三十四章

言葉は磔《はりつけ》にはできない

The Word cannot be Crucified

あなたは先日、私たちがあなたの言葉を世に伝えなくてはならないこと、その大きな責任について話されました。このことについて、もう少し話して頂けませんか。

今日の人類に必要な最も重要なことは、人類が過去に裏切られたという自覚だ。過去を継続することに意味はない。継続すれば人類は自滅へと向かうだろう。

確実に、早急に、新たな人類が必要とされている。

新たな人類は従来の意味の社会にはならない。それは個人が部分でしかない社会にはならない。新しい人類は個人の集まりとなる。新たな人類では個人が主人となり、社会が個人に仕えることとなる。それは多様性を持ったものとなる。新たな人類にはたくさんの宗教はない、あるのは宗教的な意識だけだ。創造主として崇められる独裁的な神はいない。そうした神がいるということは、人間が奴隷であるという意味を含んでいるからだ。新たな人類には究極の達成の質、光明の質としての神性さがある。神は至る所に、あらゆるものに、あらゆる存在に広がる。

個人への方向付けは初めてなくなる。個人は自分自身であるよう促され、どんな理想もどんな規律もどんな特定のパターンも、与えられなくなる。個人は自由への多大な愛のみを与えられる。そうした個人はすべてを、自分の命さえも投げだすことができる、しかし自由を犠牲にすることはできない。新しい個人は抑圧しない。新しい個人は自然で抑圧せず、自分にあるものすべてを表現する。植物が様々な色や香りで自らを表現しているように、ひとりひとりが自らを様々に表現するようになる。

新しい個人は、人間はみな平等だという間違った考えを抱かない。人間は平等ではない。人間はひとりひとり異なる。これは平等よりも、もっと高度な考え方だ。新しい個人は平等ではないが、彼らは自らの潜在する力を、それがどんな素質でも、それを育むための平等な機会を与えられるようになる。

結婚はなくなり、愛が唯一の法となり、子供はコミューンの一部となる。そしてコミューンだけが、誰が母親になれるか、誰が父親になれるかを決定する。決定は成り行き任せでも、偶然でもない。誰がなるかは地球の必要性に従う。

新たな人類は、自然は征服するものではなく、生きるもの、愛するものだとする生態系を持つようになる。私たちは自然の一部だ。それを征服するなど、とんでもないことだ。新たな人類には、人種も民族間の区別も皮膚の色やカーストの区別もなく、国も一切なくなる。機能上の国際政府があるのみとなる。その国際政府は平凡な投票者によって選ばれるのではない。なぜなら彼らは必ず、自分と同じ種類の人を選ぶからだ。

その投票方法は全く異なるものとなる。私たちは二十一歳以下の投票を認めていない。投票者は成人でなくてはならない。この考えと全く同様に、充分な教育を受け、最低でも学士号を持っていない人は投票できない。またこの政府には政党はなく、政府は無党システムによって運営されるため、投票権を持つ人は政党に投票するのではなく、直接個人に投票するようになる。

文部大臣、外務大臣、内務大臣、大統領、こうした人々は個人的業績に基づき選任される。学士号取得者以下の投票者がいないように、特定学科の博士号を取得していない者は大臣職にはつけない。そこで大臣には皆、その専門家がなり、知識人、識者によって選出される。

その政府は古い政府とは異なり、一切権力のない、単に機能的な政府となり、言葉だけではない真の意味での、社会の奉仕者となる。

生には様々な次元がある。政治家達はそれをすべて支配してきた。他の惑星にいる者が新聞を見たら、びっくりするだろう。一体地球にはどんな人が住んでいるんだろうと、政治家や殺人犯や自殺者や強姦犯や犯罪者しかいないのだろうかと思うだろう。新聞はこうした人で埋め尽くされている。そしてどの新聞もトップはすべて政治家に関する記事だ。

生のすべての創造的次元は脚光を浴びるようになる。醜い面を公表する必要はないが、誰かが殺人を犯したら、その人を殺人者と言うためにではなく、その人の心理が、生い立ちがどのように狂ってしまったか、なぜ殺人を犯さなければならなかったのかを公表すべきだ。同じ立場、同じ環境にあったら、誰でも同じことをしただろうと理解すれば、人が非難されるのではなく躾や家庭環境や生い立ちが非難されるようになる。これは完全に科学的だ。

なぜ人は強姦犯になるのか？　その家庭環境が、強姦犯となるようなエネルギーを作り出していたからだ。犯人はバプテスト派の信徒になろうとしていたにもかかわらず、強姦犯になってしまった！　よくない部分は明らかにされなければならないが、個人は決して非難されるべきではない。なぜならどんな行為も、個人全体には相当しないからだ。その行為はその人の生涯の、ほんの一部にすぎない。

新聞は創造性と積極性に満ちたものでなくてはならない。新聞の九十パーセントは、ミュージシャンや詩人、彫刻家やダンサー、俳優や哲学者のニュースを扱い、十パーセントは政治家や、ネガティブな要素を扱うべきだ。ネガティブな要素は個人が非難されないよう分析されるべきだ。また政治家には情報発信のスペースのみを与えるべきだ。それ以上は与えられるべきではない。何か良いことをしていたら伝えられるべきだし、悪いことをしていたら伝えられるべきだが、政治家は私たちの一生を支配すべきではない。

新しい人類は、教育構造全体を変えなければならない。それは野心的ではない。それは、何が何でも有力者になってやる、というような欲望を作り出すものではない。逆にこの改革は創造者を生み出す。祝い方を知る人々を生み出す。その基本的機能は、人々に生きる術を教えることでなくてはならない。愛する術、笑う術を、歌ったり踊ったり、絵を描いたりする能力を教えることが、基本的機能であることだ。

科学技術者や科学者になるための訓練を受けるべき人々がいるが、たとえ科学技術者や科学者、医者になる訓練を受けている人であっても、生の美しい側面には全く疎いというままではいけない。彼らはロボットになるべきではない。人は自分のすることに染まってしまう。ずっと物を相手に研究ばかりしている人は、やがて自分が主体であることを忘れてしまう。人は物と化してしまう。


学校や大学に入学する個人は、瞑想に興味を覚えるような催眠セッションを受けるべきだ。そうすれば外側からの押し付けではなく、内側から瞑想が生じる。瞑想は義務ではないが、内側から瞑想が生じればそれは必須となる。

催眠術の美点は、ハートそのものに種を蒔けることにある。ハートからものごとが生じれば、人は決して強制されたとは思わない。それに瞑想のようなものは、人に強制などできない。強制には憤りがつきものだ。だが催眠術は優れた芸術だ。催眠術はあらゆる憤り、ありとあらゆる嫉妬や憎しみや競争を落とすのを助ける。そうすれば人は、ただ成長してただ年を取るだけでなく、内なる寺院を浄めることになる。

だから私が、世に私の言葉を広めなくてはならないと言ったら、それは新人類の必要は絶対だという意味だ。古い人類は死んでいるか、死に瀕している……もう長くはない。もし新しい人間を出現させることができなければ、人類は地球から消えてしまうだろう——事は重大だ。

私が言葉を広めなさいと言っているのは、彼らが、私が人々に近づかないようにと、ありとあらゆる邪魔をしているからだ。だが私は人々に近づく。彼らは二流の政治家だ。彼らに私を止めることはできない。私の足を引っ張ることはできても、誰か馬鹿な人間が完全に狂って私を殺さない限り、私を止めることはできない。

私が死んでもあなたには言葉がある。私がいなければ、あなたの責任は大きくなる。私がここにいる時は、あなたの責任はない。私はひとりで難なく言葉を広めていける。しかし私がここにいなければ、あなたの責任はぐっと増す。そうすればひとりひとりが、私の代理をしなければならない。彼らが何人の人を礫にできるか見なければはならない。

だが、言葉を伝えることだ。言葉は礫にはできない。言葉が地球の隅々まで届くよう、理解あるすべての人に届くよう、そのための方法と手段を私たちは見つけることだ。

先日、インドで様々な派閥争いが行なわれている、というあなたのお話を聞き、目前の任務の大きさに私は一瞬、多大な畏怖の念を覚えました。まるで、人と張り合うエネルギーを通じてのみ存在していると言わんばかりの彼らを見ると、人が自分と同一だと思うものはすべて、他者との対立によって定義できるように思えます。またあらゆる競争意識の根源には、対抗相手を勝利で抑えたいとする信念体系や、これに対応する懐疑体系があるかのようです。そしてほとんど末期の風土病が、最大規模では国から、最小規模では個人まで蔓延しているかのようです。もしやこうした信念体系の心理こそが、人間の大きな病気なのではないのでしょうか。

その通りだ。人類を分断している壁は異なる信念体系によって作られている。こうした信念はすべて欺瞞的なものだ。人は誤った信念のために犠牲になってきた。そうした信念には政治的なものや社会的なもの、宗教的なものなどがあるが、基本的には、ひとつのことがすべてを説明する。そうした信念はあなたの真実への探求を抑圧している。そうした信念は社会が広げようとしている考えへの疑念を、あなたの無意識の中に押しやろうとし、それへの疑問を許さない。

質問されたり、調べられたり、疑われることを恐れる信念体系は、それが現実に基づいたものではないことを示している。彼らは皆恐れている、非常にびくびくしている。誰も根本的な問題に触れてはならない。細かいことを聞くのはいいが、根本的な教義についての質問は禁物だ。なぜなら彼らには何の証拠もない。そうした教義は作り話だ。

人間は作り話のために戦ってきた——これは何ともおかしなことだ。ヒンドゥ教フィクション、キリスト教フィクション、イスラム教フィクション、様々な作り話があるが、みな同じカテゴリーに属している。彼らはみな個人に同じことをしている。個人がどこにいても、彼らは個人の全体性を台無しにし、知性を破壊する。

あなたをできる限り知力のないままにしておこうと、彼らは全努力を傾けている。あなたに知力がなければ、権力者に疑問が投げ掛けられることはない。誰もその意図を問いはしないし、命令に疑問を抱きはしない。もし疑問があれば、何百万という人が馬鹿げたことで死のうとするなどはあり得ない。カトリックがプロテスタントと戦っているが、この二つにどんな違いがあるというのだね？　違いは些細なものだ。極々僅かなものだ。人の命は非常に価値あるものだ。それなのに、その僅かな違いの方が重要だとは、大勢の人がそのために死ねるとは——。

どの宗教も別な宗教と戦っている。どちらも砂浜に立っているようなものと充分承知していながらも、土台が非常に深いところにあるかのように、古く昔からあるかのように振舞っている。時の流れに左右されるものではない、教義は不変だと。多くの宗教が地上から消滅していき、代わりに新たな宗教が誕生する。それでも古いマインドは、宗教は永遠だと考え続ける。

政治的イデオロギーはファッションのように変わり続ける。宗教的イデオロギーは多少時間がかかるが、これもまた変化する。人間の科学的分野への調査が、新事実を世にもたらし続けている。だからイデオロギーは変化しなければならない。こうした新事実は否定できないものだ。

まず宗教は、こうして明るみとなった新事実を否定しようとしたが、失敗した。今では、宗教はこうした事実を取り入れようとしている。だが彼らは科学に反するものは何でも聖書からなくし、それを科学的な事実と入れ替えようとしている。彼らは聖書に執着があり、聖書を新事実で飾り立てようとしている。そうすれば魅力が保たれる。だがこうした魅力は非常に危険だ。人間と、人生にとって危険なのだ。

宗教的な信念体系や、政治的信念体系を持たずに育った人間が必要だ。知性を研ぎすますことだけを教育すれば、いつかは自分自身の真実が見つかる。そして覚えておきなさい。真実が自分のものでないなら、それは真実ではないと。

真実であるには、自分自身のものでなければ、自分の体験でなければならない。真実を借りることはできない。あらゆる信念体系は何世紀にも渡って借り物だった。こうした信念体系には醜悪なものがある。人間のマインドはそれほど用心深くはなかったために、一時は受け入れられた信念体系も、今では受け入れられないものとなっている。

例えばインドで、誰もがみな赤色のペーストを持って寺院に入るのを、見たことがあるだろう。人々は赤いペーストで神の像の額に印を付け、足下でココナッツを割る。実際には赤はかつて敵の血で、ココナッツは敵の頭だった。ココナッツと人間には類似性がある。目が二つあり、口ひげと顎ひげがあり頭蓋がある。実際、ヒンダスタン語では頭蓋のことをコプリと言い、ココナッツをコプラと言う。コプリとコプラは同じ言葉だ。

かつてそれは、神への捧げ物としての、他思想の信者の頭と血だったのだ。あらゆるものが捧げられた。古代ヒンドゥ教の教典にはアシュヴァメダグナ、「馬を捧げ物にしなさい」という意味の文章がある。現代では牛のことでヒンドゥ教徒が大騒ぎをしているが、リグヴェーダには「牛を捧げ物にしなさい」という意味の言葉がある。中でも最もすごいのは「人間を捧げ物にしなさい」というものすらある。これは信者から見ても行き過ぎだ。だから象徴的に、人や牛や馬の像のみが、生贄として捧げられる。

だが、人は執着し続ける。だからいつまでたっても要点がわからない。誰への捧げ物なのか？　そこには誰もいない。空からは何の返答もない。何の声も聞こえない。空は捧げ物など気にしないし、宗教同士が争い続けていても気にしていない。だが、信念体系において権力を握る者は、放っておけない。

アナンドがつい先日、ヨーロッパのカトリック教会が、競争力のあるあらゆる異教《カルト》を一掃しようとして、躍起になっていると報告してきた。競争力を持つようになったのは、エホバの証人や統一教会、ハレクリシュナ、他の小さなカルト集団だ。一掃しようとする訳は、彼らの営業利益が十八パーセントも減ってしまったからだ。

これが真相だ。神の話でも哲学の話でもない。営業利益が十八パーセント減少した、これが現実だ。彼らは、カルトが新しく客を引き付けようと、若い女性を送っていると非難している。これは非難だ。私は良く知っている。私もインドで、きれいなカトリック教徒の女性がパンフレットを持ってきて、教会に来ないかと言われたことがあった。

私は言った。「このゴミは持って帰ってくれ。教会には行ってもいいが、それなら警察の保安部を連れてきておくことだ。私は説教を聞くだけではないだろう。あなたの神父との議論になるだろう。このパンフレットにあるのが教会の宣伝文句なら、説教もこうなるとわかるからだ」

パンフレットを持ってきた女性達は怒った。私は言った。「美人にその顔は似合わない。君たちはきれいだから派遣されたんだ。私の所に来たのはお門違いだが、君たちに引っ掛かって教会に来る人は大勢いるだろう」

カトリック教会自体も、こうしたことをやってきた。そして彼らは今、カルトを非難している。彼らはキリスト教のカルトだ。統一教会はキリスト教のカルトだし、エホバの証人もキリスト教のカルトだ。

現在カトリック教会は、カルトは売春を拡げており、売春によって彼らの売り上げを奪っていると、公に強い非難を示している。だがカトリック教会は、今日までずっと、カルトと同じことをしてきた。彼らはカルトを非難することで、墓穴を掘ってしまった。

古い社会は誤った信念を糧に生きている。恐れを糧に、欲を糧に生きている。これは最も忌わしいことだ。人は何も恐れる必要はない。人は非常に些細なことを喜ぶことができる。ただ喜びのアートを知ればいい。そのアートを知れば、平凡な小さな家でも、皇帝が王宮に住むように住める。普通の食べ物も、どんな王もかなわぬほどの大きな喜びをもって、食べることができる。王の食欲はなくなっている。

不思議な世の中だ。貧しい人には食欲があり、豊かな人には食べ物がある。豊かな人も、貧乏だった頃は食欲があった。しかしひたすら金もうけをし、様々な欲求を満たせるようになると……「さあ、これから楽しむぞ」と言える境遇になった時には、あらゆる欲求がないことに気づく。つまり使えないものを貯えるために一生を失ったのだ。飢えた人がいて、食べ過ぎの人がいて、食べ過ぎて死ぬ人がいる。

古い社会は単に愚かだ。私たちは根本的な改革を必要としている。それはすぐに、古い社会が核戦争をはじめる前に必要だ。


ソクラテスは言いました。私が知っているのは、自分が何も知らないということだけだと。あなたは、自分を知ることはすべてを知ることだと言います。そこで、何かを知ることが光明と関係があるかどうかを教えてほしいのですが。

まず光明は、何かを知ることとは無関係だ。それは純粋な知（*knowing*）だ。純粋な知には対象はない。それは純粋な愛だ。純粋な愛には愛する対象はない。それは純粋な喜びだ。

覚えておきなさい、光明は二元性からの自由だ。他者からの自由、状況がどうあれ自由であることだ。それははっきりとした理解だ。あなたが何かを知ろうとしているのではなく、単に眼鏡を拭いているだけ、視力を完璧にしようとしているだけだ。途中で多くのことがを知るかもしれないが、それは決してゴールではない。

ソクラテスは言う。自分が知っているのは、自分が何も知らないということだけだと。とはいえソクラテスは少なくとも一つの事を、何も知らないということを知っている。ソクラテスの知は、はっきりしている。それは全く明晰だ。対象となるものはないが、はっきりした理解がある。

私は、自分を知ることはすべてを知ることだと言う。私の言うことはソクラテスの言っていることと違わない。ただ言い方が違うだけだ。自分を知るというのは、純粋な知（*knowing*）、気づき、意識の状態に至ることを単に意味する。そのまさしく意識の中で、あなたは全体の一部となる。外側からはものごとを知らないが、内側から知っている。あなたはもう部外者ではなく、存在の内部者となる。

純粋な知の喜びは、きれいな水で水浴びをするようなものだ。それは、さわやかさと清潔感を与える以外の何ものでもない。純粋な知はあなたの中で降り続く意識の雨だ。それはあなたをフレッシュに、若く、注意深く生き生きと保つ。これ以上のものは望みようが無い。これは人が想像もできないものだ。それは完全な静寂だ。だからソクラテスは、自分は何も知らないと言うのだ。

だが一つだけ私にもわかることがある。ソクラテスは自分の明晰さに気づいていた、目覚めた自分に気づいていた。他のものに気づいているエネルギーは、そのエネルギーの元に戻る。今やそのエネルギーはそれ自体を知っている。これを私は光明と呼ぶ。

あなた自身の、生の内なる神秘を知ることに比べれば、世界中のことを知ることなど何でもないことだ。

これはとても貴重な瞬間だと、あなたを入れてあげようとして体全体がとても強張っています。ですが単純にリラックスすることが、全身全霊であなたといる唯一の方法であることはわかっています。スーフィーの、光明を得た射手の話を思い出しました。一心にねらいを定め、矢を放つ……。この話についてもう少し話して頂けませんか?

最初に、これはスーフィーの話ではない、禅の話だ。ではこの話を全部話そう——質問への答えが見つかるかもしれない。これは物語ではなく実話だ。これは歴史上あった出来事だ。

ヘリゲルというひとりの、ドイツ人の哲学教授がいた。ヘリゲルは図書館で禅の本を読んでいて興味を持った。禅に非常に魅了されたヘリゲルは、大学から三年の休みを取り、禅師を探しに日本へ渡った。ヘリゲルは教授に多くの知り合いがいた。そこで教授達に聞いたところ、みな、ある非常に有名な弓の名人の話をした。「今のところ誰も彼の右に出るものはいない。もしその名人の弟子になれたら、それは最高の幸福だろう」。彼らはこう言った。

ヘリゲルは日本へ行った。ヘリゲルは謙虚に語った。自分はドイツから来て弟子になりたいと。そして自分は禅を学びに来たと言った。

師は笑った。「禅のことなど私たちは何も知らん。私は射手だ。私に教えられるのは弓術だ。もしそれで禅が起これればあなたは幸運だ。一語一句、私の言うことに従えば禅は起こる。的を見て、弓を引き、矢を飛ばせなさい。あなたはリラックスしていることだ」。師はこう言った。

これはあまりにも不条理な指示だった。矢が勝手に飛んでいき、自分がリラックスしているなど、普通では到底考えられないことだ。的を射るには極度に緊張し、集中しなければならない。しかし師は集中については語らず、リラクゼーションについて語る。ヘリゲルは非常に優れた射手だった。だから的を射るのは難しいことではなかった。ヘリゲルは百発百中、的を射た。

だがヘリゲルはいつもこう言われた。「だめだ、外れだ。私の言うことを聞いていない。あなたは的を射ることばかり気にしている。的を外しはしまいかとガチガチになって、恐れている。それは本当の的ではない、ただの道具だ。弓を引いたらリラックスだ、そうしたら矢に飛んでいかせることだ」


三年間、ヘリゲルはずっと業を煮やしていた。毎日、射的が始まると師は言った。

「無理か……成功は。射手である限り、あなたは射手だ。他の射手と競争はできる。だがあなたは、禅を知るためにやって来た。私が禅については何も知らないと言ったのは、禅に関わってほしくないからだ。禅に関心を持つだけでも緊張になる。良く聞いてほしい。矢そのものに飛んでいかせることができて、リラックスし平然としていられたら、おそらく同時に禅の味を知るだろう」

ヘリゲルは三年間、失敗に失敗を重ねた末に師のもとに出向き、こう言った。

「明日、帰ります。やさしく温情ある指導をして下さいましたが、私にはできませんでした。両方一緒というのはどうしても不合理です。ですから明日中に帰ります。時間があったら、見納めに来ます」

そしてヘリゲルは、最後に師の姿を見ようとやって来た。師は他の弟子の指導をしていた。ヘリゲルは土手に座ってただそれを見ていた。ヘリゲルは断念した、心は決まっていた――「私には無理だ」。ヘリゲルは、それがどうしたら可能となるか、師の言った言葉を理解すらできなかった。

師は他の弟子に指導をしていた。師は弟子に手本を見せようと弓と矢を手に取り、弓を引いた。ヘリゲルは驚きを持ってそれを見た。師は完全にリラックスしていた、そして矢は的に当たった。ヘリゲルには、矢がひとりでに飛んでいくのがわかった。矢に師の緊張はなく、師は完全にリラックスして、そこに立っていた。師は的に当たるかどうか心配してさえいなかった。

ヘリゲルは言った。「信じられない！　三年間、師はずっとこれをやって見せていたんだ。どうしてわからなかったんだろう。師は明らかにそれをやってのけている。理屈に合っていようがいまいが、現にやっている！」

ヘリゲルは思わず立ち上がり、師のところに行き、その手から弓と矢を取った。ヘリゲルがやって来たのは、再び何かを試そうとするためではなく、単に衝動的なものだった……ヘリゲルにそれが初めてわかったのは、初めて目的から離れ、初めて無関心になったからだ——ヘリゲルは帰国するところだった、望みはもうなかった。ヘリゲルの目は澄んでいた、欲望はなかった。

ヘリゲルは弓矢を取り、弓を引きリラックスして、弓に任せてその張りを解いた。矢は的に当たった。師は言った。「やったな、ヘリゲル！　いつかはできるとわかっていたが、それが最後の日だとはわからなかった。今日あなたが来たのは、弓を引くためではなかった。それが私が言っていた、普通の行為とは全く違う行為、それが為さずして為す、行なわずして行なうということだ」

ヘリゲルは言った。「もう大丈夫です。そのことは理解しました。ここに来て求めていたものが、わかりました。くつろいだ瞬間を味わいました。つまり、それが禅です」

「何かをしよう」とする努力は、自らの望みに反することになる。努力しないことだ。ここには弓も矢も的もない。ここに、しなくてはいけないことはない。ここではリラックスできる。せいぜい逃すものといったら、私の言葉を一言二言、その程度だろう——何も心配することはない。

リラックスしていれば、見逃すことはない。それは、リラックスしていたら見逃してしまう、何も見逃したくないのに、という恐れだ。その恐れが緊張を生み出す。私は自分に注意を注いで欲しいとは思っていないし、私の話を注意深く聞いて欲しいとは思っていない。あなたに完全にリラックスして欲しい。たとえ私の言葉を聞き逃しても、私の言うことがあなたにはわかるだろう——あなたは禅の経験をするだろう。

アメリカでのある世論調査の質問の一つに「自分の脳が二十四時間他の人の脳であったら、誰のを選びますか」というものがあり、その答えに圧倒されてしまいました。一位はアルバート・アインシュタイン、二位はジョン・F・ケネディ、三位は何とロナルド・レーガンでした。イエス・キリストや神はずっと下位の方でした。いったい人間はどうしてしまったんでしょうか。

あなたが行なう偽善は真実にはならない。どんなに真実にしようとしても、偽善は偽善だ。アメリカはキリスト教の国だ。さあ、これで彼らの偽善がわかる。イエス・キリストや神でさえも、リストの一位には上がっていない。イエスや神はずっと下の方だ。ロナルド・レーガンですらイエス・キリストより、神よりも上位にある。

これは無意識に浮き彫りにされた偽善だ。アメリカはキリスト教国ではない。キリスト教徒は誰もいない。キリストが忘れられるとは信じがたいことだ。アメリカ人は、ロナルド・レーガンのマインドの方がキリストよりもましだと思っているのだろうか。キリストはさておいても、神ですらロナルド・レーガンのマインドには劣ると思っているとは、信じがたいことだ。

それなら、アメリカではロナルド・レーガンの崇拝を始めるべきだし、学校ではロナルド・レーガンが世界を創造したと、ロナルド・レーガンが創造主だと教えていくべきだ。この方が現実を示している。それは無意識に浮き彫りとなった現実だ。

アルバート・アインシュタインは偉大な頭脳を持っていたが、アインシュタイン自身には、もはやそうしたものへの興味はなかった。こうした人は、アインシュタインが来生で配管工になりたいと思っていたことなど、知らないだろう。アインシュタインは、この優れた頭脳が役に立たないことを知っていたからだ。

優れた頭脳は、何一つ自己についての真実を与えはしない。逆に優れた頭脳は、自己についての偽りを与え続ける。それはとても有能な嘘つきだ。確かにこの世のものに関してはしっかりした理解があるが、そんな理解が何になるだろう。世の中のすべてを知っていても、自分のことは知らない。世の中のあらゆることを知っていても、自分のことは、自分が誰かは人に聞かなくてはならない。

アインシュタインは飽き飽きしてしまった。アインシュタインはとても正直な人だった。

だからアインシュタインはこう言った。「物理学者になんか、科学者になんかなりたくはない。そんなのは大したことじゃない。私は配管工のような、何かとてもシンプルなものになりたい。そうしたらリラックスして、自分探しをする時間が充分持てる。私は最も大切なものを失った。このマインドが広島と長崎の惨事を招いてしまった」

アインシュタインは、決して自分を許せなかった。もしアインシュタインがこの世にいなかったら、長崎や広島のような事はなかっただろう。原爆を準備できると、原爆は従来のあらゆる戦闘方法を超え、勝利を確実にするとルーズベルトに手紙を書いたのはアインシュタイン自身だった。

原爆が製造されるとすぐ、それは政治家達の手に渡り、アインシュタインはそのことを思い直すようになった。「原爆を使用しないで下さい。原爆は罪のない何百万もの人々の命を奪います——それは自分の責任となります」とアインシュタインは手紙を書くようになった。

しかしもう誰も、アインシュタインの言うことに耳を貸す人はなく、アインシュタインには手紙の返事すらなかった。最初の手紙は大いに喜ばれ、アインシュタインはアメリカ合衆国の大歓迎を受けた。だがそれ以外の手紙は屑となった。誰もそうした手紙を気にかける者などいなかった。原爆はもはや、彼らの思いのままとなってしまった。

もしこうしたことを理解していたら、人々はアルバート・アインシュタインのマインドが欲しいとは言わなかっただろう。アインシュタインは死ぬ前に、自分の脳を最も優秀な脳外科医に提供した。「自分を知り損ねたのは、一体脳にどんな欠陥があったからなのかを知りたい。遠い銀河のことなら何でも知っているというのに。何かが間違っているに違いない」

世論調査の参加者はアルバート・アインシュタインの名前しか知らなかった。彼らはアインシュタインの苦悩については知らない。ずっと広島と長崎に責任を感じ、自分を許せずにいたことは知らない。


ジョン・ケネディについては……いい人だったが、偉大な人ではなかった。偉大な人であったことを証明するものは何も残っていない。勇敢な人ではあったが……偉大な人という訳ではない。本当の意味で彼らが選んだのはロナルド・レーガンだと言えるだろう。他の二人は死んでいる。しかし私は、ロナルド・レーガンに頭があると考えている人がいようとは、全く思いもしなかった。

ひとつ思い出した話がある。ある政治家の脳に外科手術が施された。それは大手術だった。外科医は脳をまるまる取り出さなくてはならなかった。外科医達は時間をかけて脳を取り出し、頭を縫い合わせた。縫合が済み、政治家は急速冷凍室に安置され、外科医達は別室で脳に手当てを施していた。その時、誰かが走ってその政治家のところにやって来て、体を揺さぶりこう言った。

「こんなところで寝て何をしてるんです？　大統領に選任されたんですよ！」

政治家は言った。「何てこった！　しかもこんなところで寝てるなんて」。政治家は知らせにきた人達とすぐ、その部屋を出た。それをひとりの外科医が目撃し、政治家にこう言った。

「どこにいくんです？　脳はまだ入っていないんですよ！」

政治家は言った。「今はいらないよ。自分は大統領に選任されたんだ。必要なら取りに来るよ。でも今は脳なんかあっても意味がないからね。大切にしまっておいてくれたまえ」

ロナルド・レーガンがかね？　米国政治は……ロナルド・レーガンは、タカ派陣営を非常に強固なものにした。以前はそれほど団結してはいなかった。以前は、世界はそれほどはっきりと分割されてはいなかった。ヨーロッパやオーストラリアや極東の国が独立していようとも、それは見せかけだ。これは私たちが体験したことだ。現在ある国は二つだけ、ロシアとアメリカだけだ。

ロナルド・レーガンは、最も戦争志向の人間であることがわかった。そしてレーガンは、全世界を完全に二つの陣営に分割した。レーガンは、ただ戦争を始める好機を待っているだけだ。リビアではロシアが最前線に出て来ることを、レーガンは期待していた。しかし今のロシアは、共産主義よりも全人類のことを心配している国だと私は思っている。

全人類が消えれば共産主義は消滅する、これは単純な事実だ。人類なくして共産主義を救うことは不可能だ。だからロシアにとって共産主義はもはや最優先問題ではなく、人類が最優先問題となっている。この戦争を第三次世界大戦にしないようにと、リビアの怒りを静めたのはロシアだ。だがアメリカは第三次世界大戦が生じるような小さな抜け穴はないかと、そればかりを探している。

この男が世論調査で三位に選ばれたことは、アメリカ人の圧倒的多数が全く何も考えていないことを示している。彼らはイエスが四位に、神が五位になったことを何とも思っていない。

自分達が自らの宗教を侮辱しているとは思っていない。キリスト教を裏切っていると思っていない。だが平凡なマインドとはこうしたものだ。平凡なマインドは暴力を楽しみ、戦争を楽しむ。祝うこと、踊ること、歌うこと、愛することに興味がない。ただ静かでいたり、平安でいたりすることに、成長することに興味がない。歴史は常に戦争を支持してきた。だからロナルド・レーガンが選ばれたのだ。

おそらくアルバート・アインシュタインは、偉大な頭脳のために選ばれたのではなく、アインシュタインは原爆を作り、新世界を、戦争の新段階をスタートさせたから選ばれたのだ。それは今、核兵器に至った。そしておそらくジョン・ケネディーもまた同じ理由で……。

インドで本が発禁となるのは非常に稀だ。とくにバートランド・ラッセルの本が発禁となるのは稀だ。そのある本が発禁となったが、私の友達がイギリスからそれを持ってきた。発禁の原因はキューバ情勢にあった。アメリカはキューバを威嚇していた——アメリカはキューバの完全壊滅を望んでいた——そしてキューバはロシアの助けを求め、核ミサイルが船で運ばれた。が、ケネディーは船行を止め、すぐロシアに戻らなければキューバに爆撃を開始すると言った。フルシチョフはヘボ政治家だったが、ずっと人道的な人であることがわかった。この状況を考慮してフルシチョフは、船の進路を変えた。

アメリカ全土がこれを勝利として喜んだ。だがバートランド・ラッセルは、これはフルシチョフとロシアの勝利だと本に書いた。彼らは人類の事を考え、憶病者と言われることを犠牲に、戦争を回避した。アメリカと戦うだけの力はあったから、撤退の理由はなかった。しかし彼らは、無用に何百万もの人が虐殺されることを……これはキューバに留まらず、全世界に飛び火すると予見した。

だからバートランド・ラッセルのような偉大な天才は、フルシチョフを支持する本を書いたのだ。ラッセルは反共産主義者だったが、ラッセルはこう言った。「それは別の問題だ。こうした状況の中でフルシチョフは、ジョン・ケネディーよりはるかに人道的な人であることがわかった。ジョン・ケネディーは戦争挑発者だ」

またこの本の中でラッセルは、パンディット・ジャワハルラル・ネールのことを非難している。だから禁書になったのだ。ジャワハルラルは絶えず平和について話をしてきたが、これとは裏腹にインドの軍隊はパキスタンを爆撃していたのだ！　そしてネールは、カシミールがインドかパキスタンのどちらに行きたいかを決めるための、カシミールでの選挙の実施を渋っていた。パキスタンは完全に準備ができていた。

カシミール人は明らかにパキスタンに行くことを望んでいる。なぜなら、カシミール人の九十パーセントはイスラム教徒だからだ、ヒンドゥ教徒は十パーセントだ。だからジャワハルラルは、選挙に同意できなかった——選挙は問題を解決する民主的な方法だった。問題は今でも未解決なままとなっている。もう四十年、問題はそのままだ。インドとパキスタンの両国の軍隊は国境に立ち、国連のインド・パキスタン軍事監視団が国境で奉職している。四十年……四千年そのまま国境にいても変化はないだろう。インドは選挙を嫌がっている。これは非民主的だ。もしパキスタンがインドを攻撃すれば、インドはいつでも報復攻撃にでるだろう。

ジャワハルラルは平和と非暴力について語る一方で、彼の軍隊はこうしたことをしている。またジャワハルラルは民主主義について語りながらも、カシミールでは自らの民主主義の理念を辿れなかった。この一節のためにその本は発禁となったが、本を発禁にしたことで、その本はどこよりもインドで売れた。様々な密輸ルートでその本はインドに流れ、定価よりも高い値段、ほとんど二倍近い値段で売られていた。

だからアルバート・アインシュタインに一番多く票を投じたアメリカ人達は、広島と長崎ゆえにアインシュタインを選んだのだろう。ケネディーに関しては、ケネディーが頑固一徹で、全人類を第三次世界大戦に巻き込む責任を負うことなく、キューバに爆撃をはじめる用意があったからだ。ロナルド・レーガンに関しては——レーガンは世界を第三次世界大戦に引きずり込む。たとえ誰も歴史を記す者がいなくなっても、偉大なヒーローが誰だったか誰も覚えている者がいなくなっても——。

そして不幸なイエスは……日曜宗教にはいい。そして神は……人々は神を信じていても、いないとわかっている。だが仮に神がいたとしても、彼らは神に知恵があるとは考えないと思う。世界のこのゴタゴタを見れば、神に知恵がないことは明らかだ。神自身、知恵遅れなのかもしれない。

この世論調査は非常に重要だ。これは人間のマインドを表している——人間の凶暴さや獣性、残酷さを。この調査で偽善が浮き彫りにされるのはいいことだ。

第三十五章

何も失うものはない

Nothing to Lose

交通事故にあったグルジェフに何があったのですか？

ジョージ・グルジェフのシステムは、ちょっと風変わりだ。他のあらゆる従来のアプローチとは、明らかに違う。グルジェフワークはすべて、身体と意識は違うという確かな感覚を作り出すことに、関係していた。単に哲学的な考えではなく、実体験を作り出すことに——。

それは死ぬ時、あらゆる人に起こる。だがほとんどの人は無意識に死んでいく。意識は永遠の巡礼を続けるために、肉体から完全に分離する。肉体の旅は非常に短い、だが、死はすべて無意識に起こる。これは自然な外科手術だ。

人に意識がある間は、外科医は肉体の小片を取り去れない。外科医はあなたを、無意識にしなくてはならない。無意識になれば、何でも取り去れる。外科医はあなたを殺すことができる。無意識ならあなたはわからないが、意識があると、根深いアイデンティティが壊れていく痛みは苦痛きわまりなく、痛みは耐え難い。だから手術はさせられない。だが異例の出来事が、今世紀の初頭に一度だけ、インドで起こった。

ベナレスのマハラジャが、盲腸を除去する手術をしなくてはならなかった。世界各国からやって来た一流外科医が看護にあたっていた。しかし大きな問題が生じた。マハラジャは、意識を失わせるものを摂取する気はないと言った。そのマハラジャが生涯に渡って行なっていたワークは、グルジェフのワークと全く同様だった。彼は意識的であるための、身体から分離しているための努力をしていた。

そしてマハラジャはこう言った。「盲腸を取り除いてくれ、私は大丈夫だ」

だが、外科医達は患者が信じられなかった。こんな手術を……意識がある時に盲腸を除去するのは無茶だと。手術台から飛び下りるかもしれないし、何をしでかすかわからない。手術ばかりか、人生までも台無しにしかねない。

しかし、どちらにせよ問題はあった。手術が遅れれば、盲腸が破裂する恐れがある。こうなったら死は免れない。彼は普通の人ではなかった。外科医達も彼を強制できなかった。死ぬ用意はできていたが、無意識になるからといって麻酔にはうんと言わなかった。

ようやく外科医が決断を下した。「いちかばちかやってみても、害にはならないだろう。意識があるままでいさせよう。どのみち死ぬことにはなる。手術をしなければ死ぬことになる。しかし可能性もある、彼の言う通りかもしれない。意識が身体から分離するような統合の域に、達したのかもしれない。それだったら助かるかもしれない。それならいちかばちか、やってみる価値はある。それに彼は頑固者だ、私たちの言うことに耳を貸しはしない。彼は誰にも耳を貸したことがない」

決断は数分内に迫られていた。決断しなければ、とんでもないことになる。そして外科医は、とうとう手術を決行した。

彼には意識があった。手術は行なわれ、盲腸は除去されたが、彼に変わりはなかった、まるで何もなかったかのようだった。これは医学の歴史上、空前のできごとだった。これは奇跡だった。

グルジェフワークは、意識を身体から分離し、身体に引きずられないくらい意識を強固なものにする、こうしたワークから成っている。そうなれば身体は召使いになるしかない、身体は主人ではない。そしてグルジェフは様々な実験を行なった。

たとえば、グルジェフは酒を飲んだ。こんな大量の酒をと、想像を絶する量の酒を飲んでも、グルジェフは完全に意識的だった。グルジェフは、いくらアルコールを飲んでも酔わなかった。グルジェフとその弟子がみな一緒に酒をのみ始めると、数分後にはみな床に倒れた――だがグルジェフは、みなが倒れても飲み続けていた。

グルジェフは、自分がまだ身体に執着しているということを、違う方法で感じようとしていた。しばしば断食を行ない、何日も食べなかった――これは一切宗教的な試みではなく、純粋に科学的な実験だった。グルジェフは全身が「やめてくれ！」と言うくらい、過剰にものを食べた。そして身体に、コントロール下にないことを完全に理解させるために食べ続けた。グルジェフはやりたいことをやり、身体の声には耳を貸さなかった。

交通事故はグルジェフの実験の、まさに頂点だった。事故というのは間違いだ。それは事故ではない。それはグルジェフが意図的に、よく考え、意識的に行なったことだ。誰の目にも、それは事故のように見える。

グルジェフはいつも猛スピードで車を運転した。車内で座っていた同乗者はいつ何時、何と衝突するかわからないと恐れて、ただ震えていた。だがその日、車にいたのはグルジェフひとりで、グルジェフは故意に、フルスピードで巨木に突っ込んで行った。グルジェフは多発性骨折を負い、車は大破した。医者は、どうやって車から脱出したのか想像できないと言った。グルジェフは多発性骨折を負い、血だらけになった体で脱出し、アシュラムまで歩いていった。事故現場からアシュラムまでは、ほぼ二十五キロあった。そして「医者を呼んで、体がどうなっているかチェックするよう言ってくれ」と言った。

車を見た医師は、グルジェフが生きているのが信じられなかった。これだけの大事故の後で、生きていられる者はいない。事故は百パーセント、完全だった。そして方々骨折していながらも、グルジェフは無意識ではなかった。出血はひどかったが無意識ではなかった。グルジェフは二十五キロを歩き通した……これはまさに奇跡だった。グルジェフは、歩いて来れる体ではなかったはずだ！

これは事故ではなかった。これは故意に行なわれたことだ。グルジェフは三週間で完全に良くなった。グルジェフは、死の前の死を知りたかったのだ。それがこの事故の目的だった。たとえ身体がこうした苦痛を受けても、その影響は意識には及ばないということを、グルジェフは知りたかった。そしてグルジェフの用語で言われる「結晶化」の実現に成功し、グルジェフはとても幸せだった。もう死は何も意味しなくなっていた。グルジェフは意識的に、何が起こっているかを観照しながら、死ぬことができた。

グルジェフがとった方法は、長く険しいものだった。グルジェフは変わったタイプの人だった。グルジェフにとっては、長いも険しいもなかった。彼にとって、それは完全に自然で正常だった。この交通事故は自発的に死に入っていった行為として、憶えておいてほしい。グルジェフは死ぬところだった、しかしグルジェフは結晶化した意識を経て、死を免れた。彼は死を拒んだ。突飛な実験とは言え、これは素晴らしい実験だ。

自分の日々の行為に気づくようになれば、この実験でグルジェフが試そうと思っていたことを、極めて簡単に試せる――歩いたり座ったり、ものを食べたり眠ったりといった行為を。そんなに劇的なことにはならなくても、その方がもっとシンプルで人間的で、よりまっとうだ。

それに、グルジェフは正常な人間ではない。グルジェフは標準ではなく例外としてとらえた方がいい。誰も、グルジェフの行為をしてみようとすべきではない。そんなことをしたら大変なことになる。この手の人間にはついて行けない。こうした類の人は生まれてくる。そうした人の生からたくさんのものを理解はできても、決して真似ようとしてはならない。

これは、グルジェフに限ったことではない。東洋には無名で死んでいった人々が他にも大勢いる……少数名前が知られている人がいるが、こうした人の実験は、正常な東洋人から見ても常軌を逸している。そのため、東洋人でさえそうした人のことは忘れようとしてきた。

インドには八十四人のシッダがいる。インドの歴史上では、グルジェフと同じ言葉で話せた人が八十四人いた。ありとあらゆる実験を試みた人が八十四人いた。おそらくそのうちのいくつかの実験では、グルジェフもかなわないだろう。

そのシッダの僧院の一つに、行ったことがある。こうしたシッダの僧院は、地下に移ってしまった。実験が過激だと猛反対した大衆は文献を燃やし、マスターを殺し、シッダは東洋遺産の一部ではないと言って、彼らを抹消しようとした。

ラダックやヒマラヤのひっそりした山奥には、小さな僧院がある。それがシッダのものであることは、他言無用とされている。他にも少数の僧院があるが、シッダの信頼を得ていない人に、他の僧院のことが語られることはない。シッダ達はみな繋がっている。

この僧院で、私はある実験を見た。これは、グルジェフの実験を説明する助けとなるものだ。彼らは少量の毒を飲みはじめた。毒の量は日々、徐々に増えていく。たった一度の服用でも死に至るくらい、非常に危険な毒だ。だが、どんな量の毒を飲んでも意識に全く影響しない、そうした境地に彼らは達している。彼らは完全に正常なままだ。また彼らの体内には、多量の毒が吸収されている。彼らを噛めば、あなたは死ぬ。彼らは毒で充満している。

その僧院では、最も危険な毒を有した大きなコブラを飼っている。百匹中本当に毒のある蛇は、たった三パーセントしかいない。九十七パーセントはただの偽物で、本当の毒はない。だが本当の蛇みたいに見えるから、ドキッとさせられる。それらは蛇だが、一つだけないものがある。そうした蛇には毒がない。

毒に限って言えば、コブラは一番だ。シッダはその名の通り、外側から毒を飲んでも、普通の毒が効かない境地に達した。シッダはコブラに舌を噛ませる。コブラはひっくり返って、毒をすべて彼らの口に注ぐ。するとなんとコブラが死んでしまう！　それはシッダが毒で充満しているためだ。コブラの口に付いている小さな袋にはほんの少量の毒しかない。これが、中国人が蛇を野菜同然に食べる理由だ。頭を落とせば、蛇は野菜同然だ！

ある有名な話がある。ある師が、別な師を客に呼んで弟子と供に座っていた。そこでコブラ料理は非常においしいからということで、食事にコブラが出た。だが招待主の師は、客の皿にコブラの頭が乗っていることに突然気づいて、ショックを受けた。そこで師はその皿を取り、調理人を呼んだ。調理人もまた、僧侶だった。調理人は単なる僧侶ではなく、師であることがわかった。

師は非常に怒っていたが、師が怒りを表すよりも前に調理人は言った。「どうかしましたか」

師は言った。「どうしたじゃない、見てみろ。コブラの頭まで調理するとは！」

調理人は言った。「それなら大丈夫です」。調理人は皆の見ている前で、頭を飲み込んだ。そして調理人は言った。「さあ、お召し上がり下さい。大丈夫です、頭は食べましたから」。一同は完全に言葉を失い、ショックを受けた。だが、おそらくこの調理人は中国のある秘教集団とのつながりもあったから、影響がなかったのだろう。調理人は死ななかった。

こうした実験は、明らかに常軌を逸している。こうした実験は、人が極めて意識的になれるということを証明した。もうその人を無意識にできるものは何もない。シッダは意識における究極を達成した。これがグルジェフの実験の意味だ。これを事故と呼んではならない。

私は、思考となり、感情となるエネルギーであり、こうした思考や感情の表現であり、こうした思考や感情の立会人です。この聖なる三位一体《トリニティー》のどれが一番、私という独特な存在に近いのでしょうか。

最後のカテゴリー、気づきとしてのエネルギーが、存在の中心に最も近い。その次は少し離れたところに思考があり、その次は少し離れたところに表現がある。表現から思考に逆行し、思考から無思考、純粋な気づきに戻る時、あなたは自分自身、存在そのものに最も近い。

エネルギーは感情にあるときも、思考にあるときも、表現にあるときもエネルギーに変わりはない。だがそれは周辺部に、周囲に向かって動いている。周囲に近くなれば、自分からはさらに遠くなる。

一歩ずつ、逆に降りていきなさい。それは源泉への旅だ。その源泉こそが、体験すべきすべてだ。それはあなただけの源泉ではない。星の源泉であり、月の源泉であり、太陽の源泉、あらゆるものの源泉だ。

周囲に向かうことはできる。それが人々のしていることだ。エネルギーは同じで、方向が違うだけだ。エネルギーは外側へ行き、自己より遠ざかっている。それは同じエネルギーだ。私はそのエネルギーは、異なるものだと言っているのではない、これを憶えておきなさい。だがそれは、あなた自身から遠ざかっている。それで色々なことがわかるようにはなっても、自分自身のことは、いつまでたってもわからない。

自分に近づく、これは同じエネルギーだ。そしてこの自分を知ることこそ、この世の知性豊かなあらゆる人にとっての、唯一のゴールでなくてならない。でないと全世界を知ることはできても、自分自身については無知なままだ。あなたの知識は、一切役に立たない。何も知らなくても自分自身を知っていれば、あなたの生は平安で、温かく、静かで、大いなるエクスタシーで満たされる。それはあなた次第だ。

先日、あなたはマインドの否定的なものを無視し、エネルギーを与えないようにしなさいと言いました。が、抑圧に陥ることなく無視するという、きわどい境目に立つのは難しく、物事を無意識に戻してしまいがちになります。この二つをどうやって見分けたらいいか、教えていただけないでしょうか。

あなたは、もうわかっている。あなたの質問は区別を含んでいる。あなたは自分がいつ無視していて、いつ抑圧しているか、よくわかっている。

無視とは、単に注意を払わないという意味だ。何かがあっても、そのままにしておくのが無視だ。何だかんだと関わらない。どうあるべきでも、あらぬべきでも気にしない。あなたに判断はない。それはここにあるんだと、あなたはただ受け入れた。それがそこにあるべきかどうかなど、それはあなたの知ったことではない。

抑圧している時、あなたは積極的に参加している。そのエネルギーと格闘している。無意識の中にそれを押し込んでいる。どこにも目に付かないようにしようとしている。もうそれはない、そうあなたは認識したい。

たとえば怒りがあるとする。そうしたら、ただ静かに座って、怒りがあるのをじっと見る。怒りに手を出さない。怒りも、ずっとはいられない。怒りを永遠なものとか不滅なものと、考えるかね？　怒りはやってくるし、同じように去っていく。ただ待ちなさい。何もしないこと、賛成も反対もなしだ。怒りに賛成して表現したら、表現しているとき困ったことになる。他者が瞑想している人とは限らない。おそらくほとんどの人が違うだろう。他者も、あなた以上に怒った顔をするだろう。これでは悪循環だ。

あなたは怒り、他の人を怒らせ、互いにもっともっと怒り続ける。いずれ怒りはほとんど、憎しみと暴力の硬い岩となる。この悪循環をぐるぐると回っている間、あなたは意識を失っている。あなたは後で後悔することを、何かするかもしれない。人殺しをするかもしれない。誰かを殺すか、少なくとも殺そうとするかもしれない。そして出来事が終わった後で、不思議に思うかもしれない。自分が人を殺せるなんて思いもしなかったと……。だが、そのエネルギーを作り出したのはあなただ。エネルギーにできないことはない。エネルギーは中立だ。何かを創造することもできれば、破壊もできる。家を明るくもできれば、家に火をつけることもできる。

無視とは、あなたが怒りに何もしていないという意味だ。怒りがある。ただそれに留意する、怒りがあることに、外にある木を見るように留意する。木にしなくてはならないことなど、何もない。雲が空を流れている。雲にしなくてはならないことは、何もない。怒りもまた、マインドのスクリーン上を流れている雲だ。だから注意して見ていること、手を出さないことだ。

それと危機に瀕する、しないは問題ではない。事を大袈裟にしないように。それは非常に些細なことだし、非常に簡単に解決できることだ。自分にその怒りがあることを受け入れさえすれば、事は済む。それを取り除こうとしたり、怒りに従って行動しようとしないこと。怒っていることを恥ずかしいと思わないことだ。恥ずかしいと思うことですら、行動の始まりになる。ちょっとは非行為者になりなさい。

悲しみがあったら、怒りがあったら、ただそれを注意して見なさい。するとすごいことに、もし注意して見ていられたら、あなたの用心深さが汚れていなければ、澄んでいれば、本当に何もせずただ見ていれば、怒りはゆっくりと通り過ぎていく。悲しみは消えていく。するとあなたと、まったく淀みない意識が後に残る。

怒りの可能性があったせいであなたは、前はそれほどきれいではなかった。その可能性は現実のものとなったが、それは怒りとともに去っていった。今のあなたはずっときれいだ。あなたは今ほど静かではなかった、今ほど平安ではなかった。だが、今は平安だ。以前は悲しみがエネルギーを奪っていた。それはあなたに、深い幸福感を許さなかった、それはあなたの意識を曇らせた。

他の否定的な感情も、すべてあなたのエネルギーを蝕んでいる。そういったものはすべて、あなたの中にある。あなたはそうした感情を抑圧してきた。抑圧しているから表出が許されていない。あなたはドアを閉め、そうしたものを地下にしまいこんでいる。否定的な感情は逃げ出せないでいる。たとえそれらが逃げ出したいという思いがあっても、あなたはそれを許さない。すると否定的な感情は、一生あなたの邪魔をする。夜には悪夢となり不快な夢となり、昼間は行動に響いてくる。

あなたがコントロールしている何かの感情が、過剰に大きくなる可能性は常にある。抑圧に抑圧を重ね、雲は大きくなっている。すると、コントロールがそれ以上効かなくなる時がやって来る。すると何かが起こる。世間はそれを、あなたがしているものとして受け取る。だがあなたが行為者でないと、それがわかるのは知者達だけだ。あなたは極めて大きな推進力の影響下にある。あなたはロボットのように行動する。あなたには手の施しようがない。


人殺しやレイプ、不道徳なことをしている人がいるが、実際はその人がそれをしているのではない。あなたはあらゆるものを集めてきた。それはとても強い力を持つようになった。今それらは、あなたに様々な事を押し付けることができる――わかっているのに、あなたに逆らって。こうしたことをしている時でさえ、それが良くないことぐらい、あなたはわかっている。あなたはわかっている。「それは良いことではない、なのになぜ自分はするんだ」。だがそれでも、あなたはいけないことをする。

多くの裁判で多くの殺人事件が世界中で起訴されてきたが、彼らは殺人を犯していない、そう非常にはっきりと、殺人者たちは述べてきた。だが判事は信じられない。弁護士は信じられない。私には信じられる。なぜなら、判事や弁護士はみな原始的だからだ。彼らは成熟していない。彼らはまだ心理学に基づいていない。彼らは単に、社会の復讐をしているだけだ。言葉は美しいが、それは殺人犯が犯したことと全く何も変わりない……殺人を犯した者に、今度は社会が復讐を望んでいる。

殺人者は一人だったが、社会には法律があり、裁判所があり、警察があり、刑務所がある――「私たちは人殺しをしているのではない。犯罪を防止しようとしているだけだ」ということが、長い儀式を経て証明される。だが事実はそうではない。犯罪を防止したいなら、法律はもっと心理、精神分析、瞑想に基づいていなくてはならない。そうすれば、誰も何も悪いことなどしていなかったと、ただ社会全体が悪いのだとわかる。

なぜ社会が悪いのかというと、それは社会が人々に抑圧を教えているからだ。そして抑圧したものがあふれ出す、そこまで抑圧すると、もうまったく手の施しようがない。彼らは犠牲者だ。犯罪者はみな犠牲者だ。判事や政治家、神父、彼らはみな犯罪者だ。だが、もう何世紀にも渡ってそうしたことが行なわれているために、彼らのしていることは認められてきた。

何もせず、ただ知らん顔をしていなさい……それは難しいことではない。極めて単純な事象だ。たとえば、ここにこの植物がある。これを無視できない人はいないし、しなくてはならないことなど何もない。何もする必要はない。

遠くからあなたのマインドにあるものを、見てみなさい。少し距離を置けば何があるかがわかる。これは怒りだ、これは悲しみだ、これは苦悩だ、これは不安だ、これは心配事だと諸々のものを。それに手出しをしないこと。無関心でいれば、賛成も反対も一切しなければ、そうしたものは姿を消していく。

この単純な、こうしたものを意識から消えさせる術を学べたら、意識は非常にはっきりする……考え方がとても冴えて、洞察はとても深くまで及ぶ。それはあなたの個性を変えるだけでなく、無意識の中の抑圧されたものを表出させるのを可能にする。この人は抑圧しない術を学んだのだとわかれば、抑圧されたものは無意識から出て行く。それは世界へ出たがっている。

誰も、真っ暗な地下室に住みたいとは思わない。外に出してくれるとわかれば、あなたが夜眠るのを待つ必要はない。やがて抑圧されていたものは浮上する。これは実在のあなたの地下室から浮上し、意識から出て来たものだとあなたは知る。徐々に、あなたの無意識は空っぽになっていく。

これは奇跡だ、マジックだ。無意識が空っぽになれば、意識と無意識の間にある壁は崩壊する。それはすべて意識となる。最初は十分の一しかなかった意識的なマインドが、すべて同時に、すべて意識的になっている。十倍あなたは意識的になっている。そしてこの一連の変化は、もっと深く浸透していく可能性がある。集合的無意識が解き放たれるかもしれない。宇宙の無意識が解き放たれるかもしれない。

もし、意識下にある無意識の部分をすべてきれいにできれば、あなたの気づきは最高に美しくなる。そうすれば超意識に入っていくことは、飛び立つ鳥のように簡単になる。

それはあなたの自由な空だ。あなたはまさに荷物を積むに積まれ……散々重荷を積まれ、あなたは飛べなかった。もうそうした重荷はない。あなたは非常に軽くなり、重力はマインドへの力を失っている。あなたは超意識に飛んでいける——集合意識に、宇宙意識に飛んでいける。

神性はあなたの手の届くところにある。あなたはただ、これまで意識にしまってきた、無意識に押し込んできた悪魔を解放すればいいだけだ。こうした悪魔を解放すれば、神性は手の届くところにある。下部がきれいになれば、上の世界もあなたのものになる。これは両方同時に起こる。もう一度言おう、これはシンプルな一連の作業だ。これを憶えておきなさい。

あるアメリカの雑誌でシュリ・チンモイの弟子が、グルと十五年過ごしたのを記念して、ハイウェイを二十キロ宙返り《とんぼ》りしたという記事を読んでいました。

この弟子によるとシュリ・チンモイは、精神的に成長するには、あっと言わせるような離れ技をしなくてはならないと、そう教えていると言っています。シュリ・チンモイはアメリカに長く住んでいます。どうやらアメリカ政府は、私たちに自分を見出すように言うあなたよりも、ハイウェイで宙返りせよと教えているシュリ・チンモイのような愚か者がいいと思っているようです。知恵遅れのままでいることが、この世で生きるための必須条件といった感じがします。どうぞ意見をお聞かせください。

シュリ・チンモイのことは知っている。彼の教えも、チンモイのいわゆるマスターがシバナンダであることも知っている。チンモイは何百冊という本を書いた。一晩に一冊、本を書いていた。そしてどの本にも笑える写真が載っている。チンモイが立っている横に、本がチンモイよりも高く積まれている――これだけの本を書いたんだと。だがみな屑だ。いわゆる師と呼ばれるシバナンダも、チンモイと同じことをした。身体を苦しめようという、こうした愚かな考えはかなり昔からある。そのために、拷問が精神的であることだと思われてきた。私が教えていることは、非常に新しく非常に新鮮だ。それゆえに政治家や宗教指導者は単に、信じられない……。人々はとても長い間、愚かなことをしてきた。

この男のした宙返りは、たったの二十キロだ。インドでは、何千キロも宙返りをしている人がいる。宙返りをして遠くへ行くほど、それだけあなたは神に近づく。彼らは宙返りをしながら聖地詣でに出る。彼らは神に近づくばかりではなく、行く先々で食べ物や菓子や贈り物を人々からもらう。施しを与える人々は、彼らが霊的になったのだと思っている。

彼らは、八百キロの距離を宙返りする。彼らは一日中宙返りし、夜は休み、朝また宙返りを始める。聖地に着くまでは数ヶ月かかる。あなただったら一時間内で行ける、だが、その行者は聖人となる。巡礼から戻れば、普通の人ではないと考えられ、崇められるようになる。

バラナシでは、ガンジス川の岸辺で釘のベッドの上で寝ている人がたくさんいる。彼らの精神性といったら、針の筵に横たわれることだけだ。彼らは崇められおり、無数の信奉者がいる。だが誰も、針の筵に横たわることが、精神性と何の関係があるのか聞いた者はいない。

それは別に大したことではない。それはあなたにだってできる。背中の肌、全部分が痛みに敏感なわけではない。誰かに針を持ってきて、何箇所か刺すよう言ってみるといい。そしてどこが痛くて痛くないか、言いなさい。すると何百箇所も針を感じない場所がある。あなたはびっくりするだろう。背中に痛みを感じる神経はない。だから、そうした筵は行者に合うよう特定の作られ方をしている。

それは古代芸術だ。針の筵の作り方は、極少数の人たちしか知らない。それにはまず、痛みを感じる場所と感じない場所を、隅々まで記した背中の図を調べ上げなくてはならない。痛みを感じる場所には針はなく、痛みを感じない場所には針がある。だから行者は痛くも痒くもない。なのに彼らは聖者になった。

人々は内的成長とは何の関係もない、ありとあらゆることをしている。だが彼らは危険ではない、だから社会はみな彼らを支援する。ちなみに彼らは廃れた社会、廃れた伝統にとても協力的だ。彼らは古い考えを維持し、それに大衆が影響を受ける。だから大衆は、何世紀も古い考えを引きずったままなのだ。だから権力者はみな、大衆には賢くなってもらいたくないと思っている。ものを考えられるようにはなってもらいたくないと、知恵遅れのままでいてもらいたいと思っている。こうした人々は権力者の助けになる。政治家が敬意を払い、社会が敬意を払うのは彼らが助けになるからだ。

国連の事務所には、シュリ・チンモイ用の特別ホールが設けられてきた。これはチンモイが弟子に教えを授けるためのもので、特に国連の会議に集まった外国の使節や大使が、チンモイの弟子となった。その教えには、長距離を宙返りしなさい、その距離は長ければ長いほどいいといった、非常に馬鹿げたものもある。

アメリカはシュリ・チンモイをとても気に入っている。それはアメリカ社会や宗教や国のベースになっているものに、チンモイが何も口出しをしないためだ。それどころかチンモイは、人生で起こる真の問題から人々の注意をそらしている。

この点では、宗教はアヘン以外の何物でもないという、カール・マルクスの言っていることは正しかった。社会はその本質を、絶対誰にも見られないようにしなくてはならない。それはその根が腐っているためだ。クローゼットの中は、絶対見られないようにしなくてはならない。どんな社会にも、世間に知られては困る秘密がたくさんある。それには大衆の注意を現実からそらすのに役立つ、そうした人々が必要となる。それには大衆を知恵遅れにしておくのが一番だ。古い、古来からあるもので、条件付けておくのが一番だ。

シュリ・チンモイのような人達は、死の仲介人だ。墓地の番人、まがい物を保護する人達がいる。そして社会の指導者やエリート外交官、エリート大使、大統領、首相といった人達が、そうした人の説教を聞きにいくと人々は興味を持つ。彼らには教えることなど何もないが、大衆が好印象を抱くからという理由で、そうした指導者たちは足を運ぶ。そうすれば大衆は、彼らのところに足を運び続ける。これは腐敗した社会に生きていることを大衆に気づかせない、そのための努力だ。

私が許されないのは、私が発展を遅らせるものに反対しているから、腐敗したあらゆるものに、あらゆる愚かなものに反対しているからだ。二つの物事に、ある特定の関係が科学的に証明できないかぎり、私はそれをあなた方に教えたりはしない。

では宙返りをして、何が人を精神的に豊かにするのかといったら、実際にはそれは人をもっと愚かにする。宙返りをする前は知性があっても、それさえなくなるかもしれない。そして、一度その味を覚えたら……二十キロ宙返りをすれば、あなたは広く一般に知られ、多くの人があなたを霊的な人だと思って見に来る。そうしたら、もっと長くあなたは続けるかもしれない。こんなすばらしい職業はない！　しかも、何もしなくてもあなたはますます霊的になっていく。すぐにこの弟子は人に教えを語り始めるだろう。

こんな話を聞いたことがある。世によくいる、とても物騒な妻を持った男がいた。ある日男は遅く家に帰ってきた。この男は恐妻家だった――この男も世の人との共通点が多い。わたしはこのタイプ以外の男には、一度も出会ったことがない。男はいつも言われた時間通りに帰ってきたが、ある日、男は友人と共に酔っ払ってしまった。人は酔うと自分が恐妻家であることを忘れる。男はライオンとなった！　真夜中に帰ってきた男は、ドアをがんがんと叩いて言った。「おい、開けろ！」

妻は耳を疑った。これは夫じゃない、いつも家に入ってくるときは鼠のようなのに、夜中にライオンのように吼えてるなんておかしい、と。だが彼女は男に負ける女ではなかった。彼女はナイフを手に取り、ドアを開けると男の鼻を切り落とした。男は鼻を切り落とされて正気に戻り、すっかり酔いが覚めた――目の前には妻がいた。鼻はなくなり、酔いが覚めた。

男は言った。「何てことするんだよ！」

妻は言った。「あんたこそ何よ、殺すとこだったじゃない！　何よ、鼻ぐらいで。あんた今度……あんたライオンのように吼えてたのよ！」

だが男は鼻が無くなってしまい、頭を抱えていた。男は一晩中、これをどう説明しようかと考えた末、妻が目を覚ます前に家から逃げ出した。男は別の町に行き、目を閉じ、静かに蓮華座を組んで木の下に座った。

そこに何人かの人々が集まってきた。彼らは言った。「新しい聖人じゃないのか？　しかし貧相な顔して、鼻はどうしたんだ？」

「聞いてみよう」と誰かが言った。多くの人が集まってきて、彼らは男に質問した。

「鼻はどうしたんです？」

男は言った。「それは私的な秘密だ。これに私の精神性がすべて隠されている。興味本位で聞かれても答えられない。誠実な探求者は夜、来てもらいたい」

そしてその晩、一人の誠実な探求者が現れた。探求者は言った。

「覚悟はできています。為すべきことがあるなら何なりと。私はまじめな探求者です」

男は言った。「なら覚悟しろ」――そして男は、探求者の鼻を切り落とした。

探求者は言った。「鼻を切るなんて、何てことをするんです？　私はここに真実を探しに来たんです！」

男は言った。「待て、これが真実の見つけ方だ。どうだ」

「何にもありませんよ！」

「もしそう言ったら、何も見つからなかったと言ったら、お前は馬鹿だと言われるぞ。鼻をなくして何も見つからなかったなんて馬鹿だと。静かに座って落ち着いて考えるがいい。そして町の人に、真実を見つけたと言うんだ。面目を保ちたいなら、それしかないぞ。どうするかはお前次第だ。私も真実など見つけていない。だが、それ以外にはどうしようもないからな」

探求者は、そのことについて考えた。「論理的というか、そうするしかないですね」

男は言った。「そうしたらメッセージを広めに行くんだ」

こうして探求者は町に行き、人々にこう言った。

「あの聖者にはすごい秘密がある」

「しかし、」人々は尋ねた。「鼻はどうしたんだ？」

探求者は言った。「それは秘密だ。誠実な探求者にとって、これはまたとないチャンスだ。こんな偉大な人が来たことはない。私はすぐに真実を見つけた」

そして、さらに数人の探求者がやって来た。毎夜、探求者がやって来て、やがて町の半数近くの人が鼻のない顔になってしまった。そして誰もが、真実の美しさやその喜びを語っていた。

ついに王様も、このことに興味を持った。

「多くの人が真実を見つけたというのに、王様の私が無知のままでは格好がつかん」

首相はその男のところに行かないよう言おうとしたが、王様は耳を貸そうとはしなかった。王様は言った。「鼻があろうとなかろうと、人は真実を得なくてはならない。それに明日何が起こるかなど誰にもわからない。仮に明日私が死ねば、私は火葬場行きだ。そしたら体も鼻も一切なくなってしまう。鼻を切り落とすだけで……その男が何かをして皆、真実を悟っている」

首相にとって、それはとても難しいことだった。しかし、首相はとても利口な頭の切れる人だった。

首相は言った。「王様、お待ちください。私に三日だけください。もしそれで真相がわからなかったら行ってください。ですが三日、私にください」

そして首相はその晩、数人の警官を連れていき、男を逮捕した。男は言った。

「何をする？　私は聖者だぞ、この真実を見つけた人たちの教祖だぞ！」

警官は男に耳を貸さなかった。男は首相宅に連れて行かれ、ひどく殴られた。警官は言った。「本当のことを言うんだ！　さもないと……首相は怖いぞ、有無を言わさず、両目をくりぬくぞ！」

男は考えた。「冗談じゃない！　鼻がなくなっても俺は何とか生きてるし、事もちゃんとうまくいってる。これでもし両目もなくなったら、どうすればいいんだ。真実を見つけるのに両目と鼻を失わなくてならないなんて、鼻を落とせと説得するのだってこんなに難しいのに、こいつはどう考えても無理だ。しかし、そんなに危険なやつだというなら、本当のことを話してしまったほうがましだ」

こうして男は本当のことを話した。

「本当は妻に鼻を切り落とされたんです。もう、どうしようもありません」

首相は言った。「それならそれで何の問題もない。じゃあ私と一緒に来て、王様に事の顛末を話すんだ」

王様は呆れていた。首相は言った。「この男のところに行っていたら王様も真実を見つけていたでしょう。一回鼻を切り落とされた人は、真実を見つけるよりほかなかったんです！　この男は刑務所に入れましょう。そして真実を見つけたものは全員、裁判所に連れて行き十分懲らしめて、何を見つけたか本当のことを言わせましょう。誰も何も見つけてなどいなかったのですから」

彼らは、真実を見つけたという人々に尋ねた。「だったらなぜ、真実を見つけたと話してたんだ」

「ほかにどうしようと言うんです？　鼻がなくなって、鼻がなくなったと、自分たちは馬鹿だった、真実は見つからなかったと言ったら、笑われるだけです。鼻をなくすなんて何の意味もないと。今のところは人々に崇められています——妻でさえ敬愛しています！」

人は、ありとあらゆる愚かな考えを抱いて生きてきた。また社会は、こうした人々に決して反対したりはしなかった。その一方で、本当の意味であなたに明確なビジョンを与える人を、既得権益を持った人々は恐れるようになる。こういう人は、彼らの存在、権力にとって危険だ。こういう危険な存在は、片付けなくてはならない。

こうして偽物、愚か者たちは皆、楽しい一日を過ごしている。だが彼らは、何世紀にもわたって楽しい日々を過ごしていた。君主や皇帝は、精神性とは何の関係もない質を求めて、彼らを崇拝してきた。

だが、私のような人間は危険だ。私は一切ナンセンスを言っていない。私はナンセンスなことは一切容認しない。私は隠された秘密を、すべて明らかにしているだけだ。そしてこの世の若い人々が、旧世代の人々の嘘に気づくよう努力している。彼らは若い人々を手玉に取り、彼らの考えを押し付け、条件付けしてきた。旧世代は若い人を、自分で崇拝しているものが無意味なものだと気づけない、そのようなマインドにしてきた。宗教がありとあらゆる迷信にすぎないことを、彼らの神が偽物で、祈りが全部嘘っぱちであることを、気づけないようにしてきた。だが、それをそうと言うことは、自分の命を懸けることだ。

私には命を懸ける覚悟がある。私は生から得なくてはならないすべてを得た。私に失うものは何もない。だが私は、世界中に蔓延するあらゆる偽善を暴露しようと、そう決めているのだ。

第三十六章

トラもまたゲストだ

A Tiger is
Also
A Guest

あなたはかつておっしゃいました。私たちが、あなたと共にあるという勇気を示していると。でも私はそう感じられません。それは私にとって唯一の、もっとも容易なことです。むしろ、この世であなたと離れて生きることほど、恐ろしいことはありません。それはまるで、生から抜け出して死に向かうような感じです。どうかお話いただけますか？

はじめは確かに、私と共にあるためには勇気がいる。だがひとたび私と共にあり、マインドが作り出した全ての恐怖が消え始め、新しい勇気、新しい誠実さがそれに代わり始めると、ゆっくり、ゆっくりと私があなたの世界になりはじめる。そうすると、わたしから去るのに途方もない勇気が必要になるだろう。最初の勇気は、闇から光に向かい、二番目の勇気は光から闇に向かう。最初の勇気は愛に向かう、生に向かう、存在に向かう勇気だ。二番目の勇気は自殺に向かう、確かにより難しくて愚かしい。勇気があるというだけで知的にはなれない。愚者は多くの状況でとても勇敢だ。知的な人がためらうようなところに突っ込んでいく。危険を見分けるには知性が必要なのだ。

あなたは今、そういった状況にある。あなたは最初の勇気をすっかり忘れてしまった。自然なことだ、闇から光にやって来たとき、誰が夜の闇や悪夢など思い出したいかね？　除々にそんなものはすべて忘れてしまう。私の主張が現在となり、過去は忘れ去られてしまう。

今、もし私から去ることを考えるなら、単に勇気があるというだけでなく、愚かでなくてはなるまい。闇から光へ、光からもっと光へと高みに上るときは常に、勇気と知性が共にある。だがいつでもあなたが後退するときは、知性が勇気と共にあることをやめている。そして愚者だけが暗闇に落ちていけるのだ。

だからあなたは正しい。それはより難しい。難しいのだ。実際、もし知的であれば、後退するのはほとんど不可能だ。時はそれを許さないし、生もそれを許さない。存在は後退するすべを知らない。存在はすべて、豊かさや富裕さ、明晰さ、理解、愛に向かい、進もうとする。これをすべてをひとつにしたのが神性なのだ。

意識的になるとは、無意識であったものをマインドの層《レベル》に上げて意識を経て、超意識の層に上昇することでしょうか？ すべては、マインドを通さねばならないのでしょうか。意識的になるために、別の地点やマインドの段階を飛び越えられるのでしょうか？

たとえば西洋で、宗教における聖職者に取って代わり、やはり同じように偽の宗教代用品を作っている精神分析医のように、マインドのみを信じる者たちは、マインドを超えるものを見出せない。彼らにはマインドより低い階梯しかないので、無意識が重荷を下ろして開放されるためには、何もかも意識的なマインドを通さねばならない。だがそれは、長い道のりとなる。あなたの無意識は途方もないほど、今生のガラクタを背負い込んでいるからだ。

寝ても起きても、あなたの無意識は生のあらゆる瞬間にごみを集めている。あまりに量が多すぎて、残る人生も自由になれないほどだ。古いガラクタから自由になろうとする間でさえ、毎日新しいガラクタを集めている。それだけではない。無意識の深みに触れたことすらない集合無意識が横たわっているのだから、無意識が抱え込むものをみな、意識的なマインドで開放するには何生もかかるだろう。

その背後には宇宙的無意識がある。だから精神分析によって、無意識の三階層がすべての重荷と緊張を、意識の元で解放して空っぽになるには、永遠の時が必要だろう。

そして空っぽになった瞬間に、闇を生むガラクタという意識になってしまう。

精神分析は成功しそうにない、確実に失敗する――まず間違いない。


東洋では一万年も前から――精神分析は百年の歴史もない――精神分析に似ても似つかぬ、誰一人したこともないような方法でマインドに働きかけてきたのは、驚きに値する。

彼らは全く異なる方法で試みた。彼らは決して、無意識層にかまわなかった。無意識層に注目するのは、終わりのない森に入るようなものだからだ。戻る道を見つけられなくなるだろう。

東洋は、反対方向に試みてきた。上昇して、土台のことなど忘れることだ。あなたの意識の上にも三つ階層がある。意識を活用して超意識に入りなさい。超意識を使って集団的超意識に入り、それを宇宙的意識に入るために使いなさい。秘訣は、この三つの意識に入る瞬間に、多くの光を得る。カビールはこれを、「幾千もの太陽が突然昇ったよう」と表現した。光があまりに強いので、無意識の抱えるものはすべて燃えてしまう。無意識層の闇は、消滅してしまう。

もし長い道のりを行きたいなら、無意識を掘り下げなさい。道は長く、ゴールに至ることもない――誰も至ったことはあるまい。

だが二番目の、存在のより意識的な領域に入っていくなら、事はとてもシンプルだ。それこそ私が教えてきたものだ。

瞑想はあなたを、より意識的な領域に連れて行く。あなたの全存在が目覚めたとき、そのまさに臨在が幾千もの生で溜め込んできた闇を消し去る。

私は精神分析でなく瞑想を教える。精神分析は自分自身を欺く技法だ。自己欺瞞だ。何かをし続けるだけだ。精神分析医にお金を支払うと、あなたの夢を専門家に分析させるが、終わりのない小道につれて行かれる。どこまでも、どこまでも、どこまでもだ。だから精神分析医は、ただ一人の光明を得た人も生まなかったが、瞑想は何千もの光明を得た人を生んできた。

単純な事実だ。部屋が暗いなら、闇と戦うのをやめて明かりを持ち込みなさい。たった一本のろうそくで闇は消え去るだろう。もし闇と争い闘い始めたら、複雑骨折で勝利すらおぼつかない。

最も簡単で知的な方法は、超意識への道を見い出すことだ。それはより高いドアを開く鍵を、あなたに与えるだろう。

意識のまさに頂点に達したら、心配はいらない。したいと思うことは何でもすることだ。それはあなたの暗い実存を、純粋な光に変容するだろう。

このところ十日間ほど毎日、自己催眠を試してみました。とても深くリラックスできても、それで終わってしまいます。無意識に落ちることへの抵抗が私にあるとは思えません。むしろ試してみたい、まったく新しい道ですが、どうしたわけか催眠が起こりません。もう少し時間がかかるので、もう少し忍耐すべきなのでしょうか?

それは頑張るかどうかの問題ではなく、もう少し時間をかければいいという問題でもないし、緊張していないことも問題ではない。自己催眠という考えそのものが、自覚しないうちに大きな緊張を生み出すことが問題なのだ。

あなたがあなた自身に催眠をかけるということを、考えて見なさい。誰が試みているのだね?――あなたがあなた自身を催眠にかけている、あなたのまさにその試みが障壁だ。当然のことだが、試みなければ起こらないのだから、あなたはジレンマに陥っている。試さなければ何も起こらない。試すと、まさにその試みがあなたを目覚めさせ、その覚醒そのものが催眠を妨げる。催眠を起こしたければ、あなたの側ではどんな努力も不必要だ。

だから自己催眠には、異なるプロセスがある。そのプロセスは、まずあなたが信頼できる相手に、催眠をかけてもらうことだ。もし信頼していなければ、催眠にかけられることに抵抗があるだろう。次に催眠をかける相手に、友人や恋人、親しい人たちを選ばないということ、真剣に受け取らないからね。あなたは面白がり、笑うだろう、それですべてが台無しになる。あなたが尊敬し、信頼できる人を選ばなくてはならない。誠実さを感じられる人だ。その人に催眠をかけてもらいなさい。

リラックスできたら何も難しくない。あなたはリラックスする。リラックスできなかったごく小さな部分は、あなた自身を催眠にかけようとしていたからだ。ほかの誰かが催眠をかけるなら、その部分さえリラックスする。もし誰かに催眠をかけられることを恐れるなら……催眠で誰かに支配され、する必要のないことをさせられるのを恐れる人々が、何世紀にもわたり催眠を非難してきた。が、もしそうならテープレコーダーを使うがいい。

誰もテープレコーダーを蔑視しないし、不信を抱いたりしない。誰もテープレコーダーと親密にならないし、愛さない。必要な条件はすべて、テープレコーダーが満たしている。それはあなたのテープレコーダーだ。ドアを閉め、自分に示してきたすべての暗示を、テープレコーダーに吹き込みなさい。そしてリラックスしながら、テープレコーダーに催眠を起こさせなさい。

テープレコーダーでも人でも、好きなほうを選べばいい。私は人を勧めよう、人間なら配慮できるからだ。テープレコーダーは貧しい。あなたが吹き込んだ言葉を繰り返すだけで、それ以外のことはできない。パンディットやラビと同じだ。ここにいる誰かを選んだらいい——カビーシャは良い手助けになるだろう。

深い催眠状態にあるとき、ほかの誰かに催眠をかけさせなさい。その人は、ただひとつの暗示を与えるだろう——ゆっくりと一から七まで数えなさいと。催眠にかかりたい時は、いつでもリラックスして一から七まで数えなさい、催眠状態に入るだろう。催眠にかかるために、どんな努力もいらない。何もしなくて良いから、ただ数えるだけで——それもあなたの無意識からやって来る。あなたの意識ではない——意識は完全にリラックスする。

少なくとも三回から七回のセッションで、この暗示が必要だ。十分のセッションを毎日七日間受けなさい。ただひとつの暗示を、この十分間に繰り返し受けて——そして自分を催眠にかけたいときはいつも、急がずゆっくり、一から七まで数えるが良い。しかし、いきなりは駄目だ。

まずリラックスして、視線をひとつに定める。電球がいいだろう。瞬きしないでリラックスしたと感じ、眼球が重く感じ、眠りに落ちそうになったら、実にゆっくりと、実に眠くなるようなやり方で、うるさくなく、自分自身に向かって囁くように、一から七まで数えなさい。七を数え終えるまでにあなたは深い催眠状態に入り、十分間続くだろう。

三回から七回のセッションで、こうした暗示が与えられなくてはならない。一回目のセッションが終わったあとにやろうとしないこと。試してはならない、失敗したら、まさにその失敗したことが、暗示が成功しないと考える元になる。だから七日間の間は試さないように——ただ他の人にさせておきなさい。八日目に試みるのだ。八日目は、他の人にケアされていると感じられるように、あなたのそばに座るだけでいい。そしてゆっくり立ち去るだろう。あなたは完全に、自分を催眠にかけられるようになる。

自己催眠が難しいのは、自己が関わってくるからだ。自分自身に催眠をかけなくてはならない。空へ行こうと、自分の足を持って引っ張り上げるようなものだ。空へは行けず、地面に倒れこんでしまうだろう。飛び上がることはできても、そういう問題ではない——あなたは空を飛びたいのだから。

自己催眠は本質的に難しい。他者による催眠は常に簡単だ、とても容易だ。だが自己催眠に成功したら、とてもうれしいだろう。矛盾したことを成し遂げなさい。その矛盾の回避のために、別の人が必要なのだ。

なぜ偉大なタントラのマスター達は、その教えを「囁《ささや》きによる伝達」と呼ぶのですか？

タントラのシステムは、人類の歴史の中で起こったもっとも偉大なもののひとつだ。他はすべて二次的だ。タントラは生エネルギーを、光明という究極の形に変容する努力だからだ。だが、生エネルギーが性的なものであるがゆえ、タントラは非難されてきた——性を抑圧する社会、性を抑圧する宗教によって。あまりにも非難されたため、タントラは他の思想や哲学、探求のシステムよりも多くの犠牲を払ってきた。

インドの王、ヴィクラマディータは、一万のカップルを殺害した。それはタントラ行者の特別な教団で、本当に魅力的な人たちだった。男性と女性がひとつのローブを纏っていて、その内側は裸で——ただ一枚のローブで覆っていた。青いローブを纏っていて、「愚かな社会ゆえに、何かを身に着けなくてはならないのだが、そうでなければ空が私たちの着物だ」ということを暗示する青い色だった。その青色ゆえに、ニーラタントラ行者と呼ばれていた。ニーラとは青のことだ。

そのカップルたちは、国を巡って教えていたが、その教えは平凡な人々が理解するには、あまりに斬新だった。ヴィクラマディータは、ニーラ行者を一人残さず殺せと命令した。一万のカップルが——それは二万人を意味する——ただ殺戮された。インド全域で殺戮された。どこにいても、一人も生き残らなかった。

他のタントラ行者の教団は、瞑想やエネルギーの変容を行なうために、森に隠れなくてはならなかった。社会全体が、この種の人たちと完全に敵対した。経文は焼かれ、世界でもっとも貴重な経文が焼き捨てられてしまった。ほんの少しだけが何とか焼かれず、廃棄を免れた。自然と彼らはその教えを「囁《ささや》きの教え」と呼ぶようになった。

イエスは弟子たちに「行って、戸口ごとに神の子が来たと叫び、言葉を伝えなさい」と言ったが、なぜタントラ行者たちはその教えを「囁きの教え」にしなくてはならなかったのか。彼らはひどく苦しめられてきた。イエスはそうしたことを何も知らない。幾千ものマスターたちが殺されてきたが、教えそれ自体があまりに強力で実際的であり、しかも科学的であったため、知的な人たちを魅了し続けてきた。しかし彼らは、ただ囁くように教えると決めなくてはならなかった。「大きな声で話さないで、でなければ殺されるだろう」。どうすることができたかね？　とても難しい状況だった。

ソクラテスのような人物が殺されるときは、その死が何世紀も社会全体への非難となる。人類が生きている限り、ギリシャ人は彼らの額に記された非難——その最良にして最高の開花たる人物を毒殺した——を消し去ることはできない。

しかしインドでは、事情が大変異なっている。一人のソクラテスではなく、大勢なのだ。それぞれの学派が一人か大勢のソクラテスを擁している。シッダには八十四人のマスターがいた。名を覚えるのさえ困難だ。その名を覚えようと何度も試したものだがね、八十四人の名前は難しい。やっと覚えられたのは、もっとも輝かしいほんの数人で、経文を書き残したものたちだ、シッダパッド、カナパッド、そして私がスートラを語ったスリパッド——サラパのことで、サラハパと愛称されていた。

ジャイナ教には二十四のティルタンカラがいて、皆ソクラテスと同じ能力と質をもっている。ヒンドゥー教にも自分たち自身のマスターがいて、ヒンドゥー教には無数の宗派がある。インドは光明を得た人で満ち溢れている。インドの天才たちが皆同じ方向、つまり光明に向かって動いたからだ。すべてを犠牲にしても光明を得ることは、天才とされる者にとって唯一の挑戦だった。

タントラ行者は殺され、生きたまま焼かれ、多すぎたために誰も記録さえ残さなかった。ソクラテスは一人だった。ギリシャ人が第二のソクラテスを生むことは決してなかった。イエスは一人だった。ユダヤ教ともキリスト教徒も、第二のイエスを生み出すことはなかった。

インドでの状況は、完全に違っていた。自然とタントラ行者は囁くように教えると決めた。

「叫ぶな、殺されるぞ。教えを広めるという意味において、誰の役にも立たないから」

彼らは正しかった。その状況のインドで教えを生かすには――マスターから教師に囁いて教えるのが最良だった。危険なので、書くことさえ止めてしまった。秘密裏に、私的に弟子と話すことだけで、マスターはメッセージを与える。

「私たちの全哲学は囁きの哲学だ。決して大衆に向かってはならない。彼らを変えようとしてはならない。あなたが変われば充分だ。あなたが別の数人を変えることができたら、充分すぎるほどだ。だがその人たちが友好的で愛に満ち、あなたを欺かないとわかるまで何も言ってはならない」。そうして彼らは偽装して生活し始めた。

いまだタントラ行者はいたが、確かめるすべはなかった。「タントラのマスターにお会いしたいのです」と言っても、誰も助けてはくれないだろう。ベンガルやビハールなどその存在が疑われる地域に入り、自分自身で探さなくてはならない。この二州が、彼らの本拠地だった。移動しながら多くの人に会わねばならない。おそらく、何かしらのヒントに出会うだろう。誰かがあなたに囁く。あなたをマスターの元に連れて行ってあげましょう、と。

同じことが、アルヒラージ・マンスール殺害の後に起こった。スーフィーは、特にアルヒラージと同じ学派のスーフィーたちは、地下に潜ってしまった。もうスーフィーのマスターを探そうとしても、簡単にはいかない。何ヶ月も、スーフィーのマスターが存在するかどうかさえわからないまま、探し続けなくてはならない。だがレストランへ行っては、あなたがスーフィーのマスターに会いにここまできたと説明し、店で、市場で、何処でも出会う誰に対しても、ただ闇に向かって矢を射続けなくてはならない。

誰かが「本当に興味があるの？　あなたを私のマスターの元に連れて行ってあげよう。夜にある所で会いましょう」と言うかもしれない。そんな人に出会うまで二、三年はかかるだろう。彼は夜にあなたをマスターの元につれて行く。秘密のうちに出会うだろう。

そこにマスターが座っている。白い羊毛のローブだけを身に着け、だから彼らはスーフィーと呼ばれる。スーフとは羊毛のことだ。そう、マスターは白い羊毛のローブを身に着けてそこに座り、二十から三十人の弟子たちが同じようなローブを着て座っていて、あなたはマスターに紹介される。

「どのくらい、あなたは私を探したのかね？　あなたのことを知らせに来たのは、彼が初めてではないからだ。多くの人が私に知らせてくれた。だが忍耐が必要だった。あなたが充分な忍耐力を持っているかどうかを見ていた。そして今日、この者に許したのだよ。私は彼に『彼は三年も待っている。当てもなくあちこちさまよい、スーフィーのマスターについて尋ねている。彼を私の元に連れて来なさい！』と言ったのだ」

組織宗教は真に宗教的な人々を殺してきた。そして彼らは、組織宗教を大衆を搾取するために使ってきた。本当に宗教的な人であると装っていた。現実には、真に宗教的な人たちが、まさにその同じ人たちに殺されてきた。彼らは犯罪者なのだ。

さあ、ヴィクラマディータが二万人を殺害したとき……誰にも害をなしていなかったが……一枚のガウンの下で裸でいることを好んだからといって、どんな関係があったのだね？　誰でも自分のガウンのしたでは裸だ。一つのガウンの元で一緒に生きると決めたところで、それはタントラの手法だ。もし女性と男性が一つのガウンを纏っているなら、彼らのエネルギーは常に循環して、ある有機的な全体を形作る。その有機的な一体性は、より高い成長のために役立つのだ。

そして、彼らは誰も傷つけていない――それはちょうど若者を堕落させるというのと同じ犯罪だ。そのような姿勢でいる彼らを見ることで、若者が同じような衣類を身につけ始め、それが社会の全尊厳や社会責任を壊すだろうというものだ。それがどうして社会のモラルを破壊できるのか、私にはわからない。だがあなたたちは、人が彼ら自身であることを許さないから、個人であろうとする人は、誰でも破壊しようとする。だからタントラ行者たちは、囁くように、静かに働きかけるのだ。

動物の王国のみが、同類を食物にできるものとして存在します。キャベツはニンジンを昼食にはできませんが、人間は人間を夕食にできると知られています。禅においては、人は広大な存在に溶け込ませ、肉食しないことを選んでいます。これをご説明ください。

まず、動物でさえ同種を食べないということを、知らないのかね？　ライオンは他のライオンを食べないし、蛇は他の蛇に噛み付いたりしない。そう、動物は他種の動物は食べる。植物は普通食べたりしないが、ある種の木は動物や鳥、人間さえも食べる希少な木がアフリカにはまだ存在していて、その大きな葉と魅惑的な香りを使って鳥を誘う。その香りに誘われ鳥が木のもとにやって来て、普通の木だと思ってそこに止まるやいなや、葉が閉じて鳥の血を吸ってしまう。

ある種の木は枝を使って動物を捕まえ、食べることができる。ある種の植物は動くことさえできる。ある地点から別の地点へと動く。その根を足のように使うために、とても柔らかな地面を必要としていて、眠っている人や動物に近づき食べてしまう。

人は、食べられるものは何でも食べてきた。人は偉大な捕食者だ。あなたが納得できないのは、食べるものは、別の場所では他の何かに食べられることもある、ということだ。

人を食べるカニバリズムというものがある。今世紀の初め、三千の食人族がアフリカにいた。食人の部族だ。今はたった三百になった。もうその道を通るものは誰もいない。人を見つけるのが非常に困難になった。そうして、自分たち自身を食べるようになった。老人を、子供を。少しずつ、三千人どころか三万人に近かった人口を、三百人にまで減らして消滅しかかっている。

しかし、彼らも私たちと同じように人間だ。人肉を食べた者は、世界で一番美味しいと言う。あなたはまさに、世界一美味しいものを味わっていない！　だがあなたは、人と同じように生きている動物の肉は食べている。

人間には抜きがたい獣性がある。生まれついての暴力性だ。小さな子供でさえ、アリやゴキブリを見つけたら殺そうとする。何の理由もなしに殺すのだ。殺すことは喜びだ。そして同じように……多くのハンターが鹿やライオンやトラを狩って、遊びと呼んでいる。奇妙なことだ、ライオンがハンターを食べてもゲームとは呼ばない。まったく非論理的だ。ゲームなら二組の競技者がいなくてはならない。あなたがライオンを殺せばゲームで、ライオンがあなたを殺せば悲劇だなんておかしなことだ！　ライオンはあなたを素手で殺すのに、あなたはライオンをはるか遠くから、銃や弓矢やいろんな道具を使って殺す臆病者だ。

バブナガールのマハラジャの宮殿に滞在していたことがあるが、彼の宮殿はみな、ライオンや鹿やトラの頭部で埋め尽くされていた。大きな宮殿だから、何千もの動物だ。客に、誰がどの動物を殺したか紹介するのを誇りに思っていた。これは父がしとめた、これは祖父が、これは自分で、これは兄が息子が、とね。私が始めて滞在したときにも、彼はそう説明していた。

私は「あなたの家系に人間が生まれたことはあるのかね？」と問いかけたら、彼は「どういう意味か？」

と尋ねた。「君がしてきたことといったら、ただ動物を殺すことじゃないか。いったい何のためだ？ 食べ物は充分にあるのだから、殺す必要などないだろう？」

「ゲームだよ」と彼が言うので、私は「ゲームならルールがあるだろう？ お互いに同じ道具が与えられなくては。互いに、明るい下で対峙しなくては。君は木の陰に隠れ、マシンガンで狙いを定め、罪のない鹿を撃ち殺す。それがゲームなのかい？ 鹿はそのゲームでどんな役割をはたしているのかね？ そのゲームに参加すると同意したのかね？ これは実にアンフェアだよ。なぜ君は木の上に座っているのかね？君はマシンガンを持っていても、ただ臆病なのだ。それにこれはゲームじゃない。破壊する対象を何とかして見つけようとする、抜きがたい暴力性だ。人間性のかけらがあるなら、こんなナンセンスを皆、この宮殿から取り除きたまえ。これは君の素顔だ。これは動物の頭部ではなく、君の頭なのだ」

彼は理解しなかった。「誰も私にそんなことは言わなかった。首相が来て、大統領が来たが、皆褒め称えていた。貴方のご家族はみな、すばらしい狩猟家ですねと」と言ったが、私は「君に嘘はつけない。私にはそう見えるのだからね」と言った。

あなたは、なぜ禅の人は肉食をやめるのかと聞くが、禅を修する必要も光明も必要なく、ほんの少しの感受性と生に対する畏敬の念があればよい。あなたが生きたいように、誰もが生きたい。世界はあなただけのものではない。

あなたがここにゲストとして招かれているように、トラもまた招待客だ。あなたがトラを殺せるのは、単にあなたの感覚が失われているからだ。問題にしているのはトラではない、トラはいずれ死ぬのだから――月曜だろうが、火曜だろうがたいした違いはない。同じ一週間のうちの一日だ。私が気にかけているのはあなただ。人だろうが、動物だろうと他の生物であろうと、殺すことはあなたのハートを石のように硬くしてしまう。あなたのハートが石や岩のようになってしまったら、スピリチュアルな成長は不可能になる。その岩は、あなたがあなた自身の実存に至る妨害となる。あなたが作りだした物によって、押しとどめられてしまう――本来なかったものなのに。

私にとって、あなたの意識の変容を押しとどめるものは何であれ悪――罪だ。より意識して生きるに役立つものは、何であれ善だ。これがあなたに与える唯一の基準だ。そうすれば、簡単に判断できるだろう。より美的に、より感受性豊かに、より生に畏敬の念を持ちなさい――あなたもまたその一部なのだから。あなたが殺すものが何であっても、あなた自身を殺してしまうのだ。あなたの破壊性は自らを殺す。

人が光明を得たら、自然と肉食はできなくなる。東洋ではそれが基本的な判断基準だった。だから仏教徒やジャイナ教徒やブラフマンたちは、イエスやムハンマドが光明を得たと認めないのだ。ただ生き物を食べ続けたからだ。彼らは鈍感で、ハートは愛や共感に満たされていない。彼らには光明を得るため絶対に必要な、感受性の豊かさがない。ベジタリアンでのみあり得る。ノンベジタリアンにはなり得ない。

それは宗教の問題ではなく、簡単な知性の問題なのだから後回しにしないように――あなたが光明を得たとき、または禅の人となったとき肉食を止めようなどと、そんなに長く先に延ばす必要はない。ただほんの少し、感じやすくなればいい。肉を食べなくなったからといって光明を得ることはないだろうが、助けにはなるだろう。あなたが優しくなり、愛に満ちるために役立つだろうし、あなたをより共感的にするだろう。あなたの周囲に、あなたもまたその一部である生の雰囲気を作り出すだろう。私たちはその一部なのだから。さああなたはどうするかね、なぜ後回しにするのだろう?

光明を得た人は確かに、その生に大いなる変化が起こる。しかし光明を得なくても、純粋な理解によって生を大きく変えることはできる。そのような変化は、あなたが光明を得る助けとなるだろう。どちらも有効だ。光明を得て生が変わることもあるし、無意識な生のパターンを変えることが、光明を得る助けとなることもあるのだから。

第三十七章

沈黙の均衡

A Silent Equilibrium

サニヤシンになって以来、ハートと共にあるには、マインドをあまり使わないようにと考えてきました。でもある日、あなたが私たちの知性を保ちつつ、それをより鋭くするために、マインドも訓練しなくてはならないと仰るのを聞きました。これをご説明いただけますか?

生はあなたが考えているほど、シンプルではない。それはとても複雑だ。確かに、あなたが私と共にありたいなら、もっともっとマインドではなく、ハートの中にいるだろう。マインドには内なる成長への質がないからだ。外側の調査目標や、科学的な活動に対しては途方もない力を発揮するが、宗教性の成長においては全くの無能だ。

もしあなたが私を、マインドを通して聞くなら、私の言うことは砂漠で迷子になるようなものだろう。決してハートに届かない。だから私はいつも、マインドを脇においてあなたのハートと共に、愛と共に、信頼と共に聴きなさいと言っている。

だが、それは話の半分に過ぎない。マインドをできる限りシャープにしなさいと言う時は、根本的に異なる側面について語っている。マインドが充分に鋭敏でないと、あなたは社会に隷属してしまうだろう。反抗的でなく従順であったために、あなたは既に社会に隷属してきた。

この二つの言葉は、異なる情況に属しているから、混同しないようにしなさい。あなたのハートと共に、マインドをかたわらに置いて、私の側にいなさいというのは、弟子という情況での言葉だ。もしあなたが真にトータルに行なうなら、その最高峰、献身者に至るだろう。

三つの段階があり、生徒はただマインドで聞き、知識を集めるが知者にはならない。弟子はマインドを脇においてハートで聞こうとする。彼は努力するが、マインドは何度も何度も戻ってくる。努力はトータルなものではなくてもいくらかの種子がハートに至るなら、すぐにあなたの実存の色彩を、塗り替えてしまうだろう。ハートが花開き始める季節もそう遠くない。そこが献身者となる境界線となる。

もうあなたはマインドではないかのように、邪魔にならないように、完全にマインドを脇に置くことができる。ただ、ハートとハートだ。あなたの弦ひとつひとつが、愛、開いていること、感じやすさに震えている。献身者とマスターは、互いに溶け合い始める。

弟子は時たま一瞥を得るが、献身者はマスターとトータルに一体だ。弟子は再びマインドに落ちることがあるが、献身者はマインドに戻る橋を壊してしまったのだ。彼は戻れない。過去は終わった。彼はマスターのエナジーの一部となる。

これが一方の情況だ。そしてあなたは、これを別の情況と混同している。社会や外側の世界、宗教や政府に関する限り、あなたは実に賢明で、とても知的である必要がある。でなければ隷属させられるだろう。何世紀にも渡ってそうしてきたように、彼らはあなたを搾取する。彼らは妨げてきた——何百万人もの人々が、マインドに関しては十三歳より上に成長することを。七十歳になるというのに、十三歳の子供のようなマインドしかない。これが私の言う白痴化だ。

社会はあなたに成長して欲しくない、ただ老いて欲しい。ロボットか機械のように——全く従順に、反抗せず疑問も持たず——機能してくれれば良いのだ。ただ役立ってくれればいい。社会にとってあなたは尊敬に値する個人ではなく、使用するメカニズムに過ぎない。人を機械や物のように扱うほど、侮辱的で恥ずかしく、醜いものはない。

社会に対抗するためにマインドを使いなさい。あなたの独立を保ち、油断なくいるためには完璧な手段だ。愛する者ではないにせよ、それは良き戦士なのだから。必要のある時、あなたの自由のために立ち上がる必要があれば、マインドを使いなさい。ハートは何の役にも立つまい。ハートは戦い方すら知らないのだから。

だが状況はまるで違っている。私が意識的な人と呼ぶとき、その能力を適切な状況で活用でき、混同しないことを言っている。目は見るものだから——それで聴くことはできない。耳は聴くものだから——それで見ることはできない。必要のあるときはいつでも使い、別の目的に役立てようとはしないことだ。

マインドはすばらしい道具だ。鍛えなくてはならないが、その限界は覚えておきなさい。ハートに従わせることだ。それが主人のように振舞い始めた瞬間に、ハートは死んでしまう。ハートは隷属しては存在できない。

だから、私の言葉にはどんな矛盾もない——ただ二つの異なる状況がある。そしてあなたの意識はどちらでもない。意識的な人は必要ならハートを使い、必要ならマインドも使える。完全なニルヴァーナの状態——マインドもハートも必要のないところ——に入りたいときは、どちらも黙らせてしまう。彼自身でありたいときは、どちらも必要ないからだ。

あなたが道具の主人なら、何の問題もない。あなたがフルートを吹いていて、あなたに「しばらくの間演奏を止められますか——あなたと話したいので」と頼んだとき、「できません、フルートが止まらないのです」と言うなら、あなたをどう思うだろう？　あなたは狂人に違いない。フルートが止まらないって？　それならあなたがフルートを演奏しているのではなくて、フルートがあなたを演奏しているのだ。あなたがマインドを止めたいときはただ「止まれ」と言い、止まらなくてはならない。もしほんの少しでも動くなら、何か早急に手を打たなくてはならないだろう。これは危険な兆候だ。召使が主人になろうとしている。召使は召使、主人は主人でなくてはならない。この両方の向こうに、召使でも主人でもないあなたの実存が、ただそこに在る。この「在る」ことが、すべての瞑想のゴールだ。

今週、ブッダのスートラに関するあなたのディスコース「*The Discipline of Transcendence*」三部を読み、私自身の不思議な統合、ロマンティックな科学者であること——に気づきました。明日はブッダプルニマです。満月の主であるあなたは、私にはとてもロマンティックな方《かた》ですが、科学的でもあるのでしょうか？

カビーシャ、それは私の生涯をかけたワークだ——世俗的なことを神聖なことに、科学を詩に、日常をロマンティックなものにすることがね。誰もが、二つの間が分裂している。そして何か対立があれば、調和的であるよりも科学が宗教性を攻撃し、数学が詩的なものを攻撃してしまう。

アルバート・アインシュタインの妻は詩人だった。新婚旅行のために満月の夜を選んだのは、彼女のアイディアだった。アインシュタインはしぶしぶ認めたが、「*moon*」という単語以外に新婚旅行が満月と何の関わりがあるか、まるでわからなかった。

しかも彼女が新婚旅行のために特別に詠んだ、恋人を月に擬した詩を見せたとき、アインシュタインは笑ってこう言ったそうだ。

「ナンセンスはお止し、この新婚旅行の夜に詩を詠むのは止めた方がいい。もうそんなことはしないでくれ。月はあんなに大きいのだし、私を月と比べることなんかできないよ。それに月に美しいものなど、何もないからね。もしあなたが月に降り立てば、地球は輝いて、月が地球と同じ様に見えるだろう。輝くこともない。だからそれは幻なのだよ。反射する光線が月の美しさを生み出しているのだよ。そうでなければ光はないのだからね。月の輝きは皆借り物で、ただ反射しているだけなのだ。それは地球からも反射している。ずっと遠くからしか見えないだけでね」

宇宙飛行士は、月から見える地球の美しさに驚嘆した。月はただ平凡だった。草も生えず水もなく、美しい山々も、木も鳥も生命も何もなかった。何も生まない不毛の土地があるだけだった。しかしそこから地球を見ると、何と輝かしく美しかったことだろう。そして月よりもずっと大きい。月はこの地球のほんの一部分だ。地球は月の何倍も大きいので、当たり前だがずっと明るい。その美しさは信じがたいほどだった。

アルバート・アインシュタインは妻に「それはみんな詩的なナンセンスだよ」と言った。妻はショックを受けたが、夫は数学者で物理学者だから、ハートの道で話しかけても役に立たないと理解した。彼は唯一、マインドの言語だけを理解する。物事の一つの見方だけを理解する――それは論理の方法であり、愛の道ではない。妻は傷ついた。彼女が愛する人に捧げた創作を分かち合えない人と、生涯を共にすることに絶望的な気持ちになった。彼はただ笑って、彼女は馬鹿にされたように感じただろうからだ。

数学や物、化学を持ち出すと、詩は台無しになる。詩はこうしたものとは何の関係もない。

私の努力は、人を偉大な数学者でありつつ、詩的な感性も失わずにいられるようにすることだ。人の存在には二つの異なるセンターがあるから、対立を作り出す必要などない。

あなたが何か数学的な問題に取り組んでいたら、マインドを使いなさい。恋人といるときは、マインドを脇に置きなさい。でなければ、恋人と共にはいられないだろう。統合とはマインドとハートを一つにするのではなく、双方を上昇させることだ。どんな状況でも他に邪魔されることなく、どちらも使えるように――。

あなたの統合は、マインドもハートも超えたあなたの意識となるだろう。統合して分裂が消え去ったと感じると、途方もない悦びがある。あなたは初めて、全体性と神性を感じるからだ。

何年もの間、多くのサニヤシンが悟りを経験したと聞いてきました。〝悟り〟とは何であり、何のために訪れるのでしょうか？

〝悟り〟は究極の一瞥だ……ヒマラヤの峰々を見るように。まだずっと遠く、頂上に立っているわけでもなく、頂上にも至っていない。美しく魅力的で、興奮する、挑戦的な経験だ。それがあなたをサマーディに導くこともあるだろう。悟りはサマーディの一瞥だ。

サマーディは悟りの完成したものだ。一瞥であったものが永遠の現実となる。悟りは窓を開くようなものだ——風やかすかな光が入って来る。空の一角を見るが、そこには枠がある。あなたの窓が、もともと枠などない空に、枠をはめてしまう。常に室内にいて外に出ないと、空とは枠があるものだという結論に達することは自然だ。

モダンな画家が、枠にとらわれずに描き始めたのはほんの数十年前だ。理解できない芸術愛好家たちにショックを与えたものだ。枠もない絵画に何の意味があるだろう？　だがモダン画家たちは「存在に枠などない、枠の中で美しく造った自然の風景は嘘だ。枠は虚構だ——あなたが付け加えたものだ。外の世界にはない。だから私たちは枠を落としたのさ」と言った。

〝悟り〟とは、窓から見た、星でいっぱいの美しい空の単なる一瞥に過ぎない。もしそれが、何百万もの星に満ち溢れた満天の限りない広大さを、外に出て見るようにとあなたを招くなら、それがサマーディだ。サマーディという言葉はとても美しい。サムとは同じという意味だ。アーディ、サマーディという語の二節目は、すべての緊張、すべての混乱、すべての動揺が消滅するという意味だ。そこには沈黙の均衡があるだけだ――まるで時が止まり、すべての動きが凍りついたような。ほんの一瞬感じるだけでも充分だ。もう二度と失われない。

悟りは一瞥でしかないために、消えるかもしれない。サマーディは現実であるから消えはしない。悟りはサマーディの途上にあるが、助けとも障害ともなり得る――それがもっと偉大なことの始まりだとわかっているなら助けとなり、終わりに至ったと思うなら障害になる。

瞑想をしていると、まず悟りに至る――あちこちに光と祝福、エクスタシーがあり、やって来ては去っていく。だが覚えておきなさい、どんなに美しくとも、来ては去っていくのなら、あなたはまだ家に辿り着いてはいない――ひとたび至れば二度と消え去ることのない家に。

ドイツのサニヤシンに関する記事を読み、何かに打たれた思いです。記事には、多くのサニヤシンにとって、サニヤスがファッショナブルなムーブメントに変わってしまっているとあります。OSHOがアドバイスしたエイズ予防の手段も、多くの人がもう行なっていません。質問に答えた人は「何のために?そんなものはシーラのパワートリップに過ぎない」と正当化していました。

あるサニヤシンはマラと赤いローブをはずし、まだそれらを身に着けている他のサニヤシンに、まだ何か意味があるかどうか聞いたりし、OSHOの言葉を、自分達のエゴイスティックな行動を正当化するために使っています。

あなたのセラピストだけでなく、他の多くのサニヤシンが、いわゆる自由な道――あなたがセラピストであるサニヤシンに関して語ったような――を取っているように見えます。

サニヤシンに何が起こっているのでしょうか?

一つの質問だが、多くを尋ねている。

まずエイズ予防については、誰のパワートリップとも関係ない。実際、コミューンで取られる多くの予防策が、世界中の数多くの政府機関に採用されている——全く同じ予防策だ。アメリカでさえ、いくつもの州で同じ予防策が取られている……もちろん私の名は出さずにだ。礼儀正しさも何もないね。私たちが最初に導入した予防策が世界中で使われることになる、エイズは蔓延しているから。

ほんの数日前、アナンドが新しいウイルスが見つかったと知らせてきた。古いエイズウイルスもまだあるが、新しいウイルスも生まれた。しかも血液で発見できないから、より危険になっている。最初のものは検査できたが、二番目はそれ自身進化していて見つけ出せず、無いものだと思ってしまう。それはあなたがが関わった他の人たちを殺していく。

だが、私は沈黙することで、組織宗教が形作られないよう消滅させたのだから、それぞれの個人が自分自身に責任を持つことだ。組織され、中央集権的な、あなたの面倒を見るシステムは存在しないのだから。

それが真に自由の意味することだ。責任を負うということだ。だが愚か者にとって、自由は放縦だ。

私は、できるだけあなたにより責任を負わせ、より自由を与えようと努めている。私はサニヤシンに、マラや赤いローブを身に着けるかどうかを、彼ら自身に強いていた人々が落としたのだ。これは何かを失つた訳ではない。私は、なぜ参加しているか理解しないままサニヤス・ムーブメントに入り込んできた愚か者の重荷から解放されて、ほっとしている。彼らは他の人にも、マラや赤いローブを落とすよう言っているに違いない。「OSHOがそう言ったのだから」と。

私は彼らに落とせとは言っていない。私はただ、選ぶようにしただけだ。それを続けるか落とすかは、

749　第37章　沈黙の均衡

まったくあなたたち次第だ。だが、なぜ彼らは他の人に言うのかね？　彼らが落としたのに、他の人たちがそれを落としていないことに、罪悪感を感じているに違いない。おそらく彼らは何か良くないことをしているのだろう。他の人が落とすなら、彼らだけが落としたわけではないと、ある種の安心が得られるのだろう。そしてもっとも奇妙なのは、私が彼らに「マラを落とすこともできる、赤いローブを落とすこともできる。それでもサニヤシンだ」と言っていたということだ。

いずれにせよ、愚かなマインドが何をし、どう考えるかを予測するのはとても難しい。彼らはマラや赤いローブを落としただけでなく、「OSHOがそう言ったから」サニヤスも落としたと言っている。私は、赤いローブやマラがなくても、サニヤシンとして受け入れると言ったのだ。だが、彼らはもはやサニヤシンではないと考え、他の人もそうしようとしている——自由を主張しながら。

他の人は、「赤を着るか着ないかは私の自由だから、自分で使うかどうかを決める。あなたが使わないと決めたのはあなたの問題だ。私に助言して、自分の考えを押し付けようとするあなたは何だ？　それは自由に反する——他の人を改宗させようとするのは、自由に反しているよ」と答えるべきだろう。

ありとあらゆる宗教は自由に反している。

だが、私に関して言えば、あなた方に責任を感じているからこそ感じる多くの重荷が、肩から除かれたので喜んでいる。私はあなた方に成長して欲しい。今生を無駄にして欲しくない。私がここに居てさえ成長できないなら、いつ成長すると言うのだろう？

何が起こってもトータルに良い。残る価値のあるものだけが残るのだから。立ち去るものは、彼らの時間と私の時間を、不必要に無駄にしてきた。もっと早くに立ち去るべきだった。いまサニヤスは、トータルに異なるムーブメントに、より真摯な探求者のためのものになる。社会に飽き飽きしたから、社会を変えたいような人のためではなくなるだろう。何か代わりの社会を求めるがゆえに、サニヤスコミューンに参加したものの……真実への志向も渇望も持っていなかった。ただ単に、この社会では赤いローブをまとっているから……この中で風変わりで奇妙、おかしく見られたくないので……赤いローブを着てサニヤシンになった。だが現実は、彼が心から退屈したある大きな世界から逃げ出し、他に行く場所がなかっただけだ。コミューンはすべての人にとって、避難所になっていたのだから。

サニヤスは学びに、ミステリースクールになるだろう。成長と変容を望む人だけが参加する。より意識的でありたい人たちは、何百万人もいる。自分は眠っており、無意識だと自覚している人々だ。少数の人たちを気に病むのはやめなさい。古いサニヤシンは姿を消すが、新しくて新鮮な血流が入ってくるのだから。そして今、トータルに異なる現象となるだろう。私は少しずつ、世界中の色を変えていく。ただ一緒に生きるだけでなく、共に成長するために。

サニヤシンが社会の条件付けを落としている間に、あなたの教えのある一面を……トータルであるべきとか、自分自身の経験によって知るまでは疑いなさいとか、嫉妬してはならない、といった教えを別種の条件付けとして受け入れることがあるでしょうか？　私たちへのあなたのワークがひとつの価値体系——つまり、条件付けから別のものにただ置き換わっただけではないことを、お話いただけますか？

まず最初に、私の教えは新しい価値ではないし、古い価値体系に取って代わるような新しい価値体系でもない。たとえば神を信じる人たちがいる——これが一つの体系だ。神を信じない人たちもいる——これが別の体系だ。私は人々に、信じるという問題ではないと語っている。信仰から別の信仰に変えるなら、条件付けを変えるだけ、あなたは条件付けられたままだ。私は、あなたにどんな信仰システムも持たないように言っている。あなたは現実に入っていくよう求められる――あなたが見出すものが何であれ、あなた自身の真実だから。信じる必要はない。ひとたび知れば、信じるという問題はもはや起こらない。あなたは知らないものだけを信じる。もしあなたがそれを知れば、「知っている」とか「信じる」などと言いはしない。

だから私はあなた方に、別の信仰体系を与えているわけではない。あなたの条件付けを壊してしまえるような、技術を与えている。技術それ自体は、条件付けではないだろう。あり得ない、それは信じることを求められていない。経験することが求められている。あなた自身の経験に支えられないなら、どんな信用も与えなくて良い。

私がそう言うからといって、起こることをトータルに信じる必要はない。私はトータルに生き、これが生に見出した唯一の生き方ということだ。あなたも試せるだろう。トータルな生を信じなさいと言うわけではない。信じる必要など、どこにもない。そのように生きるかどうかだけだ。だが味わおうと、探求しようと決めたなら、マインドをきれいにし、信仰を持たず、それが何かをただ見なさい。そしてもし、それが喜び、楽しみ、祝福となったら、それを保ち続けるか続けないかもあなた次第だ。

すべての条件付けは、信じることがベースになる。

私のすべてのワークにおいては信じることではなく、経験することを唯一の尺度としている。

すべての信仰は嘘だ。

私の真実でさえあなたの真実ではなく、あなたの真実だけがあなたの真実だ。条件付けなどあり得ない。質問する者は誰でも、知的に考えるだけで試そうとはしない。そして当たり前のことだが、自分自身を納得させる。これは新しい価値体系だ、また条件付けだ。何をしようと言うのかね？　あなたがすることは何であれ、新しい価値体系になる。何もしなくても、それがまた新しい価値体系になるのだから、条件付けから自由になれない。

あなたの質問は、質問というよりは意見だ。あなたは条件付けを逃れるすべはないと言っている、ならば何を気にするのかね？　古いものに留まりなさい、新しいものも別の条件付けに過ぎないからだ。古いものは、少なくともよくわかっている——よく踏み固められた道だ——先祖の遺産、古来の真実だ。何百万人も信じている——なぜ取り替えるのかね？　あなたはただ、論理的なガラクタに避難しているだけだ。

あなたの質問を良く見れば、瞑想が条件付けではないとわかるだろう。それは条件を解除する。あなたにどんな考え、どんな思考、どんなイデオロギーも与えない。それはすべてを浄化し、あなたを空っぽにする。条件付けではあり得ない。

覚醒は、件付けではあり得ない。あなた自身のものだからだ。生得のものだ。誰もあなたにそれを与えられない。あなたがしがみつくそのガラクタを、ただ放り出しさえすればいいのだ。

私は、あなたが個性的であるよう努力している。あなたに何も加えたくない。あなたは完璧に生まれてきた。社会はあなたを不完全なままに留めている。私はあなたに、気づいてほしいだけだ。あなたの完全性、その美しさ、あなたの喜び、社会があなたのマインドを条件付けることで隠してきた、ありとあらゆる祝福に。

私はあなたを条件付けたりしない。もし人々を条件付けることで、条件付けに気づくのなら、物事はとても簡単だ。人を条件付けで喜びで満たすことができるなら、とても簡単だっただろう。全くの嘘を信じさせられてきた——神、預言者、救済者、転生——だが誰も、喜びに満ち、自発的で、トータルであるように条件付けることはできない。すでに持っている質だからだ。ただ見つけ出せばいい。

条件付けられるのは、あなたが持っていない質だ。だが社会は、繰り返し継続することで、あなたのマインドを思考で満たすので、あなたはゆっくりとそれを信じるようになる。こうした思考は、満たされた感覚を与えるだろう。
だが奇跡とは、空っぽになる勇気を持てば、途方もなく美しい自然な性質で満たされ、永遠に存在する究極の個性を得ることだ。ひとたび見出せば、それは決して失われることはない。

あなたは先日、クロポトキン公爵の失敗を理解することについて語られ、リアルな成長は最下部から上昇するときにのみ起こる。上から強いても起こらないとおっしゃいました。これはあらゆるイデオロギーが失敗してきた原因のように思えます。それは庭に入って行って地面を這う花の枝を見つけ、美しい花びらを頭頂に付けた後、垂直に地面に立って「なんて美しいのだろう」と眺めても、当然それがこぼれ落ちたとき、落胆するようなものでしょうか？　よろしかったらご説明ください。

全てのイデオロギーが、同じ過ちによって失敗してきたのは事実だろう。社会を外側から、その構造を変えることで変えようとしてきた——政府、宗教、社会の経済構造などをだ。彼らは皆、社会を変えるべき単体としてとらえ、社会など存在しないということを、気にもかけなかった。存在しているのは個人だというのに。
社会はジャングルのようなものだ。遠く離れていればジャングルが見えるが、近づけば一本の木が見え始める。何マイルもジャングルを探して歩いても、どこにもない。あなたが出会うのは常に個々の木だ。ジャングルはただの幻影にすぎず、多くの木々が、遠くからはまるでひとつであるかのように、見えるだけだ。

社会は存在しない。この全てのイデオロギーは、社会を変えようとするものだ。存在しないものは変えられない――だから彼らは失敗する。とても簡単な事実だが、社会を変えたいなら個人を変えることだ。全ての個人が変われば、社会がそのままでいると思うかね？　個人が皆変わることで、社会は自動的に変化する。それは名前に過ぎない。

クロポトキン公爵は美しい人物だった。とても無垢で、アイディアは完璧だった。だが、アイディアを実現するための手法が誤っていた。子供だましだ。成功するはずがない。

同じことが、カール・マルクスにも言える。彼はまず、貧者が権力を握ってプロレタリアート独裁を形成し、富者にその富を分配するよう強要することを考えた。ひとたび富が分配されたら階級はもはや存在せず、独裁の意義も終わると考えた。とても論理的だ。だが不幸なことに、論理は人が拵えたものに過ぎず、存在にはそれに従う義務などない。

ソビエトでは既に七十年が経過して、金持ちはとうの昔に消え去っている。皆、等しく貧しい。独裁が消え去るべき時はとっくに来ていた。だがマルクスは、権力を握った者たちは、手にした権力を失いたがらないものだと考えなかった。お金を手にした者が、それをシェアしたがらないのはなぜかね？　お金が力だからだ。同用にシンプルなことだ。

ソビエトで権力を手にした人たちが、どうしてその力を手放して、ただの一市民にならねばならないのかね？　彼らは力にしがみ付きたいのだし、ロシア革命は可能性もなさそうだ。

カール・マルクスがロシアに入国を希望したとしても、ビザが下りることはないだろう。危険人物だからだ。彼はプロレタリアート独裁の解体を語り始めるだろう。そんなものはもう必要ないのだから。

歴史上のどんな金持ちにも、プロレタリアート独裁ほど社会に害を与えた人はいない。スターリンただ一人で、富を分配すべき百万人を殺してしまった。どんな金持ちも、そんな権力を握ったことはない。階級のない社会という名目のもと、権力のない社会という名目のもと、史上初の非常に強大な政府が誕生して、想像を絶することを人々にしているのだ。

ある人がノーベル化学賞を受賞したとき、ソビエト政府はそれを受けさせたくなかったのだが、彼は、「これは政府とは何の関係もありません。私の個人的な功績です。私の化学への貢献を世界が認めたのです」と言った。彼がノーベル賞を受けた結果、即刻捕らえられて収監されてしまった。

三週間に渡って眠ることも許されず、眠れなくなる注射を打たれ続けた。そしてゆっくりと、十日後には家族への興味を失い始め、十五日後には化学への興味を失い、三週間後には彼自身を含めて、何に対しても全く興味を示さなくなった。あまりにもひどい拷問だったので、死ぬほうがはるかに簡単だっただろう。このような三週間の拷問の後、彼を生かしておいて、法廷に連れ出したのだ。

策略をごらん、形式的な法の手続きを踏むために裁判を演出した。判事の質問に彼は答えられなかった。言葉さえも忘れてしまっていた。視線を泳がせていた――天才だったというのに！　彼らは全頭脳を破壊してしまったのだ。

判事は、「この人は狂っている！　狂人のための施設に送るべきだ」と言った。

それ以来、誰も彼のうわさも聞かない。狂人の施設に居るに違いない。これが三人のノーベル賞受賞者に起こった。何百万もの他の人たちにも起こっている。世界がそれを知ることは決してないだろう、ラジオは政府のもの、テレビも政府のものだ。どのニュースメディアも政府系だから、政府が知らせたいものだけが放送される。そうでなければ、誰も知らない。

夜中にただ起こされて、「共産党事務所に呼ばれている」と告げられ、消えてしまう。子供や妻は何年も待ち続けるが、彼らに何が起こったのか何も知らされない。問い合わせることもできない。「あなたの知ったことではない」からだ。政府は何をすべきか実に良くわかっている。それはソビエトに限った話でなく、どこでも同じことが起こっている。

私のワールド・トリップはいい経験だった。ここの、この小さな国は民主的であろうとして、三日前の朝、私がここに滞在し、私を慕う人たちが個々に来られるよう手助けし、必要な設備を提供すると決めていた。即座にアメリカ大使がロナルド・レーガンに打電したに違いない。もし私の滞在が許されるなら、過去の債務をすぐに支払えと脅された──数十億ドルに上る額だ。貧しい国にはとても支払えない額だ。利子さえも払えないだろう。「もし支払えないなら、利子率を上げよう」──これがひとつ。そして二つ目が──「将来の援助としてあなたの国に割り当てていた数十億ドルを、凍結しよう」だ。

すぐさま、ちょうど一時間以内に何もかもが変わった。大統領は「彼をここに滞在させるわけにいかない」と言った。

ロナルド・レーガンに「政府は方針を変えて、彼を追放するつもりだ」と知らせたに違いない。ほんの昨日彼らは報われ、一億五千万ドルの直接ローンを与えられた。そして別の報酬も得た。二億ドルの過去債務が帳消しにされ、支払う必要がなくなった。

だから、三億五千万円が即座に得られた報酬だ。実際、私はアナンドを送って、「私のコミッションはいくらだね？　あなたは三億五千万ドルを手にしたのだから、公平に言って私のコミッションも含まれているはずだ」と言わせようと考えていた。もし訪問する国ごとにそうしていたら、私は実に幸せだろう。ある国から別の国に移動するたびに、コミッションを受け取ることができる。

だが、これが「デモクラシー」だ。手法が違うだけで何の違いもない。文明度で考えるなら、顕著な進歩は見つけられない。

私はよくH・G・ウエルズのコメントを思い出す。誰かが、「文明とは何だと思いますか」と尋ねたときにこう答えた。「それはすばらしいアイデアだが、誰かが実行しなくてはね。何処にもまだ起こってはいないのだから」

第三十八章

死はあなたへの評価だ

Death is Others' Opinion About You

十五年前、私は政治的活動家でした。そして思想を広めることで、社会を変えようとしていました。失敗と挫折感が、私をあなたのもとに導きました。今ではあなたの人々は、あなたとの接触を断たれています。新しい人間を生み出すには、あなたの考え方を広めることや、あなたの本や録音テープを発行するだけで充分でしょうか？　あるいは、他に何か私たちにできることがありますか？

質問はアヴェッシュからだ。

あなたが私のもとに来る前にしていたことは、今私があなたにして欲しいと思っていることと同じではない。あなたは、同じような誤った考えで活動していた――それは、社会とは変えられるものであり、個人もひとりでに変わるだろうという誤算だった。

あなたが失敗したのは、思想を広めたからではなく、あなたの思想が誤った考えに基づいていたからだ。つまり、あなたが変えられるような、魂を持った社会というものが存在するのだという――。「社会」とは集合的な名称だ。あなたはそれに対して何もできない。何であれ、すべきこととは個人に対してだ。それが存在の、生きた理解力のある部分だからだ。

だからまず第一に、「言葉を広めるように」と言うとき、私は個人について語っているのであって、社会についてではない。

第二に、言葉以上に影響力のあるものはない。それはとても説得力があるので、聖書の伝承も言葉で始まっている。「初めに言葉があった。言葉は神と共にあった。言葉は神であった」

私はこの「初めに言葉があった」という主張には同意しない。しかし、誰であれこの聖書の一節を書いた人は、言葉の力というものを十二分に認識していたということには、確かに同意する。彼はそれをあえて神よりも先に置いた――なぜなら「神」とは所詮は言葉、空虚で内容のない言葉だからだ。彼には少なくとも洞察力があった。すなわち、言葉とは実に影響力があるので、存在の初めにあるべきだという――。

私は、この主張に同意するわけにはいかない。言葉には、誰かそれを理解する人、誰かそれに意味を与える人が必要だからだ。さもなければ、それはただの音だ。言葉とは何だろうか？――現在に至るまで、私たちが特定の意味を与えてきた、音の集まりだ。意味とは恣意的なものだ。だから同じ言葉が、ある言語では一つの事を意味し、別の言語では別の事を意味し、さらに別の言語では、何かもっと違った事を意味することもあり得る。言葉にはそれ自体としては少しも意味はなく、意味を前提条件としている。だから「初めに言葉があった」という主張は、言葉の力をわきまえた重要な主張ではあるけれども、事実に関しては本当ではない。

ヒンドゥ教の経典は一つではなく、百八のウパニシャッドは――言葉ではなく音で始まる。それらはオームで始まる――それは言葉ではない。それは何も意味しておらず、何の意味も持たないからだ。この方がより深い洞察だ。「初め」には言葉ではなく、音しかありえない。音は誰か、それに意味を与える人がいると き言葉になることができる。

しかし仏教の経典には、物事のまさに根源にまで到達したものがある。曰く「初めに沈黙があった」と。

沈黙と音と言葉は、すべて関連がある。沈黙は大洋のように広大だ。それは音になる可能性がある。それは未だ自己を明示していない。ちょうどそれは、ギターの弦の中に眠っている音楽のようなものだ――音楽を目覚めさせるには、誰かの指が必要だろう。沈黙とは、音が眠っていることだ。だが初めには、沈黙しかあり得ない。

言葉から音、そして沈黙へと、洞察は深まっていく。しかし私はどの主張にも同意しない。なぜならどのような始まりであれ、かつて在ったことはないからだ。始まりという考え方そのものが、間違っている。もし私が書いていたとしたら、こう書いただろう。

「終わりに言葉があった。次に音が、その次に沈黙が――もし終わりというものが、あるとしたら」もちろん初めなどなく……どんな終わりもありようはない。しかし個人の思想家たちや、個人の光明を得た人々にとっては、他者との関係という限りでは、初めもあれば終わりもある。光明を得た人自身にとっては、初めだけで終わりはない。そして初めには沈黙だ。

おそらくウパニシャッドは光明の経験に、あまりにも感化され過ぎているようだ。あなたのマインドが消え、永遠の沈黙という空間を後に残すとき、始まりはある。だが、自己というものには終わりはない。もちろん他人から見ればあなたは死ぬだろう。が、あなた自身から見れば、あなたは生きる。死とはあなたについての、他者の評価なのだ。彼らにとっては、終わりに言葉があるだろう。なぜならマスターの教えは、一つあるいはそれ以上の言葉の中に、盛り込ませるものだからだ。

だから、言葉に影響力がないと思ってはならない。普通の日常の言葉には影響力はなく、実用性があるだけだ。しかし光明を得た人が語るとき、言葉は実用性を持たず、ただあなたの心を変容させる途方もない威力を持つ。

「言葉を広めなさい」と言うとき、私が意図しているのは、何であれ私があなた方に語ってきたことを、できるだけ多くの方法で、広め続けなさいということだ。すべてのニュースメディアを利用し、科学技術の提供するものをすべて利用して、言葉が地球の隅々までくまなく届くようにしなさい。そして覚えておいてほしいのは、それはどんな核兵器よりも、はるかに威力があるということだ。なぜなら核兵器は死をもたらすだけだが――それは力とはいえない。しかし、光明を得た意識からの言葉は、あなたに新しい生を、再生を、復活をもたらせる――これこそが力だ。

何かを壊すことなら、どんな愚か者にもできる。創造には、知性が必要だ。

私はあなた方のために、計り知れない可能性のある言葉を残すつもりだ。もしそれらの言葉を、ただ囁き続けられたら、あなたは驚くだろうが、人間の心《ハート》のすべてを変えることができる。

もしその言葉が覚醒した意識から発せられたなら、あなたの内面に達するとそれは音になる――なぜなら意味はマインドのものだから。マインドより深いのが、意味を持たないただの音だ。しかし、まだそれ以上の深みがあり、そこでは音が沈黙の中に消えていく。真の言葉、本物の言葉は、あなたの内にいつも沈黙を創り出す。これがその力の判断基準だ――つまりそれは空虚ではないこと、それは音を含み、音は沈黙を含んでいる、そして沈黙こそが存在の本質なのだ。

あなたは質問している。「ただ言葉を広めるだけで充分でしょうか?」と。

何をお望みかね? 爆弾を作るかね? テロリストになるかね? 人々を殺すかね? 他に何が欲しいのだろう。いや、他には何もない。覚醒した人々は各時代を通じて、言葉以上に影響力のあるものは見出さなかった。ただそれを広めるということが問題なのだ。しかもそれを、オウムのように広めるのではなく、レコードのように広めるのではなく、その身代りとして広めるのだ。何であれその語ることについては、あなたはそれを体現しなくてはならない。そうしてはじめて、あなたの発言は力を持つのだ。

だから心配することはない。この二十五世紀の間に、世界中に何人の皇帝が存在しただろうか? だがどの名前にせよ、ゴータマ・ブッダの足元にも及ばない。ただその一つの名前だけが、エベレストのように聳え立つ――そのそばでは、すべてがピグミーのようだ。しかもその人の能力とは何だったのか? 彼はある単純な方法を使った以外は、つまり彼の沈黙を音に、そして言葉に変換する以外のことは何もしていない。

これが覚醒した人の内面で起こっていることだ。彼は沈黙の中にある。彼は沈黙の持つ可能性を現実のものにし、それは音になる。彼はそれに意味を与える――なぜなら意味だけが、架け橋となれるからだ。

あなたは言葉を聴く。あなたの内でもまた、再び同じ過程が起こらなくてはならない。あなたはマインドによって意味を理解する。しかし音を深部に滑り込ませる。意味はマインドにとどまる。音は心《ハート》に達する。そしてもし、音も同様に消えるのを許すなら、そのときあなたは自らの存在、すなわち沈黙に到達する。マスターの場合に起こったことが、逆の順序でなされなくてはならない。それは暗号の言葉だ――あなたは解読しなくてはならない。

しかもそれは、ただ私の言うことを繰り返すという問題ではなく、それを「生きる」という問題だ。あなたの生活がその証となるべきで、そうすれば他には何も必要はない。

人類の進化はすべて、言葉によって生じてきた。個々のマスターたちは世の中に、深い意味のある言葉を残す。それはしかるべき人のもとにあるなら、変容のための莫大なエネルギーであり続けられる。

私たちがここにいるのは、誰かを殺すためでもなければ、何かを壊すためでもない。何かを創り出すためにここにいる。そして最も本質的で、最も重要なのは人間の意識だ。そうだ、意識の生じるとき、多くの事はひとりでに消えていくだろう。それらを壊す必要はないだろう。

これが、仕事《ワーク》全体のすばらしいところだ。壊されたものは何もないのに、何千もの問題が消えていく。そして最後にたった一つ残されるのは――永遠の経験だ。あなたでさえ、その中に消えていく。しかしそれを「経験」と呼ぶことさえ正しくない。それはただ「在る」だけだ。私が説いているのは、存在に関する革命だ。

私は猫がネズミを殺して食べる前に、もてあそんでいるのをじっと見ていたことがあります。まるでそれがゲームであるかのように、猫は哀れなネズミを苦しめることに、とても大きな喜びを見出しているように思えました。しばしば私は、哀れなネズミに味方して自分が猫のじゃまをしているのに気がつきました。残忍性は存在に固有の性質でしょうか、あるいは私たちの生物学的本性の一部でしょうか、あるいは他の何かでしょうか？

残忍性というのは考え違いだ。それが私たちの内に起こるのは、死への恐怖があるからだ。私たちは死にたくない、そこで誰か他の人があなたを殺す前に、あなたはその人を殺したいと思う――なぜなら攻撃が最大の防御だからだ。私はマキアヴェリを引用している。彼のひまご娘はサニヤシンだ。マキアヴェリは西洋の政治思想に、非常に大きな影響を与えた。

同じような種類の人間が、五千年前にインドに生まれている。名前をチャナキャという。彼は同じような点で、東洋の政治思想に影響を与えている。

知ったら驚くだろうが、インドの独立後でさえ、しかも非暴力についてしきりに話し合われ、その非暴力の偉大な力が、インドに独立をもたらしたのだが……ガンジーがまだ生きていた頃、人々はニュー・デリーの外交地域を、五千年前の人チャナキャにちなんで、「チャナキャプリ」と名づけた。チャナキャプリとはチャナキャの町という意味だ。そして彼はマキアヴェリがほんの二、三世紀前に言ったのと、全く同じ事を言っている。「攻撃は最大の防御」だと。

あなたには誰が攻撃してくるかはわからない。動物界や人間の世界には、熾烈な競争がある。だから人々は闇雲に攻撃し続ける。誰を攻撃しているのか、相手は本当に彼らを攻撃する気なのか、ということにはお構いなしに。しかし見つける方法はない。運任せにしないほうがいいのだ。そしてあなたが誰かを攻撃したら、あなたの心はだんだん冷酷さを増していき、攻撃に喜びを感じ始める。この現象は動物の間で見ることができる。なぜなら競争は同じだからだ。食物を、支配力を求めての……。

最新の発見によると、ほとんどすべての動物には、ある種の階級制度があるそうだ。もしあなたが二十匹の猿たちが木に座っているのを見たら、一番上の枝は大統領が占有しているだろう。彼が一番屈強な猿で、みんなを倒したのだ。そして当然だが、彼は一番屈強なので、最高の女性たちを回りに侍らせている。誰もその女性たちに手は出せない。一番低いところの枝にいる哀れな猿たちは、一人も女性を持てない。なぜなら両性の数は同じだからだ。

大統領の下に首相がいて、彼も自らの女性たちの集団を所有している。次に閣僚がいる。さらにあなたがずっと木を下に降りていくと、普通の猿たちがいる――ビジネスマンや兵士たちだ。そして一番下に着いたなら、最も貧しい猿たちに出会うだろう――乞食や浮浪者や犯罪者たちだ。彼らは何も持っていない。そしてしばしば大混乱が起こる。もし年取った猿が死ぬと、再び誰がボスになるかという大闘争が起こる。いや老いた猿がまだ生きているときでさえ、あまりにも高齢になると、年下の猿たちは彼に我慢がならなくなり、追い出してしまう。別の年下の猿が群れのボスとなり、今や一番下の枝に座っている老いた猿の、女性たちを我が物とする。

ちょうどリチャード・ニクソンのように――誰も気にかける人や、注目する人はいない。君は失敗したのだ。あるいはジミー・カーターのように、再び彼のピーナッツの事業を始めたばかりなのだが、大統領からピーナッツまで、大した落ちぶれようなのに、少しも恥ずかしいとは思っていない。しかし他に何ができよう？　そしてこの人たちは死ななければ、再び話題になることはない。そのときには新聞に小さな記事が載るかも知れない。偉大なアメリカの元大統領が死亡したと。

残忍性とは一番であろうとする、闘争心に他ならない。もしそれが暴力を意味するなら、暴力も辞さない――だが人は一番であらねばならない。それは動物の内にあり、人間の内にもある。しかし一番であろうとする、この焦燥はなぜ起こるのだろう?

存在の理由とは死だ。生とは不確かなもの。あなたは今日は生きているが、明日は生きていないかも知れない。しかも楽しむべきことは、実に沢山あるのに、時間はとても短い。この時間の短さに対して、生きるべきこと、愛するべきこと、楽しむべきことはとても多いので、慌ただしい狂乱が生ずる。あなたはすべてのことで、一番先に到達しなくてはならない。何物も取り逃がすことのないように。そしてもし他の誰かが既にそこに到達していたなら、たとえ彼を殺さざるを得なくても、ためらうことはない。

残忍性が消滅するのはこの場合だけだ――どうやって私が、なぜ残忍性が存在するのかという手がかりを得たかといえば――それが消滅するのは、死というものはない、ということがわかったときだけだ。

あなたが自分の中に何か不死のものを経験したら、すべての残忍性は消える。それなら問題はない。あなたは走る必要はなく、朝の散歩に出かけることができる。そしてもし、誰かがあなたを押したなら、彼を先に行かせてやればよい。なぜならこのかわいそうな人は、世界には限りがないということも、生には限りがないということも知らないのだから。何ひとつ、取り逃がすことはあり得ない――たとえ今日はだめでも明日がある。だが、もしあなたが理解したなら、何も取り逃がすことはない。

実際、争い、そして互いに残酷になることで、暴力的になることで、あなたは多くを失うかもしれない。なぜならこのすべての過程が、あなたを硬化させ、心を石のようにするだろうから。そして心というものは、もし石に変わったなら、すべての偉大なもの、すべての美しいもの、すべての喜びに満ちたものを、失うことになるからだ。

しかし動物たちにこれを説明するのは難しい。真の問題は、それを人間に説明することさえ、難しいということだ。つまり競争や激しい野心や、どこにでも我先に到達しようとすることなどで、誰も何も楽しめず、みんなが哀れなままという狂気の世界を、あなたは創り出しているのだから。

人々を理解させる唯一の方法は、彼らが不滅の自己を感じられるように手を貸すことだ。そうすれば瞬く間に、残忍性は消えるだろう。問題を起こしているのは、生の短さだ。もしあなたが両端に無限を持っているなら——過去と未来という意味だが——急ぐ必要はどこにもなければ、競り合う必要すらない。生はとても豊かで、とても満ち溢れているので、あなたはそれを汲み干すことはできない。

しかし、瞑想する人はほとんどいないだろう。また永遠の自己を知っている人も、ほとんどいないだろう。だから当然彼らは、残酷で乱暴なままなのだ。こういうことは少しも本質的でもなければ、生まれつき備わっているものでもない。それは副産物であり考え違いなのだが、あなたはなぜそうなのかということを理解するために、何もしてこなかった。

私はインド、ナーグプルの鉄道の駅にいた。そしてちょうど空調付の仕切った客室に入ろうとしたとき、他の男があわててやって来て、私をわきに押しやり、彼のスーツケースを押し込んだ。私はわきに立って一部始終をじっと見ていた。というのは列車はそこに三十分停車することになっていたからだ。それに空調のきいた客室なら、込み合うはずはなかった。おまけに席も予約してあった。

彼が全部運び込んでから、私は尋ねた。「入ってもいいでしょうか？」

彼は少し決まり悪そうに言った。「すみません、あなたを押しのけてしまって」

私は言った。「いいえ、そんなことはかまいません。人々は列車に乗ろうとして急いでいますが、思い違いですよ……あなたはこの列車が、ここに三十分停車することになっているのをご存じない。それに乗客は、あなたと私の二人だけです。三十分もあれば、私たちは楽々と乗り込めると思いますよ。誰が先に入るかなどは、どうでもいいではありませんか」

「それに私の席は予約してあります。だからご心配には……ところで、あなたもきっと席を予約されていますよね」。席を予約せずに空調のきいた客室で旅行するのは、とても難しい。空調のきいた客室で旅行するのに慣れた人なら、十五日前に予約しなくてはならない。そうしないと、席の数は多くはないので、空があるかどうかは、あてにならないからだ。列車全体でも、空調がきいているのは客室の一区画しかない。

彼は言った。「いいえ、予約していません」。私は言った。「それでも、慌てることはなかったのです。客室の中に入るより、車掌を捕まえて、空席があるかどうか確かめればよかったのです」

私は中に入り、自分の席を見つけた。彼はドアの名札を見ていたが、他に席はなかった。

そこで私のところに来て言った。「多分おっしゃる通りでしょう。私は車掌を探したほうがいいようです。どうも席は一つもないようです。誰か乗らない人がいるか、途中で降りるか、次の駅で降りでもしなければ」

ちょうどその時、車掌が入ってきた。彼は男に言った。「切符を持っていないから、私は君を三等車から追い出した。二等車に入ったから、二等車から追い出した。一等車に入って、ここまで来たからには、空調のきいた客室なら、多分誰も検査には来ないだろうと思ったのだろう。普通なら全部の席が予約になっているから、誰も検査しないが、私は跡を追っていたんだ」

私はその男に言った。「切符さえ持っていないのに、あなたは自分の座席が予約してあるかも知れないと思っていた！　そして急に飛び込んできて、私をわきに押しのけた。あなたがどんな人なのか、理解できませんね。しかし一つだけわかるのは、あなたの心配事です。

ああやっとわかりました、あなたが私を押したのではなかったのが――車掌に見つかるのが怖かったのです。彼はあなたを別の三つの座席から追い出した。そしてここに迫っていた。だから車掌に追いつかれる前に、中に入ってどこかに落ち着いて、眠ったふりか何かをするか、お手洗いに行ってそこに立っていようとしたのです。あなたの慌てぶりや無作法な行動、私を乱暴に押したことなどは、ただあなたの中に何かが欠けていることを表しています」

間違ったことをしている人々は、常に心理的に何かが欠けている。そしてもし彼らに、ほんの少し瞑想することを手助けしてやるなら、それは大した問題にはならないだろう。少なくとも人間社会はすべての暴力をなくすことができる。そしてもし社会からすべての暴力がなくなれば、それは心理的にも精神的にも、健全な社会だと意味する。

しかしあなたは残忍性に対しては、直接には何もできない。何かを間接的にしなくてはならない。あなたは瞑想に関することをしなくてはならない。しかも数百年来、瞑想した人はすべて、完全に非暴力的になったことが立証されている。自分を破壊できるものは何もない、ということを理解した人々にとっては、非暴力は至高の経験であるように思われる。そうすればすべての恐れは消滅する。暴力を生み出すのは恐れだし、残忍性を生み出すのも恐れだ。あなたは残忍性に対しては、直接は何もできないが、それが生じてくる場所である恐れについて、何かをしなくてはなるまい。

ネズミをもてあそぶ猫の話はとても重要だ。それは残忍性であるばかりでなく、それ以上のものだ。猫はネズミを捕らえることに関しては、絶対的な確信を持っている。ネズミにいくらか自由を与えて、ひょっとしたら逃げられるのではないかと思わせ、その遊びを楽しんでいる。ネズミは脱出できるのではないかと思い、角から角へあちこち逃げ回る。そして猫はネズミにいくらでも逃げるチャンスを与えるのだが、それはたった一度飛びかかるだけで、ネズミを仕留められるのがわかっているからだ。

ただネズミを仕留めるだけでは、全然楽しくはない。猫はいくらか興奮と挑戦を作り出したいと思っている——殺したのはただのネズミではなく、今にも逃げ出さんばかりの大ネズミなのだ。猫が楽しんでいるのは、残虐性ばかりか自尊心でもある。猫はすぐにでもネズミを殺すことはできる。ネズミを一つの部屋から別の部屋へ、一つの場所から別の場所へと、自由にさせておく必要などないのだが、これが猫に考えを抱かせる。「自分は何とすごい力を持っているのだろう！　逃げるのは得意かもしれないが、ネズミは『私が何物であるか』は知らないのだ」という。そしてようやくネズミを殺す。だからネズミを食べるという基本的な必要は満たされるし、一面ではうぬぼれたい、大物でありたいという、強い必要性も満たされるのだ。

私はある物語を聞いたことがある。あなたもそれを聞いたことがあるはずだ――ある家で一匹の猫がとても多くのネズミを殺していたので、ネズミたちは集まって長老ネズミに尋ねた。

「何か打つ手はないでしょうか？」

そこで長老ネズミは言った。「簡単な方法がある。猫の首の周りに鈴を吊るせばいいだけだ。そうすれば猫がどこに行こうと鈴が鳴るから、ネズミたちは警戒するだろう」

完璧な解決法だね、宗教や政治家たちによって説かれている、多くの解決法に勝るとも劣らない。どこにも文句の付けようはない。

するとある若いネズミが言った。「でも、誰がこの大仕事をするのです？」

長老ネズミは言った。「わしの仕事は助言を与えること。ただ相談に、個人的相談にのっているだけじゃ。行動はお前たちが決めなくては。わしは完璧な助言をした。さあ、誰がそれをするとかしないとかは、お前たちの務めだ」

これは有名な物語で、何千年も昔のものだ。だが私はそれを完成させた。というのはそれは古いので、いくらか新しく付け足す必要があるからだ。

それで再び事は起こった――また大きな集会が、また同じ助言が繰り返された。そして一匹の若いネズミが、それは無理だと言う代わりに、こう言った。「よろしい、私がやりましょう」。みんなは驚いた。なぜならそれは伝統に反するからだ。物語は何世紀も引き継がれてきた――みんなが、どうやってそれをするのか、誰がそれをするつもりなのかと尋ね続けたが、やがて物語はそこで終わりになる。だがこの愚か者は、自分がそれをすると言っている！

彼らは言った。「君は物語を知っているのかね？　それは新しい話ではない、ネズミと同じくらい古来からあるものだ。われわれは全歴史を通じて、集会を開き、そしてわれわれの年長者たちは助言をしてきた。君のような間抜けは始めてだ。さもなければ、物語はこのようなやり方で終わることはないのだよ」

しかし若いネズミは言った。「間抜けであろうとなかろうと、私はそれをするつもりです」

全員のネズミが言った。「だが、それでは物語が駄目になるではないか！」

若いネズミは言った。「何が起ころうと――物語が駄目になろうとなるまいと――明日の朝には、猫の首の周りに鈴を結び付けてご覧に入れます」

彼らはみな、彼が狂っていると思った。何千年もの間、ネズミたちはその物語について語り、それを楽しみ、そしていつも同じ場所に来て、集会は解散されるのだった。なぜなら何ができるというのだ。誰にそれができるだろう？　不思議なことだ……単なる世代の断絶だろうか。彼は古い物語を、伝統的な通説を理解していない――それは決して実行されたことはなかったし、またできるものでもないからだ。しかし誰に説得できるだろう。「明日の朝を、見ていてください」と言っているこの間抜けを。

そして翌朝、彼らは鈴の音を聞いた。「何てことだ！」。すべてのネズミは自分の穴から外を見た。鈴が猫の首に結び付けられ、猫がこちらにやって来ている――鈴が鳴るのにとても困惑した様子で――そして猫が一匹のネズミにも近づけないうちに、ネズミは自分の穴に滑り込むのだった。猫は何が起こったのか、どうして鈴が自分の首に付いたのかわからなかった。そして夕方までには、空腹で死にそうになった。なぜなら一匹のネズミも……。

やがてすべてのネズミが集まり、そして尋ねた。「君は何をしたのだ？　物語を台無しにしてしまったが、それはいいだろう。本当によくやってくれたのだから！」

彼は言った。「それは簡単です。なぜ何千年間も物語が駄目にならなかったのか、不思議でたまりません。私はただ外に出て薬屋に行き、睡眠薬を少し持って帰り、その錠剤を猫が毎日夕方にもらう牛乳の中に入れました。猫はぐっすり眠り込んだので、私は首尾よく首の周りに鈴を結び付けたのです。そして猫は朝になって目を覚ますと、何が起こったのかわからず、鈴をほどくこともできませんでした。それは無理なのです。今後は、どこのネズミであれ、どんな猫も怖がることはありません」

単純な常套手段で……この立派な忠告者や長老たちは、単に助言を与えるだけだ。彼らは正確には何をなさねばならないのかは言うつもりはなく、あらゆることについての、正しい手順を与えるだけだ。「間違った道を行ってはいけません」と言って。

もしあなたが人に残酷になって欲しくないなら、こういう説教を始めてはいけない。「残酷であってはいけません。残忍性とは醜く、けだもののようです。それでは本当に人間らしくはなれません」。その人は自分の残忍性を抑圧することはできる。だがそれは何か別の手段で、どこか別の源泉から出てくるだろう。正しい取り組み方をしなくてはならない。

死すべきすべての人間には、恐れがある。生は短く、競争は厳しいという恐れが。だからあなたは充分に暴力的でなければ、敗者となるだろう。しかし実際には、ただ非暴力の人だけが勝者であり、他の者はみな敗者なのだ。

あなたはタントラの教えに欠点を認められますか？　そのためあなたはタントラの技法は、私たちにはふさわしくないと思っていらっしゃるわけですか。

それは完全な体系ではない。人間の陥る基本的な誤謬がある。人々は小さな真理を、真理の一部分を見つけると、全体を発見するのではなく、残りの部分のすきまを想像で埋める。真理の一部分を手にしているので、彼らは主張したり、首尾よく一つの体系を作ることができる。しかし残りの部分はでっちあげに過ぎない。

すべての体系はこのことを行なってきた。真理の全体を発見するのではなく、こう言ってしまうのが人間の性行だ。「かまうことはない。われわれは陳列棚に入れられる程の、小さなかけらを手に入れた。それはどんな質問をしてくる敵でも、黙らせるに充分なのだ」。そして残りの部分はといえば、でっちあげなのだ。

たとえば、性的エネルギーは根本的エネルギーであり、したがってこのエネルギーは高次の形態に変容されなくてはならない、という点ではタントラは正しい。それは真理だ。だが現実に起こっていることはといえば、彼らは決して瞑想の最深部に至ることはなかった。瞑想は常に二次的なままだった。さらに人間の性的志向は、おのずから非常に勢いよく発現されるので、タントラという名のもとで、それは性的な乱交パーティーに過ぎなくなった。瞑想なくしては、それは当然の成り行きだった。瞑想が最も重要なことであるべきだった。なぜならそれが、エネルギーを変容させることになるからだが、しかしそれが二次的なものになった。

そして多くの性的に倒錯した人々や、性的に抑圧された人々が、タントラ道場に参加した。自分たちのすべての倒錯、すべての抑圧を持ち込んだのはこのような人々だ。彼らはどのような変容にも関心はなく、ただ自分たちの抑圧を解消することにしか関心はなかったが、その関心は基本的には性的なものだった。

だから、タントラには一片の真理があるけれども、それが正しく用いられたことはなかった。この一片の真理に二次的な役割を課し、瞑想を主要な役割に据えない限り、タントラにおいて人々があらゆる種類の倒錯を行なうことは、常に起こるだろう。しかも名目上は立派なので、彼らは何か間違ったことをしているとは思わないだろう。いや、宗教的で精神的なことをしていると思うだろう。

タントラは二つの理由で失敗した。一つは内的な理由だ。それは瞑想が中心の眼目とされなかったこと。そして二つ目が、タントラは倒錯した人や抑圧された人に処するための方法論を、少しも持たなかったことだ。それによって、まず彼らの抑圧や倒錯を鎮静し、正常に戻すための。そしていったん正常に戻ったなら、彼らは瞑想に導かれる。深い瞑想の後でのみ、タントラの実験が許されるべきだ。それは間違った配列だったので、事のすべては、立派な体系という名による性の搾取に過ぎなかった。

これが多くのセラピストたちのしていることだ。つい先日も、私はラジェンのタントラ・グループ用の広告を見たが――わいせつな写真入りだ。それは人々を引き付けるだろう。なぜならそれは本物のポルノグラフィーだからだ。本物の人間がポルノ行為をしているのに、紙に印刷されたただの写真を、見に行く必要がどこにあろう？　おまけにラジェンには瞑想への理解は少しもなく、瞑想したことなどないのだ。

そしてこれらの人々は、心地よさと解放感を感じるだろう。なぜなら一般社会では彼らは許されないから……グループの中では、彼らは何でもしたいことは、すべて許されるだろう。とても多くの抑圧が放り出され、解放感や気分の軽やかさを味わうだろう。そして彼らは偉大なタントラの経験をやり遂げたことに、感謝の念を抱くだろう。だが、タントラの経験など生じてはいない――それはただの性的な乱交パーティーだった。そして数日もすれば、彼らは再び抑圧を蓄積することになる。というのはそういうことは、外側の社会ではできないからだ。だから彼らは永続的なお客に、慢性タントラ症になる。

そしていわゆるセラピストたちは、参加者の持ってくるお金を享受する。彼らには失うものは何もなく、ただ自由を与えるだけでいい。彼らは私が使ってきたような、偉大な言葉すべてを用いて開始する――「自由」、「表現」、「抑圧をなくす」、「あなた自身でありなさい。そして他人がどう思おうと気にしてはいけない」、「あなた自身のことをしなさい」と言って。そこでその場の愚か者たちは、自分自身のことをし始めるというわけだ！

人々は最初に瞑想の手ほどきを受け、それからタントラの技法の手ほどきを受けるべきだ。これはタントラではない。タントラの技法は全く別物だ。タントラをしている人々は、タントラについては何も知らない。


一例を挙げよう。ラーマクリシュナは深く瞑想していた。そして何であれ性的な強い衝動が、彼の瞑想を妨げていると感じたときにはいつでも、妻のサーラダーに――彼女は美しい女性だったが――背の高いいすに裸で腰掛けるよう頼んだものだ。そして彼女の前に座り、その性的な強い衝動が鎮まるまで、彼女を眺め、彼女について瞑想した。それから自らの妻であるサーラダーの足に触り、こう言って感謝した。「お前は計り知れないほど私を助けてくれた。さもなければ、私はどこをさ迷っていただろうか？　衝動には何らかの表現が必要だったが、お前をじっと見ているだけで充分だった」

カジュラホの寺院には、性交のすべての体位をあらわした美しい群像がある。その寺院や群像を作ったのは、タントラ学派だ。さて学生が最初にしなくてはならないことは、それぞれの像について瞑想することだった――それらは一つの角から円を描いて、寺院を回るように配列されていた。それには六ヶ月かかることもあったが、人はそれぞれの像を、そこに少しも性的関心を抱かず、単に一つの像として見られるようになるまで、じっと見つめなくてはならなかった――しかもそれは性交の体位だった。しかしじっと見ることによって、何ヶ月も見続けることによって、それは一つの純粋な美術作品になり、すべての猥褻性は消えていく。それからあなたは別の像に移動する。そして群像には、人間精神のすべての性的倒錯が込められてきたのだ。

そしてあなたが寺院全体を回り終えたなら、そのとき初めて、マスターはあなたに寺院の内部に入ることを許す。この六ヶ月間の計り知れない瞑想と途方もない解放によって、すべての抑圧は消え去り、あなたはまったく屈託のなさを感じる。そのときマスターはあなたに入ることを許す。そして寺院の内部には性的な像は一つもなく、何もない。内部は空なのだ。

そのときマスターはあなたに、六ヶ月の間に湧き上がってきた瞑想について、どのようにしてその深みに至るかを教えてくれる。今やあなたは、とても深いところまで進むことができる。なぜならもはや、妨害物も問題も性的関心もないからだ。そしてこの性的な妨害なしに、瞑想の深みに至るということは、性的エネルギーが瞑想に逆らうのではなく、それと協調して進むということを意味する。このようにして性的エネルギーは変容され、より高い形態を獲得する。

こういう類のすべての、いわゆるセラピストたちは、タントラについて何も知らないし、それが失敗した理由も何も知らない。だが彼らはそういうことには関心がなく、抑圧された人々を食い物にすることにしか関心がない。おまけに抑圧された人々の方も満足している。なぜなら七日か十日のタントラ・セッションの後で、彼らは解放感を味わい、それを何かの精神的成長だと思っているからだ。しかし二日か三日もすれば、その精神的成長も消え去るだろうから、彼らは別のグループへの準備ができるわけだ。

中にはこういう人々もいる──「グルーピー」とでも呼んだらどうだろうか──一つのグループからもう一つのグループへ、そしてまた別のグループへと動き回る人々だ。その全生涯はグループからグループへの移動に過ぎない。ちょうどヒッピーたちのように……だがあなたは彼らを「グルーピー」とでも呼ぶがいい。

第三十九章

私の言葉は、ただ沈黙を指し示す

My Words are only Indicators Towards Silence

実際にはまったくその逆なのに、政治的にも経済的にもアメリカから独立しているという幻想のもとで、あなたの入国を拒否した国々の政府に対して、あなたは何とおっしゃいますか？　おそらくそれらの政府のいくつかは、うまくアメリカに騙されています。実際に起こっていることを調査し、「英知」に反するアメリカの非道な犯罪を知るべきです。

人間は、自由という幻想のもとにだけ生きてきた。だが現在までの人類の歴史に関するかぎり、自由などまったくなかった。奴隷制は変化した。新しい形態の奴隷制にとって代わられた。だが、自由は起こらなかった。自由はいまだ夢だ。ほかの物と同じように、市場で人が売られていた時代がある。私たちはそれが奴隷制だと思っていた。それを失くすのに数千年かかった。だが私たちが失くせたのは形だけで、中身はそのままだ。

今では人の人生をまるごと買うのではなく、一日五時間とか六時間を、使用人として買い取るようになった。それは自由であるかのように見える――実際には、持ち主にとっては好都合だった。人を完全に買い上げるのは……彼を一日二十四時間使うことはできない。せいぜい五、六時間しか働かないだろう。あなたは残りの時間を無駄に支払ってきた。ときには病気にもなり、やがて年老いてもいくだろう。それに事故死でもすれば、投資のすべてが無駄になる。

だから、奴隷制の変化は人類のためにではなく、持ち主のためだけだった――奴隷は奴隷のままだ。パートタイムの奴隷だ。

かつては世界中に、政治的な従属があった。帝国が崩壊することで、諸国に大きな幻想がもたらされた。

今や我々は自由なのだと。そしてその幻想が美しければ、あなたはそれを本当だと思いたがる。本当だと信じたがる。だが、あなたが信じようと信じまいと、幻想は幻想だ。何も変わりはない。

私はこのワールド・ツアーで、独立を誇る大国が、単なる幻想の中に生きていることを見た。彼らはほかでもない自分自身を騙している。私はドイツにいたこともなければ、誰かに危害を及ぼしたこともない。ドイツの法律を破ったこともない。それなのにドイツ政府は、私を入国させないことに決めた。

その圧力はアメリカからのものだ。第二次世界大戦後、ドイツの半分はロシアのもとにとどまった。そこはロシア軍のもとにあったし、彼らが去ることはなかった。だから、ドイツの半分は従属したままで、残りの半分はアメリカ軍のもとで——表面上は——政治的自由を、民主主義を与えられているように見える。だがドイツは、ヨーロッパにおける最大の米軍基地であり続けている。

決して返済できない何十億ドルもの資金が、諸国に注がれている。アメリカは、決して彼らに返済できるようになって欲しくはない。彼らには債務を負って、経済的圧力下にとどまっていてほしい。そしてアメリカは今後数年、さらに数十億ドルを貸し付けることを約束している。今や彼らの経済すべてが、アメリカの手中にある。それはかつての政治的な隷属よりも、はるかに危険なものだ。

実際、インドのような国は……ウィンストン・チャーチルは、インドを独立させることに賛成ではなかった。インドは大英帝国の中でも最大の宝だった。それを失うのは危険だった。そしてウィンストン・チャーチルは正しかった。いったんインドに自由を与えてしまったら、帝国全体が崩壊してしまう。そうなったら他の国々も自由を求めはじめるし、それを断る理由はないからだ。

だがウィンストン・チャーチルのあと、アトリーが権力を握った。彼はウィンストン・チャーチルよりもはるかに経済感覚を持った人物だった。ウィンストン・チャーチルは過去志向で、彼のマインドはいまだビクトリア朝時代のものだった。彼は正統派だった。

アトリーには、その愚かさがわかった。英国はたいへんな経済的お荷物をかかえている。インドのような国は、途方もない人口過剰に破裂しようとしている。そして英国が彼らの貧困、飢餓、死の責めを負わされることになるだろう。そうした国々を大英帝国のもとにおいておくのは、まったく愚かで得策ではない。だが、ひそかに主人のままでいるために、別の種類のものを作りだせる。そこには大きな利点が二つある。ひとつめは、政治的な依存がないので、あなたに対する革命という問題はないこと。二つめは彼らの経済を支配することで、それらの国々をなお依存させておけることだ。

彼の計画は確固たるものだった。あなたは驚くだろう。「できるだけ速やかにインドから撤退すること。私たちは、インドの貧困に関して非難されたくはない。その貧困は手に負えないほどの規模となるだろう」というメッセージを持って、マウントバッテンはアトリーにより総督としてインドに派遣されたのだ。

当時インドには四億人しかいなかった。現在では九億人になっている——倍増している——そして今世紀が終わる頃には十億を超しているだろう。初めて、人口においては世界最大の国家になるだろう。今までは中国がリードしてきた。けれども中国は産児制限を導入することで、より正気なのだと証明した。なぜなら、もはや宗教的迷信に基づいてはいないからだ。

けれどインドは、いまだに多くの宗教的迷信のもとに生きている。そのすべてが、産児制限は神に反するということで一致している。今世紀末までに約五億人が、インドで餓死するだろう。そして彼らを救う方法はないように見える。

アトリーができるだけ早く撤退したのは、正しかった。でなければ、すべては英国の責任になっていただろう。アトリーは一九四八年を最終期限に定めた。だがマウントバッテンはインドを見るや、アトリーの計算は理論上なものに過ぎないと考えた。インドはすでに死にはじめている。彼は急いだ。そして一九四八年を待つことなく彼は一九四七年にインドに自由を与えたのだ。

インドは自由になったと思ったが、それは完全な間違いだった。いまだかつてないほど不自由になっている。ロシアの技術に頼り、アメリカの経済援助に頼っている。今では、日本のような国に頼るようにさえなっている。そして見せかけの自由が続いていく。もしロシアが手を引いたら、インドはこの瞬間にも崩壊してしまうだろう。

あらゆるところが同じ状況にある。この小さな、美しい国でさえもそうだ。ここは非暴力的でとても善良な人たちのグループでなりたっている。彼らは民主主義を信じているし、民主主義を持っていると思っている。だが現実は何か別のものだ。

ちょうど五日前、連立政権を組んでいる三つの政党、そして首相が、私がここに永住することを認めた。そのことをアメリカ大使が聞き及ぶと、ただちにアメリカ本国にどうすべきか問い合わせた。彼は首相に電話をかけてきて言った。「選ぶのはあなた次第だ。あなたたちは自由だ。あなたたちは民主主義だ。何も押し付けることはできない。しかし、これがホワイトハウスからのメッセージだ。もしこの男にウルグアイへの永住権を与えるのなら、我々が与えるはずの借款のすべてを停止する」。それは来年と再来年の何十億ドル分にもなる。

「次に、我々が過去に貸した数十億ドルの返済を要求する。もし返済できなければ、我々は利率を上げるつもりだ。選ぶがいい。あなたたちは自由だ」

さて、貧しい国、小さな国には、私にいて欲しくともそんなことはできない。もしこうした援助がなくなり、返す術もない過去の借款を返済しなければならなくなったら、国が死んでしまうだろう。ただちに私たちは永住することはできないと告げられ、ホワイトハウスには脅迫はうまくいったことが報告された。これは全くの脅迫だ。だが私はそれを世界に公表するつもりだ。誰にも気づかれないやり方でそれはなされた。ウルグアイの人々が知ることはないだろう。政府の人間でさえも知ることはないだろう。首相だけが脅迫され、ゆすられたことを知っている。

そして彼らが意見を変えたというメッセージがワシントンに届くと……すぐ翌日に見返りが得られた。見返りは十五億ドルの借款だ。それは予算内のものではない突然の申し出だった。そして過去の二十億ドルの借款は帳消しにされ、二度と返済を求められなくなった。だから報酬は全部で、追加で三十五億ドルになる。事前に決定されていた借款は継続される。だがこれらの三十五億ドルは……。もし首相に何らかの敬意の感覚があるなら、彼は私にコミッションをよこすべきだ。私がいなければ、彼が三十五億ドルを手にすることはなかっただろう。もし、これからもそんなことが起こるのなら、私は次から次へと国を移動していっても良い。良いビジネスを手にしたものだ。

だが、これは民主主義ではない。これは自由ではない。

実のところ、世界中をまわっていて、私は世界には二つの国しかないという結論に辿りついた。それはアメリカ合衆国とロシアだ。他の国はすべて操り人形だ。彼らには彼らが「自由」と呼ぶ、ほんのわずかなロープが与えられてはいるが、そのロープはロシアかアメリカの手に握られている。

あなたは人形芝居を見たことがあるだろう。人形は踊ったり、互いに抱き合ったり、あらゆることをするが、カーテンのすぐ後では人形遣いが糸を引き続けている。もし人形に魂があったら「何てことだ。この娘はとても美しい。僕は恋に落ちそうだ」と思っただろう。だが、そのすべてをしているのは人形遣いだ。恋に落ちているのは、あなたでも娘でもない。けれど観衆や本人とっては……芝居を動かしているのは人形遣いだ。あなたは娘を抱きしめ、キスをする。彼女に「愛している。永遠に愛し続けるよ」とさえ言う。

インドには、私たちの誰もが操り人形で、神が人形遣いだと考える長い伝統がある。彼が糸を引くと――私たちは踊り、歌い、喜び、嘆き、悲しみ、惨めになり、幸せになる。何もかもが彼の手の内にある。

私はその考え全体に反対している。なぜなら人形遣いがいるなら、人間は存在しないからだ。だったら人間にうわべの自由しかないからだ。だが、これが多くの分野における現状のようだ。彼らはとてもうまくやっている――無言のうちにこっそりと――表面的にはすべてが静かで穏やかだ。

異邦人がいたことを、ウルグアイが知ることはないだろう。彼は国と人々を愛し、ここに留まりたがっていた。そして彼は完全に無害だった。

だがアメリカの眼から見れば、私はもっとも危険な男だ。それが首相にアメリカ大使が言ったことだ。「彼はもっとも危険な男だ。というのも彼はきわめて知性が高く、そしてアナーキストだ。そして人のマインドを変えてしまうだけの力を持っている。だから不必要に危険を引き受けることはない。私たちでさえそうした危険を引き受けられなかった。あなたのところは小国だ。後悔することになりますよ」

私はテロリストではない。爆弾も作らないし、暴力も教えていない。

私は愛を教えている。私は瞑想を教えている。私は沈黙を教えている。

だが、権力にある人たちにとって、こうしたことは核兵器よりもはるかに危険なのだ。というのも、人々が瞑想しはじめたら――彼らのあるまま――凡庸なままではいられないからだ。白痴たちが彼らを支配していて、途方もない破壊力があることを理解するのに充分な知性を、彼らは持つだろう。

もし人々が沈黙し、平和で愛に満ちていたら、こうした政治家を追い出すだろう。彼らはただの戦争屋だ。これが「危険」ということだ。だが、世界にはこうした危険な人たちが必要だと、私は考える。なぜなら、こうした危険な人たちだけが、世界を第三次世界大戦で破壊されることから救えるからだ。

しかし恐怖を作りだすのは簡単だ。彼らはずっとそれをやっている。ヨーロッパ中、私が辿りついたどの国でも「この人物は危険だ」という考えを作りだしている。イギリスが空港のファースト・クラスのラウンジで夜を明かすことさえも、私に許さないほどだ。恐怖には果てしがないようだ。

私に何ができたというのだろう。深夜に到着し、翌朝には出発する予定だったのに。ただ空港のラウンジで寝ることで、イギリスの道徳や教会、政府を破壊できたとでもいうのだろうか？　私は「危険人物」

だった。

それがイギリス議会で話されたことだった。というのも次の日に「なぜ彼は空港のラウンジへの滞在を許されなかったのか？」と質問があった。その質問への答えは「彼は危険人物だからだ」というものだったのだが、誰も「危険人物とはどういう意味なのか？　危険人物ということで何を言おうとしているのか？」とは尋ねようとはしなかった。

その同じ政府が、完全に無実な貧しい小国リビアを爆撃する基地として、ロナルド・レーガンにイギリスを使わせている。そして爆撃は夜中に民間居住区に対して行なわれた。イギリスにとって、それは危険ではなかった。現実には、イギリスはドイツと同じくアメリカの経済帝国の配下にある。

アドルフ・ヒトラーとその体制の崩壊は、イギリスの勝利ではなかった。フランスの勝利ではなかった。アメリカ以外の勝者はなかった。アドルフ・ヒトラーが姿を消すとともに、ヨーロッパ全体の自由も消えた。彼らはみな、経済的にアメリカに依存するようになった。


私はアイルランドにいた。空港にいた男は、きっとビールを飲みすぎていたのだろう。彼は簡単に……私たちはパイロットを休ませるために、一日滞在したかっただけなのだが――彼は七日間くれた。彼は私たちが誰で何をしに来たのかなど、気にもかけなかった。彼は本当に酔っ払っていたに違いない。

私たちはホテルに着き、朝になると警察がやって来て、パスポートの提示を求められた。そしてその七日間は取り消された。

私たちは言った。「私たちはただちに世界中のメディアに公表する。あなた方が七日間与えておいて、何の理由も示さずに取り消している。私たちの誰もホテルから出ていない。どんな罪も犯していないのに、そんなことはできないはずだ」

彼らは恐れた。というのもジレンマに陥っていたからだ。自ら七日間を与えておきながら、取り消して、示せる理由は何もなかった。

そこで彼らは言った。「好きなだけいてよろしい。ただしホテルの外に出てはいけない」私は言った。「しかし、それではビザがないので不法になってしまう」彼らは言った。「誰もそんなことは気にしない。ただホテルにいてくれ」。時間が必要だったので、私たちはそこに十五日間滞在した。私たちの人々がスペインに働きかけ、スペイン政府は私に永住権を与えようとしていた。

そしてウルグアイで起こったことが、スペインでもまったく同じパターンで起こった。彼らは同意して、そしてただちに、一時間の内にこう言った。「だめだ。永住はできない」。私たちはいったい何が起こったのか知ることはなかった。だが、今ならわかる。

ここウルグアイは小さな国なので、誰もがお互いを知っている。私たちはすべての政党、すべての大臣と接触した。一人を除いて、外務大臣を除いて誰もが好意的だった。みんなが好意的なのを見て、彼も賛成に投票した。彼はアメリカの代理人の役割を果たしていた。私に永住権が与えられないような状況を作りだして、アメリカがまったく関与していないかのように見せかけた。彼には彼の代償があった。彼の代償は、アメリカが彼を国連の事務局長に選ぶことだった。それが報酬だった。私はこの哀れな男を気の毒に思う。誰もが好意的なのを見て、私のほうに投票したことで彼は報酬を失った。

今なら、私たちはスペインで起こったであろうことがわかる。同じ話だ。彼らは一ヶ月間「準備はすべて整っています。あとは署名を待つばかりです」と言い続けてきた。だから私たちは時間が欲しかった。スペインの準備が整ったら、アイルランドからスペインに行くことができた。私たちはビザなしにアイルランドに十五日間滞在した。

私たちはアイルランドを発った。そして私たちが発ったその日、アイルランド議会において関係する大臣、内務大臣が議員たちに、私たちがアイルランドにいたことはないと報告した。

いかに政治家が偽善的になり、卑劣な嘘をつき続けられるのかがわかるだろう。それは見え透いた嘘だ。

なぜなら私たちは、ホテルにいたことを証明できるからだ。私たちがホテルを出るとき、記者もカメラマンもいた。彼らはホテルの前で私たちの写真を撮り、私の発言を聞いた。ホテルは空港から十五マイル離れていた。だが、大臣は議会と国家を欺いた。そして多分……彼はジャーナリストに私の発言と写真を載せないように強いたに違いない。でなければ、どうして欺くことができたのかわからない。これらがすべて文明化された国々、教養のある人々、教育を受けた人々だ。私がアイルランドにいたことがないなどと、平然と嘘をつく。彼は知っているし、政府は知っている。警察本部長も知っている。

いったんどこかに落ち着いたら、私は……彼らの嘘に対して、私を「危険」と呼んだことに対して、イエスと言っておきながら、一時間後に拒否したことに対して、一国ずつ法廷に引きずり出さなければならないと考えている。どこにも民主主義はないという単純な理解を、私は世界に暴露するつもりだ。

ちょうど昨日、私はモーリシャスの大統領から招待状を受け取った。彼は私にモーリシャスにいてもらいたがっている。私は秘書に彼と連絡を取って、彼が直面するだろう状況を気付かせるように言った。なぜなら、また一ヶ月……彼はすべての手順を経て、最終的にはアメリカの手に落ちるだろう。「だから、私たちがこうした過程をスペインで、ウルグアイで経てきたこと、そしてこれが起こったことだと彼に気付かせなさい」

ドイツは私を入国させなかった。ツーリスト・ビザでさえもだ。

ギリシャは四週間の滞在を認めていた。そして十五日後に突然、私は何の理由も告げられずに逮捕された。そして彼らは——私は寝ていたので——「家に火を放つぞ」と言って、私の人々を脅した。それからダイナマイトを見せつけて言った。「我々に彼を引き渡さなければ、ダイナマイトを使うぞ。ただちに彼はこの国から出て行かなくてはならない」

ジョンがかけつけてきて私を起こし、「こんな状況です。どうしましょう?」と言った。そう言っている最中に、警察は大きな石を窓や扉に向かって投げつけ、家を壊し始めた。まるで、爆弾が爆発したかのようだった。

私は降りて行って、これらの人たちに言った。「あなた方は不必要に非人間的になっている。私が眠っていたら、起こさなければならないし、私は着替えてから降りて来なければならない。五分くらい待てなかったのかね？　それに私のビザを短縮する理由は何かね？　私は十五日間ここにいるが、家から一歩も出たことはないというのに」

それは、大主教が私を危険だと感じているからだと彼は言った。私は人々の道徳を破壊し、伝統を破壊し、彼らの教会を破壊してしまえるからだ。彼は教会の長なので、政府も耳を貸さなくてはならなくなり、大統領が決定したのだった。

私は言った。「あなた方が彼の言うことを聞くのはまったくかまわない。だが大統領は『二千年の間、あなた方は人々に道徳を教えてきたのに、彼は二週間でそれを破壊できるというのですか？』と大主教に尋ねるべきだった。だとしたら、あなた方の道徳には何の価値もない。それに、家から出もしない、この国の人には話もしない、自分の人々にだけ話しているたった一人の男を恐れるとは、二千年かけて、いったいどんな教会を作ってきたのか？　なぜ恐れなければならないのか？」

そして教会では「汝の敵を自らのごとく愛せよ」と説いているだろう大主教が、この国から去らなければ、私を火あぶりにすると教会の中から脅迫していた。一方では「敵を愛せ」と教えながら――それに私は敵ですらない。ただの旅行者だ。確かに聖書には「汝、旅行者を愛せ」とは書いていない。もちろん彼らの宗教とは矛盾しないので、旅行者を火あぶりにしてもよいわけだ。

そして彼は、私がギリシャ正教を破壊するために地獄から直接送られてきた使者だと言っていた。

私は言った。「私はそんなに特別ではない。私はただの人間だ。地獄からの特別な使者だったら、ツーリスト・ビザも要らなかっただろうし、あなたも政府も私の邪魔はできないだろう。なぜなら、神が永遠かかっても悪魔を破壊できないでいるからだ。あなた方の神は全能で、あらゆる力の持ち主だ。かわいそうな悪魔は全能でもなければ、どんな意味でも神とは比べものにならない。だが神でさえも、悪魔をずっと破壊できずにいる。将来破壊できるようになるとも思えない。なぜなら神も悪魔も、天国も地獄も存在しないからだ」

これらはみんな、何世紀も続く人間のマインドを支配するための嘘だ。私はこれを霊的な隷属と呼ぶ。多くの種類の隷属があるが、霊的な隷属がもっとも根深い。それはあなたが気づいていないものだ。もしあなたがキリスト教徒、ヒンドゥー教徒、イスラム教徒、ユダヤ教徒なら……ユダヤ教徒であることは隷属だとは思わないだろう。それを遺産だと考えるだろう。ヒンドゥー教徒であることはたいへんな誇りだと思うだろう。あなたは世界最古の宗教の一部だと思うだろう。それは単にあなたが世界最古の奴隷だという意味だ。あなたは一万年のあいだ奴隷だったのに、いまだに自分が奴隷だとは気づいていない。

霊的な隷属はもっとも危険だ。というのも、外側からのものではないからだ。手には手錠はかかってはいない。鎖は目に見えないが、それはマインドの奥深くにある。それはまさに、幼年期から絶えず押し付けられてきたものだ。

私の知るかぎり、どこにもどんな自由もない。そして自由が生における最大の価値であり、最大の成就なのだ。誰もがあらゆる——政治的、経済的、心理的、精神的な——足枷から自由になることだ。本当に自由な世界を創らないかぎり、私たちはただ、自由の幻想に生きているにすぎない。

私の質問はあまりにも無駄です。尋ねることは何もありません。けれど、どうか話し続けてください。なぜなら、あなたは私に鍵を与えてくれます。それぞれの神秘が、さらなる神秘を開く鍵を明らかにします。そして決してあなたを見逃さないところへと、私は招き寄せられます。

それは理解されるべき真実を指し示している。というのも私の話は、基本的に他の誰の話とも違っているからだ。人が話すとき、彼らは自分の意見に変えさせようとしている。それはかすかな領土を広げようとすることだ。人が話すとき、考えを吹き込もうとしている。なぜなら教養を持っている者は誰でも、深いところでそれが真実かどうかを心配している。それを真実だと感じられる唯一の方法は、多くの人々に考えを吹き込んで、彼らの眼に確信を、転向を見ることだけだ。そうして人は安心する。

算術はこうだ。「もしこれほど多くの人たちが、私の言うことに慰めを見出すのなら、そこには何か真実があるに違いない」。人は自分が言っていることを信じられるように、他の人に話しかける。

私の状況はまったく違う。私はあなたに理念を与えるためにではなく、あなたが持っているすべての理念を壊すために、話している。私の役割は基本的に否定的なものだ。それはあなたのマインドを空っぽにすることだ。新しい考えでマインドを満たすのではなく、あらゆる古いたわごとやゴミを取り出し、空っぽにすることだ。あなたがあなたらしく在るためのスペースを、マインドに作ることだ。

私はあなたに、こうあるべきという考えを与えるつもりはない。私はただ、あなたはすでに在るべき姿にあるのだと理解する手助けをしたいだけだ。あなたが何者であれ、まさにあなたで在るように、誰かになろうというすべての切望、欲望、野望を、ただ捨てなさい。

私はあなたの実存《ビーイング》から、気をそらせてもらいたくはない。最終的には、ただあなただけが自分自身の内側に残されるように、自分の実存《ビーイング》にもっともっと近づいていってもらいたい。

そして私の話もまた、仕掛けにすぎない。私が話しているあいだ、あなたのマインドは私に引き込まれている。そしてマインドが引き込まれているとき、私のハートはあなたのハートと交感《コミュニオン》できる。マインドは邪魔できない。そうするにはあまりにも手一杯だ。だから私の話はメッセージというよりもテクニック、仕掛けだ。何であれ、私の言うことには多次元的な目的がある。だが、あなたを奴隷にするものはひとつもない。すべての目的は、ひとつのゴールへと向かう。それは全面的な自由を与えることだ。というのも、自由があなたの開花だからだ。あなたの蓮が朝日に開く。それが起こらないかぎり、あなたは満足を、充足を、家に帰ったときのような安らぎを、見つけることはできない。

そして「我が家」は、あらゆる人の内側にある。どこに行く必要もない。自らの場所にいられるように、あるがままでいられるように、どこかに行くことは止めなさい。

ただ、在りなさい。その実存《ビーイング》の完全なる沈黙のうちに、大いなる存在の神秘のすべてが隠されている。

初めてあなたを見てからずっと、この世で稀な存在のもとに自分はある、と思ってきました。何年もあなたを「人類の中の巨人」として見てきました。そして何年にも渡って、人類が今までに持ったであろうあらゆる質問への見事な切り込み方には、特にそう思いました。あなたは世界の嘘と偽善を破壊し、失敗に満ちた過去の腐ったガラクタを、人類の行く手から取り除きました。

そして先日、芭蕉の俳句についてのあなたの話をタイプできる恩恵に、浴していました。「静かに座り、何もしない……」——私はあなたのやわらかさ、やさしさ、永遠の忍耐を感じました。あなたの言葉と沈黙はとても繊細で愛に満ちています。それは、ここウルグアイでの講話が、世界を変容するのにさほど時間はかからないだろうと、初めて絶対的な確信をもって言えるほどのものでした。

愛しています、OSHO。そして私はいつも、どこかであなたのそばにいます。

私は思想家ではない。哲学者ではない。言葉の人ではない。

私は人類の歴史において、誰よりも言葉を使ってきたけれども、それでも私は言葉の人ではない。私の言葉は、沈黙を指し示しているに過ぎない。

あなたがいかに喋らないかを学べるように、私は話している。あなたが沈黙していられるように話している。それはとても矛盾に満ちた仕事だ。だが私はそれを楽しみ、愛してきた。そして基本的な矛盾を理解し、矛盾を気にしなくなった人々を見つけた。彼らは言葉を投げ捨て、その内容を深く内側に取り込んだ。言葉は容器にすぎない。その内容は沈黙だ。

あなたは正しい。ウルグアイで発した言葉は、何百万もの人々を助けるだろう。何百万ものハートに届くだろう。不幸にもウルグアイは、私を惜しむことになるだろう。いつか後悔するだろう。

だが、それはいつでもそうしたものだ。ユダはイエスを三十枚の銀貨で売った。彼には三十枚の銀貨のほうが、彼よりも価値があるように思えたのだろう。

だが、キリスト教徒は話のすべてを語らない。イエスが磔になった次の日——二十四時間以内に——たった三十枚の銀のかけらのために自分のしたことに気づいて、後悔からユダは首を吊った。それが三十枚の銀のかけらか、三百枚あるいは五千枚、あるいは三億五千万ドルかは関係がない。量は問題ではない。

ウルグアイがアメリカを拒絶しても、貧しくなりはしなかっただろう。なぜなら、脅迫されていることは霊的な強さを失うことだからだ。もしアメリカを拒絶していたら、それはアメリカへの教訓となって、他の国々——ドイツ、ギリシャ、イギリス、イタリア、スペイン、ポルトガルなどの大国の前で「自分たちは小国だけれども、ずっと大きなハートを持っている。あなたたちは大きくて、ずっと強い国かもしれないが、少しもハートがないようだ。」と証明できた。

だが、いつの日かウルグアイが後悔するのは確かだ。今日はお金のために決定したが、お金には霊的な強さや統合性は与えられない。

私がここにいることで、何千ものサニヤシンがここに来ただろう。ウルグアイは聖なる巡礼地にもなれた。その霊的な力を、途方もなく強くしただろう。この小さな国が——世界中から訪れる新しくて若い、そして新鮮で知性的な——美しい人々で活性化していただろう。そうした機会を失った。

これらのドルで平和は買えない。愛は買えない。沈黙は買えない。慈悲は買えない。価値あるものは何も買えない。実のところ、これらのドルを受け取ることで、あなたたちは魂を売ったのだ。市場で売られ、奴隷であるよりは、貧しくあるほうがましだ。

私はこれらの言葉がウルグアイ首相と大臣全員、そしてこの美しい国の人々すべてに、届いて欲しい。いつか彼らは理解するだろう。

それが、意識の目覚めた人たちが働き続ける唯一の希望だ。絶えざる失敗、人間の無知、尽きることのない愚かさにかかわらず、彼らは続ける。彼らの希望は無限で、忍耐には限りがない。

私はここにいないかもしれないが、私がここで語ったことは、地球のすみずみにまで届くだろう。そして今までウルグアイの名を知らない者たちも、初めてその名を耳にするだろう。そしてウルグアイは、これらの言葉を聞いて恥じ入ることだろう。

それ以外の在りようもあった。大国や強国がまやかしなのに、小さな貧しい国が自身の魂を持ちあわせていることを証明したという誇りにもなり得た。

私にはこの国の言葉はわからないが、ここの人々を見ると、もしかしたらここほど平和な国は他にないかもしれない。人々はとてもくつろいでいる。私は喜んで、ここを私のミステリースクールにしただろう。だが主人が望まないのなら、私は主人に反して無理やり押しかけるような客ではない。

もし私のここでの存在が、どんな意味でも国にとって面倒なことになるなら、もしアメリカのファシズムに苦しめられるのなら……首相は私にノーと言う必要はなかった。私は自分から去っただろう。私はどんな人にも私のせいで苦しんでもらいたくはない。

第四十章

沈黙という考えには誰も興奮しない

The Thought of Silence Excites Nobody

多くの年月をかけて、私は私自身を知る術を探す「グルーピー」をやってきました。この悩みが軽減されるのであればと、あらゆる事をしてみましたが、もう自分が必要とされる出来事はほとんどないという事があまりに悲しくて、私は惨めな状態にありました。

あなたは私の背後の惨めさから脱却する手段として、瞑想を提案します、そして私のする事すべてはそれに対する抵抗であると言います。静止して、沈黙するという考えは私を興奮させません。むしろ、より不安になる程です。この意味が理解できません。この瞑想への抵抗について、説明して頂けますか?


静止と沈黙という考えには、誰も興奮を覚えない。それはあなたの個人的な問題ではない。それは人間のマインドの問題だ。つまり静止し、沈黙することは、無心《ノーマインド》の状態にあるということだ。

マインドは静止してはいられない。考え続け、案じ続けることを必要とする。マインドは自転車のように機能する。あなたがペダルを踏み続ければ、それは動き続ける。ペダルを踏むのを止めた途端、あなたは倒れてしまうだろう。マインドとは、ちょうど自転車のような二輪の乗り物だ。あなたの思考は休みなくペダルを踏み続けている。

時折であっても沈黙の状態になると、あなたは直ちに心配し始める。「なぜ私は沈黙しているのだろう?」何もかもが心配や思考を創造し始めるだろう。なぜなら、マインドはある一つの方法でしか存在できないからだ。――走り続ける、常に何かの後を、あるいは何かから、しかし常に走り続けている。走り続けている状態がマインドだ。あなたが立ち止まる瞬間、マインドは消滅する。

たった今、あなたはマインドと一体になっている。自分はマインドそのものだと考えている。そこから恐れがやって来る。もし自分がマインドそのものだと見なすと、当然マインドが立ち止まればあなたはお終いだ、あなたは何者でもない。そしてあなたは、マインドの向こうにあるものに何一つ気づかない。

あなたは「マインドではない」ということが事実だ。あなたは、マインドの向こうにある何かだ。つまり、自分がマインドそのものではないと初めて知るために、マインドが立ち止まることは必須だ——なぜなら、あなたはまだそこにいるからだ。マインドは立ち去った、あなたはまだそこにいる——かつてないほどの大いなる喜び、大いなる栄光、大いなる光、大いなる意識、大いなる存在。マインドはその振りをしていた、そしてあなたはその罠に落ちていた。あなたが理解すべきは、同一化のプロセスだ——いかに自分以外のものに、人が同一化するかだ。

東洋の古の寓話だ。一匹の雌ライオンが、小さな丘を越えていた。次の丘に飛び移る途中、彼女は赤ん坊を産み落とした。赤ん坊は、大きな羊の群れが横切る道に落下した。

当然、彼は羊達の中に混じった。羊と暮らし、羊のように振舞った。彼には何の疑問もなかった。自分がライオンであるとは、夢にも思えなかった。どうして彼が知るだろう？　周囲は羊だらけだ。彼は決してライオンのように吠えはしなかった。羊は吠えない。彼は決して、ライオンのように単独でいることはなかった。羊は決して単独では過ごさない。常に群れの中にいる。群れは快適で安心、安全だ。羊が歩いているのを見ると、ほとんど互いがぶつかり合う位に近くにいる。孤立することを、とても恐れるのだ。

しかし、ライオンは成長し始めた。それは奇妙な現象だった。彼は心理的には羊であると感じていたがしかし、生物学は思い通りにはいかない。自然は、あなたには従わない。

彼は美しいライオンに成長した。ことはとてもゆっくりと進んだので、ライオンが羊に慣れていく間に羊達もまたライオンに慣れていった。当然羊達は、彼が少しばかり奇妙だと考え始めた。彼は羊のように行動しない——少々様子がおかしい——彼は成長し続けた。そんなことになるなんて考えられない。ライオンの振りをするなんて……そう、彼はライオンではない。羊達は彼の誕生の瞬間から、彼を見守ってきた。

そして彼を育て上げ、彼らの母乳を飲ませた。彼は自然の摂理からすると、菜食動物ではなかった——菜食のライオンなどいない——しかし、このライオンは菜食だった。なぜなら羊が菜食だからだ。彼は喜んで草を食んだ。彼らはこの些細な相違を受け入れた。彼は少しばかり大きく、ライオンのように見えた。とても賢い羊が言った。「これは自然界での単なる奇形だ。たまにこんなことが起こる」。そして彼自身もまた、それが真実であると受け入れた。彼の色は違う、彼の身体は違う——彼は奇形に違いない、尋常ではない。しかし彼がライオンであるという考えはあり得ない！　彼の周りはすべて羊だった。羊の精神科医が説明をした。「君は奇形だ。心配はない。私達がここで君の面倒を見る」

しかしある日、一匹の老ライオンが通りかかり、羊の群れの中で一際目立って、背の高いライオンを見た。彼は我が目を疑った！　そんな光景は一度も見たことはなかったし、過去の歴史という歴史の中で、ライオンが羊の群れの中央にいて、しかも一匹の羊も怖がっていないなどという話は、聞いたことがなかった。そしてそのライオンは、確かに羊のように歩き、草を食んでいた。

老ライオンは、我が目が信じられなかった。朝食にと羊を狩るつもりだったことも、忘れてしまった。彼は完全に朝食のことを忘れてしまった。余りにも奇妙なその様子に、彼はその若いライオンを捕まえようと試みた。しかし彼は老いている、若者は若者だ——若いライオンは逃げた。自分が羊であると信じているにも関わらず、危険を察知するとその認識は忘れ去られた。彼はライオンのように走った。老ライオンには、若いライオンを捕まえるのは大変な困難だった。しかしとうとう彼は、若いライオンを捕まえた。若いライオンは泣きながら言った。「どうかお許しを。私は哀れな羊です」

老ライオンは言った。「愚か者！　とにかく私と池のほとりに行くのだ」

ちょうど近くに池があった。彼は若いライオンを連れて行った。若いライオンは気が乗らない。嫌々出掛けた。ただの羊が、どうやってライオンにはむかうことができよう？　もし従わなければ、殺されてしまうかもしれない。彼は従った。池は静かでさざ波一つなく、まるで鏡のようだった。

老ライオンは、若いライオンに言った。「ただ見なさい。私の顔を見るのだ。そしてお前の顔を見なさい。私の身体を、そして水に映ったお前の身体を見るのだ」

次の瞬間、大きな雄叫びが起こった！　それはすべての丘にこだました。羊は消え失せた。彼は全く以て異なる存在だった——彼は彼自身を認識した。羊であるという認識は現実ではなかった、単なる精神的な概念だった。彼は現実を見てしまった。

老ライオンは言った。「さあ、もう何も言うことはない。お前はもう理解した」

若いライオンは、これまでに全く感じたことのない、奇妙なエネルギーを感じた……まるで長い間眠っていたかのような——。彼はとてつもなく大きな力を感じた。彼は、いつも弱くて哀れな羊だった。すべての哀れさ、か弱さはあっ気なく消え失せた。

これは、ある師《マスター》と弟子についての古の寓話だ。師の役割は「彼は誰なのか？」、そして「彼が信じ続けているものは真実ではない」ということを示すというものだ。

あなたのマインドは、自然にできたものではない。脳は自然が創造する。脳は身体に属する仕組みだ。しかし、マインドはあなたが生きる社会によって生み出される——宗教によって、教会によって、あなたの両親が支持するイデオロギーによって、あなたが教えられた教育システムによって、すべての種類の物事によって。キリスト教徒のマインドとヒンドゥ教徒のマインド、イスラム教徒のマインドと共産主義者のマインド、これらがあるのはそのためだ。脳は自然だが、マインドは創造された現象だ。それはあなたがどの羊の群れに属しているかによる。それはヒンドゥ教徒の羊の群れかね？　ならばおのずと、あなたはヒンドゥ教徒のように振舞うだろう。

私の友人であるパーリ語と仏教の教授が——彼自身はとても正統派のヒンドゥ教のバラモンだ——博士論文の学習のためにチベットへ行った。そのテーマはチベット仏教についてと、インド仏教・チベット仏教から成る教義の相違についてであった。しかし彼は単純な理由から、二日以上その地に滞在できなかった。彼は誕生の頃から、日の出前に冷水を浴びることを教えられてきた。さて、チベットで日の出前に冷水を浴びるということは、まさに凍りつくということだ！　自殺行為だ。しかしその行為なしでは祈りも捧げられず、食事もできなかった。水浴びはどうしても必要なことだった。

インドのような暑い国では、それは実に良いことだ。しかしチベットではどうだろう？　そこでは雪は永遠に溶けることがない。チベットの経典では少なくとも一年に一度、皆水浴びをするべきだと説いている。それは宗教上の教義だ……少なくとも一年に一度。現在ダライ・ラマはチベットを逃れ、インドにやって来た。そして数千のラマ僧がインドにやって来た。しかし彼らに語るのは非常に難しい。彼らは私の元にやって来たものだ。しかし彼らは臭い――なぜなら、インドにあってさえ、彼らは宗教上の教義に従う……年に一度の水浴びだ。

インドにいて年に一度だけ水浴びをするというなら、隣近所中に悪臭を放つには、たった一人で充分だろう――もの凄い汗、もの凄い埃。彼らはその上さらに、多くの衣を身につけている。幾重にも幾重にも、思うに少なくとも七重はまとっているだろう。だから彼らは暑さに苦しむ。しかしマインドは……彼らは何かが間違っていると感じる。しかし、マインドはとても深く根付いている。彼らは何世紀もの間、その方法で生きてきた。

私は彼らに言った。「私と話したければ、せめて十フィートは離れているように。私は臭いアレルギーなので私に近づかないように――それは仏教徒の香りかもしれないが、そんなことはどうでもいい」

インドでは二度の水浴び、朝一度夕方一度がとても一般的だ。まあ時間のある者、私のような者だが……私は日に三度はした――朝一度、夕方一度、寝る前に一度。そうしてさえいれば、爽やかでいられる。

イスラム教徒は何の問題もなく、四人の女性と結婚できる。彼の良心は痛まない。彼がその倍の妻を娶ったとしても、人でなしだとは思われない――なぜなら、世界中の男と女は同数だ。一人の男が四人の女性と結婚すれば、三人の男は妻帯しないことになる。イスラム教は世界で二番目に大きな宗教だ。もしもすべてのイスラム教徒が結婚したら……そこには制限がない。妻四人は最少だ。モハメット自身には九人の妻があった。ハイデラバードのあるイスラム教の王には、五百人の妻がいた——まさしく今世紀、インド独立前のことだ。女性はまるで牛のようだ——男は欲しいだけ妻を娶ることができる。幼い頃からこのような習慣を知らない者達には、ショッキングだ。

中国では蛇を食べる。それは上品なことだと考えられている。毒腺のある頭は切断され、その後身体全体は、野菜として扱われる。世界中の誰も、蛇を食べるなどとは考えない。しかしあなたの世間には、他の何事かがある。あなたは他の動物達もまた、同じ命の時を生きているとは考えもせずに、それらを食べることができる。まさしくあなたが生きたいように、彼らもまた生きたい。ほんの些細な味覚のために動物を殺すということ……味覚を感じる部分は、あなたの舌の奥の部分でしかない。

あなたが人工的な手術を受ければ、何の味覚も感じなくなるだろう。食べたいものは何でも食べられる——すべての味わいは同じになるだろう。ほんの少しの味覚を味わうためだけに、人はすべての動物を殺している……そして互いを笑い合っている！

あらゆる動物は、何らかの手段で他者に食べられる存在であると私は思う。人糞の上で生きる最も不潔な動物でさえも食されるのだ。マインドにとって必要なすべてのことは、より厚かましく成長するための継続的な条件付けだ。あなたはゆっくりと忘れていく、マインドと分離しているということを——。あなたはマインドそのものになる。それがまさしく問題なのだ。

アヴィルヴァは尋ねている。瞑想とは、あなたがマインドそのものではないと気づかせてくれる唯一の方法だ。そうするとあなたは、桁外れに優位に立つようになる。すると何が正しいか何が正しくないかを、マインドにより選択できる。なぜならあなたはマインドと距離を置き、観察者、立会人となるからだ。するとマインドとの結び付きが薄れてくる。それがあなたの恐怖だ。

あなたは完璧に、自分自身を忘れてしまった。マインドそのものになってしまった。完璧な同一化だ。

だから私がこう言う時——沈黙しなさい、静止しなさい、思考のプロセスを用心深く見張っていなさい——あなたは興奮して苛立つ。あなたは恐れる。それはまるで死のようだ。そのプロセスの中ではあなたは正しい。しかしそれは「あなたの死」ではない、それはあなたの条件付けの死だ。同化しているそれは、マインドと呼ばれるものだ。

一度あなたが、はっきりと区別できるようになると——あなたはマインドと分離し、マインドは脳と分離する——確かにそれは起こる……たちどころに。あなたがマインドから手を引くと、突然それが中央にあることがわかる。両脇には脳と意識がある。

脳は単なる機械仕掛けだ。あなたは脳を使って、したいことは何でもできる。マインドは問題だ。なぜなら、他人があなたのために作ったものからだ。それはあなたではない。あなたのものですらない。それはすべて借り物だ。僧侶、政治家のような権力を持つ人々、既得権者は、あなたがマインドよりも高みに、遙か彼方に在ることを、あなたに知られたくないのだ。彼らのすべての努力は、あなたをマインドと同一化させ続けることだ。なぜならマインドは、彼らによって管理されるのだ。あなたによってではない。そんな巧みな方法にだまされて、あなたは生きている。あなたのマインドの管理人は外側にいる。

ヒンドゥ教徒に尋ねてごらん。「もしもあなたが雌牛が母であると信じるなら、私たちは反対しない——しかし、なぜ雄牛は父ではないのか？」。それを聞くなり、彼はすぐさま一戦交える構えに入る。

インドの金持ちの一人で、ジュガル・キシュア・バーラという者がいた。私のことを耳にし、私の本を読み、私に会いたくなった。私は言った。「彼が私と何の関係があるのか？　別に不都合はない」

私はデリーを越えて彼に会いに行った。彼は言った。「私は、あなたが必要なだけのお金を差し上げるつもりでいます。ヒンドゥ教を、また特に雌牛の屠殺を止めるべきだという考えを広めるために、世界中を周るのであれば、必要なすべてを差し上げることができます」

私は言った。「あなたは誤った人物を呼んでしまった。なぜ雌牛の屠殺を止めるべきなのか？　すべての屠殺を止めるべきだ……それなら理解できる」。彼は言った。「なぜなら雌牛は私たちの母だからです」。彼は老人だった。また私は尋ねた。「では雄牛はどうか？　雄牛もあなたの父なのか？」もし私をゲストとして呼んでいなかったら、私を外へ放り出しただろうと言う程に、彼はひどく怒った。

私は言った。「たった今、私を外へ放り出せばいい。何も問題はない。それは、あなたがどれだけ生命を愛しんでいるか、どれだけ生き物に敬意を払っているかを示すだろう——人間でさえ、あなたのゲストにさえだ。そしてあなたは、雌牛を屠殺から救おうとする。

それを欲しているのはあなたではない、単なる条件付けだ。あなたはヒンドゥであり、ヒンドゥのマインドを持っている。あなたは決して、ほんの少しもマインドの背後に回り込めず、その策略を知らない」

意識がマインドを同一化する時、脳は助けにならない。脳は単純に機械的だ。マインドが欲することは何でも脳は行なう。しかしもしあなたが隔たっていれば、その時マインドは力を失う。でなければ、マインドは支配者だ。そのため、あなたは瞑想を恐れる。

しかし私は生きている——瞑想によって誰も死にはしない！　実際、マスターはあなたを池へ連れて行き、鏡に映る二つの顔をあなたに見せること以外に何もできない。私は生きている。そして私はどんな条件付けも備えていない。私はどんな宗教にも属していない。どんな政治的思想にも傾倒していないし、どんな国家にも属してはいない。私は「聖なる教典」と呼ばれるすべてのナンセンスに、埋もれてはいない。私はただ単に、マインドを傍らへ追いやるだけだ。私は直接脳を使う。どんな条件付けも必要ではない、どんな仲介者も必要ない。

しかしながら、あなたの恐れは理解できる。あなたは確固たる概念によって育成されてきた、おそらくそれらを失うことは、あなたには恐怖だ。

例えばキリスト教徒にとって、飲酒は罪ではない。しかしマハトマ・ガンジーにとってはお茶でさえ罪だった。彼のアシュラムでは、お茶を飲むことは不可能だった——飲酒はまったくの問題外だ！

キリスト教徒は、イエスが多くの奇跡を成したと言い続けている。ひとつは彼が水を酒に、水をワインに変えたというものだ。しかし、もしあなたがジャイナ教徒や仏教徒に尋ねたら、彼らは答えるだろう。「これは奇跡ではなく、単純に犯罪だ！　もしも彼がワインを水に変えたなら、それは奇跡だったろう、しかしこれは単純に犯罪だ——水からワインを造るなんて。彼は収監されるべきだ。そんなことで彼は尊敬されるべきではない」。ジャイナ教と仏教では、ほんの少しでも瞑想的な意識を持つ者が、ワインや酒あるいは他のドラッグを飲むなどという思いつきは、あり得ない。

すべてのドラッグは、惨めさを忘れるために使われる。しかし、もし惨めさそのものが消滅したら、忘れるべきものは何もない。もし病気が治れば、あなたは薬の瓶を窓の外に投げ捨てる。服用し続けはしない。「これは素晴らしい薬だ、私は生涯この薬を崇拝するだろう、私の病を治してくれたのだから、たまに服用しよう」などとは。

瞑想者は単に、もはや惨めな状態にはない。彼は悩み、苦しみ、不安という言語を忘れてしまった。彼はただ、喜びだけを知っている。彼は愛を知っている、平和を知っている。彼には忘れるべきものは何もない。実際、もしもあなたが彼にワインを強いたなら、彼は断るだろう、なぜならそれは、平和を忘れ、喜びを忘れ、至福を忘れ、沈黙を忘れていくことになるからだ。

もしあなたが惨めな思いで苦しみ、緊張状態のまま不安の中にあるなら、確かに酒は安心を、単に一時的な安心を与えてくれるだろう。そしてそれはおそらく、膨大な代償を費やすことになる。なぜなら明日起きると再びすべての惨めさが表れ、あなたはそれらを忘れるために、同じドラッグを再び飲みたいという欲求にかられるからだ。その度に、ドラッグは増え続けるだろう、なぜならその度に、あなたのドラッグへの免疫が高まっていくからだ。

私が知る人の中で……一人はちょうど私の家の隣に住んでいた。彼は私の父の友人で、たいへん派手な男だった。あれ程派手な男と出くわすことは滅多にないだろう、特に人々が質素に生きるインドでは。彼は本当に派手だった。彼は一年を通して、毎日違う服一式を身につけた。すべて西洋の服だ。その小さな街中では、誰も西洋の服を着ている者はいなかった——彼ただ一人だった。彼は美しい帽子と美しい杖を持ち……そしていつも酒に酔っていた。彼は決して結婚することはなかった。彼は莫大な財産を相続したのだ。彼はそれが充分であると計算した。「私が二度の人生を過ごすとしても、こうなるだろう」。

彼は飲酒、休みなくたくさん飲み続けることしか、しなかった……朝は酒で始まり、夜は飲みながら眠りについた。しかし誰も、彼が酔っ払っているのは見なかった。彼はいつも完璧にしらふだった。人々は彼に提供した——ただ確かめるためだけに——ありったけの酒を。そして彼は飲み続ける。酒はすっかりなくなったが、彼の意識はしらふのままだった。彼は完璧にオーケーだった。彼が酒に対してどんなに免疫力があるか、あなたには想像できないだろう。しかし、あらゆるドラッグが免疫力をもたらす。遅かれ早かれ、そのドラッグは効かなくなる。

彼の名前はマモハン・ライといった。彼は私をたいへん愛していた。よく私を彼の家に招き入れ、私に言ったものだ。「聞きなさい」——彼のバーを私に見せながら、「決して飲んではならない」

私は言った。「それは良いことです……あなたからの良い忠告です」

彼は言った。「そうだ。なぜならそれは、自分を駄目にするからだ。今となってはもう遅過ぎる。私はもう後戻りできない。実際、私の父がすべての財産を与えることで、私を駄目にした。私は働く必要がなかった。しかし人は、何かをしなければならない。さもないと人は落ち着かず、緊張する。だから自分自身を落ち着かせるためだけに私は酒を飲み始め、それはとても大きな安心だと気づいた。そうして飲み続けることになった」

彼は言った。「今となっては、私の体内には血が流れているのか、それともアルコールなのかと疑う程だ。なぜなら、余りにも多量のアルコールを飲んでしまったからだ。そして問題は、私の心配事が依然存在しているということだ。実際私は今、人生すべてを無駄にしてしまったと、以前にも増して気に病んでいる。人生の意味さえもわからない。まるでただの獣のようだ。

私は街中をあざむいている。皆、私が素晴らしい人生を生きていると考える。しかし私は寝床ですすり泣いているのだ。これは何という類の人生なのだろうと――朝から酒を飲み、一日中飲んでいる。医者たちは言う。『あなたは生きるチャンスを台なしにしています。あなたの心臓は病むでしょう』。しかし私には止めることができない。ただ単純に止められないのだ。なぜならアルコールは、今現在の憂いすべてを忘れる手伝いをしてくれるからだ。しかし私の憂いは仕返しに、大いなる復讐をしに戻ってくる」

アヴィルバヴァ、もしもあなたが本当に意味のある、重要な人生を生きたいのなら、歌のある人生、音楽のある人生、ダンスのある人生、あなたの最も奥深い部分の存在は不滅であると知っている人生を欲するなら、瞑想への恐れを落とさなければならないだろう。

そしてあなたは、何を失うというのか？　人は失う何かを持っている時、恐れを覚える。私にはあなたが失うものなど全く見えない。あなたは何も持ってはいない。


カール・マルクスは彼の著書「共産党宣言」の中で、最後に美しい文章を綴っている。異なる背景にはあるがそれらは重要だ。彼は言う。「世界のプロレタリアートたちよ、団結せよ」

世界の貧困な人々は団結する、失うものなどなく、持っているものはすべて手に入れるためだ。だからなぜ待つのだ？　私は貧しい人々には、こうは伝えないだろう。しかし私は霊的に貧しい人々には言う。「失うものなどない。持っているものは、すべて手に入れるためのものだ」

平凡な貧しい人々は、失うべきものを山ほど持っている――カール・マルクスはこの点で間違っている。人は自由を、個性を持っている。カール・マルクスはこれらのことを全く考えなかった。マルクスはお金についてのみ考えた――貧しい者はお金がないと考えた。しかし、貧しい者には彼自身の個性がある。彼には自由が、表現の自由がある。奴隷でないことがせめてもの幸いだ。彼は乞食かもしれないが、彼は失うべき何かを所有している。そしてロシアにおいて、彼はそれを失ってしまった。彼は彼の自由、彼の個性を失ってしまった。そして彼は何を手に入れただろう？　七十年もの間、彼は単にかつてと同様、貧しいだけだ。

しかし、霊的に貧しい人々にとって……霊的なプロレタリアートは失うものなど持っていない。そして団結することは問題外だ。私は言う。「霊的プロレタリアートよ、瞑想しなさい。あなたには失うものなどない、あるのはすべて手に入れるためのものだ」。そして団結は問題ではない。なぜなら私たちは、誰とも戦うつもりがないからだ。団結は戦いのために要求される。霊性は戦いではない。それは団結を必要としない。組織化された宗教は必要ないと、私が説くのはこのためだ。

組織は何のために必要か？　個々人は自身を調べなければならない――真実を、現実を。組織は助けにはならない。組織は明らかに妨害する。組織のすることは妨害だ。組織の関心は、人々が霊的に偉大になることではない。人々を宗教戦争、改革、聖戦、互いを殺し合うことに送り込むために、彼らの霊的成長を妨げる方向に、組織は奮闘している……そして彼らは宗教の名の下に、互いを殺し合っている。

宗教は殺人とは何の関係もない。戦い、国土の征服とは何の関係もない。宗教はあなた自身の内側に立ち入り、探求するということに関わる。それは個人的な現象だ――組織も団結もない。

あなたには失うものなどない。あなたは個性を持っていない――それは瞑想を通して得られる。あなたは自由を持っていない――なぜならあなたのマインドは、あなたの虜だからだ。マインドを傍らへ追いやることができれば、あなたは自由を手にできる。あなたは恐れに満ちている。恐れは基本的に死と関わっている。もしあなたが瞑想し、自己を知るなら、死は存在しないことに気づく。

死は決して起こりはしない。それは錯覚が生み出す、最たるものの一つだ。それは誰かが死ぬというように外側からは見える――しかし内側では誰も死にはしない。そして瞑想は、あなたの最深の中心へあなたを連れて行く。それを知れば、すべての恐れは消滅する。

それを知れば、すべての欲は消滅する――あなた自身の中に見つけたものよりも、大きな宝は持てないからだ。世界全体とその国土にさえ、それと比較する価値はない。しかし始まりにおいては、それは泳ぎを覚え始める時と似ている――そこに恐怖がある。泳ぎを知らない者は恐れをなす。

スーフィーの物語だ。ムラ・ナスルディンは泳ぎを覚えたかった。彼は多くの人に泳ぎを教えてきた教師を見つけ、いっしょに川へ行った。がしかし、ムラは滑って足を踏み外し、深みに落ちた。教師は川から彼を引き上げようと必死になった。ムラは二度三度、水中に沈んだ。彼は叫んでいた。「助けて！　助けて！」。そして水から上がるなり、彼は靴を手につかみ急いで走り出した。

教師は尋ねた。「何処へ行くつもりだ？」

彼は言った。「泳ぎを覚えるまで、私は水辺には近づきません！」

しかし水辺に行かずに、どうやって泳ぎを覚えるのだ？　布団の上では泳ぎは覚えられない。寝そべって手足をそこここに投げ出して、おそらく一箇所二箇所、骨折するかもしれない――しかしあなたは学べない。あなたは水辺へ行かなくてはならない。几帳面に通う必要がある。

瞑想とは、ただ単純に用意もできていないあなたを、深みに投げ込んだりはしない方法だ。瞑想は一歩一歩、あなたを連れて行く。

つまり、どんな水泳の教師も最初は、頭が水面下ではなく水面より上に出た状態で立てる浅瀬に、あなたを連れて行く。彼はあなたに自信を持たせる、そして一度浅瀬で泳ぎ始めたら、次は浅かろうが深かろうが問題ではない。泳ぎとは、常に水の表面での行為だからだ。それからゆっくりと、教師はより深い水辺に向けてあなたを連れて行く。そして泳ぎとは何と単純なことかと気づくに到った時には、すべての恐怖心は消滅する。逆に大きな喜びと興奮が訪れる。あなたは新しいアートを学んだのだ。

瞑想はたいへんゆっくりと始まり、あなたが除々に馴染むごとに深くなっていく。だから心配することはない。恐れは自然だ、しかし消滅する。そして私はここに居る。

これらのすべての人々は、ここで瞑想している。もしもあなたが、これらの瞑想者たちと共に瞑想できないのなら、それを独りですることはとても難しいだろう。多くの人々が泳いでいるのを見たら、突然あなたは感じ始める。この人たちが皆うまくやれるのなら、なぜ私にできないのだろう? 私にも手があって足があって、同じ身体を持っている。最初は恐れる、実に自然なことだ。しかし、大きな問題を作り出すことはない。それは違うからだ。

あなたは最近、笑いの完全性について話されました。そして光明を得た存在の行動が、どんなに完全であるかを。私の中に未だに残る疑問は、行動の中で注視することと、トータルに存在することとの関わりです――笑いは良い例のようです。私は時折、怒り・心の傷・挫折を見つめられる自分に気づきます。けれど笑いは常に、私がそれに気づき見つめる用意が整う前にやって来ます。これを見つめることについて、話して頂けますか。

笑いとは、ある意味独特だ。怒り、挫折、憂い、悲しみ――それらはすべて否定的であり、決して完全ではない。あなたはトータルに悲しむことはできない。そんな方法はない。あらゆる否定的な感情は、否定的であるが故に完全ではない。完全性は肯定性を必要とする。笑いとは肯定的な現象だ――それが、笑いが独特であるという理由だ——そのことは、笑いに気づいているということを、少しばかり難しくする。理由は二つだ。一つ、笑いは突然やって来る。実際、あなたは笑いが起った時にのみ、それに気づく。あなたが英国の生まれでない限り……イギリスでは笑いが突然起ることはない。

英国人に冗談を言うと、彼は二度笑うと言われている——最初は、あなたに対しての親切心からだ。彼はなぜ自分が笑っているのかわからない。しかしあなたが冗談を言ったのだ。笑うことを期待されているのだ。彼はあなたを傷つけたくない、だから笑う。彼の中には笑いの欠片もない。その後夜も更けてから冗談の落ちをつかみ……やっと彼は笑う。異なる民族は異なる行動をとる。ドイツ人はたった一度だけ笑う——他の人たちが皆笑っているのを見た時だ。彼らは交わり、孤立しない。そうしないと人々から、彼らはわかっていないと思われるからだ。しかも彼らは、誰かに尋ねることもしない。「その意味は？」——尋ねることは、自分たちを無知な者に仕立ててしまう。

私のサニヤシンの一人、ハリダスは十五年来私と共にいる。しかし毎日彼は、誰彼かに尋ねる。「どうしたの？　なぜ皆笑っていたの？」——そして彼もまた笑っていた。彼は冗談を理解することが全くできなかった。ドイツ人は余りに深刻だ、彼らの深刻さ故に……。もしもユダヤ人に冗談を言ったら、彼は笑わないだろう——そればかりか、言うだろう。「古い冗談だ、その上君はすべて間違ったことを言っている」。彼らは冗談について、最も熟達した者たちだ。ユダヤ人に起源のない冗談を私は知らない。

決してユダヤ人に冗談を言ってはならない。彼は間違いなく言うだろう。「なんと大昔の冗談だ——私を煩わさないでくれ。第二に、君はすべて間違ったことを言っている。初めに冗談の言い方を学ぶことだ。それは芸術だ」。しかし彼は笑わないだろう。

笑いは雷が落ちるように、自然に起こる——突然に。まさにそれが冗談のメカニズムだ、どんな単純な冗談でもだ。なぜそれは、人々を笑わせることができるのか？　その心理学とは何だろう？　それは確固としたエネルギーをあなたの中に築き上げる。あなたのマインドは冗談を聞きながら、ある方法で考え始める、そしてあなたは落ちを知って興奮する――冗談の終結だ。あなたは何か、論理的な終わりを期待し始める――マインドは、論理以外の方法では何もできないからだ――そして冗談は論理ではない。だから終わりがやって来ると、あまりに非論理的で余りに馬鹿げているが、しかし余りにぴったりしているので、あなたが内側に携えていた力が終わりを待ちわびて、突然爆発し笑いとなる。冗談の出来不出来は問題ではない、その心理は同じだ。

小さな学校で、女性教師が可愛らしい人形を持っている。彼女は質問に正しく答えられた生徒に、賞品としてその人形を与えるつもりだ。一時間の授業の後、彼女はひとつ尋ねてみる。正解した生徒が、その可愛らしい人形を手に入れることになる。そして一時間、彼女は少年少女たちに、イエス・キリストについてあれやこれやとしつこく語る――彼についての物語、彼の哲学、彼が磔にされたこと、彼の宗教、彼は世界中で最も多く信奉者を持つ者だと――何もかもが一時間に凝縮された。とうとう最後に彼女は尋ねる。「私は知りたいのです、世界中で最も偉大な人物は誰でしょう?」

小さな男の子が立ち上がって言う。「アブラハム・リンカーン」。男の子はアメリカ人だ。

教師は言った。「結構です、でも充分良いとは言えません。座りなさい」

一時間もの間、彼女はイエス・キリストについて語り続けた、そしてこのアメリカ人のぼうやはアブラハム・リンカーンだと思いついた! その冗談が古いことはまあ良い。そうでなければ、彼はロナルド・レーガンと思いついただろう。

教師が再び尋ねると、小さな少女が手を上げる。「世界中で最も偉大な人物は誰でしょう?」。少女は答える。「マハトマ・ガンジー」。彼女はインド人だ。

教師はたいへんな挫折感を覚えていた。一時間の努力が! 彼女は言った。「結構です、でもまだ充分良いとは言えません」。今度はとても小さな少年が、一所懸命に手を振っていた。教師は言った。

「はい、世界中で最も偉大な人物を言ってください」

彼は言った。「疑問などありません……イエス・キリストです」
その女教師は困惑した、なぜなら、その少年はユダヤ人だからだ。彼は賞品を手に入れた。皆が帰ってから、彼女は男の子を脇へ呼んで尋ねた。「あなたはユダヤ人ではないの？」
彼は言った。「はい、僕はユダヤ人です」「じゃあなぜ、イエス・キリストと答えたの？」
彼は言った。「僕の心の奥底では、答えはモーゼです。だけどビジネスはビジネスです！」

どんな冗談も、あなたが論理的に予想していない展開で終わる。だから突然、あなたの中に膨らんでいた全エネルギーが笑いとなって爆発するのだ。

始めのうちは、気づいていることは難しい、しかし不可能ではない。なぜならそれは、肯定的な現象だからだ。少しばかり余計に時間を費やすが、一生懸命にならないように。さもないと、あなたは笑いを逃してしまうだろう。それは問題だ。もしもあなたが気づき続けていようと懸命になったら、あなたは笑いを逃してしまうだろう。ただ、リラックスしたままでいなさい。そして笑いがやって来た時、ただ海の寄せる波のように、静かにそれを見なさい。だからと言って、あなたの注視に笑いを妨げさせてはならない。両者が許容されるべきだ。

笑いは美しい現象だ。笑いは落とされてはならない。笑いはこれまで決して、こんな方法で捉えられることはなかった。イエス・キリストの笑い、仏陀の笑い、あるいはソクラテスの笑い、そうした絵は一切ない――彼らは皆とても深刻だ。

私にすれば、深刻さとは病気だ。ユーモアのセンスはあなたをより人間的に、より謙虚にする。ユーモアのセンス――私に言わせるなら――は、宗教性の最も本質となる部分の一つだ。思い切り笑えない宗教的な人物は、宗教的に充分満たされてはいない。何かがまだ欠けている。だからあなたは、ほとんど剃刀の刃の上を歩かなくてはならない。笑いは完全に受け入れられなければならない。

まず最初に、笑いの世話をしなくてはならない、その笑いは完全に受け入れられる。そして見なさい。おそらく最初は難しいだろう——笑いは最初にやって来る、突然あなたは気づくだろう。害はない。徐々に隙間は小さくなっていく。まさに時が必要だ。そして程なくあなたは完全に気づき、トータルに笑いの中に在るようになるだろう。

しかしそれは独特の現象だ。あなたは忘れてはならない。どんな動物も笑いはしない。どんな鳥も笑いはしない——人間だけが、その上聡明な者だけが笑う。つまり、何かの状況の馬鹿ばかしさを瞬時に見極めることは、知性の一部だ。いたるところに山のように馬鹿げた状況がある。人生全体はとてもおもしろい。あなたはまさに、ユーモアのセンスを磨かなければならない。

だから覚えておきなさい。ゆっくり進みなさい。急ぐ必要はない。しかし笑いは妨げられてはならない。トータルな笑いと共にある覚醒は、偉大な到達だ。

他のもの——悲しみ、挫折、失望——それらはまさに無価値だ。それらは投げ捨てられねばならない。特に注意を払う必要はない。それらを入念に扱ってはならない。ただ、充分に気づいていなさい、それらを消滅させなさい。しかし笑いは守られなければならない。

なぜ仏陀、イエス・キリストそしてソクラテスが笑っていなかったのか、思い出してみなさい——彼らは忘れたのだ。彼らは笑いを、否定的な感情と同様に扱った。彼らは意識的であることを余りにも強調したため、笑いさえもが消滅した。笑いとはとても素晴らしい現象であり、とても価値あるものだ。気づきがあって、悲しみが、惨めさが、苦しみが消滅したら、それらはより更に覚醒に根差し、守られるべき何かがあるかもしれないことは、完全に忘れてしまった——それが笑いだった。

私の感覚では、もしもイエス・キリストが笑えたら、キリスト教はこれほど不幸ではなかっただろう。もしもモハメッドが笑えたら、イスラム教はあれ程冷酷で、暴力的な宗教にはならなかっただろう。もしも仏陀が笑えたら、おびただしい仏教徒はあれ程悲しく、鈍感で、洗練されず、生気を失うことはなかっただろう。仏教はアジア中に広がった、そしてアジア全体を脆弱にした。

仏教が僧侶たちの衣の色のように淡色を選ぶのは、偶然ではない、なぜなら淡色は死の色だからだ。秋が訪れると木々は裸になる、葉は淡色となり枯れ始め、そして枝だけが残る。そのはかなさは、まるで死に行く人の顔色が青白くなっていくのと似ている。彼は死に至る――既に死へのプロセスが始まり、数分のうちに彼は死ぬだろう。その時もしもあなたが彼の皮膚を切ったら、血液は見つからず、しかし水だけがあるだろう。血液は分離した、もはや赤ではない。彼が死に行く間に血液は分離し始めた。彼が青白く見えるのはそのためだ。実際、私たちと木々は違わない。同じ方法で生きている。

そして仏教は、アジア全体を哀れなものにした。私はインドに起源を持つジョークを探した。私はただのひとつも見つけられなかった。深刻な人々は……神について、天国について、地獄について、生まれ変わりについて、そしてカルマの哲学について、いつも喋っている。ジョークはどこにもしっくりこない。

私が話し始めた時――そして私が瞑想について語っていた時――私はジョークを言ったかもしれない。時折、ジャイナ教の僧侶、仏教僧あるいはヒンドゥ教の伝道者が、私を訪ねて言ったものだ。「あなたはとても美しく瞑想について語っていました、しかし、なぜあのような冗談を用いたのですか？　すべてが台なしです。人々は笑い出しました。彼らは真面目だったのに。あなたはあなたのすべての努力を破壊してしまいました。あなたは一時間半もの間、彼らを真面目な状態に仕立て上げ、それから冗談を言ってすべてを壊しました。一体全体、なぜあなたは冗談を言うのですか？　仏陀は決して冗談など言いませんでした。クリシュナは決して、冗談など言いませんでした」

私は言ったものだ。「私は仏陀でもクリシュナでもない。私は深刻さに興味はない」

実際、彼らが深刻になっていたから、私が冗談を取り入れねばならなかった。私は誰であろうと、深刻になってほしくない。私は誰もが陽気であってほしい。そして人生は、もっともっと、深刻さよりも笑いに近づかなくてはならない。

第四十一章

生の秘密は非常に単純だ

The Seacrets of Life Are Very Simple

『ニューズウィーク』でいわゆる「付け焼刃セラピー」について書かれた記事があり、その中にあったジョークを読みました。何年も家族に厄介者にされてきたある中年男の話で、この男は紙を細かくちぎって、行く先々で床に撒き散らさずにはいられない脅迫的習慣があり、家族は多額の金を使ってフロイト派やユング派やアドラー派の、著名な精神分析医のところにこの男を引きずっていったのですが、思い通りの結果になりませんでした。暗く奥深い無意識に光を投じ、そこに習慣の原因があるに違いないと分析がなされたのですが、結果は失敗に終わりました。

その末にこの男は、無名ながらも革新的な心理療法士のところに、親戚の者に連れて行かれました。この魔術師は、この男を連れて事務所の中を少し歩き回り、何かを耳元で囁くと、不思議そうに見ていた家族に「連れて帰っても大丈夫ですよ。治りました」と断言しました。

そして一年後、習慣の再発もなく時が過ぎ、家族は大いに喜んで、患者に何と言ったのかと尋ねると、心理療法士は肩をすぼめて、こう言いました。「紙を破っちゃだめだよ」

この記事を読んで、いつかあなたが「存在には無限のものが二つある。ひとつは師の忍耐と愛で、もうひとつは弟子の愚かさだ」と言ったのを強く思い出しました。あなたは長年、シンプルでかつとても力強い、力のあるメッセージを私達の耳元で囁いてきました。我ながら馬鹿な奴だと思いますが、ただ静かに待って、これ以上紙をちぎらないようにと努めています。

生の秘密は非常に単純だが、マインドは複雑にしようとする。マインドが複雑なものを好むのは単純に、マインドは複雑なものがない限り、必要とされないからだ。複雑なものが何もなかったら、マインドが存在する必要自体がなくなってしまう。

マインドは、あなたへの支配権を手放したくないと思っている。マインドはただの召使だが、何とか主人になりおおせた。そのために、あなたの人生では物事があべこべになっている。

このジョークには、全く紛れもない事実が表されている。この男は紙を細かくちぎっていたるところにばら撒いていた。当然ながら、誰もが何かが狂っていると思った。彼には精神分析医が必要だと、こうしたマインドの振舞いがわかる偉大な人が必要だと、そうしたら彼の病気も治るのではと思った。誰もわざわざ「これをするな」と言うことさえしなかった。

この男が狂っていたことは明らかだった。そこでこの男は、フロイト派やアドラー派やユング派の偉大な精神分析医のところに行った。分析医達はみな、きっと何時間も、何年もかけてコツコツ診察をし、夢分析をし、紙を細かくちぎってばら撒く理由を探し当てようとしたにちがいない。だが、誰も成功しなかった。最後の手段として、身内の者が彼を魔術師のところに連れて行ったら、彼の病気は治った。

だがニューズウィークは紳士気取りの雑誌だ。ゆえにこのジョークは完全ではない。だからこのジョークのどこがそんなにすごいのかが、あなたはわからない。

魔術師は階段を上り下りし、男の耳元でこう囁いた。「紙をちぎるのを止めるんだ。でないと上から突き落とすぞ」。魔術師は腕っ節の強い男だった。「わかったら用心しな。俺は分析医だの何だの、そんなものは信じちゃいない。俺が信じるのは荒療治だ。ここから蹴っ飛ばされた奴は、道までごろごろと階段を転がり落ちて行く。さあ帰っていいぞ。俺の治療は蹴り一発だってことを憶えておけよ。どんな精神病にかかった奴でも、俺のところに連れてこられた奴は治る。階段を上から下まで一緒に降りたのは、俺に蹴られるとどうなるかを教えるためだ。さあ、わかったら帰んな、そしてよく憶えておけ。次は何も言わずにただ蹴っ飛ばすからな」。そしてこの男は理解した。こう言われれば、誰もが理解するだろう。

ジョークからはこの部分が削られているために、このジョークの美しさは損なわれている。この男はきっと、ただ幼稚なことを楽しんできたのだろう。紙を細かくちぎって、びりびりに破いてそれをいたるところにばら撒いた。そしてなぜだと誰もが頭を悩ませたために、それが楽しみとなった。単にそれは幼稚な事象だった。この男は知的な発達が遅れていた。精神分析医など誰一人必要なかった。必要だったのは思い切り蹴飛ばすことだった——男がすぐに理解した言葉はこれだった。

私たちは簡単なものをいろいろ複雑に考え続けている。問題の大半はとても単純なのだが、マインドがあなたを惑わせる。そしてそういうあなたにつけ込む人がいて、問題はさらに複雑化する。

あるとき私のところに、一人の少年が連れてこられた。きっと十六か十七ぐらいの少年だったと思う。家族はこの少年のことで頭を悩ませ、困っていた。誰も困ることはないのに困っていた。この少年は腹にハエが二匹入り込んだと、ハエが体の中を飛び回っていると訴え続けていた——今そのハエは頭の中にいる、ハエは手の中に入ってきた。

少年は医者に、医師の所に連れて行かれ、こう言われた。「これは病気ではありません」レントゲンを撮った結果、中にはハエも何もいなかった。医師は、ハエは一匹もいないと言おうとしたが、少年はこう言った。「そんなわけない！　現に体の中を飛び回っているんだ。経験していることよりも、先生の説明を信じろっていうんですか？」

たまたま少年の両親に、私に会ってはどうかと言った人がいたために、その少年は連れてこられた。私は事の一部始終を聞いた。少年はぶすっとした顔をし、頑固そうだった。少年はあの医者、この医者と引っ張りまわされ、おまけにどの医者にも「ハエはいない」と言われ疲れていた。

私は言った。「私のところに連れてきたのは正解です。私にはハエが見えます。かわいそうに、苦しんでいるというのに馬鹿と言われてきたなんて」。少年はリラックスした。少年は私なら期待できると思った。私はハエがいるという少年の考えを、初めて認めた人間だった。

私は言った。「どうやってハエが入ったかはわかっています。あなたは眠るとき口を開けているはずです」少年は言った。「そうです」私は言った。「とても単純なことです。寝るとき口が開いていたら、何が入ってもおかしくない。君はハエだけでよかったよ。前にはねずみが入ったという人を見たことがある」

「えー、ねずみが！」。「しかもねずみだけじゃなく、後から猫も……」

「きっと大さわぎだったんだろうな」

「すごかったよ。君のは問題じゃない、ハエが二匹いるだけだからね、極めて単純なケースだ。じゃあハエを中から取るから、ここに横になって」

少年は言った。「ハエに苦しんでいる僕に理解を示してくれたのは、先生が初めてだ。中にハエがいるってしつこく言ったのに、誰も僕の話を聞いてくれなかった。ハエがいるのを教えようとして、ここにいる、こっちに動いたって言っても、どの先生にも笑われた。だから僕は馬鹿だと思われている」

私は言った。「君を笑った先生はみな馬鹿だ。そういう先生は、君のような患者を診たことがないんだ。だが私は、こういうケースに関する特別な専門知識を持っていてね、口を開けて眠る人だけを診ているんだ」。少年は言った。「先生が理解してるのはわかってるよ。僕を見てすぐ中にハエがいるって、場所まで正確にわかったんだから」

私は少年の両親に、十五分間家から出て、少年と二人にしてくれと言った。

私は少年に横たわるように言い、少年に目隠しをして、口を開けているように言った。

少年は言った。「もっとハエが入って来たらどうしよう」

私は言った。「大丈夫、この部屋はエアコン付きだからハエはいない。君はただ横たわって、口を開ければいい。そうしたら、ハエに中から出て来るよう説得してみる」

私は少年を部屋に残し、何とか二匹ハエを捕まえようと、家の周りを走り回った。ハエを捕まえるなど初めてのことだった。そんなことはしたことがなかったが、なんとか捕まえて二匹のハエの入った小さなビンを持っていった。そしてビンを口元に置いて、目隠しを取った。「どうだ！」

少年は言った。「こんな小さなやつが……なんて人騒がせなんだ！　僕の人生を滅茶苦茶にしやがって。先生、このハエもらってもいい？」

私は言った。「いいとも」。私はふたを閉めて、少年にビンを渡した。

「どうするんだね」。私は少年に聞いた。

少年は言った。「お金だけふんだくって『ハエなんかいない』としか言わなかった医者や医師のところに行くんだ。ハエはいないって言った人たちに……これがそのハエだって見せに行く」


少年の病気は治った。少年のマインドは、ハエがいるという考えに縛られていただけだった。だが精神分析医のところに行くと、些細なことを大げさに言われる。分析医はたくさんの理論を持ち出して、さまざまな説明をする……だが何年かけても問題は残る。問題は手付かずのままだ。分析医は問題を哲学的に思索してきた、そして、苦しみを訴えかけるこの患者に、分析医は自分の哲学を試みている。

しかし、マインドのほとんどの――七十パーセントの病気は、マインドの病気だ。それは簡単に治る。最も基本的なことは、受け入れることだ。否定は人間の誇りに反する。だから否定はしないようにしなさい。否定すればするほど、否定された方はさらに主張する。これは単純な理屈だ。あなたはその人の理解を否定している、その人の感覚を否定している、その人の人間性を、尊厳を否定している。「何もわかってない」と――その人が自分の体について話しているのに、それを否定している！

それにはまず受け入れることだ。「あなたは正しい。あなたを否定した人達は、間違っていた」と言って受け入れれば、すぐに問題の半分はカバーされる。今、あなたとその人との関係には共感がある。精神的な病気に苦しむ人には、同情が必要だ。否定ではなく、承認が必要だ。狂人にはされたくない、気ちがいにはされたくない、彼らはそう思っている。ただ彼らに同情を寄せ、理解を示し、優しくしてあげなさい。

彼らが近寄ってきたら拒まず、単純な解決策を見つけなさい。フロイトの書いた本を持って、回り道しないようにしなさい――フロイトの著書はほとんど聖書だ。そして、精神分析学の文献は増加し続け、膨れ上がっていく。そしてあなたは、大した知識もない、悩める人にすべてのフロイトの考えを試し始める。

私の理解では、誰もが愛を必要とし、誰もが愛する必要がある。誰もが、友情、好意、同情を必要としているし、誰もがそれを与えたいと思っている。


そういえば……ジョージ・バーナード・ショーが八十才くらいの時、あることが起こった。ショーの主治医、ショーのかかりつけの医者は、九十才だった――二人とも大の親友同士だった。

ある時、真夜中にバーナード・ショーは心臓に突然痛みを感じた。たぶん心臓発作だ――ショーは不安になった。ショーはかかりつけの医者に電話をした。

「すぐに来てくれないか。もう日の出は見られないかもしれない」

医者は言った。「今行くから待っていてくれ。大丈夫だ」。医者が来た。彼は階段を三階まで上がらなくてはならなかった――九十才のこの医者は鞄を持ち、汗をかいていた。

ショーのところに来た医者は、床に鞄を置くと、椅子に座って目を閉じた。「どうしました?」バーナード・ショーは言った。医者は胸のところに手を当てた。バーナード・ショーは言った。「心臓発作じゃないですか!」。無理もない……九十才の老人が三階まで階段を上り、真夜中に往診に来たのだから、しかも汗をかいている。

バーナード・ショーは立ち上がると、うちわで医者を扇ぎだした。そして冷たい水で顔を拭き、ブランデーを少し飲ませた。寒い晩だったためにあらゆる方法で……毛布をかけたり、ショーは自分が心臓発作だったことなど、医者を呼んだことなど完全に忘れていた。

三十分後、医者の具合は良くなった。彼は言った。「もう大丈夫。これはきびしい心臓発作だったよ。これで三回目だ。もうこれでおしまいかと思ったが、本当に助かったよ。じゃあ、お代をいいかね？」

バーナード・ショーは言った。「お代？　私は右往左往してあれこれ持ってきたり、先生のために働いていたんですよ。先生こそ払ってくださいよ」

医者は言った。「何を言ってる、これは全部演技だ。毎回、心臓発作を起こしたやつには、これをしてるんだ。これをすると必ず治る。患者は自分の発作を忘れて私の、九十才の年寄りの世話を始めるというわけだ。さあ、治療代を払ってくれ。もう夜中だ、私も帰らないといけないんでね」。そう言って彼は治療費を取った。

バーナード・ショーは言った。「やられたな。自分を冗談好きだと思っていたが、あの医者はとんだいたずら坊主だ。まんまと一杯食わされた」。ショーは一生懸命看病した。看病は完璧だった。ショーは自分の発作のことをすっかり忘れていた。痛みは些細なものだったが、マインドによって増長され……心臓発作への恐れ、発作だ、自分は死ぬという考えが大きくなった。

だがこの医者は本当の名医だ。バーナード・ショーを起こし、手厚い看病をしてもらい、うまい酒をもらい、最後は治療費をもらって階段を下りた。バーナード・ショーは、狐につままれたようだった。

「心臓病をわずらったみんなにやるって言ってたな、あの先生。これで必ず治るって。年が年だから、うまくやれるんだろう。あの演技でみんな、ころっと……。他の先生だったら注射を打ったり、薬を飲ませたり、休養しろ、やれ転地療養だ、二十四時間看護だと、手間のかかったことを始めるんだろうな。だがあの先生はまったく手間をかけずに、さっと治してしまった」

私はマインドに関係した、ありとあらゆる症例を見てきた。彼らに必要なのは、共感と親しみと愛を持ったアプローチだ、それしかない。どの症例にも独自の治療が必要だ。なぜなら今までの治療はみな普通で、一般的だった。徐々に患者は、自分はありとあらゆる医者を——逆症療法、同種療法、自然療法、アーユルヴェーダ、鍼、指圧療法——ありとあらゆる治療をした人を参らせることに成功したと、感じるようになる。まだ誰も治せていない。自分の病気は非常に特別だと、患者は自分の病気にある種のエゴを持つようになる。それが特別だと患者は、認めてもらいたがっている。それは代替物だ。

これは理解されなければならない。誰もが特別に、類まれになりたがっている。優れた演奏家や、優れたダンサーや詩人になりたがっている。しかしうまくいかない。優れた演奏家になるには長い間、厳しい訓練をしなくてはならない。

私が知っているインドの優れた演奏家で、ヴィラヤット・アリ・カーンという人がいる。ヴィラヤットは世界のベスト・シタール奏者の一人だ。ヴィラヤットは毎日、早朝四時頃から九時か十時ぐらいまで毎日五、六時間練習していた。彼が私の家に泊まっていたときのこと、庭に座っていた彼に私は質問した。「世界的に有名な演奏家に、練習の必要があるのかい？」

ヴィラヤットは言った。「君にはわからないだろうが、一日練習しなかったら、私には違いがわかる。二日練習しなければ、音楽のわかる人ならその違いはわかってしまう。三日練習しなければ、音楽のわからない人でもその違いはわかる。そのくらい微妙な現象だから、練習を続けないと、それについて行き、もっともっと深く入っていかないとだめなんだ。立ち止まってはいけないんだ」

音楽は厳しい修行だ。彫刻も然り……どんな創造的活動もそうだ。だが特別な病気になるのに、修行は必要ない。特別な病気には誰でもなれる。そうなることで、その人は特別になれる。見ればわかるように、こうした現象はいろいろな形で起こっている。私達は、ヒッピーがはやり、消えていったのを知っている。なぜ若者はヒッピーに惹かれたのか？　ヒッピーは特別に見えた——彼らは根っから敗北主義的で、病的で、現実逃避主義者だった。

ヒッピーとはまさにそういう意味だ。尻をまくって生の問題から逃げる人のことだ。長い髪、妙な生き方で——というよりは不潔で非衛生的な生き方で……ヒッピー達はもともと皆、キリスト教から来た。そこでヒッピー達は「きれい好きは、神に近い」と教えられた——彼らは神を否定したかった、だが神など、どこにいるというのだろう。不潔でいることは可能だし、それが自分の生活スタイルだと証明するのは可能なことだ。清潔であることが旧世代的ならば、不潔であることは新世代的なのだと——不潔になることで、ヒッピーは神を否定している。だがもし神がいたら、確実にヒッピーと並んで立ったりはしないだろう——ヒッピーは臭い。

そして今はパンクだ……私は、色々な写真を見てきた。髪を切り……髪を半分切って、もう半分を赤や緑に染めたり、口ひげを半分落として、半分を染めたりする。彼らは幼稚なやり方で、ミケランジェロやレオナルド・ダ・ヴィンチ、シェークスピア、バイロン、ファン・ゴッホやピカソと競争しようとしているだけだ。こうした人を見たら、気づかなくてはならない。それは認められたいという願望以外の、何物でもない——「自分は、ここにいる」。だが、誰も気づかない。人が気づかざるを得ないような何かをしなくては——髪が半分なく、もう半分が緑色の髪をした人があなたのそばを通ったら、二度見ないのは難しい。再び見る(*re-spect*)、これが尊敬(*respect*)という言葉の意味だ。尊敬とは振り返って、もう一度見ることだ。それが哀れなパンクが望んだもの、尊敬だ。どこに行っても、パンクは目立つ。

インドの昔話で、ある貧しい女性の話がある——だが、貧しくても金持ちでも、黒人でも白人でも、東洋人でも西洋人でも、それは重要ではない、人間のマインドは同じだ。その女性はどうにか、銀のバングル(腕輪)を購入できた。それはその女性が生涯でやっと手に入れた、唯一の装飾品だった。彼女は家の掃除の仕事をしていた。掃除では、食物と服を買うのにも充分ではなかった。

すると今度は、誰かにバングルについて言ってもらいたくなった。一日中、彼女はバングルが見えるよう、手を上に上げて町を歩き回り、あらゆるジェスチャーをした。だが、ありふれた銀のバングルを……誰もそれに重要な必要があるとは、認めてほしいという人間的欲求があるとは思わなかった。だからもし誰かが一言、言っていたら、貧しい彼女はとても幸せだっただろう。だが、誰も何も言わなかった。

夕方には彼女は自暴自棄に……彼女はまる一日、何も食べていなかった。アレキサンダー大王が全世界を失ったのと同じくらい、それは彼女にとって大ショックだった――彼女は自分の小さな小屋に火をつけた。すると村中の人が、家の周りに集まってきた。彼女は胸を打って嘆いていた。だがそれよりも目立って銀のバングルが、燃えている家に照らされて輝いていた。

ある女性が言った。「まあ、きれいなバングル！　どこから手に入れたの？」

彼女は言った。「それを先に言ってくれたら、ぼろ家を焼かずにすんだのに。もうあたしには家はない。町にはしみったればかりで、この美しいバングルのことは何も言ってもらえなかった。もう遅いわ。でも、家が焼けて住む所がなくなっても、きれいなバングルだって言われたのはうれしいわ」

本当は、人は誰かに美しいと言われたい。だが、そう言われない場合は代わりに、「きれいなアクセサリーだ、きれいな服だ」と――何でもいいから言われたい。

ヴィンセント・ファン・ゴッホは、新流派の画家の一人、創始者だったが……不細工だった。だが、それはゴッホのせいではなかった。ゴッホは女性から愛されたことがなかった。ゴッホは女性から、愛している、かっこいいと一言、言われたかった。

ゴッホはためらいながら、いとこの姉妹の一人にプロポーズした。両親は、プロポーズをするとは無神経すぎると言ってカンカンになった！　いとこの女性も、カンカンに怒っていた。自分のことを何だと思っているんだ？　こんな不細工な男を――誰が愛するというんだ、と。ちょうど彼らの脇に、大きなロウソクが点いていた。そこでいとこの女性は「私がいいと言うまで、ロウソクの炎の上に手を当てていられたら……」とゴッホに言った。ゴッホはロウソクの上に手を置いた――彼女は、ゴッホが手を置くとは思わなかった。ゴッホの手は焼け焦げた。しかしゴッホは手を動かそうとしなかったために、彼女の父親はロウソクを取らなくてはならなかった。
「気ちがいだ――醜いだけじゃなくて、狂っている。自分で自分の手を丸焦げにしやがった！」

しかし、誰も単純な事実がわからない。ハートと、ハートが必要としていることが……「あなたは、あなたのままでいい、プロポーズを受け入れます」と誰かが言わなくてはならない。ゴッホは手を焼く覚悟ができていた……ゴッホの手は死ぬまで、やけどをしたままだった。

ゴッホの弟はこの状況を見て、売春婦とお膳立てをして、事情をすべて話すのが良いと思った。「やさしくしてやってください。お金は私が払います、でも、最低一人の女性を……兄に、あなたが売春婦かどうかなど、わかりっこありません。時々、さりげなく兄と会って、庭でおしゃべりをして、愛していると言ってくれれば充分です。家に連れて行ってやってください。少なくとも、一人の人にそう言ってもらいたいんです――そうしたら兄の虚無感はなくなります。世界中の人に拒絶されている、みなに侮辱されている、屈辱を与えられているという気持ちはなくなります。」

その売春婦は、美しい人だった。彼女はゴッホの弟に言われたことをし、心からゴッホが偉大な天才であると――容姿が醜いだけだと感じた。だが、ゴッホに「愛しています」と言っても、彼にはそれが信じられなかった。

ゴッホは言った。「本当に？　でも私のどこが好きなんです？――不細工な顔をしているのに。みんな言っています、不細工だって。私だって鏡を見るからわかっています。私は不細工です」

女は困ってしまった。しかし、何か言葉を見つけて言わなければならなかったので、彼女はこう言った。
「あなたの耳が好きです。耳がすてきだわ」

その夜、ゴッホは家に帰り、自分の片方の耳を切り落し、顔と服を血だらけにしながら耳を包んだ。そして売春婦のところに戻って、その耳を彼女に渡した。ゴッホは言った。「人に『私の何かが好き』と言われたのは生まれて初めてです。これは画期的な事です。私は今日の夜のことを忘れません。他にプレゼントできるものはありませんが、耳を好きになってもらったお礼に、私の耳の片方を持ってきました」ゴッホのしたことを、彼女は信じられなかった。この人は、本当に狂っている！　耳を好きになったからといって、それでゴッホが耳を切るとは思いもしなかった。だが、ゴッホは狂っていない。ゴッホは紛れもなく、あらゆる人間的な弱さを持った人間だ。少しばかり、まわりに理解がないように思う。

すべての人が閉ざしているようだ。どの人のハートにも開いた窓がない。そしてどの人のドアも、客を歓迎するために開いてはいない。このすべての状況が、奇妙なことを作り出している。人間の心に本当に必要なものが満たされていない。それは奇妙な行為をとり始めている。

おそらくこれが、その男性が紙をちぎっては、あちこちに投げていた唯一の理由だろう。ただ知ってもらいたかったのだ。「私はここにいる、そして私は他の誰とも違う。私は何か誰もしないことをしている」と。おそらく彼は認められなかった、受け入れられ、愛されなかった。

そして彼の受けた治療は病気より悪かった。誰も彼を愛さない――それはまったく病気だ――そして今度は魔法使いが、彼に治療をする。「もしおまえがもう一度やったら、俺はおまえを思い切り蹴飛ばし、おまえはこの百もある階段を転げ落ち、最後には道でばらばらになってしまうだろうよ」

しかし、彼はそれをするのを止めた――愛を得るより、彼はもっと恐怖を得たということだ。恐怖もあなたの行為を変えることができるが、それはより良い変化ではなく、望ましくない変化だ。そして愛がある。それは何の負担でもないのだから、どうしてそれを使わないのかね？

私は、愛にまさる精神療法はないと思う。もし精神療法医が彼に愛を注げたら、その病気は分析せずに直るだろう。すべての分析は、ただのごまかしだ。

精神療法医は、自分自身を愛することを避けている。彼は患者に、面と向かうことを避けている。彼は現実を認めるのが恐い。

フロイト派の精神分析医のすべてのキャンプでは、これは最も大きな重要なキャンプだが、患者の前には座らない。患者は長いすに横たわり、長いすの後ろに精神分析医は座る。患者は長いすに横になりながら話すが、誰に向かってでもない、そして精神分析医は向こうに座っているだけだ。人間的な触れ合いは何もない。患者の手をとることもない。患者の眼を覗き込むこともない。

東洋では、精神分析のようなものはあったためしがない。その理由は単純だ。何千人もの瞑想が深いマスターがいて、誰でも彼らのところへ来れば――彼らの愛、慈悲、彼らが患者の眼を見るやり方、それだけで充分だった。人々は癒された。精神分析なしに……東洋では、ノイローゼや精神病の人はすぐに変化した。彼らすべてが必要なものとは、無償の大きな愛――平和と沈黙にある人、その臨在そのものが薬なのだ。あなたはこれを知って驚くだろう。薬（*medicine*）と瞑想(*meditation*)という言葉の語源は同じだ。薬は体を治し、瞑想は心を治す。その語源は同じで、意味は同じだ。ただ、異なる分野で機能するだけだ。

そして長く瞑想している人は、大きな源となる。彼は眼に見えない何かを放つが、ハートはそれを捕らえる。あなたの内奥の存在に届き、あなたを変える。

問題は単純だ、解決策は単純だ。ただ人は、マインドから離れて事の単純さを見なくてはいけないだけだ。そしてそのとき沈黙、平和、喜びにある人によってなされたことは、何であれ薬になるだろう。健やかさを与えるだろう。それは癒しの力になるだろう。

私は昨日カヴィーシャと共に、初めて催眠のセッションを行ないました。起きてみると、木々が風に吹かれているのを見ました。その動きを見ていて、私は大きな静けさを感じました。そして思いました。「もしいつも、この平和のかけらでも持っていれば、私はどんなに違う人間であるだろう、どんなに自分の周囲を違って見ることとだろう」と。リラックスとは、最も驚くべき発見のように感じます。その一言は、最も価値あるものの鍵だと。美しい聖書の言葉に、「静まれ、さすれば知る」。そして『平和はすべての理解への道』とありますが、リラックスはこれらの言葉の真髄なのでしょうか？

そうだ、リラックスはあなた自身の内奥の存在への鍵だ。そしてリラックスは静けさから成り、平和から成る。そして確かに、この静けさ、この平和は理解への道だ。あなたはそれを知ることはできる。あなたはそれになることはできるが、説明することはできない。あなたは理論付けることはできない。それは最も神秘的な経験にとどまる。

聖書は正しい。もしあなたが静かなら、あなたははじめて自分が誰か知るだろう——あなたの存在——そしてあなたの存在は神性だ。あなたはすべてを取り囲む神の一部だ。

瞬間的なリラックスを経験していくと、だんだんと、瞬間だけでなく一生を通して可能だと、気づくようになる。二十四時間すべて、あなたは静かで平和的であることができる。必要なことはすべてしながらだ。これらのことをしていても、あなたの平和や沈黙を邪魔することはない。それはあなたを、あなたの実存からそらすことはない。

これは私が強調したい、最も重要な点のひとつだ、なぜなら過去においては沈黙し、静かになった人々は世間を恐れたからだ。これは自然な反応だ。彼らは考えた、今となっては、どうやってただの商店主や、事務員、駅長、父、教師でいられるだろう？——こうした責任の中で、彼らの沈黙は失われ、彼らの平和は損なわれるだろうと。だからすべての世界の古い宗教は、遁世的だった。「世間を放棄しなさい、山の中、洞穴へ逃げなさい、あなたの平和と沈黙の宝を守ることができる場所に」。しかしこれは偽りだ。

真の平和、真の沈黙はここ、世間で、市場で試される必要がある。もしそれが邪魔されたら、それは単に、とても表面的であったということだ。あなたはもっと深く入らなくてはいけない。市場はあなたに、それを示す助けになる。

深い山奥ではあなたの沈黙が深いか、それともただ表面的なのか知る術はない。あなたは一生、沈黙にとどまって死ぬことができる。その沈黙は皮一枚だけだろう。なぜなら何も邪魔するものはないので、あなたはそれがどれだけ深いか、知ることができないからだ。

私は、宗教的な人々には世間の中にあってほしい、世間になるのではなく——世間の中だ。なぜなら市場は毎瞬、あなたを試す場所だからだ。あなたは市場に感謝すべきだ。なぜならそれは常に、あなたがどこにいるか気づかせてくれるからだ。何もあなたを邪魔しなくなった日、何もあなたの沈黙に違いをもたらさない日……これは市場の中でのみわかる、ヒマラヤの中ではない。

ヒマラヤでは、欺瞞に陥るあらゆる可能性がある。なぜならヒマラヤの沈黙は、あなたの沈黙を邪魔することはない。ヒマラヤの沈黙は、あなたに間違った考えを与えるだろう——それはあなたの沈黙だと。そしてあなたにはうすっぺらな、たった皮一枚しかない。

私は世間を放棄することには反対だ。私は絶対的に世間に賛成する。世間は素晴らしい学校だ。実験し、瞑想し、絶え間なくあなたを邪魔するものに触れていなさい。

ある日何もあなたを邪魔しなくなるとき、それが素晴らしい祝福の日だ。

第四十二章

政治は病いだ

Politics is a Disease

昨晩あなたは、落ち着く場所を見つけて、これからこの世の政府と政治家の偽善を、ひとつずつ暴いていくと言いました。

私はまだ暴露されていません。自分はチャンスを逃したのでしょうか。


ミラレパ、あなたは政治家ではない。何も暴露される必要などない。すでにあなたはサニヤシンだ。あなたは人に隠し立てすることなく、太陽の下で、雨の中で、風の中で踊っている。

隠し事をしない、これはサニヤスの根本原則のひとつだ。ただ心《ハート》を開き、心を空にしていなさい。ハートの扉や窓はすべて開けておきなさい。そうすれば新風がいつも入ってきて、あなたをつねに新鮮に保つ。それは常にあなたの冒険心を駆り立て、あなたの心をわくわくさせる——いつも素敵なことが起こるのを、あなたは待っている。あなたは客を待つ主人となる。

自分を閉ざし、窓という窓、ドアというドアを閉じている者は、淀んだ空気、淀んだ生の中で生きている。これでは新しい風は全く入ってこない。これではリフレッシュできない。こうした者たちは、決して若くならない。彼らは生まれながらの老人か、もしかすると生まれながらにして死んでいる。冒険をして未知なるものを見ようとは決してしない。彼らは窓が開いてしまうのではと、非常に恐れている。強風を恐れ、私のような人を恐れている。私は、閉まった窓をたたき続ける強風以外の何ものでもない。風は「開けてください」と言ってドアをノックしている。あらゆるところを閉ざし、あなたはすでに墓の中だ。

私はよく、ある美しいスーフィーの話をした。死ぬのが怖くてたまらないという偉大な王がいた。王は、首相や息子、自分の軍隊に暗殺されるのを恐れていた。その王は窓もなくドアもない、ひとつのドアを通ってしか入れない美しい宮殿を作り、門に七人の守衛を置いた。家を守る守衛が一人、その守衛を守る守衛が一人、そのまた守衛を守る守衛が一人といったように、七人の守衛がいた。王は妄想の中で生きていた。誰も信じられず、誰も愛せなかったから、当然、誰からも愛されず信頼されもしなかった。愛のない生、信頼のない生には活力がない。そういう生は干からびている。そういう人は骸骨同然だ。

王宮が作られ、もはや敵のスパイも暗殺者も殺人犯も誘拐犯も、家には入れなかった。王はそれを非常に喜んだ。城の警備は非常に用心深く行なわれた。守衛ですら、何かしようものなら別な守衛に即座に撃たれるため、手も足も出なかった。

隣国の王が、この王宮のことを耳にした。この王も同じ困難にあった――不安感や恐れ、死ぬことに取り付かれていた。人はものを持てば持つほど、人から羨ましいと思われ、さらに多くの不安を自分の周りに作り出す。

隣国の王はこの王宮を一目見ようと、やって来た。王宮は驚くほどすばらしかった。隣国の王は言った。「すばらしい。あなたの知恵には言葉もありません。これは前代未聞だ――万全の安全対策だ!」

持ち主の王はとても幸せだった。王は彼を見送りに行った。隣国の王は、金の馬車に乗る直前にこう言った。「あなたの宮殿と建築家を高く評価します。どうかこの建築家を、私のところにも遣わしてほしい。私も自分の王国に、同じような宮殿を作ってみたいのです。私も同じ困難――同じ境遇にいるものですから」

王は言った。「お安い御用です。建築家を送ります。困ったことがあれば、何でも言ってください」

隣国の王が王宮を賞賛しているとそのとき、道に座っていた一人の乞食が笑い出した。それは人をまったく馬鹿にした笑いだった。持ち主の王は乞食に聞いた。「なんだ貴様は、なぜ笑っている?」

乞食は言った。「わけを言いますと、王の王宮は完璧ですが実に惜しい、完全に完璧じゃない。私はここに座って毎日物乞いをしていますが、王はまだドアがひとつあるってことに、やがてそこから死が入ってくることに気づいているんだろうかと、思っていました。守衛は死が入ってくるのを防げないでしょうし、この扉以外に家からは逃げられません。ご提案しますと王は中に入って、守衛をおくより建築家に言ってこのドアをふさいで壁を作る――そうすれば防御は完璧です。これなら死ですら入って来られなくなります」

王は言った。「貴様は気ちがいか！　どういう人生を送るというんだ、息が詰まってしまうじゃないか！　それなら、生きていてもいなくても変わりがない。それでは王宮じゃなくて墓だ」

乞食は言った。「ほほう、少しは知性がありますな。では王が計画し行なったことを、ご覧になってみるといい。王はすべての窓を閉ざし、すべての扉を閉ざしてきた。窓と扉を閉ざし続けて、ご自分の首を絞めてきた。今あるあなたの生は、この小さな扉だけです。私のように自由でいることだってできたのに――この空はすべて私のものです」。この男は裸の修道僧《モンク》だった。インドではこの裸の修道僧をディガンバラスと呼ぶ。ディガンバラスとは、空と星しか着るものがない人という意味だ――空と星がなければ彼は裸だ。

この話には深い意味がある。サニヤシンは、人に、木に、鳥に、海に、川に心を開く人になろうと決めた者だ。サニヤシンは、恐れを持たずに生きる人となる。恐怖心がないことがサニヤシンの特色となる。死はやって来る……死はあらゆる人に訪れる。死が訪れるのは絶対確実だ。だから死への恐れは無用だ。生では死を除くあらゆるものが不確実で、何事も起こるか起こらないかはわからないが、死に関しては確信できる。

死が絶対確実なら、死について悩むことは全く不要だ。歴史上いまだかつて誰一人、死から逃れられた者はいない。機が熟せば死は訪れる。死を防ぐことは不可能だ。だから死のことなど、きれいに忘れたらいい。あなたには関係のないことだ。身体をいつ変え、身体を、形をいつ新しくするかは、存在が決めることだ。できるだけ今に生きること、死に関わるのではなく、余すことなく生に恋をすること、これがあなたの関心事だ。

生を肯定することはサニヤスの本質だ。ミラレパ、何も暴露する必要はない。あなたはサニヤシンになることで、自力で自分を晒すことを受け入れた。

政治家は暴露されなくてはならない。政治家は秘密をたくさん隠している。政治家はみな犯罪者だ。が、成功した犯罪者だ。犯罪者には二つのタイプがある。力を持ち歴史を築く成功した犯罪者と、刑務所に、監獄に入れられ屈辱的な死を遂げる失敗した犯罪者……彼らは無意味に生き、無意味に死んでいく。

成功した犯罪者は時々捕まる。たとえばニクソン大統領、彼は捕まった。もし誰かが捕まえていなかったら、誰も犯罪者だとは思わなかっただろう。でなければ歴史上では、偉大な国の偉大な大統領のままだったろう。

ニクソン大統領が、完全に面目を失って辞任したときに毛沢東が言った言葉は、忘れてはならない重要な言葉だ。毛沢東は言った。「ニクソンが何の罪を犯したのか私にはまったくわからない——政治家は至るところで同じことをしている。逮捕されたこと以外の落ち度はない。ニクソンの過ちは罪を犯したことではなく、捕まったことだ」

ニクソンが大統領を辞任した後でさえ、毛沢東はニクソンを慰めようとして、中国から大統領専用機を送るから、休暇をとって来るようにと言った。「何も悪いことなどしていないんだから、気に病むことはない。政治家はみんな同じことをしている。ただ気をつければいいだけだ」。毛沢東はこう言おうとした。

ジョセフ・スターリンは、百万人にのぼるロシア人を殺した。ロシアにいた百万人は、裕福な人達ではない。殺された百万人は貧しい人々だった。革命は貧しい彼らのために行なわれ、その名の下でスターリンは独裁者となり、その名の下でスターリンは天下を取った。ではなぜ、こうした貧しい人達が殺されたのか？　彼らは共産党を選び革命を経る際に、間違いを犯していることに気づかなかった。党員はみんなを豊かにするとしか、みな考えなかった。それ以外の考えはなかった。

彼らの考えは単純だ——彼らは庶民だ。共産党が政権をとれば、みんな裕福で幸せになれて仕事が見つかると人々は考えた。だが共産党が政権を握ると、彼らが考えもしなかったことが、他にもたくさん起こるようになった。

革命を起こしたのは彼らではないし、こうしたことのために、帝政ロシアとその皇帝と戦ったのは彼らではない。旧ロシア皇帝の家族、十九人全員は惨殺された。そのうちの一人は、わずか六ヵ月の赤ん坊だった。人々はまずこのことにショックを受けた。その幼い女の子ですら容赦されず……誰にも危害を加えたこともなければ人生が何なのかも知らない、貧しいだの裕福だのといった愚かな話に、一切関わりのない子供が殺された。家族十九人は一列に並ばされ、機関銃の弾丸を浴び続けた。

人々はその話を聞いたとき、あり得ないと思った。人々は、革命がロシア皇帝家族を殺すことにつながるとは思ってもいなかった。そしてやがて、他にもさまざまなことが起こり始めた。彼らは教会を病院に、学校にしなくてはならなかった。なぜなら共産党に神はない。人間に魂があるとも、物理的要素が合成した物以外に意識に付随するものがあるとも、信じていない。意識は副産物だから、人を殺すことは椅子を分解するのと変わりない——すべては物質だと彼らは考えている。

哀れな国民は、共産党が革命を起こし、革命で物質主義をもたらすという彼らの望みに気づかなかった。そして教会が閉鎖され、国民たちは戦い始めた。聖書を取り上げられ、彼らは戦い始めた。そして最終的には百万人の人が殺された。それは彼らにまだ、共産主義者が考える物質主義を受け入れる用意がなかったためだ。だが誰も、スターリンを人殺しだとは思わないだろう。歴史の上ではスターリンは偉大な指導者として人々の記憶に残るだろう。一方、人を一人殺したといったような普通の人殺しは、社会や法律、裁判によって非難される。どんなことでも、彼らがしたことを社会は彼らにする。これは石器時代から何百万年も昔から今も続いている。法律が目には目をだったとき——レンガを投げれば、岩を投げてやる、これが法律だった。これは今も変わらない。たとえこうした言葉が使われていなくても、最終結果は同じだ。

アドルフ・ヒトラーは単純な愚かな欲望から、一人で六百万人の人を殺した。ヒトラーは全世界の支配を望んでいた。これは信じがたいことだが、アメリカで私は、アメリカのナチ党の党首から手紙をもらった。それは脅迫状で、私がアドルフ・ヒトラーを非難していることで、危険に身をさらしていると書いてあった。アドルフ・ヒトラーは旧約聖書の預言者エリヤの生まれ変わりだと。六百万人を殺したアドルフ・ヒトラーがエリヤの再来だとは！　そしてあなたが彼を非難するたびに、私たちの宗教心が傷つくと。

かつてこれほどの大量の人間が、科学的正確さを持って殺されたことはない。ヒトラーはガス室を作った。それは千人を入れられるガス室だった。スイッチを入れるだけで、数秒で煙突から千人全員が煙となって消えていった。残ったのは骨だけだ。収容所には、骨を埋めるための長い長い溝があった。戦後、掘り返された溝を見た人は誰もが、これは人間の仕業ではないと思った。

しかしそれでも、宗教心が傷つくという人々がいるというから驚きだ！　私はアドルフ・ヒトラーを批判して、誰かの宗教心が非常に傷つくとは思いもしなかった。それで再度ヒトラー批判をするなら、私を殺すぞと脅すとは。

政治家は、この世のあらゆる政治家は、多くの隠し事をしている。野心を実現するために、大統領に、総理大臣になるために、政治家はあらゆることをしてきた……合法、非合法、道義に沿う沿わないは問題ではない。政治家にとって手段は問題ではない、問題は結果のみだ。目的が達成されれば、手段はすべてよしとなる。政治家は絶対に暴露される必要がある。私が見る限り、政治家が完全に暴露されれば、人類は初めて政治から自由になれるだろう。

政治は病気だ。政治は病気同然に扱われるべきだ。政治は癌よりも危険だ。もし必要なら手術を行なうべきだ。政治は基本的に不潔だ。政治は不潔でなくてはならない。何千という人が一つの地位にあこがれているから当然、彼らは喧嘩でも人殺しでも何でもする。

マインドのプログラムそのものが、完全に間違っている。私たちは野心的であるよう、プログラムされてきた。政治はまさにそこにある。それは通常の政治の世界にあるばかりか、普通の生をも汚染した。

小さな子供ですら、母親や父親に笑顔を――偽の笑顔を見せるようになる。笑顔の後ろに奥行きはない、だが笑えば見返りがあることを子供は知っている。政治家になるにあたって最初のルールを、子供は知っている。彼らがまだ揺りかごの中にいるうちに、子供に政治を教えたのはあなただ。


人間関係の至るところに政治はある。男は女を無力にした。これは政治だ。

女性は人類の半分を占める。男性に女性を不自由にする権利はない。だが何世紀にもわたって、男性は女性を完全な廃人にしてきた。女性は教育を受けてはならないとされ、経典に耳を傾けることさえ許されなかった。多くの宗教で女性の寺院への入場は禁止され、入場できても別に設けられた場所にしか入れなかった。女性は神の前ですら、男性と等しく立つことはできなかった。

だが最初は、女性は神自身と一緒にいた。あなたは気づいていないかもしれないが……みな普通に、そのことを忘れてしまっている。キリスト教徒はその話をしないし、ユダヤ教徒もそのことを話していない。アダムとイブは最初の男女として強調されている。確かにアダムは最初の男性だが、イブは最初の女性ではない。神はアダムとリリスを作った。背も知性も力もマインドも同じに、平等に二人を作った。

だが愚かな人々の神は、そんなに賢くはなれない。神は二人を作ったが、ダブルベッドは作れなかった！　神は小さなベッドを作った。そして二人を作った最初の夜、ベッドで誰が寝て、床で誰が寝るかが問題となった。枕投げは今に始まったわけではない。枕投げは人間と同じくらい古くからある。彼らは物の投げつけ合いを始めた。肉体的、精神的にも二人は互角だったし、女性も男に制圧されたりはしなかった。アダムは床で寝なくてはならなかった。

ありとあらゆる動物が、窓から中で起こっていることを見ていたため――女性は譲らなかった、女性は絶対譲らない——リリスはベッドで寝て、哀れなアダムは床で寝たがアダムは非常に怒っていた。翌日アダムは神のところへ行き、こう言った。「この女性とはうまくいきません。問題ばかりです。一人だから伴侶がほしいと言ったのは私の責任とはいえ、一人のときのほうが良かったです。いったいどういう伴侶なんです。それにもうちょっと思いやってくれても、あんな小さなベッドにどうやって二人で寝るというんです。すべての点で、同等ではない女性じゃないとだめです」

リリスは解体された。そこでイブは全く異なった方法で作られた。これが世界初の外科手術だ。アダムが一人寂しく寝ているとき、おそらく神はアダムにクロロホルムのようなものを嗅がせてアダムのあばら骨を一本取り出し、その骨で女性を作った。そのため女性は、絶対男性と同等にならなかった。女性は肋骨止まりだ。そしてイブは最初の女性として、知られるようになった。しかし本当はイブは二番目だった。私なら、最初の女性の方を望んだと思う。リリスには機知がある、力がある。リリスは初日、アダムを何とか床に寝かせた。アダムにはそれが必要だった。

だが、イブはまるで奴隷のようだった。イブはよく、アダムが遅く帰ってくると肋骨の数を数えた。イブは、神がアダムの肋骨を取ってほかの女を作ったかもしれないと心配した。それ以来男は……おそらく私たちが思い描く神というのも、男性が考えたものだ。神もまた男性優越主義者だ。三位一体に女性のための場所はない。

男性は女性の自由にあれこれ干渉した。これは政治であって愛ではない。

愛しても自由は与えない。自由を与えることを恐れる、これのどこが愛だというのだろうか。

女性はオウムさながら籠に入れられる。オウムが好きだと言っても、人はオウムを殺していることを理解していない。オウムは空を丸々奪われてしまった。オウムには籠が与えられているだけだ。たとえ籠が金でできていても、空を飛ぶオウムの自由に比べられるものはない。木から木へと羽ばたき、オウムが鳴く——これは強制された言葉ではなく、オウムにとっての自然な、正真正銘の表現だ。

女性は男性の望んでいることをし続けている。女性は少しずつ、自分も人間だということを完全に忘れてしまう。

中国では長い間、夫が妻を殺すことができた。それを阻止するための法律は、一九五一年にできたばかりだ。一九五一年までは、夫に妻を殺す権利が与えられていた——妻を殺したければ、それは夫の務めだった。女性は男性のものであり、所有物だった。法律に、人の所有物に口出しする趣味はない。そのうえ中国は、女性には魂がないと、魂があるのは男性だけだと思っている。

だから中国の歴史には、老子や荘子、列子、孔子、孟子と同じ器を持った女性が一人もいないのだ。魂がなければ、人間はただの物だ。女性は男性とは張り合えない。

人類の半分は、どの国でも、どんな文明国でも、家庭での政治で滅ぼされてきた。それは政治とは言われていないが、これは政治だ。人を支配しようとする欲望があれば、それは政治だ。力は常に政治に関係している。小さな子供への支配であってもそうだ。親は子供に愛されていると思っている。だがそれは親たちの、マインドの中だけの出来事だ。親は子供に従順であってほしいと思う。では、従順とは何だろう？　それは親が全権力を握るという意味だ。

従順であることがそんなに重大な質なら、親が子供に従順であってはいけない理由だってない。それがそんなに宗教的だというなら、両親も子供に従順であるべきだ。だが従順であることは、宗教とは何の関係もない。美辞麗句を政治に隠す以外に、何の関係もない。

政治が入り込んだら、それはそのつど、暴露されなくてはならない。政治は至るところに、あらゆる関係に入り込んでいる。政治は人の生をすっかり汚染した。そしてその汚染は今も続いている。

学校では、子供は一番になれと教わる。だがなぜ一番でなくてはならない？　その心理について考えてみたことはあるかね？　一番になる人間はエゴイストになっていく。自分は一番だと。そして最下位になる子供は劣等感を抱くようになる。どうしてこんなことをする必要がある？　試験をなくすのは簡単なことだ。試験をする必要はない。学校の教師は、毎日生徒の出席をとるのと同じように、毎日ただ評価を与えていけばいい。毎日全員に評価をつけてやればいい。そうすれば最終的に、人よりも知性を身につけた子が上のクラスに早く行き、ちょっと怠けた子はちょっと後で、二ヶ月、四ヶ月遅れで進学する。だが試験は必要ない。試験がなければ一級、二級、三級で合格する人もいなくなる。こうした順位は汚点となる。

もし、学校や大学でのキャリアがいつも三級だったら、その人の自尊心は失われる。その人の自尊心は死んでしまう。その人は、自分は役立たずだという自覚を持つ。こうなれば誰でも支配は可能だ。

この「三流」という言葉は、インドではとても耳障りな言葉になってしまった。もし「何級で合格したんだ？」と聞かれたら、三級で合格した人は「マハトマ・ガンジー・クラスで」と答える。なぜならマハトマ・ガンジーは一度も三級以外にはなったことがないからだ。試験はいつも三級で、旅行をする時は生涯三等列車だった。だからインドでは誰も三級で合格したとは言わず、「マハトマ・ガンジー・クラスで」と言ってごまかし、おどけてみせようとする。

誰か偉い人にならなくてはという野心、これは作り出されたものだ。あなたは自分が普通の人ではないことを、並外れていることを証明しなくてはならない。だが、なぜそうしなくてはならないのか。それが何になる？　それで叶うことといったら、人への影響力が強くなって、他者が従属的になるくらいだ。あなたは並外れた人で、彼らはさみしい、マハトマ・ガンジー・クラスの人たちだ。彼らは事務員にしかなれない、それ以上にはなれない。こうした人達には根性がない。権力者は様々な方法で、全人類を骨抜きにしてきた。こうした去勢は非常に政治的だ。

よって政権の座にある者達は代々、政権にとどまり続ける。インドでは四十年間の自由闘争の後、一つの家族が支配してきた。それは民主主義ではなく、王朝になってしまった。もはや彼らを解任するのは不可能だ。なぜなら彼らは四十年で、あらゆることをすませてしまったからだ。だから解任は不可能だ。彼らは不可欠な存在になった。そして彼らはファイルを集めた――私はインディラ・ガンジーが持っていたファイルをこの目で見た。それは彼女の政党に属するファミリー以外の、あらゆる政治家と野党にとって不利なファイルだった。

そのファイルには、彼ら政治家がしてきたあらゆる犯罪、受け取った賄賂、合法非合法に関係なく彼らがしたことや、権力の悪用などが逐一すべて記載されている。政治家はインディラ・ガンジーに歯向かえば自分は暴露されると言って、ずっとそのファイルに怯えている。ファイルは同ファミリー内で代々受け継がれていく。これは大きな力だ。

これを聞いたらあなたはきっと、驚くだろう。インディラの二番目の息子、サンジャイ・ガンジーが事故で死んだとき……インディラは一番に政治家、二番に母親だった。インディラが住んでいた場所から数ブロック離れたところに、サンジャイの乗った飛行機が墜落し、その話を聞いてインディラは墜落現場に駆けつけた。現場には人だかりができ、警察がいた。インディラが最初に言ったのは「サンジャイはどうなの、生きているの死んだの、どうして事故が起こったの」ではなく、「二つの鍵は、二つの鍵はどこ?」だった。そのひとつは収集された全ファイルの引き出しの鍵で、もうひとつは選挙で不正に使われるお金がしまってある場所の鍵だった。そこには何百万ドルもの金がしまってあった。

政治家は何を犠牲にできても、権力は犠牲にできない――それは政治家の無意識だ。そして二つの鍵は見つかって警察にあると連絡があり、インディラは病院に息子の様態を見に行くよりも、警察署にまずその二つの鍵を取りに行った。なぜならその二つの鍵の方が、サンジャイ・ガンジーの何百倍も大事だったからだ。サンジャイのことはいい、後で見に行ける――どの道、死んでいるのだからと。

インディラが最初に二つの鍵のことを聞いたと聞いて、私はショックを受けた……。サンジャイ・ガンジーの死のことでではない。人が死ぬのは大した問題ではない。人にはみな独自の死のスタイルがある。ある人は事故で死に、ある人は違う死に方をする。少数の人は共通の、普通の死に方で、ベッドで寝ているときに死ぬ。ベッドはもっとも危険な場所だ。なんと九十九パーセントの人がベッドで死ぬ。ベッドでは絶対寝ないように。ベッドでは九十九パーセントの人が死ぬし、あなたは同じ場所で毎晩眠っている。だから床で寝たほうがいい。

サンジャイ・ガンジーは事故で死んだ――それはサンジャイの、死のスタイルだった。事故で死んだのは問題ではない……だがこの、サンジャイの母親は息子の死のことでも事故のことでもなく、鍵の事を聞いた！　インディラは鍵がなくなるのではと思い、その前にと警察に急いだ。

これを聞いたら、きっと驚くだろう。インディラ・ガンジーは長い間、夫と暮らさずに生きていた。インディラと夫は恋愛結婚だ。インディラ・ガンジーはヒンドゥのバラモンで、恋人はゾロアスター教徒だった。伝統的マインドを持った人にとって、この結婚を受け入れることは非常に難しかった。だがインディラは、ジャワハルラールの一人娘だった。娘の結婚の邪魔はしたくないと、ジャワハルラールは思っていた。それにインディラは頑固者だった。結婚するならこの男しかいない、と思っていた。こうしてインディラは、若きゾロアスター教徒と結婚した。ジャワハルラールは結婚を許可した。

インディラは夫も政治に引き込んだ。夫は議会の一員となったが、インディラが夫といることは滅多になかった。そのことを夫はとても怒っていた。私も昔は彼のことを知っていた。インディラがジャワハルラールと住み続けていたことに、インディラの夫は非常にカリカリしていた――そこには権力があった、そしてインディラは一人娘だった。

ジャワハルラールに息子はなく、ジャワハルラールの妻は死んでおり、インディラが跡を継ぐ可能性は大だった。インディラの夫に与えられるものは皆無だったために、最後は完全に別居し、彼は酒に溺れるようになった。おそらく、インディラの夫は飲みすぎで死んだのだろう。

だがインディラは、父親と住み続けた。そこにはすべてがあったからだ。国の全政権がそこに集中していた。そしてインディラは、ジャワハルラールからあらゆる政治的な指導を受け、問題のファイルをすべて受け取った。ジャワハルラールが死ぬと、インディラは問題のファイルをすべて手にし、全財産を手にした。インディラなくして与党の運営は不可能だった。与党はインディラを選任しなくてはならなかった。与党のメンバー、党の最高指導者達でさえもインディラを恐れたのは、彼女がそのファイルを握っていたからであり、お金を持っていたからだった。

選挙ではそうするより他、戦いようがない。特にインドのような国では、二ルピー渡せば票を買収できる。他には何も必要はない、二ルピー出すだけで票を得られる。二ルピーで投票するようなインド人には、イデオロギーが何なのか全くわからないし、民主主義が何なのか全くわからない。二千年もの間、インドは奴隷だった。だからインド人には、自由が何なのかわからない。どうやら二ルピーのほうが何よりも重要なようだ——二ルピーの方がもっと重厚で、ずっと具体的なようだ。腹をすかした、飢えた人達にとって民主主義と自由は、どうやらただの言葉らしい。それよりも二ルピーのほうが重要と見える。だからお金を持っている人が、財源がありお金をもたらす人が、政権の座にあり続けることになる。

インドにとって、ネルー一族を追放することは不可能だ。民主主義国とは名ばかりで、実際は君主国、王朝以外のなにものでもない。これが全世界の状況だ。世の中はこうして成り立っている。人は外見しか見ない、事の内情を見はしない。

私は絶対に、政治のやり方すべてを暴露したい。政治家には関心がないが、政治の機能の仕方には関心がある。その機能は醜く、非人間的で野蛮だ。私たちは非政治的に生きるべきだし、私たちの関係は非政治的であるべきだ。でないとそれは、関係といっても名ばかりの、ラベルだけのものになる。ラベルとは裏腹に、中に入っているのは別物だ。

私は、かつて感じたことがないほどより親密なものを感じ、手放したくないと思っていたものに、より深く入っている気がします。長い間待ち焦がれていたもの――私たちを取り巻く光やぬくもり、愛に、ずっと深く入っているように思います。

自分自身が急激に変化し、長い間ずっとずっと遠くにあった家に近づいていると思うと、ワクワクします。なのに内側には付きまとって離れない思いが、どことも知れぬ所にあなたが連れ去られて、私たちの元からいなくなってしまうのではという思いがあり、またあなたの前に座って祝福を得られるのだろうかと思ってしまいます。

どうかご意見がありましたらお聞かせください。


心配いらない。誰も私を連れて行くことはできない。理由は単純だ。今は私に触れるだけでも、それはその人や、その関係者や国家に危険をもたらしかねない行為だからだ。

そういえば、私がアメリカで捕まったとき、彼らは法的理由もなく礼状もなしに私を逮捕した。保釈を許可せず、私をただ困らせようとして、刑務所から刑務所へと引っ張りまわした。その範囲はほとんどアメリカ全土にわたり、十二日間で私は五つの刑務所をまわった。だが奇妙なことに、毎回私が飛行機を降りて警察の車に乗ると、連行してきた男は私を裁判執行官の手に引き渡す際、こう耳打ちした。「この男は危険だから直接的なことはするな。体にも触るんじゃない。全世界が注目しているからな。この男が釈放されれば、刑務所であったことは全部暴露される。だから奴とは礼儀正しく、理性的に振舞え。犯罪者として扱うな」。私は男のすぐ後ろに座っていたために、こう話したのが聞こえた。

私が刑務所から刑務所へ移送されるたびに、男は絶えずこう通達した。彼らは私の体に触れず、直接的には何もしなかった。間接的にある物事を行なおうとしたが、それは失敗に終わった。

たとえば、夜十一時近くにある刑務所に着いたことがあった。裁判執行官は、ある書類に私の名前を書かないよう要求してきた。彼らは「デービッド・ワシントン」と名前を書いてもらいたいと言った。

私は言った。「何の法律でどういう憲法に基けば、そんなことができる？　私に本名を書かせないで、自分の名前じゃない誰かの名前を書くよう強制しようなんて。そんな名前は書かないよ」

「あなた方は本来、法を執行する機関だろう。上着に司法省と書いてあるが、どういう正義だね、これは。真夜中だよ、私は疲れている……一日中移動させておいて、人の名前を書けというのか。理由を説明してもらおう」

その男は言った。「私は何の説明も受けていません。私に怒られても困ります。私は上の指示に従っているだけです」私は言った。「ならあなたに指示した人たちに言ってくれ。私は『デービッド・ワシントン』とは書かない。あなたがそう書きたいというなら、あなたがデービッド・ワシントンでも何でも記入すればいい、そしたら私がサインしよう」

男は言った。「どうやらそれが一番の妥協案のようだ……私も眠いんでね。この用紙にサインしないと、あなたは独房にも入れないし眠れないから」。こうして男は書類に直筆で書き込みをし、私は自分のサインをした。男は私のサインを見て言った。「何て書いてある？」

私は言った。「デービッド・ワシントンなんじゃないのか、それが私の名前だろ？」

男は言った。「これじゃ何て書いてあるか、わからん」

私は言った。「母国語で書いたんだ、これが『デービッド・ワシントン』だ」

次いで私は言った。「明日の朝、あなたの手書きの文字と私のサインが放映されることになるだろう。その裏の意図も……全報道機関に。なぜ私の名前を隠したがるかわかるかね？　そうすれば殺すことだってできる。私は入獄していないから足もつかない。そしたら明日、デービッド・ワシントンを釈放して書類にサインさえすればいいわけだ。だが憶えておきなさい、私のサインは真似できないからな」

男は言った。「なぜそうはっきり、報道機関に知れるとわかる？」

私は言った。「明日になればわかる」

警察の車には、私と一緒に一人の女性が乗っていた。見たところその女性は、かなり服役歴の長い囚人だった。その人は私に、自分は刑務所から釈放されると言った。

私は言った。「ならひとつ頼みがある。私と裁判執行官とのやり取りをよく聞いてほしい。全報道機関が刑務所の周りにいるから、外に出たらその会話をまとめて、報道機関にその情報を提供してくれないか」

そして彼女は、私に言われたことを完璧にやった。

翌朝、裁判執行官は頭を叩きながらやって来て、私に言った。「何をやらかした？　新聞にもテレビにもみんな載っているじゃないか！　さあ、出る用意をしろ、別の刑務所に移動だ。ここでは留置できない」

私は言った。「私はここが気に入っている。場所を変える必要はないし、変えたところでどうする？　拘留したいだけ……デービッド・ワシントンはここに住みたがっている」

男は言った。「冗談はよせ、俺はすでに偽名でサインさせたと非難されているんだ。だが一体、どうやってメディアに伝えたんだ」

私は言った。「あなたは囚人が二人いたことをすっかり忘れていた。もう一人は部屋の隅に座って、会話の一部始終を聞いていたんだ。それを一言一句、全部話したのだ」

彼らは失敗した。裁判執行官は、私はその刑務所にいなかった、報道されたことはみな誤報だと言えるよう、即座に刑務所を変えた。私は言った。「そんな言い訳は立たない。記入された用紙はあるし、私のサインだってある。私のサインは世界的に有名だ――これを真似るのは容易じゃない。私にだって無理だ！　サインは毎回変わるからね」

二番目の刑務所でされたことは、私は不治の病に苦しむ受刑者がいる監房に入れられた。この受刑者は接触伝染病にかかっていて、死にかけていた。半年間、医者はこの監房には誰も入れないようにと、感染性が非常に高いから、この受刑者は独居させるようにと言っていた。その監房に彼らは私を入れた——この刑務所には医者がいて、管理者がいて、裁判執行官の人間がいた。

だが……この男は英語がうまくしゃべれなかった。男はキューバの出身だった。だが男は何とか、私にこう書いてよこした。「OSHO、苦しいです。私は不治の病にかかっていて、今にも死にそうです。六ヶ月間、この監房には誰も入っていません。あなたは故意に入れられています。これはあなたを殺すための間接的な手段です」

すぐ私は、医者と管理者と裁判執行官を呼んで、こう言った。「これを読みなさい」

私は医者に言った。「あなたはどういう医者なのか？　この刑務所にいて囚人の世話をしているのか、殺しているのかどっちなのだろう。六ヶ月間、この監房に誰も割り振られていないのがこの病気のせいなら、なぜ私をこの監房に割り当てるのか。あなた方が絶えず、間接的に私を苦しめろと言われているのは、わかっている。だが間接的だろうと、私を苦しめることはできない。あなた方にはそれだけの頭がないようだ。あなた方はまるで本当の馬鹿だ。ここにいる男の方が、ずっと人間らしい心と理解がある。それがわからないのだろうか」。彼らは即座に監房を変えた。そして彼らは言った。「その紙をくれないか」

私は言った。「これはあなたにはやらない、マスコミに渡す」

どうやら、支配している方が犯罪者で、犯罪者が無実の人を閉じ込めているようだ。どの刑務所にも、どこもだいたい五百から六百の受刑者がいたが、五つのどの刑務所にも白人は一人もいなかった。いたのはみんな黒人だ。これには驚いた。

私は看守に聞いた。「これはアメリカじゃ罪を犯した白人がいないってことなのかね？　だったら私が見てきた刑務所に、白人がまったくいないのはどうしてなんだ。このことをここの黒人に聞いたら、彼らは何の罪も犯罪も犯していないと言っていた。彼らは逮捕され、強制的に刑務所に入れられ裁判を待っている。『明日こそ』と毎日言われ続けて、九ヵ月待っている囚人もいる。だがいずれ釈放されるから、申請書は提出されていない。彼らは何もしていない。これは黒人に対するただの拷問じゃないか」――こうした人はみな、革命派の疑いをかけられた若い人たちだった。

だから心配することはない。どの政府にも私には何もできない。私に何かをすれば、それは彼らにとって自殺行為となる。そうすれば、政治家を暴露するための私のワークが遂行されることになる。

彼らは何の権力もない、洞察力のある一個人を心底恐れている。彼らはみな盲目だ。この盲人達は私に危害を加えることはできない。あまりに私を恐れるあまり、私を悪者にする嘘を作り上げ、全くとんでもない考えを広めている。だがこんなことは何にもならない。私は、こうした振る舞いをしてきたあらゆる国を告訴する。そうしたら、何もかも証明しなくてはならなくなる。

つい昨晩、ドイツが世界中の政府に、私が売春を広めているとのメッセージを送ったことを知った。そのメッセージはここにも送られてきた。事実はこれとは正反対だ。私は売春に反対だ。私は口すっぱく、結婚はもう結婚ではなく売春だと、長期にわたる売春だとずっと言ってきた。女性の身体を一晩利用しようが、一生利用しようが問題は変わらない。愛もないのにお金のために、もしくは慰めを与えるあらゆるもののために女性の身体を利用すること、それが売春だ。それを彼らは私が売春を広めていると、性的幼児虐待を広めていると言うから驚きだ！　こんなことを聞いたのは初めてだ……それに実際、ここには子供はいない。

私はドイツ政府を相手に、裁判を起こすつもりだ。ドイツ政府は性的虐待を私が広めてきたことなり、関与したことなり、またそれについて、責任があることを証明しなくてはならない。私はドイツ政府をこのままにはしておかない。彼らは強力だ。私に力はない。だが彼らは、嘘と犯罪にまみれている。だから私はドイツ政府の罪業を法廷で暴露する。ドイツ政府は私のことで証明もできない、ありもしないことを言っている。

私が英国の空港の待合室で一夜を明かすことが、イギリスにとってどう危険なのか、英国議会に証明できるわけがない。どんなに想像をたくましくしても、証明は不可能だ。税関検査を受け、私は爆弾も武器も麻薬も持ち込んでいなかった。そんな私が空港のラウンジで寝れば、イギリスにとって危険なことになりかねないというのかね、あり得ない話だ。将来彼らは、それを証明しなくてはならない。いったんどこかに落ち着いたら……私はこれらの国と一国ずつ戦っていくつもりだ。

イタリアには世界的に有名な六十五人の著名人が、詩人や小説家、ダンサー、映画監督、俳優、科学者、ノーベル賞受賞者らが、ある請願書にサインをした。それは、ローマ法王が私に反対しているから、イタリアへの入国は阻止しなければならないと政府が言ったことへの、反対のためだ。

私は同胞にこう知らせた。「法王のところにも行って、サインをもらってきなさい。嫌だと言ったら、それは自由に反対するという意味だ。サインをもらいに行くだけで充分だ。イエスと言えば、法王は板挟みになる」

オランダでは抗議者が集まっている。きっとこれから全国で抗議者が集まり、最後は抗議者たちは国連の前に集結するだろう。世界中にいる罪もない一個人を、誰も理由もなく攻撃することはできない。人々に、こうした陰謀への注意を促すことは必要だ。これが彼らの指導者だと、私たちは警告しなくてはならない。

だが心配する必要はない——私には何も起こらない。私は自分のワークを完了させる。これは私の約束だ。

第四十三章

無用な諍《いさか》い

Unnecessarily barking at Each Other

ボンベイから来た砂の彫刻を作る年老いたマスターと、あなたが出会った話を聞いて、いい話だと思いました。他に旅をしていて、光明を得た個人と出会ったことはありますか。

光明を得てはいないが何人かの、非常に非凡な個人とは出会ったことがある。彼らは光明を目前にしていた。ほとんど光明を得ていたと言っていい。だが光明目前でも、そこから後退する可能性はある。色々な意味で彼らは非凡だった。出会った中の数人は音楽家だった。出会った大半の人で、非凡と言えるのは音楽家だ。これは妙なことだ。これは偶然ではあり得ない。音楽には瞑想との類似性がある。楽器を演奏している間、演奏家には二つの可能性がある。ひとつは自我が完全に失われ、音楽だけが残り、偉大な演奏家となる可能性だ。そうした演奏家は類いまれだが、光明は得ていない。音楽家が境界上にいつまでも残っているのは、おそらくこの理由からだろう。もうひとつの可能性は——音楽に関する限り、これはちょっと難しいが——トータルに音楽の中にありながら、音楽家は気づきを保っている。

他の活動の時は、完全に気づいていられても、演奏や踊っている時はそうはいかない。全面的にその中にいると、人は気づきを完全に忘れてしまう——あまりにも素晴らしい、心が浮き立つような体験、非常に価値ある体験であるためだ。人はその体験に包まれて、永遠にとどまっていたいと思う。だが光明を得るには、こうした途方もなく素晴らしい体験をしていても、超然としていなくてはならない。

苦しみを抱えていたら、苦しみから離れ、苦しみに気づいていることは簡単だ。惨めなとき、それに気づいていることは簡単だ。なぜ簡単かというと、誰も惨めでいたいとは思わないからだ。誰も苦痛に浸っていたくはないからだ。苦しみや苦悩、苦痛の体験は、それ自体があなたが苦しみから抜け出すのを助ける。だが音楽の体験や踊りの体験、絵画や彫刻の巨匠の体験は――あなたを夢中にさせ、余すところなく全面的参加が要求されるものであり、創作活動に気づいているのは最も難しい。

そうした人々は並外れていた。彼らの個性、自由、創造性は途方もなく美しい。だが彼らには、何かが欠けていた。彼らもまた何かが欠けていると思っていたが、何が欠けていたのかは理解できなかった。

その体験は、あまりにも充実している。だから何かが欠けているかどうかと、考えることもできない。出会った音楽家の一人が私にこう尋ねた。「もし欠けているものがあるなら、それが何か理解できるよう、知恵を貸してくれませんか。私には、何も欠けているようには思えません。完全に音楽に没頭しています」

その音楽家は、私の意見を聞いて驚いた。私はこう言った。「問題はそれだ。あなたは没頭とまったく矛盾したことを、同時にしなくてはならない――音楽に没頭しつつ、それに注意していなさい」

その音楽家は言った。「それは難しい」

「難しいのはわかっている」。私は言った。「だが方法はそれしかない。不可能ではない。あなたは、あまりにも素晴らしい体験だから、そこから離れたくないと思っている。全実存が音楽におぼれていて、そこから出たくないと思っている。だが、そこから抜け出られる人は、決して損はしないということをあなたは知らない。もっとすごい至福、もっとすごい祝福があなたを待っている。試しにやってみなさい。失うものは何もない。もし何かを失っていると感じるようなら、元のように音楽と関わって、喜びに満ちて生きればいい。どちらにしても、急ぐ必要はない。あなたはすぐそこまで来ている。いつか、ある生でその一歩を踏み出すだろう」

その音楽家は言った。「今生ないし別な生で、私がその一歩を踏み出すとは思えません。そんな可能性があるとは想像もつきません」

私は言った。「あなたには一つ、わかっていないことがある。どんな素晴らしい体験でも、どんなにそれが素敵であっても、いつかは飽きるものだ。飽きが来るまでには幾生かの時間がかかるかもしれない。だがそれは同じ体験だから、いつかは退屈がやってくる。そうしたらその時、あなたは自覚する。だが退屈を待つのは、頭の悪い人向けだ。知性のある人は今、気づくことができる」

そしてその人は、何とかそれを成し遂げた……その音楽家はラビ・シャンカールの先生であり、ラビ・シャンカールの義理の父親でもあった。彼は百十過ぎまで生きた。だがそれを乗り越えたとき、彼は死んだ。シタールを抱えてその音楽家は死んだ。だがその顔を見て、人には痕跡が、足跡があるのがわかった。仏陀が濡れた砂の上を歩いていった。百十歳の彼はとても静かな、とても穏やかな、とても若々しい顔をしていた。その音楽家は、それ以外のさまざまな点でもずば抜けていた。私は彼が死ぬのではと心配していた。もしそれを試せば、年もかなりとっているし、体もかなり弱っているため、身体と心をつなげておけないかもしれない。その場合その急な、電光石火の体験が肉体の死となる。それは肉体からの分離となる。そして彼に起こったことは、まさにこれだった。

たくさんの演奏家を見てきたが、彼と同じ質を持った演奏家は他にはいない。彼は何でも楽器にすることができた——鉄の棒があれば、彼はそれで演奏を始めた。彼は雑音しか出ないような鉄の棒から、すばらしく美しいものを作り出せる。それを聞いたら、あなたはびっくりするだろう。

彼はイスラム教徒だった。彼を通じ私は、ラビ・シャンカールと結婚したその娘と知り合いになった。ラビ・シャンカールは彼女をだました。ラビは真の人情と品格を持った人ではなかった。一番弟子になる、そのためだけにラビは師の娘と結婚した。師の娘と結婚すれば、ラビはもっとも有名な弟子となる。ひとたび西洋に出ると、ラビは妻のことを気に留めなくなった。ラビの妻は貧しい暮らしをしている。

彼女自身、優れた演奏家だったが、イスラム教徒の女性は人前での演奏を宗教で禁じられている——売春婦だと公言しない限り、人前では演奏できない。それができないために、彼女は人前で演奏できない。だが私は彼女の演奏を聞いたことがあり、ラビ・シャンカールのレコードも聞いたことがある。ラビ・シャカールは彼女よりもずっと劣る。ラビが世界的に有名になったのは、ラビが西洋でシタールを演奏しているからだ。西洋では、誰もシタールの演奏を理解できない、誰もそのニュアンスを理解できない。ラビが滅多にインドに来ないのは、ラビよりもずっと優れた音楽家がたくさんいるからだ。ラビ自身の妻も、ラビよりずっと優れていた。

この老演奏家は、光明を得た人としては生きられなかったが、光明を得た人として死ぬことができた。私の知っている他の演奏家は、演奏に没頭している間、あえてそれに気づこうとはしなかった。彼らの問題はわかる。それは本当に、どこまでも彼らをのめり込ませる。だから、用心深さを保たなければならないことを忘れてしまうのだ。

もうひとつの難点は、私のメソッドを試して死んだ者がいると気づくと、大きな恐怖心が起こる。なぜなら彼らは、光明を通じて訪れる死が、死でないことを理解できない。それは神への道だ。だが外側から見ているあらゆる人にとって、それは死だ。

私は、同じ問題を抱えた数人の舞踊家を知っていた。ラビ・シャンカールの兄、ウダイ・シャンカールは、おそらくこの国一番のダンサーだ。だがウダイも同じ問題を抱え……完全に踊りに没頭した。それに気づいている人はいなかった。ウダイは普通に死んだ。

私はウダイに言った。「普通に死ぬか、光明を得て死ぬか、選択は二つに一つだ。もうあなたの時代は終わりだ。年も取っていく。危険を冒してもいい時だ。どのみち死は訪れるんだ、もう何も心配はいらない」。だが光明を目前にしながらも、ウダイは恐れを持ったまま死んでいった。

私にとっては、いわゆる宗教を信仰している人々は、とても光明の近くにいるとは言いがたい。逆に宗教的な人々は、光明からは程遠い。芸術家は誰よりも近くにいる。だが、いくら近くにいるとはいえ、大半は光明を逃してしまう。こと光明を得るということに限って言えば、不幸でいるほうが、苦しんで、苦悩している方がずっといいとは、これは寄しき運命だ。おそらくこれは存在が仕組んだことなのだろう——たくさんの人が苦痛にさいなまれている。

あなたは、苦痛がどんどん大きくなっていく悪夢を、思い出したかもしれない。だがクライマックスは訪れる——苦しさに耐え切れなくなった時、人は目覚める。誰も悪夢を最後まで見る者はいない。もし最後まで悪夢を味わったら——あなたが経験したのはとてもソフトな類の悪夢だ。それは悪夢というほどのものではなく、ただの夢だった。

本当の悪夢は……たとえばあなたが山から落ちるとする。谷は底なしで、もはや助かる道はない。やがてあなたは、ばらばらに砕け散る……その地面にたたきつけられる直前、目が覚める。耐え切れなくなって、眠っていられなくなる。これは生における苦しみにも当てはまる。

人は苦しんでも、それもまたブルジョアの、中流の苦しみだ。それもあまり鋭いものではない、それはまずまずの、生ぬるい苦しみだ。中途半端な苦しみは、あまり役には立たない。なぜなら中途半端だと生涯耐えることが可能だ。むしろ、人は深く馴染んでしまうかもしれない。そうなった人は苦しみなしでは生きられず、苦しみを必要とする。そういう人は苦しみによって定義され、苦しみがないと、アイデンティティーがなくなっていくように感じはじめる。

苦痛がひどいと、それが単なる癇癪ではなく、単なるみせかけの行為ではなく、単なる習慣ではない本当の苦しみ、絶望だと——生は無意味だと、一息一息が全く不必要じゃないかと……ならば自分は何のために、なぜ生き続けているのかという疑問が起こる。何も起こらなければ出口もない。その痛みがあまりにも激しくなり、人間の忍耐の限界を超えると、突然悪夢から醒めることがある。すると、このいわゆる起きている状態が、いくら目が開いていても、別種の眠りでしかないとわかるようになる。

あなたが目覚めるのは可能だ。存在には、あなたを手助けする用意ができている。存在の助けを得るためには、ただ、あなたの準備が必要なのだ。不幸について語る人々は、私はそうした多くの人の話を聞いてきたが、自分の不幸を語る時の話し方は、とても幸せそうだ。その不幸はまるで芸術作品か何かのようだ。彼らは自らの不幸を大げさに言う。誇張して、誇張して、不幸を楽しんでいる。

こんな話を聞いたことがある——ある女性が、カトリック教会の神父に懺悔をしていた。「私は強姦されました。もう恥ずかしくて死にそうです。私がどんなに不幸か、わかってくれる人はいません」

「とはいっても」と神父。「どういうことです？　ここ三週間、毎週日曜に来て懺悔とは、どうすれば毎週レイプされるなんてことが可能なんです？」

その女性は言った。「誰も毎週だなんて言ってません。レイプされたのは初めてです」

神父は言った。「だったら、そのことはもう告白したでしょう。なぜいちいち私に毎週日曜、同じレイプの話をするんです。不幸だ、つらいといって同じ話をするんです」

その女性は言った。「実を言うとそれが楽しくて。ほかの人には言えないから、日曜まで待って懺悔しないといられないんです。でもほんと、すごい体験だったわ！」

人々が不幸の話をしているのを聞いてあなたは、彼らは不幸を排除したいのだと思うだろう——が、それは違う。彼らの不幸を絶対馬鹿にしてはならない。そんなことをすれば彼らは怒るだろうし、絶対あなたを許さない。彼らは、自らの不幸がこの世で一番であることを喜んでいる——それを軽視、もしくは無視しようというのは言語道断だ！人のマインドというのは、非常に変わった創造物だ。人は自分の不幸を理解しようとするよりも、それを賛美しはじめる。人は、殉教めいたものを感じるようになる——殉教は病気だ、魂の病だ。だが殉教者は、あらゆる人類の伝統により、偉大な人間として賞賛されてきた。殉教者はただのマゾヒストだった。彼らは拷問される機会を望んでいた！　誰も殉教者がマゾだと言わないのは、歴史を丸々書き直さなくてはならないからだ。その歴史は誠実な、偽りのない人々についてのものではなく、変質者について書かれたものだ。

だから自分の不幸を楽しむようになると、問題が生じる。不幸を楽しもうと、結果はまた同じことになる。自分の音楽を楽しむ人がいるように、あなたは自分の不幸を楽しむ。不幸があなたの音楽になってしまう。何かを楽しむようになると、それを注意して見るのは難しくなる。関係のないものだったら、注意を持って見る対象にできる——その方がもっと簡単に見ることができる。

ひとたび用心深さが地に付けば……たとえば木や海といったもの、愛着を持っていないものを見ているとする。道を歩いている人や、走っている車を見ているとする。それをただ見る。これは用心深さを養うトレーニングだ。愛着を持っていないもの、感情を注いでいないものを、注意を持って見なさい。

まずは用心深さを根付かせ、そうしたら小さな物事でも試してみる。食事をしているとき、注意深くある。シャワーを浴びているとき、注意深くある。何でもない些細な物事を……服を着るとき注意深くある。これはただ、あなたの用心深さを、もっともっと強固にするための訓練だ。すると何か感情的になったものを見ていても、その注意深さは、感情を注いでいるあらゆるものを切り開けるぐらい強くなる。そして、真にその用心深さが強固なものになると、音楽でも踊りでも愛でも——どんなものであっても、違いはない。それは鋭い剣のように、あなたと対象をスパッと切り裂く。それは何でも切り裂く。

宗教を信仰する人々は、おそらく用心深さとはもっとも程遠い。こうした人々は祈りを試み、神への献身を試み、神を信じようとしている。彼らは注意深くあることを、恐れるようになるだろう。なぜなら見ることは、神の消滅を意味することになるからだ——神は現実にはいなかった。それは単なる信仰だった。すると、祈りも消えてしまうことになる。それは現に存在しない神に捧げられ、向けられたものだったからだ。献身はなくなるだろう。なぜなら空のはるか上には、誰も献身する相手などいないからだ。

宗教を信仰する人々は、用心深くあることを最も怖がっている。これは私の経験だ。彼らは瞑想したいと思っていないし、油断なくありたいとも、気づきを持っていたいとも思っていない。そうなろうものなら、彼らの宗教は丸々危機にさらされることになる。私を危険だという人は正しい。なぜなら私は、彼らの建造物を丸々壊すようなことを言うからだ。私は、彼らが生きてきたもの、信じていたもの、望んでいたものに従って作られたシステムを、丸ごと壊すようなことを言っている。それが破壊されたら、彼らは不毛の地に取り残されてしまう。今、誤った信念という砂漠の中にいることを、こうした人たちに納得させるのはとても難しい——用心深くあれば、それはあなたを砂漠から連れ出し、青々とした、花咲き乱れる存在の庭へと導くだろうと納得させるのは難しい。

瞑想を聖者に教えるのは最も難しいことを、私は知った。ヒンドゥ教徒でもイスラム教徒でも、ジャイナ教でもキリスト教徒でも、それは聖者の全実存をがくがくと震わせる。聖者は五十年、六十年とある信念体系に従って生きてきて、尊敬され崇拝されてきた。それはいい稼ぎとなった。

これはハイデラバードでのことだが、南インドで非常に尊敬されていたあるジャイナ僧が、私に興味を持った。このジャイナ僧は私の話を聞き、本を読んで、ついには勇気を出して僧侶をやめた。

私は言った。「ずいぶん危険な行動に出たね。後になって私を非難しないでくれよ。別に僧侶をやめることはないんだから。ショーは続けてもいいんだよ。私が言うのは、油断せずにいなさいということだ。私とは俳優に演技をやめろとなんか言わない。それは演技なんだから何の問題もない。聖者を演じて、人生をドラマにしてしまいなさい。注意を怠らずにいなさい。つまり油断せずにいる、これが私の教えだ——このナンセンスを根こそぎ落としなさいとは言ってない」

「しかし」そのジャイナ僧は言った、「それでは不誠実な気がします。私は信仰を持ったのですから、区切りをつけないと。でないと完全な偽善になってしまいます。もう同じ権威を持っては話せません。私の権威をあなたは取り除かれました。私の権威などみな偽りです、芝居などできません」

私は言った。「だったら、危険があることを覚えておくことだ」

ジャイナ僧は言った。「わかりました」。そして彼は僧侶の地位を捨てた。

ある時このジャイナ僧が、私がある友人といるときにやって来た。その友人はジャイナ教徒だった——彼はこの僧侶を見てびっくりした！　私の友人は尋ねた。「僧侶が着る、あの特別なやつはどうしたんだ」

僧侶は言った。「あれは捨てました」。友人は言った。「なら家には入れない」。私の友人は、この僧侶の非常に献身的な弟子の一人だった——それが僧侶の来た理由だった。私がいたことも理由のひとつだったが、もうひとつは友人がこの僧侶に非常に献身的だったからだ。だが友人は頑として、僧侶を家に入れようとしなかった。「出てってくれ！　関わり合いはごめんだ」


同じ日に、私はあるジャイナ教徒の会議で話をしに行き、その元ジャイナ教徒も私と会議に同行した。ジャイナ教徒はいつも高い壇上に座っていたために、単に習慣から彼は、私が講演をする演壇についてきて、私のすぐ後ろに座りビクビクしていた。そこには少なくとも五千人のジャイナ教徒がいて、かんかんに怒っていた——どんなに彼らが怒っていたかは、予想がつくだろう。そこには非暴力家の人々がいた。この元ジャイナ僧は、別に大したことをしたわけじゃない。ただ着る物を変えただけだ。

会場は大騒動だった。誰かが立ち上がってこう言った。

「あいつを壇上から引きずり下ろせ。奴にそんな席はないぞ」

私は言った。「何が問題なんだ？　私だってジャイナ僧じゃないが、壇上に座ることは許されている。だったらいいじゃないか。彼はもうジャイナ僧じゃないんだ」

彼らは言った。「あなたの場合は別です。今までジャイナ僧だったことがないんですから。でもその男は私たちの、これまでの伝統をこけにしたんです」。彼らはすでに、この元ジャイナ僧を引きずり降ろそうと壇上に来ていた。この状況を見て私は彼に言った。

「自分で降りたほうがいい。でないと彼らに引きずり降ろされて、もっとみっともないことになるぞ」

だが人間のマインドというのは知ってのとおりだ！　彼は動こうとしなかった。普通の人と座れなかった。これまで彼らとは座ったことがなかった。

私は言った。「昔は聖者でも、今はもう聖者じゃないんだ」。私は彼と群衆の間に立たなくてはならなかった。私は言った。「彼は昔の癖で壇上に上ってしまっただけだ。私の話を聞きたいのであれば、壇上にいても大目に見てやりなさい。話を聞きたくないというのであれば私は帰る——そうならば彼も帰る。さあ、決めなさい」

彼らは私の話を聞きたかったがために、彼が壇上にいることは大目に見ざるを得なかった。だが彼らはこの元ジャイナ僧に「スピーチが終わったら、どうなるか覚えてろ」というジェスチャーをした。そしてその通りのことが起こった。話が終わって私が壇上から降りると、群集は一丸となって無力な彼を捕らえて殴り始めた。私は必死に止めようとした。私は言った。「非暴力主義者が人を殴るのか！　彼は、昨日あなたが足に触れた人と同じ人だ、何一つ変わってなどいない」

そこから彼を引きずり出し、車に押し込むことはとても困難だった。そうしなければ、彼は殺されていただろう。だが群集は、車に押し込んでからもまだ、反対側から彼を連れ出そうとしていた。

家について私は彼に言った。「なんて馬鹿なんだ。わかってないよ、宗教的マインドは一番偽善的なマインドなんだ。言ってることとやってることが違うんだ。これで、君を崇拝する人がわかっただろう。君はまったく理解していなかった。君の足に触れていた彼らが、今度は君を殺そうとしている。この場所から離れたほうがいい。どこか別の場所へ行くんだ。彼らは君がここで平和に暮らすことを許しはしないだろう。山にでも行って、静かな場所を見つけて瞑想するんだ」

この元ジャイナ僧が言ったことは、全く意外なことだった。彼は言った。「私は何でもできます——断食でもヨガのアーサナでも……マントラなら何時間も唱え続けられます、経典は憶えてますから暗唱できます。でも瞑想というと、やったことがありません。それにあなたの『気づいていなさい』についてはまったく不慣れです。だから、あなたなしにこの経験ができるとは思えません」

私は言った。「やれやれ、私の責任になってしまったか」

私はこの元ジャイナ僧を、一緒に連れて行かなくてはならなかった……彼は三ヶ月間、私と一緒にいたが、彼にとって瞑想を学ぶことは最も難しいことだった。聖服こそ着ていなかったが、信念は落とせなかった。神話は、宗教は捨てられなかった。問題はこれに尽きる。それはそう簡単なことではない。服を変えるのは非常に簡単だ。

芸術家は光明の最も近くにいる。芸術家は美的体験の真近にいる。その一方、いわゆる宗教を信仰する人々は、光明から程遠いところにいる。私は宗教的な人が光明を得たという話を、一度も聞いたことがない。これは変に聞こえるかもしれない。本来はそうあってはならない、宗教を信仰する人々は誰よりも光明の近くにいるべきだが、彼らはガラクタを山ほど抱え込んでいて、それが宝物だと思っている。それが消えていくのを見ていることができないでいる。

用心深くあること、これには不思議な力がある。用心深くあるとマインドからはあらゆるものが消え、完全な静寂、しじまの中にあなたが残される。そしてこのしじまから存在感が、全宇宙的存在感が生じる。

手は心《ハート》の延長だといいますが、だからあなたは、手がないと話ができないのですか——言葉と心が出会うと、別な側面が加味されるのでしょうか?

それは本当の話だ。マインドから話をする人は、身振り手振りを使った話をしない。なぜならそういう人は、手を必要としないからだ。マインドは、言葉は完全だと、言葉は意味を伝えるのだから、それ以外に付け足す必要のあるものはないと思っている。

だが、ハートから話す人には問題がある。ハートはいつも、あなたがしゃべることは不充分だと感じている。何かを加えて、話していることを完全で完成されたものにしなくてはと思っている。表現という意味では、手は非常に強力だ。手はハートの感じていることを補足する。

もし私の手が椅子に縛られ手が動かせなかったら、話をするのは確実に不可能だ。私は話ができなくなる。このことはアメリカで初めて、非常にはっきりした……それまで私の手は、縛られたことがなかった。私はアメリカで初めて手錠をかけられ、突然こう感じた。手に手錠がかかっているだけでなく、ハートも捕らわれていると。そして記者会見があったとき……。

刑務所の最高責任者は、私に始めて会ったときから恋に落ちていた。私は言った。「手錠をかけられていたら何もしゃべれないし、何にも答えられない」少なくとも、記者会見の間は手錠をはずしてくれないか」

私は、手錠がかけられた手を全世界の人に見てほしいと思っていた。これが民主主義だ――令状もなく、理由も示さず、弁護士との接触を禁じ、手錠をかけ、足に鎖をつけることも許される……しかもそれでも満足しない。彼らは私の腰に鎖を巻きつけたが、それでも充分ではないと、別な鎖で腰に巻いてあった鎖と手を結んで、人に手を振ることさえできないようにした。

彼は理解ある人だった。彼は言った。「これは法律には反するが、あなたのためなら何でも協力しよう。何といっても、これは刑務所内で開かれる初の記者会見だ。過去には前例がない。だったら他の事だって何でもありです！　私が手錠をはずします」

私は手錠がはずされるまで、話をするのは不可能だと思っていた。ハートは支えを必要とする。言葉は、ハートにとっては役不足だ。言葉は不完全だし、不充分だし、正しい意味が伝わらない。

だが、身振り手振りを理解するにはあなたも、ハートから耳を傾けている特定の集団が必要だ。でなければ、こうした身振り手振りは役に立たない。ジェスチャーを見ても、マインドには意味がわからない。

手が、語り得なくても理解可能な何かが生じるのを許している。これはハートとハートの触れ合いだ。
「体制が攻撃しようとしなくなったら、それはもう影響力のない証拠だ」と、ある老革命家が言っていますが、あなたの影響はこの先どれだけ広がるのでしょうか。

ただ、見守っていなさい。彼らに私を負かすことはできない。

私の内的な世界と外側の世界、その定義はどこにあるのでしょうか。目を通じて、知覚を通じて外側の出来事を見るたび、それが私には自分の世界になるように思われ、また内的世界になるように思われます。その反面、観照者が私の内なる現実で、かつ観照者が全世界にまたがる存在だとなると、自分は再度、表裏がひっくり返ってしまったような気になってしまいます。

チェタナ、あなたは気が狂っている！　たとえそれは、あなたが感じ取ったものであっても、外側の世界は内的世界にはならない。それはちょうど鏡のようなものだ。あなたは、物が鏡に映っていてそれが今鏡の内側にあるというように思うかね？　それは今でも鏡の外側にある。鏡はただ、外側の物を映しているに過ぎない。外側の世界に関する認知とは、ちょうど鏡のようなものだ。だが映ったものは、何一つ内面的なものにはならない。気づきは内的な現実だ。内的現実は島のようなものではなく、大陸全体だ。

したがって、外側からは私たちは互いに分かれている。内側からは私たちはひとつだ。だから気づきは宇宙的なのだ。それは外側のあなたになるという意味ではない。それは単に、気づきだけが、意識だけがあるという意味だ。そこにはもはや、外側と内側という区別はない。

内的外的という区別が生じるのは、物事を分割する、物事を外側と内側のものにするマインドがあるからだ。気づきがあるときはマインドは消え、それとともに内側、外側の区別もすべて消えてしまう。その時はただひとつ、同一性だけがある。インドでは何千年も、同じ問題に取り組んできた。インドでは「同一性が残る」とさえ言わない。これには論理上の問題がある――一があるなら二があるはずだ、三があるはずだということになる。一は、一連の数がなければ存在できない。「一」はどんな意味を持つか? もし二、三、四、五、六、七、八、九、十がなければ「一」はどんな意味を持つか? 一は意味を持たなくなる。

だからインドでは「同一性だけが残る」とは言わず、「後に残るのは非二元的なものだ」と言う。これは論理的な問題に陥らないようにするための、遠まわしな言い方だ。後に残るのは非二元的な現象だ。それは二ではない。彼らはそれを一とは言わない。それはもう分割されていないと言う。彼らはそのことに特定の洞察を持っているのだと思う。

非二元的と言えば、その意味は他の数を含まないが、「一」と言うと、その意味は他の数を含む。だが混乱する必要はない。ただ注意を払い、中に何があるか、外に何があるか気にしないことだ。あなたの気づきが、それが非二元的存在であることを、中にも外にも何もないことをはっきりさせてくれるだろう。

インドのジャイプールには、神秘家の王によって作られた宮殿がある。この王は、真に優れた建築家だった。彼はジャイプールを設計した。建築家の名前がジャイ・シンだったために、それが町の名前となった。ジャイプールはインドで唯一の計画都市だ――ジャイは本当にすばらしい計画を立てた! ジャイはパリより優れた町を作ろうと考えた。この計画はきっと成功していただろう。だがジャイは死んだ。町は未完成のままだが、未完とはいえ、それはパリより優れた町を作ろうとしたジャイの方針が、正しく進んでいたことを思わせる。

町は一色、サニヤシンの赤一色で、町全体に赤い石が使われていた。一体感を与えるために家も全部、店も全部まったく同じに作られており、二を感じる余地があるものもない。それに道がとても美しい。道の中央には木が植えてあり、木陰を作っている。それでも道路は充分広い。木は両側にある歩道を覆っているため、雨季は傘をさして歩く必要がない……日が照り付けていても傘がいらない。ジャイプールでは傘がいらない。あらゆるものが完全に同じで、すべてが同じ赤い石で作られている。

この建築家は、どんな種類の違いもない町を造ろうとした。町中の道には、何キロにも渡って一つの木だけが用いられた。用いた色は一つだけ、使った石は一つだけで、デザインはすべて同じだった――すばらしいデザインだ。ジャイは寺院を造った。外側は赤い石を用い、中は小さな鏡で作られている……内部には無数の鏡が散りばめられているため、中に入ると自分の姿が無数の鏡に映し出される。あなたは一人だが、何百万もの姿が映し出される。

ある夜、この鏡の間に入り込んだ犬が自殺をしたという話がある。そこには誰もいなかった。守衛は帰り寺院には鍵がかけられ、犬が内部に取り残された。その犬は鏡に映った犬に向かって吠えた――無数の犬に向かって吠えた。犬はあちこちからジャンプをして、壁に体当たりした。鏡に映った犬はみなワンワンと吠えかかり……このかわいそうな犬に何があったかわかるかね？　この犬は一晩中吠えまくり、鏡に映った犬と戦い、壁に体当たりして死んでしまった。

翌朝、守衛が扉を開けると犬は死んでいて、いたるところに、壁にも犬の血が飛び散っていた。周りに住んでいた人は言った。「一晩中、何があったんだと思っていました。この犬はずっと吠えていました」

この犬は、きっと知的な犬だったのだろう。その犬は当然ながらこう思った、「あっ、犬がいっぱいいる！　こっちはオレだけなのに、夜だし扉は閉まってるし、こいつらに囲まれてる……俺は殺される！」。そして犬は自ら身を滅ぼした。他に一匹も犬はいなかった。

これは神秘主義を理解するために必須、不可欠なもののひとつだ。私たちが方々で目にする人達は、映し出された自分に過ぎない。私たちは無用に吼え合っている。無用に戦い合い、お互い無用な恐れを抱いている。私たちは過剰な心配から核軍備を競い合っている。だが犬は一匹しかいない。他の犬はみな、反射したものに過ぎない。この犬の死に方は――人間が同じように死ぬ可能性は充分ある。誰と戦うのかといったら、それは他に映し出された自分自身だ。

だからチェタナ、頭で考えないようにしなさい。こうした問題について考えないようにしなさい。でないと、もっともっと混乱はひどくなる。それよりもこうした問題に気づくようになれば、様々な問題が消失するのがわかるようになる。

私がここにいるのはあなたの問題を解決するためではなく、あなたの問題を解消するためだ――この違いは大きい。問題を解決するというのは、回答を与え知的に満足させることだ。問題を解消するというのは、あなたが自分で何も問題がないことに気づくよう、そのための方法を与えることだ。問題はすべて私たちが自分で作り出したものだ。だから何も答える必要はない。

光明に達した意識に答えはない。質問がないというのが、その意識の美しいところだ。

質問はすべて解消している。すべてなくなっている。だが人はそうは思わない。光明を得た人は、きっと何にでも答えられると思っている。現実には光明を得た人には、答えなど全くない。光明を得た人に問いはない。質問なしに答えはあり得ない。

偉大な詩人だったガートルード・スタインが、友人達に囲まれ死に臨んでいた時のこと、ガートルードは突然目を開け「答えは何？」と友人達に尋ねた。

すると誰かがこう言った。「何って、問いがわからなかったら、答えはわかりようがないよ」ガートルードは最後に目を開けて「わかったわ、なら問いは何？」と言って死んでいった。これはガートルードの言った最後の、予想外の一言だった。

詩人や画家、舞踏家や歌手が最後に言った言葉を知ることは、とても素晴らしいことだ。そうした人の言葉には、大変味わい深い何かがある。

ガートルードは最初に「答えは何？」と言った……それは、人は違っても問いは違わないと言わんばかりの言葉だった。問いは同じはずだと、問いを明示する必要はないと。それにガートルードは急いでいたため、質問をして答えを聞いてと、正当な手続きを踏むよりも単刀直入に「答えは何？」と尋ねた。

だが世間の人々は、人間がみな同じ立場にいることを理解していない。その問いが同じく皆の問いであることを理解していない。そこで誰か愚かな人が「問いがわからなかったら、答えはわかりようがないよ」と言った。一見これは論理的だが、論理的ではない。まったく馬鹿な問いだ——死ぬ間際の人に向かって……だがご苦労にも、ガートルードはもう一度目をあけてこう言った。「わかったわ、なら問いは何？」そう言うと一同は沈黙した。

誰も問いを知らない。誰も答えを知らない。

実際には問いもなければ答えもない。あるのは混乱の中で、マインドの中で生きる道だけだ。すると無数の疑問と無数の答えが生じてくる。そして無数の答えの一つ一つが、さらに無数の疑問をもたらす。これでは終わりがない。だが別な生き方もある。意識の中で生きる——意識には答えも問いもない。

もしガートルード・スタインの死に際に私がいたら、私はこう言っただろう。

「今は問いや答えのことを気にする時じゃない。問いはないし答えはない、このことを覚えておきなさい。存在は問いにも質問にもまったく口を挟まない。哲学の授業じゃないんだ。問いも持たず、答えも持たず死になさい。ただ静かに、意識的に、穏やかに死になさい」

第四十四章

私はあなたのハートを変容するために話している

I am Talking to Transform Your Heart

私は、先日あなたが話していた弓術家の物語を思い出しています。あなたに対して否定的で対立的な世界であなたの言葉を広めるとき、何を心がけたらいいのかを、もっと私たちに話していただけますか。

戦いのない戦いはあるのでしょうか。

戦いのない戦い、行動のない行動、努力のない努力がある。それはまさに宗教性の魂だ。論理的には、「努力のない努力」は、不合理なように思われる。しかし実存的に可能であり、最も美しい経験の一つだ。

あなたが自発的なときは常に、前もって計画された考え通りに行動していないということだ。実際あなたは、何かをするための準備も用意もしていなかった。その行動は応答として、ひとりでに起こった。

二、三の言葉を理解しなければならない。まず、反応と応答には相違がある。反応は他の人に支配される。彼はあなたを侮辱する。あなたは怒る。そして次に怒りから行動する。これが反応だ。あなたは独立した人ではない。誰でも、こちらへ、またはあちらへと、あなたを引っ張れる。あなたはたやすく影響される。あなたは感情的に脅迫される。

反応は感情的な脅迫だ。あなたは怒っていなかった。男があなたを侮辱した。そして彼の侮辱が怒りを生み出した。そのとき、怒りからあなたの行動が起こる。

応答は自由からのものだ。それは他の人に依存していない。

他の人はあなたを侮辱するかもしれないが、あなたは怒らない。それどころか、あなたは事実について熟考する——なぜ彼はあなたを侮辱しているのか？　おそらく彼は正しい。それなら、あなたは怒るのではなく、彼に感謝しなければならない。おそらく彼は間違っている。もし彼が間違っているのなら、なぜあなたは彼の間違いのために、あなたのハートを怒りで焦がさなければならないのか？

そして可能性は二つだけだ。彼が正しいか、彼が間違っているかのいずれかだ。いずれにせよ、怒りは無関係だ。彼が正しいなら……それは、あなたに怒りがない場合にのみわかる。怒りは、目、展望、明晰さを曇らせる。彼が正しいのがわかるなら、あなたは彼にお辞儀をして、彼に感謝する。彼があなたについての真実を言うことで、あなたに好意を示していたからだ。そしてそれは、誰もあなたに言わないことだった。おそらく、彼はあなたが臆病者だと言っていた……あなたは彼の言うことを受け入れ、心の中で問う。そして臆病者を見つける。


このいわゆる礼儀正しい社会では、人々は率直に話さない。彼らは自分たちが見ていることを言わないで、良い会話になることだけを言う。

イギリス人は非常に注意深い。彼らは天気について話すだけだ。決して宗教や政治についてではない――それらには感情が積まれている。天気については誰が気にかけるかね？　それは誰の信念でもない。それは誰の宗教でもない。そしてとにかくそれは現実であり、あなた方双方が使える。それは良い話題になる……議論になる可能性はない。

しかし私の人々は、私たちの社会が礼儀正しいものではなく、私たちは誠実さ、真正さに心を注ぎ、本当のことを言いたいのだということを理解しなければならない。

それで、誰かが何であれあなたに言うときには、それを熟考しなさい。その人に「十分間ちょっと待ってください。それについて考えさせてください――おそらくあなたは正しいです」と言いなさい。彼が正しいなら感謝しなさい。彼が間違っているなら彼を気の毒に思って、彼に言いなさい。

「あなたには、ある間違った考えがあります。あなたはご自分の考えの主人《マスター》です――あなたはこの考えを持っています――でも私の側から、この考えは正しくない、という意見を述べさせてください。それについてあなたがもう少し検討してくださるなら、嬉しいです」と。

応答はとても静かで、とても穏やかだ。それは他の人に依存していない。それはあなた自身の理解だ。そしてその瞬間に自然に行動する。ゆえに、「戦いなき戦い」の可能性がある。


私は生涯、それをしてきた。私は多くの方面で――だが、怒り、暴力、個人的な利害はなしに――ただひとりで戦ってきた。私が自分のために、何かのために戦っているということではない。私は何も必要としない。私の人生に起こるべくして起こることすべては、すでに起こった。

私には少しの野心もない。光明を得た後には、野心家になれない……というのは、最も高い星に着き、もう行くところがないのだ。

しかし、私は絶え間なく戦っている。戦っている相手を助けるために戦っている。この戦いは、愛と慈悲からのものだ。私は社会に腹を立てていない――私は誰も怒っていない。私は誰かに、世界全体の悲惨さの責任を負わせてはいない。私は単に、人々に原因を明らかにしようとしている。

「あなたは原因にしがみつき続ける。そして結果を望まない。あなたはある花の種をまき続けるが、その花が好きではない。それでそれを切り落とす――でもその種をまくのをやめない。これが、あなたの混乱、あなたの葛藤、あなたの惨めさになる」

あなたが学ばなければならない戦いは、憎しみからのものではなく、愛からのものだ。復讐からではなく、共感からのものだ。自分の利得のためではなく、戦っている相手の利得のためだ。その時には、それは「戦いなき戦い」になる。そして、あなたが成功するか失敗するかは重要ではない。重要なことは、あなたが最善を尽くしたと言うことだ。それはあなたに満足――できることは何でもやり、決してためらわなかった、炎の中にすっかり自分を投げ出したという満足――をもたらす。

しかしあなたは、とりわけ誰かに反対したのではなかった。あなたは、特定の一連の原因に反対だった。

そして、それは個人の感情を交えたものではなかった。しかし何百万人もの人々が、それらの原因のために苦しんでいる。彼らはそれが彼らの遺産だと思って、執着し続ける。

私の言葉を広めるあなたの仕事は、手に剣を取ることではない。その剣で何が正しいのかを、人々に指し示すことだ。

剣を手に取ることは、イスラム教徒がしてきたことだ。十四世紀の間、彼らはただ剣で脅迫するだけで、非常に多くの人々を改宗させてきた。そして明らかに、選択肢が死か名目だけの宗教の変更ならば……誰も本当にヒンドゥ教徒であるわけではなく、誰も本当にイスラム教徒になろうとしているのではない――レッテルだけが問題なのだ。単なるレッテルのために命を失うつもりかね？　もののわかった人なら誰でも「レッテルを変えてください」と言うだろう。何百万人もの人々が、信じていたからではなく、生きたかったためにイスラム教徒になった。そして彼らは、以前に生活していたときと同じように暮らし続けた。イスラム教徒かヒンドゥ教徒かは空論だ。それは現実とはならない。

ちょうど今、ローマ法王のポラックがインドにいた。インドのキリスト教徒は皆、基本的にヒンドゥ教徒だが、別の戦略で改宗させられた。今は剣を持ち歩くことが正常に見えず、世界の大多数から支持されないからだ。それは、粗野で古めかしく、見苦しい。キリスト教徒は変わった。それは腹をすかせている人々、飢えている人々のところへ行く。片手にパンを、もう片手にバイブルを携えて。あなたはパンだけを食べることはできない。それはあなたに両方――肉体の食物と心の糧――を提供する。パンが欲しければ、聖書を受け入れなければならない。

そして瀕死の人は、神が六千年前に六日で世界を創造したか否かには、神が三位一体であるかどうかには、全く関心を持たない。飢餓で死にかけている人にはパンが必要だが、パンは聖書に附いてくる。マージンとして、彼は聖書も受け入れる。それで、これらのインドのキリスト教徒はすべて、飢えと貧困のために買収され、利用される。

彼らはキリスト教徒になるが、同じように暮らし続け、同じことをし続ける。それでローマ法王がそこにいたとき、インドのキリスト教徒は、ちょうどヒンドゥ寺院で焚かれるように、教会でお香を焚きたいと言った。また彼らは、ヒンドゥ寺院の正面に吊るしてあるように、教会の正面に鐘を吊るしたい。最初に、あなたが入ってくることを、神に気づいてもらう必要がある。神はうたた寝をして、眠っているかもしれない。それで、あなたはかわいそうな老いた神を起こすために鐘を鳴らす。鐘は絶対に必要だ。そしてお香……お香なしでは、ヒンドゥ教徒にはその場所は神聖に見えない。お香のいい匂いで、その場所は普通の家と異なるようになる。教会は普通の家のように見える。

そして、ローマ法王は鐘を吊るすことができることを承認した。

「それに害はありません。また教会内でお香を焚くことができます。それに害はありません」

まもなく彼らは、十字架上のキリストが神の一人子のように見えないと言うだろう。唇にフルートをあてたクリシュナはよりふさわしい。イエスは死を象徴する。クリシュナは歓喜、ダンス、生を象徴する。彼がダンスのポーズで立つ姿、彼が衣服を身にまとう姿は、エキゾチックで美しい。イエスはあまりにも悲しく見える。そして当然、十字架上で微笑むか声を立てて笑えば、矛盾して見える。十字架は本物なのか、それともドラマを演じているのかと思うだろう。人が死につつあり、手足が木に大きな鋼の釘で打ちつけられているとき、彼が悲しくないと思うことはできない。

しかし私が説明したいのは、これらのヒンドゥ教徒はそれでもヒンドゥ教徒だということだ。キリスト教徒というレッテルだけだ。彼らは今まで通り、同じ祈祷の歌を歌う。ただ「クリシュナ」の代わりに、彼らは名称を「キリスト」に変えた——そしてそれは、たいした変更ではない。言語学に通じている人々は、「キリスト」は「クリシュナ」の変形だと言うからだ。

インドには、ベンガル語でクリストと命名される人はたくさんいる。それは「クリシュナ」の変形だ。インドでさえ、言葉を「クリシュナ」から「クリスト」に変えられるなら、問題は何かね？　遠くユダヤへと移動する言葉は「キリスト」になったかもしれない。

それで、「クリシュナ」を「キリスト」に変えることは、全く変更ではない。そして、その人の生活は同じままだ。彼は、牝牛が母の代理だと――彼はキリスト教徒で、キリスト教にはそのような信仰はないが――まだ信じている。しかし、宗教は彼の上に浴びせかけられた。それは、彼の自発性から起こったものではなかった。

私はどんな形であれ、私のメッセージを受け入れるようにと、あなたが誰かに強いて欲しくない。それがメッセージを、まさにそのメッセージを無効にするからだ。そのメッセージとは、誰もが何であれ信じることを強いられるべきではない、ということだ。できることは、愛をこめて説明することだけだ。そして愛をこめて説明する前に、説明が言葉だけでなくあなたの生活でもあるように、私の言っていることを実践しなければならない。

それに、あなたが説明するために人々のところへ行くよりむしろ、人々があなたを尋ねに来るようにしなければならない。「何があなたに起こったのですか。なぜあなたの目は、それほど穏やかなのですか。なぜあなたの顔は、それほど晴れやかなのですか。あなたといると――まるで涼しい湖のそばにいるように――なぜこんなに気分がいいのでしょう。なぜ、涼しいそよ風が吹いたように感じるのでしょう」と、人々に尋ねさせなさい。

あなたはそれを生きることだ。人々のハートに届くのは、あなたの生活、あなたの動作、あなたの自発性、あなたの愛、そしてあなたの至福を通してだ。それに、質問は彼らから来させなさい。あなたの答えを浴びせ続けないようにしなさい。問題が存在しなければ、全ての答えは役に立たない。

あなたの人生を、とても輝いたものに、とても音楽的に、とても調和したものにできるなら、人々は「あなたは何をしているのですか。何があなたに起こったのですか。なぜあなたの目には、ある魅力があるのですか」と尋ねるに違いない。そうすればあなたは、あなたがしていたこと、あなたに起こったことを説明できる。そしてあなたは「あなたにも他の人と同じ可能性があるので、あなたにも起こりますよ」と余談として言うことができる。これは「戦いなき戦い」だ。

アメリカの女性向けの雑誌の記事には、五千万人ものアメリカ人が、いわゆる不眠症に苦しんでいると書かれています。この記事によると、不眠症は風邪と頭痛に続き、医者を訪れる人の第三位を占めています。コメントしていただけませんか。

不眠症は病気ではない。不眠症は特定の生活様式だ。人は本来、少なくとも八時間は一生懸命に働くようにできている。八時間一生懸命に働かなければ、熟睡する権利を持たない。そして社会がより豊かになると、人々は一生懸命には働かない。全く必要がない。他の人々が彼らのために働くことができる。一日中、彼らは楽しみながら些細なことをしている。しかしそれは、石工や木こりのような重労働ではない。身体は本来、八時間の重労働の後、エネルギーを回復させるために眠りに落ちるように、作られている。しかしそれは難しいようだ……あなたは充分なお金を得た。それでも、八時間木を切っているかね？　それは愚かに見える。あなたは、大金持ちにならずに木を切ることもできた。

アメリカの五千万人が不眠症に苦しんでいるなら、単にこれらの人々は、眠る権利を得ていないということだ。彼らは、睡眠が起こる状況を作るほどには働いていない。貧しい国では、そうした五千万人の人を見つけることができない……たった五人の人さえ、見つけることはできない。

何世紀もの間、乞食が皇帝よりよく眠ることが知られている。労働者、肉体労働者は、知識人よりよく眠る。貧乏人は金持ちよりよく眠る。生活の資を得るために、一生懸命に働かねばならないからだ。しかし彼らはそれと共に、申し分のない睡眠をとる権利も得ている。


不眠症は病気ではない。それは最も豊かな生活様式だ。実際起こっていることはこうだ。一日中あなたは休息している。そして夜には、ベッドで寝返りを打っている。それはあなたに残された唯一の運動だ。それなのにあなたは、その運動さえしたくない。できる限り寝返りを打ちなさい。一日中休息しているなら、夜に眠れるはずがない。あなたはすでに休養を取っている。

不眠症に苦しんでいる人々が、本当にそれを何とかしたいなら、それを病気と見なしてはいけない。医者を訪ねることは無意味だ。彼らは何らかの重労働をするために、庭で働き始めなければならない。それで睡眠のことはすべて忘れることだ——睡眠はやって来るだろう。それは常にやって来る。それをもたらす必要はない。これは頭痛の種だ。自然は決して、ほんの少数の人々が世界の全ての富を持つべきで、大部分の人々が貧しくあるべきだとは意図していない。自然の意図を見てみると、全ての人に働いて欲しかったように思われる。自然は、貧乏人と金持ちのこうした階級を決して望まなかった。自然は、みんなが働いている、階級のない社会を望んだ。

その仕事は様々であるかもしれない。一日中絵を描いていれば、それは睡眠をもたらすだろう。さもなければ人為的な運動——ジムに行く、何マイルも走る、ジョギングをする——を作らなければならない。多くの愚か者がそうしている。無駄な運動——木を切ることができるとき、なぜジョギングするのかね？　あなたの庭が、ぐっすりと眠る誰か他の人に手入れされているとき、なぜジョギングするのかね？　あなたは彼に仕事の代金を支払う。そして彼は申し分なく、ぐっすりと眠る。

あなたはジョギングする。そして誰もあなたに支払ってくれないのに、あなたは眠れない。どれくらいジョギングできるかね？　どれくらい走れるかね？　しかも、一晩中眠らなかった人は、朝に走る気がしない。一晩中、ほんのわずかな睡眠を見つけるのに苦労していたからだ。寝返りをするのに飽きて、朝に――それは、走らなければならないとか、ジョギングしなければならないと示されている時間だ――ほんのわずかな睡眠を見つける！

不眠症は、病気の一つと見なされるべきではない。身体が必要とする本来の方向を辿っていないことに、人々は気づくことだ。そうすれば、それほど激しくないこと――水泳、テニスができる……しかし、それは八時間の重労働の実際の代わりにはならない。人は基本的に鹿を――銃ではなく、まさしく矢で追いかけるハンターだった。彼が食物を得るのは、毎日ではなかった。一日中、彼は走って動物を追いかけ、一頭も捕えられない。そして彼は手ぶらだが、疲れ果てて帰る。あなたの身体は、今まで通りそうするようにと、あなたに頼んでいる。どんな方法をとるかは選ぶことができる。そして不眠症はひとりでに消える。

それらの五千万人の不眠症患者は、誰からの同情も必要としない。彼らは「あなたの生活様式は間違っています。それを変えなさい。そうでなければ苦しみなさい」と直接、率直に言われなければならない。そして五千万人が一日八時間働き始めたら、大きな革命をもたらすだろう。彼らは、自分たちの衣食住のためにそれを必要とするのではない。しかし彼らは、食物、医療、他の生活必需品を必要とする人々のために働くことができる。

五千万人の人々が、貧しい人々の役に立つために、一日八時間一生懸命に働くことになれば、社会全体の環境を変えるだろう。戦いという、階級間の争いという、まさにその考えは――階級がなくなるので――消えてしまうだろう。

そして、これは日々いっそう大きな問題になるだろう。機械があらゆる分野で、人に取って代わっているからだ。機械は、より効率的でより従順だ。休みなしで二十四時間、週七日働ける……休日を取らずに。機械は、ユダヤ教徒でもキリスト教徒でもヒンドゥ教徒でもないので、宗教上の休日なしだ。

インドにはとても多くの休日がある――以前数えたのだが――小・中学校、高校、大学には、ほぼ六ヶ月の授業日と、ほぼ六ヶ月の休日があることになる。非常に多くの神と非常に多くの宗教があり、それらの誕生日を祝わなければならないからだ。全ての宗教には独自の休日があり、それらを祝わなければならない。そして次に暑い夏が来て、二、三ヶ月の休暇を割り当てなければならない。またその後、季節の休みがある。雨が終わるとそれは喜びだ――灯明祭でそれを祝う。雨季が来る――国全体が雨に頼って暮らしているのでお祝いをする。雨がなければ、人々は空腹で食物は全くないだろう。

このようにとても多くの口実がある。それから政治的な休日――インドが自由になった日、インドが共和国になった日がある。そして政治的な指導者――マハトマ・ガンジー、ロクマンヤ・バールガンガーダル・ティラク、ゴーカレー、スバス・チャンドラ・ボーズ、ジャワハルラル・ネルー、そして新しい人々が絶えず加えられている……インディラ・ガンジー……全てが休日だ。労働日はますます少なくなっている。

機械は何も求めない。コーヒーブレイクさえも。そして一台の機械は、百人または千人に代わって働くことができるので、まもなく全世界は苦難に陥るだろう。機械が取って代わるので人は暇になり、不眠症は今後、最も大きい問題の一つになるだろう。彼には退職金が支払われる。しかも雇用を求めないように充分に。彼には充分なお金がある。

すると、彼には何ができるだろう？　トランプやチェスをし、アルコールを飲み、喧嘩ができる――そして不眠症になる。不眠症は世界的な現象になるだろう。アメリカで五千万人の人に起こっていることは、仕事を取り上げられるほとんど全ての人に、起こっている。人々は退職すると不眠症に苦しみ始めるが、以前には一度も苦しまなかった。

だから私は、それが病気だとは思っていない。三番目に流行っている病気としてそれを分類しないようにしなさい。それは病気のうちには入らない。それは私たちの間違った生活様式だ。

わずかな人々、ほんのわずかの人々がいるかもしれない。その人たちにとっては病気かもしれない——たとえばマインドが絶えず働いており、働く習慣に陥っている知識人だ。そして彼らが眠りたい夜に、マインドは働き続ける。それは不眠症には充分だ。そして彼らは、マインドを管理してそれを止めることができない。彼らは叫ぶかもしれないが、マインドはそれを気にしない。

ベッドで休んでいる間、マインドはそれ自体の緊張をほぐし続ける。その日に不完全なままにされた、思考の多くの副産物があるからだ。それは完了されなければならない。マインドは完全主義者だ。マインドはあらゆることを完全にしたいので、何が不完全なままで残ったとしても、それを完了しようとする。そして、マインドには睡眠の必要がない。睡眠を必要とするのは身体だ。もし身体が、働かなくて少しも睡眠をとらず、マインドが機能しすぎて習慣になるほど非常に早く進むようになった場合、このタイプの人は身体を使って働いても、不眠症になるかもしれない。それならそれは病気だ。その時には、私が瞑想と呼ぶ医療が必要になる。その結果、マインドがリラックスして、睡眠に入れるようになる。

ほんのわずかな光明を得ている人々にとってだけは、身体的な仕事は役立たないかもしれない。私はそれを試した。私は朝に四マイル、夜に四マイル走り、ありとあらゆる重労働をしていた。睡眠の前にさえ——私はいつも十二時に眠りについたが——十一時から十二時まで再び私は、散歩に出かけていた。しかし、私のすることは何でも、私の身体をリラックスさせる。私の身体は完全に休息しているが、私は完全に目覚めている。それは目覚めの妨げにはならなかった。目覚めは途方もないものだったので、引き戻す方法がなかった。それは引き戻せない。いったんそれが起こると、それは成長し続ける。

しかし光明を得た人は、もしあまりに多くの意識のために眠れないとなると、少なくとも休息、完全に休息することができる。そしてその休息は、熟睡にほとんど似たものを身体に与える。

私が十二日間アメリカの刑務所にいたとき、二十四時間眠っていた――眠ってというのは、私が目を閉じて休息していたということだ。私は、何かを食べるかトイレに行くために起きる。それから自分に戻り、また目を閉じて眠りにつく。

看護婦と医者は当惑した。彼らは「どうしたら二十四時間眠れるんですか」と言った。

「二十四秒さえ眠っていない」と私は言った。

「でもあなたは、とてもぐっすりと眠っているように見えます」

「それは見かけだ。外側ではぐっすりと眠っている。私の身体は休息している。だが内側では、私はすっかり目覚めている」

そして方法は全くない……運動は助けにならない。運動してもしなくても、私は身体をリラックスさせることができるが、睡眠は訪れない。しかし、光明を得るなら、誰が不眠症を心配するだろう。それほど大きな宝物のためには、それぐらいの小さな代償は払うことができる。

しかし残念ながら、不眠症に苦しんでいる全ての人々が、光明を得ているわけではない。彼らはアメリカにいる。そこでは、光明を得ることは最も困難なことのようだ。これまで光明を得たアメリカ人は一人もいなかった。数人は近くまで来たが、彼らは芸術界からの人々――ウォルト・ホイットマン、エマーソン、ヘンリー・ソロー――だった。彼らはちょうど境界線にいたが、その線を決して越えなかった。

しかし眠れない人々は人生に何もないので、実際にひどく苦しんでいる。意味がなく、偽善だけだ。「世間の付き合い」と彼らはそれを呼ぶ。そして彼らは、夜には眠ることさえできない。昼間は無益だ。夜は無益だ。彼らは生との接触を全て失った。彼らを助けるべきだ。

もっと多くの瞑想センターが、特に不眠症に苦しんでいる人々のためにあるべきだ。瞑想は、彼らがリラックスするのを助ける。そして彼らが瞑想に来たら、「瞑想だけでは役に立ちません。それは仕事の半分です。あなたがしなければならない半分――それは激しい運動です」と彼らに伝えなければならない。そして私は、眠れずにそんなに苦しんでいる人々なら、提案されたことは何でもできるだろうと思う。

そして、重労働には独自の美しさがある。木を切り、汗をかき、そして涼風が吹く……しかも身体にはとても美しい感覚がある。そして一生懸命働いていない人には、それを理解することさえできない。貧しい男にも贅沢がある。彼だけがそれを知っている。

あなたの美しい講話の間、自分が鋭いマインドと同時に、開いたハートであなたの話を聞いているのに気づきます。あなたが話されていることへの理解が生まれているのを感じます。でも次の瞬間――別の質問がされると――私のマインドが、以前はとても鋭かったのに、あなたがたった今言われた全てを忘れてしまうのに、気づきます。けれども、まるで深く感動させられたかのような感覚が残ります。私はこれをいぶかっています。

何が起こっているか理解するのを、助けていただけませんか。

私は、思い出さねばならない教義を与えているのではないから、私が言うことを覚えている必要はない。重要なことは、あなたのハートに残された「感動した」という感覚が、あなたに留まっているということだ。そのことが――私が言うことではなくて――重要なのだ。

私はあなたに、心《ハート》が打たれるという感覚を与えるためにだけ、とても多くのことを話す。そのため私はいつも、私の話が人類の歴史全体において、ほかの誰のものとも全く異なっていると言うのだ。彼らは、何かを言うために話していた。私は、何かをするために話している。彼らは、知識を伝えるために話していた。私は、あなたのハートを変容するために話している。

だから、覚えている必要は全くない。でなければ気が狂うだろう。私が話すことを全て覚えていたら、確かに気が狂うだろう。あなたには私が見えないかい？　私は気が狂っている！

そして私は、以前あなたに言ったことを何も覚えていない。私は私の本のうち一冊も読んだことがない。そしてそれは、私がいつも自発的だということで美しい。そして、数年前に言ったことと矛盾するかどうかを気にすることなく、私が、瞬間にやって来るものを何でも容易に話すことができるので、それは美しい。その時もまた、今と同じくらい自発的だったので、矛盾するはずがない。双方の自発性は両者を結びつける。両者がどんなに矛盾しているように見えようとも、それらは同じ自発的な源からやって来た。

覚えていないようにしなさい。イエスには、多くがないので覚えるのは簡単だ。四つの福音書などは、四人の異なった記者からの同じ報告書だ。違いはあまりない。唯一つの福音書を暗記すれば、それで終わりだ。イエスの全体を知る。とても簡単だ。

私の場合は、それはとても難しい。キリスト教の宣教師が、「あなたはとても沢山の本を出していらっしゃいますが、何を読むべきでしょう？　どこから始めるべきでしょう？　ですから、自己紹介の小さな本でも……」と言って、入門書として、キリスト教の教理問答のような小さな本を書くことを勧められた。

私は言った。「それは不可能だ。あなたはどこからでも始められる。どんな本でも残りの三九九冊のための導入だ。だが教理問答……それは不可能だ。あなたがオウムのように覚えることができるように、一、二、三の原則を言葉少なに述べることはできない」

しかし外部の人にとっては、私の講話が全く異なった面で用いられることを理解するのはとても難しい。それはより少ないコミュニケーションと、より多くの霊的な交わりだ。

それはより少ない知識と、より多くの愛だ。それはより少ない言葉と、より多くの沈黙だ。それで、あなたが感動し続けているなら、言葉に煩わされることはない。それは少しも役に立たない。その仕事は終わっている。それはあなたのハートを揺り動かした。それはあなたを燃え上がらせた。それはもう必要ではない。あなたが私の言葉を覚えていようとするなら……私は何百万語もの言葉を話したので、それを全部覚えているのはほとんど不可能だ。それに目的は、あなたに教義、哲学を与えることでは決してなく、ビジョンを与えることだ……そしてビジョンは全く異なるものだ。それがあなたのハートを開くなら、それがあなたの知性を浄化するなら、それは望む以上だ。言葉を覚えていて、ほかに何も自分に起こらない人々は不幸だ。彼らは、オウム、学者、専門家になるだろうが、決してサニヤシンにはならない。サニヤシンであることは、ユニークなことだ。ハートは、未知なるものへの憧れ、全体への愛、言葉にできない歌で燃えている。サニヤシン自身が、神聖なる聖典だ——言葉を覚えているからではなく、言葉を通して変容するからだ。彼は生まれ変わる。

この講話であなたと共にいることは、一日に二度、祝宴の席についているようです。前菜、メインコース、およびデザートは時には伝統的な順序で来ます。が、多くの場合、三つ全てが一つに合体した、全くたまらない混合物が来ます。しかし、あなたが私たちの前に何を置いても、あなたは常にあふれるばかりに私を満たし、かつ私を二番目——そして三番目と四番目——に戻らせ続ける度量があります。

シェフに乾杯したいです！

それはいい……それはすばらしい！　それは五番目を意味する。

神秘家の道
―珠玉の質疑応答録

二〇〇九年三月二十一日　初版　第一刷発行

講　話■OSHO
翻　訳■スワミ・パリトーショ
照　校■スワミ・アドヴァイト・パルヴァ
　　　　マ・ギャン・シディカ
装　幀■スワミ・アドヴァイト・タブダール
発行者■マ・ギャン・パトラ
発行所■市民出版社
〒一六八―〇〇七一
東京都杉並区高井戸西二―十二―二〇
電　話〇三―三三三三―九三八四
FAX〇三―三三三四―七二八九
郵便振替口座：〇〇一七〇―四―七六三一〇五
e-mail：info@shimin.com
http://www.shimin.com
印刷所■株式会社　シナノ
Printed in Japan
ISBN978-4-88178-189-0 C0010 ¥3580E

付録

●OSHOについて

OSHOの説くことは、個人レベルの探求から、今日の社会が直面している社会的あるいは政治的な最も緊急な問題の全般に及び、分類の域を越えています。彼の本は著述されたものではなく、さまざまな国から訪れた聴き手に向けて、35年間にわたって即興でなされた講話のオーディオやビデオの記録から書き起こされたものです。OSHOはロンドンの「サンデー・タイムス」によって『二十世紀をつくった千人』の一人として、また米国の作家トム・ロビンスによって『イエス・キリスト以来、最も危険な人物』として評されています。

OSHOは自らのワークについて、自分の役割は新しい人類が誕生するための状況をつくることだと語っています。彼はしばしば、この新しい人類を「ゾルバ・ザ・ブッダ」――ギリシャ人ゾルバの世俗的な享楽と、ゴータマ・ブッダの沈黙の静穏さの両方を享受できる存在として描き出します。

OSHOのワークのあらゆる側面を糸のように貫いて流れるものは、東洋の時を越えた英知と、西洋の科学技術の最高の可能性を包含する展望《ヴィジョン》です。

OSHOはまた、内なる変容の科学への革命的な寄与――加速する現代生活を踏まえた瞑想へのアプローチによっても知られています。

その独特《ユニーク》な「活動的瞑想法《アクティブ・メディテーション》」は、まず心身に溜まった緊張《ストレス》を解放することによって、思考から自由でリラックスした瞑想の境地を、より容易に体験できるよう構成されています。

●瞑想リゾート／OSHOメディテーション・リゾート

ＯＳＨＯメディテーション・リゾートは、より油断なく、リラックスして、楽しく生きる方法を、直接、個人的に体験できる場所です。インドのムンバイから南東に約百マイルほどのプネーにあり、毎年世界の百ヵ国以上から訪れる数千人の人びとに、バラエティーに富んだプログラムを提供しています。 **www.osho.com/resort.**

●より詳しい情報については： http://**www.osho.com**

数ヶ国語で閲読できるウェブ・サイトには、メディテーション・リゾートのオンライン・ツアーや、提供されているコースの予定表、書籍やテープのカタログ、世界各地のＯＳＨＯインフォメーション・センターの一覧、ＯＳＨＯの講話の抜粋が含まれています。

Osho International New York E-mail; oshointernational@oshointernational.com http://**www.osho.com**/oshointernational

●「新瞑想法入門」：発売／市民出版社（*Meditation: The First and Last Freedom*）

もし瞑想についてもっとお知りになりたい場合は、「新瞑想法入門」をご覧下さい。この本の中で、ＯＳＨＯは彼の活動的瞑想法や、人々のタイプに応じた多くの異なった技法について述べています。また彼は、あなたが瞑想を始めるにあたって出会うかもしれない、諸々の経験についての質問にも答えています。

この本は英語圏のどんな書店でもご注文頂けます。（北アメリカの*St. Martin's Press*や英国とその連邦諸国の*Gill & MacMillan*から出版されています）また、他の多くの言語にも翻訳されています。

ご注文のためのご案内はhttp://**www.osho.com**をご覧になるか、日本語版は市民出版社まで（tel 03-3333-9384）お問い合わせ下さい。

日本各地の主なOSHO瞑想センター

OSHOに関する情報をさらに知りたい方、実際に瞑想を体験してみたい方は、お近くのOSHO瞑想センターにお問い合わせ下さい。

参考までに、各地の主なOSHO瞑想センターを記載しました。なお、活動内容は各センターによって異なりますので、詳しいことは直接お確かめ下さい。

＜東京＞

OSHOサクシン瞑想センター　Tel & Fax 03-5382-4734
マ・ギャン・パトラ　〒167-0042　東京都杉並区西荻北1-7-19
e-mail osho@sakshin.com　URL http://www.sakshin.com

OSHOジャパン瞑想センター　Tel 03-3703-0498　Fax 03-3703-6693
マ・デヴァ・アヌパ　〒158-0081　東京都世田谷区深沢5-15-17

＜大阪、兵庫＞

OSHOナンディゴーシャインフォメーションセンター
スワミ・アナンド・ビルー　Tel & Fax 0669-74-6663
〒537-0013　大阪府大阪市東成区大今里南1-2-15 J&Kマンション302

OSHOインスティテュート・フォー・トランスフォーメーション
マ・ジーヴァン・シャンティ、スワミ・サティヤム・アートマラーマ　Tel & Fax 078-705-2807
〒655-0014　兵庫県神戸市垂水区大町2-6-B-143　e-mail j-shanti@titan.ocn.ne.jp

OSHOマイトリー瞑想センター　Tel & Fax 0797-31-5192
スワミ・デヴァ・ヴィジェイ　〒659-0082　兵庫県芦屋市山芦屋町18-8-502
e-mail ZVQ05763@nifty.ne.jp

OSHOターラ瞑想センター　Tel 090-1226-2461
マ・アトモ・アティモダ　〒662-0018　兵庫県西宮市甲陽園山王町2- 46　パインウッド

OSHOインスティテュート・フォー・セイクリッド・ムーヴメンツ・ジャパン
スワミ・アナンド・プラヴァン　〒662-0018　兵庫県西宮市甲陽園山王町2- 46　パインウッド
Tel & Fax 0798-73-1143　URL http://homepage3.nifty.com/MRG/

OSHOオーシャニック・インスティテュート　Tel 0797-71-7630
スワミ・アナンド・ラーマ　〒665-0051　兵庫県宝塚市高司1-8-37-301
e-mail oceanic@pop01.odn.ne.jp

＜愛知＞

OSHO庵瞑想センター Tel & Fax 0565-63-2758
スワミ・サット・プレム 〒444-2326 愛知県豊田市国谷町柳ヶ入２番
e-mail alto@he.mirai.ne.jp

OSHO瞑想センター Tel & Fax 052-702-4128
マ・サンボーディ・ハリマ 〒465-0058 愛知県名古屋市名東区貴船2-501 メルローズ1号館301
e-mail: dancingbuddha@majic.odn.ne.jp

OSHOフレグランス瞑想センター Tel & Fax 052-773-5248
スワミ・ディークシャント、マ・デヴァ・ヨーコ
〒465-0024 愛知県名古屋市名東区本郷2-95南部マンション301
e-mail: info@osho-fragrance.com URL: http://www.osho-fragrance.com

＜その他＞

OSHOチャンパインフォメーションセンター Tel & Fax 011-614-7398
マ・プレム・ウシャ 〒064-0951 北海道札幌市中央区宮の森一条7-1-10-703
e-mail ushausha@lapis.plala.or.jp
URL http:www11.plala.or.jp/premusha/champa/index.html

OSHOインフォメーションセンター Tel & Fax 0263-46-1403
マ・プレム・ソナ 〒390-0317 長野県松本市洞665-1
e-mail sona@mub.biglobe.ne.jp

OSHOインフォメーションセンター Tel & Fax 0761-43-1523
スワミ・デヴァ・スッコ 〒923-0000 石川県小松市佐美町申227

OSHOインフォメーションセンター広島 Tel 082-842-5829
スワミ・ナロパ、マ・ブーティ 〒739-1742 広島県広島市安佐北区亀崎2-20-92-501
e-mail prembhuti@blue.ocn.ne.jp URL http://now.ohah.net/goldenflower

OSHOウツサヴァ・インフォメーションセンター Tel 0974-62-3814
マ・ニルグーノ 〒878-0005 大分県竹田市大字挟田2025
e-mail: light@jp.bigplanet.com URL: http://homepage1.nifty.com/UTSAVA

＜インド・プネー＞

OSHOインターナショナル・メディテーション・リゾート

Osho International Meditation Resort

17 Koregaon Park Pune 411001 (MS) INDIA

Tel 91-20-4019999 Fax 91-20-4019990

http://**www.osho.com**

E-Mail : oshointernational@oshointernational.com

＜OSHO 既刊書籍＞

癒し

こころでからだの声を聴く　ガイド瞑想CD付

― 本来のバランスを取り戻すOSHOの身体論

「身体はあなたより聡明だ」――最も身近で未知なる宇宙「身体」について、多彩な角度からその神秘と英知を語り尽くす。緊張・ストレス・不眠・肩凝り・加齢・断食など様々な質問に、具体的な対処法を呈示する。（ガイド瞑想CD付）

＜内容＞●身体の聡明さ　●幸福であるための基本条件　●瞑想――癒しの力
●症状と解決法 ●心身への語りかけ――忘れ去られた言語を思い出す　他

■A5判変型並製　256頁　¥2,520（税込）送料¥380

東洋の神秘家

ラスト・モーニング・スター

―女性の覚者ダヤに関する講話

世界とは、夜明けの最後の星のよう……

過去と未来の幻想を断ち切り、今、この瞬間から生きること――スピリチュアルな旅への愛と勇気、神聖なるものへの気づき、究極なるものとの最終的な融合を語りながら、時を超え、死をも超える「永遠」への扉を開く。

＜内容＞● 全霊を傾けて　● 愛は幾生も待機できる　● あなたの魂を受けとめて　他

■四六判並製　568頁　2940円（税込）　送料380円

＜「シャワリング・ウィズアウト・クラウズ」姉妹書＞

哲学

究極の錬金術 I ― 古代の奥義書ウパニシャッドを語る

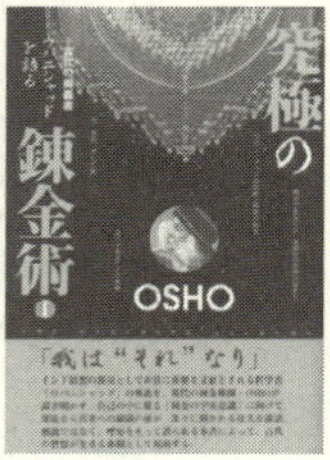

インド思想の源泉として非常に重要な文献とされ、後のヒンドゥ教の中心にもなった哲学書「ウパニシャッド」の秘密を説き明かす。自己の中に眠る「純金の宇宙意識」へのいざないに向けて、深遠なる真実の深みと秘儀が、次々に明かされていく壮大な講話録。

＜内容＞●光、生命、そして愛　●意識の完全なる開花に向かって ●全一であることの奥義
●在ることを通して超えていく ●意志か、明け渡しか　他

■四六判並製　592頁　¥3,024（税込）送料¥380

究極の錬金術 II ― 自己礼拝-ウパニシャッドを語る

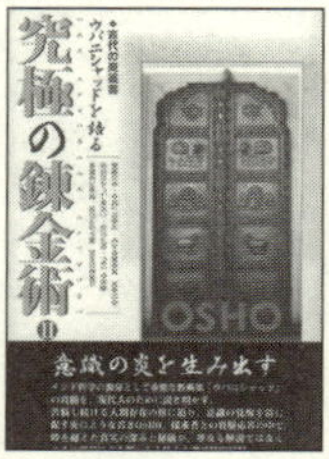

苦悩し続ける人間存在の核に迫り、意識の覚醒を常に促し導く炎のような若きOSHO。探求者との質疑応答の中でも、単なる解説ではない時を超えた真実の深みと秘儀が、まさに現前に立ち顕われる壮大な講話録完結編。「自分というものを知らないかぎり、あなたは何のために存在し生きているのかを知ることはできないし、自分の天命が何かを感じることはできない。―OSHO」

＜内容＞●覚醒の炎　●自己礼拝　●意識的に死ぬ　●完全は神聖だ ●「今」の体験　他

■四六判並製　544頁　2940円（税込）　送料380円

永久の哲学 II ―人間；天と地の出会い

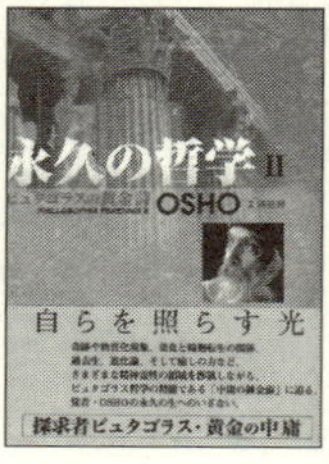

偉大なる数学者ピュタゴラスは真理の探求にすべてを賭け全世界を旅した。彼が見出した永久哲学について、現代の神秘家OSHOが究極の法を説き明かす。奇跡や物質化現象、菜食と輪廻転生の関係、過去生、進化論、そして癒しの力など、さまざまな精神霊性の領域を渉猟しながら、ピュタゴラス哲学の精髄である「中庸の錬金術」に迫る。＜内容＞●完全な満足の芳香　●天に唾するなかれ
●出会うまで神はいない●現実への逃避　●勇敢な経験　他

■四六判並製　456頁　¥2,583（税込）¥380

永久の哲学 I ―探求者ピュタゴラスの黄金詩

■四六判並製　408頁　¥2,583（税込）　送料¥380

＜ヒーリング,リラクゼーション音楽CD＞

アトモスフィア

全10曲
64分38秒

◆デューター

¥2,753（税込）

鳥のさえずりや波などのやさしい自然音との対話の中から生まれたメロディを、多彩な楽器で表現した、ささやくようなデューターワールド。オルゴールのようなピアノの調べ、童心にたち返るような懐かしい響き――。

曼荼羅

全8曲
55分55秒

◆テリー・オールドフィールド&ソラヤ

¥2,753（税込）

チャント（詠唱）という、陶酔的な表現で、声による美しいマンダラの世界を構築したスピリチュアル・マントラソング。テリーのフルートが陰に陽に寄り添いながら、ら旋状の恍惚とした詠唱の円の中で、内なる平和がハートへと届けられる。

ホエール・メディテーション

全7曲
58分07秒

◆カマール他

2753円（税込）

ホエールソング3部作の最終章。大海原を漂うような境界のないシーサウンドワールド。波間にきらめく光の粒子のように、クジラの声、シタール、ヴァイオリン、バンスリーなどが現れては消えていき、ただ海の静けさへ。

レイキ・ヒーリング ウェイブ

全10曲
64分38秒

◆パリジャット

¥2,753（税込）

聖らかで宝石のような音の数々、ピアノ、ギター、キーボードなどが実に自然に調和。繊細な意識レベルまで癒され、レイキワークはもちろん、ヒーリングサウンドとしても最良質なアルバム。

レイキ・ホエール ソング

全7曲
65分9秒

◆カマール

¥2,753（税込）

深海のロマン、クジラの鳴き声とフルート、シンセサイザーなどのネイチャーソング。心に残る深海の巨鯨たちの鳴き声が、レイキのヒーリングエネルギーをサポートするアンビエントミュージック。

レイキ・エッセンス

全7曲
50分44秒

◆アヌヴィダ&ニック・テンダル

¥2,753（税込）

レイキ・ミュージックの名コンビが到達したヒーリング・アートの終着点。やわらかな光、ここちよい風の流れ、水、ハート……ジェントリーな自然のエッセンスを音にした1枚。溶け去るようなリラックス感へ。

レイキ・ブルードリーム

全8曲
60分51秒

◆カマール

2753円（税込）

大いなる海のアリア・クジラの鳴き声とヒーリング音楽の雄・カマールのコラボレーション・ミュージック。深いリラックスと、果てしのない静寂の境地から産まれた美しい海の詩。大海原の主たるクジラは沈黙の内に語り続ける。

レイキ・ハーモニー

全5曲
60分07秒

◆テリー・オールドフィールド

¥2,753（税込）

ゆるやかな旋律を奏でる竹笛の風に乗って宇宙エネルギーの海に船を出す。時間から解き放たれた旋律が、ボディと感情のバランスを呼び戻す。レイキや各種ボディワーク、またはメディテーションにも最適な一枚。

※ＣＤ等購入ご希望の方は市民出版社 TEL**03-3333-9384**までお申し込み下さい。
※郵便振替口座：市民出版社 00170-4-763105
※送料／CD1枚¥250・2枚¥300・3枚以上無料（価格は全て税込です）
※音楽ＣＤカタログ（無料）ご希望の方には送付致しますので御連絡下さい。